敬大力 著

检察实践论

下册

中国检察出版社

目　录

Catalogue

自　序 …………………………………………………………… 1

第一章　坚定政治方向，坚持服务大局

1. 充分发挥检察职能作用，为经济社会发展与和谐湖北建设服务（2006 年 3 月 30 日） …………………………………… 3

2. 认真学习中央《决定》，积极服务改革发展稳定大局（2006 年 5 月 26 日） …………………………………… 11

3. 增强大局观念和政治意识，加强和改进法律监督工作（2006 年 6 月 30 日） …………………………………… 17

4. 确保检察工作的正确方向，更好地服务党和国家工作大局（2006 年 8 月 3 日） …………………………………… 23

5. 转变执法观念，为构建社会主义和谐社会提供有力司法保障（2007 年 2 月 8 日） …………………………………… 39

6. 更加注重保障和改善民生（2008 年 3 月 31 日） ……………… 60

7. 正确认识和处理坚持党的领导、接受人大监督与接受上级检察院领导的关系（2008 年 4 月） …… 67

8. 充分发挥检察职能，推进法治湖北、平安湖北、和谐湖北建设（2011 年 1 月） …… 70

9. 更新观念、服务发展，为保障和服务“十二五”规划实施保驾护航（2011 年 10 月） …… 73

10. 切实增强“环境”意识，着力营造“四个环境”（2012 年 1 月 17 日） …… 81

11. 围绕“五个湖北”建设，服务湖北科学发展、跨越式发展（2012 年 8 月 2 日） …… 84

12. 坚定中国特色社会主义理想信念（2012 年 11 月 20 日） …… 89

13. 牢牢把握全面深化改革的主要任务，充分发挥检察职能，为改革提供有力司法保障（2013 年 12 月 3 ~4 日） …… 94

14. 全面履职、敢于担当，全力服务湖北改革发展稳定大局（2014 年 1 月 24 日） …… 98

15. 坚持党的领导的实践探索（2014 年 12 月） …… 105

16. 从十个方面着力，把严守党的政治纪律和政治规矩落到实处（2015 年 4 月 9 日） …… 110

17. 加强检务合作，积极服务长江中游城市群建设（2015 年 6 月 18 日） …… 118

18. 充分发挥检察职能作用，服务经济发展新常态（2015 年 9 月 29 日） …… 123

第二章 检察工作方针政策、总体思路和基本要求

1. 进一步端正和统一执法思想（2006 年 2 月 8 日） …………… 135

2. 努力保持检察机关执法办案工作平稳健康发展（2006 年 4 月 21 日） …………… 139

3. 坚持高举旗帜、科学发展、服务大局、解放思想、与时俱进的重要原则（2008 年 2 月 24 日） …………… 143

4. 法律监督工作要实现“三个维护”的目标和“三个促进”的基本要求（2008 年 7 月 2 日） …………… 167

5. 做到“三个硬道理”和“五个并重”，促进检察工作科学发展（2008 年 7 月 9 日） …………… 175

6. 扎实开展深入学习实践科学发展观活动（2008 年 10 月 10 日） …………… 180

7. 学习实践科学发展观需要提高认识的三个问题（2008 年 10 月 28 日） …………… 191

8. 检察工作思路和决策必须做到“六个符合”（2008 年 11 月 12 日） …………… 205

9. 正确把握“五条办案原则”，实现执法办案“三个效果”有机统一（2009 年 1 月 9 日） …………… 208

10. 增强检察工作的原则性、系统性、预见性和创造性（2009 年 11 月 24 日） …………… 211

11. 关于新时期检察工作基本方针、总体思路以及“十二五”时期检察事业发展的目标任务的若干思考（2011 年 4 月 7 日） …………………………………………………… 216

12. 加强“三个体系”建设，努力构建更加健全完善的检察工作体系（2011 年 8 月 10 日） ………………………… 232

13. 积极融入“五个湖北”建设，按照“五个检察”要求谋划和推动检察工作自身科学发展（2012 年 8 月 2 日） ……… 252

14. 深入学习贯彻党的十八大精神，为湖北检察事业全面发展进步而努力奋斗（2013 年 1 月 18 日） …………… 254

15. 以贯彻落实“三个文件”为抓手，推动检察工作全面发展进步（2013 年 4 月 24 日） ………………………… 274

16. 贯彻“三个走在前列”要求，努力推动湖北检察工作走在全国检察机关前列（2013 年 10 月 14 日） ………… 281

17. 牢牢把握党的十八届三中全会重大战略思想和重要理论创新，做到“五个适应、五个更加注重”（2013 年 12 月 3～4 日） ………………………………………………… 286

18. 深入学习贯彻习近平总书记系列重要讲话精神，实现检察工作思路与时俱进（2014 年 1 月 24 日） ………… 291

19. 深入学习贯彻习近平总书记系列重要讲话精神，做到“六讲”，努力推动检察工作全面发展进步（2014 年 6 月 13 日） ………………………………………………… 296

20. 正确把握执法办案的方针政策问题（2014 年 7 月 8 日） …… 318

21. 按照党的十八届四中全会精神谋划检察工作总体思路和主要任务（2014 年 12 月） ………………………………… 321

22. 以“四个全面”为统领，增强检察工作的前瞻性、适应性、主动性，全面推动检察工作发展进步（2015 年 2 月 10 日） …… 329

23. 关于“十三五”时期检察工作总体发展目标和基本任务的若干思考（2015 年 12 月 29 日） …… 352

第三章 检察工作法治化和检察公信力“两个主基调”

1. 加强检察职业道德建设，提高检察公信力（2009 年 2 月 27 日） …… 369

2. 提高认识，强化措施，全面加强检察公信力建设（2009 年 5 月 5 日） …… 376

3. 公信力是重要的执法规律（2009 年 9 月 14 日） …… 389

4. 把公信力作为检察机关立身之本、检察权运行规律、重要战略任务来抓（2009 年 10 月 25 日） …… 392

5. 提高思想认识、明确基本任务、把握努力方向，着力提高检察公信力（2010 年 1 月 13 日） …… 397

6. 由“法律体系”迈向“法制体系”和“法治体系”（2011 年 3 月 11 日） …… 403

7. 弘扬法治精神，推动修改后的刑事诉讼法贯彻落实（2012 年 6 月 30 日） …… 405

8. 抓紧做好实施修改后刑事诉讼法各项准备工作（2012 年 8 月 2 日） …… 414

9. 深刻学习领会党的十八大关于法治和制度建设的重要论述（2012 年 11 月 20 日） …… 423

10. 深刻学习领会习近平总书记关于法治建设的重要论述（2014 年 5 月 28 日） …… 426

11. 认真学习贯彻全面推进依法治国战略部署，推动检察工作全面发展进步（2014 年 10 月 30 日） …… 436

第四章 检察机关群众工作

1. 充分认识加强检察机关群众工作的重大意义（2009 年 8 月 11 日） …… 449

2. 从五个方面着手继承和创新检察机关群众工作（2010 年 7 月 21 日） …… 452

3. 坚持群众工作的实践性，推动检察机关群众工作创新发展（2010 年 9 月 28 日） …… 456

4. 筑牢做好检察机关群众工作的思想基础和理论基础（2010 年 12 月 27 日） …… 458

5. 依法履行检察职能，促进人权事业发展（2011 年 2 月） …… 461

6. 按照“六个进一步”的要求进一步深化检察机关群众工作（2011 年 3 月 1 日） …… 469

7. 以人为本、执法为民，全面加强和改进新形势下检察机关群众工作（2011 年 7 月 18 日） …… 474

8. 践行“为民”理念，不断加强和改进群众工作（2012 年 6 月 25 日） …… 479

9. 进一步深化、细化、实化检察机关群众工作（2013 年 5 月 15 日） …… 483
10. 推动检察机关党的群众路线教育实践活动走在全省政法机关前列（2013 年 7 月 17 日） …… 490
11. 继续巩固和扩大教育实践活动成果，确保群众路线在检察工作中得到全面贯彻落实（2014 年 2 月 12 日） …… 500
12. 切实按照人民群众要求加强和改进检察工作（2014 年 3 月 20 日） …… 510

第五章　检察一体化

1. 加强上级人民检察院对下级人民检察院工作领导，积极推进检察工作一体化机制建设（2007 年 9 月 26 日） …… 519
2. “检察工作一体化”问题理论探析（2008 年 3 月） …… 526
3. 按照整体性和统一性规律科学配置检察机关内部职权
——实行检察工作一体化机制与优化检察职权配置的关系（2008 年 3 月） …… 535
4. 坚持正确理念，深化“检察工作一体化”机制创新（2008 年 3 月） …… 550
5. 加强检察工作一体化机制建设，促进发挥检察机关法律监督职能作用（2008 年 10 月 27 日） …… 558
6. 进一步坚持和完善下一级检察院向上一级检察院报告工作制度（2010 年 8 月 9 日） …… 563
7. 严明组织纪律、落实领导体制，不断改进完善报告和评议工作制度（2014 年 1 月 26 日） …… 568

8. 检察机关组织领导体制和检察权构造及运行机制的改革探索
——关于“检察工作一体化”和“两个适当分离”的理论与实践（2014 年 9 月 15 日） …………………………… 571

第六章　两个适当分离

1. 提高认识，转变观念，坚持公诉和刑事诉讼监督“两手抓、两手硬、两手协调”（2010 年 11 月 15 日） …………… 593

2. 实行“两个适当分离”，优化检察职能配置
——湖北省检察机关在法律制度框架内的实践探索（2010 年 12 月） ………………………………………………… 609

3. 遵循检察权运行规律，科学配置检察职能的若干思考（2011 年 1 月 15 日） …………………………………………… 623

4. 深化“两个适当分离”，推动相关机制建设（2012 年 4 月 25 日） ……………………………………………………… 632

5. 按照“两个适当分离”要求推进审查批捕和侦查监督工作（2013 年 10 月 14 日） ………………………………… 634

第七章　维护社会和谐稳定

1. 强化法律监督，促进社会主义和谐社会建设（2007 年 1 月） ……………………………………………………………… 653

2. 围绕构建社会主义和谐社会，加强和改进法律监督工作（2007 年 2 月） ……………………………………………… 665

3. 牢固树立“大稳定观”，全力维护社会稳定（2009 年 7 月 23 日） …… 667

4. 始终把维护稳定作为首要政治任务（2009 年 9 月 2 ~ 8 日） …… 670

5. 充分发挥公诉工作在维稳方面的职能作用（2009 年 10 月 28 日） …… 672

6. 把握职能定位、明确目标任务，努力促进控告申诉检察工作科学发展（2011 年 3 月 1 日） …… 677

7. 着力维护国家安全与社会和谐稳定（2012 年 1 月 17 日） …… 682

第八章 查办职务犯罪

1. 深入开展治理商业贿赂专项工作，保持反贪工作平稳健康发展（2006 年 5 月 18 日） …… 687

2. 以查办司法和行政执法不公背后的职务犯罪为专项工作重点，全面带动和加强渎职侵权检察工作（2006 年 6 月 14 日） …… 696

3. 反贪工作要做到力度大、质量高、效果好、不出事（2006 年 12 月 11 日） …… 700

4. 加强侦查指挥中心及相关工作机制建设（2007 年 12 月 21 日） …… 709

5. 推动职务犯罪侦查工作开创新局面、走出新路子、探索新模式（2012 年 8 月 17 日） …… 718

6. 走出一条既敢办案、能办案、办大案，又能坚持理性、平和、文明、规范执法的新路子（2014 年 6 月 9 日） …… 726

7. 扎实开展职务犯罪国际国内追逃追赃工作（2014 年 10 月 30 日） …… 739

第九章 对诉讼活动的法律监督

1. 分析形势、统一思想、明确任务，推动民事行政检察工作全面发展（2008 年 4 月 3 日） …… 747
2. 认真贯彻落实省人大常委会《关于加强检察机关法律监督工作的决定》（2009 年 8 月 11 日） …… 754
3. 构建监督调查机制，增强法律监督实效（2010 年 7 月 23 日） …… 759
4. 全面加强检察机关各项法律监督工作（2010 年 8 月 10 日） …… 764
5. 坚持民事和行政诉讼法律监督工作“四个加强、四个维护”的目标任务（2010 年 10 月 25 日） …… 768
6. 把握诉讼监督的原则、重点、措施和机制（2011 年 1 月 10 日） …… 781
7. 推进“两法衔接”工作深入开展（2012 年 5 月 17 日） …… 784
8. 按照“四个坚持、四个进一步”的要求做好监所检察工作（2012 年 8 月 16 日） …… 790
9. 按照“四加强、一探索”的要求加强行政诉讼监督工作（2012 年 8 月 29 日） …… 805
10. 探索构建检察机关对行政权监督的新格局（2015 年 9 月 7 日） …… 815

第十章 检察预防工作

1. 把握职能定位，推进检察机关预防职务犯罪工作社会化、专业化、规范化和法制化（2009 年 8 月 3 日） …………… 831
2. 加强预防工作，促进法律监督（2011 年 3 月） …………… 839
3. 预防诉讼违法是法律监督的应有之义（2012 年 6 月 18 日） … 842
4. 整合三项预防职能，拓展预防专业化（2013 年 4 月） ……… 847

第十一章 司法和监督工作规范化及自身监督制约

1. 加强自身监督制约，开展三个专项治理（2006 年 3 月 1 日） ………………………………………………… 853
2. 积极推行检务督察工作，进一步健全和完善检察机关自身执法活动的监督制约体系（2008 年 2 月 28 日） …………… 862
3. 坚持“两长一本”方针，突出抓好基层检察院执法规范化建设（2009 年 2 月 12 日） ………………………………… 873
4. 为规范文明执法提供制度保障（2009 年 10 月 29 日） ……… 878
5. 自觉接受人大监督，切实加强和改进检察工作（2009 年 10 月 31 日） ………………………………………… 881
6. 努力构建检察机关公正廉洁执法“五位一体”工作格局，严守“四个绝对禁止、一个必须实行”的办案纪律（2010 年 8 月 10 日） ………………………………………… 886

7. 强化监督管理，促进规范执法，进一步提高检察机关执法公信力（2011年7月12日）…… 889

8. 规范执法行为，强化自身监督，进一步提高执法公信力（2011年12月22日）…… 901

9. 狠抓突出问题治理（2012年2月17日）…… 906

10. 狠抓规范执法“三项重点建设任务”的贯彻落实（2012年2月22日）…… 908

11. 落实24项硬措施，建立规范执法“倒逼机制”（2012年3月30日）…… 911

12. 严格实行全程同步录音录像，保障职务犯罪侦查工作平稳健康发展（2012年7月18日）…… 919

13. 用法治思维和法治方式促进规范执法（2014年5月15日）…… 925

14. 从更高标准、更严要求上开展规范司法行为专项整治（2015年2月15日）…… 927

15. 自觉接受人大监督，推动检察工作健康发展（2015年9月23日）…… 933

第十二章　检察管理

1. 贯彻“落实、增效、规范、创新”的要求，努力实现从侧重治理向侧重管理的跨越（2011年5月）…… 939

2. 统筹兼顾、突出特色，科学考评检察工作（2011年11月24日）…… 944

3. 检察管理的十个问题（2011年12月13日）…… 948

4. 健全“全面管理、统分结合、分工负责、统筹协调”的执法管理模式（2013 年 6 月 27 日） …… 962
5. 推动科学考评，树立实事求是、尊重规律、久久为功的政绩观（2014 年 1 月 26 日） …… 972
6. 全面加强司法和监督工作管理的十个重点问题（2015 年 2 月 15 日） …… 974

第十三章　司法体制改革与检察改革创新

1. 以机制创新推动中国特色社会主义检察制度的完善与发展（2006 年 9 月 19 日） …… 983
2. 坚持强化监督职能、加强监督制约，着力深化检察体制机制改革（2009 年 1 月 9 日） …… 993
3. 正确认识和把握检察改革及工作机制创新（2012 年 8 月 2 日） …… 996
4. 推进诉讼监督工作制度化、规范化、程序化、体系化（2013 年 2 月 26 日） …… 1000
5. 明确执法办案工作转变模式、转型发展的重要意义、主要方面和实施要求（2013 年 2 月 27 日） …… 1008
6. 建立新型检律关系的理念与实践（2013 年 8 月 23 日） …… 1020
7. 牢牢把握改革这条主线不动摇（2013 年 12 月 3～4 日） …… 1027
8. 深化检察改革，推动检察工作创新发展（2014 年 1 月 24 日） …… 1032
9. 坚持改革基本遵循，全力推动中央司法体制改革四项试点任务走在前列（2014 年 7 月 8 日） …… 1037

10. 运用科学方法推进改革创新，正确处理七个方面关系（2014 年 10 月 16 日） …… 1046

11. 以解决“三难”问题为目标，一手抓改革，一手抓办案，深入推进涉法涉诉信访改革（2014 年 10 月 22 日） …… 1054

12. 全力抓好司法体制改革试点工作（2014 年 12 月 16 日） …… 1062

13. 坚定信心、凝聚共识，坚定不移推进各项改革任务落到实处（2015 年 7 月 28 日） …… 1068

14. 确保“两个平稳”、做到“三个到位”，加快推进司法体制改革（2015 年 9 月 1 日） …… 1077

15. 牢固树立改革大局观，全面推进司法体制改革试点（2015 年 10 月 10 日） …… 1081

16. 把握规律、坚定自信，推动司法体制改革落地生根、走在前列（2015 年 10 月 16 日） …… 1084

17. 更新理念、夯实基础、加强合作，积极构建新型检律关系（2015 年 10 月 26 日） …… 1091

第十四章　检察队伍建设

1. 提高三种能力、树立三种精神、倡导三种风气（2006 年 2 月 24 日） …… 1099

2. 切实加强干部作风和执法作风建设，为检察工作持续健康发展提供有力保障（2007 年 7 月 28 日） …… 1108

3. 实施“六项工程”，全面加强检察队伍建设（2007 年 8 月 16 日） …… 1112

4. 牢记“为民、务实、清廉”的根本要求，切实提高决策力、执行力、公信力（2009 年 2 月 14 日） …………………… 1122
5. 建立健全全员培训体系，积极推进大规模检察教育培训（2009 年 8 月 18 日） …………………………………… 1126
6. 以党的十七届四中全会精神为指导，加强新形势下各级检察院领导班子自身建设（2009 年 9 月 27 日） ……………… 1132
7. 自觉端正思想认识，狠抓各项工作方针和部署的落实（2009 年 9 月 27 日） …………………………………… 1137
8. 抓好检察专业法学硕士培养工作，加快构筑人才战略高地（2010 年 9 月 2 日） ……………………………………… 1142
9. 检察文化建设重在体现时代精神、构建检察人员共同价值体系、激发检察事业发展内生动力（2010 年 10 月 30 日） ……………………………………………………………………… 1146
10. 扎实深入开展治庸问责工作（2011 年 8 月 24 日） ………… 1150
11. 努力打造现代校园、智能校园、人文校园和绿色校园（2011 年 12 月 5 日） …………………………………… 1160
12. 强化履职观念、提振精神状态、积极应对挑战（2012 年 1 月 17 日） ………………………………………………… 1163
13. 抓好全省检察机关年轻干部培养工作（2012 年 8 月 27 日） ……………………………………………………………… 1166
14. 严明政治纪律，加强检察机关自身反腐倡廉和作风建设（2013 年 3 月 19 日） …………………………………… 1173
15. 促进年轻干部成长成才、建功立业（2013 年 3 月 28 日） ……………………………………………………………… 1184
16. 以改革创新精神推进检察队伍六项建设（2013 年 8 月 13 日） ………………………………………………………… 1190

17. 努力打造“五个过硬”检察队伍（2014 年 1 月 24 日） …… 1207
18. 严明组织纪律，更加坚定自觉地推进检察机关党风廉政建设和反腐败工作（2014 年 2 月 28 日） …… 1209
19. 落实“主体责任”的关键在行动（2014 年 9 月 5 日） …… 1219
20. 坚持守纪律、讲规矩，深入推进检察机关党风廉政建设和反腐败工作（2015 年 2 月 15 日） …… 1224
21. 抓学习、抓作风、抓党建，促进检察事业发展（2015 年 3 月 2 日） …… 1231
22. 认真践行“三严三实”，推动检察事业全面发展进步（2015 年 5 月 21 日） …… 1237
23. 进一步抓好主体责任落地生根（2015 年 7 月 27 日） …… 1257

第十五章　检察机关组织体系及基本办案组织

1. 坚定信心、健全机制，深入推进部分基层检察院内部整合改革试点（2010 年 7 月 16 日） …… 1267
2. 基层检察院内部整合改革试点要进一步深化和扩大（2012 年 8 月 28 日） …… 1273
3. 加强检察机关组织体系建设的重要意义、基本原则和主要任务（2013 年 3 月 29 日） …… 1282
4. 持续探索、综合施策，扎实推进检察官办案责任制改革（2015 年 1 月 22 日） …… 1295

5. 关于检察官办案责任制综合配套改革的思考与探索（2015年7月7日） …… 1300

第十六章 检察基层基础工作

1. 武汉汉阳：那儿有颗“奔腾的芯”（2006年11月24日） …… 1309
2. 深入开展以“强办案、强监督、强管理”为主要内容的科技强检工作（2008年4月22日） …… 1311
3. 大力加强基层检察院建设和检察基础工作，积极探索法律监督工作向基层延伸的新途径新方式（2009年7月23日） …… 1319
4. 以党的建设带动和推进基层检察院建设（2009年11月25日） …… 1323
5. 以保障执法办案、保障能力提升、保障规范执法、保障事业发展为目标，构建“四位一体”检务保障格局，推进“实力检察”建设（2012年8月30日） …… 1335
6. 以信息化引领检察工作现代化（2015年9月15日） …… 1345

第十七章 检务公开和检察宣传

1. 积极发挥检察宣传工作的职能作用，深入推进“检务公开”工作（2006年8月31日） …… 1351
2. 同媒体互动是增加检察机关透明度的重要形式（2010年3月12日） …… 1360

3. 进一步做好新形势下的检察新闻工作（2010 年 5 月 28 日） …… 1362

4. 创新机制，多措并举，扎实推进代表委员联络工作（2012 年 9 月 26 日） …… 1365

5. 突出抓好检察宣传“三项任务”，积极建立新型检媒关系，加强检察机关新媒体应用（2014 年 1 月 24 日） …… 1370

6. 积极探索完善“互联网 + 检务”工作模式（2015 年 7 月 3 日） …… 1372

第十八章　检察理论和应用研究

1. 抓好检察理论与应用研究工作（2006 年 9 月 19 日） …… 1381

2. 以理论创新和实践创新推进检察事业科学发展（2007 年 12 月 11 日） …… 1385

3. 加强检察理论研究工作，提升检察机关综合实力（2008 年 12 月 18 日） …… 1389

4. 坚持“百花齐放、百家争鸣”，推动检察事业科学发展（2011 年 1 月 16 日） …… 1391

5. 顺应诉讼法修改，巩固和发展中国特色社会主义检察制度（2013 年 9 月 28 日） …… 1394

6. 努力夯实人民检察院司法责任制理论基础（2015 年 9 月 19 日） …… 1398

第八章
查办职务犯罪

1 深入开展治理商业贿赂专项工作，保持反贪工作平稳健康发展*

一、关于充分发挥检察职能，积极参加治理商业贿赂专项工作

近年来，商业贿赂在一些行业和领域逐渐滋生蔓延，直接危害我国经济社会健康发展，破坏社会主义市场经济秩序，损害人民群众的切身利益，毒化政风、行风和社会风气，滋生腐败行为和经济犯罪，影响我国的投资环境和国际形象，已成为经济社会生活中的一大公害。在全国开展治理商业贿赂专项工作，是中央审时度势作出的重要决策，对于进一步规范市场经济秩序，构建社会主义和谐社会，推进反腐倡廉工作，保障改革开放和经济社会健康发展，具有重大意义。全省检察机关要把思想统一到中央的重大决策上来，明确检察机关在治理商业贿赂中的职责任务，积极参加治理商业贿赂专项工作。

第一，充分认识开展治理商业贿赂专项工作的重要性，切实增强责任感和使命感。中央、省委和高检院对这次专项工作极为重视。中央政治局常委会议专题进行了研究，专门成立了治理商业贿赂领导小组。4 月 11 日，我省召开全省纠风暨治理商业贿赂工作会议，对治理商业贿赂工作作了具体部署。省委办公厅、省政府办公厅印发了《省治理商业贿赂领导小组关于开展治理商业贿赂专项工作的实施意见》，要求在治理商业贿赂中遵循“坚持标本兼治、实行综

* 2006 年 5 月 18 日敬大力同志在湖北省检察机关治理商业贿赂专项工作暨反贪污贿赂工作会议上的讲话节录。

合治理"，"突出工作重点、推进依法治理"，"严格把握政策、维护发展大局"，"统筹谋划部署、稳步有序推进"等四条基本原则，明确了专项工作的目标任务、实施部署与措施要求。4月25日，高检院召开治理商业贿赂专项工作会议，要求全国检察机关坚决贯彻中央的决策部署，全面落实科学发展观，牢固树立社会主义法治观念，努力实践检察工作的主题和总体要求，依法认真履行法律监督职责，积极参加专项工作，确保取得明显成效。高检院和省里的有关文件已经印发给大家，各地要认真组织学习，深刻领会精神，坚决贯彻落实。全省检察机关一定要从政治和全局的高度，把思想统一到中央、省委和高检院的要求部署上来，充分认识开展这次专项工作的极端重要性，切实增强搞好专项工作的责任感和使命感。中央、省委和高检院的高度重视与统一部署，为检察机关办案工作创造了非常有利的环境和条件，增强了我们搞好这次专项工作的决心与信心。

第二，认真履行检察职能，推动治理商业贿赂专项工作深入开展。在治理商业贿赂专项工作中，检察机关肩负着依法查办国家工作人员商业贿赂犯罪、批捕起诉商业贿赂犯罪案件、对有关诉讼活动实施法律监督、开展预防商业贿赂犯罪的重要职责和任务。全省检察机关要充分发挥检察职能作用，为深入推进党风廉政建设和反腐败工作、有效遏制商业贿赂作出应有贡献。

一是要不断加大查办和预防商业贿赂犯罪工作力度。全省检察机关要把查办商业贿赂犯罪案件作为检察机关参加这次专项工作的主要任务，依法履行职务犯罪侦查职能，着力做好查办商业贿赂犯罪案件工作。要明确查案范围，严格按照法律关于检察机关案件管辖的规定，依法查办涉及国家工作人员的商业贿赂犯罪案件。要突出办案重点，严肃查办发生在工程建设、土地出让、产权交易、医药购销、政府采购、资源开发和经销等重点领域的商业贿赂犯罪案件；严肃查办国家公务员利用职权索取和收受商业贿赂的犯罪案件；严肃查办严重破坏市场经济秩序、损害人民群众切身利益的商业贿赂犯罪大案要案。在严肃查办受贿犯罪的同时，要依法查办那些为谋取不正当商业利益而大肆行贿、拉拢腐蚀国家工作人员、危害严

重的行贿犯罪。特别是要严肃查办行贿数额巨大、多次行贿或者向多人行贿的犯罪案件；向党政干部和司法工作人员行贿的犯罪案件；为非法获取工程项目的开发、承包、经营权，向有关主管部门及其主管领导行贿的犯罪案件；为制售假冒伪劣产品，向有关国家机关及国家工作人员行贿的犯罪案件。要积极拓宽案件来源渠道，通过统一组织开展举报宣传活动，坚持主动出击摸排案件线索，与有关行业主管部门建立健全案件线索移送制度等多种渠道，不断提高发现犯罪的能力。要充实办案力量，认真组织初查和侦查工作，抓紧突破和侦结一批商业贿赂大案要案。要坚持“抓系统、系统抓”的工作方法，深入案件多发的重点领域和行业，总结商业贿赂犯罪的发案特点和破案规律，选准办案工作的突破口，集中查处一批行业性窝案串案，形成强大的办案声势。要结合办案积极开展预防商业贿赂犯罪工作，广泛开展法制宣传教育和警示教育，进一步加强个案预防、专项预防与系统预防，协助有关主管部门加强行业监管和自律，推动建立健全防治商业贿赂长效机制。

二是要认真履行批捕、起诉和诉讼监督职能。侦查监督、公诉部门要增强工作主动性，加强与职务犯罪侦查部门和公安机关的沟通配合，对重大、疑难、复杂的商业贿赂犯罪案件适时提前介入，引导侦查取证。要提高办案效率，对商业贿赂犯罪依法快捕快诉，配合法院从快审判，决不在批捕、起诉环节发生问题。要保证办案质量，坚持从治理商业贿赂专项工作全局出发，正确把握批捕、起诉的标准，严把案件事实关、证据关和法律适用关，既防止该捕不捕、该诉不诉，又要防止错捕错诉。全省检察机关要切实增强法律监督意识，紧紧围绕专项工作强化对各个办案环节的诉讼监督，保障和促进专项工作深入健康发展。要把对商业贿赂的立案监督作为一项重要工作来抓，加大监督力度，加强跟踪监督，依法监督纠正以罚代刑、以纪代刑、有案不立、有罪不究等问题，有效防止打击不力。加强侦查活动监督，注意发现漏罪漏犯并依法追捕追诉，注意及时监督纠正侦查活动中发生的违法办案、侵犯人权的行为。加强刑事审判监督，对法院判决裁定确有错误的要依法提出抗诉，重点防止对商业贿赂犯罪案件重罪轻判、有罪判无罪。加强刑罚执行监督，监督纠正判决生效后不按规定交付执行和违法释放、违法减刑、假释、保外就医等问题，保障刑罚的正确执行，使商业贿赂犯罪分子得到应有的惩罚。在诉讼监督工作中，各职能部门要注意发现司法与行政执法不公背后的职务犯罪案件线索，并按照侦查分工的规定开展初查侦查工作或及时移送职务犯罪侦查部门处理。

第三，正确把握法律政策界限，注意办案的方式方法。治理商业贿赂涉及面宽，情况非常复杂，政策性很强。很多商业贿赂问题是长期形成的，有的甚至已成为商贸活动的“潜规则”和“惯例”，在经营活动、商业交往中大量存在，牵涉的面很广，必须正确把握政策界限，防止打击不力或打击面过宽；商业贿赂犯罪不同于一般刑事犯罪，往往与违反商业道德和市场规则的不正当交易行为交织在一起，与违法违纪问题交织在一起，在国家相关法律政策界限不是非常明确与具体的情况下，要根据案件具体情况区别对待，正确把握政策界限；商业贿赂主要是发生在经贸活动、商业交往、交易行为中的问题，治理商业贿赂专项工作稍有不慎，将直接影响经济社会发展，直接影响社会和谐稳定，必须始终站在维护全局利益的高度，正确把握法律政策界限。对把握法律政策界限问题，中央高度重视，省委、高检院也提出明确要求。全省检察机关要认真领会贯彻高检院工作部署，在办案工作中把握好法律政策界限。要注意把正常的商业交往、不正当交易行为与商业贿赂严格区别开来，把属于自查自纠范围的违法违纪行为与商业贿赂犯罪区别开来，正确把握罪与非罪、此罪与彼罪、自然人犯罪与单位犯罪的法律界限，坚持打击与保护并重，真正做到有罪追究、无罪保护、严格依法、客观公正。对法律规定不明确、性质难以认定的问题要慎重处理，及时向上级检察院直至高检院请示。要贯彻宽严相济、区别对待的刑事政策，对在自查自纠中能够主动投案自首、坦白交待问题并积极退赃的，特别是积极检举揭发犯罪、有立功表现的，要依法从轻、减轻或者免予追究刑事责任，可捕可不捕的不捕，可诉可不诉的不诉。对拒不自查自纠、弄虚作假、掩盖问题的单位和个人，以及性

质恶劣、情节严重、涉案范围广、影响面大的商业贿赂案件，一经发现，要依法从严惩处。要注意办案的方式方法。及时与发案单位或其上级主管部门沟通，做好工作衔接，确保发案单位工作正常运转；到发案单位调查时，要主动争取发案单位的支持与配合，尽量不开警车、不着制服，慎重选择办案时机与方法，慎重使用强制措施，慎重查封、冻结单位账目和银行账户，慎重扣押单位涉案款物，最大限度地维护发案单位的正常工作、经营秩序。

第四，切实加强对专项工作的组织领导。全省检察机关要充分认识这次专项工作的重要性、艰巨性和复杂性，切实加强组织领导，确保专项工作取得实效。一是要加强领导与统一部署。各级院党组要把专项工作摆上重要位置，做到检察长亲自抓、分管副检察长具体抓，精心组织，加强协调，积极推进。各地都要迅速成立治理商业贿赂领导小组与工作机构，负责专项工作的指挥、协调和督导，保证工作高效运转。中央、省委、高检院对专项工作的要求都非常明确具体，高检院、省委省政府、省检察院都印发了实施意见或实施方案，因此不再要求各地检察机关制定实施方案，各地要把主要精力放在贯彻执行上级部署上来，扎扎实实抓好工作落实。上级检察院要加强对下指导与督促检查，及时解决专项工作中遇到的问题与困难。各级检察院要自觉接受党委的领导，及时向党委汇报检察机关的重大部署、具体措施和进展情况，自觉接受各级党委治理商业贿赂专项工作领导小组的组织协调与监督检查，积极争取支持。二是加强内外协调配合。要主动与治理商业贿赂领导小组各成员单位联系配合，加强与有关行业主管部门和执纪执法部门的协作配合，建立情况通报、线索移送、案件协查、信息共享等工作机制，及时沟通情况，研究和协调重大案件的查处。加强与公安、法院的协调配合，及时解决办案中遇到的问题。自侦部门与侦查监督、公诉、预防、监所检察、控申检察部门要充分发挥各自职能作用，加强内部协作配合，形成专项工作合力。三是要强化保障。要根据开展专项工作的需要，积极向党委、政府及财政部门申请专项经费，从侦查装备、交通工具、办案补贴方面强化办案保障，为专项工作的顺利开展创造良好条件。四是要开展自查自纠。各级检察机关要认真检查自身在工程建设、物资装备采购等过程中是否存在检察人员收受商业贿赂的行为，是否存在检察人员利用执法权执法犯法、贪赃枉法、索贿受贿的行为。查出问题的，要根据错误事实、情节轻重、影响大小和认识态度等，依法依纪处理。对情节严重构成犯罪的，要依法查办。通过认真开展自查自纠，提高检察机关执法办案工作的社会公信度。

二、关于进一步加强反贪工作，保持反贪工作平稳健康发展

对做好当前和今后一个时期的全省检察机关反贪污贿赂工作，我主要就保持反贪工作平稳健康发展问题强调三点要求：

第一，适应形势和任务发展要求，反贪工作要自觉与时俱进。当前，检察工作面临着很多新形势新任务，特别是中央提出的科学发展观、社会主义法治理念的重要战略思想，都是新时期检察工作必须坚持的指导思想，都对检察工作提出了新的更高要求。科学发展观要求，各项工作的发展必须是平稳健康和可持续的发展，各项工作要服务大局、服务构建社会主义和谐社会。社会主义法治理念要求，政法机关和政法队伍要牢固树立、自觉实践“依法治国、执法为民、公平正义、服务大局、党的领导”的法治理念，进一步端正执法思想，不断推动执法实践。反贪工作必须适应科学发展观与社会主义法治理念的要求，在思想认识与工作措施上与时俱进，积极探索一条符合形势发展需要、符合我省检察工作实际、符合反贪工作特点和规律的新路子，推动反贪工作不断创新发展。要明确发展方向，坚持把科学发展观、社会主义法治理念的要求贯穿于反贪工作的各个环节，坚持党的领导，坚持服务大局，更好地发挥反贪工作维护稳定、服务发展、促进和谐的职能作用，使反贪工作更加符合党和人民的要求；要把握工作重点，坚持根据贪污贿赂犯罪的客观形势、适应全局利益的客观需要来确立办案重点，进一步加大执法办案力度，全面加强反贪侦查能力建设，积极推进反贪队伍建

设，不断提高反贪工作的整体水平；要改进工作方式方法，努力克服传统思维定势、老一套工作方法的束缚与制约，在新的实践中积极探索新的方式和方法，推动反贪办案工作深入发展；要正确把握法律政策界限，既要严格依法办案，又要认真贯彻执行党和国家的各项方针政策，把握好执法尺度与政策界限，运用好办案方式与策略措施，处理好办案数量与办案质量的关系，实现办案的法律效果与政治效果、社会效果的有机统一。

第二，坚持多措并举，努力保持办案工作平稳健康发展。检察工作要坚持以业务工作为中心，抓业务工作必须始终突出执法办案，并努力保持执法办案工作的平稳健康发展。省院党组强调，要通过抓综合考评执法办案工作、抓规范执法行为、抓检察工作服务大局，"三管齐下"促进检察机关执法办案工作的平稳健康发展，这是当前各级检察机关特别是各级院领导班子、反贪部门要突出坚持的"中心思想"。今年以来，各地积极贯彻省院党组的要求，强化工作措施，加大工作力度，推进了各项业务工作，反贪工作也呈现出良好的发展态势。我们必须看到，反贪工作是检察机关法律监督职能的重要组成部分，反贪部门的主要职责任务是办案，如果反贪办案工作不能实现平稳健康发展，就谈不上检察机关执法办案工作的平稳健康发展。全省检察机关和反贪部门要坚持"三管齐下"，狠抓反贪办案工作的平稳健康发展。要进一步统一思想，提高认识，改进工作，坚持综合考评执法办案工作，狠抓薄弱环节，全面推进反贪工作；坚持规范执法行为，切实解决执法活动中存在的突出问题；坚持检察工作服务大局，把握反贪工作正确方向，努力保持反贪办案工作的平稳健康发展。

第三，坚持反贪工作机制创新。健全完善、科学合理的反贪工作机制，能够有效调动各种积极因素，激发检察人员的工作积极性、主动性，提高执法工作的水平、质量与效率，保障检察机关正确履行反贪职责、严格公正执法。加快推进反贪工作机制改革，既是从根本上解决反贪工作面临的诸多矛盾和问题的必由之路，也是适应新形势新任务的要求，实现反贪工作与时俱进的客观需要。全省检察机关要抓住司法体制和工作机制改革全面展开、深入推进的大好机遇，积极推进反贪工作机制创新，以改革的办法来消除那些影响反贪工作发展的机制性障碍。

一是积极推进一体化办案机制建设，尽快形成“上下统一、横向协作、内部整合”的办案模式，促进上下级检察机关之间、不同地方检察机关之间和检察机关有关内设机构之间的协作配合。要突出一体化机制的“指挥协调”功能，在侦查组织指挥、跨地域侦查协调配合、侦查资源统一配置使用等工作中充分发挥一体化机制的作用。要进一步加强侦查指挥中心建设，一要增强指挥协调功能，通过侦查指挥中心强化上下沟通、横向联系、侦查协同配合；二要增强实战功能，组织协调涉及多个地区、多个部门，需要各方面统一行动、协作配合地查处案件，要以侦查指挥中心为平台整合线索和情报信息工作，加强办案工作信息化。要使侦查指挥中心确实作为一个实际运作的实体而存在。必须强调指出的是，“侦查指挥中心”同“侦查指挥”并不完全是一回事，反贪系统在办案工作中也要发挥自身侦查指挥机制的作用。

二是积极推进情报信息工作机制创新。情报信息工作，是一项重要的基础性工作。各级检察机关要把这项工作放在更加重要的位置来抓，积极创新工作机制和工作方法，要有一个部门来从事情报信息工作。不仅要注意拓宽案件线索来源，而且要密切注意社情民意信息、社会管理信息、新闻媒体报道，全方位、多渠道获取反贪工作情报信息，建立门类齐全、内容准确、检索便利的情报信息数据库。要建立案件线索统一管理机制，加强案件线索统一收集、管理、审查分析、开发利用和组织查办，提高对案件线索的宏观把握能力，避免线索的积压与流失；要加强情报信息的管理、分析、研究，对信息情报进行有效整合，准确把握贪污贿赂犯罪的动态、规律、特点和趋势，为工作决策和侦查办案服务。

三是认真落实高检院推出的工作机制改革举措。开展人民监督员制度试点工作，推行讯问犯罪嫌疑人全程同步录音录像工作，实行职务犯罪立案报上一级院备案、撤案报上一级院审批的制度，调

整职务犯罪侦查分工等，都是检察机关职务犯罪侦查工作机制的重大改革创新，对于强化内外部监督制约，保证职务犯罪侦查权的正确行使具有重要意义，各地要不折不扣地贯彻执行，积极探索总结经验，为反贪工作不断注入活力与动力。

2 以查办司法和行政执法不公背后的职务犯罪为专项工作重点，全面带动和加强渎职侵权检察工作*

高检院开展查办破坏社会主义市场经济秩序渎职犯罪专项工作，为全面加强渎职侵权检察工作提供了难得的机遇。湖北省检察机关通过开展专项工作，以查办司法和行政执法不公背后的职务犯罪为专项工作重点；以加强渎职侵权检察工作，树立检察机关法律监督权威和维护公平正义的形象为目标；以践行科学发展观和社会主义法治理念，保持办案工作平稳健康发展为途径，全面带动和加强渎职侵权检察工作。

一、抓住专项工作的重点

司法与行政执法不公背后的职务犯罪对社会主义市场经济秩序的破坏最严重，人民群众反映最强烈。如有的该立案不立案，不该立案的乱立案；有的放纵生产、销售有毒有害食品、药品及假农药、假种子、假化肥等严重危害人民群众生命健康的违法活动，等等。因此，必须将查办司法和行政执法不公背后的职务犯罪作为专项工作的重中之重。

工作中，要重点查办司法与行政执法不公正、不严格、不廉洁、不规范、不作为构成渎职侵权、贪污贿赂等职务犯罪，或者这些现象背后的渎职侵权、贪污贿赂等职务犯罪。特别是在民事、行政审判和执行活动中，违背事实和法律枉法裁判，违法执行或者滥用执

---

* 《检察日报》2006年6月14日刊载敬大力同志文章。

行权，严重损害当事人合法权益，构成职务犯罪或者隐藏其背后的职务犯罪；在工商、税务、海关、国土资源、城市规划、房地产、技术监督、食品药品监督等行政管理和行政执法活动中，违法审批，违法处罚，滥用职权，玩忽职守，徇私舞弊，构成职务犯罪及其背后的职务犯罪；在行政执法活动中，以罚代刑，不移交刑事案件，构成职务犯罪及其背后的职务犯罪；利用职务便利，充当黑恶势力“保护伞”，构成职务犯罪及其背后的职务犯罪；矿难和其他重大责任事故背后存在的职务犯罪。

二、发挥渎职侵权检察部门的法律监督作用

抓好专项、带动全面是高检院开展专项工作的要求。专项工作的效果最终要体现到强化法律监督，树立检察机关法律监督权威和维护公平正义形象上来。渎职侵权检察工作是检察机关法律监督工作的重要组成部分。

如何提升渎职侵权检察部门的法律监督能力？就当前情况看，关键是要进一步加强办案一体化机制建设，尽快形成“上下统一、横向协作、内部整合”的工作机制，充分发挥统一组织指挥侦查，合理配置侦查资源，提高突破案件能力、快速反应能力和抗干扰能力的作用。

具体讲，“上下要统一”，就是要充分发挥检察机关领导体制的优势，强化上级院对下级院的领导关系，克服检察权地方化、部门化的倾向。省院要力争抓住几件重大典型的渎职侵权犯罪案件直接查办，发挥带动和示范作用，市州分院要切实发挥查办案件的主体作用，强化对辖区内案件侦查的指挥权，案件管辖方面的提办、交办权；对重大疑难案件和干扰阻力大的案件，省院、市州分院要及时督办、参办、提办或指定异地办理。同时，注意发挥基层院在办案一体化机制中的基础性作用。基层院要发挥查办案件的支点作用，广泛收集信息，主动摸排线索，积极认真查办案件。

“横向要协作”，就是既要加强检察机关之间的相互协作，又要与有关行政执法和司法部门联系协调，主动上门，通报情况，加强

沟通，取得理解、支持和配合。

“内部要整合”，就是要摒弃检察机关内部各个业务部门各自为政、相互封锁、“神秘主义”的办案旧模式，充分发挥检察机关各业务部门的优势，在日常工作中加强配合和联系，对案件线索实行统一管理，对初查或立案侦查渎职侵权案件进行统一规范，对办案力量进行统一调配和优化组合，真正形成查办渎职侵权犯罪的合力。

三、保持办案工作的平稳健康发展

开展这次专项活动的中心任务就是查办破坏社会主义市场经济秩序的渎职犯罪案件，专项活动能否深入下去，能否取得成效，关键在于办案工作力度是否加大，执法水平和案件质量是否提高，是不是能够查办一批有影响、有震动的大要案。当前我省渎职侵权检察工作存在的主要问题是办案规模不大、办案数量不多、立案持续走低、人均办案量不高、不规范的办案行为时有发生、办案安全存在隐患等。要改变这一状况，关键在于坚持科学发展观和正确执法观，自觉用社会主义法治理念指导检察工作，努力保持执法办案工作平稳健康发展，为此必须坚持综合考评执法办案工作、坚持规范执法行为。

抓好专项工作应坚持综合考评执法办案工作，狠抓薄弱环节。2006 年年初，湖北省院认真分析了形势，把加强渎职侵权检察工作作为 2006 年省院重点抓的 35 项工作之一，研究确定了加强渎职侵权检察工作的思路和措施。其中，突出强调要通过综合考评办案工作，推动渎职侵权检察工作全面发展。省院根据高检院考评各省查办职务犯罪案件的考评办法，制定了《湖北省人民检察院考评各市、州检察机关查办渎职侵权犯罪案件工作办法（试行）》。这个考评办法体现了科学发展观的要求，对渎职侵权检察工作的考评，是综合考评、全面考评、科学考评，既看工作成效突出的方面，又狠抓工作薄弱环节；既讲办案数量、办案规模，又讲办案质量、办案安全，实现执法办案的法律效果与政治效果、社会效果的有机统一。

抓好专项工作还应坚持规范执法行为，切实解决执法活动中存

在的突出问题，树立检察机关在社会上的良好形象。当前，全省检察机关在省院的统一部署下，认真开展以着力整治利益驱动违法违规办案、不文明办案和办案安全隐患等问题为内容的“三个专项治理”工作。力求将专项治理同人民监督员参与“五种情形”监督工作结合起来，将专项治理与办案工作结合起来，将解决以往和当前存在的个别问题同建立长效机制解决普遍问题结合起来，探索一条既加大办案力度，又能规范执法办案和提升执法效果的新路子。

当前，要结合社会主义新农村建设、促进中部崛起、建设武汉城市圈等重大战略部署，深入了解一个市、一个县的中心工作是什么，经济发展的重点是什么，妨碍和制约发展的问题在哪里，从而确定渎职侵权检察工作的重点方位。当前工作中需要检察机关排忧解难的几件事，一是查处安全生产领域渎职犯罪，维护安全生产大局；二是积极参加突发事件处理，维护社会稳定大局；三是查办破坏社会主义市场经济秩序渎职犯罪，服务经济发展大局。要把这几项工作作为我们的工作重点，立足职能，积极主动，通过查办案件，提升法律监督能力。

3 反贪工作要做到力度大、质量高、效果好、不出事*

一、坚持服务大局，促进和谐社会建设，把握反贪办案工作的正确方向

构建社会主义和谐社会，是全党全国人民的共同愿望和重大任务。中央《关于构建社会主义和谐社会若干重大问题的决定》强调，构建社会主义和谐社会要以解决群众最关心最直接最现实的利益问题为重点。省委根据党的十六届六中全会和《决定》精神，制定下发了《关于解决当前关系群众切身利益若干突出问题促进和谐社会建设意见》。检察机关反贪部门作为反腐败的重要职能部门，在构建社会主义和谐社会中肩负重大责任，要强化大局意识，有针对性地加强和改进办案工作，在解决“三最”问题方面，做出实实在在的成绩。

（一）要强化大局意识，明确工作目标和任务

前不久，省院组织各市州分院就检察机关解决人民群众切身利益问题进行了专题调研。从调研掌握的情况看，群众对干部腐败深恶痛绝，对反腐倡廉工作极其关注，希望检察机关进一步加大查办职务犯罪力度。充分发挥反贪职能服务和谐社会建设，是检察机关反贪部门义不容辞的职责，也是检察工作服务大局的重要内容。我们要切实增强使命感和紧迫感，以解决人民群众最关心最直接最现实的利益问题为切入点、着力点和突破口，顺应人民群众的强烈呼

---

* 2006年12月11日敬大力同志在湖北省检察机关反贪局长培训班上的讲话。

声和热切期盼，始终把查办贪污贿赂犯罪摆在突出位置。要围绕社会主义和谐社会的总目标，准确把握反贪工作与解决“三最”问题的关系，通过坚决查办贪污贿赂职务犯罪来实现好、维护好、发展好人民群众的根本利益。紧紧围绕建设社会主义和谐社会、实施“十一五”规划、建设社会主义新农村、促进中部地区崛起等重大战略谋篇布局，结合各地实际分析研究经济社会发展及和谐社会建设中各类贪污贿赂犯罪的新动向、新特点、新情况，有针对性地开展办案工作。通过全面履行查办贪污贿赂犯罪职能，推动“三最”问题的有效解决，为构建社会主义和谐社会作出应有的贡献。

（二）要突出查案重点，加大解决“三最”问题的力度

要从构建社会主义和谐社会的高度，坚持把严重损害群众切身利益问题的贪污贿赂犯罪作为反贪工作办案重点，进一步加大办案力度。在坚决查办大案要案的同时，依法严肃查办发生在群众身边、严重损害群众利益、社会反映强烈的其他案件。严肃查办国家工作人员利用经济管理、社会管理、公共服务、执法司法等职务之便贪污受贿的案件，促进依法办事，廉洁从政。积极查办在实施促进中部地区崛起战略中，能源水电、原材料基地、交通运输、商贸流通建设，老工业基地振兴、高新技术产业、教育卫生、社会保障等领域发生的国家工作人员贪污贿赂犯罪案件，促进经济社会发展，维护人民群众的根本利益；在社会主义新农村建设中，农田水利、电网及饮水改造、村村通公路、义务教育、合作医疗、村庄整治、移民安置、土地管理、退耕还林、扶贫开发等领域发生的国家工作人员和农村基层组织负责人贪污贿赂犯罪案件，保障国家促进中部地区崛起和支农惠农的政策得到落实。

（三）加强调查研究，努力提高解决“三最”问题的工作能力和水平

运用反贪职能解决人民群众最关心最直接最现实的利益问题，情况复杂，任务繁重。从我省检察机关调研掌握的情况看，当前群众高度关注反腐倡廉工作，不仅关注办案力度，而且关注检察机关自办案件力度的大小；不仅关注办案的数量，而且关注办案的效果

特别是惩治效果；不仅关注执法办案是否规范，而且关注检察人员的执法能力与执法素质。群众关注的这些问题，如果我们不进行调查研究就难以准确把握。所以我们要进一步加强调查研究，坚持深入基层、深入实际、深入群众，及时总结工作经验，查找薄弱环节，查摆存在的问题，切实加强和改进反贪工作，使我们的工作更加符合人民群众的要求。要通过加强调查研究，认真思考进一步加大办案力度的途径与方法，提出切实可行的具体措施，推动反贪办案工作深入开展。还要通过调查研究，认清反贪队伍素质与反贪工作新形势新任务不相适应之处，采取多种形式、多种途径，全面加强反贪队伍的思想政治、纪律作风和专业化建设，不断提高反贪干警的政治素质、业务素质和职业道德素质，不断提高反贪干警运用反贪职能化解社会矛盾、维护社会稳定、维护公平正义、服务经济建设与和谐社会建设的能力。

二、坚持以科学发展观指导反贪办案工作

科学发展观要求，各项工作的发展必须是平稳健康和可持续的发展。反贪部门的主要职责任务是办案，反贪工作要体现科学发展观的要求，就必须实现办案工作平稳健康发展。

（一）要准确理解“平稳健康发展”的工作要求

我看可以用四句话来概括：一是“力度大”，就是一个地区查办贪污贿赂案件的数量和规模，要与该地区贪污贿赂犯罪的发案形势相适应，始终保持对贪污贿赂犯罪的高压态势。在当前反腐败斗争形势依然严峻、贪污贿赂犯罪仍易发多发的形势下，反贪工作要实现平稳健康发展，首先必须要有一定的办案数量，形成一定的办案规模，防止和纠正办案数量的大起大落或者大范围持续走低。二是“质量高”，就是案件质量要过硬。体现在工作要求上，就是立办案件的起诉数和起诉率、有罪判决数和有罪判决率要保持在一个较高的水准上，将不诉率和无罪判决率降低到最低的限度内。三是“效果好”，就是实现办案的法律效果和社会效果、政治效果有机统一。其实质就是开展办案工作要克服孤立办案、就案办案的倾向，

既要有法律意识，又要有政治意识和大局意识，取得广泛的社会理解和支持；要严格区分罪与非罪的界限，注意运用宽严相济的刑事政策，注重办案的策略和方式，把握办案时机和尺度，既依法办案，又防止负面影响，赢得社会各界的广泛认同。四是“不出事”，就是要不出或少出工作责任事故，特别是要杜绝办案安全责任事故，防止发生干警违纪违法事件。以上四个方面的要求是一个有机统一的整体，不可偏废，只有这四个方面同时具备，才能谈得上办案工作平稳健康发展。

（二）要继续发扬工作中的成功经验和有效做法

今年以来，全省检察机关反贪办案工作保持了良好的发展势头，实现了立案件数和人数、立查要案数、立查百万以上大案数、起诉数和起诉率、有罪判决数与有罪判决率、挽回经济损失数等同比上升。全省案件大面积、大幅度下滑的问题有所缓解。这些成绩的取得，最根本的是靠三条基本经验，做到“三管齐下”：一是坚持检察工作服务党和国家工作大局。自觉把检察工作包括反贪工作置于大局中来思考谋划，按照大局的要求来确定工作重点、加大工作力度、提高执法水平与办案质量，在服务大局中积极履行职责，确保了检察工作的正确方向，推动了反贪工作健康发展。二是坚持综合考评执法办案工作。按照以科学发展观为统领、按照构建社会主义和谐社会的要求加强和改进检察工作的总体工作思路，省院提出要坚持实事求是的思想路线，坚持科学发展，综合考评执法办案工作，狠抓薄弱环节，全面推进工作。省院根据高检院的有关规定并结合湖北的实际重新制定反贪工作的考评办法，对执法办案的数量、质量、效果以及办案规范化等多项指标实行科学、全面和综合考评，树立了正确的工作导向。三是坚持规范执法行为。扎实开展“三个专项治理”，促进规范办案。全省检察机关在专项治理活动中，清理、纠正和整改了一大批利益驱动违法违规办案、不文明办案和办案安全隐患问题，并推动建立健全相应的长效机制。这三条是最根本、全局性的经验。除以上三条经验外，办案工作中还积累了一些有效做法：一是省院、市州分院带头办案，推动办案深入开展。如省院反贪局加大自身办案力度，目前已立查贪污贿赂案件 12 件 13 人，其中厅级干部 8 人，并深挖案件线索交办给下级院，直接指挥下级院立办案件 67 件 72 人。二是坚持“抓系统、系统抓”，深入查办窝串案。运用“抓系统、系统抓”的办案方法，在出版发行、医药购销两个系统立案侦查一批商业贿赂犯罪窝案串案。三是运用检察工作一体化机制，有力推进办案工作。如在开展治理商业贿赂专项工作中，省院反贪局 6 次召集市州分院反贪局长“碰头会”，集中交办案件线索，集中管理涉案信息，集中统一开展办案行动，在短期内迅速打开了工作局面。这些基本经验和成功做法，要认真进行总结推广，在今后的工作实践中继续坚持与发扬。

（三）要正确处理好四个方面的关系

坚持用科学发展观统领反贪工作，就要科学理解、辩证把握“加大工作力度，提高执法水平和办案质量”的总体要求，全面落实高检院、省院综合考评办法，正确处理好以下几个关系：

一是办案数量与办案质量的关系。检察业务的工作力度是检察机关办案数量和办案质量的综合反映。工作力度必须由一定的办案数量来支撑，没有办案数量就没有工作力度；工作力度也要由办案质量来体现，办案质量不高工作力度就要大打折扣。同时，办案数量与办案质量相互依存、相互促进、相辅相成。办案数量需要办案质量来保障，没有办案质量的办案数量，即使数量再大，也价值不大，甚至给工作带来负面影响；办案质量要以一定的办案规模为依托，没有一定的办案规模和办案数量也谈不上办案质量，特别是该办的案件没有办，数量过少，虽然少数案件质量高了，但在总体上法律效果和社会效果都不会好。提高办案数量和办案质量都是加大工作力度的基本策略，只有把办案数量与办案质量有机地结合起来，才能共同形成检察业务工作的力度。

二是办案力度与规范办案的关系。办案力度和规范办案都是评价、考核反贪办案工作绩效的重要指标和内容。办案工作的总体情况，既需要用办案力度来体现，也需要通过规范办案来反映。反贪工作实践表明：没有严格规范的办案要求，执法不严格，就不可能

真正实现加大办案力度的要求。不在规范内的办案力度，是违法违规的，是不能坚持长久的。我们要求严格执法、规范办案，就是要通过对办案工作实行严格规范的管理，使各地不断提高侦查技能和办案水平，促进办案力度的加大。办案工作越规范，侦查技能和水平越能提高，就意味着加大办案力度具备了坚实基础。有个别同志认为，严格执法不能加大办案力度，有的甚至认为抓规范办案是不懂办案规律，这是对办案力度的片面理解，往往也是自身办案能力不强、侦查技能和水平不高的一种表现。全省检察机关反贪部门一定要正确处理好办案力度与规范办案的关系，开创出一条既规范办案、又有办案力度的工作路子。

三是大案和小案的关系。正确处理大案与小案的关系，既是一种办案艺术，也是刑事法治思维的综合体现。我们既要坚持查办大案，也要依法查办小案。实际工作中，通过抓大案可以带动办小案，细查小案可能牵出大案要案。实际上，大案一般都是由小案发展而来的，小案发生的面积更大、范围更广，如果查处不力就会为大案的发生提供滋生蔓延的温床，使小案不断变成大案，大案不断变成恶性案件，贪污贿赂犯罪将会查不胜查。反贪工作服务社会主义和谐社会建设，必须正确处理好大案与小案的关系，在坚决查办大案的同时，对损害人民群众切身利益的案件，即使是小案，也要坚决依法查办。

四是办案的法律效果与社会效果的关系。办案的法律效果与社会效果在一般情况下应当是一致的，不会发生根本性的冲突。但是，在特定的情况下办案的法律效果与社会效果之间可能会存在冲突。我们在注重办案的法律效果的同时不能忽视办案的社会效果，追求办案的社会效果不能抛开办案的法律效果。法律效果与社会效果是“皮”与“毛”的关系，法律效果是本，社会效果也是不可或缺的。注重办案的社会效果，必须在办案时机、尺度、方式方法、节奏等方面的把握上，分清轻重缓急，恰到好处，使法律效果与社会效果有机统一起来。

当前，我省反贪办案工作在平稳健康发展方面还存在一些不足之处，主要是：办案力度仍需加大；工作发展不平衡，个别地方办案下降幅度过大，办案质量不高；不规范的问题仍时有发生；促进办案平稳健康发展的长效机制有待完善，等等，这些都有待在今后的工作中着力加以解决。

三、坚持以改革为动力，狠抓办案工作机制创新

反贪工作机制创新，既是从根本上解决反贪工作面临的诸多矛盾和问题的必由之路，也是适应新形势新任务的要求，实现反贪工作与时俱进的客观需要。

（一）要积极推进检察工作一体化机制建设

实行“检察工作一体化”机制，对于充分发挥检察机关领导体制优势，增强法律监督合力，提高执法水平和效率，依法独立公正行使检察权，树立法律监督权威，保障国家法律统一正确实施，维护司法公正与社会公平正义具有重大意义。省院提出要在现行政治体制和法律制度框架内，按照检察工作整体性、统一性的要求，建立“上下统一、横向协作、内部整合、总体统筹”的检察工作一体化机制，并已制定下发《关于在全省检察机关实行检察工作一体化机制的指导意见》。反贪工作中落实检察工作一体化机制的重点，是要加强侦查工作的统一组织、指挥、管理与协调。通过整合侦查资源，加大侦查力度，提高侦查效率，逐步形成以省院为领导，以市州分院为主体，以基层院为基础，各地各部门协作配合，体现检察工作一体化机制特点的侦查工作运行模式。要说明的是，在检察工作一体化机制下，不再一般地提“侦查工作一体化”，而要使侦查工作符合检察工作一体化的总体要求。要加强侦查指挥中心建设，省院和各市州分院都要逐步单独设立机构独立的侦查指挥中心及其办公室，由侦查指挥中心对下代表本级院、对内代表本院检察长对侦查工作进行组织、指挥、管理与协调，并推动实现全省联网指挥，形成功能完备的侦查指挥系统。要认真按照职务犯罪案件管辖的规定办理案件，确有必要时，对办理重大复杂案件要视情况采取组织专项侦查行动、实施专案侦查、交办、指定异地管辖、参办、督办、

提办等多种侦查指挥方式，发挥检察机关整体作战优势，有效突破案件。同时，要加强情报信息的统一管理和综合分析利用，加强检察机关相关内设机构的内部制约与协作配合，增强查办职务犯罪工作的整体合力。

（二）要建立健全促进公正、规范、文明执法的长效机制

执法不规范的问题不仅严重影响执法公正、执法形象与执法效果，而且必然导致新的社会不和谐，这是与服务和谐社会建设的要求格格不入的。全省检察机关特别是反贪部门要巩固“三个专项治理”成果，注重长效机制建设，发挥长效机制的治本作用。今年以来，省院高度重视经费保障机制建设，坚持将检察经费保障作为与规范执法、公正执法密切相关的重要工作来抓；高度重视办案安全防范机制建设，制定了严禁在办案区违法违规办案的“六条禁令”，并在全省推广武汉市江夏区院办案区规范管理的经验。最近，省院又研究制定了《湖北省检察机关办案过错责任追究办法（试行）》、《湖北省检察机关扣押、冻结款物及处理办法（试行）》，对违法违规办案的责任追究、责任调查作出具体规定，对扣押、冻结赃款赃物以及上缴财政、返还发案单位、移送有关机关处理的程序与界限问题作出具体规定。同时，严格按照业务工作考评办法，对违法违规办案按规定扣减考评分数，并实行通报制度。

（三）健全完善执法办案的科学考评和绩效管理机制

健全这一工作机制，最根本的是要树立正确的工作导向，引导检察机关和检察人员自觉主动地执行上级的决策与部署，推动执法办案工作平稳健康发展。健全完善反贪办案工作科学考评和绩效管理机制，首先要认真落实反贪工作考核评价机制。高检院、省院下发的反贪工作综合考评办法，经过实践证明，总体上是科学合理、行之有效的。落实反贪工作考核评价机制，目的是为了更好地贯彻科学发展观，实现反贪办案工作全面、协调、健康发展，切实解决一些地方存在的办案力度不大、质量不高、工作顾此失彼等突出问题。其次是要健全考评机制体系。要认真研究建设执法办案的预警机制，实行工作考评与预警机制相结合，加强对执法办案的动态监

控，及时发现和解决苗头性、倾向性问题，使考评的功能从事后向事前、事中延伸；建立奖惩机制，对工作开展得好的予以奖励和表彰，对工作落后和大幅下滑的予以批评，有的要责令说明情况或作检讨，促进相关单位加强和改进工作。

4 加强侦查指挥中心及相关工作机制建设*

一、统一思想，提高认识

加强侦查指挥中心及相关工作机制建设，既是检察工作一体化机制建设的一项重要内容，也是推进办案机制创新，加强对职务犯罪侦查工作统一组织、指挥、管理与协调的一项重大举措。省院党组高度重视这项工作，进行了认真研究和部署。去年 12 月，省院制定下发了《关于在全省检察机关实行检察工作一体化机制的指导意见》，强调要加强职务犯罪侦查工作的统一组织、指挥、管理与协调，要求加强侦查指挥中心及工作机制建设，努力形成功能完备、机制健全的侦查指挥系统。省院率先对指挥中心进行了重组，并成立了机构单设的指挥中心办公室。今年年初，省院党组把加强侦查指挥中心建设作为今年要着力抓好的一项重点工作，进行了安排部署。今年 9 月，省院又专门制定了《湖北省检察机关职务犯罪大案要案侦查指挥中心工作实施办法》，为推进这项工作进一步指明了方向、提供了依据。

对侦查指挥中心及相关工作机制进行改革，主要的考虑有以下几点：第一，案件线索管理不统一无法为领导提供科学决策依据，也不利于对职务犯罪案件查办。第二，对案件线索多头分流、多头交办，为多头办案、乱争管辖、有案不查、瞒案不报等现象的出现

---

* 2007 年 12 月 21 日敬大力同志在湖北省检察机关职务犯罪大案要案侦查指挥中心工作座谈会上的讲话，部分内容刊载于《检察日报》2008 年 4 月 2 日。

提供了可乘之机。第三，由于职务犯罪呈现多样化、高智能化，使办案工作确实需要跨地区、跨层级进行，我们的专项行动需要一种新的侦查组织指挥模式进行，以满足日益发展的办案工作需要。第四，由于侦查分工的重新调整，办案力量分散的问题开始逐步显现，有的部门侦查力量强一些，有的部门侦查力量弱一些，需要相互支持与配合，要有组织协调。第五，职务犯罪侦查工作需要大量的信息支持，我们在案件信息情报的收集、管理、运用等方面是落后的，致使办案效率低下，严重制约了职务犯罪侦查工作的发展。第六，各地检察机关在办案中涉及的范围越来越大，因而都对当前的侦查协作工作提出了更高的要求，我们要适应这一要求，搞好侦查协作。

一年以来，各地各部门都能够从检察工作大局出发，共同努力，加强配合，做了大量富有成效的工作：加强了机构建设，省院和武汉、黄石、荆州、宜昌、襄樊、十堰、孝感、随州 8 个市院已成立了机构单设的侦查指挥中心办公室；规范了案件线索管理，由侦查指挥中心办公室统一管理案件线索，加强了对线索的分析利用；完善了交办、指定异地管辖等机制，实行院对院的统一交办、指定异地管辖制度，强化了下级院党组和检察长对办案工作的领导和管理责任；加强了情报信息工作，初步建立了情报信息平台，为办案工作提供查询服务，等等。随着工作的进展，侦查指挥中心及相关工作机制的功效进一步得到发挥。主要表现在：一是规范分流，统一管理，有利于解决多头管理、多头分流、多头报表问题；二是规范交办，提高效益，有利于解决多头交办、交而不办问题；三是规范管辖，整合资源，有利于解决多头侦查、多头管辖、相互掣肘问题；四是规范侦查，加强制约，有利于解决有案不查、瞒案不报问题；五是规范指挥，提高效率，有利于解决大要案指挥协调难、反应慢、效率不高问题。实践证明：进一步增强对查办职务犯罪工作规律性的认识，加强侦查指挥中心及相关工作机制建设，对建立符合检察工作一体化机制要求的侦查工作运行模式、加强职务犯罪侦查指挥工作、加大查办案件力度、提高执法水平与办案效率等各个方面具有重要意义。高检院几位领导同志对我们的做法与成效都给予了充

分肯定，要求我们不断探索新经验、取得新成效。

在看到成绩的同时，我们也要清醒看到问题和不足。从省院调研掌握的情况看，思想不统一、认识不到位的问题仍然存在，主要表现在：有的对省院部署的工作机制创新举措认识不深、理解不透，甚至不以为然，导致在贯彻落实上等待观望、左顾右盼，或者以文件贯彻文件，以会议贯彻会议，工作停留在表面，实质性的进展不大；有的存在严重的畏难情绪，认为机构单设没有前例可循，又没有可以比照与借鉴的经验，相关工作机制创新的任务重、难度大，要花费很大的精力但不一定能取得好的效果；有的受惯性思维左右，认为以往的工作做法和模式用着习惯了，单设机构可能会影响甚至降低工作效率，等等。这些错误观念和模糊认识的存在，一定程度上影响了侦查指挥中心及相关工作机制建设的深入发展。对于一项机制创新，在初始阶段有不同认识是可以理解的。但在实践证明机制创新的方向正确并且取得积极成效之后，仍然长期不理解、不落实、拖着不干，就需要认真思考一下了，大家对此一定要有清醒认识。

当前，我们加强侦查指挥中心及相关工作机制建设，首要的任务是进一步统一思想、提高认识。全省检察机关要深刻认识侦查指挥中心及相关工作机制建设的重大意义，增强做好侦查指挥中心工作的自觉性与坚定性，推动工作不断得到落实、不断向前发展。侦查指挥中心及相关工作机制建设的重大意义，集中体现在两个方面：一是有利于加强对职务犯罪侦查工作的统一组织、指挥、管理与协调。侦查指挥中心重组及侦查指挥中心办公室单设，是对原有侦查指挥中心运行模式的改革。侦查指挥中心是实行成员制的领导组织，由检察长、分管侦查、初查工作的副检察长和相关内设机构负责人为成员，充实了成员，理顺了关系。侦查指挥中心办公室作为侦查指挥中心的办事机构，是检察院单设的内设机构之一，不再挂靠或附属于反贪局。这种成员制组成方式以及独立存在的机构设置，使侦查指挥中心在检察长的统一领导下，能够更加有效地对办理职务犯罪大案要案进行统一指挥和协调，统一管理案件线索和涉案信息，统一调配侦查力量，统一配置侦查资源；能够更加有力地促进形成以省院为领导，以市州分院为主体，以基层检察院为基础，各地检察机关及各内设机构密切协作配合，符合检察工作一体化机制要求的侦查工作运行模式，进一步加大侦查工作力度，提高侦查工作的水平与效率。二是有利于加强对职务犯罪侦查工作的领导和制约。检察长、各位分管侦查、初查工作的副检察长都是侦查指挥中心成员，进一步强化了院党组和检察长对办案工作的领导和管理责任，更加有利于加强院党组和检察长对执法办案工作的统一领导，加强对侦查工作的总体统筹，用全局的观点和系统的办法来思考部署工作，推动本地区查办职务犯罪工作在整体上运转高效、关系协调、规范有序，促进执法办案工作的平稳健康发展。近日，高检院下发的《关于各级人民检察院检察长、副检察长直接办理案件的意见》中明确要求各级检察院的检察长、副检察长应当有选择地办理五类案件，我们实行的这种侦查指挥中心运行机制，能更好地落实高检院这一要求。同时，有利于加强内设机构之间的监督制约。由单设的侦查指挥中心办公室集中统一管理案件线索，统一交办、指定异地管辖等，实现了办案部门与办案管理部门的适度分离，进一步完善了检察机关内部监督制约机制。总之，我们一定要充分认识侦查指挥中心及相关工作机制建设的重大意义，把思想认识统一到省院的要求部署上来，以更加积极的行动、更加有力的措施来推进这项工作。

二、准确定位，明确职责

省院制定的侦查指挥中心工作实施办法，对侦查指挥中心及其办公室的性质、工作职责作出了明确规定。各地要按照省院的要求，明确侦查指挥中心及其办公室的性质、职责，使侦查指挥中心全面、正确、充分地发挥职能作用，防止工作中出现偏差。

要准确把握侦查指挥中心的性质和地位。侦查指挥中心是在检察长领导下的一个办案领导组织，对下代表本级院对下级院的侦查、初查工作进行组织、指挥、管理与协调，对内代表检察长对本院有

关内设机构的侦查、初查工作进行组织、指挥、管理与协调。侦查指挥中心是侦查指挥组织，是办案决策组织，而不是承担具体办案工作的办案部门。侦查指挥中心与本院内设机构之间、与下级检察院之间是领导与被领导关系。侦查指挥中心办公室是侦查指挥中心办事机构，具体承办侦查指挥中心决定的相关事项。侦查指挥中心办公室与本院其他内设机构之间相互平行、互不隶属。

要准确把握侦查指挥中心的工作职责。侦查指挥中心职责主要体现在：对需要若干人民检察院统一侦查的跨地区、跨层级的案件和需要本院几个部门相互配合的大案要案以及下级人民检察院单独侦查确有困难的大案要案进行组织、指挥；组织对发生在某一行业以及某一部门的系列职务犯罪案件的专项侦查工作，以及与有关部门联合开展集中统一行动；侦查指挥中心在认为确有必要时或本院内设机构、下级院提出明确请求后，可以对案情重大复杂、社会反映强烈、需要跨区域侦查、下级人民检察院侦查确有困难或者组织侦查不力的职务犯罪大案要案，报经检察长决定，采取组织专项侦查行动、实施专案侦查、交办、指定异地管辖、参办、督办、提办等多种侦查指挥方式组织侦查；对侦查、初查工作进行协调，包括协调下级人民检察院、本院内设机构在侦查活动中产生的争议事项，协调跨地域的侦查协作事项，协调审判管辖以及统一调配人力、信息、装备器材等侦查资源；承担着重要管理职责，包括统一管理、分析案件线索及其他情报信息，管理所辖区域内的侦查协作网络，会同政工部门、业务部门管理侦查人才库等。侦查指挥中心的这些职责，都是紧紧围绕加强侦查、初查工作的组织、指挥、管理与协调来确立的；侦查指挥中心只有切实承担起这些职责，才能充分发挥对侦查、初查工作进行组织、指挥、管理与协调的职能作用。

三、健全机制，理顺关系

侦查指挥中心重组及侦查指挥中心办公室单设，不仅仅是设立一个机构的问题，还涉及到一系列的工作机制创新、办案模式改革和工作职能调整，是职务犯罪侦查工作的一项重大创新举措。全省各级检察机关要按照检察工作一体化机制的要求，立足实践，大胆探索，不断总结好经验好做法，建立工作流程，理顺内外关系，完善工作职能，健全工作机制，保证侦查指挥中心各项工作顺利开展。当前，要重点健全五项工作机制：

一是健全职务犯罪案件线索管理和分析利用机制。今后，侦查指挥中心办公室要对职务犯罪案件线索全部实行统一归口管理，举报中心和各办案部门对收到的举报、发现的线索都要移交给侦查指挥中心办公室统一管理。侦查指挥中心办公室不能满足于简单地受理、登记、分流线索，要运用现代信息手段，建立健全具有检索、分析等功能的动态案件线索信息库，并逐步实现全省联网，更好地服务于办案工作；要加强对案件线索的综合分析利用，对受理的线索要进行深入的分析、研判、评估工作，促进情报信息的整合，提高案件线索成案率。要培养一批线索分析评估专家。

二是健全统一交办、指定异地管辖机制。要切实改变部门交办、多头交办、随意指定管辖等实践中的混乱情形，各地侦查指挥中心办公室要对案件或案件线索进行统一交办和指定异地管辖，而且要切实做到“院对院”交办，下级院在接到上级院交办函、指定异地管辖通知后必须及时报告本院检察长。各级院党组、检察长对上级院交办、督办、指定异地管辖的案件或案件线索一定要高度重视，高度负责，不仅要亲自关心、指导案件的侦破，还要过问办案安全、规范执法和依法追缴、扣押等问题。这里，我着重强调三个原则问题：第一，关于交办的原则。省院交办案件应当交给有管辖权的市、州、分院办理；必要时，可交由市州分院指定县市区院办理。第二，关于指定异地管辖的原则。对案件或案件线索原则上交由被查对象或者犯罪嫌疑人单位所在地或者犯罪地人民检察院办理。指定异地管辖的案件必须符合以下四种情形之一：有管辖权的下级人民检察院查办确有困难的；本检察院检察干警涉嫌职务犯罪的；下级人民检察院在初查或者立案侦查过程中，出现复杂情况难以继续查办或者查办明显不力，需要改变管辖的；其他指定异地管辖更为适宜的。第三，关于督办的原则。督办实行侦查指挥中心和办案部门分头负

责的原则，侦查指挥中心只负责督办重大案件和有重大影响的职务犯罪案件，其他案件的督办和办案指导仍然由办案部门负责实施。

三是健全对职务犯罪案件的统一组织、指挥、管理与协调机制。这里的统一组织、指挥、管理与协调包括对下和对内两个方面，即指挥中心对下代表本级院对下级院的侦查、初查工作进行统一组织、指挥、管理与协调；对内代表检察长对有关内设机构的侦查、初查工作进行统一组织、指挥、管理与协调。高检院《关于调整人民检察院直接受理案件侦查分工的通知》发布后，反贪、反渎、监所、民行四个部门具有侦查权，侦监、公诉和控申三个部门具有初查权，如何加强内部协调、优化资源配置、提高侦查效率是一个亟待解决的重要问题。我们重组侦查指挥中心及单设侦查指挥中心办公室，是办案机制的创新，是检察工作一体化机制在职务犯罪侦查工作中的具体运用，更有利于实现党组和检察长对职务犯罪侦查工作的统一管理和领导，更有利于加强上级检察院对下级检察院的工作领导。各地侦查指挥中心要着力建立健全工作机制，加强对本院有关内设机构侦查、初查工作的组织、指挥、管理与协调，加强对下级院侦查、初查工作的组织、指挥、管理与协调。要通过建立健全工作机制，努力形成全省联网指挥、运行高效、功能完备、机制健全的侦查指挥系统，建立符合侦查工作运行规律的工作模式，不断提高职务犯罪侦查工作水平。

四是健全情报信息收集和共享机制。侦查指挥中心办公室要负责建立职务犯罪侦查案件线索信息库、职务犯罪档案库等基础数据库，并实现全省职务犯罪侦查情报信息共享。在此基础上，要加强与有关部门的协商，争取与全省人口基础信息库、空间基础地理信息库、法人单位基础信息库等电子政务数据库的链接，实现社会公共管理信息共享。最近，省院与省移动通信公司、省联通公司已经初步建立信息共享机制，今后各地检察机关因办理职务犯罪案件需要通过省移动通信公司、省联通公司查询用户信息资料的，可以直接到省院侦查指挥中心办公室办理，使这些情报信息更好地运用在职务犯罪侦查工作中。省院侦查指挥中心办公室还将进一步加大与公安、电信、金融、工商、税务和房地产管理等部门的联系，逐步建立门类齐全的信息查询平台。各市级院侦查指挥中心办公室也要主动工作，加强协调，逐步建立健全情报信息共享机制。

五是健全协调侦查协作机制。当前，全国、全省检察机关在查办职务犯罪案件活动中，需要协调配合、核实案情、调查取证、采取强制性措施等侦查协作的事项越来越多。侦查协作应当按照高检院《关于人民检察院侦查协作的暂行规定》执行，严格遵循依法配合、快速有效、保守秘密、各负其责的原则。对于侦查协作涉及到追逃、调查取证、核实案情、采取强制性措施等工作还是由办案部门进行；侦查指挥中心办公室并不直接参与具体办案工作，主要是对其他检察院提出的侦查协作事项进行统一安排部署，对上下级之间、各地区之间、各部门之间在侦查协作过程中发生的纠纷、争议进行统一协调解决。

四、加强领导，积极推进

我们重组侦查指挥中心并单设侦查指挥中心办公室，是整合侦查资源、加大侦查力度、提高侦查效率的基础和组织保障，目的就是要尽快形成符合检察工作一体化机制要求的侦查办案工作新机制。全省各级检察机关一定要提高认识，加强领导，以改革创新的精神积极推进侦查指挥中心及相关工作机制建设。

一要加强组织机构建设。各市州分院党组都要把侦查指挥中心组织机构建设作为一项重要任务抓紧抓好，明年6月底前要全部完成侦查指挥中心重组工作并设立机构独立的侦查指挥中心办公室。各市州分院党组要高度重视，多想办法，多加争取，多做工作，有条件的要申请单独机构编制，一时没有条件的也要将挂靠在反贪局的指挥中心办公室相对独立，全面承担指挥中心办公室的职责。今后，省院对各市州分院的案件交办、指定异地管辖等工作都要实行点对点的“上下对接”制度，由侦查指挥中心办公室代表本级院统一办理。

二要建立健全规章制度。这次会议讨论的《职务犯罪大案要案

侦查指挥中心办公室工作规定（试行）》和《职务犯罪案件线索管理规定（试行）》，省院将根据大家的意见进行修改并尽快下发。各地要坚持高起点、高标准、高质量地推进侦查指挥中心规范化建设，进一步完善各种规定，健全规章制度，迅速把思想、制度和行动统一到省院《职务犯罪大案要案侦查指挥中心工作实施办法》和这两个规范性文件的规定上来。要在近期对所有与新规定不一致的制度进行一次清理。

三要切实加强内部协作。侦查指挥中心工作是检察工作一体化机制的重要内容，需要各个方面齐心协力完成，单靠侦查指挥中心办公室一个部门是不行的。相关内设机构一定要摒弃部门意识，增强全局观念，运用一体化的思维来考虑问题，运用一体化的方法来解决问题，在加强侦查指挥中心工作中互相支持、互相配合。侦查指挥中心办公室不仅是组织协调部门，更是办案服务部门，要切实采取各种措施，加大工作力度，凸显服务职能；要通过热情服务、优质服务、高效服务，使相关部门都能体会到侦查指挥中心办公室工作的重要性和不可或缺性。

四要加强组织协调工作。侦查指挥中心重组、侦查指挥中心办公室单设以及相关工作机制的调整是一项新的工作，没有现成的经验可以借鉴，没有既定的模式可以照搬，各地一定要按照省院部署，结合本地实际加以推进。要把侦查指挥中心建设作为“一把手”工程来抓，各市州分院检察长要把这项工作放在心上，拿在手上，加强组织协调，解决工作运行中的实际问题。对可能遇到的问题要及时研究解决，对一些重大疑难问题要及时上报。要通过上下努力，齐抓共管，推动这项机制创新的工作深入健康发展。

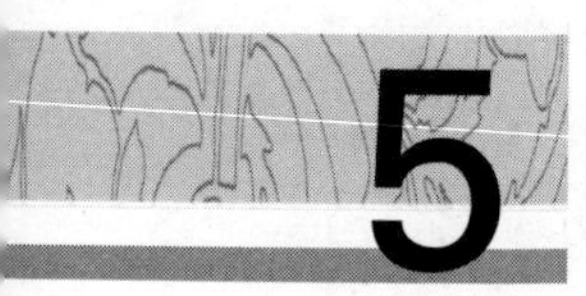

5 推动职务犯罪侦查工作开创新局面、走出新路子、探索新模式*

切实转变观念，促进转型发展，正确处理好涉及职务犯罪侦查工作发展全局的“三个重大关系”，开创新局面、走出新路子、探索新模式。这是本次会议的主题，也是今后一个时期职务犯罪侦查工作的“总基调”。

近年来，全省检察机关认真贯彻落实中央、高检院和省委关于党风廉政建设和反腐败斗争的总体部署，始终坚持以执法办案为中心，坚持办案数量、质量、效率、效果、规范、安全有机统一，保持执法办案平稳健康发展；始终坚持遵循办案工作规律，不断健全和完善侦查工作机制，侦查手段现代化建设和办案管理科学化建设都取得了新的成效；始终坚持加强自身管理和监督，高度重视侦查队伍建设和执法规范化建设，理性、平和、文明、规范执法水平和执法公信力有了新的提升。查办职务犯罪工作多项指标一直稳居全国前列，为推进反腐倡廉建设、促进经济社会发展作出了积极贡献。

一、正确处理执法办案与服务大局的关系，开创职务犯罪侦查工作的新局面

坚持围绕中心、服务大局，是检察工作的一条基本经验。近年来，我们认真贯彻落实高检院、省委的决策部署，紧紧围绕湖北经济社会发展大局，制定并落实发挥检察职能服务大局的意见，突出工作重点，组织开展治理商业贿赂、查办危害能源资源和生态环境

---

* 2012 年 8 月 17 日敬大力同志在湖北省检察机关职务犯罪侦查工作会议上的讲话。

渎职犯罪、查办涉农惠民领域职务犯罪等专项工作，认真落实“依法坚决查办、坚持惩防并举、把握政策界限、掌握分寸节奏、注意方式方法”等五条办案原则，取得了实实在在的成绩，充分体现了服务大局的效果。职务犯罪侦查工作是反腐倡廉建设的重要组成部分，是检察机关发挥职能作用服务大局的重要手段。要继续发扬成功经验和有效做法，准确理解、辩证把握服务大局与执法办案的关系，找准工作着力点，努力增强服务大局的水平和实效。

（一）坚持执法办案与服务大局的有机统一

执法办案与服务大局是相辅相成、相互促进、辩证统一的关系。要坚持全面地看问题，防止片面性、绝对化，把执法办案与服务大局对立起来、割裂开来，以一种倾向掩盖另一种倾向，从一个极端走向另一个极端。要深刻认识到服务大局主要依靠履行执法办案等职能来实现，脱离办案搞服务、超越职能搞服务，服务大局就是空中楼阁、无源之水，甚至会给检察工作造成“不务正业”的负面影响；执法办案要以服务大局为方向，只有坚持服从服务于大局，才能体现检察机关应有价值，在推进经济社会科学发展、跨越式发展的同时，实现检察工作特别是职务犯罪侦查工作平稳健康可持续的发展。全省检察机关要进一步统一思想、提高认识，进一步增强大局意识、服务意识，既要认真履行职责、坚持依法办案，保持应有的工作力度，防止不愿办案、不敢办案、消极办案，防止借口服务大局乱提口号、人为设置办案禁区、提出各种违反法律政策的限制性规定；又要做到执法不忘大局、办案考虑发展和稳定，防止和克服就事论事、就案办案、机械执法，甚至违法违规插手经济社会管理、企业生产经营和民事经济纠纷，努力实现执法办案与服务大局的有机统一。

（二）围绕大局突出办案重点

坚持把职务犯罪侦查工作放在经济社会发展全局中谋划和推进，围绕“富强湖北、创新湖北、法治湖北、文明湖北、幸福湖北”建设，通过查办职务犯罪为经济社会发展营造“四个环境”。各地要结合区域发展战略实际，准确把握当地职务犯罪的区域性特点，有针对性地开展查办职务犯罪工作。一要密切关注经济社会发展中职务犯罪的新态势新特点，切实突出办案重点。严肃查办重点产业投资、新农村建设、重点工程建设、国企改制、“两型”社会建设综合配套改革、文化事业发展、文化产业建设等领域中的职务犯罪；突出查办发生在领导机关和领导干部、权力集中部门和关键岗位的职务犯罪，促进国家机关工作人员依法履职；依法查办司法机关及其工作人员的职务犯罪，严肃惩处徇私枉法、执法犯法、以权压法等行为，以司法的公正推动社会的公平正义；严肃查处个人极端事件、群体性事件、重大责任事故以及黑恶势力背后的职务犯罪，积极查办发生在民生领域的职务犯罪，着力解决发生在群众身边的腐败问题。在依法查办受贿犯罪的同时，自觉克服“重打击受贿、轻打击行贿”的错误观念，加大对严重行贿犯罪的打击力度，从源头上遏制腐败行为发生。二要深入贯彻中办发〔2010〕37号文件和《湖北省落实〈关于加大惩治和预防渎职侵权违法犯罪工作力度的若干意见〉的实施办法》，与有关部门共同推进反渎职侵权工作机制建设，进一步加强和改进渎职侵权检察工作，依法惩治国家机关工作人员在行使权力过程中的乱作为和不作为，促进依法行政和公正司法，促进法治湖北建设。三要坚持抓重点、带全局，继续抓好治理商业贿赂、工程建设领域突出问题专项治理，继续深入开展查办涉农惠民领域职务犯罪、危害民生民利渎职侵权犯罪等专项工作，集中办案力量在深挖窝串案、行业治理上下功夫，以专项工作的成效带动和促进整体办案工作。

（三）不断提升服务大局的水平

要认真落实五条办案原则，在依法坚决查办的基础上，着力实现办案的法律效果、社会效果、政治效果有机统一。一要认真贯彻宽严相济刑事政策，严格区分罪与非罪的界限，讲究办案方法、策略，依法妥善处理涉及企业的案件，注意避免执法办案对企业正常生产经营带来负面影响。二要依法妥善处置重大敏感案件，尤其是在当前，要注意减少执法工作的震动和影响，一般不开展办案集中

统一行动，对大案要案以及涉及中央垂直管理部门、央企等单位的案件，要深入分析研判，准确把握办案的时机和尺度，尽可能避开敏感时段、重大活动，慎重初查、立案、采取强制措施和侦查措施。三要坚持惩防并举，积极推进惩防腐败体系建设，既依法查办案件，又结合办案帮助发案单位分析原因、完善制度、加强内部管理，同时注重发现案件背后的管理问题，及时向党委、政府及相关部门提出合理建议，努力增强执法办案的社会效果。四要防止自身出事，严格执行办案纪律，全面周密制定安全预案，健全和落实执法办案风险预警处置防范、舆情引导等机制，防止因自身违法办案或执法不当，引发或者激化矛盾，影响社会稳定大局。

二、正确处理严格公正廉洁执法与理性平和文明规范执法的关系，走出职务犯罪侦查工作的新路子

理念是行动的先导，正确的执法理念对推动职务犯罪侦查工作具有重要意义。严格公正廉洁执法和理性平和文明规范执法都是正确的执法理念在不同层面的要求，严格公正廉洁执法体现执法的核心价值和本质要求，理性平和文明规范执法强调执法的行为方法和基本准则，两者是目的论与方法论的关系。理性平和文明规范执法必须以严格公正廉洁执法为基础和前提，严格公正廉洁执法必须通过理性平和文明规范执法来保证和实现。如果我们的执法非理性、不文明、不规范甚至是粗暴执法，就谈不上真正意义上的严格公正廉洁执法。检察机关既要严格公正廉洁执法，忠实履行法律赋予的各项职责，切实维护司法公正，维护社会主义法制统一、尊严、权威；又要坚持理性平和文明规范执法，依法正确行使职权，使我们的队伍真正成为“威武之师、文明之师”，努力走出一条既敢办案、能办案、办大案，又能坚持理性、平和、文明、规范执法的良性循环新路子。

一方面，要始终做到敢办案、能办案、办大案。针对当前反腐败斗争形势依然严峻、任务依然艰巨、职务犯罪发案数量仍在高位

运行的实际，继续保持强劲的办案势头，保持一定的办案规模，毫不动摇地保持对职务犯罪的高压态势。要适应经济社会发展变化和法律约束“趋紧”对职务犯罪侦查工作的影响，遵循侦查规律，转变侦查观念、侦查模式、侦查方式，完善初查、侦查工作机制，着力提高初核初查、侦查讯问、收集固定运用证据等能力，提高办案质量、效率和水平。

另一方面，要始终做到理性、平和、文明、规范执法。要以理性的思维正确把握执法中的各种辩证关系，分析矛盾、解决矛盾，在办案过程中切实做到以法为据、以理服人，真正融法理情于一体。要以平等谦和的态度对待当事人和其他诉讼参与人，用公心、诚心和耐心疏导和缓解对立情绪，增加和谐因素。要以文明的方式方法办案，坚决纠正简单执法、粗暴执法等问题，展现检察干警高度的文明素养和职业素质。要持之以恒地抓好规范执法，高度警惕最近一些地方出现的规避规范执法要求、置上级三令五申于不顾、视技术设施形同虚设等苗头性、倾向性问题，深刻认识到不把这些做法坚决刹住，我们以前规范执法的成果就会功亏一篑，克服麻痹大意思想，杜绝侥幸心理，紧盯“顽症”不放松，狠抓规范执法不动摇。一要坚决查处违法违规办案问题，对规避监督、出现反弹的，查实一起、处理一起、通报一起，绝不姑息。二要继续狠抓规范执法各项部署特别是24项“倒逼机制”的落实，进一步加大“三项重点建设任务”推进力度，加快办案区改造进度，规范办案区管理，严格按“三全”要求落实同步录音录像制度，按“四全”要求落实视频监控规定，加强对规章制度执行情况的监督检查，确保规范文明执法。三要加强监督制约，侦查部门要切实增强接受监督制约的意识，自觉接受司法警察、监所检察、纪检监察等部门监督制约。四要强化落实规范执法的责任制，在座的各位是直接分管侦查工作的同志，要真正担负起抓落实的责任，加强管理，带好队伍，重大案件、关键环节要在一线指挥，确保办案安全，促进执法办案平稳健康发展。

三、正确处理修改后刑事诉讼法带来的机遇与挑战的关系，探索侦查办案的新模式

修改后刑事诉讼法对职务犯罪侦查工作具有重大而深远的影响。从机遇来看，修改后刑事诉讼法根据查办案件的现实需要，增加了技术侦查措施，完善了强制措施，延长了传唤、拘传时限等，为侦查工作顺利开展提供了更加有力的保障。从挑战来看，修改后刑事诉讼法突出强调尊重和保障人权，加强对司法权的监督制约，有关辩护律师介入侦查、不得强迫自证其罪、非法证据排除等规定，对依法保障犯罪嫌疑人权利、防止侦查权滥用提出了更加严格的要求，提高了突破案件、证明犯罪的难度。要深刻认识到机遇和挑战也是相对的、辨证的，甚至可以位移互换。如果能够积极应对挑战，就可以变不利为有利、化挑战为开拓创新的动力、在破解难题中实现新发展；如果机遇把握得不好、利用得不好，也会对工作造成被动甚至是阻碍。要以辨证的眼光、积极的态度看待修改后刑事诉讼法对侦查工作带来的机遇和挑战，在看到矛盾对立面的同时，更要看到矛盾的统一性；在看到任务加重的同时，更要看到发展的空间扩展，看到党和人民的信任和重托；在看到制约因素增多、执法难度增大的同时，更要看到有利于提高素质能力、提升执法公信力。要正确认识处理机遇与挑战的关系，坚定信心决心，在更新侦查理念、完善侦查机制、提升侦查能力的基础上，积极探索职务犯罪侦查办案的新模式，通过转变侦查模式推动职务犯罪侦查工作转型发展。

（一）适应规范执法、保障人权的要求，探索建立“前紧后松”办案模式

一要准确理解。深刻认识到该模式的出发点在于规范执法，是针对办案工作实际问题提出的，也完全符合修改后刑事诉讼法尊重和保障人权的精神和规定。“紧”是针对立案前的审查、初查程序以及采取强制措施前的程序，要求这些程序必须规范、不能踩线越线；“松”是针对不恰当地提高立案、强制措施等法定标准给侦查办案增加不必要的束缚，要求敢于依法正确适用强制措施和侦查措

施。要准确把握这一模式的内涵，防止理解偏差，甚至是曲解、走向反面，造成该“紧”的不紧，该“松”的不松。二要加强初查工作。在规范前提下进一步加强和改进初查工作，既严格初查程序，确保初查阶段不发生变相限制办案对象人身自由等违法违规现象；又努力提升初查能力水平，采用合法手段开展调查核实，收集相关证据，尽量将初查工作做扎实，为侦查奠定良好基础。三要依法正确使用强制措施和侦查措施。正确理解和执行法律有关强制措施和侦查措施的规定，对拘留、逮捕等刑事诉讼强制措施既要慎用、也要善用，提高风险决策能力，对符合法定条件需要拘留、逮捕的，果断决策，准确使用，保证办案工作有效顺利进行。需要强调的是，对于技术侦查、指定居所监视居住等措施，一定要严格按上级规定审批，对适用条件、范围、种类等进行严格把关，确保依法、规范、安全使用，坚决防止滥用。四要树立工作导向。进一步建立科学的工作考评和责任追究机制，合理设置撤案率、逮捕质量、起诉比例等考评指标，为规范执法、保证办案安全而风险决策所可能造成的失误，除依法应当由检察机关承担的赔偿责任外，按照国家赔偿法等有关法律规定，一般也不对个人追偿和问责，引导和促进办案模式的转变。

（二）适应辩护制度的新要求，实现侦查模式从相对封闭向沟通互动转变

律师侦查阶段介入制度使得律师在侦查活动中如影随形，要正确对待这一新变化，加强与律师的沟通，认真听取律师意见，切实保障律师在侦查阶段的会见权等各项权利，自觉接受律师的制约，努力提升在律师的参与下依法开展侦查工作的能力和水平。

（三）适应证据制度的修改完善，实现侦查模式从“由供到证”向“由证到供”的转变

切实把侦查的主要精力从获取口供转移到全面收集证据上来。高度重视证据收集的合法性，更加注重依法收集、固定言辞证据，更加重视物证、书证、视听资料，积极探索收集电子证据的方式方

法，坚决及时排除非法证据，准确区分和把握政策攻心、运用谋略与威胁、诱供、骗供的界限，构建完整的证据体系，实现以证促供，防止翻供造成被动。

（四）适应修改后刑事诉讼法对职务犯罪侦查工作全方位的影响，实现侦查模式从“孤立作战”向“整体联动”的转变

深化检察工作一体化机制在侦查工作中的运用，落实《湖北省人民检察院关于在执法办案中加强检务协作的规定（试行）》，形成上下紧密联系、各地之间密切配合的工作格局。健全完善检察机关内部侦查、批捕、公诉等部门之间的协作配合与监督制约机制，对重大疑难复杂案件提前介入、引导取证，提升执法办案的整体效能。深入落实加强“两法衔接”、反渎职侵权工作的两个《实施办法》，加强与行政执法机关的协作配合，加快信息平台建设，建立健全案件移送和证据转换机制，促进提高侦查工作水平。

（五）适应加强反腐败工作的实际需要，转变与纪检监察机关的协作配合模式

坚持反腐败领导体制和工作机制，认真贯彻省院与省纪委联合制定、即将下发的关于在办案工作中加强工作联系与协调配合的意见，坚持“权责一致、各负其责、互相配合、同级联系”的工作原则，始终做到依法办案、分工履职、协调有序，积极探索开展提前介入、及时移交、同时立案、监察机关行政执法办案证据直接作为刑事诉讼证据使用等工作，提高协作配合效率，提升反腐败工作整体合力。

6 走出一条既敢办案、能办案、办大案，又能坚持理性、平和、文明、规范执法的新路子*

近年来，武汉市检察机关认真贯彻高检院、省院部署，结合武汉实际开展工作，各方面工作都有了新的进展，特别是查办职务犯罪工作方面，总体成效是好的。但从近期出现的一些违法违规情况看，有的院规范文明执法方面还存在一些问题，有的问题还有一定的普遍性和反复性。我们一定要深刻认识执法规范化建设的极端重要性、必要性和紧迫性，下决心用重拳治理“顽症”，努力推进规范文明执法再上新台阶。

一、强化新观念

执法观念是指导实践的思想基础和行动指南。当前，执法办案实践中出现的执法不严格、不公正、不规范、不文明等问题，归根结底都是执法观念出现了偏差，需要我们从思想深处剖析根源，切实转变执法观念，筑牢严格公正文明规范执法的思想根基。

（一）强化法治观念

法治是治国理政的基本方式。从执法实践中存在的各种问题看，检察机关和检察人员并不当然地具有法治思维和法治精神，对违反法律、违背法治的现象并不具有天然的免疫力。一些执法不规范“顽症”之所以反复发生、屡禁不止，一个很重要的原因就是少数检察干警缺乏基本的法治观念，尚未养成运用法治思维和法治方式

* 2014 年 6 月 9 日敬大力同志在武汉市检察机关职务犯罪侦查部门规范文明执法专项整训活动开始时的讲话。

看待问题、解决问题的习惯。有一些执法司法者甚至使执法司法活动变成恣意擅权滥权之举。因此，“依法执法司法”仍然是需要强调的重要问题。一要始终信仰法治、坚守法治。习近平总书记深刻指出，做到严格执法、公正司法，就要信仰法治、坚守法治，如果不信仰法治，没有坚守法治的定力，面对权势、金钱、人情、关系是抵不住诱惑、抗不住干扰的；要把法治精神当作主心骨。这些论断都鲜明而深刻地指出了法治观念、法治精神对于严格规范执法的基础性作用。我们要以积极推进“法治检察”为依托，把依法办事作为第一遵循，不偏不倚、不枉不纵，铁面无私、秉公执法，以实际行动让老百姓相信法不容情、法不阿贵，引导人民群众发自内心地认同和服从法律，做好信仰法治、坚守法治的示范者、引领者。二要用法治防止权力滥用。“用法治防止权力滥用”是法治最重要的功能，法治的要义在于限制权力、防止滥用。执法不规范、不文明就是滥用检察权的突出表现。开展执法规范化建设，就是要用法治约束、限制检察权的行使。我们必须深刻认识手中权力的有限性，自觉用法治厘定权力边界、约束权力行使，严格按照法定权限和程序行使权力，防止随意执法、粗暴执法，更不能滥用执法司法权侵犯公民权利，从实体、程序、时效上充分体现依法保护人民群众合法权益的要求，真正做到执法为民、公正司法。三要坚持在法治轨道上解决问题。要自觉运用法治思维和法治方式推进职务犯罪侦查工作，既不越权、不滥权，又不失职、能办事，在面对案件的时候，应该想想法治的要求是什么，都要用法治的尺子量一量，决不能以超越法律程序、突破法律底线为代价求得案件的突破、体现所谓的办案能力，必须在法治轨道内行使职务犯罪侦查权，要从大量不遵守法治原则而造成严重后果的案事例中汲取深刻教训。

（二）强化公信观念

公信力是检察权运行的重要规律，也是检察机关的立身之本。习近平总书记深刻指出，执法司法是否具有公信力，主要看两点，一是公正不公正，二是廉洁不廉洁。这深刻揭示出执法司法公信力来源于严格、公正、廉洁执法。如果检察机关执法不规范甚至违法违规办案，损害的不仅是当事人的合法权益，更是自身的执法公信，是社会对法治和公平正义的信心。执法司法没有公信力，权威就无从谈起；要像爱护自己的眼睛一样，倍加珍视、维护执法司法公信力。从这个意义上讲，执法公信力是严格执法、公正司法的精神支柱和力量源泉。只有坚持严格公正文明规范执法，才能提升自身执法公信力，才能实现维护社会公平正义的价值追求，才能树立检察机关良好形象和法律监督权威。我们要始终把公信观念放在事关检察事业兴衰成败的战略位置来强化和落实，着力解决制约执法公信力的深层次问题，努力构建促进公正廉洁执法“五位一体”工作格局，以严格公正文明廉洁执法赢得公信、提升公信，有效提高人民群众对检察机关执法办案的认同感和满意度。以上所提法治和公信力问题，也是全省“十三检”会议提出的检察工作主基调，要全力加以落实。

（三）强化人权观念

尊重和保障人权是我国宪法确立的重要原则，也是检察机关保障法律实施的重大使命和重要职能。党的十八大以及十八届三中全会都明确提出要完善人权司法保障制度。修改后刑事诉讼法也将“尊重和保障人权”写进总则，并在多项具体规定和制度设计中加以贯彻和体现，突出了保障人权的重要性和导向性。强化人权保障既是贯彻我们党执政为民宗旨的必然要求，也是发展社会主义民主政治的重要任务，更是推进法治中国建设的关键环节。当前，执法司法过程中存在的不规范问题很多都是对人权的漠视和侵犯。我们要切实尊重人的法律主体地位，坚持惩治犯罪和保障人权并重，更加尊重和保障犯罪嫌疑人、被告人、其他诉讼参与人依法享有的各项诉讼权利，尊重和保障其健康权、财产权等基本人权，摒弃先入为主、有罪推定等观念和做法，坚守客观公正立场，忠于法律和事实真相，依法全面收集证据，自觉把保障人权的执法观念贯穿于每一个办案环节，体现在每一个具体案件之中，既不因强调惩治犯罪而忽视对犯罪嫌疑人、被告人合法权益的保障，也不能因强调人权保障而放纵犯罪行为。

（四）强化体制观念

从检察机关领导体制来看，上级检察机关领导下级检察机关的工作，是我国宪法规定的重要原则。下级检察院自觉服从上级检察院的领导、严格执行高检院和上级检察院的部署、决定和规定，确保检令畅通，是一条政治纪律和组织原则，也是充分发挥检察机关体制优势、增强法律监督整体合力、维护检察工作整体性统一性的必然要求。当前，一些地方发生违法违规办案情况，很多都与贯彻检察工作一体化机制不到位，对上级重大部署要求敷衍应付、降低标准、各取所需、打折变通甚至自行其是直接相关，这充分表明了当前抓检察体制落实的极端重要性、紧迫性。上下级领导体制和“一体化”机制、理念，不仅要体现在制度机制层面，也要体现在具体的执法办案层面；不仅要体现在执法办案组织指挥上，也要体现在对上级规定的统一遵循上。各级检察机关必须牢固树立体制观念，切实将“一体化”的理念融入到谋划和推进工作的全过程，特别要高度警惕规避规范执法要求、置上级三令五申于不顾、视技术设施形同虚设等苗头性、倾向性问题，严格政治纪律和组织原则，自觉接受上级检察院的领导和监督，自觉严格执行高检院和上级检察院的指示、部署和决定，确保上级各项要求得到统一遵循和落实。

二、探索新模式

推进执法办案工作转变模式、转型发展，是有效解决执法不规范、不文明的重要途径。从执法不规范屡禁不止暴露出来的问题看，一些地方检察院现在执法办案还是老模式、老路子，不符合侦查规律，有违法治精神，必将难以为继。我们强调的转变模式、转型发展是一个主动求新求变的过程，是根据形势发展变化，对原有的执法理念、体制机制、运行模式进行系统的调整与完善，旨在将传统落后的办案模式转变为符合当前发展要求的新模式，有力推进执法办案工作平稳健康发展。

（一）走出一条新路子

近年来，省院党组始终把探索职务犯罪侦查新路子作为战略任务来抓，经过坚持不懈的努力，全省检察机关要办案、想办案、能办案的认识空前一致，依法办案、规范办案、文明办案的执法理念逐渐深入人心，在实践中探索走出了一条既敢办案、能办案、办大案，又能坚持理性、平和、文明、规范执法的良性循环新路子。这是我们多年来实践经验的科学总结，也是执法办案未来发展的必由之路。但是，当前仍有一些同志包括个别检察机关的领导干部对这条新路子持怀疑态度，怀疑这条路实际上存不存在，能不能走出来。有的认为加大办案力度与规范文明执法时常冲突，不好统一；有的认为这条新路子在当前条件下还不能真正走出来，强调理性、平和、文明、规范执法是自找麻烦、自我束缚、自废武功，是对执法办案工作的削弱，也必然导致办案人员不想办案、不敢办案，久而久之就办不了案。对于这些错误的认识和看法，我们必须及时予以澄清，坚决加以纠正。从理论上看，严格公正执法与文明规范执法是辩证统一的关系。严格公正执法和文明规范执法都是执法办案新路子在不同层面的要求，前者体现执法的核心价值和本质要求，后者强调执法的行为方法和基本准则，两者是目的论与方法论的关系，是有机、辩证统一的，必须始终坚持两手抓、两手硬，防止互相割裂、顾此失彼。如果我们的执法非理性、不文明、不规范，甚至是粗暴执法，就谈不上真正意义上的严格公正执法。从实践来看，近年来，全省检察机关一手抓办案力度，一手抓规范执法，查办职务犯罪案件数量呈现持续上升的良好态势，查办大案要案数一直稳居全国前列，反贪、反渎工作考评纵向比位次上升，横向比排名靠前，得到了高检院和省委领导的充分肯定。实践证明，执法办案这条新路子不仅是真实存在的，而且也是完全可以走出来的。我们必须坚定信心、坚定不移地走下去，使我们的队伍真正成为威武之师、文明之师。当前，反腐败形势依然严峻复杂，职务犯罪发案数量仍在高位运行。中央、高检院和省委反复强调，要“老虎”和“苍蝇”一起打，以刮骨疗毒、壮士断腕的勇气把反腐败斗争进行到底。我们必须主动适应这一形势任务新变化，既坚持有案必查、有腐必惩，继续以零容忍态度惩治腐败，始终做到敢办案、能办案、办大案，使

职务犯罪侦查工作更加贴近发案实际，更加符合中央要求和人民群众期待；又充分考虑执法对象的切身感受，以法为据、以理服人、以情感人，推行人性化执法、阳光执法，展现出检察干警良好的职业素养。

（二）探索办案新模式

执法办案工作转变模式、转型发展涉及方方面面，省院在去年召开的专题座谈会上，研究部署了建立新型检律关系，完善检察机关与纪检监察机关协调配合机制，完善受理或立案前的审查、初查程序，建立听取意见、公开审查、听证制度，健全“前紧后松”办案模式，完善规范执法“倒逼机制”，推行开放式执法办案等11项具体任务，并制定出台了一系列配套制度机制和工作措施，希望大家认真落实。这里我重点强调一下有关的思想认识问题。一要深刻认识探索新模式的必要性。传统执法办案模式的形成有着特定的历史背景。随着当前经济社会形势广泛而深刻的发展变化，必须作出相应的调整、改变，甚至是脱胎换骨的彻底转变，这是法治建设深入推进的必然要求，是人权保障不断强化的必然要求，是更好地维护公平正义的必然要求，是深化反腐倡廉建设的必然要求。以此来看，这项任务在一定程度上，是关系职务犯罪侦查乃至整个检察工作长远发展的重大问题，需要我们从战略的高度清醒认识，认真对待。二要深刻认识办案新模式的适应性。我们探索新模式，不是为了创新而创新，也不是作表面文章，而是有着实实在在的现实需要，有着明确的目标和方向。从总体上看，就是为了适应整个检察机关工作任务和执法环境的深刻变化，更好地履行宪法和法律赋予的职责，完成好习近平总书记提出的三项主要任务，不辜负党和人民的重托。这可以说是探索新模式的根本出发点和落脚点，也是其生命力的根源所在。从具体来讲，就是要适应保障人权的需要、辩护制度的完善、证据制度的修改、强制措施的调整、反腐败领导体制机制的变化等方面，使职务犯罪侦查工作符合法律、符合规律、符合实际，既是当务之急，也反映了未来发展方向，是应急与谋远的有机统一。这可以说是直接的出发点和落脚点，也是不断增强执法办案生命力的现实需求。三要深刻认识探索办案新模式与规范文明执法的联系性。规范文明执法是推进办案新模式的重要目标和应有之义，探索新模式是实现规范文明执法的必然选择和重要途径，两者紧密相关。我们既要善于以新的模式为手段，通过一系列实践操作层面的程序性设计和技术性措施，促进解决执法不规范、不文明的“顽症”；又要善于以规范文明执法为目标，在坚守法治底线的过程中“倒逼”办案模式的逐步转变，使现代化的执法办案模式成为一种习惯和自觉。

（三）增强办案新能力

责重山岳，能者方可当之。新模式要有新能力来保障。没有过硬的能力，再好的模式也运行不动、难以发挥作用。党的十八届三中全会明确提出，推进国家治理体系和治理能力现代化是全面深化改革总目标的重要内容。当前，各行业各部门都把提高履职能力作为重点，积极朝着治理体系和治理能力现代化的方向和目标努力奋进。职务犯罪侦查工作也不例外，提高能力是我们的当务之急，是适应国家治理能力现代化的必然要求。尤其是检察事业越前进、越发展，遇到的风险和挑战就会越多，面临的能力不足、“本领恐慌”问题就会越凸显。我们要对能力问题有全新的理解，它不仅体现在案件突破上，规范文明执法本身也是一种能力，在依法依规的前提下办好案件才是高水平能力的体现，才是符合法治发展趋势的新能力。反之，靠刑讯逼供、体罚虐待、疲劳战术等手段来突破案件，则是能力不足的表现，也反映了一些检察干警依然习惯于老思路老套路，失去了练就过硬本领的警惕性和危机感。我们常讲敢于亮剑，这不仅需要有亮剑的勇气，更需要有亮剑的本事和克敌制胜的能力。要始终把新能力建设作为当前的硬任务来抓，紧扣新模式部署要求，筑起能力自信的高地，确保在关键时刻“不掉链子”、能够发挥特殊作用。比如，要提高在镜头下、在铁栏外的讯问能力，克服心理障碍，调整讯问方式，善于运用审讯谋略和技巧依法依规突破案件；提高律师参与下依法办案能力，在切实保障律师各项权利的前提下，学会与律师打交道，加强沟通、协商、协作与交流，最大限度发挥

律师的积极作用；提高信息引导侦查能力，把侦查信息平台建设作为重要抓手，拓展信息技术在侦查工作中应用的广度和深度，以信息化促进执法规范化；提高“舆情包围”条件下的依法办案能力，正确处理媒体监督与干预的关系，以法治原则为底线，自觉接受媒体监督，积极引导舆论走向，及时消除舆论误判误读，积极推动建立新型检媒关系，等等。总之，要以新的标准和要求来加强执法办案能力建设，为探索新模式、走出新路子提供坚实基础。

三、形成新作风

作风建设事关人心向背，关乎事业成败。我们要看到，执法办案中的不正之风始终是人民群众最不满意的问题之一。有的干警有特权思想、霸道作风，粗暴执法以及选择性、随意性执法，损害群众切身利益，伤害群众感情。如果执法作风不改进、不正之风不杜绝，检察机关多年来致力于严格公正文明规范执法的努力就可能严重打折扣。要紧密结合开展党的群众路线教育实践活动，切实贯彻整风精神，把维护人民权益作为检察工作的出发点和落脚点，持之以恒地整治执法作风突出问题。

（一）严明办案纪律

政法工作的性质决定了政法队伍必须严明纪律。检察队伍作为纪律部队，我们的形象和战斗力来自于铁的纪律。侦查干警特别是领导干部要牢固树立法律红线不能触碰、纪律底线不能逾越的观念，在纪律面前不能有任何含糊，说到做到、有纪必执、有违必查，当好维护和遵守纪律的局中人、清醒人、明白人。要严守政治纪律，始终保持政治清醒和政治自觉，始终对党忠诚，始终在思想上、政治上、行动上与以习近平同志为总书记的党中央保持高度一致。要严守组织纪律，增强党性原则和组织观念，相信组织、依靠组织，自觉接受组织安排和纪律约束，自觉服从组织管理。要严守执法办案纪律，加强对检察机关执法工作基本规范、高检院“十个依法、十个严禁”、省院“四个绝对禁止、一个必须实行”等各项办案纪律的学习掌握，在执法办案过程中时刻牢记、严格遵守、绝不突破。

要不断加大正风肃纪力度，对政治纪律、组织纪律、办案纪律观念淡薄、明知故犯甚至顶风违纪、随意变通、规避办案纪律的行为，都必须严格执纪，实行责任倒查、一案双查，严肃追究相关领导和办案人员责任，该组织处理的组织处理，该纪律处分的纪律处分，该追究刑事责任的追究刑事责任，绝不姑息迁就，以铁的纪律打造过硬侦查队伍。

（二）改进执法作风

执法作风直接关系人民群众对检察工作的感受，一句生硬的言语、一个粗暴的举止、一次违规的执法，不仅会伤害群众感情，损害司法公正和司法权威，甚至可能成为激化矛盾的导火索。侦查工作直接面对当事人，其作风是否规范文明直接关系到检察机关的形象。我们要把改进执法作风放在侦查工作的突出位置来抓，紧紧围绕人民群众反映强烈的突出问题，从接待群众、受理举报、调查取证、询问讯问等与广大群众息息相关的执法活动入手，坚决纠正特权思想、霸道作风、对群众冷硬横推、办案方法简单粗暴等作风问题，像对待亲人那样对待人民群众和当事人，规范办案人员言行举止，不钻法律空子、不打“擦边球”，采用群众信服的方式执法办案，真正从灵魂深处、从源头上预防执法不规范行为发生，努力让人民群众在每一起案件、每一个执法环节都感受到检察机关亲民为民之风，增强检察工作的亲和力。

（三）强化职业道德

执法为民是政法机关最重要的职业良知。如果我们心中不装着人民，在执法中不想着人民，就会出现漠视甚至侵犯人民群众合法权益的问题。职业良知来源于职业道德。世界各国法律都要求，无能者不能执掌法律，无德者更不能执掌法律，都把司法职业道德摆在十分重要的位置。一些案件之所以显失公正、之所以当事人不服、甚至引起舆论炒作，就是缺乏起码的职业道德，越过了社会公众对公平正义最朴素认知的底线。搞好职业道德建设是提升职业素养、从根本上解决执法不规范不文明问题的基本途径。我们必须把公正廉洁的职业道德作为侦查干警的必修课，加强职业伦理教育，加强

"忠诚、公正、清廉、文明"检察职业道德教育，真正使广大干警认识到不严不公不廉不规范是最大耻辱，自觉用职业道德约束自己，树立忠诚可靠、执法为民、惩恶扬善、执法如山、公平如度、清廉如水、理性文明的检察队伍形象。

（四）增强执法效果

职务犯罪侦查工作政治性、政策性、法律性都很强，需要树立正确的政绩观，统筹处理好办案数量、质量、效率、效果、规范和安全的关系，实现执法办案法律效果、政治效果和社会效果相统一。政绩观是履职尽责的价值取向。有什么样的政绩观，就会有什么样的工作思路和工作方法。如果我们的政绩观出现偏差，就可能出现执法不严格、不规范、不公正、不廉洁的问题，影响执法办案效果，甚至给整个职务犯罪侦查工作带来重大损失。广大侦查干警特别是领导干部，都要树立正确的政绩观，把能不能以人为本、执法为民，能不能正确处理执法办案与服务大局的关系，能不能实现力度大、质量高、效果好、不出事，能不能严格公正规范文明执法，作为衡量职务犯罪侦查工作的标准，努力创造符合党和人民要求、符合经济社会发展需要、符合侦查工作发展规律，经得起实践、人民和历史检验的业绩。是否树立了正确的政绩观，最终要看能否实现执法办案法律效果、政治效果和社会效果的有机统一。我理解，至少要把握三个方面：第一，法律效果是"三个效果"的基础。政治效果和社会效果都是建立在良好的法律效果之上的；如果没有法律效果，政治效果、社会效果就犹如缘木求鱼。第二，好的执法效果必须从长远和全局来看待和把握，而不能仅看一时一事。有些问题的处理，如果偏离法治轨道，就算是看上去暂时突破了案件、嫌疑人开了口、解决了一些问题，满足了一些方面的要求，看似有了"良好社会效果和政治效果"，但可能隐含着对整体法治的破坏、对法律尊严权威和司法机关公信力的损害，从长远来看也不会有良好的社会效果和政治效果。第三，检察机关依法办事，做到严格执法、规范办案，维护法治统一、尊严和权威，使法律在全国上下都得到一体遵循，在全社会树立法治公信力，就是最大的政治效果和社会效果。

四、开创新局面

职务犯罪侦查工作是一项长期艰巨的战略任务。我们要正确、辩证地看待执法不规范现象，坚持问题导向，以解决问题为动力，进一步解放思想、迎难而上、改革创新、与时俱进，以更加坚定的决心、更加有力的举措、更加完善的制度推进执法规范化建设。

(一) 正确定位，正视问题

面对当前严峻复杂的执法办案形势，武汉市两级院要把握好自我定位，既珍惜巩固多年积累、来之不易的办案成绩，也正视转变模式、转型发展中不容忽视的问题。大家都要清醒地认识到自己不是当然的龙头老大，客观上的块头大并不一定代表积极的工作成效，在传统的优势领域也会出现常见的问题，在过去的强项中也有弱化的倾向，在以往先进的业务中也有落后的苗头。要立足于湖北、立足于当下，敢于直面问题，矛盾面前不躲闪，挑战面前不畏惧，困难面前不退缩，坚决扫除规范执法前进道路上的“绊脚石”和“拦路虎”。要坚持问题导向，用问题倒逼工作，从办案中最突出、最需要解决的问题抓起，进一步把规范执法要求制度化、项目化、具体化，进行更为严密的规制，对查找出来的问题，严格制定责任书、落实责任人、明确时间表，确保逐一落实到位，坚决防止“顽症”反弹，在解决问题中推动发展。

(二) 克服因循守旧，推动创新发展

实践发展永无止境，工作创新永无止境。实践经验证明，先进性既非与生俱来，也不会一劳永逸、一成不变。我们过去先进不代表现在先进，现在先进不代表未来先进。习近平总书记在湖北考察时强调指出，没有思想的大解放，就不会有改革的大突破。武汉市检察机关职务犯罪侦查工作过去取得的成绩有目共睹，为推动全省检察工作平稳健康发展作出了重要贡献。但如果有任何因循守旧、止步不前，都可能导致先进和优势地位的丧失，都会出现赶不上趟的问题。对规范执法方面存在的问题，我们必须进一步破除种种不合时宜的观念、做法，坚决克服满足现状、固步自封，真正对好表、

聚好焦、赶上趟。要勇于发扬“敢为人先、追求卓越”的武汉精神，在规范执法、提升办案能力上精益求精、率先垂范，以解放思想干事业、克服困难求突破、审时度势谋发展的胆识和气魄，不断推进职务犯罪侦查工作与时俱进，真正把新理念、新路子、新模式体现在具体执法办案中。

（三）打造过硬反贪局反渎局

打铁还需自身硬，铁肩才能担道义。做好职务犯罪侦查工作，最关键的在于打造出过硬的反贪局反渎局，最根本的还是在于建设一支叫得响、打得赢、过得硬的专门侦查队伍。这里所说的过硬是一种全面的、整体的要求，既要有过硬的思想政治素质，也要有精湛的岗位专业素质和优良的作风纪律素质。只有各个方面都过硬，才能敢于碰硬、勇于担当、攻坚克难。我们要全面贯彻习近平总书记提出的政治过硬、业务过硬、责任过硬、纪律过硬、作风过硬的要求，认真落实检察队伍建设总体部署，重点把好理想信念这个总开关，始终用科学理论武装头脑，培植精神家园，无论身处何种艰难险境、遇到何种危机关头、面对何种利益诱惑，都要打牢高举旗帜、听党指挥、忠诚使命的思想基础。坚持以素质能力为核心，围绕专业化、职业化建设，通过学习、培训和实践，培养一批高水平侦查专家、业务尖子、办案能手，不断提高履职尽责本领。始终把满足人民群众对公平正义的司法需求作为行为准则和崇高责任，平等、谦和、真诚地与群众打交道，自觉把执法办案过程变成服务群众的过程，让人民群众切身感受到公平正义就在身边。

（四）展现大作为，做出新贡献

武汉作为我国中部地区中心城市、湖北省会，区位优势、经济规模、综合实力、发展潜力在全省发展布局中都具有无可替代的特殊地位，在“建成支点、走在前列”等重大战略中具有举足轻重的“引擎”作用。随着多项国家战略的叠加效应凸显，武汉在国家发展大局中的地位也不断提升，当前的发展条件和历史机遇以及自身的综合竞争优势是湖北其他城市无法比拟的。武汉检察机关的地位与作用应当与“大武汉”的这种特殊地位和优势相称、相当、相一致，应当在全省检察事业大局中承担更大责任、作出更大贡献。我们要以等不起的紧迫感、慢不得的危机感、争一流的使命感，主动发挥好引领和示范带动作用，主动在强办案、强能力、强规范上下功夫，力争做好办案数量、质量、效率、效果、规范、安全相统一这篇大文章，打好转变模式、转型发展这场攻坚战，变倒逼为自觉、化压力为动力，实现职务犯罪侦查工作包括在规范文明执法方面在全省检察机关中有大作为、大担当、大贡献。要以更宽的视野、更高的境界在围绕中心、服务大局上走在前、做表率，自觉把侦查工作放到大局中去思考、定位、摆布，紧紧围绕大局、时时聚焦大局、处处服务大局，找准切入点、结合点，真正做到执法不忘大局、办案考虑发展，以执法办案实际成效为武汉经济社会发展作出新的更大贡献。

7 扎实开展职务犯罪国际国内追逃追赃工作*

一、统一思想，牢牢把握追逃追赃工作的“三个认识”

职务犯罪追逃追赃工作是反腐败工作的重要组成部分，是党风廉政建设必须抓好的重大任务。高检院决定开展为期半年的职务犯罪国际追逃追赃专项行动，是贯彻落实中央领导同志重要指示精神、深入推进党风廉政建设和反腐败工作的重大举措。全省检察机关要深刻认识加强职务犯罪追逃追赃工作的极端重要性和现实紧迫性，进一步增强责任感和使命感，切实把思想和行动统一到中央和高检院的部署要求上来，尽最大努力将潜逃的职务犯罪嫌疑人绳之以法，最大限度运用法律武器追缴赃款，有力打击和震慑腐败犯罪分子。

（一）深刻认识开展追逃追赃工作是深入推进反腐败斗争的必然要求

近年来，一些职务犯罪嫌疑人伺机携款潜逃，妄图逃避法律的制裁。如果任由这些犯罪嫌疑人逍遥法外、坐享犯罪所得，不仅严重阻碍刑事诉讼顺利进行、降低司法威慑力、损害国家法治尊严，而且还会形成“破窗效应”，给潜在的犯罪分子带来不良示范，严重影响反腐败的成效。组织开展追逃追赃专项行动，全面吹响了向腐败潜逃分子亮剑的“集结号”，这既是保持惩治腐败高压态势、有力震慑犯罪的内在要求，也是提高惩治职务犯罪工作能力和水平

---

* 2014年10月30日敬大力同志在湖北省检察机关部署开展职务犯罪国际国内追逃追赃专项行动电视电话会议上的讲话。

的迫切需要。

（二）深刻认识开展追逃追赃工作是贯彻落实中央、高检院部署的必然要求

党中央高度重视境外追逃追赃工作。在十八届中央纪委三次全会上突出强调了国际追逃工作。中央有关领导还指出，要健全国际追逃追赃工作协调机制，拓宽国际合作平台，加强配套法律制度建设，加强重点个案突破，有效运用法治思维和法治方式加强追逃追赃工作。要加大国际反腐合作力度，作好与相关部门的沟通、协调，加强法制建设，形成追逃追赃的长效机制，坚持不懈地抓下去，努力取得更大的反腐成果。高检院要求各级检察机关把国际追逃追赃工作摆在与办案工作同等重要的位置来抓，牢固树立追逃追赃就是办案的理念。这些重要指示和要求，既充分彰显了我们党坚决惩治腐败的鲜明态度和坚定决心，也对加强追逃追赃工作提出了更高要求。开展专项行动是对潜逃腐败犯罪分子的“当头棒喝”，是对企图潜逃者的有力震慑，有利于打消腐败分子侥幸心理、捍卫反腐败成果。

（三）深刻认识开展追逃追赃工作是适应反腐败形势发展的必然要求

当前，我省职务犯罪追逃追赃工作形势严峻、任务艰巨，亟需加强组织领导，统筹谋划，开展专项行动，加大追逃追赃力度。全省检察机关要以开展本次专项工作为契机，综合运用有效途径和措施，力争尽快将一批重大职务犯罪潜逃人员缉捕归案、将犯罪所得依法追缴，决不让腐败犯罪分子逍遥法外、一走了之。

二、强化措施，同步抓好追逃追赃的“三项工作”

全省检察机关要牢固树立追逃追赃就是办案的理念，切实把追逃追赃作为执法办案工作的一项重要内容，坚持境外、境内追逃一起抓，追逃、防逃两手硬，全面落实专项行动各项任务，推动职务犯罪追逃追赃工作向纵深发展。

（一）坚决做好追逃和劝返工作

追逃工作情况复杂、案情各异，要坚持从实际出发，因地制宜、因案施策，讲究办案策略，充分用好刑事政策，在加大追逃工作的同时，综合运用引渡、遣返、劝返等手段，做到“追”、“劝”相结合，增强追逃追赃工作实际效果。一方面，要切实加大追逃力度。首先要调查摸底、分类排查，在排查中，除登记在册的在逃人员外，还要注意发现没有立案和采取措施、没有登记在册而实际在逃的犯罪嫌疑人，包括“一跑了之”和闻风而逃分子。要研究确定追逃追赃的主要方向和重点对象，逐人逐案建档、一人一策分析、制定缉捕方案、明确责任到人，集中优势兵力加强重点个案突破，始终保持对在逃人员追捕的高压态势，确保追逃追赃工作深入持续推进。另一方面，要积极主动做好劝返工作。充分用好刑事政策，加大政策宣传力度，点对点将“两高”和外交部、公安部联合发布《关于敦促在逃境外经济犯罪人员投案自首的通告》宣传到人，共同规劝犯罪嫌疑人抓住有利时机尽快投案自首。

（二）认真做好追赃和违法所得没收程序工作

追赃是追逃的重要突破口，如果能够及时追回赃款，就容易摧毁腐败分子赖以生存的经济基础和活动空间，迫使其主动投案自首。修改后刑事诉讼法明确规定了违法所得没收程序，为我们开展追逃追赃工作提供了有力的法律武器。检察机关作为这一程序的启动主体，要充分认识违法所得没收程序在反腐败斗争中的重要作用，在继续坚持传统追赃手段、方式的基础上，真正把这个法律武器用好用活，尽力为国家挽回经济损失，决不让腐败分子在经济上捞到好处。一要依法规范适用。准确理解法律精神，正确把握适用条件，既防止突破法律界限滥用，又防止人为设定条条框框、片面理解和限制适用。对于犯罪嫌疑人、被告人逃匿，经过通缉一年后未能到案的，或者犯罪嫌疑人、被告人死亡的，要逐一进行研判，符合条件的，要及时果断地向法院提出违法所得没收申请，提高追赃工作的成效。二要依法收集审核证据。注重全面收集、审核支持违法所得没收程序申请成立的证据，特别是要及时查封、扣押、冻结相关涉案人员的违法财产，收集证实相关财产为违法所得的证据，避免因证据不到位使该程序无法启动。三要依法妥善处置。对于追回的违法所得，该返还发案单位的及时返还，该退赔其他法人和个人的及时退赔，特别是因为渎职行为给国家造成经济损失的，要履行追偿责任，最大限度为国家挽回经济损失。

（三）积极做好防逃和防赃款外流工作

做好防范工作是遏制潜逃外逃的治本之策。要始终坚持未雨绸缪，关口前移，切实从源头上防止涉案人员潜逃、涉案赃款外流。一要坚持源头预防。牢固树立防逃意识，坚持追逃与防逃并举，始终将防逃工作放在与办案工作同等重要的位置来抓，对采取不同强制措施的犯罪嫌疑人或者其他涉案人员有针对性地制定防逃措施，努力形成防逃工作常态化、长效化。二要建立防逃预警机制。紧紧抓住初查、立案、采取强制措施等关键环节，对犯罪嫌疑人外逃可能性进行科学评估，深入排查薄弱环节，做好防逃工作预案，强化基础性工作，及时发现潜逃苗头和迹象，坚决切断犯罪嫌疑人的潜逃后路。该采取强制措施的一定要及时采取强制措施，防止逃跑或逃跑后采用以超过追诉期限为由逃避处罚。三要建立财产监控机制。密切与人民银行反洗钱部门的沟通协调，建立情报交流与线索移送机制，及时发现和阻止涉案人员向境外转移资金。发现犯罪嫌疑人潜逃后，要快速反应、果断决策，及时商请有关部门进行追逃追赃。

三、整合力量，建立完善追逃追赃的“三项机制”

全省检察机关要发挥职能优势，主动加强内外部协作配合，着力构建系统完备、运转高效、协调有序的体制机制，不断增强整体合力，打好追逃追赃的攻坚战和持久战。

（一）建立检察机关追逃追赃的组织领导机制

要加强实践探索，深入研究新情况新问题，完善检察机关自身追逃追赃体制机制，研究建立“领导小组统一领导、指挥中心组织协调、办案部门主体责任、司法警察常态参与”的组织领导机制。各级院要把开展专项行动作为“一把手工程”来抓，成立以检察长

为组长、分管职务犯罪侦查工作的副检察长、职务犯罪侦查部门负责人为副组长的追逃追赃工作领导小组，统筹协调追逃追赃工作。省、市两级院指挥中心办公室要发挥职能优势，完成好协助办案部门收集信息、协调办理特殊侦查措施、统筹力量调配、办理跨区域侦查协作等工作。办案部门要针对每个在逃人员，逐人确定追逃追赃小组，明确具体承办人，制定详细追逃方案。司法警察要在排查信息、走访摸底、上门规劝、实施抓捕等方面发挥作用，全程参与追逃追赃工作，共同推动专项行动顺利开展。

（二）建立与相关职能部门的协作配合机制

开展职务犯罪国际国内追逃追赃工作，仅靠检察机关单打独斗还远远不够，必须借助多方力量，发挥整体优势。一方面，要推动建立党委反腐败协调小组领导下的追逃追赃工作协调机制。积极主动向党委反腐败协调小组报告本地职务犯罪嫌疑人在逃案件情况和开展追逃追赃工作的重大部署，紧紧依靠党委的领导和反腐败协调小组的组织协调，帮助解决实际困难。另一方面，健全与相关职能部门的协作配合机制。主动加强与公安机关、安全机关、人民银行、外事部门、通信部门等职能部门的沟通协调，推动建立追逃追赃工作信息沟通、情况交换、协作配合机制，特别是加强与公安机关的沟通协作，运用公安机关的侦查手段和措施开展追逃追赃工作。在境外追逃追赃、劝返工作中，还要注意不要违法国际公约、惯例和外事纪律。

（三）建立完备的追逃追赃工作运行机制

追逃追赃工作涉及部门多、环节多，需要构建上下一体、反应快速、系统完善、手续齐全、渠道畅通的工作运行机制，形成“不敢逃、不能逃、不易逃”的制度体系。一要完善内部协作配合机制。充分发挥检察工作一体化机制优势，坚持追逃追赃工作“一盘棋”，整合职务犯罪侦查、指挥中心办公室、批捕、公诉、警务等部门资源，及时更新、完善在逃职务犯罪嫌疑人数据库，确保数据信息的准确性。二要强化追逃追赃工作措施。要根据个案情况，及时办理边控、通缉、网上追逃、技术侦查和红色通缉令等侦查措施，切实加大追逃追赃工作力度。三要做好各项衔接配合工作。保持各项工作渠道畅通，侦查措施的办理、侦查信息的查询、侦查装备的使用、协调公安机关实施抓捕等工作，都要安排专人负责，保证运转顺畅、及时高效。

第九章
对诉讼活动的法律监督

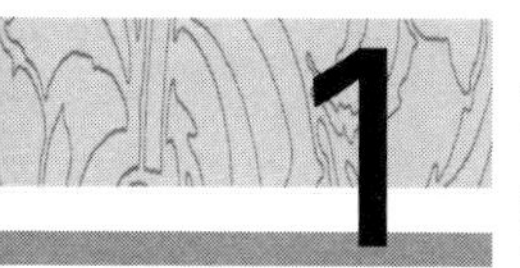

1 分析形势、统一思想、明确任务，推动民事行政检察工作全面发展*

一、明确思路，突出重点

民事行政检察制度是中国特色社会主义检察制度的重要组成部分，也是我国社会主义司法制度的一大特色。当前，民行检察工作面临着新的形势和任务。党的十七大报告明确指出，要加快推进以改善民生为重点的社会建设，推动建设和谐社会，加快建设社会主义法治国家，维护社会主义法制的统一、尊严、权威，这些都对检察工作包括民行检察工作提出了新的更高要求。全社会法治意识普遍增强，大量矛盾和纠纷进入诉讼领域，人民群众对检察机关强化法律监督维护社会公平正义的期望越来越高。修改后的民事诉讼法，既解决了一些长期困扰民行检察工作的重大问题，为民行检察制度的发展和完善提供了机遇，也使民行检察工作面临着新情况和新挑战。新的形势下，加强民行检察工作对于促进经济社会发展、维护社会和谐稳定、推进依法治国进程、保障社会公平正义和维护社会主义法制的统一、尊严与权威，具有十分重大的意义，在强化法律监督职能方面发挥着不可替代的作用。全省检察机关要切实增强做好民行检察工作的责任感和紧迫感，紧紧抓住发展机遇，正确应对新情况、新问题，不断加强和改进民行检察工作，努力开创我省民行检察工作新局面。

要进一步明确工作思路。我们必须准确把握检察机关的宪法定

* 2008 年 4 月 3 日敬大力同志在湖北省检察机关民事行政检察工作会议上的讲话。

位，紧紧抓住法律监督这个本质来开展民行检察工作。要清醒认识到，民行检察工作的目的是依法对法院的民事审判、行政诉讼活动是否合法实行法律监督，监督的对象是法院及审判人员，着眼点是维护司法公正，着力点是监督纠正诉讼违法和司法不公问题。民行检察作为一项法律监督工作，并不是直接调处诉讼双方当事人的利益纠纷，也不单独是为了办理当事人申诉。当事人申诉是发现问题的渠道，检察机关更可以依职权主动发现司法不公问题。因此，全省检察机关必须紧紧围绕维护司法公正来开展民行检察工作，始终把工作的重心放在强化法律监督上。我们在确立工作重点、创新工作举措和改革工作机制时，要着眼于维护司法公正，要立足于强化法律监督。只有通过强化监督有力维护司法公正，才能充分发挥民事行政检察工作促进社会和谐稳定、保障社会公平正义、维护社会主义法制统一、尊严与权威的重大作用。

要坚持突出工作重点。随着社会主义市场经济的深入发展和全社会法治意识的普遍增强，大量民事行政纠纷更多地以诉讼形式进入司法领域，一些司法不公问题已经成为人民群众反映强烈、影响社会和谐的重要问题和民生问题。全省检察机关要适应人民群众日益增长的司法需求，认真履行民事行政检察职能，有力维护司法公正。根据检察机关的实际状况，民行检察工作要注意突出工作重点，不断增强监督实效，不断提升执法办案的法律效果和社会效果。当前和今后一个时期，要坚持把服务大局、关注民生作为民行检察工作的出发点和着力点，认真办理教育、就业、住房、收入分配、社会保障、征地拆迁、医疗卫生和社会管理等领域的民行申诉案件，促进解决人民群众最关心、最直接、最现实的利益问题。要重点监督纠正裁判不公侵害社会公共利益和弱势群体利益的案件，监督纠正因违反法定程序、行政干预、地方保护和审判人员贪污受贿、徇私舞弊、枉法裁判导致错误裁判的案件，监督纠正裁判不公造成重大社会影响的案件。要注意及时发现和严肃查处司法不公背后的职务犯罪案件，增强人民群众对司法公正的信心。

二、加大力度，提高质量

检察机关开展民行检察工作 20 年来，这项工作持续发展，取得了可喜的成绩。但总体上民行检察工作仍处于相对薄弱的局面，监督效果也有待进一步提升。加强和改进民行检察工作，必须在加大力度和提高质量这两个方面狠下功夫，更有效地发挥民行检察职能作用。

要加大办案力度，形成强力、有效的民行检察监督态势。对于我省民行检察工作来说，加大办案力度主要是两个方面：一方面是要有一定的办案数量，形成一定的办案规模；另一方面是要结合各地实际，办理一批有影响、有震动、得人心的案件。没有这两条，民行检察监督的力度与效果就无从谈起。加强和改进民行检察工作，必须高度重视和认真解决办案力度不够的问题。

一是加大抗诉工作力度。抗诉是民行检察监督的法定方法和有力手段，对确有错误的民事行政裁判依法提出抗诉，是检察机关开展民行检察监督的最基本最主要的途径。近年来，我省民行抗诉案件数量下滑，这是与人民群众要求加大法律监督力度的强烈呼声不相适应的。我们必须清醒看到，虽然法院调解结案增多、申请抗诉案源减少等客观原因对抗诉工作造成了一定影响，但“申诉难”仍然是当前社会上普遍反映的问题，检察机关抗诉案件在法院再审案件中仍然只占很小的比例，我们办案的空间还非常大，绝不是无案可办，关键是要加强和改进我们自身的工作。全省检察机关特别是抗诉工作开展不力的市级检察院，要认真分析解决工作中存在的问题，采取有力措施拓宽案源渠道，拓展监督领域，力求抗诉案件数量稳中有升，形成适当、合理的办案规模。要强化监督意识，敢于监督，充分运用好抗诉这一监督手段，注意纠正和防止发生该抗不抗的问题。

二是继续做好检察建议工作。检察建议是抗诉手段的补充，是开展民行检察监督的一种重要方式。要深化对再审检察建议的理解、认识和运用，适度增加再审检察建议办案规模。对于那些不宜运用抗诉方式监督的案件，如当判不判而进行违法调解、强行调解的案件，违法执行的案件，违法采取拘留、扣押冻结等强制措施的案件，要积极运用检察建议提出监督意见。

三是加大查办民行诉讼中职务犯罪工作力度。查处审判、执行人员职务犯罪，既能依法纠正错案，也能有效促进司法公正。在审查民行申诉案件中，要注重发现隐藏在民事审判、行政诉讼和民事执行中的司法不公背后的职务犯罪线索。发现线索是第一位的，发现线索、初查、协查、自行立案侦查都是成绩。要把查办职务犯罪作为强化法律监督的有力手段，通过查办民行诉讼中的职务犯罪更有效地维护司法公正。

要提高办案质量，增强监督实效。办案质量是民行检察工作的生命线。办案质量特别是抗诉案件质量不高，不仅影响监督效果，而且损害民行检察监督的威信和公信力。要切实增强质量意识，认真对照法定的抗诉条件，严把案件事实关、证据关和法律关，确保案件"抗准"。要统一立案标准、规范审查方式、明确抗诉事由、加强抗诉文书说理工作，提升说理水平，对再审裁判形成积极有力的制约，促使法院改判纠错。要加强对抗诉案件和再审检察建议的跟踪监督，提高再审改变率，增强监督效果；对抗诉后法院再审维持原判不当、申诉人再次申诉的，要提请上级检察院再抗诉；对提出再审检察建议后法院不采纳的，要依法提出抗诉。

三、改革创新，健全机制

当前，民行检察工作面临着法律法规修改，执法要求提高等许多新形势。全省检察机关必须解放思想、与时俱进，运用改革的思路和创新的办法，破解发展难题，把握工作规律，不断建立健全工作机制，推动民行检察工作科学发展。我们要立足于在现有法律制度框架内，改革创新，健全机制，把法律已有规定的工作充分做好，法律没有规定的，可以研究提出建议。当前，要结合湖北实际，着重做好以下工作：

一是健全完善民事行政法律监督调查机制。没有调查就没有发

言权，没有充分的调查就难以实施有效的监督。去年以来，全省检察机关积极稳妥地开展民事行政法律监督调查试点工作，先后对101件民行审判、执行中的违法违规行为进行了监督调查，监督纠正40件，得到了省委和高检院的充分肯定，受到了试点单位的广泛欢迎。实践证明，建立以发现、核实、纠正司法人员违法行为为核心内容的民行监督调查机制，是现行法律框架内的一项工作机制创新，有利于加强对诉讼活动的法律监督，有利于提高监督的针对性和实效性，有利于发现和查办司法不公背后的职务犯罪。近期，省院将正式下发《民事审判、行政诉讼活动法律监督调查办法》，对监督的程序、范围、手段等进行规范。各地要高度重视，强化措施，将民事行政法律监督调查作为一项基础性、创新性的工作，切实抓紧抓好，大力推进，力争在今年取得新的明显成效。

二是积极探索在民行检察工作中落实检察工作一体化机制的有效办法。检察工作一体化机制是深入开展各项检察工作的基础，也是我省检察工作机制创新的“龙头”。全省检察机关要提高认识，强化措施，积极探索在民行检察工作中落实检察工作一体化机制的有效办法。要按照“上下统一”的要求，着力研究和解决民行检察工作“倒三角”问题，建立以省院为龙头、市州分院为主体、基层院为基础的工作机制，创新办案模式，缩短办案周期，提高办案效率。按照“横向协作”的要求，加强各地检察机关民行检察部门之间的工作协作，互通情况，沟通协调，借鉴各地在工作中创造的成功做法，整合不同区域检察机关民行办案力量，丰富监督形式，增强监督实效。按照“内部整合”的要求，加强与反贪、反渎、侦监、公诉等部门的协作配合，充分发挥各自的职能作用，互通情况，紧密配合，注重发现和查办民事行政司法不公背后的职务犯罪案件，注意发现和移送涉嫌伪证、合同诈骗等刑事犯罪线索，促进相互衔接，形成监督合力。按照“总体统筹”的要求，坚持统筹兼顾的根本方法，多管齐下，多措并举，加强民行抗诉、再审检察建议、法律监督调查、职务犯罪侦查等多种方式的综合运用和有效衔接，推动全省检察机关结成运转高效、关系协调、规范有序的统一整体，充分发挥民行法律监督整体效能。

三是促进建立检法衔接协调机制。当前，我国民行法律监督的规定比较原则、抽象，要做好监督工作，必须首先做好与法院的衔接协调工作。最近，最高法院、省高级法院领导纷纷表示要依法接受、配合检察机关的监督。去年，武汉市检、法两机关会签了《关于建立民事行政审判与检察工作衔接机制的若干意见》，就民行抗诉的调卷、审级、审限、再审检察建议的地位、检察长列席审判委员会等问题进行了明确规定，积累了“在配合中加强监督，在监督中加强配合”的有益经验。各级院领导要高度重视，亲自出面，借鉴武汉市院的做法，进一步加强与当地法院的工作协调，力争出台民行法律监督的规范性文件，建立健全工作联席会议、定期通报情况等衔接协调机制，及时研究解决工作中出现的新情况、新问题，保证民行检察工作健康发展。

四是探索建立民行监督与人大监督互动配合机制。人大监督是党和国家监督体系的重要组成部分。根据《监督法》的规定，各级人大常委会按照民主集中制原则，集体行使监督职权；对本级人民政府、人民法院和人民检察院的工作实施监督。检察机关是国家专门的法律监督机关，承担着对民事审判、行政诉讼活动的具体监督职责。全省民行检察部门要树立“监督者更要接受监督”的意识，坚持抗诉书向人大常委会报备制度，认真办理人大交办事项，及时报告工作开展情况，紧紧依靠人大的监督，支持、加强和改进工作。要适应新的形势，探索有效形式，健全完善人大及其常委会的工作监督与民行部门的具体监督有机结合、互动配合的工作机制，形成对民事审判和行政诉讼活动的监督合力，增强监督实效。对于开展民行检察工作中遇到的困难和问题，也要及时向人大汇报，争取理解支持，改善执法环境，促进工作健康发展。

四、加强队伍，提高素质

要全面加强民行检察队伍建设。民行检察工作的科学发展、与时俱进，关键在“人”，在“队伍”。要认真贯彻省院《关于加强检

察队伍建设若干问题的决定》，坚持以人为本，积极推进“六项工程”建设。大力加强思想政治建设，保持民行检察工作的正确政治方向。切实加强作风纪律建设，巩固“三个专项治理”、“作风建设年”活动成果，加强廉政建设，严格内部监督，改进执法作风，努力以优良的作风带出过硬的队伍。

要着力提高民行检察队伍素质。民行检察工作涉及的社会关系错综复杂，需要掌握的法律知识点多面广，只有高素质、专业化的队伍才能胜任监督工作需要。要将民行检察队伍的素质教育和业务培训纳入全省整体培训计划，有计划、有步骤、分层次地加强培训工作，提高民行检察队伍专业化水平。要创造良好的学习条件，加强岗位学习、岗位练兵、岗位竞赛，坚持在法律监督、执法办案实践中培养和锻炼人才。要营造浓厚的学习氛围，鼓励和支持干警钻研民行检察业务，参加理论研讨活动，努力培养一批民行检察业务专家、业务尖子和办案能手。

要切实加强对民行检察工作的领导。各级院党组要把民行检察工作摆上重要议事日程，检察长、分管检察长要拿出更多的精力来关心、指导和支持这项工作。要加强中层领导班子建设，注意把政治素质过硬、工作经验丰富、具有民行专业知识、热爱民行检察工作的同志选拔到各级民行处（科）长的位置上来。逐步配齐配强民行检察部门的骨干力量，并保持相对稳定。高度重视、切实解决民行检察工作中面临的机构、人员、装备、经费等方面的问题，为民行检察工作的顺利开展创造良好条件。

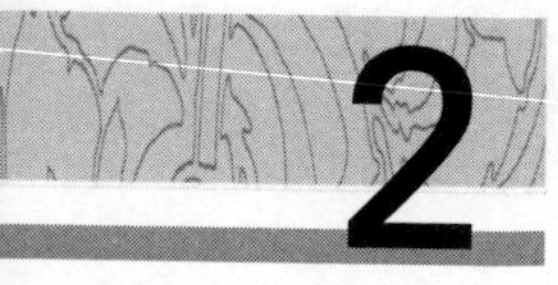

2 认真贯彻落实湖北省人大常委会《关于加强检察机关法律监督工作的决定》*

一、深刻领会把握《决定》的主要内容和重大意义，切实增强贯彻《决定》的责任感和自觉性

7月31日，省人大常委会第十一次会议审议通过《关于加强检察机关法律监督工作的决定》（以下简称《决定》）。省人大常委会就加强检察机关法律监督工作专门作出《决定》，充分体现了省委、省人大对检察机关法律监督工作的高度重视和大力支持，对于全省检察机关更好地履行法律监督职能、全面加强和改进法律监督工作具有重大而深远的意义。全省检察机关要把思想认识统一到《决定》要求上来，切实增强贯彻落实《决定》的责任感和自觉性。

要全面学习理解把握《决定》对强化检察机关法律监督提出的工作要求。省人大常委会的《决定》，是在深入开展调研论证的基础上制定出台的，符合宪法和法律关于检察机关法律监督工作的规定，符合党中央、高检院和省委对检察工作的要求，符合我省经济社会发展状况和检察工作实际。《决定》从九个方面对加强检察机关法律监督工作作出了规定，既具有丰富的实质内容，又具有突出的湖北特色，主要体现在：（1）《决定》强调了检察机关的宪法定

* 2009年8月11日敬大力同志在湖北省检察机关学习贯彻湖北省人大常委会《关于加强检察机关法律监督工作的决定》和湖北省人民检察院《关于加强检察机关群众工作的指导意见》电视电话会议上的讲话节录，刊载于《人民检察（湖北版）》2009年第9期。

位，明确指出全省检察机关应当始终坚持国家法律监督机关的宪法定位，忠实履行法律监督职责。《决定》明确了检察机关的法律监督工作重点，要求应当针对人民群众反映强烈的影响严格执法和公正司法的突出问题，进一步加大法律监督工作力度；要求全省检察机关应当把查办职务犯罪作为强化法律监督的主要途径和措施。(2)《决定》对检察机关应当不断完善法律监督工作机制作出要求。要求严格落实中央关于深化司法体制和工作机制改革的部署，依法健全和完善刑事诉讼、民事审判、行政诉讼和民事执行法律监督的制度，健全和完善检察工作一体化、法律监督调查等工作机制，提高法律监督的质量和水平。(3)《决定》强调检察机关要加强自身建设，不断提高法律监督公信力。要求检察机关加强队伍思想政治建设、专业化建设和职业道德建设，加强检察机关基层基础工作，增强法律监督能力；不断完善和落实检察机关内外部监督制约机制，促进严格、公正、文明、廉洁执法。(4)《决定》明确规定了全省审判机关、侦查机关、司法行政机关有依法接受检察机关法律监督的义务。要求支持配合检察机关开展法律监督中的有关调查、核实工作，对检察机关依法提出的纠正违法通知、更换办案人意见和其他检察建议，应当及时办理并回复办理情况。侦查机关、刑罚执行和监管机关应当及时向检察机关提供发案、立案、破案、羁押和变更强制措施的情况，对检察机关依法提出的监督事项，应当严格依法办理并回复办理情况。审判机关对检察机关依法提出抗诉的案件，应当依照程序及时审理；对检察机关提出的再审检察建议，应当及时审查决定是否启动再审；审判机关和检察机关应当进一步依法落实并规范调借阅审判案卷、检察长列席同级法院审判委员会等制度。《决定》还对全省审判机关、检察机关、侦查机关和司法行政机关应当建立健全监督制约、协作配合机制作出了规定。(5)《决定》要求各级人大常委会应当依法监督和支持检察机关的法律监督工作，各级人民政府应当支持检察机关依法开展法律监督工作。要求行政执法机关和行政监察机关应当与检察机关加强信息沟通和工作配合，完善相互移送案件线索机制；新闻出版、文化宣传、广播电视等部门应当加强对检察机关法律监督工作的宣传，形成法律监督的良好社会环境。

要充分认识《决定》的制定实施对推动我省检察工作发展的重大意义。第一，《决定》的制定实施，是坚持和完善中国特色社会主义检察制度的重要探索。省人大出台《决定》，是地方人大的重要立法活动。《决定》对于坚持检察机关宪法定位，促进法律监督职能的整体发挥，按照中央改革部署不断完善法律监督工作机制，加强检察机关与法院、公安、司法行政机关之间的监督制约与协作配合，加强人大对检察机关法律监督工作的监督与支持等，都作出了具体明确的规定，既坚持和体现我国检察制度的鲜明特色和优越性，也是对中国特色社会主义检察制度的丰富和完善。第二，《决定》的制定实施，是对人民群众日益增长的司法需求的积极回应。近年来，随着我国民主法制建设的深入发展，广大人民群众对维护执法和司法公正的要求日益强烈。《决定》要求检察机关针对人民群众反映强烈的影响严格执法和公正司法的突出问题，进一步加大法律监督力度，增强法律监督实效。贯彻落实好《决定》，是检察机关践行“立检为公，执法为民”宗旨，适应人民群众的新要求新期待开展检察工作的必然要求。第三，《决定》的制定实施，为推动我省检察工作深入发展提供了有力保障和重要机遇。检察机关是国家专门法律监督机关，根本职能是法律监督。省人大常委会就加强检察机关法律监督作出《决定》，是我省检察事业发展中的一件大事。抓好《决定》的贯彻落实，必将有利于检察机关在人大的重视、支持与监督之下全面履行法律监督职责，有利于解决法律监督工作中的难点问题和薄弱环节，有利于督促有关执法、司法机关加强协作配合，有利于把人大常委会的监督和检察机关的法律监督有机结合起来，不断提高检察机关法律监督工作水平，有力推动我省检察工作的健康深入发展。

二、加强领导，强化措施，切实抓好《决定》的贯彻落实

省人大常委会出台的《关于加强检察机关法律监督工作的决定》是事关全省检察工作长远发展的重要文件。我们要把人大的重视和支持转化为做好检察工作的强大动力，把贯彻落实《决定》作为当前和今后一个时期的重要任务。

一是加强组织领导。全省各级检察机关特别是各级院党组、检察长要把贯彻落实《决定》列入重要议事日程，作为“一把手”工程来抓，落实领导责任，提出切实可行的工作措施，加大组织实施力度。省院要进一步加强对下级院工作的领导，切实担负起科学决策、对下指导、督促检查、解决问题、推动工作的责任。市州分院要充分发挥好组织协调作用，既要把省院的部署和要求及时传达落实到基层，又要在学习宣传和贯彻落实中发挥示范和引领作用。基层院要增强组织纪律性，既要严格执行上级院的各项指示、部署与要求，加强请示报告，防止工作出现偏差，又要积极探索、勇于创新，总结和积累新鲜经验。

二是加大学习宣传力度。要组织全体检察人员认真学习《决定》，深刻领会、全面把握精神实质、具体规定和措施要求，为抓好贯彻落实奠定坚实的基础。要广泛开展社会宣传，充分利用当地报刊、广播、电视、网络等媒体，通过发表文章、开辟专栏、制作专题节目、设立展板、发放宣传册等形式，组织有规模、有声势的集中宣传活动，广泛争取社会各界和人民群众对加强检察机关法律监督工作、对加强检察机关群众工作的理解和支持，为贯彻落实好《决定》创造良好的社会氛围。

三是抓好配套制度建设。省院拟于近期根据《决定》，研究制定相关配套措施，如与公安机关、司法机关会商制定关于加强监督制约与协调配合的工作办法；对《决定》提出的一些原则性规定，也要研究提出贯彻落实的具体措施。必须指出的是，对于省院已经制定出台的可操作性具体制度，如法律监督调查办法、检法两家监督制约、协调配合的规定等，各地要严格、全面、准确地遵照执行，而不能搞另行规定或者有选择性地适用。

四是加强督促检查。上级院要经常分析贯彻落实情况，全面掌握工作进程，认真总结推广经验，改进工作薄弱环节。对于那些行动迟缓、工作落实不力、有等待观望和消极无为思想的地方，上级院要及时派出工作组进行督促检查，促使这些地方迅速扭转被动局面；对贯彻落实中出现的偏差，要及时发现和纠正。各地在贯彻落实中的重大情况和问题要及时向省院报告，省院将适时组织对贯彻落实情况开展检查。

五是积极争取支持。全省各级检察院要及时向当地党委、人大报告《决定》贯彻落实情况、存在的问题和薄弱环节、改进工作的意见和措施，主动争取领导和支持。特别是要以贯彻《决定》为契机，做好接受人大监督的各项工作，积极配合人大常委会的执法检查、视察、重大事项督办等活动，紧紧依靠人大的监督和支持加强法律监督工作，推动《决定》各项要求的贯彻落实；积极争取各级政府对法律监督工作的支持，加强检察经费保障，改善执法条件；主动争取法院、公安、司法行政机关对法律监督工作的支持，加强协调和沟通，共同落实好《决定》关于各政法部门加强监督制约与协调配合的各项规定；加强与各行政执法和监察部门的联系，按照《决定》的要求完善行政执法、执纪与刑事司法衔接机制。

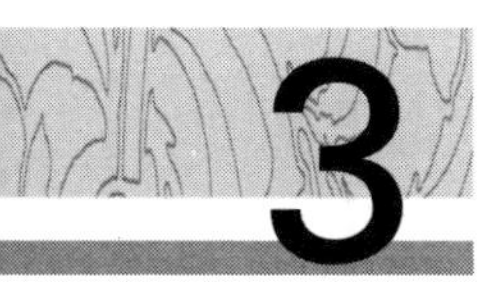

3 构建监督调查机制，增强法律监督实效*

近年来，湖北省检察机关遵循中央、高检院关于检察体制改革的精神，在法律框架内，积极探索以发现、核实、纠正诉讼违法行为为核心的法律监督调查机制（以下称监督调查机制）建设。监督调查机制建设的推进，有效地提高了监督质量和水平。自探索监督调查机制建设以来，全省共调查民事、行政诉讼和民事执行违法案件495件，调查终结468件，调查发现构成违法及涉嫌犯罪的共307件，分别以抗诉或再审检察建议、发检察建议、纠正违法通知书等方式监督纠正，对于调查发现的职务犯罪线索全部移送侦查。

一、立足实践，探索监督调查机制的构建

（一）着眼于破解困惑，探索监督调查机制

长期以来，民行检察工作面临着立法不完善、监督效果不佳的困惑。一方面，民事诉讼法、行政诉讼法仅规定了抗诉这一监督方式，相关司法解释又对抗诉范围进行了限制，违法调解、非诉程序和执行程序中的违法等实际处于监督空白。高检院要求运用检察建议、更换承办人等方式对这些领域进行监督，但由于没有相应的监督手段和程序，监督效果不佳。另一方面，人民群众要求检察机关加强监督纠正司法不公、惩治司法腐败的呼声日趋强烈。因此，如何在法律框架内创新工作机制，加强诉讼监督，最大限度地满足人

---

* 2010年7月23日敬大力同志在全国检察机关第二次民事行政检察工作会议上的发言。

民群众的司法需求，是检察机关不能回避的重大现实课题。我们认为，检察机关是国家的法律监督机关，调查是法律监督权的重要组成部分。检察机关为了加强诉讼监督，必须对监督事项进行必要的调查，并在调查基础上提出监督意见。基于这一认识，我省检察机关开始探索针对民事、行政诉讼中的违法行为进行调查的监督工作机制。

（二）着眼于规范执法，明确监督调查机制的内容

为了巩固实践成果，规范调查行为，经过多次理论论证和反复修改，于2008年8月制定实施了《湖北省检察机关民事审判行政诉讼法律监督调查办法（试行）》（以下简称《调查办法》），对调查范围、调查程序、调查手段和调查后的处理方式等进行了详细规定。一是规定了调查范围，包括对是否具有抗诉事由的调查和审判机关及其审判、执行人员在审判、执行活动中是否存在其他违法行为的调查；二是规定了调查手段，包括询问、查询、调取相关证据材料、勘验、鉴定等一般调查手段；三是规定了调查程序，包括调查启动、调查进行和调查终结程序；四是规定了调查后的处理方式，包括提出抗诉（再审检察建议）、发检察建议、纠正违法通知书、移送侦查；对经调查没有发现违法事实的，则向相关人员说明情况，必要时向有关单位、部门通报。《调查办法》的出台，确保了法律监督调查工作在规范轨道上运行。

（三）着眼于不断提高，完善监督调查机制体系

《调查办法》实施后，我们进一步建立健全了相关配套制度。一是建立了重大案件上报、定期通报、调查前的可查性评估等相关配套制度，保证调查的严肃性；二是统一文书格式，制定了《民事审判行政诉讼监督调查立案审批表》等六种文书格式，印发全省统一适用；三是加强基础性工作，制定了监督调查案件月报表、年报表等统计报表，提出了每件监督调查案件要有案卷可查、有文书存档、有台账登记、有报表反映的“四有要求”，并将监督调查情况纳入民行检察工作的考核范围。这些配套制度和基础性工作，构成了监督调查机制运行的必要保障。

二、多措并举，着力推进监督调查机制的有效运行

我们注重从内外两个途径着力，推进监督调查机制的有效运行，在推动工作的深入开展和机制成效上下功夫。

（一）在深入推进上想办法

一是统一认识。《调查办法》实施后，省院及时召开会议，部署学习贯彻，使各级院检察长和广大民行检察干警深刻认识到开展监督调查的重要意义，自觉推动这项工作。二是专题培训，针对推进中存在的问题，及时组织培训，理顺调查与抗诉、调查与侦查的关系，拓展工作思路。三是以典型引路。每年召开一次经验交流会，并将各地办理的成功案件汇编成册，逐案点评，实现了指导的有效性和及时性。四是突出重点。确定以民事执行程序为重点，调查一批有影响的案件。各地积极抓线索开发，借助检察工作一体化机制，加强对民事执行活动的监督，取得了明显成效。全省共调查执行违法案件 138 件，占查实构成违法案件（307 件）的 45%。

（二）在加强协调上做文章

监督调查机制是一项新生事物，机制推行的效果如何，在很大程度上取决于法院的理解与配合。《调查办法》出台后，我们主动与省高级人民法院沟通，于 2008 年底会签了《关于在审判工作和检察工作中加强监督制约、协调配合的规定（试行）》，就人民法院支持配合检察机关开展监督调查、对检察机关提出的监督意见及时审查、反馈作出了明确规定。由于加强了沟通，各级法院对监督调查工作的支持度逐步提高，为工作的推进奠定了基础。

（三）在争取支持上下功夫

在构建监督调查机制过程中，我们始终把争取党委、人大的支持放在重要位置。2007 年，《调查办法》形成送审稿，送省委、省人大领导审批。省委、省人大主要领导批示“这是一项加强法律监督的重要举措”。法律监督调查机制还被写进 2007 年湖北省委《关于贯彻落实〈中共中央关于进一步加强人民法院、人民检察院工作的决定〉的实施意见》中。2009 年，省人大常委会通过了《关于加强检察机关法律监督工作的决定》，明确要求审判机关支持配合检察机关开展法律监督调查工作。省委、省人大的支持，为监督调查机制的推进创造了良好的外部环境。

三、监督调查机制建设取得的实效

几年来的实践证明，监督调查机制的构建，符合司法体制改革方案提出的“完善检察机关对民事、行政诉讼实施法律监督的范围和程序”、“明确对民事执行工作实施法律监督的范围和程序”要求，在拓展监督空间、提高监督质量、丰富监督手段、增强监督合力等方面，取得了初步实效。

（一）拓宽了监督领域

根据《调查办法》规定的调查范围，我们对不能以抗诉方式监督的违法和强制调解、非诉程序、民事执行活动中的违法行为开展调查，对审判机关及其审判、执行人员的严重违法行为，通过发检察建议、纠正违法通知书等方式予以监督，实现了对民事行政诉讼全过程的监督，保证了监督的严密性。通过调查监督纠正审判程序违法 149 件、执行程序违法 138 件、纠正强制调解、违法调解 14 件、纠正督促程序违法 6 件。同时，民行检察部门牢固树立以监督促管理的理念，对于通过法律监督调查发现的有关单位和部门预防违法犯罪等方面管理不完善的，行业主管部门或者主管机关需要加强或改进管理监督工作的，司法机关、行政机关执法过程中存在的不规范问题需要改进的，依法提出检察建议 177 件。

（二）提高了监督质量

我们根据《调查办法》规定的调查范围，坚持以必要性为前提，对于是否存在抗诉的相关事由和其他违法情形进行必要的调查，监督意见建立在调查基础上。通过调查提出抗诉案件的再审综合改变率为 83.1%，其中，经调查发现采信的主要证据系伪造的民事判决，抗诉后全面改判。人民法院对我们发出的 65 份纠正违法通知书，已纠正 57 件，纠错率为 87.7%，使一批人民群众反映强烈的案

件得到了及时、公正处理，有力化解了社会矛盾，促进了公正廉洁执法。同时，对于161件经调查后没有发现违法的案件，我们全部回复申诉人、举报人或向有关单位说明情况；对无理缠诉的案件，加大与有关部门协作，依托“大调解”工作体系，做好服判息诉工作，有力维护了执法公信力和社会和谐稳定。

（三）丰富了监督方式

民事诉讼法和行政诉讼法只赋予了检察机关抗诉这一监督方式。对于部分裁定、调解以及审判、执行中的违法行为，都难以实现有效监督。《调查办法》规定针对不同情形分别采取抗诉、检察建议、纠正违法通知书、移送侦查等立体多元的监督方式。实践表明，这样规定有利于实现诉讼过程监督与结果监督的结合、对人的监督与对事的监督的结合，有利于多方面、多层次地做好监督工作。

（四）增强了监督合力

借助监督调查机制，有利于发现裁判不公背后的职务犯罪线索。我们通过监督调查共发现并移送职务犯罪和其他犯罪线索48件，占调查查实构成违法总数（307件）的15.6%。自侦部门已立案查办37件，成案率为77.1%。人民法院已作有罪判决23件27人。

（五）扭转了基层民行检察工作的薄弱局面

一方面，随着基层法院调解结案率提高、一审生效民事判决的减少，基层民行检察工作日趋弱化。另一方面，基层法院却承担着大量一审民事案件的审理和执行工作，需要监督的问题很多，基层民行检察职能需要加强。我省民行监督调查机制的建立与完善，调动了基层院开展民行检察工作的积极性。我省调查构成违法的307件案件中，有225件是基层民行部门办理的。基层民行检察工作的强化，确保将社会矛盾化解在萌芽状态、化解在基层一线，避免了矛盾激化、矛盾上交，维护了社会和谐稳定。

4 全面加强检察机关各项法律监督工作*

要认真贯彻省人大常委会《关于加强法律机关工作的决定》和高检院相关文件要求，紧紧围绕人民群众反映最强烈的问题，找准监督的着力点，增强监督的针对性，着力维护司法公正。

加强刑事诉讼法律监督。要加强刑事立案监督，完善对不应当立案而立案和应当立案而不立案的监督机制，重点监督纠正有罪不究、以罚代刑和动用刑事手段插手经济纠纷等问题。要加强对侦查活动的监督，加大对刑讯逼供、暴力取证等违法侦查活动的监督力度，严格排除非法证据，加强对搜查、扣押、冻结等侦查措施的监督。要加强刑事审判监督，重点监督纠正有罪判无罪、无罪判有罪、量刑畸轻畸重以及严重违反法定程序等问题，探索加强对死刑案件办理的监督。当前，要切实加强刑事抗诉工作，整合刑事抗诉工作力量，调整刑事抗诉工作格局，健全刑事抗诉工作机制；要切实加强对适用简易程序审理案件的监督，把好程序适用关、派员出庭关和事后审查关；要切实加强提出量刑意见工作，配合法院开展好量刑规范化试点工作，进一步转变观念，加大力度，深入推进，全面加强收集量刑的事实与证据、认定量刑情节、开展量刑监督等各个环节的工作，做好同量刑有关的庭上举证、辩论工作。

加强民事审判法律监督。要按照全国第二次民行工作会议精神，进一步统一思想，找准定位，全面、正确、充分地履行法律赋予的监督职责。一是准确把握职能定位。要进一步明确民事检察工作的

* 2010 年 8 月 10 日敬大力同志在湖北省检察长座谈会上的讲话节录。

基本职责是对民事审判活动进行法律监督，民事检察工作在改革发展中必须立足并坚持法律监督属性。二是构建科学工作格局。要着力构建以抗诉为中心的多元化监督格局，坚持把抗诉工作作为民事检察监督的中心任务，充分运用抗诉手段监督纠正错误裁判。同时，注意抗诉与再审检察建议、纠正违法通知书、检察建议等其他监督手段的综合运用和有效衔接，办理好各类民事审判监督案件，提升民事检察监督的整体效能。对人民法院的正确裁判，要在不超越检察职权的前提下，依托“大调解”工作格局，做好有关当事人服判息诉和矛盾化解工作。三是继续深化改革探索。要按照中央司法体制改革的要求，完善对民事诉讼实施法律监督的范围和程序，探索对民事执行进行监督的有效措施，有计划地开展督促起诉、支持起诉、附带民事诉讼等试点工作，进一步总结经验，规范工作。

加强行政诉讼法律监督。要积极适应形势变化，认真总结经验，深入研究规律，及时受理、认真办理一批行政诉讼监督案件，更好地维护司法公正、促进依法行政。行政检察工作在把握职能定位、构建多元化监督格局、深化改革探索的基础上，要坚持遵循行政诉讼的特有规律，充分认识行政诉讼监督的政策性、复杂性和社会性，不断提高行政诉讼监督能力和水平。全省检察机关在办理行政诉讼监督案件的过程中，必须正确处理维护司法公正与维护社会稳定的关系，既要认真履行监督职责，该抗诉的依法抗诉，又要注意发现政府在行政行为中存在的问题并提出检察建议，对行政机关工作人员在执法中的失职渎职和侵权行为加强监督，还要深入分析行政争议涉及的矛盾和成因，做好化解矛盾工作。

加强刑罚执行和监管活动法律监督。要巩固看守所监管执法专项检查和监狱“清查事故隐患、促进安全监管”两个专项活动成果，推进与监管场所信息联网和监控联网，继续督促和配合监管单位落实整改措施。要高度重视做好监管场所被监管人死亡的防范和应对工作，完善检察机关介入调查的工作机制，坚决打击“牢头狱霸”和体罚虐待等行为。要加强羁押期限监督，坚决防止和纠正超期羁押，解决案件久押不决问题。要加强对留所服刑、交付执行、变更执行的监督，切实解决违法减刑、假释、暂予监外执行等问题，推动建立刑罚变更执行同步监督机制。加强对刑释解教人员、违法犯罪青少年等特殊人群帮教管理，积极探索适应社区矫正特点的检察方式，防止和纠正脱管、漏管等问题，加强对社区矫正各执法环节的法律监督。

加强对与诉讼活动密切相关的司法和行政执法活动的法律监督。要落实司法改革规定，拓宽监督视野，研究监督措施，探索和加强对与诉讼活动密切相关的司法和行政执法活动的法律监督。要针对修改后的《国家赔偿法》增设检察机关对法院赔偿委员会决定进行监督的职责，探索有效监督方式，既依法加强对赔偿工作的法律监督，纠正该赔不赔等问题，又通过监督发现和查处隐藏在赔偿案件背后的职务犯罪。要加强刑事司法与行政执法、执纪有效衔接机制建设，规范检察机关与公安机关、行政执法部门的网上衔接、信息共享、联席会议、案件移送等工作制度，加强对行政执法部门不移交涉嫌犯罪案件的监督。要探索加强对公安派出所的监督，在试点工作基础上，逐步规范对派出所监督的内容、方式和程序，增强监督实效。要加强对劳动教养的法律监督，适应国家推进劳动教养制度改革的部署，探索建立对违法行为教育矫治进行法律监督的有效措施。

在全面加强各项法律监督工作中，要高度重视法律监督工作机制建设。一要深化法律监督调查机制建设。全面加强刑事诉讼、民事行政法律监督调查工作，进一步完善配套措施，加大工作力度，规范监督程序，增强监督的针对性和实效性。在法律监督工作中增强“线索观念”和“办案观念”，增强发现、核实和纠正诉讼违法行为的能力。二要深化检察工作一体化机制建设。要加强“内部整合”，着力抓好内部办案协作机制建设，进一步加强诉讼违法线索发现、移送、管理、办理和反馈，加强侦、捕、诉三个环节的办案协作，推进法律监督调查、职务犯罪初查和立案侦查的有序衔接。坚持把加强诉讼监督与查办职务犯罪更加紧密地结合起来，深入开展查办执法不严、司法不公背后的职务犯罪专项工作，促进法律监督

工作由“软”变“硬”。三要健全诉讼监督工作机构和运行机制。注意总结各地实行“两个适当分离”工作中的成功经验，推动承担诉讼职能、诉讼监督职能的机构逐步分设，并健全完善工作协调配合、资源整合优化等方面的工作机制，确保诉讼职能和诉讼监督职能都得到加强。四要落实同有关政法机关监督制约和协调配合的各项机制。要认真落实省院与省公安厅、省法院关于加强协调配合与监督制约的规定，切实将文件规定的经常性工作联系、查阅（借阅）案卷、案件情况通报、检察长列席审判委员会等各项要求落实到位，充分保障检察机关的知情权、核查权和纠正权，为检察机关开展法律监督创造有利条件，共同维护司法公正和法制权威。

5 坚持民事和行政诉讼法律监督工作“四个加强、四个维护”的目标任务*

这次会议主要任务是：传达学习党的十七届五中全会精神，深入贯彻全国检察机关第二次民事行政检察工作会议精神，认真落实高检院《关于加强和改进民事行政检察工作的决定》（以下简称《决定》），全面总结近年来我省民行检察工作，系统分析当前的形势和任务，研究部署进一步加强和改进工作的具体措施，努力开创我省民事和行政诉讼法律监督工作新局面。

刚刚闭幕的党的十七届五中全会，是在我国即将完成“十一五”规划、进入全面建设小康社会的关键时期召开的一次重要会议。会议审议通过的中共中央《关于制定国民经济和社会发展第十二个五年规划的建议》，描绘了我国在新世纪的第三个五年经济社会发展宏伟蓝图，是动员全党全国各族人民全面建设小康社会、加快推进社会主义现代化新的纲领性文件。这次会议，对于继续抓住和用好我国发展的重要战略机遇期、促进经济长期平稳较快发展，对于夺取全面建设小康社会新胜利、推进中国特色社会主义伟大事业，具有十分重要的意义。全省检察机关要迅速行动、周密安排，紧密结合实际，认真传达学习和贯彻落实十七届五中全会精神，切实把思想和行动统一到党中央的要求和部署上来。要通过学习，全面了解我国“十一五”时期取得的巨大成就和宝贵经验，深刻认识我国经济社会发展呈现的新的阶段性特征，沉着应对各种挑战和考验，深

---

* 2010 年 10 月 25 日敬大力同志在湖北省检察机关民事和行政诉讼法律监督工作会议上的讲话。

刻把握科学发展这个主题和加快转变经济发展方式这条主线，认真领会抓住和用好我国发展重要战略机遇期的重要意义，全面把握“十二五”时期我国经济社会发展的指导思想、总体思路、目标任务和重大举措，深刻认识做好新时期群众工作的重要性，真正做到用党的十七届五中全会精神武装头脑、指导实践、推动工作。要坚持围绕中心、服务大局，更加自觉地将检察工作纳入党和国家工作大局，努力增强检察工作的原则性、系统性、预见性和创造性，按照“四个更加注重”和“五个坚持”的要求，把贯彻落实五中全会精神与抓紧做好当前各项工作紧密结合起来，与研究谋划明年的各项工作紧密结合起来，与继承和创新检察机关群众工作紧密结合起来，推动检察工作科学发展，为经济社会科学发展做出新的更大贡献。

近年来，全省检察机关坚持围绕中心，服务大局，全面履行民行检察职能，依法办理了一大批有影响的案件，办案规模稳中有升、办案质量不断提高、办案机制逐步健全、监督方式日益丰富，为维护司法公正和法制统一、服务经济社会科学发展作出了重要贡献。我省在实践中探索的在民行检察工作中贯彻检察工作一体化机制、民行法律监督调查机制等经验做法，得到高检院的肯定和推广。

一、深化思想认识，充分认识加强和改进民事、行政诉讼法律监督工作的重要意义

全国检察机关第二次民事行政检察工作会议是一次具有里程碑意义的会议，高检院还制定了《关于加强和改进民事行政检察工作的决定》，深刻指出民行检察工作的基本职责是对民事、行政诉讼活动进行法律监督；民行检察工作在改革发展中必须立足并坚持法律监督属性，并对其职能定位、主要任务、基本要求等进行了具体阐述，是当前和今后一个时期指导民行检察工作科学发展的重要指导性文件。全省民事和行政诉讼法律监督部门的干警要深入学习领会，把握精神实质，充分认识新形势下加强和改进民事、行政诉讼法律

监督工作的重要意义。

一要从维护社会稳定的高度，充分认识加强和改进民事、行政诉讼法律监督的重要意义。在经济体制深刻变革、社会结构深刻变化、利益格局深刻调整、思想观念深刻变化的大背景下，大量民事、行政矛盾纠纷凸显并以诉讼形式进入司法领域，利益冲突协调难度加大。面临这种新形势，加强和改进民事、行政诉讼法律监督工作，有利于依法解决群众合理诉求，通过对错误裁判依法监督纠正，对正确裁判引导服判息诉，妥善解决利益冲突，从根本上化解社会矛盾，维护社会和谐稳定；有利于依法妥善处理行政争议案件，推动政府及相关部门堵塞管理漏洞；有利于依法监督纠正诉讼违法和裁判不公问题，及时发现和严肃查办执法不严、司法不公、司法腐败等问题，维护司法公正，提升执法公信力。

二要从回应人民群众新要求、新期待的高度，充分认识加强和改进民事、行政诉讼法律监督的重要意义。随着经济社会的发展和社会主义民主法制建设不断进步，人民群众对社会公平正义的要求越来越高。民事、行政诉讼案件数量大，涉及面广，裁判结果与当事人切身利益密切相关，因此人民群众对民事、行政诉讼领域司法公正、公平正义的要求更为集中、更为强烈。从近年查处的案件来看，法院审判、执行环节和行政机关执法不严、失职渎职、贪污受贿案件还有一定数量，严重影响执法公信力。每年“两会”期间，人大代表、政协委员都强烈要求检察机关加大民事、行政诉讼法律监督力度。加强和改进民事、行政诉讼法律监督工作，是坚持检察机关人民性，满足人民群众对司法公正和公平正义的新要求新期待，更好地维护人民权益的客观需要。

三要从营造良好发展环境和维护市场经济秩序的高度，充分认识加强和改进民事、行政诉讼法律监督的重要意义。发展是硬道理，但发展需要良好的“软环境”；优化经济环境，必须进一步优化法治环境。加强和改进民事、行政诉讼法律监督工作，有利于依法监督纠正地方、部门保护主义的影响，维护民事、行政裁判的公正权

威，平等保护各种经济主体的合法权益，积极营造有利于安心经营、公平竞争和自主创新的良好发展环境。加强和改进民事、行政诉讼法律监督工作，进一步发挥检察机关民事、行政诉讼法律监督职能作用，依法调节民事、经济关系，有利于促进建立完善市场经济的诚信机制和依法管理的有效机制，促进形成统一开放竞争有序的现代市场体系，维护良好的社会主义市场经济秩序，为湖北构建中部崛起重要战略支点、推进“两圈一带”、武汉东湖国家自主创新示范区建设等战略布局，加快转变经济发展方式，实现经济又好又快发展提供有力的司法保障。

四要从促进依法行政和推动法治政府建设的高度，充分认识加强和改进行政诉讼法律监督的特殊意义。近年来，人民法院审理的行政争议案件总量虽然不大，但这些案件所反映的社会矛盾比较特殊，对社会和谐稳定影响很大。由行政诉讼“民告官”的特点所决定，行政诉讼法律监督具有较强的政策性、复杂性和社会性，我省检察机关行政诉讼法律监督工作的发展相对滞后，一些地方还没有打开工作局面。加强和改进行政诉讼法律监督工作，不仅有利于依法妥善处理这些行政争议案件，也有利于维护社会公共利益与社会和谐稳定。特别是检察机关能够通过强化对行政诉讼活动的法律监督，发现政府及相关部门在行政行为中存在的问题并提出检察建议，对行政机关工作人员在执法中的失职渎职和侵权行为加强监督，帮助政府及工作人员改进工作作风、完善管理方式，提高依法管理水平，更好地促进依法行政，推动法治政府建设。

五要从推动检察工作全面、协调、可持续发展的高度，充分认识加强和改进民事、行政诉讼法律监督的重要意义。近年来，我省民事、行政诉讼法律监督工作取得了不平凡的成绩，但我们也必须清醒地看到，由于多种因素的影响制约，这项工作仍然是检察工作相对薄弱的环节：一些地方和领导对民事、行政诉讼监督的认识不到位、重视还不够；一些地方对民事、行政诉讼不敢监督、不善监督、不会监督的现象仍比较突出；一些地方改革创新意识不强，对上级院部署的机制建设推进不积极，成效不明显；民事、行政诉讼法律监督队伍的整体素质和法律监督能力还有待提高，与全面、充分、有效履行监督职能的需要还有差距。总体而言，民事行政法律监督在数量、质量、效率、效果、规范等方面与人民群众的司法需求都有较大差距。加强和改进民事、行政诉讼法律监督工作，对于充分发挥中国特色社会主义检察制度的优越性，提升检察机关法律监督的全面性、权威性，促进检察工作科学发展都具有重要的意义。全省检察机关要从检察事业发展全局出发，高度重视、认真解决这些问题，下决心扭转民事行政诉讼法律监督工作相对薄弱的状况。

二、明确目标任务，全面履行各项民事、行政诉讼法律监督职能

在深化认识、统一思想的基础上，全省检察机关要从全局的、战略的高度，进一步明确强化民事、行政诉讼法律监督的根本目标和主要任务。

（一）加强对民事行政判决裁定的监督，维护民事行政裁判的公正权威

对错误的民事、行政判决裁定进行监督，要根据案件的实际情况，灵活运用抗诉和再审检察建议两种手段，既保证监督力度，又争取好的监督效果。一要加强抗诉工作。抗诉是法律明确赋予检察机关对民事、行政诉讼实施法律监督的主要手段，具有直接启动人民法院再审程序的法律效力。要坚持把抓好抗诉工作作为民事、行政诉讼法律监督的中心任务，充分运用抗诉手段监督纠正确有错误的裁判。要加大抗诉力度，力争抗诉案件数量稳中有升，保持一定的办案规模，特别注意办理一批有影响、有震动、得人心的案件，形成强有力的监督态势。要牢固树立办案质量是生命线的意识，规范抗诉标准和条件，使每一件抗诉案件都有充分的法律和事实依据，着力提高抗诉案件质量。二是加强再审检察建议工作。根据高检院《人民检察院民事行政抗诉案件办案规则》的规定，检察机关还可以采取再审检察建议的方式，对民事行政判决裁定进行监督。实践证明，再审检察建议是抗诉的必要补充，有利于实现同级监督、提

高司法效率、节约司法资源，而且可以弥补抗诉范围受到限制的不足。要认真总结再审检察建议工作经验，进一步规范适用范围、标准和程序，充分发挥其重要作用。要加强对再审检察建议落实情况的跟踪监督，对法院不接受、不采纳的，要及时审查研究，必要时提请抗诉，促使错误裁判依法得到纠正。这里还有必要指出的是，对当事人向检察机关的申诉，检察机关经审查认为人民法院裁判正确的，依法做好当事人服判息诉和矛盾化解的工作，也是维护民事行政裁判公正权威的重要方面。要深刻认识到，检察机关与审判机关虽然承担的职责不同，但都是为了实现司法公正，都有责任维护司法权威。对于正确的法院裁判，虽然当事人不服，但检察机关不能代行审判权，搞所谓“居间调解”等超越检察职权和法律底线的事情。要坚持把化解矛盾纠纷贯穿办理民事、行政法律监督案件的全过程，加强释法说理，积极做好息诉罢访工作，保证执法办案法律效果、政治效果和社会效果的有机统一。

（二）加强对司法调解、民事执行和其他非诉活动的监督，维护民事和行政诉讼活动的规范合法

中央《关于深化司法体制和工作机制改革若干问题的意见》指出，要“完善检察机关对民事、行政诉讼实施法律监督的范围和程序”，“明确对民事执行工作实施法律监督的范围和程序”。为了落实上述要求，高检院起草了关于检察机关对民事诉讼活动、行政诉讼活动、民事执行活动进行法律监督的三个《实施意见》，正在征求意见，通过后将下发执行。根据法律、司法改革精神，加强对民事和行政诉讼活动的法律监督，不仅要加强对审判活动、判决裁定的监督，而且要加强对司法调解、民事执行和其他非诉活动等全过程、每个环节的监督。针对当前人民法院调解结案率的提高以及调解案件中暴露的问题，加强对调解案件的监督，对虚假调解、双方恶意串通损害国家或者第三人利益的调解以及违反自愿、合法原则的调解案件，应通过再审检察建议等方式加强监督。针对不执行、乱执行等执行违法问题，加强对民事执行的监督，对于执行裁定所依据的事实或适用法律错误、程序违法可能影响案件的正确执行、

执行人员在办理案件时有贪污受贿、徇私舞弊、枉法裁判行为等情形的，要综合运用多种方式进行监督。针对立案、诉讼保全措施等诉讼过程中存在的问题，依照特别程序审结的严重侵害公民人身权利、财产权利等案件，以及发生在非讼程序中的违法问题，要探索采取行之有效的方式加强监督。总之，全省检察机关要注意根据民事、行政诉讼规律和法律监督职能定位，充分考虑监督对诉讼进程和审判活动的影响，循序渐进、积极稳妥地探索对司法调解、民事执行、其他非诉活动等进行监督的范围、程序、方式问题，进一步增强监督实效。

（三）加强对诉讼违法行为和渎职行为的监督，维护民事和行政诉讼活动的廉洁高效

近年来，我省检察机关积极探索以发现、核实、纠正诉讼违法行为为核心的法律监督调查机制建设，有效提高了监督质量和水平，在实践中发挥了重要作用，受到了高检院的充分肯定。最近，“两高三部”联合发布了《关于对司法工作人员在诉讼活动中的渎职行为加强法律监督的若干规定（试行）》（以下简称《规定》），全面、系统规定了检察机关对司法工作人员渎职行为进行法律监督的范围、调查程序、调查手段、调查后的处理方式等问题，必将对各项法律监督工作产生重大而深远的影响。要深刻认识到，对诉讼违法行为的法律监督调查与对司法工作人员渎职行为的调查，是两个并行的法定调查程序，既有密切联系，又有一定区别：在调查对象上，法律监督调查可以针对司法机关和司法工作人员，而渎职行为调查则只针对司法工作人员；在调查程序上，法律监督调查办法规定了启动、进行和终结等程序，而渎职行为调查办法还规定了复查、复核等程序；在调查后的处理方式上，法律监督调查之后可以提出抗诉（再审检察建议）、检察建议、纠正违法通知书、移送侦查；渎职行为调查还可以视情况提出更换办案人建议等。因此，“两高三部”《规定》与我省法律监督调查办法在精神实质上是一致的，在很多方面又有所补强。在执行过程中，全省检察机关要注意融会贯通，加强衔接，最大限度地发挥出两个制度的效用。要总结开展法律监

督调查工作的经验，研究新情况，提出新举措，努力开展好渎职行为调查工作，形成法律监督的合力。在办理民事行政法律监督案件中发现审判人员、执行人员渎职行为的，要通过发出更换办案人建议书等方式，及时纠正违法，维护民事、行政诉讼活动的廉洁高效；对于审判人员在审理案件时有贪污受贿、徇私舞弊、枉法裁判或者其他严重违反诉讼程序的行为，可能影响案件正确判决、裁定的，要坚决依法提出抗诉。

（四）加强对刑事附带民事诉讼、支持起诉、督促行政作为、督促提起诉讼等工作的探索，维护国家和社会公共利益不受侵犯

检察机关根据法律、司法解释、中央司法改革精神和高检院要求，开展刑事附带民事诉讼、支持起诉、督促行政作为、督促提起诉讼等工作，是在法律制度框架内进行的有益探索，是执法办案的合理延伸。上述工作虽然不具有抗诉等民事、行政诉讼法律监督活动的性质，但也是重要的公益维权活动，检察机关应当从全局的高度，认真进行探索。当然，这些工作虽然是高检院要求开展的，各地也进行了一些探索，但至今没有成形规定，有关规范程序还不完整系统。在这种情况下，省院党组经过认真研究，决定既积极又稳妥地推进这些工作，在工作中要准确把握法律依据、案件来源和程序规范等问题。

一要坚持结合执法办案。长期以来，检察机关在查办职务犯罪和其他执法办案过程中，发现国有资产流失等情形时，许多情况下是通过提出检察建议的形式，促进有关部门和单位履行职责，维护国家和公共利益。检察机关维护国家和社会公共利益，要始终坚持结合办案来开展，而不能脱离办案、超越办案来进行。今后，要进一步转变观念，依法履职，拓宽案件来源渠道，在查办贪污贿赂和渎职侵权案件、办理各类刑事案件和民事行政诉讼法律监督案件过程中，发现国家和公共利益受到侵害的，都要通过合适的形式予以维护。

二要依法采取适当形式。对于国家、集体财产因犯罪行为受到

损失的，受损失单位未提起诉讼的，可以根据《刑事诉讼法》第 77 条第 2 款及相关司法解释的规定，检察机关在提起公诉的同时提起附带民事诉讼，一般的可由公诉部门直接提起附带民事诉讼；如果案情和民事诉讼较为重大、复杂，民事诉讼法律监督部门要配合公诉部门，依法提起附带民事诉讼。对于涉及社会公众、弱势群体等民事权利受到严重侵害的情形，可以根据《民事诉讼法》第 15 条规定，探索开展支持起诉工作，运用法律和制度允许而又同检察机关职责不相违背的形式和方式，如向有关当事人提供法律咨询、帮助、便利，向法院提供法律意见等，维护其合法权益，并注意在实践中总结经验，逐步规范。对于在执法办案中发现国家和社会公共利益受到损害，有关国有资产管理部门或相关行政管理部门应当履行管理职责而未履行的，检察机关可以运用发出检察建议的形式，督促其依法履行职责。对于案件性质可通过民事诉讼获得司法救济的，检察机关可以运用发出检察建议的形式，督促有关监管部门向法院提起民事诉讼，并做好协调配合工作，维护国家和公共利益不受侵犯。需要强调的是，对于检察机关在办理职务犯罪案件过程中，依法应当追缴违法所得、挽回经济损失的，各级检察机关就应当依照《人民检察院扣押、冻结涉案款物工作规定》等相关规定，依法直接予以扣押、冻结、追缴，而不必采取提起诉讼或者向有关部门提出检察建议等形式。

三要建立健全工作机制。要坚持检察工作的统一性、整体性，树立检察工作一体化的理念，在相关内设机构之间建立情况通报、线索移送、工作衔接、互相配合的制度机制，并在实践中不断健全完善，充分发挥体制优势，形成工作合力，增强工作实效，最大限度地维护国家和公共利益不受侵犯。

上述“四个加强、四个维护”是相互联系、相互促进的整体，体现了当前检察机关民事、行政法律监督工作的基本内容。全省检察机关要进一步厘清思路，突出重点，将“四个加强、四个维护”作为基本的目标任务，贯穿于各项民事和行政法律监督工作之中，推动我省民事和行政法律监督工作取得新的更大成绩。

三、加强组织领导，为民事、行政诉讼法律监督工作科学发展提供有力保障

各级检察院党组特别是检察长要高度重视民事、行政诉讼法律监督工作，将其摆上重要议事日程，放在更加突出的位置来抓。要积极争取党委、人大对民事、行政诉讼法律监督工作的重视和支持，经常听取民事、行政诉讼法律监督部门的工作汇报，深入调查研究，认真谋划加强民事、行政诉讼法律监督工作的思路和措施，着力解决影响工作发展的突出问题，推动形成民事、行政诉讼监督与刑事诉讼监督协调发展的良好局面。

（一）健全完善工作机制

民事、行政诉讼法律监督工作的发展，要靠工作机制作保障。要进一步完善和落实具有湖北特色的民事、行政诉讼法律监督工作机制，深入推进民事行政法律监督调查机制建设，要深刻认识到，法律监督调查是一种监督手段，对于判决、裁定、司法调解、民事执行、非诉活动等各个环节的诉讼违法行为，都可以利用法律监督调查的手段开展监督；同时，要根据“两高三部”《关于对司法工作人员在诉讼活动中的渎职行为加强法律监督的若干规定（试行)》提出新的要求，进一步加强衔接，规范工作，增强监督的权威性和实效性。深入探索在民事、行政诉讼法律监督工作中落实检察工作一体化机制的有效办法，推动全省民事、行政诉讼法律监督部门结成运转高效、关系协调、规范有序的统一整体，充分发挥民事、行政诉讼法律监督的整体效能。深入抓好省法院、省检察院《关于在审判工作和检察工作中加强监督制约、协调配合的规定（试行)》的贯彻落实，加强与人民法院的经常性联系，落实借阅案卷、检察长列席审委会等工作机制，共同维护司法公正和司法权威。深入推进人大监督同民事、行政诉讼法律监督有机结合的工作机制建设，坚持抗诉书向同级人大常委会备案，认真办理人大交办事项，及时报告工作开展情况等有效做法，加大落实省人大常委会《关于加强检察机关法律监督工作的决定》的力度，继续探索有效方式方法，

形成对民事、行政诉讼活动的监督合力。要全面落实高检院提出的各项工作机制，探索完善专家咨询制度、全面推行抗诉书说理制度、健全办案质量评查制度等。要尊重基层的首创精神，鼓励和引导在宪法法律框架内大胆创新，对各地在实践中创造的新鲜经验，要及时研究总结，符合法律监督职能定位和工作规律的要推广应用，为民事、行政诉讼法律监督工作的创新发展提供不竭动力。

（二）加强机构队伍建设

高检院《决定》对民事、行政诉讼法律监督机构设置和人员配备提出了明确要求，各地要结合实际抓好贯彻执行。省院党组按照高检院的要求，决定实行民事诉讼监督与行政诉讼监督机构分设，目前省编办已原则同意，正在按程序审批；有条件的市级院也可以实行机构分设；暂无条件的，应实现民事和行政诉讼监督案件分类办理。检委会委员应当加强对民事行政法律知识的学习，要注意选配一些精通民事行政法律知识的人员进入检委会，民事行政法律监督部门的负责人，符合条件的应当任命为检委会委员。民事、行政诉讼法律监督工作涉及的法律规范范围广，遇到的新类型案件多，对干部队伍的专业素养要求很高。要下大力气抓好队伍专业化建设，适当增加各级院民事、行政诉讼法律监督部门力量，把具有较强民事行政法律功底的人员调整、充实到民事、行政诉讼法律监督部门。要加强业务培训，开展形式多样、贴近实际的岗位练兵活动，提高民事、行政诉讼法律监督人员适用法律能力、证据审查能力、文书说理能力、再审出庭能力以及做好群众工作、化解社会矛盾能力。综合运用挂职锻炼、横向交流、办案能手评选等方式，提升干警的理论素养和实践能力，造就一批在司法界、法学界有一定影响的高层次专家型人才。各级院党组要在政治上、工作上、生活上关心爱护民事、行政诉讼法律监督人员，完善激励表彰机制，保持民事、行政诉讼法律监督队伍特别是业务骨干的相对稳定。

（三）加强基层民事、行政诉讼法律监督工作

基层院处在执法办案第一线，与人民群众联系最紧密、最直接，是加强和改进检察机关群众工作的重要环节。高检院《决定》提

出，要构建各级检察院各有侧重、各负其责、密切配合的工作格局，其中基层院的职责主要是受理、审查民事行政诉讼监督案件和上级院交办、转办案件，积极开展调解监督、执行监督、督促起诉、刑事附带民事诉讼、督促行政作为，以及受上级院指派出庭等工作。《决定》丰富和增加了基层民事和行政诉讼法律监督部门的职能任务，为基层院发挥职能优势提供了广阔空间，也对我们提出了新的更高要求。要深刻认识到，在新形势下加强和改进检察机关群众工作，基层院必须发挥一线平台作用。基层院虽然不直接行使抗诉权，但基层民事和行政诉讼法律监督部门在加强群众工作，强化法律监督方面不是无所作为，而是大有可为。基层院要切实转变观念，迎难而上，坚持在法律监督工作中树立群众观念，坚持群众路线，坚定群众立场，探索、总结、深化开展群众工作的有效方式方法，建立健全群众工作制度机制；要找准工作的切入点、着力点，发挥基层院在执法办案中的基础性作用，积极探索开展工作的有效方式，走出一条符合基层特点的发展道路，全面加强各项民事、行政诉讼法律监督工作；要注重在执法办案中自觉做好化解社会矛盾，维护社会和谐稳定的工作，确保将社会矛盾化解在萌芽状态，化解在基层一线。加强基层民事、行政诉讼法律监督工作，上级院也负有重要责任。省院和市级院民事和行政诉讼法律监督部门要加强对基层的领导和指导，认真研究基层民事、行政诉讼法律监督工作的规律和特点，适时总结推广好的经验做法，及时研究解决带有普遍性、倾向性、苗头性问题，不断提高监督水平和实效。

（四）强化公正廉洁执法

近期，省院出台《关于构建促进检察机关公正廉洁执法工作格局的指导意见》，采取有针对性的措施治理执法办案中的突出问题，促进提高检察机关执法公信力。要按照省院《指导意见》关于构建以执法办案为中心、制度规范、执法管理、监督制约、执法保障等方面相互依托、相互促进的“五位一体”工作格局的总体部署，紧密结合民事和行政诉讼法律监督工作的特点，切实把各项工作要求落实到位。要深刻认识到，作为民事和行政诉讼的监督者，如果自身不过硬，不依法办案，不公正执法，就没有资格监督别人。民事行政诉讼法律监督干警必须牢固树立监督者必须接受监督的观念，在加强法律监督工作的同时，以更大的决心、更大的力度、更有力的措施，加强自身严格、公正、文明廉洁执法建设。要持续抓好队伍思想政治建设、作风纪律建设、反腐倡廉建设，尤其要抓好执法规范和监督制约制度机制建设。在“海量”的申诉中，哪些能立案、哪些能抗诉，要有客观标准和政策要求，要有审查决定的监督制约机制，确保每一件民事和行政监督案件的受理、立案、抗诉、启动法律监督调查等都以事实为依据，以法律为准绳，以程序为保障，防止出现主观臆断、随意办案，更要坚决杜绝以监督为名办人情案、关系案、金钱案，提高检察机关执法公信力。

（五）加强民事行政诉讼法律监督理论研究

当前，民事和行政诉讼法律监督制度正处于逐步完善的过程之中，加强民事行政诉讼法律监督理论研究对推动立法完善、健全工作机制、推动工作科学发展具有特殊重要的意义。全省各级院都要把民事和行政诉讼法律监督理论作为检察理论研究工作的一个重点，深入研究民事和行政诉讼法律监督制度的理论基础、发展规律，职能定位、职权配置、监督方式等理论和现实问题。要加强内部协作，法律政策研究室要加强与民事和行政诉讼法律监督部门的密切配合，共同确定研究课题，组织攻关，加强对民事和行政诉讼法律监督工作重大问题的研究；要借力外部资源，发挥我省学术资源优势，加强与高校法学专家学者的沟通协作，增强理论研究成果的科学性、创造性和说服力；要推动研究成果转化，积极提出完善民事和行政诉讼法律监督制度的立法建议，并为民事和行政诉讼法律监督工作实践提供强有力的理论支持。

6 把握诉讼监督的原则、重点、措施和机制*

进一步落实诉讼监督的原则。坚持检察机关宪法定位，牢牢把握法律监督这个本质特征来开展检察工作，牢固树立依法正确履职的观念、监督为本的观念、监督就是支持的观念、监督者首先必须接受监督的观念，把诉讼监督工作作为硬任务、作为“主业”来抓，进一步强化监督意识、加大监督力度、突出监督重点、增强监督实效，维护法律的严肃性，保证监督的严密性；进一步规范监督行为、健全监督机制、完善监督方式、提高监督水平，用好现有法律监督手段，切实做到敢于监督、善于监督、依法监督、规范监督、理性监督，真正担负起法律赋予检察机关的责任。

进一步突出诉讼监督的重点。要全面落实宪法法律规定，进一步准确把握诉讼监督的范围：加强对刑事立案和侦查活动的监督，加强对刑事审判活动的监督，加强对刑罚执行和监管活动的监督，加强对民事诉讼、行政诉讼活动的监督，加强对与诉讼活动密切相关的司法和行政执法活动的监督。要落实中央司法改革要求，探索加强对公安派出所的监督、法院赔偿委员会的决定、违法行为教育矫治、违法搜查扣押冻结等的监督。一方面，要把人民群众的关注点作为诉讼监督工作的着力点，根据不同时期、不同形势、不同任务，紧紧抓住人民群众反映强烈的问题确定诉讼监督工作的重点；另一方面，要把促进公正廉洁执法作为诉讼监督工作的着力点，省委转发的《意见》专门列出 9 个条文，要求检察机关全面加强对各

---

* 2011 年 1 月 10 日敬大力同志在湖北省检察长会议上的讲话节录。

项诉讼活动的法律监督，要紧紧抓住执法不公不廉不规范问题确定诉讼监督工作的重点。要按照省委政法委部署，全面推进、逐步规范涉法涉诉信访案件评查工作，确保党委政法委执法监督、检察机关法律监督、党纪政纪审计监督等形成合力，确保自身公正廉洁执法，促进政法机关公正廉洁执法。

进一步强化诉讼监督的措施。要坚持日常监督与专项监督相结合，事后监督与事前预防相结合，强化诉讼监督与查办职务犯罪相结合，坚持近年来探索的行之有效的工作措施，增强诉讼监督的针对性和实效性。进一步强化刑事立案和侦查活动监督措施，针对有罪不究、以罚代刑、徇私舞弊违法立案、动用刑事手段插手经济纠纷等问题，落实办案情况通报机制，加强对侦查机关提供的有关办案情况和数据的审查，加强对应当立案而不立案、不应当立案而立案的监督；针对刑讯逼供、暴力取证、违法搜查、扣押、冻结等问题，认真听取律师意见，强化证据审查判断，适时开展法律监督调查，加强刑事侦查活动监督。进一步强化刑事审判监督措施，针对公诉和刑事诉讼监督“一手硬、一手软”的问题，坚持“两手抓、两手硬、两手协调”；针对刑事抗诉工作薄弱的问题，探索整合二审程序抗诉、审判监督程序抗诉两种形式和三个部门受理抗诉案件线索；针对简易程序监督缺失问题，坚持把好程序适用关、派员出庭关、事后审查关。进一步强化刑罚执行和监管活动监督措施，针对超期羁押、久押不决等问题，落实羁押期限提前预警等监督措施；针对违法减刑、假释、暂予监外执行等问题，探索建立同步监督机制进行有效监督；针对脱管、漏管等问题，加强对社区矫正交付、变更等环节的监督。进一步强化民事和行政诉讼监督措施，针对民事行政判决裁定不公问题，灵活运用抗诉和再审检察建议两种手段进行监督；针对违法调解、不执行、乱执行以及发生在非诉程序中的违法问题，加强对司法调解、民事执行和其他非诉活动的监督；针对执法不公不廉不规范问题，加强对诉讼违法行为和渎职行为调查工作；针对侵犯国家和社会公共利益问题，加强对刑事附带民事诉讼、支持起诉、督促行政作为、督促提起诉讼等工作的探索。

进一步健全诉讼监督的机制。深入推进检察工作一体化机制建设，确保检察机关上下之间、横向之间以及内部之间运转高效、关系协调，增强法律监督整体合力。深入推进法律监督调查机制建设，落实对司法工作人员在诉讼活动中的渎职行为加强法律监督的改革规定，最大限度地发挥出两个机制的综合效用，提高法律监督工作的质量和水平。深入推进“两个适当分离”并建立“适度”分离之后工作协调配合、资源整合优化等方面的工作机制，努力营造专司监督、敢于监督的环境。深入推进检察机关与公安、法院、司法等部门监督制约与协调配合工作机制建设，充分保障检察机关的知情权、核查权和纠正权，理顺法律监督的工作关系。深入推进人大及其常委会工作监督与检察机关法律监督相互衔接机制，认真办理人大交办事项，争取人大解决监督中的突出问题，增强法律监督工作实效。

进一步落实诉讼监督的保障。认真落实省人大常委会《关于加强检察机关法律监督工作的决定》，健全完善 19 项配套制度，为强化诉讼监督提供制度保障。整合诉讼监督资源，巩固省院内设机构调整、基层院内部整合中实行承担诉讼职能和诉讼监督职能的机构分设等改革成果，为强化诉讼监督提供组织保障。努力提高检察干警整体素质和法律监督能力，努力提高检察机关执法公信力，为强化诉讼监督提供素质保障。坚持在诉讼监督的各个环节充分相信群众、依靠群众，探索新形势下专群结合的新途径新机制，把强化诉讼监督建立在坚实的群众工作基础之上。

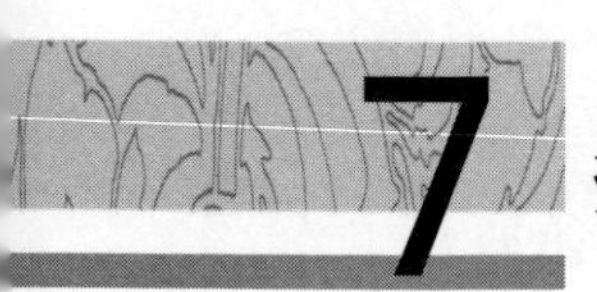

7 推进“两法衔接”工作深入开展*

这次会议的主要任务是：深入贯彻落实中央办公厅、国务院办公厅转发的国务院法制办、最高人民检察院等八个部门联合会签的《关于加强行政执法与刑事司法衔接工作的意见》（中办发〔2011〕8号，以下简称《意见》），研究部署贯彻执行省委办公厅、省政府办公厅转发的省政府法制办、省检察院等八个部门联合会签的《关于加强行政执法与刑事司法衔接工作的实施办法》（鄂办发〔2012〕17号，以下简称《实施办法》）的措施，扎实推进我省“两法衔接”工作的深入开展。

一、深化思想认识，增强做好“两法衔接”工作的自觉性和责任感

行政执法与刑事司法是国家法律实施的两种基本形式，因两者的法定范围、对象、主体、方式等各不相同，只有有序衔接、协调一致，才能实现落实依法治国方略、维护国家法律统一正确实施的共同目标。中央高度重视“两法衔接”工作，将其作为深化司法体制和工作机制改革的重要内容，明确提出要建立和完善刑事司法与行政执法执纪有效衔接机制。检察机关作为国家法律监督机关，在推动“两法衔接”工作中，承担着义不容辞的责任。高检院多次要求，要加强行政执法与刑事司法衔接工作，认真开展建议移送案件、

---

* 2012年5月17日敬大力同志在湖北省加强行政执法与刑事司法衔接工作电视电话会议上的讲话。

立案监督等工作。近年来，全省检察机关根据中央、高检院、省委部署，认真落实省人大常委会《关于加强检察机关法律监督工作的决定》，着力健全“两法衔接”机制，部署开展监督行政执法机关移送涉嫌犯罪案件等专项工作，取得了积极进展。当前，中央《意见》和我省《实施办法》对“两法衔接”工作作出了全面系统规定，提出了新的更高要求。全省检察机关一定要从全局和战略的高度，进一步深化对做好“两法衔接”工作重大意义的认识，更加主动、更加积极地推动这项工作持续深入健康发展。

第一，加强“两法衔接”工作是强化法律监督、促进依法行政与公正司法的必然要求。建设社会主义法治国家、实现社会公平正义必须坚持依法行政、坚持公正司法。检察机关承担着强化法律监督、维护公平正义的神圣职责，做好“两法衔接”工作，有利于我们依法拓展监督范围，完善监督机制，增强监督实效，推动检察工作科学发展；有利于促进行政执法机关及时向司法机关移送涉嫌犯罪案件，减少和杜绝以罚代刑等现象，使依法行政、建设法治政府的要求全面落实到位；有利于促进有关司法机关依法及时受理、办理移送的涉嫌犯罪案件，依法将不构成犯罪但需要追究违法违纪责任的移送行政执法机关或有关执纪机关处理，减少和杜绝有案不立、有罪不纠以及违法立案等问题，确保刑事制裁措施的依法准确适用。总之，进一步加强“两法衔接”工作，事关依法行政和公正司法，事关检察事业发展进步，全省检察机关务必高度重视。

第二，加强“两法衔接”工作是维护经济社会秩序、服务党和国家工作大局的必然要求。行政机关承担着主要的、大量的经济社会管理职责，司法机关在维护经济社会秩序方面担负重要责任。高检院始终强调，要充分发挥检察职能服务经济发展、维护社会和谐稳定，其中重要要求之一就是要建立健全行政执法与刑事司法衔接机制。全省检察机关要从为经济社会发展营造良好环境、服务湖北科学发展跨越式发展的高度看待“两法衔接”工作，以此为抓手，加大对破坏经济社会管理秩序违法犯罪行为的打击、监督力度，促进经济平稳较快发展，维护社会和谐稳定。

第三，加强“两法衔接”工作是坚持执法为民、维护人民合法权益的必然要求。全心全意为人民服务是行政机关和司法机关的根本职责所在。近年来，全省检察机关着力通过健全“两法衔接”机制，强化对严重侵害民生民利犯罪案件的监督移送、监督立案，积极参与打击侵犯知识产权和制售假冒伪劣商品等专项行动，取得了积极成效。但同时也要看到，人民群众对食品药品安全、环境保护、安全生产等方面问题的反映依然十分强烈，对执法不严、司法不公、惩处不力等问题的反映也屡见不鲜。检察机关要适应人民群众新要求新期待，就必须进一步重视和加强“两法衔接”工作，通过切实履行法律监督职责，促进严格执法、公正司法，确保各种损害群众切身利益的违法犯罪行为得到相应的行政处罚或刑事制裁，更好地保障和改善民生、维护人民合法权益。

二、依法严格履职，推动“两法衔接”工作深入开展

我省的《实施办法》，从工作职责与衔接程序、行政监督与检察监督、工作机制与保障措施等方面对中央《意见》进行了细化、实化，为全省检察机关强化法律监督、加强“两法衔接”提供了有力的制度保障。全省检察机关要认真学习、准确把握《意见》和《实施办法》要求，依法依规严格履职，确保取得实实在在的效果。

一要依法加强和规范诉讼监督工作。检察机关推进“两法衔接”工作，必须始终立足宪法定位，把强化对诉讼活动的法律监督作为工作重点和主要途径。第一，要加强对与诉讼活动密切相关的行政执法活动的监督，根据《实施办法》的规定，针对有案不移、有案难移、以罚代刑等问题，加强与工商、税务、质量监督、食品药品监督管理等行政部门的沟通协调，积极采取情况通报、主动走访等方式，了解掌握行政执法情况，依法调查处理相关举报，对涉嫌犯罪应当移送而未移送的，督促相关部门及时移送司法机关处理。第二，要加强立案监督和侦查活动监督，针对有案不立、有罪不究等问题，依法受理并认真审查和调查行政执法机关立案监督建议和相关举报，在必要时启动法律监督调查程序，及时发现、核实、监

督纠正应当立案而不立案以及相关诉讼违法问题；要强化对监督立案案件的跟踪监督和催办，防止立而不侦、侦而不结，并注重做好相关案件的批捕、起诉、侦查活动和审判活动监督等工作，确保监督移送案件的依法办理。第三，要坚持日常监督和专项监督相结合，紧紧抓住问题较为集中、人民群众反映强烈的重点领域、重点环节，适时组织开展专项监督工作，增强监督的针对性和实效性。第四，要坚持监督与支持并重，切实规范监督行为，始终恪守法治原则，准确把握监督范围、程序和方式，严格按法定权限开展工作，自觉接受相关部门制约，坚决防止越权替代、无序监督、侵犯行政权和司法权等问题的发生，切实做到既敢于监督、善于监督、强化监督，又依法监督、规范监督、理性监督，实现与其他部门的良性互动，共同维护社会公正和法制权威。

二要依法查办和积极预防相关职务犯罪。从检察机关执法办案情况看，少数不依法移送涉嫌犯罪案件或不依法立案查处移送案件的背后，可能隐藏着职务犯罪。全省检察机关要坚持把查办和预防职务犯罪作为加强“两法衔接”、强化法律监督、促进执法司法公正的有力手段，依法受理和审查相关部门移送的职务犯罪线索，严肃查办徇私舞弊不移交刑事案件、帮助犯罪分子逃避处罚等渎职犯罪，严肃查办与其相关联的执法司法人员贪污受贿、滥用职权、玩忽职守等职务犯罪，坚决查办为黑恶势力、“黄、赌、毒”等违法犯罪充当保护伞的职务犯罪，以执法办案促进“两法衔接”落实、促进公正廉洁执法。要牢固树立理性、平和、文明、规范的执法观，认真落实“依法坚决查办、坚持惩防并举、把握政策界限、掌握分寸节奏、注意方式方法”五条办案原则，加强与相关部门的沟通协调，防止因执法不规范、不文明影响正常行政执法司法活动、破坏发展环境，努力实现执法办案法律效果、政治效果和社会效果的有机统一。要坚持“惩防结合、预防为主”的方针，结合办案深入开展职务犯罪预防，借助联席会议等平台，认真研究与“两法衔接”相关联的职务犯罪特点、规律，及时向政府和有关部门提出建章立制、堵塞漏洞的检察建议，积极开展预防咨询、预防宣传、警示教育等工作，促进行政执法、司法机关及其工作人员依法严格履职，共同为湖北经济社会发展营造诚信有序的市场环境、和谐稳定的社会环境、廉洁高效的政务环境和公平正义的法治环境。

三要建立健全并认真落实相关工作机制。“两法衔接”工作涉及多个行政执法、司法部门，必须有一套沟通顺畅、协调有序、及时高效的工作机制作为保障。全省检察机关要按照《意见》和《实施办法》的规定，切实承担好组织协调职责，着力推动相关工作机制的建立健全。要建立健全执法办案情况通报机制，将其作为一项基础性工作摆在突出位置，确保信息互通的及时性、全面性、准确性和规范性。要建立健全联席会议制度，各级检察院作为联席会议的日常办事机构，要加强协调、统筹安排，充分发挥通报工作情况、提出对策建议、研究解决重大问题等方面的职能作用。要建立健全案件咨询制度，各级检察机关对于行政执法机关关于刑事立案追诉标准、案件定性、证据的固定和保全等方面问题的咨询，要高度重视、认真研究、及时回复，同时也要注意就办案中的专业性问题咨询行政执法机关，确保准确适用法律。要严格落实责任追究制度，对行政执法机关不依法移送涉嫌犯罪案件、需要追究行政纪律责任的，及时移送监察机关处理，确保执纪与司法的紧密衔接。要完善考核制度，将“两法衔接”工作情况纳入检察工作综合考评、推动落实。

三、加强组织领导，保障“两法衔接”工作顺利进行

全省检察机关要把贯彻落实《意见》和《实施办法》、推动“两法衔接”工作深入开展，作为推进检察改革、强化法律监督、推动检察工作科学发展的重要任务，落实领导责任，提出工作措施，加大推进实施力度，切实抓紧抓实抓出成效。

一要积极争取支持。全省各级检察院要积极向当地党委、人大报告开展“两法衔接”工作进展情况、存在的问题和困难、加强和改进工作的意见和措施，紧紧依靠党委领导和人大监督推进这项工作。积极争取各级政府的支持，协调解决信息互通、经费投入、基础平台建设等重大问题。加强与公安、行政执法机关之间的沟通协

调，通过经常性工作联系、联席会议等途径不断深化交流、增进共识，争取理解、支持与配合，实现良性互动，确保各项规定的落实。

二要提升素质能力。要采取集中培训的方式组织检察人员认真学习《意见》和《实施办法》，深刻领会、全面把握《意见》和《实施办法》的精神实质、具体规定和措施要求，为抓好贯彻落实奠定坚实的基础。要通过专业培训、案例研讨、联合检查等活动，促进检察机关与行政执法机关加强业务交流，相互学习业务知识和专业技能，提高理论和业务水平，尤其要正确理解和运用新刑事诉讼法关于非法证据排除、行政执法证据可以作为刑事诉讼证据使用等规定，确保相关案件的诉讼活动顺利进行。

三要抓紧建立信息共享平台。要把信息共享平台建设作为“两法衔接”工作的重要基础性工程来抓，积极争取政府按规定将其纳入电子政务建设规划，根据工作需要，加强与有关部门的沟通与协调，科学规划、合理设计、加大投入、加快建设，力争在2013年底前建成具有反映执法动态、显示办案过程、进行数据统计等功能的信息共享平台。要加强信息平台的管理和运用，积极推进网上移送、网上受理、网上监督，严格使用权限，严格保守秘密，提高衔接工作效率和水平。

四要加强督促检查。上级检察院要经常分析“两法衔接”工作落实情况，全面掌握进展，认真总结推广经验，改进工作薄弱环节。对工作进展缓慢、力度不大或出现偏差的地方，要及时进行督促检查和分类指导，扭转被动局面，及时纠偏纠错，确保依法、顺利、有效开展。

五要加大宣传力度。要充分利用当地报刊、广播、电视、网络等媒体，通过发表文章、开辟专栏、制作专题节目、设立展板、发放宣传册等形式，组织有规模、有声势的集中宣传活动，积极宣传《意见》和《实施办法》，宣传“两法衔接”工作的重要意义，宣传检察机关开展“两法衔接”工作的新部署、新成效、新经验，广泛争取社会各界和人民群众的理解和支持，创造良好的社会氛围。

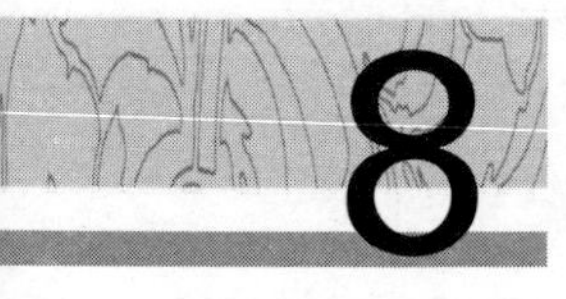

8 按照“四个坚持、四个进一步”的要求做好监所检察工作*

近年来，全省检察机关认真贯彻落实高检院《关于加强和改进监所检察工作的决定》和省人大常委会《关于加强检察机关法律监督工作的决定》，依法履行对刑罚执行和监管活动的法律监督职责，扎实开展对“牢头狱霸”、在押人员非正常死亡等突出问题的专项检察，不断加强派出派驻监所检察机构和队伍建设，取得了明显成效，为全省检察工作科学发展作出了重要贡献。

一、坚持“三个维护”，进一步提高对监所检察工作重要性、特殊性、规律性的认识

全国检察机关派出派驻监所检察机构建设工作会议明确提出，维护刑罚执行和监管活动的公平公正、维护监管秩序稳定、维护被监管人合法权益，是监所检察工作的重要任务，也是必须始终坚持的基本原则和工作理念。“三个维护”集中体现着党和国家工作大局对监所检察工作的基本要求，集中体现着监所检察的职能作用，定位准确，内涵丰富，要求很高。维护刑罚执行和监管活动的公平公正，是由检察机关的法律监督属性所决定的，是公平正义的价值追求在监所检察工作中的具体化。要坚持把维护刑罚执行和监管活动的公平公正作为监所检察工作的生命线和重要价值追求，以事实为依据、以法律为准绳，进一步加强对刑罚执行不严格、不公正等

* 2012 年 8 月 16 日敬大力同志在湖北省检察机关监所检察工作会议上的讲话。

问题的监督，依法监督纠正监管活动中的违法违规情形，为实现社会公平正义提供可靠保障。维护监管秩序稳定，是由检察机关维护社会和谐稳定的任务所决定的。要牢固树立“大稳定观”和“一线观念”，依法打击在押人员刑事犯罪，通过强化监督促进监管部门及其人员依法履职，积极化解矛盾纠纷，配合监管部门妥善处理各类突发事件，确保监管活动安全有序。维护被监管人合法权益，是尊重和保障人权的必然要求。要坚持以人为本，牢固树立打击犯罪与保障人权并重的观念，加大对体罚虐待、超期羁押等行为的查处、监督和预防力度，尊重人格尊严，重视人文关怀，依法保障被监管人员的生命权、健康权等基本人权。“三个维护”是一个相互联系、互相促进的有机整体，共同构成了监所检察工作总的指导思想，全省检察机关一定要深刻领会、全面把握、自觉践行。

为更好地贯彻“三个维护”的要求，首先必须深化对监所检察工作重要性的认识。第一，监所检察工作关系社会和谐稳定。监管场所的安全稳定是社会稳定的重要方面。近年来发生的一些突发性、群体性事件表明，监管场所内的不安全、不稳定问题，具有更强的社会敏感性，越来越成为社会关注的热点、媒体关注的焦点、境内外敌对势力攻击和利用的重点。加强对刑罚执行和监管活动的监督，对于维护监管秩序，化解社会矛盾，预防和减少突发事件，确保社会稳定和国家长治久安，都具有十分重要的政治意义和社会意义。第二，监所检察工作关系社会主义民主法治建设。刑罚执行作为刑事诉讼的最后环节，能否做到公平公正、保障人权，既涉及服刑人员合法权益，也受到人民群众广泛关注，是社会主义法制统一、尊严、权威的重要体现，是民主法制建设水平的重要标尺。当前，人民群众对社会公平正义的要求越来越高，对违法减刑、假释、暂予监外执行和监管场所中发生的牢头狱霸、通风报信、行贿受贿、非正常死亡等问题反映强烈；省第十次党代会明确提出建设“法治湖北”，强调要以司法公正推动社会公平正义；修改后的刑事诉讼法将尊重和保障人权的要求贯穿始终，对维护被监管人员这一特殊群体的合法权益提出了新的要求。全省检察机关一定要深刻认识、积极应对这些形势任务变化，从服务中国特色社会主义民主政治建设、推进依法治国的战略高度，增强做好监所检察工作的责任感和紧迫感。第三，监所检察工作关系检察事业科学发展。刑罚执行和监管活动监督是法律监督的重要组成部分，是一项必须着力加强的检察业务工作。近年来，我省监所检察工作取得了明显成效，但由于多种因素的影响制约，这项工作仍相对薄弱：一些地方对监所检察工作认识不到位，重视不够，存在边缘化倾向；不敢监督、不善监督、不会监督的现象在一些地方仍比较突出；监所检察队伍整体素质还不能完全适应工作发展需要，一些地方人员老化、能力弱化、人才流失的问题比较严重，少数地方存在干警职责异化、角色同化的倾向；派出派驻监所检察机构设置不尽合理，管理体制机制不够科学等。监所检察工作不加强，就谈不上法律监督工作的统筹推进，也谈不上检察工作的全面协调可持续发展。全省检察机关要坚持把监所检察工作放在检察事业发展全局中来谋划，下决心扭转相对薄弱的状况，推动检察工作全面进步、协调发展。

监所检察制度是我国社会主义检察制度的一大特色，与其他检察业务工作相比，有其特殊性、规律性。只有坚持从这些特殊性、规律性出发谋划和推进监所检察工作，才能利用特点、发挥优势，开创工作新局面。一是法律监督属性的突出性。监所检察工作是一项最能体现监督色彩的工作。与多数批捕、公诉等部门同时承担诉讼职能和诉讼监督职能相比，监所检察部门的核心职能是刑罚执行和监管活动监督，所有工作都围绕诉讼监督展开，最直接、最突出地体现了检察机关法律监督属性。二是监督工作的全面性。监所检察工作点多、线长、面广。我省监所检察部门监督范围覆盖多个监管场所，还有对“大墙外”社区矫正的监督；监督过程涉及侦查、起诉、审判以及刑罚执行的全过程；监督对象既有公安机关，也有审判机关，更有司法行政机关；监督内容既有合法性监督，又有合理性监督。这一特点决定了我们在工作中，必须坚持检察工作一体化规律，整合检察资源，提升监督合力；必须坚持全面监督与突出重点相结合，日常监督与专项监督相结合，提升监督效率，增强监

督效果。三是监督方式的同步性。监所检察工作更能体现同步监督。派驻检察机构深入监管场所，拥有日常巡查、视频监控、超期预警、参与评审、事前提出审查意见等措施和手段，具有实行“纠防并举”、把事前事中预防与事后监督相结合的优势和便利，有利于实现对诉讼违法问题的源头治理。四是监督与办案的紧密联系性。考虑监管场所的封闭性及其人员犯罪的特殊性，法律同时赋予了监所检察部门诉讼监督和执法办案两种职能，使两者联系更为紧密，可以在同一部门内部实现两者的有机结合，实现以监督促办案、以办案促监督。五是管理体制和工作机制的特殊性。为实现对刑罚执行和监管活动的有效监督，与其他检察工作不同，监所检察工作有派出派驻机构，派出院管理体制以直管为主。这一管理体制和组织体系，决定了业务指导、工作考评、队伍管理等方面的特殊规律性。我们只有准确把握、积极适应，建立健全科学合理的工作机制，才能推动监所检察工作科学发展。六是办案模式的特殊性。由于监管工作的特殊环境和运行模式，监管人员违法犯罪存在隐蔽性强、被监管人员及其亲属不敢举报投诉等问题，导致违法犯罪线索发现难；由于驻监驻所检察人员长期与监督对象近距离接触，派出院与监管部门历史渊源深厚等原因，导致违法犯罪查办难。对此，应当积极研究探索组建“专门办案力量”等特殊办案模式，提升执法办案水平。七是面对群体的特殊性。监所检察干警特别是驻监驻所检察干警，直接面对被监管人员这一特殊群体，依法保障人权的任务更加突出、责任更加重大。如何充分发挥法律监督职能，有效维护被监管人员合法权益、促进中国特色社会主义民主政治建设，是必须始终高度重视、认真研究解决的重大课题。

全省检察机关要积极适应执法环境的深刻变化和民主法治建设的内在要求，积极回应人民群众新要求新期待，牢固树立“三个维护”有机统一的工作理念，加深对监所检察工作重要性、特殊性、规律性的理解和把握，按照“明确思路、创新机制、解决问题、强化效果”的总体要求，全面加强和改进新形势下监所检察工作。第一，要明确思路。确立科学明晰的工作思路，是推动各项事业不断发展进步的首要前提。要根据新时期中央、省委重大决策部署，根据“六观”、“六个有机统一”、“四个必须”等检察工作发展理念和执法理念，结合监所检察本身的特点规律和实际状况，进一步明确和完善监所检察工作的发展方向、目标任务、方针原则、工作重点、机制、措施等，使工作思路更加符合法律、符合规律、符合大局、符合民意、符合理念、符合实际，指导监所检察工作全面协调可持续发展。第二，要创新机制。在当前监所检察任务繁重、人少事多、要求提高的背景下，尤其要注重转变观念，更新思维，增强改革创新意识，以创新解难题，以创新求发展。要贯彻“创新检察”要求，紧紧围绕强化监所检察职能、提升监所干警整体素质和法律监督能力，健全业务工作机制，健全派出派驻机构管理体制机制，健全队伍和保障管理机制，充分发挥机制的根本性、基础性作用，增添队伍活力，增强发展动力。第三，要解决问题。要深入分析、紧紧盯住当前影响和制约监所检察工作发展进步的突出问题，针对思想认识偏差、职能作用发挥不够充分、工作发展不平衡、精神状态欠佳、素质能力不适应、体制机制不健全、信息化建设任务重等问题，逐一研究对策措施，上下共同努力，狠抓工作落实，切实予以解决。第四，要强化效果。要着力提振精神状态，强化工作措施，改进工作作风，全面有效履行监所检察职能，全面提升自身建设水平，使各项工作上层次、有地位、见实效，更好地实现“三个维护”的目标要求，更好地满足人民群众新要求、新期待，更好地促进检察工作科学发展。

二、坚持“纠防并举”，进一步强化对刑罚执行和监管活动的法律监督

“监督”是监所检察的根本性工作，是实现监所检察工作目标任务的主要手段。要全面加强对刑罚执行和监管活动各环节的监督，坚持“纠防并举”，积极创新工作机制，进一步提升监督水平和实效。

（一）坚持全面加强监督

对刑罚执行和监管活动进行法律监督，是监所检察部门的基本职责，也是检验其工作成效的主要标准，必须牢牢把握、切实加强。

一要着力加强刑罚执行监督。突出抓好刑罚变更执行监督，以职务犯罪、涉黑涉恶涉毒等罪犯为重点，结合日常掌握情况，认真审查是否符合变更执行条件，做好出庭监督和对裁定的审查监督，坚决依法纠正违法减刑、假释、暂予监外执行问题。尤其要进一步强化对保外就医的监督，发现不符合保外就医条件、办理保外就医程序不规范以及罪犯骗取保外就医等问题的，及时提出纠正意见，维护刑罚执行的严肃性。加强对刑期计算错误、违法留所服刑等问题的监督，确保刑罚正确有效执行。

二要着力加强监管活动监督。加大对体罚虐待被监管人员、违法使用械具、违法使用禁闭措施等问题的监督纠正力度，保障被监管人员合法权益。加大对通风报信、牢头狱霸、监管安全隐患等问题的监督纠正力度，依法打击被监管人员又犯罪，维护正常监管秩序。加大对超期羁押的监督力度，落实羁押期限提前告知、超期提示等制度，推进换押制度改革，加大对久押不决案件的清理力度，着力解决隐性和变相超期羁押问题。同时，对应当变更执行而未提请、呈报的，也要及时提出检察建议。

三要加强对社区矫正的法律监督。积极推动建立检察机关与相关部门的信息共享机制，及时掌握社区服刑人员监管、矫正等情况，加强动态监督，依法纠正脱管漏管、违法交付执行、违法变更执行等问题，促进社区矫正工作依法规范开展。

四要积极探索开展与刑罚执行和监管活动密切相关的其他活动的法律监督。积极探索对指定居所监视居住和强制医疗执行活动的监督。修改后的刑事诉讼法规定，检察机关对指定居所监视居住和强制医疗程序实行法律监督。这两项程序在一定程度上限制当事人人身自由，其执行监督将由监所检察部门承担。各级院要适应新规定、新要求，准确把握监督范围，加强监督模式、机制、方式等方面的研究探索，待新法实施后稳步推进。积极参与刑释解教人员帮教管理工作，延伸监督触角，会同有关部门做好刑释解教人员出监所评估、衔接管理、安置帮教等工作。积极参与违法行为教育矫治试点工作，探索和改进监督方式，促进提升教育矫治效果。

（二）积极预防诉讼违法

解决诉讼违法，纠正是手段，防止是根本。诉讼监督的第一要义应当是对诉讼违法行为、司法腐败行为的预防，纠正是对预防不到位的一种补救，也是对以后发生类似行为的防范。监所检察部门的职能任务和工作方式，决定了其更有条件、更有基础抓好诉讼违法行为的预防，应当率先实现“破题”。

一要深化认识、转变观念。充分认识法律监督以“纠防并举”的原则展开，有利于从根本上治理各种诉讼违法“顽症”，有利于赢得被监督者支持和社会各界欢迎、收到更好的效果，有利于检察机关法律监督与政法机关自身建设有机结合、相互促进，有利于构建更加健全完善的检察工作体系。要牢固树立“纠正违法是成绩、防止违法也是成绩”的观念，坚持标本兼治，坚持纠正和预防两手抓、两手硬、两手协调，正确引导监所检察工作创新发展，进一步彰显法律监督效果。

二要对“顽症”进行预防。刑讯逼供、体罚虐待、跑风漏气、违法关押、超期羁押、违法减刑假释暂予监外执行等问题，是近年来反复强调、长期治理，但仍不断反弹、难以根治的“顽症”，也是监所检察监督的重点和难点问题。解决这些“顽症”最根本的出路在于预防。只有把治理“顽症”的重点放在落实预防性措施或者说“治本”措施上，努力解决执法理念、制度漏洞等方面问题，才能最大限度地避免“顽症”反弹，才能更加体现法律监督的禀赋，才能更有效地促进理性、平和、文明、规范执法。

三要完善机制和措施。就监所检察工作而言，主要是通过建立健全同步监督机制，实现对诉讼违法行为的事前、事中预防。通过审查、调查、提出检察意见等方式，加强对刑罚变更执行的同步监督，防止和减少违法减刑、假释、暂予监外执行；通过提示预警，

实现对超期羁押问题的事前防范；通过监控联网等信息技术措施，深入“三个现场”巡查等方式，实现对监管活动的实时动态监督，及时防止监管违法、安全事故的发生。同时，还要注重综合运用提出检察建议、警示教育、预防调查、预防咨询、法制宣传等各项手段，提升预防诉讼违法合力和水平。

（三）加强工作机制创新

要紧紧围绕强化法律监督，认真落实检察工作一体化、法律监督调查等工作机制，并结合监所检察特点规律，建立和完善有利于促进监所检察工作科学发展的长效机制。

一要推进派驻检察室“全覆盖”。派驻检察室是监所检察工作的重要基础，其工作成效如何，直接关系到刑事诉讼活动的顺利进行和刑罚目的的有效实现。从我省情况看，目前仍有少数监狱没有设立派驻机构，留下了一些监督空白区域。要加快派驻检察室建设，首先在所有监管场所建立专门办公场所，挂派驻检察室牌子，建设“两网一线”，配备办公设备，实现派驻检察基础设施的全覆盖。除“一对一”设置的以外，少数地方限于人员力量不足，在工作模式上，可以采取“一拖二”、“一拖三”的办法，根据就近原则，由一组人员分别负责两个、三个派驻检察室的工作，实现派驻检察监督职能的全覆盖，不留空白和死角。从长远来看，仍要积极争取配齐所有派驻检察室人员，进一步增强监督力量。

二要深化与公安机关、司法行政机关之间的监督制约与协调配合机制建设。认真贯彻省院与省公安厅、司法厅联合制定的关于加强监督制约与协调配合的规定，重视加强与监管部门的沟通协调，理顺关系，形成共识，建立健全联席会议、情况通报、信息共享、列席减刑假释评审会议等制度，营造良好监督环境。坚持分工负责、互相配合、互相制约，做到既敢于监督、善于监督，又理性监督、规范监督，自觉接受相关部门制约，将检察监督与其他部门内部纠错机制结合起来，共同梳理完善有关规章制度，共同预防诉讼违法行为的发生，共同维护司法公正和法制权威。

三要实行形式审查与实质审查相结合的工作模式。目前，刑罚变更执行案件数量多，同步监督任务重，只有积极开展机制创新和工作创新，才能最大限度地履行好监督职能。要坚持形式审查与实质审查相结合，除形式审查以外，如审查是否符合法定条件、法定程序以及相关材料是否齐备合法等，如果发现存在疑点、公示期间有异议、收到举报控告、涉黑涉恶涉毒被判处无期徒刑以上刑罚的罪犯等情形，要进行实质审查，适时启动法律监督调查程序，向有关人员了解核实其劳动改造、身体健康等情况，查清事实，依法提出审查意见。

四要完善出庭工作机制。妥善处理好减刑、假释案件提请监督与出庭监督之间的分工及配合，减刑、假释案件的提请监督由监所部门及其派驻检察室负责；有关案件的出庭工作由刑事审判监督（公诉）部门负责，在派出检察院由刑检部门负责。要健全相关协调配合机制，确保衔接顺畅、工作有序、监督有效。

五要完善技术性措施。派驻检察室信息联网、监控联网和检察专线网支线等“两网一线”建设，是监所检察信息化建设的重点内容，也是有效开展同步监督的必然要求。要严格按照高检院部署，加快推进“两网”建设，实现横向联通，确保派驻检察机构实时掌握监管执法信息和监管活动动态；加强检察专线网支线建设，在满足基本需求的同时，扩展功能，力争实现监管信息和监控视频的纵向联通，实现省、市、县三级院机关对监管执法信息和监管活动动态的实时掌握。

六要推进巡视检察工作机制建设。贯彻高检院《关于上级人民检察院监所检察部门开展巡视检察工作的意见》，加强上级检察机关对监管场所和派出派驻机构履职情况的检查，防止和减少因“同化”等因素造成的监督不严格、不公正、不廉洁等问题，促进刑罚执行和监管活动依法顺利开展。

三、坚持依法履职，进一步强化监所检察部门执法办案工作

监所检察部门在承担日常法律监督工作的同时，还依法承担着

办理发生在监管场所的职务犯罪案件、诉讼违法案件、突发事件及非正常死亡事件，以及被监管人员再犯罪案件、申诉案件等执法办案职责，是执法办案和诉讼监督双重职能的有机统一。执法办案，是监所检察工作的重要内容，也是强化监督的有效手段。加强执法办案工作，有利于及时发现和查处司法人员贪污贿赂、失职渎职等行为，推进反腐败斗争，维护司法廉洁；有利于遏制刑讯逼供、体罚虐待、跑风漏气等监管执法中存在的突出问题，依法保障人权，维护监管秩序和安全，保障刑事诉讼活动顺利进行；有利于规范监所检察工作、锻炼监所检察队伍、增强法律监督权威，提升刑罚执行和监管活动监督水平和实效。各级院监所部门要深刻认识法律赋予我们办案职能的特殊重要意义，更加重视办案工作，履行好这一职能，努力实现法律监督由“软”变“硬”。

（一）依法严格办理各类案件

要有针对性地突出工作重点，加大办案力度，规范执法行为，提升办案效果。一要严肃查办刑罚执行和监管活动中的职务犯罪案件。紧紧抓住刑罚变更执行以及日常考核、会见通讯、场所交更、基本建设、物资采购等容易发生司法腐败问题的环节，注意发现犯罪线索，加强协作配合，依法严肃查办以权谋私、索贿受贿犯罪案件，徇私舞弊减刑、假释、暂予监外执行案件，为在押人员通风报信、帮助犯罪分子逃避处罚的案件，以及玩忽职守造成监管安全事故的案件，促进公正廉洁执法。要统筹处理好办案数量、质量、效率、效果、规范、安全等方面的关系，在加大办案力度、提升办案规模的同时，保证办案质量，提高办案效率，高度重视规范执法和办案安全，努力实现执法办案“三个效果”的有机统一。二要认真办理诉讼违法案件。在监所监督工作中，尤其要强化“线索观念”和“办案观念”，注重运用好法律监督调查机制和对司法工作人员渎职行为的调查权，对在日常巡查、相关审查过程中发现涉嫌诉讼违法和监管人员渎职等问题，及时开展必要的调查核实，根据调查结果依法进行处理，切实提高发现、核实、纠正诉讼违法行为的能力和水平，增强监督的说服力和权威性。三要加强监管场所突发性事件处置应对工作。在押人员脱逃、死亡等重大突发事件，不仅直接影响监管秩序和安全稳定，严重的还可能引发群体性事件，造成不良社会影响。各级检察机关要高度重视，加强应对处置。一旦发生监管事故，要迅速行动，第一时间到达现场开展调查工作并向上级报告。要坚持实事求是、客观公正，严格履行法律监督职责，查清事实、分清责任，依法妥善处理，并积极会同相关部门共同做好舆情监测、研判、引导等工作。各地在重点加强上述三类案件办理的同时，要认真做好服刑罪犯又犯罪案件的审查逮捕、审查起诉和出庭支持公诉等各项工作，严厉打击又犯罪行为；认真受理被监管人员控告、举报和申诉，根据反映的情况及时审查处理，维护被监管人员合法权益。

（二）积极探索监所检察办案工作新模式

建立健全适合监所检察部门的办案模式，是强化法律监督、迅速打开工作局面的有效方法。针对当前监所检察部门办案力量薄弱，结合监管场所案件查办的特殊性，各地要探索建立以市级院和派出院为依托、组建专门办案力量、统一办理三类案件的办案模式。具体而言，市级院所辖范围内监管场所发生的职务犯罪、诉讼违法、突发事件三类案件，由市级院监所部门在全市范围内组建专班专门办理，基层院监所检察部门、派驻检察室负责日常工作和执法办案的协助工作；派出院所辖监管场所内发生上述三类案件，由派出院成立的专门办案部门负责办理。要通过建立这一模式，努力解决当前监所检察部门存在的办案力量分散、办案能力不足以及因“同化”等因素造成的不敢办案、不愿办案等突出问题，稳步提高监所检察部门办案规模、办案质量和办案水平。

（三）认真落实检察工作一体化机制

近年来，全省检察工作实践充分表明，实行“上下统一、横向协作、内部整合、整体统筹”的检察工作一体化机制，对于发挥检察机关领导体制优势，保障检令畅通，增强法律监督整体合力具有重大意义。要注重发挥检察工作一体化机制对执法办案的促进和保障作用，强化案件线索的集中管理，加强侦捕诉协作配合和监督制

约，做好提前介入侦查、引导取证等工作。尤其需要强调的是，对于一些发生在监管场所的重大复杂职务犯罪案件，可以由反贪、反渎部门办理或者以他们为主办理，监所检察部门要予以积极配合，不能人为设置办案禁区；对确定由监所检察部门办理或主办的，反贪、反渎等部门也要积极配合，在人力、装备、工作协调等方面予以支持。

（四）努力实现诉讼监督与执法办案相互促进

以监督促办案、以办案促监督，是检察权运行规律的必然要求，也是我们长期以来保持各项业务工作平稳健康发展的基本经验。各级院监所部门同时承担这两项职能，理应自觉加强对这一规律的理解和运用，坚决摒弃把两者割裂开来的错误做法，将执法办案和诉讼监督有机结合起来，实现两者互相促进、共同提升。一方面，要通过对监管场所的日常监督、监控，注意发现隐藏在监管活动不正常现象背后的违法犯罪案件线索，拓展线索来源渠道，并且可以通过掌握的监管执法信息为执法办案提供协助，促进和保障执法办案顺利开展。另一方面，要通过积极查办案件，增强监督刚性，巩固和扩大监督成效；帮助解决监督工作存在的不接受、不配合问题，改善监督环境；发挥办案的警示教育作用，促进监管部门及其工作人员依法履职，实现对诉讼违法的源头治理，提升法律监督效果。

四、坚持强基固本，进一步加强监所检察部门自身建设

高素质的检察队伍和强有力的基层基础工作是检察事业科学发展的基础和前提。就监所检察工作而言，加强自身建设的要求显得更为迫切。要按照推进“实力检察”的要求，着力加强监所检察队伍、派出院、基础设施和信息化建设，切实强基固本，提升硬实力，为监所检察工作健康发展奠定坚实基础。

（一）着力解决监所检察队伍中存在的突出问题

全面加强和改进新形势下监所检察工作，队伍是关键，人才是基础。当前，全省监所检察队伍结构和素质能力，与监所检察工作

职责和工作要求相比，仍存在不适应、不符合的问题，主要表现在职责异化、角色同化，年龄老化、能力弱化、作用边缘化、人才流失等方面，必须引起高度重视，认真研究应对措施。

一要着力解决作用边缘化问题。作用边缘化是影响监所检察队伍建设和工作职能发挥的关键因素。一些检察领导干部认识上存在偏差，认为监所检察部门是二线三线部门，重视不够，研究不多，要求不高；少数干警也认为监所工作不重要，履职不主动，缺乏激情活力。全省各级院党组尤其是检察长，一定要从党和国家大局、从检察事业全局的高度看待监所检察工作，将其摆在重要位置，切实加强组织领导，经常听取情况汇报，对当前工作中存在的问题和困难，逐一分析研究，提出解决办法，保障和支持监所检察部门依法履行职责。

二要着力解决职责异化、角色同化问题。由于驻监驻所干警长年累月工作在监管改造场所，受环境、人情等因素影响，一定程度上存在被同化的风险和倾向。有的重配合、轻监督，监督意识和责任感淡化；有的职责混同，甚至成了监管部门的“挡箭牌”，发挥着类似监管部门内部监察科室的作用；还有极少数干警通风报信、索贿受贿，严重损害检察机关形象。要加强思想政治建设，引导干警牢固树立正确的执法理念，始终牢记强化法律监督、维护公平正义的根本职责和崇高使命；要认真落实高检院要求，落实检察工作一体化机制，建立健全派驻人员定期交流轮换制度，实现上下之间、部门之间、区域之间的轮岗交流，有效防止和杜绝被同化问题的发生。

三要着力解决年龄老化问题。当前，全省监所检察干警平均年龄偏大，队伍结构不尽合理。要加大年轻干部引进力度，积极选派年轻干部到派出院挂职锻炼、交流任职，鼓励青年干警到驻所检察一线磨砺，努力形成合理的人员梯次结构。

四要着力解决能力弱化问题。受各种因素相互交织影响，监所检察队伍的整体素质能力在一定程度上存在弱化、退化倾向，不能完全适应工作需要。要按照省院全员培训要求，切实加大监所检察

业务培训和岗位练兵力度，突出专业性和实效性，使广大监所检察人员既熟悉诉讼监督及监管执法相关业务，又熟悉批捕、起诉、侦查业务，还能妥善应对重大突发事件。要把那些综合素质好、业务能力强、执法水平高的干警适当充实调整到监所检察部门，促进提升整体素质。

五要着力解决人才流失问题。加强队伍管理，完善干部选拔机制，落实检察官职业保障制度，从政治上、工作上、生活上关心监所检察干警，积极创造用事业留人、用感情留人、用适当待遇留人的良好氛围。

（二）完善派出检察院管理机制

监所检察派出院，是监所检察部门开展法律监督工作的重要载体。随着派出院工作的深入发展，其管理体制、组织体系、工作考评等方面问题日渐凸显，需要进行相应的调整。

在管理模式上，坚持“谁派出、谁管理”原则，完善“直管与代管相结合”的管理模式，原则上以直管为主，对沙洋地区院、襄阳城郊院、荆州江北院，除案件审级、法律职务任免手续外，这些院人财物和业务工作都由省院进行管理。其中，由有关市级院负责的干部人事工作交由省院政治部进行归口管理，财务装备工作由省院计划财务装备处归口管理，业务工作指导和管理由省院监所检察处负责。另外，监所处还要参与对派出院干部和财务方面的协管。派出院要主动向省院监所处报告工作开展情况，自觉接受指导、管理和监督。武汉市院要认真履行职责，加强对武汉市城郊院的管理。

在机构设置上，各地要本着科学合理、有效管用的原则，适应法律监督和执法办案工作需要，予以适当调整完善。总体考虑是，在派出院增设一个专门的办案部门，形成办案部门、刑事检察部门、监狱检察部门、综合管理部门四个部门的机构布局。办案部门承担前述“三类案件”的办理职责；刑事检察部门承担在押人员等犯罪的批捕、起诉职责；监狱检察部门承担刑罚执行和监管活动监督职责；综合管理部门除负责综合管理工作外，还承担受理接待和对诉讼违法线索的归口管理职责，实现案件办理与案件管理的适当分离。

要按照“小机关、大派驻”的原则，借鉴“小院整合”经验，探索减少管理层级、促进检力下沉的方法途径，提高监督能力和水平。

在领导职数和人员配备上，要根据领导班子建设需要，适当增加院领导职数，并配备检察委员会专职委员职数，采取院领导兼任纪检组长的方式负责纪检监察工作，具体操作由省院政治部统筹考虑。另外，为落实规范执法要求和保障办案安全，应当配备一定数量的法警。

在工作考评上，适应派出院特殊体制和工作规律，继续坚持“双重考评”模式，发挥好考评的引导和激励作用。一方面，省院监所处对全省四个派出院实行直接考评，依据考评加强业务指导，促进派出院工作健康协调发展；另一方面，派出院工作量仍计入所在地市级院工作量，纳入省院对市州分院、林区院的综合考评体系。

（三）进一步加强监所检察基础设施、科技装备和信息化建设

要适应发展需要，切实提高硬件装备建设水平。这里重点强调四个问题：一要加强规范化检察室建设。各地要继续抓好派驻检察室规范化等级评定工作，按照建设标准，进一步加大资金投入，加强建设管理，选好配强派驻检察人员，进一步提高一级规范化检察室比例，为派驻检察机构开展工作创造必要条件。二要加快“两网一线”建设。要积极适应同步监督工作需要，严格落实高检院规定，加强与监管部门沟通协调，加大资金投入，加强硬件软件建设，加快检察专线网升速扩容，为实现实时、动态监督提供可靠保障。三要增加监狱、看守所视频监控存储设备。目前，派驻检察室视频监控存储设备普及率不高、存储容量过小等问题，导致监控的意义和作用大打折扣。各地要根据办案周期，按照驻所检察室存储时间应在2个月以上、驻监检察室应在1个月以上的要求，加快建设步伐，解决好本地存储问题。四要加强看守所职务犯罪讯问室管理。认真落实省院规范执法24项任务要求，会同有关部门建立健全管理使用制度，加强规范化管理。要严格履行提讯、还押时间登记、超时预警提示和报告等监督职责，确保规范文明执法。

9 按照“四加强、一探索”要求的加强行政诉讼监督工作*

这次会议的主要任务是深入贯彻落实省第十次党代会，全国、全省检察长会议精神，全面总结近年来我省行政诉讼监督工作，研究部署当前和今后一个时期的工作思路和措施，努力促进我省检察机关行政诉讼监督工作深入发展。

2010 年以来，省院党组根据全国检察机关第二次民事行政检察工作会议部署，结合我省实际，对民事、行政诉讼法律监督工作提出了“四个加强、四个维护”的目标任务。全省检察机关紧紧围绕这一目标任务，完善工作措施，推进机制创新，不断加强行政诉讼监督工作，取得了积极成效，为推动检察工作科学发展、服务经济社会科学发展、跨越式发展作出了积极贡献。

一、深化对行政诉讼监督工作特殊重要意义的认识，增强责任感和紧迫感

行政诉讼监督是中国特色社会主义检察制度的重要组成部分，是检察机关保障国家法律统一正确实施，维护司法公正不可或缺的一项重要职能。全国检察机关第二次民事行政检察工作会议要求，各级检察机关要积极适应形势变化，高度重视行政诉讼监督案件办理，认真总结经验，深入研究规律，不断提高行政诉讼监督能力和水平，更好地维护司法公正、促进依法行政。考虑行政诉讼监督工

* 2012 年 8 月 29 日敬大力同志在湖北省检察机关行政诉讼监督工作会议上的讲话。

作的特殊规律性、专业性、复杂性，今年2月，省院在全国检察机关率先成立了行政诉讼监督处，实现了民事、行政诉讼监督职能的分离，为推动行政诉讼监督工作深入发展提供了可靠的组织保障。全省检察机关一定要从全局和战略的高度，充分认识大力加强和改进行政诉讼监督工作的特殊重要意义，进一步增强做好这项工作的责任感和紧迫感。

第一，加强和改进行政诉讼监督工作，是发展完善中国特色社会主义检察制度、促进检察工作科学发展的客观需要。检察机关依法对包括行政诉讼在内的三大诉讼活动实行法律监督，是我国检察制度的重要特色。长期以来，由于法律规定抽象原则、理论研究相对缺乏、实践探索不够深入等多种因素影响，行政诉讼监督制度机制仍不够健全，与其他诉讼监督制度、检察制度相比，发展明显滞后。中央司法改革文件明确规定，要完善检察机关对行政诉讼实施法律监督的范围和程序。能否形成科学合理、体系完备、特色鲜明的行政诉讼监督制度，直接关系到三大诉讼监督制度的平衡协调发展，关系到中国特色社会主义检察制度的发展完善。当前，行政诉讼监督工作仍然是检察工作较薄弱的环节之一，一些地方和领导对行政诉讼监督的认识不到位、重视还不够，队伍量少质弱、专业化水平不高，监督职能作用发挥与人民群众司法需求仍有较大差距。我们必须把加强行政诉讼监督作为事关检察事业科学发展的紧迫任务来抓，以强烈的政治责任感、崇高的历史使命感和攻坚克难的勇气，开创新局面，促进检察工作整体水平的不断提升。

第二，加强和改进行政诉讼监督工作，是维护行政裁判公平公正、维护当事人合法权益和正当行政行为的客观需要。行政诉讼追求的公平正义，直接体现于法院行政裁判、执行活动的公正性，间接体现于行政行为的合法性以及当事人权益的充分保障，两者层次不同、但本质相同。通过加强行政诉讼监督，确保行政诉讼实体公正、程序合法，既能够保证行政相对人在其合法权益遭受侵犯时获得有效法律救济，防止和纠正行政管理、行政执法等活动中滥用职权、玩忽职守的行为，维护公民、法人和其他组织合法权益；又能

够保证正当行政行为的强制力，维护行政机关依法行使职权的严肃性，维护法律的尊严权威。

第三，加强和改进行政诉讼监督工作，是促进依法行政、推进法治湖北建设的客观需要。推进依法行政是建设社会主义法治国家、发展完善社会主义民主政治的关键环节之一。省第十次党代会明确提出，要努力建设法治湖北，突出强调要推进依法行政，建设法治政府。检察机关不能直接监督行政机关，但强化对行政诉讼活动的法律监督，具有促进依法行政的特殊价值功能。通过办理行政诉讼监督案件，有利于加强监督制约、规范权力运行，促进政府部门及其工作人员严格依照法定权限和程序行使权力，切实做到有法必依、执法必严、违法必究，加快推进法治政府、法治湖北建设，为深化改革、扩大开放、推动发展、维护稳定创造良好的民主法治环境。

第四，加强和改进行政诉讼监督工作，是维护社会稳定的客观需要。政府及其组成部门承担着大量而广泛的社会管理职责，尤其是一些涉及资源开发、环境保护、社会保障、征地拆迁等领域的具体行政行为和行政诉讼案件，往往情况复杂、矛盾尖锐，如果办理不公、处置不妥，就可能引发突发性、群体性事件，直接影响社会和谐稳定。检察机关在维护社会和谐稳定方面肩负着重大责任。尤其是行政诉讼监督工作，与促进依法行政紧密相关，更应该通过维护司法公正，促进行政机关依法履行职责，同时注重在监督过程中发现行政机关在管理中存在的漏洞，及时主动提出完善制度、加强管理的对策建议，维护好重要战略机遇期社会和谐稳定。

第五，加强和改进行政诉讼监督工作，是服务经济发展、保障和改善民生的客观需要。当前，一些地方政府及行政部门在经济管理活动中违法利用审批权插手民事经济纠纷、乱罚款、乱收费、与民争利等现象仍不鲜见，严重破坏社会主义市场经济制度，损害公平竞争秩序，影响经济发展环境，同时也直接损害人民群众切身利益。我们一定要从经济又好又快发展的大局出发，从检察工作的人民性出发，不断加强和改进行政诉讼监督工作，通过维护行政裁判的公平公正，促进健全现代市场体系，营造和谐有序的市场环境，促进解决人民群众最关心、最直接、最现实的利益问题，更好地保障和改善民生，努力实现法律监督政治效果、社会效果和法律效果的有机统一。

二、牢牢把握职能任务，依法全面履行行政诉讼监督职能

行政诉讼与民事诉讼相比，有其特殊性。在处分权方面，在民事诉讼中，遵循当事人意思自治原则，尊重双方当事人在法律规定范围内的处分权；在行政诉讼中，作为被告的行政机关必须依法行使公权力，不能随意处分、放弃法定职权。在举证责任方面，民事诉讼一般遵循“谁主张、谁举证”的举证责任分配原则，行政诉讼法明确规定由被告对作出的具体行政行为合法性负有举证责任。在审查内容方面，民事诉讼主要审查原被告双方当事人主张是否合法合理；行政诉讼主要审查被诉具体行政行为的合法性。全省检察机关要深刻认识、牢牢把握这些特殊性，在谋划和推进行政诉讼监督工作中，既要遵循检察监督的基本规律，尊重审判权、行政权的运行规律，坚持“四个加强、四个维护”的目标任务；又要结合行政诉讼的特殊规律，明确具体职责任务、工作思路和措施机制，始终确保这项工作沿着正确方向科学发展。

（一）强化对行政判决、裁定和行政赔偿调解的监督

对行政判决、裁定和行政赔偿调解结果的监督，是行政诉讼监督的主要任务。要紧紧围绕人民群众反映强烈的突出问题，加大监督力度，完善监督机制，强化监督措施，纠正违反法律法规的裁判以及损害国家利益、社会公共利益的行政赔偿调解行为，既维护行政相对人合法权益，又维护正当行政行为的法律效力。

一要突出工作重点。要以征地拆迁、企业改制、社会保障、资源利用、环境保护、项目立项、规划审批等涉及群众生活、关系企业投资经营、可能影响社会和谐稳定的领域为重点，进一步畅通监督案件线索来源渠道，加大办案力度，办理一批有影响、得人心的案件，彰显监督效果，增强行政诉讼监督的影响力和权威性。

二要综合运用抗诉和再审检察建议。要从保障效果出发，注意把握抗诉和再审检察建议的差别，根据不同情况合理选择、科学运用两种监督方式。一方面，要加强抗诉工作。抗诉是法律明确赋予检察机关对行政诉讼实施法律监督最有效的手段，在某种意义上有“风向标”的作用。当前我省行政抗诉案件数量较少，直接影响了行政诉讼监督工作的成效。要坚持把抓好抗诉工作作为行政诉讼法律监督的中心任务，切实加大抗诉力度，确保抗诉案件数有较大增长，形成一定的规模效应。另一方面，要加强再审检察建议工作。尤其要注重运用再审检察建议强化同级监督，发现同级人民法院已经发生法律效力的判决、裁定符合抗诉条件的，可以先行提出再审检察建议，降低监督成本，提高监督效率。

三要确保监督质量。质量是办案工作的生命线。要充分关注行政诉讼特殊规则，从证据采信、事实认定和法律适用等方面严格把握抗诉和再审检察建议的标准和条件，并充分考虑原生效行政裁判作出时的相关政策和社会背景，确保提出的监督意见事实清楚、观点正确、说理充分、适用法律正确，确保办理的每一起案件经得起法律和历史的检验。要完善跟踪监督机制，认真履行出席再审法庭的监督职责，充分发挥检察长列席审判委员会的监督作用，提高抗诉案件的综合改变率和再审检察建议的采纳率。

四要认真做好息诉工作。对于审查后认为人民法院裁判正确的，要加强释法说理，与控申部门共同做好当事人服判息诉工作，有效化解社会矛盾，维护社会稳定和司法权威；对息诉难度大的，要依托检调对接机制，加强与有关部门的协作，共同做好服判息诉和矛盾化解工作。对于当事人在行政赔偿案件中有和解意愿且具备和解可能的，要积极引导当事人和解，最大限度地避免矛盾升级。

（二）强化对行政机关在行政诉讼活动中违法干扰公正司法行为的监督

行政诉讼法明确规定，人民检察院有权对行政诉讼实行法律监督。行政机关作为公权力机关，其在行政诉讼活动中影响司法公正的行为，检察机关依法可以监督。“两高”《若干意见》也规定，人民检察院办理行政申诉案件，发现行政机关有违反法律规定、可能影响人民法院公正审理的行为，应当向行政机关提出检察建议，并将相关情况告知人民法院。全省检察机关要从保障行政诉讼活动顺利进行、维护司法公正的角度出发，积极研究探索这项工作。需要强调的是，履行这项职能仅限于与行政诉讼程序相关、并且有可能影响司法公正的行政行为，检察机关不得对除此以外的其他情形进行干预，不得直接对行政执法和其他行政行为进行监督，这是由检察机关职能定位决定的，是一条原则底线，绝对禁止擅自突破、侵犯行政权。

（三）强化对行政诉讼程序的监督

充分认识诉讼程序对保障行政裁判公正的特殊作用，按照实体与程序并重的要求，综合运用“两高三部”《若干规定》、“两高”《若干意见》、我省《法律监督调查办法》等文件中确定的监督方式，依法加大对行政诉讼过程中违法情形的监督力度。一方面，要增强监督的针对性。突出监督重点，针对行政诉讼“告状难”、该立案不立案、随意改变审判管辖等问题，加大对法院既不受理起诉又不作不予受理裁定等问题的监督力度。针对法院违反送达程序、违反回避规定、审判组织不合法、违法采取诉讼保全措施、严重超审限等其他程序违法情形，可以以检察建议等方式进行监督。另一方面，要增强监督的实效性。切实增强“线索观念”、“办案观念”，注重在办理行政诉讼监督案件过程中发现法院审判人员、执行人员诉讼违法行为、渎职行为，积极运用法律监督调查机制和对司法工作人员渎职行为的调查权，及时开展必要的调查核实，根据调查结果，通过发出纠正违法通知书、建议更换办案人、移送相关部门查处等方式进行监督，切实提高发现、核实、纠正诉讼违法行为和渎职行为的能力水平，增强监督的说服力和权威性。

（四）强化对法院行政执行活动的监督

按照相关法律、司法解释的精神和要求，正确理解、把握执行监督试点工作的原则、范围、程序和方式，强化对人民法院执行行政判决、裁定、行政赔偿调解和行政决定活动的法律监督。

一要把握工作原则。推进行政执行监督工作，既要敢于探索，形成行政诉讼监督工作新的增长点，促进解决执行难问题；又要坚持法律监督的基本属性，牢牢把握监督对象的特定性、监督范围的有限性，依法规范监督行为，确保检察权依法行使、规范行使。绝对不能超越法律边界或脱离检察职能，在工作中与法院搞联合执行或协助法院执行。

二要把握监督范围。要依据相关规定，针对行政执行中的突出问题，重点加大对法院及其工作人员在行政执行活动中无正当理由不执行，超期支付执行款，违法采取诉讼保全措施、强制执行措施，严重损害国家和社会公共利益等情形的监督力度，着力解决人民群众反映强烈的不执行、乱执行等问题，促进提高司法公信力。要加强对拒不履行行政判决裁定的监督，对于国家机关等特殊主体为被执行人的执行案件，人民法院因不当干预难以执行的，检察机关应当向相关国家机关等提出检察建议，推动顺利执行，共同维护司法权威。要积极适应行政决定执行申请数量多的特点，加大对行政非诉执行的监督力度，严格依法审查法院执行裁定和执行行为的合法性，通过发出检察建议等方式，着力监督纠正不应当执行而执行、错误采取执行措施、超标的执行、执行案外人财产等严重侵害当事人合法权益的问题。对于执行人员在办理案件中的索贿受贿、徇私舞弊等涉嫌犯罪的行为，要依法移送相关部门查处。

三要加大探索创新力度。行政执行监督工作虽属于行政诉讼监督工作的一部分，但开展相对较晚，研究探索不够，并且有自身的特殊规律性和复杂性，没有现成的模式可以借鉴。要充分发扬改革创新精神，注意深入研究、准确把握法院行政执行活动特点和规律，在总结各地实践经验的基础上，根据相关规定，进一步规范和完善行政执行监督工作机制、办案流程以及相关法律文书，为这项工作深入健康发展奠定坚实基础。

（五）积极审慎地探索开展督促履行职责

省院曾提出要探索开展督促行政作为工作。高检院即将出台的《关于深入推进民事行政检察工作科学发展的意见》中，也将对督促履行职责进行部署。各地要根据这些要求，在立足法律监督职能做好诉讼监督工作的基础上，准确把握职能定位，在法律制度框架内开展探索，稳妥推进。检察机关在查办贪污贿赂和渎职侵权案件、办理各类刑事案件和民事、行政诉讼法律监督案件过程中，发现国家和社会公共利益受到损害，有关国有资产管理部门或相关行政管理部门应当履行管理职责而未履行的，检察机关可以运用发出检察建议的形式，督促其依法履行职责，促进依法行政，维护国家利益、社会公共利益不受侵犯。

三、加强组织领导，保障和推动行政诉讼监督工作深入发展

随着司法体制和工作机制改革不断深化，行政诉讼监督制度逐步完善，一些制约行政诉讼监督工作开展的深层次问题正在得到解决。特别是今年10月，高检院将向全国人大常委会专项报告民事、行政检察工作。全省各级检察机关一定要提高思想认识，增强信心决心，把握有利契机，把这项工作摆在更加突出的位置来抓。

（一）高度重视对行政诉讼监督工作的研究部署

行政诉讼监督工作起步晚、底子薄，要促进其深入发展，领导重视是关键。目前，各级检察领导干部对行政诉讼监督工作的认识有所提高，但总体看仍重视不够，有的认为这项工作不是主业，可有可无，可做可不做；有的不研究、不部署、不抓落实等。各级检察院党组要把行政诉讼监督工作作为事关检察工作科学发展、事关党和国家工作大局的重大任务来抓，加强对行政诉讼监督工作的统筹规划和组织协调，经常听取汇报，帮助厘清思路，把好工作方向，在机构建设、人员配备、工作协调、办案经费、装备等方面提供可靠保障。各级院检察委员会要加强对行政法律法规的学习，加强对行政诉讼法律监督工作的研究，加强对重大疑难复杂行政诉讼监督案件的讨论，切实发挥集体领导、审查把关作用。各级院检察长、分管检察长要带头加强学习，深入研究行政诉讼监督工作规律，深入研究行政诉讼法律监督理论和实践问题，提出加强和改进工作的

具体措施。要更加关心行政诉讼监督干警，及时了解思想动态，帮助解决工作、生活方面的困难，营造安心工作的良好环境，保持队伍的稳定性。

（二）切实加强组织机构和队伍建设

近年来，高检院、省院多次强调要下大气力抓好民事、行政检察队伍建设，提出了一系列明确要求。但从目前情况看，民事、行政诉讼监督队伍建设相对薄弱的局面仍未得到有效改善，民事、行政诉讼监督人员数量总体上甚至呈下降趋势；有的没有专门机构，有的实行“小院整合”的院没有明确专人负责；有的基层院仍存在“一人科”、“两人科”的现象，达不到履行职责、开展工作的基本条件。全省检察机关要积极适应行政诉讼监督职能丰富拓展、案件涉及面广、专业性强的客观要求，在加强组织机构和队伍建设上下功夫、强措施、见成效，努力建设一支素质高、能力强、作风硬、专业化的行政诉讼监督队伍，为行政诉讼监督工作发展进步提供可靠的组织保障。一要落实职责任务。各级院民事、行政诉讼监督部门要有专人负责行政诉讼监督工作。市级院可以成立行政诉讼监督办案组专门办理行政诉讼监督案件。有条件的市级院也可以争取行政诉讼监督机构单设。二要切实提高行政诉讼监督队伍数量和质量。要根据工作需要，适当增配人员力量，加强与反贪、反渎等内设机构之间的人员交流，将政治素质好、理论水平高、法律功底较强、办案经验丰富的人员充实到民事、行政诉讼监督部门。尤其要加大专业人才引进力度，加快培养一批法律功底深厚、工作经验丰富的业务专家和办案能手。三要着力提高队伍整体素质和法律监督能力。坚持立足实际，积极向内挖潜，按照省院全员培训的统一规划，加大教育培训力度，突出抓好专门性行政法律法规、行政诉讼工作规律、收集审查判断行政诉讼证据、出庭支持抗诉、群众工作能力等方面的培训，强化岗位练兵，积极与法院联合开展混合培训、实训，提升队伍理论素养和实战能力。要深化工作机制创新，进一步探索在行政诉讼监督工作中贯彻落实检察工作一体化、法律监督调查等机制的有效途径，认真落实与法院的监督制约与协调配合机制，积极开展信息共享、经常性联系等工作，切实提高监督能力、提升监督效率、增强监督效果。

（三）着力抓好基层行政诉讼法律监督工作

要深刻认识到，随着司法体制改革的深入，基层院除承担提请抗诉等职责外，新增加了行政赔偿调解监督、诉讼程序监督、执行监督等重要职责，职能更加多元化，承担的任务更加繁重，发展空间也更加巨大。基层院民事、行政诉讼监督部门不仅不能削弱，而且要增配力量、壮大队伍，以适应工作任务的增加和工作要求的提高。要高度重视发挥基层院在执法办案中的基础性作用，实现工作重心下沉，提升基层办案规模，增强办案工作合力。基层院要积极转变工作思路，改变单一的提请抗诉的工作模式，加强对行政诉讼活动、行政执行活动中各种违法情形的监督，依法探索、审慎开展督促履行职责等工作。上级院要从专业培训、业务考评、案例指导等方面进一步加强对下指导，深入基层广泛开展调查研究，尊重基层首创精神，总结推广好的经验做法，及时研究解决带有普遍性的问题。省院和市级院可选择部分基层院作为联系点，采用“解剖麻雀”的方法，增强指导针对性，以点带面、推动行政诉讼监督工作全面协调发展。

10 探索构建检察机关对行政权监督的新格局*

我们这次会议是经省委同意召开的，是在新的起点上对行政检察工作进行全新谋划的第一次会议，十分重要。主要任务是深入学习贯彻党的十八大、十八届三中、四中全会和全国检察机关行政检察工作座谈会精神，全面总结2012年以来行政诉讼监督工作，深入分析新形势、新任务，研究当前和今后一个时期全省行政检察工作思路和措施，对提起公益诉讼改革试点进行部署。

2012年以来，全省检察机关牢牢把握行政诉讼监督工作的特殊规律性、专业性、复杂性，认真贯彻落实“四强化、一探索”的总体思路，完善监督格局，加大监督力度，健全监督机制，特别是在全国检察机关率先实行行政诉讼监督机构单设，着力加强队伍专业化建设，实现了监督规模不断扩大，监督数量大幅上升，监督质量稳步提高，有效推动了行政诉讼监督工作跨越式发展。

一、深刻认识做好新形势下行政检察工作的重大意义

当前，在协调推进“四个全面”战略布局的大背景下，党中央对法律监督工作更加重视，行政检察作为检察机关法律监督的重要组成部分，事关各级政府依法行政，事关人民群众切身利益，事关改革发展稳定大局和检察工作全局。特别是较之以往，监督的领域发生了突破性变化，行政检察工作内容有了很大拓展，无论从价值

---

* 2015年9月7日敬大力同志在湖北省检察机关行政检察工作暨提起公益诉讼试点动员部署会议上的讲话。

追求还是从运行规律来看，其独立性、体系性和规律性越来越凸显，我们必须将其作为一个相对独立而完整的体系来看待。全省检察机关一定要从战略的高度，进一步加深对做好新形势下行政检察工作重要性、紧迫性的认识，积极实践、攻坚克难，努力推动行政检察工作全面、创新发展。

（一）加强行政检察工作是促进依法行政、公正司法，推进全面依法治国的必然要求

党的十八届四中全会开启了全面依法治国的新征程。法律的生命在于实施，法律的权威也在于实施。执法和司法作为法律实施的基本途径，只有加强监督制约，才能确保严格、公正、文明、规范，才能实现国家治理体系和治理能力现代化。从行政检察的传统职能来看，通过加强行政诉讼监督，既有利于维护行政裁判、执行活动的公平公正，促进提升司法公信力；又可以间接实现对行政权的监督制约，规范权力运行，促进政府部门及其工作人员严格依照法定权限和程序行使权力。从新增职能来看，十八届四中全会部署了行政违法行为检察监督等改革任务，赋予了检察机关在特定范围、特定情形下对行政执法行为的直接监督权力，这是中央为加强对行政权力的制约和监督、推进依法行政、建设法治政府的重大决策部署。全省检察机关要深刻认识到，在新的历史条件下，行政检察已经成为促进严格执法、保证公正司法不可或缺的重要方式，是检察机关发挥主力军作用、当好法治中国和法治湖北建设者推动者的重要力量，是提升国家治理体系和治理能力现代化建设水平的重要途径，必须将其摆在更加突出的位置，以非同寻常的力度和改革创新的办法切实加强和改进。

（二）加强行政检察工作是回应人民群众期盼、维护公共利益的现实需要

当前，行政执法领域存在的有法不依、执法不严、违法不纠，甚至以权压法、权钱交易等突出问题，行政诉讼领域存在的立案难、审理难、执行难等突出问题，严重损害人民群众合法权益；与此同

时，一些行政机关违法行使职权或者不行使职权，致使在国有资产保护、国有土地使用权出让、生态环境和资源保护等领域造成国家和社会公共利益受到侵害，人民群众反映强烈。行政检察工作因其监督对象的特殊性，无论是行政诉讼监督，还是对行政违法行为的监督，都往往与人民群众切身利益紧密相关，在保护人民、造福人民方面负有特殊而重要的使命。检察机关要践行好根本宗旨，就必须始终以人民群众利益为念，把行政检察工作作为维护人民权益的大事来抓，紧紧盯住侵犯人权、危害民生、损害民利的重点领域、重点环节，进一步加大对行政裁判不公、诉讼违法、行政乱作为、不作为等问题的监督纠正力度，使人民权益、公共利益遭受损害时得到法律的救济和保护，使人民群众感受到公平正义就在身边，使检察公信力、司法公信力和政府公信力得到进一步提升。

（三）加强行政检察工作是推动检察事业全面发展进步和中国特色社会主义检察制度发展完善的客观需要

长期以来，虽然在我们的不断努力下行政诉讼监督工作取得了明显进展，但发展相对滞后并且不平衡的局面并未得到根本扭转，三大诉讼监督协调发展格局有待进一步健全，行政诉讼监督制度仍不够完善。当前，行政检察工作和行政检察制度面临着两大难得的历史性发展机遇。一是修改后的行政诉讼法于今年 5 月 1 日正式实施，不仅明确了检察机关对行政诉讼全过程实行法律监督的地位和作用，而且明确规定了检察监督的具体制度、方式和程序。这些重要变化，解决了长期以来制约行政检察工作发展的“瓶颈”问题，为我们加强和规范行政诉讼监督、推动检察机关法律监督工作全面协调发展提供了更加坚实的法律基础。二是党的十八届四中全会明确提出，“完善检察机关行使监督权的法律制度，加强对刑事诉讼、民事诉讼、行政诉讼的法律监督”，而且要求“完善对涉及公民人身、财产权益的行政强制措施实行司法监督的制度”，“检察机关在履行职责中发现行政机关违法行使职权或者不行使职权，应该督促其纠正”，“探索建立检察机关提起公益诉讼制度”。这些重大改革部署，极大地拓展了行政检察职能范围，为法律监督工作创新发展开辟了更广阔的空间。特别要强调的是，有的同志担心，检察机关的法律监督是否会据此发展为一般监督。这种担心和疑虑是不必要的。十八届四中全会提出的这些改革任务，都严格限定了范围，例如，“在履行职责中发现”，并非对一般行政行为的普遍监督，不是所谓的一般监督。工作中，我们要注意防止一般监督思维，严禁超范围和扩大化，决不能有一般监督的倾向和苗头。全省检察机关一定要着眼于推动检察工作全面发展进步、推动中国特色社会主义检察制度不断发展完善，认真落实修改后的行政诉讼法和十八届四中全会改革部署，在新的起点上推动行政检察工作实现新跨越。

二、努力构建检察机关对行政权监督的新格局

按照宪法和行政诉讼法的规定，根据十八届四中全会提出的新要求，检察机关对行政权监督的内涵外延正在发生重大变化，亟需我们构建新的工作格局。行政检察工作是检察机关对行政权监督的重要组成部分，要放到对行政权监督的格局中来谋划和推进。从整体上看，检察机关对行政权的监督在七个方面，即通过查办职务犯罪对构成犯罪的严重行政违法行为的监督；对行政机关是否移送行政执法活动中涉嫌犯罪案件的监督；通过对行政诉讼全过程的监督，进而实现对行政行为的监督；对行政机关利用职权干预行政诉讼、阻挠公正审判的行为进行监督；探索对行政机关不履行或者违法履行职责的情形进行监督；探索开展对涉及公民人身、财产权益的行政强制措施实行检察监督；通过行政公益诉讼的方式，对行政机关在环境保护等领域严重侵害国家和社会公共利益的不作为或者违法行为进行监督。

以上七个监督方面，构成了当前和今后一个时期检察机关对行政权监督的大格局，决定了行政检察工作今后的发展方向。在监督范围上，既包括行政诉讼违法行为，也包括一般的行政违法行为，还包括职务犯罪行为；既包括诉讼中发现的行政违法行为，也包括诉讼外的行政违法行为。在监督对象上，既包括对法院的监督，也包括对行政违法行为责任机关、责任人的监督，还包括对事的监督。

在监督方式上，包括抗诉、检察建议、立案侦查、提起公益诉讼等多元化方式，并且法律明确赋予了检察机关调查核实权。在案件来源上，既可以通过受理当事人申请进行监督，也可以通过检察机关履行职责发现、依职权启动监督程序。从这些变化来看，检察机关对行政权的监督已经成为整体法律监督体系中相对独立而重要的组成部分，是一个新的领域，具有新的内涵外延，是具有相对独立性而不是依附于其他监督工作的重要监督领域。我们现在讲完善检察机关法律监督工作格局，必须正确认识和把握对行政权的监督具有独立的、实质的地位和作用，将其真正作为一个大的、重要的方面来强调、部署和推进。在描绘检察机关对行政权监督新格局宏伟蓝图的同时，我们必须清醒认识到整个格局还远未形成，除查办职务犯罪工作相对成熟外，行政违法行为监督和行政强制措施检察监督还有待中央统一部署试点，提起公益诉讼从现在开始试点，其他几项工作都还不同程度存在薄弱环节，有较大提升空间。下一步，各地要紧紧围绕构建这一格局进行研究、探索和实践。这里，我重点强调几个需要深刻认识、牢牢把握的原则性问题：

一是构建新格局的目的性。七个方面的监督虽然方式不同，但价值追求一致，都是为了监督纠正涉及行政的违法犯罪问题，维护法律统一正确实施、维护公平正义、维护人民群众合法权益。无论采用什么样的监督手段，我们都要牢记行政检察工作的目标追求，以解决问题为目的，把取得良好的法律效果、政治效果、社会效果放在第一位，从有利于保障和支持政府依法行政、有利于支持法院依法裁判出发，依法运用多元化的监督方式，并且保持相应的理性和谦抑，注重把检察监督与行政调解、行政裁决、司法调解、仲裁等矛盾化解方式结合起来，与行政复议、自行启动再审等行政机关、法院内部纠错制度机制结合起来，促进完善多元化矛盾纠纷解决机制，促进完善社会主义法治体系，共同推进法治国家、法治政府、法治社会建设。

二是构建新格局的层次性。在对行政权七个方面的监督中，不同监督方式有其不同适用范围，对应不同监督对象、违法情形及其严重程度。我们要加强对各种监督方式适用条件的研究，在实践中区分不同情形，准确使用，保持监督方式与违法程度的协调性，确保良好监督效果。在特别情形下，各种监督手段可依次运用或同时运用，例如，对涉及公益的严重行政违法行为，既要严肃查办行政人员失职渎职等职务犯罪，又可以在符合条件的情况下提起行政公益诉讼。

三是构建新格局的渐进性。对行政权的监督涉及法院和行政机关，除了传统的监督职能外，有的尚未部署开展，有的刚刚开始试点，经验不足，对可能遇到的问题也认识不足。全省检察机关要坚持既积极又稳妥的方针，在高检院、省院统一安排下，有计划、有步骤地探索构建，不能一味求全求快、抢跑冒进。特别是涉及对行政权监督的三项改革任务，必须严格按照上级要求统一开展，决不能自行其是，在时机不成熟、条件不具备的情况下一哄而上、四面开花，要坚决防止监督权的滥用。

四是构建新格局的系统性。七个方面的监督是一个相互联系、有机统一的整体，直接涉及职务犯罪侦查、侦查监督、行政检察等多个部门，特定情况下还会涉及批捕、公诉、控申、预防等部门。全省检察机关必须坚持检察一体化，牢固树立“一盘棋”思想，加强各部门之间的协作，协调一致推进，增强监督合力，形成以行政检察、反贪反渎、侦查监督等部门为主，相关职能部门紧密配合的行政权检察监督大格局。要进一步健全线索双向移送、办案协作配合等工作机制，民事行政检察、侦查监督等部门对于履行监督职责中发现可能涉嫌违法犯罪行为的，应当及时移送侦查，并协助办案工作。反贪、反渎、公诉等部门在办案中发现行政诉讼违法行为、行政违法行为、侵害公共利益等案件线索的，应当及时移交民事、行政检察部门办理。要积极研究探索必要的职能调整和整合，例如，能否考虑将“两法衔接”职能调整为行政检察部门行使等，以更好地遵循规律、优化配置，提高监督效能。

三、全面加强和改进行政诉讼监督工作

行政诉讼监督是行政检察的传统职能、基本职能，始终是其重心所在。修改后的行政诉讼法明确将检察机关监督范围扩展到行政案件的受理、审理、裁判、执行等各个环节，既强化了行政诉讼监督的法律依据，又提出了新的更高要求。

一要全面正确履行监督职责。要针对裁判不公问题，加强对确有错误的生效行政判决、裁定或者损害国家利益、社会公共利益的调解的监督，维护司法公正。针对立案难问题，积极适应法院立案登记制改革，强化立案监督，促进解决有案不立、有诉不理问题，保障当事人诉权；同时，对一些别有用心的人企图利用立案登记制实现非法目的的行为，要注意甄别，支持法院依法处理。针对违背当事人意愿协调撤诉、审理超期、违反回避规定、审判组织不合法等问题，进一步加强对审判活动的监督。针对执行难、执行乱等问题，强化执行监督，重点加强行政非诉执行中不应当执行而执行、超范围执行等严重违法情形的监督，加强对执行人员违法、渎职等情形的监督，维护法律权威。针对行政机关在行政诉讼活动中违法干扰公正司法行为，按照有关规定向行政机关提出检察建议，保障行政诉讼活动顺利进行。要根据案件实际情况，综合运用抗诉、再审检察建议、检察建议等监督方式，既加强监督，又争取最好的监督效果。

二要着力提升监督质效。行政管理活动复杂多样、涉及领域广泛，行政法较为庞杂，行政诉讼当事人身份特殊、一些案件敏感性强、监督难度较大。我们一定要牢固树立办案质量是生命线的意识，坚持和完善案例指导、类案监督、检察长列席审委会、跟进监督、案件质量评查等行之有效的工作机制，运用好法律赋予的调查核实权，进一步健全以发现、核实、纠正诉讼违法为核心的法律监督调查机制，从证据采信、事实认定和法律适用等方面严格把握监督标准和条件，并充分考虑相关政策和社会背景，确保提出的监督意见事实清楚、适用法律正确，确保办理的每一起案件经得起法律和历史的检验。要进一步加强与控申、案管等部门的协作配合，理顺“前店后厂”关系，完善受理、审查、分流、办理、反馈等各环节紧密衔接机制，加快流转节奏，严守办案期限。要积极适应法律修改后申请监督案件大幅上升、符合监督条件案件比例下降的新变化，认真落实检察官以案释法制度，加强文书说理，耐心释疑解惑，引导当事人服判息诉；对息诉难度大的，要依托检调对接机制，与有关部门协作，共同做好矛盾化解工作。

三要深入推进诉讼监督“四化”建设。修改后的行政诉讼法对检察机关监督程序、监督时限、监督方式等作出了严格规定，高检院还将下发行政诉讼监督规则。全省检察机关要结合规范司法行为专项整治工作，高度重视并坚决纠正行政检察环节不规范的突出问题，把规范监督工作进一步抓紧、抓实、抓好。要以诉讼监督“四化”为抓手，以行政诉讼法和行政诉讼监督规则为依据，进一步修改相关规范性文本，并在测试过程中不断补充完善，细化立案标准及监督方式的适用条件，严格规范办理流程，完善立卷建档、备案审查等规定，建立健全履行新增职能的程序性制度，争取尽快在全省推行，做到敢于监督、善于监督、依法监督、理性监督、规范监督，提高制度化、规范化、程序化、体系化建设水平。

四、积极审慎开展提起公益诉讼试点工作

探索建立检察机关提起公益诉讼制度是十八届四中全会部署的重要改革任务。经中央全面深化改革领导小组审议通过和全国人大常委会授权，高检院制定下发了试点方案。湖北作为试点地区之一，省委高度重视，省委主要领导先后多次对这项工作作出重要批示，要求我们认真组织实施。我省实施方案已经高检院批准正式下发。在前不久召开的全省检察长座谈会上，省院对这项工作已经作出部署。公益诉讼包括民事公益诉讼和行政公益诉讼，这里我强调四个问题：

一要正确认识行政公益诉讼在检察机关对行政权监督体系中的特殊地位和作用。公益诉讼制度的建立，是对检察机关法律监督制度的重大补充和完善。这一制度与以往其他监督方式相比，具有一

些鲜明特点：一是对违法行为而非犯罪行为的监督，并非等到违法行为到了犯罪程度才监督纠正。二是直接监督而非间接监督，无需通过纠正诉讼违法行为实现对行政权的监督。三是通过诉讼的方式进行监督，检察机关是诉讼主体。诉讼制度是社会公平正义最有效、最重要的保障机制，具有严格规范性特点，并由国家强制力保障实施。我国检察机关同其他诉讼主体相比，更能够防止地方利益和部门利益牵涉，拥有法定调查权，能够审慎行使公益诉讼权而避免对行政秩序和效率造成冲击，具有专业法律监督队伍，这决定了检察机关更加适合代表国家和社会公共利益提起诉讼。以上特点表明，公益诉讼制度在检察机关对行政权监督体系中，具有特殊重要的地位和意义。我们要深刻领会习近平总书记的重要论述，从大局出发，充分认识检察机关提起公益诉讼制度的特殊重要意义，开展好试点工作。

二要把行政公益诉讼放在对行政权监督的大格局中来谋划和推进。行政公益诉讼是检察机关对行政权监督的途径之一，除了显著的公益性特点，与其他对行政权的监督方式有着共同目的，就是要促进行政违法问题的解决、促进依法行政。从这一点出发，我们要把行政公益诉讼放在对行政权监督的大格局中来考虑，要强调各种监督措施的协调运用和相互衔接，而不能一味强调提起公益诉讼。在理解和把握公益诉讼上，要坚持“目的论”而不是“工具论”，以解决问题为目的，不能为了诉讼而诉讼。在能够实现维护公益目标、保证监督效果的前提下，根据不同情形、不同阶段、不同程度，依法综合运用检察建议、监督立案、提起公益诉讼、查办相关职务犯罪等检察监督方式，实现最佳监督效果。

三要严格范围、程序和审批。要牢牢抓住公益这个核心，严格按照中央要求、全国人大授权和高检院、省院试点方案规定，民事公益诉讼的案件范围为污染环境、食品药品安全领域侵害众多消费者合法权益等损害社会公共利益的案件；行政公益诉讼的案件范围为，生态环境和资源保护、国有资产保护、国有土地使用权出让等领域负有监督管理职责的行政机关违法行使职权或不作为，造成国家和社会公共利益受到侵害的案件。在试点期间，要以生态环境和资源保护领域的案件为重点。要把诉前程序作为必经的、实质的程序来严格遵守，把公益诉讼作为后续程序，在经过诉前程序没有取得监督效果的前提下，依法提起诉讼。严禁未经诉前程序而提起公益诉讼。要严格审批制度，试点中公益诉讼案件线索要层报省院统一严格管理；启动公益诉讼和诉前程序之前要报省院审批；拟提起公益诉讼的案件和拟宣传的监督个案，要先行层报省院、高检院审批同意后再进行。试点期间，各地要加强总结，探索建立可复制可推广的经验模式，为下一步深入推进和完善立法积累经验。

四要加强与相关部门的沟通协作。公益诉讼涉及领域社会关注度高，政策性、专业性、敏感性强，必须高度重视沟通协调工作。各试点院要加强请示汇报，积极争取地方党委、人大、政府支持；加强与法院的沟通协商，统一司法尺度和标准，明确相关具体程序性问题；加强与环境保护、食品药品监督、消费者权益保护等部门的沟通交流，在线索摸排、调查取证、法律政策理解与适用、专业知识培训等方面取得支持和配合，共同推进试点工作积极稳妥开展。

五、统筹推进对行政权监督的其他措施

除行政诉讼监督、公益诉讼试点工作外，其他几项监督在对行政权监督的大格局中发挥着不可替代的作用，必须协调推进。

一是探索研究行政违法行为监督机制。这是十八届四中全会部署的重要改革任务，是对检察机关法律监督制度的重大完善。近年来，全省检察机关积极探索督促履行职责工作，针对查办职务犯罪案件、办理批捕起诉以及诉讼监督案件过程中，发现行政机关有违法行使职权或不行使职权行为的，以检察建议的方式进行监督，督促行政机关依法履职，取得较好效果，积累了有益经验，也符合十八届四中全会精神。目前，按照中央统一安排，高检院正在制定加强和规范检察机关对在履行职责中发现的行政违法行为进行监督的试点意见，拟于2016年开展试点。在此之前，我们要把主要精力集中在实践总结和理论研究上，深入研究如何准确把握好“履行职责

中发现”这个切入点，如何确定对行政违法行为实行法律监督的范围、方式、程序，如何把握监督的效力等问题，积极提出意见、建议供高检院决策参考。

二是探索研究对行政强制措施的检察监督机制。检察机关对强制措施的监督，主要是通过对行政强制措施引发的行政诉讼活动的监督，以及查办相关职务犯罪来实现。这两种监督方式均具有事后性，加之一些行政强制措施无法进入法院的诉讼程序，检察机关的监督较为薄弱。实践中，违反法定程序、超范围、超时限，乃至滥用行政强制措施的情形时有发生，严重侵犯公民合法权益。按照中央要求，高检院今年进行试点方案研究制定工作，明年开展试点。全省各级院要积极配合，加紧研究对诉讼外行政强制措施检察监督的范围、对象、案件来源、介入时机、程序、方式等问题，做好试点准备工作。

三是加强“两法衔接”和行政领域职务犯罪侦查工作。行政执法和刑事司法衔接、职务犯罪侦查是检察机关加强监督、促进依法行政的重要手段。要进一步加强“两法衔接”信息平台建设，细化案件移送标准和程序，建立确保行政执法案件信息全部上网、涉嫌犯罪案件全部移送的制度机制，大力推进信息平台、案件线索等在行政检察、侦查监督、反贪反渎等部门之间的共用共享，深入开展危害食品药品安全犯罪和破坏环境资源犯罪专项立案监督，严肃查办行政执法、司法领域玩忽职守、滥用职权、贪污受贿等职务犯罪，综合运用各种方式增强行政检察监督实效。

六、切实加强对行政检察工作的组织领导

当前，行政检察工作受到中央、高检院、省委前所未有的重视，面临跨越式发展的历史性机遇。全省各级院党组特别是检察长，一定要认清形势，加强领导，将其列入党组重要议事日程，作为事关中国特色社会主义检察事业长远发展的重大任务来抓，深入研究行政检察工作规律及其重大理论和实践问题，科学谋划工作思路、布局和措施，大力加强组织、人才、经费保障，领导和推动行政检察

工作水平迈上新台阶。

一要高度重视行政检察队伍、机构建设。行政检察工作涉及面广，专业性强，新增职能和改革任务繁重。目前，全省行政检察队伍人员数量、素质能力、组织体系等，与新形势、新任务相比还有较大差距，影响和制约了工作发展。要抓住修改后的行政诉讼法正式实施和公益诉讼试点等改革任务逐步推进的有利时机，争取各方支持，下大气力解决行政检察队伍“量少质弱”的问题。要坚持以“五个过硬”为标准，以司法体制改革为契机，遴选、招录、引进一批政治素质好、业务能力强的优秀人才，尤其要注重从法院、相关行政部门、律师行业吸收专业人才充实行政检察队伍，进一步加强新增职能、专业技能教育培训，采取实训、混合培训、人才交流培养等方式，提高收集审查判断证据、正确适用法律法规、出庭支持抗诉、提出监督纠正意见、做好群众工作的能力。要结合改革，建立健全行政检察机构及办案组织，坚持“两个适当分离”原则，按照精细化分工和对下指导要求，在市级院推进行政检察机构单设，在基层院建立专司行政检察职能的检察官办案组，在符合规律、符合实际的前提下，研究探索必要的职能和力量整合，形成专业平台和管理单元，提高队伍专业化水平。要争取增加开展公益诉讼改革等方面的专门预算，为行政检察工作顺利开展提供充足的经费保障。

二要高度重视基层行政检察工作。随着行政检察职能的拓展和调整，基层院任务不仅没有减轻，反而在增加，特别是同级监督任务越来越重。要澄清和摒弃基层院无所作为的错误认识，进一步调整完善省、市、县三级检察机关工作格局，改变基层院单一提请抗诉的工作模式，将基层工作的重心调整到加强对行政诉讼程序、执行活动监督、探索提起公益诉讼上来，推动行政检察工作全面协调发展。要在司法改革过程中体现重视基层的导向，从员额比例、等级设定、薪酬待遇等方面向基层一线倾斜，促进重心下移、资源下沉、基础稳固。要加强对下指导，有针对性开展分类指导、蹲点指导，总结推广新鲜经验，研究解决重点、难点问题，完善科学考评机制，引导和推动基层行政检察工作转型发展。

三要高度重视行政检察理论研究。行政检察理论研究是检察理论研究的薄弱环节，跟不上当前行政检察事业发展需要。要善于依托检察发展研究中心、中国检察学研究会基础理论专业委员会等平台，善于借助高校、科研院所、社会中介组织的专业优势，强化理论和应用研究，深入研究行政检察工作运行规律，深入研究行政检察监督的性质、原则、程序和手段，以科学理论为指导，不断优化职能配置，完善工作思路，健全工作机制，解决发展过程中遇到的各种问题，支撑行政检察工作在改革中加强、在创新中发展。

做好新形势下行政检察工作责任重大、任务艰巨。我们一定要增强历史使命感和现实紧迫感，以“四个全面”战略布局为统领，改革创新，锐意进取，团结奋斗，努力开创行政检察工作新局面，为全省检察工作全面发展进步、为湖北加快“建成支点、走在前列”作出新的更大贡献。

第十章
检察预防工作

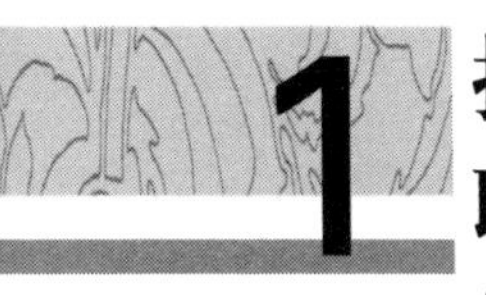

1 把握职能定位，推进检察机关预防职务犯罪工作社会化、专业化、规范化和法制化*

一、统一思想认识，按照“三个更高”要求开创检察机关预防职务犯罪工作新局面

多年来，我省各地检察机关认真贯彻高检院部署，围绕党和国家工作大局，针对新形势下职务犯罪出现的新特点、新动向，加强调查研究，创新预防工作方法，完善预防工作机制，注重预防工作实效，预防工作在探索中成长，在创新中提高，积累了很多有益经验。但是，在发展过程中也出现了一些需要引起我们重视的问题，如有的对检察机关开展预防职务犯罪工作不重视，甚至认为搞预防是不务正业；有的对检察机关如何立足法律监督职能开展预防工作把握不够好，出现一些偏差；有的在预防工作指导思想上游移不定，工作停滞不前，甚至倒退和萎缩；有的开展预防工作的措施和成效与新形势新任务的要求还有较大差距等。回顾预防工作的发展历程，总结预防工作在实践探索中的经验和教训、成功和不足，对我们推动预防工作科学发展具有重要的借鉴意义。

当前，反腐倡廉建设面临新形势、新任务，中央、省委和高检院对预防职务犯罪工作提出了新的更高要求。中央就建立惩治和预防腐败体系制定了《实施纲要》和《工作规划》，省委、高检院出台了《实施办法》，积极推进惩防腐败体系建设，更加注重加强预

* 2009年8月3日敬大力同志在湖北省检察机关预防职务犯罪工作会议上的讲话。

防工作。高检院新一届党组高度重视预防工作，要求把预防职务犯罪放在与查处职务犯罪同等重要的位置，并努力把预防职务犯罪工作纳入反腐败总体格局与惩治和预防体系之中；要从更高起点、更高层次、更高水平上加强职务犯罪预防工作，在惩治和预防腐败体系中发挥更加重要的作用。这充分体现了高检院党组对贯彻中央决策部署、强化预防工作的坚决态度。“三个更高”是我们思考预防工作的方向和动力，是预防工作适应目前形势任务的必然要求。从总体上看，党风廉政建设和反腐败斗争深入开展，腐败现象进一步得到遏制，人民群众的满意程度有所提高。同时，消极腐败现象在一些部门和领域仍然易发多发，呈现不少新情况、新问题，反腐倡廉建设任务繁重而紧迫。党的十六大、十七以来，我国经济社会发展发生深刻变化，党中央确立标本兼治、综合治理、惩防并举、注重预防的反腐倡廉总方针，颁布建立健全惩治和预防腐败体系《实施纲要》和《工作规划》，强调在坚决惩治腐败的同时，更加注重治本，更加注重预防，更加注重制度建设。我们要切实把思想和行动统一到“三个更高”的要求上来，不断增强做好预防工作的政治责任感和紧迫感。

我们要准确把握“三个更高”的要求，推进检察机关预防职务犯罪工作健康深入发展。“三个更高”的核心是科学发展，本质是与时俱进，要义是开创新局面。这就要求我们各级检察机关：一要有更加积极的态度。检察预防工作符合法律、符合规律、符合大局、符合民意、符合理念、符合实际，只能加强，不能削弱。全省检察机关要进一步强化政治意识、大局意识、责任意识和使命意识，切实履行查办和预防职务犯罪的职责。二要有更加明确的方针。全面坚持标本兼治、综合治理、惩防并举、注重预防的反腐倡廉方针，准确把握预防工作的职能定位，立足检察职能搞预防，既要勇于创新、大胆探索，又要规范职权，严守纪律，到位不越位、尽职不越权、参与不干预、帮忙不添乱、服务不代替。三要有更加完善的工作机制。要按照检察工作一体化机制要求，检察机关各部门共同负责、各负其责、互相配合，增强预防职务犯罪整体效能。要进一步

加强与纪检监察、审计及有关行业主管（监管）等部门的协调配合，通过惩治和预防腐败联席会议制度等形式，建立健全检察机关与相关部门惩治和预防腐败工作的协作机制。四要有更加有力的措施。要紧紧围绕党和国家一个时期经济社会发展战略部署和重大措施，根据反腐倡廉建设面临的形势和任务，及时确定和调整工作思路，明确工作重点，综合运用各种预防措施，最大限度遏制和减少职务犯罪。五要有更加突出的实效。检察预防工作要进一步促进有关方面、有关单位完善制度，堵塞漏洞；进一步发挥检察预防工作在全社会总体预防工作中的特殊作用，为深化改革、促进发展、维护稳定、保障民生提供职能服务；进一步取得党委、人大、政府及有关部门的重视和支持；进一步得到人民群众和社会各界的理解、支持和好评。

二、把握职能定位，充分发挥检察机关开展预防职务犯罪工作的职能优势

检察机关的预防工作要有所作为，准确定位是前提。只有定位准，才能方向明、思路清、效果好。我们要把握好以下三个方面：

（一）检察机关要在惩防体系中发挥作用

这是新时期检察机关发挥好反腐败作用的一个关键。中央《工作规划》、省委《实施办法》赋予检察机关的任务要求，集中起来主要有四个方面：一是依法查办职务犯罪案件，也就是特殊预防。要发挥查办职务犯罪的治本作用。查办职务犯罪，是从严治党的重要手段，是反腐倡廉的重要任务，是检察机关的重要职责。全省检察机关要抓住腐败现象易发多发的重点领域、关键环节以及群众反映强烈的突出问题，加大查办案件力度，教育和警示国家工作人员廉洁自律、不犯错误。二是强化对诉讼活动的法律监督工作。全省检察机关和检察人员一定要从政治和大局高度，进一步增强法律监督的意识，对执法不严、司法不公的行为要坚决做到敢于监督、依法监督。三是扎实做好预防职务犯罪工作，也就是一般预防。要针对案件中暴露的苗头性、倾向性问题和薄弱环节，及时提出检察建

议，促进完善制度、堵塞漏洞。要建立预防职务犯罪信息共享机制，完善行贿犯罪档案查询系统，拓展预防工作的领域，提高检察机关预防工作水平。探索开展职务犯罪风险预警工作，深入分析职务犯罪的特点和规律，研究提出预防腐败的工作措施、改革举措和立法建议，增强预防工作的针对性、预见性和实效性。加强反腐倡廉宣传教育，会同有关部门完善反腐倡廉新闻发布制度，广泛开展警示教育活动，积极推动廉政文化建设，促进形成有利于反腐倡廉建设的思想观念、文化氛围、体制条件和法制保证。四是加强检察机关自身反腐倡廉建设。近年来，各级检察机关把加强自身反腐倡廉建设摆在重要位置来抓，取得了明显成效。但是，也要清醒认识检察工作和检察队伍中仍然存在不少问题。我们要以贯彻落实中央《工作规划》和省委、高检院《实施办法》为有利契机和有力抓手，把加强自身反腐倡廉建设摆在重要位置，深入推进检察机关自身反腐倡廉建设。

（二）检察机关要发挥法律监督的预防作用

检察机关进行预防工作，是基于法律监督职能，检察预防工作的职权基础是法律监督。从法律监督的本义看，就包括预防的意义在内，监督就是预防。中央提出了教育、制度和监督并重的预防腐败方针，其中的监督，当然包括检察机关的法律监督。法律监督的目的是通过维护法制，保证和促使公民守法护法，国家工作人员依法行使权力，防止腐败。预防是从源头上遏制和防范职务犯罪的措施，其本质也是促进完善制度、强化管理、加强监督、保证权力运作正当合法。从法律监督的环节看，包括事前、事中和事后监督，是事前防范和事后纠正的有机统一，事前进行监督防止出现问题或者更为严重的问题，实质就是预防。对诉讼活动进行法律监督，就是对执法司法权行使的监督，对预防司法腐败有独特的作用。《湖北省预防职务犯罪条例》第 6 条规定检察机关在职责范围内加强“监督指导”，做好预防职务犯罪工作。这是我省地方法规对检察机关作为法律监督机关，具有预防职务犯罪工作职责的明确表述。因此，加强法律监督职能和加强预防工作是相辅相成的，预防和监督的目

的是一致的，检察机关要注意发挥法律监督职能作用开展预防工作。

（三）检察机关在预防工作中要发挥整体作用

“检察工作一体化”是适应检察工作整体性、统一性要求，强化上级人民检察院对下级人民检察院的领导关系，加强各地检察机关之间的工作协作，增强检察机关各内设机构的职能衔接与制约配合，促进全省检察机关“上下统一、横向协作、内部整合、总体统筹”的检察工作机制。全省检察机关要进一步强化检察工作一体化的观念，充分认识到预防职务犯罪不仅只是预防部门的事，也是整个检察机关的事；坚持把预防职务犯罪与查办案件、强化法律监督更加紧密地结合起来，实现“办理一案、教育一片、治理一方、警示一面”，促进办案法律效果、政治效果和社会效果的有机统一。

三、加强“四化”建设，不断推动预防工作科学发展

社会化、专业化、规范化和法制化是预防工作科学发展的基本要求，是进一步开创预防工作新局面的基本措施。

（一）预防工作社会化

检察机关要依靠人民群众，实行专门预防工作与群众路线相结合。前不久省委转发、省院制定的《关于加强检察机关群众工作的指导意见》，提出了加强检察机关群众工作的总体要求和主要举措。预防工作是面向社会的工作，尤其要广泛联系人民群众，紧紧依靠人民群众，充分运用社会资源，走开放型的预防职务犯罪之路。检察机关要同有关部门、单位紧密配合，共同研究建立健全内部防范机制，做好预防工作；要通过法制宣传、教育等形式，提高全体公民的法律意识，提高公众对职务犯罪危害性的认识，增加对预防职务犯罪的社会认同；要把法律监督与社会监督、舆论监督结合起来，形成开展预防工作的良好社会氛围；要主动联络专业人士参与预防，发挥他们的作用，共同会诊解剖机制、制度和监督管理等方面存在的问题和漏洞，提出可操作有实效的预防职务犯罪对策。

（二）预防工作专业化

检察机关预防工作有很强的专业性，而专业化是检察机关预防

工作之所以存在并发挥作用的根本。我们要结合法律监督和执法办案开展预防工作，如开展预防调查研究、提出预防对策建议，分析管理制度漏洞，协助发案单位堵漏建制，开展预防咨询、宣传和警示教育，建立职务犯罪信息库、开发和管理行贿犯罪档案查询系统并受理社会查询等，这些预防工作有着强烈的检察职业特性，是其他部门不可替代的。这一特点也要求检察机关必须加强预防职务犯罪工作专业化建设，必须努力造就一批检察机关预防工作方面的专家。预防工作人员必须具备相关的专业知识和专门工作能力，还要善于学习和发挥社会各界人士的知识技能专长，使预防工作始终有一个强有力的知识技能后盾和专家支持阵营。

（三）预防工作规范化

规范化是预防工作有序进行和可持续发展的有力保证。首先是要继续健全和完善预防工作的各项规章制度。预防工作的实施要符合规范化的要求，决不能不讲规范。各种脱离职能、违背职能，甚至违法乱纪的现象要坚决禁止和纠正。检察人员必须牢固树立监督者更要接受监督的观念，切实加强对自身的监督制约。我们面向社会做预防工作，就要加强思想政治和纪律作风建设，做到政治坚定、作风优良、纪律严明，自觉提高检察机关预防工作公信力。

（四）预防工作法制化

反腐败要讲法制、靠法制。中央《工作规划》和省委《实施办法》都作出了建立健全防治腐败法律法规，提高反腐倡廉法制化水平的安排。目前，落实预防工作法制化，对于全省检察机关来讲，主要是推动有关地方法规的贯彻落实，并依靠这些地方法规促进预防工作的落实。《湖北省预防职务犯罪条例》是我省加强法制化建设的重要成果，明确了在预防工作中各部门的工作职责，其中确立了检察机关的 7 项工作职责。最近，省人大常委会通过了《关于加强检察机关法律监督工作的决定》，其中规定要发挥检察机关法律监督在预防司法腐败方面的积极作用，预防和减少司法和执法领域的职务犯罪。应该说，我省预防工作的法制化建设在全国是有特色的。我们要切实履行法定的预防职务犯罪职责，落实预防职务犯罪的法

制化要求，努力促进全省预防工作的深入开展。

四、狠抓工作落实，增强工作实效

全省检察机关要认真按照高检院和省委的要求，突出工作重点，强化工作措施，加强组织领导，狠抓工作落实，不断提高预防工作水平和实效。

一要围绕四个重点，加大工作力度。当前，要重点围绕中央、省委推动科学发展重大决策部署的贯彻落实、围绕人民群众反映强烈的突出问题、围绕职务犯罪易发多发领域、围绕惩防腐败体系建设，深入开展相关预防工作。要结合实际，适时组织好区域性、行业性的预防活动，积极向党委政府和相关部门提出对策建议，最大限度地防止和减少职务犯罪，为保障国家重大发展战略的顺利实施和经济社会又好又快发展提供职能服务，在服务大局中充分发挥检察预防工作的职能优势。

二要落实部门责任，加强协作配合。预防部门要加强对预防工作的组织协调、综合规划、规范管理和检查指导，促进预防工作落实，增强预防工作合力。相关业务部门要切实把预防职务犯罪融入到执法办案工作之中，与执法办案任务同部署、同落实、同检查，真正做到两项工作统筹兼顾、相互促进。检察机关各部门要紧密配合，在依法查明犯罪事实和情节，准确适用法律惩治犯罪的同时，注意深入分析和研究职务犯罪的产生原因、作案手段和发展变化规律，有针对性地提出相应的治理对策，预防同类犯罪的发生，提升执法办案的效果。

三要加强组织领导，提供充分保障。各级检察院党组要把预防工作作为一项重要业务工作，列入议事日程，加强统筹规划、组织协调和检查指导，正确把握工作的发展方向，及时解决工作中出现的问题。要高度重视预防队伍建设，不断提高预防工作能力和专业化水平。要高度重视预防工作监督制约，严肃工作纪律，对检察人员在预防工作中滥用职权、谋取私利等违纪违法行为，要坚决查处，绝不姑息。要适应工作发展需要，进一步加强预防专门机构建设和人员配备，加大对预防工作人力、物力和财力投入，为预防工作开展提供充分保障。上级检察院要对下级检察院预防工作加强指导，认真研究带有普遍性、倾向性问题，总结推广预防经验。

四要坚持党委领导，争取党委支持。推进惩治和预防腐败体系建设是一项复杂艰巨的系统工程，是全党全社会的共同任务，必须在党委统一领导下，党政齐抓共管，纪委组织协调，部门各负其责，依靠人民群众支持和参与，统筹推进。检察机关预防职务犯罪工作作为惩治和预防腐败体系的重要组成部分，必须纳入党和国家反腐倡廉建设总体格局，纳入惩治和预防腐败体系建设总体部署，按照反腐败领导体制和工作机制要求，在党委统一领导和部署下开展。要经常向党委汇报工作情况，依靠党委及时解决工作中遇到的重大问题和困难。

2 加强预防工作，促进法律监督*

我国检察机关的职务犯罪预防工作经历了曲折而不平凡的发展过程。20 世纪 80 年代末 90 年代初，检察机关开始探索职务犯罪预防工作。2000 年 8 月，高检院成立职务犯罪预防厅。2000 年 11 月，在全国检察机关第一次预防职务犯罪工作会议上，高检院发布了《关于进一步加强预防职务犯罪工作的决定》，检察机关预防工作逐步广泛深入地开展起来，检察机关的预防工作越来越成为党和国家反腐败格局中的一个重要组成部分。以湖北省人民检察院为例，多年来，湖北省各地检察机关认真贯彻高检院部署，围绕党和国家工作大局，针对新形势下职务犯罪出现的新特点、新动向，加强调查研究，创新预防工作方法，完善预防工作机制，注重预防工作实效，预防工作在探索中成长，在创新中提高，积累了很多有益经验。当然，职务犯罪预防工作在发展过程中也出现一些需要引起我们重视的问题。例如，有人对检察机关开展预防职务犯罪工作不重视，甚至认为搞预防是不务正业；有人对检察机关如何立足法律监督职能、开展预防工作的思路把握不够好，出现一些偏差；有的在预防工作指导思想上游移不定，工作停滞不前，甚至倒退和萎缩；有的开展预防工作的措施和成效与新形势新任务的要求还有较大差距等。总之，回顾预防工作的发展历程，总结预防工作在实践探索中的经验和教训、成功和不足，对于我们推动预防工作科学发展具有重要的借鉴意义。

---

* 《检察风云》2011 年第 6 期刊载敬大力同志访谈。

检察预防工作的职权基础是法律监督，而检察机关进行预防工作，恰恰是在这一法律监督职能的基础上。换句话说，法律监督的本义就包括预防工作在内。中央提出了教育、制度和监督并重的预防腐败方针，其中的监督，当然包括检察机关的法律监督。法律监督的目的是通过维护法制，保证和促使公民守法护法，国家工作人员依法行使权力，防止腐败。预防是从源头上遏制和防范职务犯罪的措施，其本质也是促进完善制度、强化管理、加强监督、保证权力运作正当合法。从法律监督环节看，包括事前、事中和事后监督，是事前防范和事后纠正的有机统一，事前进行监督，防止出现问题或者更为严重的问题，实质就是预防。对诉讼活动进行法律监督，就是对执法司法权行使的监督，它对预防司法腐败有独特的作用。因此，加强法律监督职能和加强预防工作相辅相成，预防和监督的目的是一致的，检察机关要注意发挥法律监督职能作用开展预防工作。

当前反腐倡廉建设面临新形势、新任务，中央、省委和高检院对预防职务犯罪工作提出了新的更高要求。中央就建立惩治和预防腐败体系制定了《实施纲要》和《工作规划》。高检院提出把预防职务犯罪放在与查处职务犯罪同等重要的位置，并努力把预防职务犯罪工作纳入反腐败总体格局与惩治和预防体系之中；要从更高起点、更高层次、更高水平上加强职务犯罪预防工作，在惩治和预防腐败体系中发挥更加重要的作用。这里提到的“更高起点、更高层次、更高水平”，也就是所谓“三个更高”，它是目前我们检察系统思考预防工作的方向和动力，是预防工作适应目前形势任务的必然要求。“三个更高”的核心是科学发展，本质是与时俱进，要义是开创新局面。从总体上看，党风廉政建设和反腐败斗争深入开展，腐败现象进一步得到遏制，人民群众的满意程度有所提高。同时，消极腐败现象在一些部门和领域仍然易发多发，呈现出不少新情况、新问题，反腐倡廉建设任务繁重而紧迫。党的十六大、十七大以来，我国经济社会发展发生深刻变化，党中央确立标本兼治、综合治理、惩防并举、注重预防的反腐倡廉总方针，颁布建立健全惩治和预防

腐败体系《实施纲要》和《工作规划》，强调在坚决惩治腐败的同时，更加注重治本，更加注重预防，更加注重制度建设。我们要切实把思想和行动统一到“三个更高”的要求上来，不断增强做好预防工作的政治责任感和紧迫感。

“三个更高”的核心是科学发展，而预防工作的“四化”，就是要不断推动预防工作的科学发展。具体说来，“四化”即预防工作要做到社会化、专业化、规范化和法制化，这是预防工作科学发展的基本要求，是进一步开创预防工作新局面的基本措施。预防工作要社会化，预防工作是面向社会的工作，所以，应该充分运用社会资源，走开放型的预防职务犯罪之路。检察机关要同有关部门、单位紧密配合，共同研究建立健全内部防范机制，要通过法制宣传、教育等形式，提高全体公民的法律意识，提高公众对职务犯罪危害性的认识，增加对预防职务犯罪的社会认同，要把法律监督与社会监督、舆论监督结合起来，形成开展预防工作的良好社会氛围；同时，检察机关的预防工作又有很强的专业性，而这一专业化恰恰是检察机关预防工作之所以存在并发挥作用的根本。我们要结合法律监督和执法办案开展预防工作，例如，开展预防调查研究、提出预防对策建议，分析管理制度漏洞，协助发案单位堵漏建制等，这些预防工作有着强烈的检察职业特性，是其他部门不可替代的。所以，我们检察机关必须加强预防职务犯罪工作专业化建设，必须努力造就一批检察机关预防工作方面的专家。至于规范化和法制化，这是预防工作有序进行和可持续发展的有力保证。

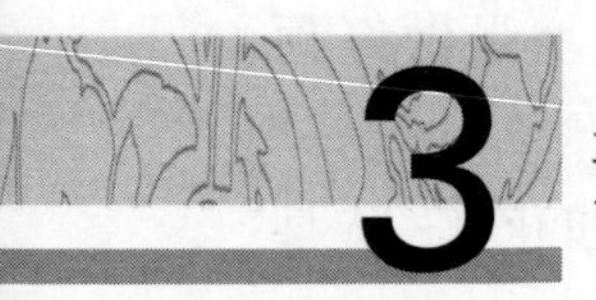

3 预防诉讼违法是法律监督的应有之义*

长期以来，有两种现象应当引起重视：在检察机关法律监督工作中存在只注重纠正而不注重预防诉讼违法的现象；在检察机关预防工作中存在只抓职务犯罪预防，不抓诉讼违法预防的现象。“一手硬、一手软”，限制了诉讼监督的内涵，不利于检察机关法律监督职能的全面发挥。

监督工作最大的意义是为了防止造成危害，预防是监督的应有之义。对于检察机关预防诉讼违法的理论依据：第一，从监督与预防的关系看，两者存在密不可分的重要关系。监督是预防的重要内容，中央提出建立健全惩治和预防腐败体系，做到“教育、制度、监督并重”，预防腐败的监督就包括了检察机关的法律监督。预防是监督的价值目标，预防腐败与预防诉讼违法行为都是法律监督追求的价值目标。最近发布的《国家人权行动计划（2012－2015年）》多处对预防诉讼违法行为作出了规定，如“强化对刑讯逼供的预防和救济措施”、“预防和清理久押不决的案件”、“预防并查处监管场所工作人员体罚、虐待、侮辱等侵犯被羁押人权利的行为”等。第二，从法律监督的实质看，预防违法是法律监督的应有之义。法律监督在基本含义上包含了纠正和预防两个方面，诉讼监督的第一要义应当是对诉讼违法行为、司法腐败行为的预防，纠正是对预防不到位的一种补救，也是对今后发生类似诉讼违法行为的防范。预防

---

* 2012年6月18日敬大力同志在湖北省检察机关预防诉讼违法座谈会上的发言要点。

违法与纠正违法统一于法律监督，纠与防两方面的结合才能达到维护法律统一正确实施的目的。第三，从诉讼监督的内容看，诉讼监督包含事前、事中、事后监督。检察机关的诉讼监督内容既有对错误、违法情况进行事后发现、纠正的补救监督；也有着眼于事前，防止产生错误、违法的预防性监督；还有融补救性监督和预防性监督于一体的综合性监督。对已经发生的问题的事中、事后纠正和对问题尚未发生的事前预防，均为诉讼监督的重要内容。诉讼违法行为一旦发生，就应依法纠正，纠正是预防没到位之后采取的补救措施。要使诉讼监督取得最佳效果，须将三者有机结合起来。

从纠正和预防诉讼违法的实践看，诉讼违法与职务犯罪只有一步之遥，从某种意义上讲预防诉讼违法就是预防职务犯罪。刑讯逼供、违法扣押、超期羁押、妨害权利、吃请收礼、跑风漏气、枉法裁判、以罚代刑、违法关押、插手经济纠纷、违法减假保等诉讼违法问题，是近年来经过反复强调、长期治理，但仍不断反弹、难以根治的“顽症”。解决“顽症”最根本的出路在于预防。这就要求在诉讼监督工作中，要把重点放在落实预防性措施或者说“治本”措施上，研究治本之策，落实“倒逼机制”，促进理性、平和、文明、规范执法。

正是基于理论和现实两方面的迫切需要，使得预防诉讼违法这一命题的提出具有了战略性的重要意义。

第一，预防诉讼违法是治本之要。从源头上预防问题的发生比问题发生以后才去纠正更能体现法律监督的禀赋。针对职务犯罪问题，最初主要是抓查处，后来结合办案搞预防，实践证明防与不防效果大不一样。解决诉讼违法问题，纠正只是治标，防止发生才是治本；现在只讲纠正，最终要讲预防；晚提不如早提。

第二，预防诉讼违法体现了纠与防的“两手抓”。新一轮司法改革以来，尤其是刑事诉讼法修改以后，检察机关诉讼监督的内容越来越多，法律依据越来越充分。检察机关履行诉讼监督职责的目的在于保障诉讼活动的合法进行，共同维护司法权威。在履行诉讼监督职能过程中，如果还是只有“纠”的这一手，诉讼监督的效果会大打折扣；而注重“防”的这一手，更容易为被监督者所接受，诉讼监督的效果会更好，也有利于解决现实存在的“一手硬、一手软”现象，做到“两手抓、两手硬、两手协调”。

第三，有利于构建检察机关法律监督工作完整体系。这些年来，湖北检察机关持续推进工作机制建设，先后推出检察工作一体化机制、“两个适当分离”工作机制、法律监督调查机制、检察机关与相关政法部门监督制约与协调配合机制、规范执法“倒逼机制”、行政执法与刑事司法衔接工作机制、检察机关群众工作机制等。这些工作机制有力地促进了法律监督工作。现在提预防诉讼违法工作，使诉讼监督工作内容更加全面，诉讼监督手段更加健全，从而使法律监督工作的整个体系更加完善。

第四，有利于法律监督工作与有关政法机关自身建设的良性互动。检察机关通过与有关政法机关共同对诉讼违法苗头性、倾向性问题开展调查分析，结合诉讼监督工作进行警示教育，推动有关政法机关堵漏建制，纠、防诉讼违法。这样的工作机制，使得检察机关履行诉讼监督职责与有关政法机关自身建设有效衔接、结合，良性循环、相得益彰。

“纠防并举”是预防诉讼违法的现实选择。“纠防并举”是“标本兼治、综合治理、惩防并举、注重预防”反腐倡廉战略方针在诉讼监督工作中的具体化，能够鲜明、深刻、完整地反映检察机关诉讼监督的根本性质和基本内容、基本途径、基本形式。查办职务犯罪和预防职务犯罪统一于法律监督职能之中，这叫“惩防并举”；纠正诉讼违法和预防诉讼违法统一于法律监督职能之中，则为“纠防并举”。演绎查办职务犯罪和预防职务犯罪的工作方针——“惩防并举”来表达我们纠正诉讼违法和预防诉讼违法的工作方针——“纠防并举”，有利于大家对诉讼监督工作方针的理解和把握，有利于统一诉讼监督工作的指导思想和指导工作。

纠防并举是强化诉讼法律监督的必由之路，诉讼监督工作应该贯彻“纠防并举”的方针，建立诉讼监督的长效机制。个案的纠只是个案的，要建立长效机制与防范措施则要通过长远性的措施，理

顺长远的工作关系，建立起长远性的制度，才能使检察机关诉讼监督工作更到位，更有力度，也更具有长效性，更能体现检察机关的法律监督职能。有同志提出，能不能讲“纠防并举，预防为主”？诉讼监督工作从目前情况来看，重点主要在纠这一头，预防怎么做，还只是摸索，现在还不急于提“预防为主”，将来即使提出“预防为主”原则，也有一个适度问题，就是在一定的范围内依法有限进行预防工作。

预防诉讼违法应当从如下方面入手：一要进一步丰富诉讼监督的内涵，在诉讼监督的内容上更多地考虑落实预防性监督措施，形成检察机关各相关内设机构各负其责落实预防性监督措施的合力。二要进一步扩展预防内容，把预防职务犯罪和预防诉讼违法行为紧密结合起来。三要进一步探索预防性监督的措施和手段。

事前防范性措施主要有：一是审查审批性措施。例如，在办理减假保案件的程序中，检察机关不签字、不审批就进入不了下一个程序，这就是事前审查的防范性措施。二是提示预警性措施。例如，预防超期羁押，在羁押期满临近时及时提示、预警，防止羁押超期。三是治理对策性措施。例如，结合执法办案，针对诉讼违法行为发生的原因和隐患，尤其是某一类型的问题，向有关部门、单位提出治理防范、堵漏建制的检察建议。四是信息技术性措施。建立信息共享平台，通过技术手段预防诉讼违法。湖北检察机关在全省 130 个检察院办案区安装了视频监控系统，也属于此类技术性措施。五是同步监督性措施。例如，监所检察部门推进派驻检察室与监管场所信息联网和监控联网、派驻检察室的检察专线网支线建设等“两网一线”建设，对监管执法活动进行动态监督，及时了解各种监管执法信息。六是警示教育性措施。结合诉讼监督工作进行警示教育。七是制度规范性措施。结合诉讼监督工作有针对性促进有关单位健全相关制度。八是预防调查性措施。检察机关与有关政法机关围绕诉讼违法行为发生的原因、条件，以及体制、机制、制度和管理上的漏洞，采取统计、问卷、座谈、访问、实地考察等方法，进行实证研究，综合分析，提出预防对策。九是协作配合性措施。检察机关要进一步加强与政法机关协作配合与监督制约，形成预防诉讼违法的合力。检察机关与有关政法机关，在纠正诉讼违法这一点上是监督制约关系，在预防诉讼违法这一点上，是协作配合关系。预防诉讼违法主要靠有关政法机关自主组织开展，检察机关通过诉讼监督工作推动有关政法机关开展。

预防诉讼违法是检察机关进一步健全法律监督工作机制的需要，应当加强理论研究和实践探索，争取破题。检察机关要立足法律监督职能搞预防，正因为把法律监督作为职权基础，检察机关开展预防诉讼违法工作能够发挥其他国家机关和部门不可替代的作用。

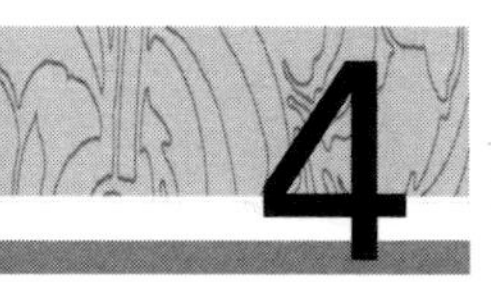

4 整合三项预防职能，拓展预防专业化*

湖北检察机关开展预防工作，从整体上说是与全国同步的，同时有一些新的探索。如果说，预防的社会化，更多的是体现辐射的成效，那预防的专业化，则是检察职能的集中体现。作为法律监督机关，要体现预防执法的技术含量、专业水平，需要构建呈现检察特性的资源平台与操作标准，通过更高级别的专业化服务来满足社会化需求。预防专业化，就本质而言，就是更精准的职业化，这是建立在一套完整关联的规范程序上的流水作业。去年，我们提出实施整合预防刑事犯罪、职务犯罪、诉讼违法三项职能，简称“三项整合”，这是相对于党纪、政纪条线开展预防犯罪的检察作业面，我们对内部各执法工种的流程、资源和终端输出进行了一体化的整合，其目的是打破部门分隔，消除业务鸿沟，减少监督盲区、死角，实现高效、高质的多方位预防成果。

整合检察机关预防职务犯罪、预防刑事犯罪、预防诉讼违法三项职能，是基于当下和将来的发展式命题。对诉讼违法的预防，过去很少有人关注，现在我们在纠正的同时进行积极预防，取得了比较好的社会效果。有些诉讼违法行为，虽然还未达到犯罪，而且还有法院自纠，然而这毕竟是可能引发犯罪的早期信号，需要我们去主动规制防范，因为这是法律赋予检察机关的职责。除了依法查处，从监督机关的职能和专门机关的专业出发，我们还应该表明态度，

---

* 《检察风云——预防职务犯罪专刊》2013 年第 2 期刊载敬大力同志访谈。

诉讼违法与职务犯罪也仅是一步之遥，我们既要划清违法与犯罪的界限，也要充分估计司法腐败发端前的“亚健康”环境诱因。只有明确了监督之要义，才能把法律监督的出发点真正落在防范上，以防范为开展职能工作的指导思想，做到“纠防并举”，检察机关的预防专业化建设，才会有发展空间和前景。

预防专业化，职能要延伸。如今的预防，在构建社会化的大格局下，更要有自己的表达：(1) 法律监督的定位和性质，决定了预防的职权基础。脱离职能、职业和规范化就谈不上专业化，如果预防不专业，不知道职能基础的落脚点是什么，抓不到点子，甚至有的工作开展只图形式热热闹闹，实是不伦不类，这早晚要被取代。检察预防是法律监督的应有之义，是灵魂，也是监督的主导。(2) 检察预防，不能仅限于职务犯罪预防。预防职能“三项整合”，相互衔接、联系，才能充分用足各业务工种的专业资源和力量，在紧密的配合中形成合力干大事、多干事、干成事。检察预防从职能出发，不要人为局限于职务犯罪或其他某些方面。因为检察预防不只是哪一家的事，所以必须整合，必须齐头并进搞预防。(3) 以专业化促一体化。理解了检察预防是各部门共同的职责后，要树立监督就是预防的观念，围绕惩防建设搞惩防一体化，反贪、反渎和诉讼监督各部门都要联手防司法腐败，这点恰恰是其他部门无法取代的。2009 年我省推出了预防协调制度，用湖北话说，就是内部一体化，外部社会化。为三项整合规划布局，体现预防专业化，才能让我们的检察工作有崭新的面貌。这是一种新的境界，如达到了，就不仅是职务犯罪预防，而是真正的大预防，不仅能预防犯罪，还能预防违法，能作为的空间更大。

关于抓职务犯罪预防，眼界要开阔，不仅针对央企、国企，还覆盖非公企业。问题是，打击没少，腐败尤烈，这说明现有惩防体系建设还没发挥应有作用，还必须进一步深化建设，要搞“倒逼机制”，因为仅仅停留在可有可无的一般上上课，发发建议，吓唬不了人。预防，就是要针对人性之恶，对恶人用恶办法，制定铁的制度，用现在的热词“把权力关进笼子里。”我想，这还不够。将来要通

过更完善的法律、制度和规范的专业预防，把权力放进玻璃罩，发挥“倒逼机制”的作用，真正让公权力在阳光下透明运行。现在，我们开展自查自防，如在办案区，设隔离区、双通道和视频监控，让犯罪嫌疑人与我们的办案人员保持必要的距离和监控，通过有形的物理措施，防止了肢体的接触，你想打都不成，避免刑讯逼供、暴力取证的发生。这是很重要的预防，因为直接关乎执法领域职务犯罪的少发生、零发生。作为省级院的预防部门，主要工作就是要有效组织、指导、协调基层开展业务，只有事多了、活饱满，才能更贴近职能、更有发言权。只有结合监督搞预防，才能显现独特性、专门性。职务犯罪预防要有检察特色，刑事违法犯罪预防也有检察特色，诉讼预防也是如此。

预防专业化，关键是实做、做实。这个实就是要体现专业性，要有清晰的思路，明确的标准。检察预防工作从提出到专门设部门开展都有十几年了，不能老是停留在一般的摸索、探讨上。实践证明有用、管用、好用的东西，要尽快用标准化固定，下任务推进，高标准评估。如行贿档案查询，不能单纯停留在检察服务层面，而应尽快与社会诚信体系设计、行业准入门槛等并轨对接，这样才有大作用。总之，预防不是虚功虚招，要有实际的操作性，只有搞实了，才能充分体现专属自己的专业性，尽快摆脱漂移不定，使检察预防早日成熟化、定型化。再回到“三项整合”话题，说透了就是专业化要解决的问题。

第十一章
司法和监督工作规范化及自身监督制约

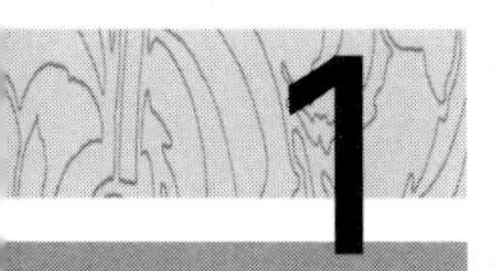

1 加强自身监督制约，开展三个专项治理*

这次全省检察机关纪检监察会议的主要任务就是学习贯彻全国检察机关纪检监察工作会议、省纪委第十次全体（扩大）会议精神，总结 2005 年全省检察机关纪检监察工作，安排 2006 年工作，部署在全省检察机关开展“三个专项治理”活动。

深入推进反腐倡廉工作，是加强党的执政能力建设，全面推进党的建设新的伟大工程的客观需要；是全面落实科学发展观，构建社会主义和谐社会的重要保证；是发展社会主义民主政治，加强社会主义政治文明建设的必然要求。检察机关是国家法律监督机关，肩负着维护社会公平正义，保证国家法律统一正确实施的重大职责，切实搞好自身反腐倡廉工作，具有极端重要性。当前，我国经济持续发展，社会全面进步，但也正处在对敌斗争的复杂期、刑事犯罪的高发期和人民内部矛盾的凸显期，反腐倡廉工作面临的形势依然严峻，腐蚀与反腐蚀的斗争相当尖锐。全省检察机关各级领导和全体同志要进一步增强做好检察机关反腐倡廉工作的使命感、责任感和紧迫感，始终把反腐倡廉作为事关检察工作和队伍建设全局的一件大事来抓，一丝一毫都不能放松。

一、认真学习和贯彻党章，坚定理想信念，建设过硬队伍

党章是把握党的正确政治方向的根本准则，是坚持从严治党方针的根本依据，是加强党性修养的根本标准，是规范和制约全党行

* 2006 年 3 月 1 日敬大力同志在湖北省检察机关纪检监察工作会议暨开展“三个专项治理”活动动员会上的讲话。

为的总章程。检察机关是党领导下的国家法律监督机关，检察队伍是一支以共产党员为主体的队伍。全省检察机关广大党员干部要切实增强学习贯彻党章的自觉性和坚定性，通过把党章学习好、遵守好、贯彻好、维护好，有力推动检察机关党风廉政建设和反腐倡廉工作，有力推动法律监督能力建设和检察队伍建设。

第一，要坚定理想信念，加强党性锻炼。崇高的理想、坚定的信念，是共产党人的安身立命之本，是推动党和人民事业前进的力量源泉。越是深化改革、扩大开放，越是发展社会主义市场经济，越是要加强党性锻炼、坚定理想信念，在日益复杂的环境中站稳政治立场、把准政治方向。全省检察机关要把认真学习党章，深入学习邓小平理论、“三个代表”重要思想和科学发展观作为思想政治教育的重要内容，使每一名党员检察干部尤其是领导干部都能掌握和运用辩证唯物主义和历史唯物主义的强大思想武器。要把学习党章与实践锻炼相结合，积极引导党员检察干部把坚定的理想信念和党性修养化作建设社会主义和谐社会、全面建设小康社会的实际行动，化作努力加强和改进检察工作的实际行动；积极引导党员检察干部认真对照党章要求，认真对照新时期党员保持先进性的基本要求，努力解决在思想、组织、作风以及工作方面存在的突出问题。要把加强学习贯彻党章与职业道德教育相结合，大力弘扬“忠诚、公正、清廉、严明”的检察职业道德，正确行使好党和人民赋予的检察权，自觉严格、公正、文明执法，保持人民检察官的政治本色和良好形象。要把学习贯彻党章与开展社会主义法治理念教育相结合，教育引导全体检察干警深刻认识社会主义民主法治的本质特征和优越性，坚持“执法公正、一心为民”的政法工作指导方针，牢固树立立检为公、执法为民的执法观，牢固树立崇尚法律、司法公正、保障人权、法制统一、法律平等、司法效率、程序正义、司法公开、司法文明等社会主义法治理念。

第二，要严格遵守和执行党的纪律。党的纪律是党的生命，是全党意志的体现，是党的各级组织和全体党员必须遵守的行为准则。在党的纪律中，政治纪律是最重要的纪律，是党的全部纪律的基础，

是路线、方针、政策得到贯彻落实的根本保证。全省检察机关党员干部严格遵守党的纪律，最首要、最核心的是要严格遵守和执行党的政治纪律，自觉维护党的基本理论、基本纲领和基本路线。要认真贯彻前不久下发的中共中央《关于加强和改进党对政法工作领导的意见》，自觉接受党的领导，坚决在政治上思想上行动上始终同党中央保持高度一致。决不允许检察机关任何党员干部和检察人员在群众中散布违背党的理论和路线方针政策的意见，决不允许公开发表同中央的决定相违背的言论，决不允许对中央、省委、高检院的决策部署阳奉阴违，决不允许以任何形式泄露党和国家的秘密，决不允许传播政治谣言。同时，要认真遵守检察纪律，严格依法办事，做到检令畅通，令行禁止，确保检察工作健康发展。

第三，要坚持对检察队伍严格要求、严格管理、严格监督。要按照党章的规定，认真履行对党员干部严格要求、严格管理、严格监督的职责，通过加强检察机关党的建设带动检察队伍建设。综合运用教育、管理、监督等多种手段，逐步构建一整套检察廉政体系，把全体检察干警的行为置于有效的监督管理之下，最大限度地遏制违法违纪问题的发生。要重点加强对领导班子和领导干部的监督。各级检察院领导班子要健全党的政治生活，严格执行民主集中制，有效防范权力失控、决策失误、行为失范。班子成员要加强互相监督，坚持讲党性、讲原则、讲大局，开展健康的批评和自我批评，努力形成浓厚的监督氛围。领导干部自身要加强党性修养，增强接受监督的意识，严格依法办事，做公正执法、廉洁执法的表率。要加强对干部选拔任用工作的监督。认真落实党政领导干部选拔任用工作条例，切实加强推荐、提名、考察考核、讨论决定等各个环节的监督。凡选拔任用干部，必须事先征求纪检监察部门的意见，否则不得提交党组会讨论决定。纪检监察部门要切实加强监督，严肃组织纪律，坚决防止和纠正跑官要官、买官卖官等用人上的不正之风。

二、坚持惩防并举，强化监督制约，推进源头治理

建立健全监督制约机制，加大源头治理力度，是反腐倡廉工作深入发展的必然趋势和要求，也是反腐倡廉工作与时俱进的具体体现。全省检察机关要高度重视制度建设，尤其是要注重依靠改革创新来完善监督制约制度、创新监督制约机制，同时，要认真总结提炼各地在检察实践中创造的新鲜经验，推进检察机关党风廉政建设和反腐倡廉工作。关于如何创新检察工作机制，全省检察长会议提出了许多新的举措，落实好这些措施既对提高法律监督能力、规范执法行为具有重要意义，也对加强检察干警和执法活动的监督制约、推进从源头防治自身腐败具有重要意义。

第一，要加强对执法办案活动的监督制约。针对检察机关的职能、性质、特点和行使检察权中易发、多发和可能发生问题的环节，尤其是反贪、渎检、公诉、侦查监督等重点执法环节和部位，把执法办案监督列入源头治理腐败的重要内容，强化对执法办案的全程监督制约，确保检察权沿着法治化和制度化的轨道运行。一是要结合执法检查加强监督。既对个案抽样检查，也对重点案件全程检查；既对执法办案程序检查，也对办案关键环节实施专项检查。通过执法检查，及时发现制度漏洞，发现工作薄弱环节，发现涉嫌违纪的苗头性问题，采取有针对性的措施，把问题解决在萌芽状态。二是要认真落实"一案三卡"、流程监督、网上监督、跟踪监督等行之有效的制度，积极探索适应检察工作特点的监督制约机制，保证办案活动进行到哪里，监督工作就延伸到哪里。要积极推行检务督察制度，建立以纠正违法办案、保证办案质量为中心的检务督察制度，对检察机关立案、侦查、审查逮捕、审查起诉、出庭公诉等各个环节进行跟踪监督，形成统一、全程、严密、高效的执法监督体系。三是要进一步深化规范执法行为活动，逐步完善执法规范体系，做到用制度管权、用制度管事、用制度管人，切实把执法活动纳入制度的有效规范之中。四是要认真监督检查讯问犯罪嫌疑人全程同步录音录像等改革措施的落实情况，督促业务部门以推行改革为契机，

规范执法行为，提高执法水平，尊重保障人权，有效预防和减少执法办案中的违纪违法问题。

第二，要加强上级检察院对下级检察院的监督制约。结合推进办案一体化机制建设和探索“检察工作一体化”机制，进一步加强上级院对下级院的领导，加强上级院对下级院领导班子及其成员的管理监督，保证检令畅通。建立健全领导干部交流制度、政治轮训制度、重大事项报告制度、诫勉谈话和函询制度、领导干部任前廉政谈话制度等。认真落实巡视制度，今年省院将组织几个专门巡视组，到有关地方进行巡视。逐步实行下级院每半年向上级院报告一次工作的制度、下级院检察长到上级院述职述廉制度。认真落实查办职务犯罪报备、报批等制度，加强上级院对执法办案工作的领导和监督制约。

第三，要加强接受外部监督的工作。牢固树立法律监督机关也要自觉接受监督的观念，认真做好接受人大监督、政协监督、社会监督与新闻舆论监督等外部监督工作，保障检察权的正确行使。要深化人民监督员制度试点工作，在确保“三类”案件无一例外地进入监督程序的同时，积极探索对“五种情形”的监督，通过真心诚意地接受监督，确保人民监督员独立、充分地履行监督职责，依靠人民监督员的监督来防范和解决执法办案中存在的突出问题，促进办案质量、执法水平、执法效果的进一步提高。要大力推行检务公开，把检务公开作为反腐倡廉的一项基础性工作来抓，改进检务公开的方式方法，拓宽检务公开的覆盖面，进一步明确和规范检务公开的内容、形式、程序以及监督保障措施，依照法律法规的规定，公开执法依据、执法权限、执法程序、执法纪律和执法结果，自觉接受社会监督和群众监督。要全面实行当事人权利义务告知制度，进一步完善律师会见犯罪嫌疑人以及在侦查、审查逮捕、审查起诉过程中听取当事人及其委托人意见的程序，推行犯罪嫌疑人约见检察官控告违法行为的制度。

第四，要坚持从严治检，依法依纪查办违法违纪案件。以查办检察机关领导干部违反“六个严禁”的案件为重点，严肃查办领导干部滥用职权、贪污贿赂的案件，利用司法权谋取私利的案件，为黑恶势力充当“保护伞”的案件，违法违规办案侵犯当事人合法权益的案件。对已经发生的各种违法违纪案件，要严肃查处，决不能搞瞒案不报、压案不查，更不能袒护迁就，酿成大错。

三、开展专项治理，规范执法行为，提高执法水平

根据全国检察机关纪检监察会议关于开展纠风专项治理工作的部署，结合湖北实际，省院决定在全省检察机关组织开展“三个专项治理”活动。一是开展对受利益驱动违法违规办案的专项治理，坚决纠正乱查封、乱扣押、乱罚款、乱追赃、乱上缴、乱拉赞助，违反规定占用发案单位的交通、通讯工具或者到涉案单位报销费用，越权办案、违法插手经济纠纷等问题；二是开展对不文明办案的问题专项治理，坚决纠正对被调查对象、犯罪嫌疑人刑讯逼供、暴力取证、非法拘禁、滥用强制措施或者变相体罚等侵犯当事人人身权利的问题，对群众颐指气使，对申诉人冷硬横推等特权思想、霸道作风以及滥用检察职权损害群众利益的问题；三是开展对办案安全隐患的专项治理，坚决纠正思想认识不到位、安全防范设施不健全、办案区管理不规范、安全防范制度不落实、不按规定执行羁押等办案安全隐患问题。开展“三个专项治理”，是我省检察机关全面落实科学发展观，按照构建社会主义和谐社会的要求加强和改进检察工作的重要举措；是落实“执法公正、一心为民”的政法工作指导方针，深入实践检察工作主题和总体要求的重要举措；是进一步深化规范执法行为活动，推进执法规范化建设，提高法律监督能力和执法水平，确保严格公正文明执法的重要举措；也是维护社会稳定，实现公平正义，保证法律的统一正确实施，顺利实施“十一五”规划、建设和谐湖北创造良好的社会环境和法治环境的实际行动。

全省检察机关要把思想统一到高检院、省院的部署上来，充分认识当前开展“三个专项治理”的重要性和必要性，按照省院实施方案的要求，认真组织开展专项治理，务求实效。一是组织领导要到位。省院成立“三个专项治理”活动领导小组，下设办公室负责

组织、推动、指导、督察等具体实施工作。各级院也要专门成立相应的组织机构，确保专项治理活动的有效顺利开展。各级院检察长要负总责，作为“一把手”工程立查立改；其他领导按照职责分工负责，各职能部门主要负责人作为本部门的直接责任人具体负责，纪检监察部门统一组织协调。二是查摆整改要到位。要采取自查、请人民监督员参与检查、向社会公布举报电话、走访发案单位或案件当事人等多种形式，广泛听取社会各界和人民群众的意见，切实把问题找准。对问题要认真梳理和分析，深入剖析成因，提出治理对策，并区别不同情况切实进行整改。要针对容易发生问题的重点部位和薄弱环节，建立健全规范执法行为的规章制度。三是督促检查要到位。上级院要加强对专项治理活动的指导、督促和检查，及时总结推广好的经验做法，发现纠正存在的问题，尤其是要及时纠正对专项治理工作重视不够，抓得不力，前紧后松的问题，决不能让专项治理工作走了过场或者半途而废。上下级院之间要加强沟通，对检查中遇到的重大问题，要及时向上级院报告。要注重充分发挥人民监督员对“三个专项治理”活动的全程监督作用。四是责任落实要到位。各地要严格按照省院的要求开展治理活动，对弄虚作假，拒不纠正违规问题的，发现一起严肃查处一起；对领导不重视，不认真组织开展专项治理活动而发生严重问题的，要严肃追究有关领导干部的责任；对在专项治理活动期间发生违规违纪问题的，要从严处理。

四、强化领导责任，狠抓督促落实，保障反腐倡廉各项工作任务的完成

第一，认真执行党风廉政建设责任制。党风廉政建设责任制是深入推进党风廉政建设和自身反腐败工作的重要制度保障。落实党风廉政建设责任制，党组统一领导是核心，各部门齐抓共管是关键，纪检监察部门加强监督是保证。党组要对职责范围内的党风廉政建设工作切实担负起全面领导责任，旗帜鲜明地支持纪检监察部门开展工作，做他们的坚强后盾。领导班子的正职要对党风廉政建设和

自身反腐败工作负总责，重大问题要亲自过问；领导班子其他成员和部门负责人要抓好分管部门、本部门的反腐倡廉工作，对职责范围内的党风廉政建设负直接领导责任。落实责任制，一要抓好责任分解，明确责任主体。要把反腐倡廉的任务分解到相关职能部门，提出贯彻落实的目标和要求。二要抓好责任考核，做到功过分明。纪检监察部门要会同政工部门，对所辖地区和部门的领导班子及其成员执行责任制情况进行考核，考核结果要作为业绩评定、奖励惩处、选拔任用的重要依据。三要抓好责任追究，严格执行纪律。在查处直接责任人的同时，必须追究有关领导的责任。纪检监察部门要把责任追究作为关键环节来抓，运用组织处理和纪律处分手段实施责任追究，维护责任制的严肃性。

第二，狠抓落实，确保各项部署和制度见到实效。各项工作都贵在落实。对于纪检监察工作来说，这一点尤为重要。前面提到，在党风廉政建设方面，省院每年都作出了部署，制定了一些制度。但不可否认，这些部署和制度在一些地方和部门还没有很好落实，有的甚至不闻不问，我行我素，所以就会发生涉案人员自杀、检察人员违法违纪等严重问题。部署和制度不落实，有关单位和部门有责任，纪检监察部门也有责任。各级检察机关纪检监察部门一定要增强抓落实的意识，提高抓落实的能力，加强对反腐倡廉工作部署和制度贯彻落实情况的监督检查，特别是要适应新的形势和任务，认真研究如何通过发挥职能作用，推动科学发展观在检察工作中的全面落实，防止和克服违背科学发展观现象的发生，努力从思想、作风和纪律上为检察机关更好地贯彻检察工作主题和总体要求，更好地服务于发展这个第一要务，更好地实现检察工作的全面健康发展，提供有力的政治和纪律保障。

第三，切实加强纪检监察队伍自身建设。检察机关纪检监察部门担负着内部监督职责，工作性质决定了纪检监察干部必须具有较高的政治素质和业务素质，加强队伍的自身建设非常重要。要按照高检院、省院的要求，健全纪检监察部门的机构设置，配备政治素质强、懂检察业务、作风过硬的干部从事纪检监察工作。要进一步

加强思想政治建设，纪检监察干部要始终保持政治上的清醒和坚定，始终保持做好工作的强烈政治责任感和使命感。要进一步加强业务建设，认真学习纪检监察业务和经济、法律、金融、科技等方面的知识，加大业务培训的力度，不断提高业务能力和专业化水平。要进一步加强作风建设，坚持求真务实，说实话，办实事，求实效，埋头苦干，扎实工作；坚持清正廉洁，在执法执纪中公正无私、刚直不阿、不徇私情、敢于碰硬。纪检监察干部要从严要求自己，带头模范地遵守宪法和法律，严格执行党的纪律和检察纪律，自觉接受监督，切实履行好党和人民赋予的职责。对纪检监察干部，要在政治上信任重用他们，在工作上支持帮助他们，在生活上关心爱护他们，为他们充分发挥作用创造良好的环境和条件。

2 积极推行检务督察工作，进一步健全和完善检察机关自身执法活动的监督制约体系*

一、认真贯彻中央、省委和高检院的部署，扎实推进检察机关反腐倡廉建设

党的十七大为党和国家的发展描绘了宏伟蓝图，为检察工作指明了前进方向，也对深入开展反腐倡廉建设和反腐败斗争提出了新的更高要求。十七大报告深刻指出，坚决惩治和有效预防腐败，关系人心向背和党的生死存亡，是党必须始终抓好的重大政治任务，强调要把反腐倡廉建设放在更加突出的位置，坚持标本兼治、综合治理、惩防并举、注重预防的方针，扎实推进惩治和预防腐败体系建设，在坚决惩治腐败的同时更加注重治本，更加注重预防，更加注重制度建设，拓展从源头上防治腐败工作领域。中央纪委二次全会对当前和今后一个时期党风廉政建设和反腐败斗争作出了重大部署，进一步明确了反腐倡廉建设的指导思想、基本要求、工作原则和主要任务。高检院要求检察机关认真贯彻反腐倡廉建设新要求，做到五个统一，即把加强教育与完善制度统一起来、把查处违法违纪人员与加强预防统一起来、把廉洁自律与加强监督统一起来、把严管与厚爱统一起来、把继承与创新统一起来。全省检察机关要认真学习十七大精神以及中央纪委二次全会精神，切实按照全国检察机关纪检监察工作会议和第十二次全省检察工作会议的要求，紧紧

* 2008 年 2 月 28 日敬大力同志在湖北省检察机关纪检监察工作暨检务督察工作会议上的讲话。

抓住业务工作与队伍建设相关联的突出问题，找准反腐倡廉建设的切入点和结合点，使检察机关反腐倡廉建设更加富有成效。

去年以来，全省检察机关在反腐倡廉建设方面做了大量工作，取得了新的成效。一些群众反映强烈的问题得到进一步解决，检察人员违法违纪比例持续保持在2‰以内，队伍整体形象明显改观。在看到成绩的同时，也要清醒看到存在的问题。检察机关反腐倡廉建设任务仍然十分艰巨，决不能盲目乐观、麻痹松懈、掉以轻心。全省检察机关特别是领导干部一定要充分认识反腐倡廉建设的重要性和紧迫性，进一步增强政治意识、责任意识和忧患意识，以十七大精神为指引，以完善具有检察特点的惩治和预防腐败体系为重点，扎实推进全省检察机关反腐倡廉建设。

（一）抓基础，加强反腐倡廉教育和廉政文化建设

从源头上预防和治理腐败，教育是基础。要充分发挥教育的基础性作用，认真解决廉洁从检方面存在的问题，促使党员干部做到为民、务实、清廉。要坚持不懈地加强理想信念、党风党纪、廉洁从检、艰苦奋斗教育，深化社会主义法治理念教育和检察工作主题教育，进一步夯实反腐倡廉的思想道德基础。要改进教育方式方法，善于运用正反两方面的典型和现代科技手段，增强教育说服力和感染力，提高教育的针对性和有效性。要按照党的十七大的要求，加强廉政文化建设，积极开展丰富多彩的廉政文化创建活动。廉政文化建设是反腐倡廉教育的自然延伸和扩展，同时也是对其有益的补充和有力的支撑，对于形成崇尚廉洁反对腐败的氛围，增强党员干部反腐倡廉教育的效果，建立健全教育长效机制，推进以建立健全惩治和预防腐败体系为重点的反腐倡廉建设，有着十分重大的意义。检察机关要针对检察工作特点，利用检察工作有利资源，积极开展廉政文化建设。在反腐倡廉教育和廉政文化建设中，要突出教育重点，活跃教育形式，组织开展观看警示教育片、传唱廉政歌曲、书写廉政文章、组织廉政演讲、开展廉政讲座等活动，注重造声势，营造氛围熏陶人；注重针对性，形式多样启发人；注重日常化，潜移默化警示人，努力构筑党员干部拒腐防变的思想道德防线。

（二）抓关键，强化对检察领导干部的监督管理

加强对权力的制约和监督，是惩治和预防腐败的关键。强化对领导干部的监督管理，既是对他们的严格要求，也是对他们的关心爱护。从检察机关执法活动特点看，办案中一些重要环节的决定权主要掌握在各级领导手中，加上人、财、物权，领导干部的权力相对集中，容易成为拉拢腐蚀的重点对象。因此，加强对领导干部的监督管理很有必要。要进一步健全和完善对领导干部的监督、管理和考核制度，探索建立检察机关领导干部廉政档案制度。进一步健全和完善巡视制度，坚持把工作的落脚点放在解决问题上，对存在的苗头性、倾向性问题早提醒、早反映、早制止，达到预防效果，对巡视发现的腐败问题要依法依纪予以查处，达到惩治效果。要继续落实上级院负责人与下级院负责人谈话、上级院派员参加下级院党组民主生活会、述职述廉、领导干部个人有关事项报告等规定，把监督贯穿于领导干部行使权力的全过程。领导干部要增强接受监督意识，自觉接受上级检察机关的监督，自觉接受班子内部监督，自觉接受群众监督。

（三）抓根本，加强检察机关反腐倡廉制度建设

推进反腐倡廉工作，制度建设是根本。要把制度建设贯穿于反腐倡廉建设的始终，坚持用制度管权、管事、管人。如何从制度上堵塞漏洞、预防腐败，我们过去做了很大努力，出台了一系列管用的制度措施。在今后工作中，要根据检察工作需要和结合湖北实际，继续加强反腐倡廉制度建设，同时认真抓好制度的贯彻落实。这里，我重点强调党风廉政建设责任制落实问题。党风廉政建设责任制是我们党反腐倡廉工作实践的法宝，是确保党风廉政建设落到实处的根本机制。从全省检察机关党风廉政建设责任制落实情况来看，整体是好的，抓得是有成效的，但少数单位仍然存在认识不到位、思想不到位、工作不到位问题，对此我们一定要高度重视，坚决纠正。各级院检察长作为党风廉政建设的“第一责任人”，要主动承担起领导和组织的责任，切实对本单位的党风廉政建设负总责，管住班子，带好队伍。“一把手”要坚持做到“两手抓、两手硬”，防止和

克服“一手硬、一手软”现象。要严格落实“一岗双责”，切实将反腐倡廉建设与检察机关执法办案工作捆在一起，真正做到目标同向，工作同步，责任同负。在落实党风廉政建设责任制工作中，领导干部要发挥表率作用，要自身过硬，才能对腐败现象和不正之风敢抓敢管；要责任到人，抓好责任分解，明确责任主体；要考核到人，抓好责任考核，做到功过分明；要把责任追究作为落实责任制的重要手段，坚决纠正失之于宽、失之于软的现象。

（四）抓惩处，坚决查处违法违纪案件

党的十七大报告明确指出，要坚决查处违法违纪案件，对任何腐败分子，都必须依法严惩，决不姑息。这充分体现了我们党坚决惩治腐败的决心。检察机关作为反腐败的重要职能部门，一方面要认真履行职责，加大查办和预防职务犯罪工作力度；另一方面要切实做好自身反腐败工作。查办案件既是治标的重要手段，也具有治本的重要功能。要继续保持查办案件工作力度，并把查办案件与从源头上预防和治理腐败紧密结合起来。依据《人民检察院监察工作条例》规定，上级院监察部门有权对本级院内设机构及其所属各级院所有检察人员的违法违纪行为进行查处，并依据《检察人员纪律处分条例》，经检察长办公会议决定给予其相应的检察纪律处分。各级院监察部门要据此充分发挥职能作用，加大案件查办尤其是惩处的力度，惩戒违纪者本人，教育警示他人，以增强案件查处的权威性，维护检察纪律的严肃性。在这个问题上，各级院必须进一步统一思想，深化认识，做到在查处腐败问题上决不手软。一些单位对查处工作有顾虑，担心查办案件会冲击中心工作、影响自己的政绩、断送干部的政治前途等。这种思想是极端错误的。如果发现问题和苗头就及时进行查处，就可避免更大的问题发生，从真正意义上讲是在保护干部、挽救干部和警示干部。因此，必须加大查处案件的力度，要突出重点严肃查办领导干部违法违纪案件、执法办案中的违法违纪案件、滥用检察权损害群众利益的案件、受利益驱动违法违规办案的案件以及侵犯当事人权利的案件。不论谁触犯了党纪国法，都要严肃追究，依纪依法处理，达到惩前毖后、以儆效尤的目的。在查处案件的具体工作中，要注意加强同当地党委、人大和有关部门的沟通与协调，防止出现调查与处理互相脱节的情况；要综合运用组织处理和纪律处分手段，加大组织处理工作力度；要放下一切思想包袱，敢于排除办案中遇到的各种干扰阻力，对发现的违法违纪问题一查到底，严明法纪。

二、紧密结合湖北检察机关实际，积极稳妥地推行检务督察工作

检务督察制度是检察机关强化内部监督，加强队伍建设，确保严格、公正、文明执法，提高执法公信力的一项重要制度。全省检察机关要高度重视，加强领导，紧密结合湖北实际，积极稳妥地推行检务督察工作。

（一）充分认识推行检务督察工作的重要意义

中央、高检院对建立和推行检务督察制度高度重视。全国检察长会议、全国检察机关纪检监察工作会议都明确要求，要坚持和完善检务督察制度，加大检务督察力度，把监督贯穿于执法办案始终。推行检务督察制度是健全惩治和预防腐败体系，从源头上防止检察人员违法违纪的重要举措；是强化工作落实，推进检察工作健康发展的重要举措；是加强检察队伍建设，提高检察机关和检察人员执法公信力的重要举措。各级院领导要进一步提高认识，把思想统一到中央、高检院的部署上来，把推行检务督察制度作为加强检察队伍建设、推动检察工作的重要抓手，切实增强做好检务督察工作的责任感和使命感，紧跟形势发展，采取有力措施，坚定不移地抓好检务督察工作。

高检院明确提出，当前和今后一个时期，深化检察改革要以强化检察机关法律监督职能和加强对自身执法活动的监督制约为主线。检务督察制度，是检察机关强化内部监督制约机制，完善对检察权行使的监督制约的一项重要举措，其核心在于规范检察机关的执法行为，确保人民赋予的检察权始终用来为人民服务。检务督察能够采取明察暗访等多种形式进行监督检查，及时发现、纠正和解决依

靠其他方法、其他模式难以发现和解决的问题，起到防微杜渐、防患于未然的作用，是检察机关加强对自身执法活动监督制约的重要方式，必须坚持不懈地加以探索和完善。

近年来，我省检察机关积极开展检务督察试点工作，省院去年制定下发了检务督察工作方案，针对开展“作风建设年”活动情况和执法不规范、不公正、不文明问题进行了重点督察。各地采取日常督察与突击检查、普遍检查与重点抽查、督察与巡视相结合等多种方式，广泛、深入地开展了检务督察工作。实践证明，推行检务督察工作对于确保上级院各项工作部署落实、促进严格、公正、文明执法、强化检察机关纪律作风建设等都起到了明显作用，得到了各级检察机关的认同和支持。各地普遍反映，检务督察制度是一项真正管用的制度、有生命力的制度。全省各级院都要坚定信心，坚持在实践中行之有效的做法，积极探索，不断完善，通过扎扎实实的工作，努力开创检务督察工作的新局面。

（二）明确检务督察工作的主要任务

高检院《检务督察工作暂行规定》下发以来，全省各级院高度重视、深入学习、认真贯彻，检务督察工作呈现良好的发展势头。根据高检院的要求，结合我省实际，我强调两个问题：一是要突出工作重点。检务督察工作涉及履行职责、行使职权、遵章守纪、检风检容等诸多方面，只有突出重点，才能有效推进、取得实效。根据高检院的要求，今年的检务督察工作要突出以下三个重点：第一，对下级检察机关执行高检院和上级检察院重大工作部署和决议、决定、指示的情况以及落实各项规章制度的情况进行督察；第二，针对执法办案中易出、常出问题的岗位和环节进行督察；第三，以端正执法作风为重点，对遵守检容风纪的情况进行督察。各地要紧紧抓住上述三个重点，组织开展形式多样的督察活动，坚持有什么问题就解决什么问题，什么问题突出就督察什么问题。二是要健全制度规范。建立统一规范的检务督察制度，是全面推行检务督察工作的基本前提和重要保障。高检院将以《暂行规定》为框架，分期制定具体实施办法及相关配套制度，逐步形成完备的检务督察制度体系。近年来，我省不少地方根据工作开展情况，也分别建立了一些检务督察工作制度。省院将根据高检院的要求，汲取各地的有益经验，制定下发全省检察机关检务督察工作实施细则，对检务督察的任务、原则、范围、方式等作出具体规定。各地要根据高检院的暂行规定和省院的实施细则，逐步统一检务督察工作模式，形成全省统一的检务督察工作制度。

（三）结合湖北实际探索建立检务督察制度

检务督察制度是一项新的制度，我们要结合实际，勇于实践，探索建立符合工作实际、有实效的检务督察制度。

一要把检务督察作为实行检察工作一体化机制的重要保障。推行检务督察工作，就是为了保障检察机关和检察人员依法履行职责，严肃检察纪律，确保检令畅通，确保各项工作任务的落实。检察工作一体化机制的基本内容之一就是“上下统一”，要求强化上级检察院对下级检察院的领导关系，保证上级检察院的重大工作部署和各项决议、决定、指示得到坚决贯彻和有效落实。全省检察机关一定要按照检察工作统一性、整体性的要求，把推行检务督察工作与实行检察工作一体化有机结合起来，把检务督察制度作为实行检察工作一体化机制的重要内容，作为保障检察工作一体化机制落实的有力手段，积极探索，积累经验，不断丰富、发展和完善。

二要把检务督察与巡视工作有机结合起来。近年来，省院和部分市州分院先后成立巡视工作办公室，采取多种形式开展巡视工作，取得了明显成效。要总结巡视工作中的成功经验，探索建立检务督察与巡视工作有机结合的工作机制，巡视组成员在不担任巡视任务时，承担检务督察工作任务；对于巡视中发现的问题，经检察长批准，可以采取督察工作的方式处理。要通过检务督察与巡视工作密切配合，有效整合，最大限度地发挥两者的积极作用。

三要建立检务督察年度评估报告制度。我省检务督察工作要突出事前、事中监督的特点，发挥动态性、警示性的作用，从而强化监督工作力度。同时，省院检务督察部门还要根据开展日常督察、专项督察、突击检查、普遍检查、重点抽查等掌握的具体情况和典

型事例，每年分地区形成评估报告，对各地保证检令畅通、履行职责、行使职权、遵章守纪、检风检容、作风纪律等方面进行全面、系统评价。通过建立各个地区年度评估报告，肯定成绩，指出不足，成为省院考评各市州分院工作的重要依据，同时为各地做好下一年度工作指明努力方向。

四要建立符合自身实际的检务督察机构。根据我省实际，省院暂时不设立检务督察委员会，只设立督察长、若干名副督察长和检务督察办公室，在检察长的领导下开展工作。检务督察办公室是一个相对独立的机构，暂时挂靠省院监察处；根据工作开展情况，检务督察办公室将设立若干个检务督察组，各个检务督察组由相当级别的干部担任组长，还要充实一些原则性强、懂法律、懂办案的业务骨干，逐步配齐配强人员，积极开展工作。各市州分院和有条件的基层院，要结合本院实际情况建立检务督察机构，积极履行督察职责。

三、进一步健全和完善检察机关自身执法活动的监督制约机制

健全和完善检察机关自身执法活动的监督制约机制，是深化检察改革的一个重要目标，也是我省检察工作机制创新的一项重要内容。我们要进一步健全和完善这一监督制约机制，将检察机关的执法活动纳入全方位监督之中，逐步构建检察机关自身执法活动监督制约的完整体系。

一要完善检察机关外部监督制约机制。检察机关是国家法律监督机关，要牢固树立监督者也要接受监督的观念，既认真履行法律监督职责，又自觉接受监督，欢迎外部监督。要坚持党的领导，把接受各级党委领导作为一种特殊形式的监督来正确对待，自觉把检察工作置于党的绝对领导之下。要牢固树立宪法观念，自觉接受人大及其常委会的监督，认真贯彻《各级人民代表大会常务委员会监督法》，进一步加强同人大代表的联系，主动邀请代表视察和评议检察工作，努力按照人大的决议决定和代表的意见建议加强和改进检

察工作。要认真落实公检法三机关“分工负责，互相配合，互相制约”的宪法原则，在刑事诉讼活动中自觉接受公安、法院的制约。要深化人民监督员制度试点工作，坚持把“三类案件”全部纳入监督程序，积极开展对“五种情形”的监督，在现有规定下充分发挥人民监督员制度的作用。要重视接受政协监督和舆论监督，自觉加强与政协委员、新闻媒体的联系，认真听取各方面的批评、意见和建议。要不断深化检务公开，依法扩大检务公开的范围，拓展检务公开的途径，创新公开的方式和手段，认真接受社会各界和人民群众的监督，增进社会各界和人民群众对检察工作的了解与认同。

二要加强检察机关各业务部门之间的内部制约。各业务部门要牢固树立“在配合中制约，在制约中配合”的观念，切实按照检察工作一体化的要求，加强在执法办案中的相互制约。要以立案监督为重点，完善侦查监督部门与自侦部门的相互制约；以引导侦查为重点，完善公诉部门与自侦部门的相互制约；着眼于协调配合，加强侦查监督与公诉的相互制约；实行办案与复议、复查分离，完善控申部门与其他业务部门的相互制约；实行线索管理与办案的分离，完善相互制约。通过职务犯罪大案、要案侦查指挥中心重组、指挥中心办公室单设以及相关工作机制调整，进一步加强对侦查工作的统一组织、指挥、管理与协调，同时实行由侦查指挥中心办公室统一管理案件线索，统一代表本院交办、督办案件和指定异地管辖，加强侦查指挥中心办公室与侦查部门之间的互相制约。另外，检察长、分管检察长、部门负责人在分工明确的前提下，也要互相制约。

三要加强检察机关专门监督机构对执法办案的监督制约。健全完善纪检监察部门对执法办案活动的监督制约机制，加强对反贪、反渎、公诉、侦查监督等重点执法环节和部位的监督，积极推行“一案三卡”、流程监督、网上监督、跟踪监督等监督措施，坚持事前监督、事中监督与事后监督相结合，有效预防和减少执法办案中的违法违纪问题。建立健全检务督察机制，积极开展检务督察工作，有效发挥检务督察的监督制约作用，确保检令畅通，促进严格公正文明执法。认真落实巡视制度，今年省院将继续组织几个专门巡视

组，到有关地方进行巡视。

四要加强上级检察院对下级检察院的领导与指导。上下级检察机关之间是领导与被领导关系。上级院对下级院执法办案进行监督，是上级院加强工作领导的一个极其重要的方面。对于加强上级院对下级院执法办案的监督制约，高检院、省院出台了不少具体的制度规范，各地要认真贯彻落实。上级院要认真履行职责加强对下级院执法办案的监督制约，上级院职能部门在工作指导中也要加强监督。要严格执行重大案件报告制度和查办职务犯罪案件有关报备、审批制度，加强上级院对下级院在立案、逮捕、撤案、不起诉等环节的监督。要健全案件交办、督办制度，确保交办案件及时、规范办理。上级院对下交办案件不能一交了之，凡是交办的案件要督促检查，对承办单位是否严格依法办案、规范文明办案要进行监督；案件交办后，承办案件的检察院检察长要加强对办案工作的管理与监督。今后，凡是交办案件发生违法违规问题，承办单位要承担责任，交办单位未尽监督检查职责的也要承担相应责任。

五要加强业务部门执法办案中的自身监督。分管院领导、部门负责人要落实“一岗双责”，既要抓好执法办案，又要加强对执法办案的监督，防止和纠正违法违规问题，切实承担起监督职责。要落实相关办案制度，加强办案组成员之间的互相监督。要落实讯问全程同步录音录像制度，强化对侦查活动的监督。检察执法人员要增强自律意识，认真遵守各项执法办案的制度规范，自觉接受监督制约，要学会和适应在监督中执法办案。

健全和完善检察机关自身执法活动的监督制约机制，是执法办案工作的迫切需要，也是检察机关反腐倡廉建设的迫切需要。当前，加强检察机关内外部监督制约的形式、渠道很多，要通过加强监督制约机制建设，努力形成对检察执法活动的完整的监督制约体系。要注意发挥各项监督制约机制的作用，仅注重某类监督制约是不全面的，各种类别的监督制约不能相互替代，必须促进各种监督制约方式从不同角度发挥作用，使执法办案工作置于严密的、全方位的监督制约之下。要高度重视加强各种监督制约方式之间的整合，正确处理外部监督与内部监督，纪检监察监督、检务督察与各职能部门自身监督的关系，建立各种监督制约方式之间协作配合的工作机制，使各种监督制约方式互相促进，优势互补，努力形成监督合力，有效促进公正执法、规范执法。通过切实加强对执法办案的监督制约，有力推动检察机关反腐倡廉建设。

3 坚持“两长一本”方针，突出抓好基层检察院执法规范化建设*

近年来，我们深刻认识抓好基层院执法规范化建设的重大意义，提出并落实“两长一本”即“坚持长期治理、健全长效机制、落实治本措施”的要求，坚持把执法规范化建设的工作重点放在基层，同时明确上级院在基层院执法规范化建设中所应担负的责任，促进执法规范化水平全面提升。

一、坚持长期治理，有效整治执法不规范突出问题

我们坚持对执法不规范问题进行长期治理，在解决突出问题上下功夫、见成效。

找准突出问题，认真开展专项整治。我们认真分析一段时期我省基层院存在的执法不规范突出问题，坚持把人民群众反映最强烈、对执法公信力影响最严重、对检察机关形象损害最大的突出问题作为治理的重中之重，有针对性地开展集中整治。2006 年，我们针对受利益驱动违法违规办案、不文明办案、办案安全隐患等对规范执法冲击最大的三个主要问题，组织全省检察机关开展“三个专项治理”活动；2007 年，着眼于改进工作作风和执法作风，针对队伍建设与业务工作相关联的突出问题，组织开展“作风建设年”活动；2008 年，针对检风检纪方面存在的问题，组织开展“严肃法纪、严守规章、强化管理”专项教育整顿活动，并深入部分基层院开展专项检务督察工作。通过集中整治执法不规范的突出问题，有力促进

---

* 2009 年 2 月 12 日敬大力同志在全国基层检察院建设工作会议上的发言。

了基层院执法规范化建设。

严格责任追究，坚决查处违法违纪案件。我们对基层院发生的执法不规范问题和违法违纪案件，坚持发现一起严肃查处一起，做到态度坚决、法纪严明。特别是对置上级要求于不顾，我行我素，“顶风”违法违规办案的，坚持从严惩处。注意即时监督纠正和事后责任追究相结合、上级院直接查处与督促下级院查处相结合、纪律处分与组织处理相结合，加大查处力度。如有的基层院在“三个专项治理”期间仍发生违法扣押、刑讯逼供，省院对此高度重视，认真调查核实，对有关人员及时作出纪律处分，并协调有关方面作出了组织处理。

坚持常抓不懈，深入推进执法规范化建设。执法不规范问题的发生既有深刻的思想根源，也有多方面的社会原因，某些执法陋习在一些地方成了“顽症”，长期得不到根治。我们清醒认识治理工作的长期性和艰巨性，对各种专项整治行动所取得的效果不能估计过高，坚持反复抓、抓反复。今年，我们将在全省检察机关组织开展执法公信力建设专项工作，继续把治理执法不规范问题作为提升执法公信力的一项重要内容和紧迫任务来抓。

二、健全长效机制，为执法规范化提供机制保障

我们注重发挥机制和制度的关键性作用，坚持把长效机制建设贯穿于基层院执法规范化建设的始终。

健全完善执法办案的制度规范。健全完善的制度规范，是规范执法的前提和基础。我们研究制定了一系列可操作性的界限性规定、禁止性规定和程序性规定，并狠抓制度落实。如针对受利益驱动违法违规办案问题，省院制定并将进一步修改完善扣押、冻结款物及处理办法，明确处理界限，严格办理程序，实行规范管理；针对在办案区违法违规办案的情况，制定严禁在办案区违法违规办案的“六条禁令”；针对交办案件管理混乱、办案缺乏监督管理等问题，健全案件交办制度，明确规定实行“院对院”的交办、逐级交办，收到交办案件须报告检察长，交办院负责对承办院办理交办案件进

行监督检查；针对一些地方受利益驱动争管辖、乱办案等问题，建立健全案件指定异地管辖制度，明确规定除特定的四种情形外不得随意指定异地管辖；针对下级院直接协助有关机关办案缺乏上级监管而易发违规等问题，会同省纪委明文规定实行同级联系原则，即检察机关和纪检监察机关如需彼此之间的下级机关配合工作时，应通过其对方同级机关向其下级机关提出要求等。通过健全完善一系列制度规范，有效防止执法不规范问题发生。

健全完善对执法办案的监督制约体系。加强监督制约机制建设，是保障规范执法的重要手段。我们紧紧抓住基层院执法办案中的突出问题和薄弱环节，加强各业务部门之间的内部制约，加强纪检监察和检务督察部门对执法办案的监督制约，加强上级检察院对基层院的领导与指导，加强业务部门执法办案中的自身监督，完善接受人大监督、人民监督员监督、公安法院制约、人民群众监督、舆论监督等外部监督制约机制。通过落实这些措施，着力构建对基层院执法办案监督制约的完整体系，确保基层院执法受到有效监督，防止权力失控、行为失范。

建立健全执法办案的科学考评和绩效管理机制。我们坚持正确处理执法办案的数量、质量、效果、效率、规范、安全六个方面的重大关系，把执法规范化摆在与数量、质量等同等重要的位置来考核。坚持按照五个方面兼顾来设置考评要素，突出规定执法规范化的具体要求，对于各种违反规定程序和制度办案、违法违规办案等情形在考核时予以扣减分数。通过建立科学考评机制，树立正确工作导向，引导基层院规范执法。

努力探索既加大执法办案力度又规范文明执法的新路子。我们坚决克服把加大办案力度与规范文明执法对立起来的观念，努力推动基层院执法办案工作平稳健康发展、强化执法办案和规范文明执法协调发展。我们既从加强基层院执法规范化出发，规定禁止做、不能做什么；更从提高基层院的执法办案能力出发，指导和要求能够做、应该做、如何做什么，如我们加强检察工作一体化、法律监督调查、职务犯罪初查等工作机制建设，推动科技强检，保障和支持基层院严格执法，有效办案。

三、落实治本措施，推进执法不规范问题的源头治理

我们坚持治标与治本相结合，推动落实治本措施，从源头上治理执法不规范问题，确保执法规范化建设取得实效。

打牢基层干警规范执法的思想根基。我们坚持长期抓端正和统一执法思想，坚持检察工作的人民性，牢记检察工作的根本目标，提高全体干警对规范执法的认识，形成共识。我省一些基层院曾经存在模糊认识，对上级院的严格要求有抵触情绪，导致执法不规范问题屡禁不止。经过近年来不懈的思想教育，特别是有些基层院汲取由于自身执法不规范而受到严肃处理的惨痛教训，促进了观念转变，执法规范化水平有了新的提高。

提高基层执法人员素质能力。我们坚持把加强素质能力建设作为队伍建设的重要内容，开展大规模教育培训，健全和完善全员培训体系。基层院结合实际，多措并举，加强正规化培训，广泛开展岗位学习、岗位练兵、岗位竞赛活动，队伍整体素质和法律监督能力的增强促进了执法规范化水平的提高。

加强检察经费保障，消除执法不规范的深层诱因。坚持不断提高思想认识，把执法保障作为促进公正规范执法重要基础性工作来抓，争取有关政府部门为基层检察院公正规范执法“埋单”。我们先后两次组织对全省基层院经费保障情况开展普查，并对 11 个基层院经费保障状况、存在问题及原因进行典型剖析，向省委省政府专题报告，有针对性地提出了意见和建议。省委省政府主要领导亲自批示，现场调研解决问题，形成省政府专题会议纪要，为检察机关解决了一批保障问题，促进解决一些基层单位以赃款返还确定财政拨款的“收支挂钩”、将上级财政转移支付资金冲抵地方财政拨款的“上进下退”两个突出问题，努力消除受利益驱动办案、下达办案、追赃指标等执法不规范的深层诱因。

加强信息化建设，促进执法规范化。高度重视信息技术在执法中的运用，以信息化保障执法办案的规范化。我省有 15 个基层院作

为高检院“三位一体”试点单位，认真开展试点工作，总结经验，研究问题，加强对办案的流程控制与质量监督，通过信息化手段规范执法程序，提高执法效率，实现对执法办案的全程动态监督，切实规范执法行为。

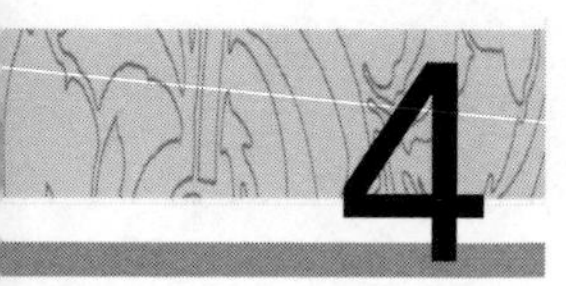

4 为规范文明执法办案提供制度保障*

近年来，检察机关深入推进执法规范化建设，高度重视强化对自身执法活动的监督制约，促进执法行为不断规范，执法形象不断提升。但当前受利益驱动，违法违规办案问题仍然时有发生，乱查封、乱扣押、乱冻结、乱追赃、乱上缴等现象在一些地方长期得不到根治，严重损害人民群众的财产权利，引起了相当数量的涉检信访问题，已成为影响检察机关执法公信力的主要症结之一。这既有保护合法财产权的意识不强、重视不够等主观原因，也存在制度规范不健全、经费保障不足等客观原因。检察机关必须牢固树立保护人身权利和财产权利并重的意识，坚持对受利益驱动违法违规办案问题进行长期治理，做到发现一起、查处一起，态度坚决、法纪严明，同时应当高度重视制度建设，不断强化内部监督制约。2009年，湖北省人民检察院在试行两年的基础上，正式制定出台了《湖北省检察机关扣押、冻结款物及其处理办法》（以下简称《办法》），从制度机制上为有效监督执法办案活动、防止受利益驱动违法违规办案提供有力保障。

一、进一步明确扣押、冻结款物及其处理的范围界限

划清界限、明确范围，是确保依法正确扣押冻结款物的前提。当前，法律法规对检察机关办理职务犯罪案件过程中扣押冻结款物范围的规定较原则，导致执行过程中随意性较大，并出现了一些超

---

* 《检察日报》2009年10月29日刊载敬大力同志文章。

范围、超权限扣押冻结、侵害当事人合法财产的问题。根据现行法律法规规定，在归纳分析近年来执法办案实践中反映的问题的基础上，对扣押、冻结款物的界限范围作了进一步明确和细化。如《办法》明确规定：职务犯罪行为给国家、集体、公民造成直接损失的，可以根据实际情况予以追缴或者责令退赔；对犯罪嫌疑人立案侦查的，不得扣押、冻结与犯罪行为无关的合法款物、银行账户、营业执照、公章、发票等；对单位涉嫌犯罪的，只能扣押、冻结其涉嫌犯罪的款物，并说明扣押、冻结的理由；在办案中发现犯罪嫌疑人有涉嫌偷税、漏税或危害税收征管行为的，不得扣押、冻结涉税款，应当移送税务机关、公安机关处理；对账外资金款项，凡与职务犯罪无关的一律不得扣押冻结，必须移送主管部门处理；办理贿赂案件，应从受贿方扣押、冻结受贿款物，不得追缴行贿人合法财产，受贿方为逃避罪责，将款物退还行贿人的，应当予以扣押冻结；对犯罪嫌疑人用违法所得与合法财产共同购置的不动产等不易区分的款物作了可以扣押、冻结，但应及时审查的限定等。通过上述规定，进一步明晰扣押、冻结款物的界限范围，增强制度规范的明确性，为有效防止和治理受利益驱动违法扣押、冻结、追缴款物奠定基础。

二、进一步健全扣押、冻结款物及其处理的程序

扣押、冻结款物作为一项强制性侦查措施，只有严格遵守程序法定原则，用严格规范的程序来控制和制约其运行过程，才能真正实现保障诉讼活动正常进行的目的，才能有效防止对诉讼当事人合法权益造成不法侵害。现行有关法律法规对扣押、冻结款物程序及处理的规定不够完备，缺乏可操作性，在执行过程中造成了不规范、不统一，甚至规避法律规定违法违规扣押、冻结、处理款物的问题。针对这一问题，《办法》对扣押、冻结款物程序及其处理方式进行了进一步健全完善。例如，既严禁在立案前扣押冻结款物，又严禁以虚假立案和立案后无法定理由停止侦查或撤案的方式扣押、冻结和追缴款物；进一步明确了扣押、冻结款物的审批、执行程序；综合考虑查办职务犯罪对企业的影响，增加了对企业的保护条款；明

确规定了不同情况下对扣押、冻结款物的不同处理方式，特别是增加了对扣押、冻结犯罪嫌疑人用违法所得与合法财产共同购置的不动产、股权、股票、期货等财产处理方式的规定；对相关法律文书和票据也提出了明确要求，规定必须使用高检院统一制作的法律文书和省级财政部门印制的罚没款票据，严禁使用“没收决定书”、“罚款决定书”等不规范的文书，严禁使用普通收据、“白条”，严禁使用“非法所得”、“案款”等有歧义的字样等。通过不断完善和细化程序，将扣押、冻结、处理款物全过程纳入严密的程序规制之中，确保其依法、规范运行。

三、进一步强化对扣押、冻结及处理款物的监督制约和责任追究

监督制约不到位、责任追究不力，是产生受利益驱动违法违规办案问题的一个重要原因。注重在强化对扣押、冻结、处理款物的监督制约和责任追究方面下功夫、动真格、见实效。《办法》强调监督制约的严密性，明确了上级检察机关对下级检察机关扣押、冻结款物工作进行监督检查的职责；明确侦查监督、公诉部门在审查决定逮捕、提起公诉过程中，对扣押、冻结款物一并审查的职责与程序；明确控告申诉、监所检察部门对不服处理款物决定的申诉进行审查处理的职责；强化纪检监察及检务督察部门对不服扣押、冻结、处理款物的投诉的受理、审查、监督职责；赋予计财部门将扣押、冻结款物上缴国库时，对履行法律手续监督制约的职责。通过不同层级、不同部门的共同努力，形成对扣押、冻结、处理款物行为全方位、全过程的监督制约体系。《办法》强调了责任追究的严肃性，进一步明确规定在违法违规扣押、冻结、处理款物行为中各类责任主体分别应承担的责任后果，并要求严格落实责任追究制度。通过发挥好责任追究的惩治已然、防患未然功能，有效防治违法违规扣押、冻结款物问题，促进检察机关严格、公正、文明、廉洁执法。

5 自觉接受人大监督，切实加强和改进检察工作*

近年来，全省检察机关坚持和依靠党委领导，自觉接受人大监督，始终保持了检察工作的正确方向，促进了法律监督职能的全面履行，为我省经济社会科学发展作出了积极努力。

一、积极教育引导，深化接受人大监督的观念

各级检察院在各级党委领导下接受人大及其常委会的监督，是坚持我国社会主义政治体制的重要内容，是坚持党的领导、人民当家作主和依法治国有机统一的必然要求，是检察机关的法定义务和重要工作。省检察院党组对此始终保持清醒认识，加大教育引导力度，坚持做到“三个注重”：一是注重在检察队伍建设中加强教育。2006 年以来先后开展了社会主义法治理念教育、深入学习实践科学发展观活动、恪守检察职业道德主题实践活动等，都把增强党的意识、宪法意识、自觉接受人大监督作为重要内容，进行普遍教育引导。二是注重在部署检察工作中突出强调。每次全省性的检察工作会议都把坚持党的领导、接受人大监督作为重要工作进行认真安排，每年召开专门会议对贯彻人大决议作出具体部署。三是注重在履行检察职责中不断强化。检察机关的重要活动、重大情况、重点案件都及时向党委请示和人大报告，争取领导、监督和支持。通过思想教育和实践引导，广大检察人员进一步提高了对检察机关与人民代表大会关系的认识，增强了接受监督的宪法观念；进一步提高了坚

* 2009 年 10 月 31 日敬大力同志在湖北省委人大工作会议上的发言。

持党的领导与接受人大监督关系的认识，增强了服务党和国家工作大局观念；进一步提高了向法律负责与向人民负责关系的认识，增强了执法为民观念。

二、强化工作措施，落实接受人大监督的制度

全省检察机关在牢固树立接受人大监督观念的同时，始终注重把这一重要宪法原则具体化，采取有力措施自觉接受人大监督。

一是认真落实向人大报告工作制度。坚持把向人大报告工作作为接受人大监督的重要途径，依法、及时、主动地向人大报告检察工作。高度重视人民代表大会上的检察院工作报告，力求全面、客观、准确反映检察工作情况。坚持全面报告与专项报告相结合，2006 年以来，省检察院先后 7 次向人大内司委等专门委员会报告工作，自觉接受各专门委员会的监督指导；2008 年 9 月向省人大常委会作了《关于全省检察机关强化法律监督，促进严格执法和公正司法情况的报告》，并制定具体实施意见狠抓人大五条审议意见的贯彻落实。

二是广泛听取人大和代表的意见建议。坚持每年组织中层以上干部旁听各代表团讨论审议省检察院工作报告，认真听取意见，及时汇总整理。每年接到省人大交办的代表意见建议后，我们适时召开党组会、专题会议、全省电视电话会议研究贯彻措施，并制定贯彻意见下发全省检察机关，明确责任分工，确保落实到位。2006 年以来，省检察院共收到省人大交办和代表反映的事项 28 件，已办结回复 24 件，正在办理 4 件。在与人民群众利益密切相关的重大部署、重要规范性文件出台之前，广泛征求人大代表意见，确保工作决策符合人民意愿，体现人民要求。

三是认真贯彻执行人大及其常委会的决议。坚决维护人大决议的权威性和严肃性，对各级人大作出的关于检察工作的各项决议，均采取有针对性的措施严格贯彻执行。认真学习贯彻省人大领导同志对检察工作的重要指示、批示，针对全面强化法律监督职能、加大查办和预防职务犯罪工作力度、深化人民监督员制度试点等明确

要求，进行专题研究，狠抓工作落实。

四是切实加强人大代表联络工作。进一步增强工作主动性，提高联络工作水平和实效，保障人大代表对检察工作的知情权、参与权和监督权。2006年以来，全省检察机关共走访各级人大代表18000余人次，召开人大代表座谈会896次，邀请人大代表视察工作645次，接受人大执法检查439次，向人大代表寄送检察要况10万余份；聘请326名人大代表为人民监督员（占总数的26%），将人民监督员制度作为联络代表、接受监督的有效平台。

五是积极推进接受人大监督工作制度的落实。《监督法》和我省《实施办法》颁布后，省检察院研究制定了《湖北省人民检察院关于自觉接受湖北省人民代表大会及其常务委员会监督的办法》，对报告工作、贯彻执行人大决议、决定和审议意见、接受执法检查、与人大代表日常联系、代表意见建议办理等作出全面规定，自觉把接受人大监督作为一项经常性、日常性工作开展。

三、加强改进工作，增强接受人大监督的实效

坚持根据人大决议、决定、审议意见及代表意见建议加强和改进检察工作，努力使检察工作更加符合党和人民的要求。突出抓了以下方面：

一是坚持服务大局，着力保障经济平稳较快发展。认真贯彻各级人大和代表关于检察机关要更加注重服务大局、提高服务水平的要求，紧紧围绕中央、省委重大决策部署，积极发挥检察职能作用，服务大局。省检察院制定实施《关于充分发挥检察职能为改革发展稳定大局服务的意见》，全省检察机关积极运用各项法律监督职能服务改革、促进发展、维护稳定、保障民生。紧贴大局部署开展查办和预防国家投资领域职务犯罪、查办民生领域职务犯罪、查办新农村建设领域职务犯罪等专项工作，增强服务的针对性和实效性。正确把握执法政策、策略，提出并落实“依法坚决查办、坚持惩防并举、把握政策界限、掌握分寸节奏、注意方式方法”5条办案原则，进一步提升了执法办案的社会效果。

二是强化法律监督职能，努力维护社会公平正义。积极回应人大代表和人民群众要求检察机关进一步强化法律监督的强烈呼声，不断增强监督意识，加大监督力度，突出监督重点，增强监督实效。认真履行对刑事立案、侦查活动、刑事审判、刑罚执行和监管活动、民事行政诉讼活动的法律监督职责，促进严格执法和公正司法。注意针对人大代表和人民群众反映强烈的突出问题确立监督重点，部署开展专项监督工作，增强监督针对性和实效性。坚持把查办职务犯罪作为强化法律监督的重要内容和有力手段，积极查办大案要案和涉及群众切身利益的案件，连续四年开展查办执法与司法不公背后的职务犯罪专项工作。注重创新监督机制，积极推进检察工作一体化机制、法律监督调查机制等工作机制建设，与省法院共同制定实施《关于在审判工作和检察工作中加强监督制约、协调配合的规定》，努力提高监督能力。今年 7 月，省人大常委会制定出台《关于加强检察机关法律监督工作的决定》后，省检察院认真制定《实施方案》，专门召开全省检察人员参加的电视电话会议部署贯彻落实，组织 14 个工作组对各地初步贯彻情况进行督促检查，并正在研究制定 19 项配套制度推动《决定》深入贯彻落实。

三是不断强化自身监督制约，促进严格、公正、文明、廉洁执法。认真贯彻人大和代表对检察机关进一步规范执法行为、确保严格公正执法的要求，加强对自身执法活动的监督制约。推进执法规范化建设，提出并落实“坚持长期治理、健全长效机制、落实治本措施”的要求。自 2006 年起，先后组织开展“三个专项治理”、作风建设年、“两严一强”教育整顿、扣押冻结款物专项检查等活动，严肃查处受利益驱动违法违规办案等问题，建立健全《扣押冻结款物及其处理办法》等制度规范。加强各业务部门之间的内部制约，加强纪检监察和检务督察部门对执法办案的监督制约，加强上级院对下级院的领导与指导，加强业务部门执法办案中的自身监督，完善接受人大、人民监督员、新闻舆论监督及公安法院制约等外部监督制约机制，努力构建对自身执法活动的监督制约体系。

四是大力加强自身建设，不断提高检察机关执法公信力。适应

人大代表和人民群众的呼声，坚持将公信力作为重要执法规律，努力从战略的高度、立身之本的高度谋划和加强检察机关执法公信力建设。制定实施《关于加强检察队伍建设若干问题的决定》，积极推进队伍建设“六项工程”，努力提高队伍整体素质和法律监督能力。大力加强检察职业道德建设，组织全省检察机关开展恪守检察职业道德主题实践活动。认真落实省委转发的《省人民检察院关于加强检察机关群众工作的指导意见》，全面加强检察机关群众工作。不断深化检务公开，积极通过新闻媒体、门户网站等多种途径宣传检察职能，公布检察动态，自觉接受监督，努力提高检察工作的社会认知度和满意度。

6 努力构建检察机关公正廉洁执法“五位一体”工作格局，严守“四个绝对禁止、一个必须实行”的办案纪律*

近年来，全省各级院认真落实省院党组关于执法规范化建设、检察队伍建设“六项工程”、执法公信力建设等重大决策部署，着力在端正统一执法思想、整治突出问题、提高执法能力、完善工作机制、强化监督制约等方面下功夫，推动了严格、公正、廉洁、规范执法水平不断提高。但必须清醒地看到，我们面临的执法环境越来越复杂，执法要求越来越高，一些执法不公正、不廉洁的问题仍然屡禁不止、时有发生，这些都迫切要求进行理论创新、工作创新、机制创新，与时俱进地抓好检察机关自身公正廉洁执法。要深刻认识到，推进公正廉洁执法是一项全面的任务，我们既要发挥法律监督职能作用促进整个政法机关公正廉洁执法，更主要的是采取有力措施首先保证我们自身能够做到公正廉洁执法；推进公正廉洁执法是一项系统工程，既要抓好思想政治、职业道德、素质能力、纪律作风等工作，又要在此基础上更多地从工作机制层面加以考虑，努力构建以执法办案为中心环节，制度规范、执法管理、监督制约、执法保障等方面相互依托、相互促进的工作格局。要逐步构建促进检察机关公正廉洁执法“五位一体”的工作格局：

一是执法办案。始终坚持依法严格履行职责，忠实履行宪法法律赋予的各项法律监督职责；坚持严格依法办事，所有执法办案活

---

* 2010年8月10日敬大力同志在湖北省检察长座谈会上的讲话节录。

动都以事实为依据、以法律为准绳；坚持严格、公正、文明、廉洁执法；坚持理性、平和、规范执法；坚持执法办案数量、质量、效率、效果、规范相结合；坚持执法办案的法律效果、政治效果和社会效果的有机统一。

二是制度规范。要以形成内容科学、程序严密、配套完备、有效管用的检察工作制度规范体系为目标，不断完善业务规范，细化执法标准，加强规范性文件管理，确保制度规范的完整性、统一性、科学性和权威性，为公正廉洁执法奠定坚实基础。

三是执法管理。要着眼于防患未然，按照案件办理和案件管理适当分离的原则，强化对执法办案活动的专业、统一、归口管理，抓好线索统一管理、扣押、冻结及处理款物管理、办案安全管理、执法考评、探索建立案件管理机构等工作，有效防止执法不公不廉问题的发生。

四是监督制约。要坚持把强化自身监督放在与强化法律监督同等重要的位置来抓，加强各业务部门之间的内部制约，加强纪检监察和检务督察部门对执法办案的监督制约，加强上级院对下级院的领导与指导，加强业务部门执法办案中的自身监督，完善接受外部监督制约机制，进一步完善自身执法办案的内外部监督制约体系。

五是执法保障。要充分认识公正廉洁执法要靠物质来保障、要靠投入来保障，进一步解放思想，转变观念，把有限财力更多地向公正廉洁执法方面倾斜。要以检察经费保障体制改革为契机，积极争取党委政府支持，进一步加大检察经费保障力度，加强基础设施建设，加快科技强检步伐，消除执法不公不廉的深层次诱因，保障和促进检察机关公正廉洁执法。要深刻认识到，在促进公正廉洁执法的工作格局中，执法办案是中心，制度规范是基础，执法管理是前提，监督制约是关键，执法保障是条件。

上述五个方面的内容既是相对独立的，需要各自加强，细化措施加以推进；又是有机统一的，需要统筹兼顾，促进形成整体合力。之所以坚持“五位一体”的工作格局，就是为了整体推进、全面提高。针对执法办案中一些长期难以解决的问题，现在看起来，根源不是单方面而是多方面的，治理的对策也不应是单一的而应当是多措并举的。各地要在省院的统一部署下，采取切实可行的措施，确保严格、公正、文明、廉洁执法，不断提高检察机关执法公信力。

根据目前掌握的执法办案中违法违规的突出问题，在这里，我代表省院党组郑重强调几条办案纪律：绝对禁止刑讯逼供和暴力取证；绝对禁止违法违规扣押、冻结及处理款物；绝对禁止在办案区违法违规关押犯罪嫌疑人，或者将已经关押在看守所的犯罪嫌疑人违规提押到办案区进行讯问；绝对禁止接受吃请、收礼，为犯罪嫌疑人或有关请托人通风报信、出谋划策；必须实行讯问职务犯罪嫌疑人全程同步录音录像，不安排录音录像不得进行讯问，每次讯问笔录都要准确记载实行全程同步录音录像情况。凡是违反“四个绝对禁止、一个必须实行”要求的，一律追究直接责任人或相关主管人员的法律、纪律责任，领导或者有关部门监督检查不严格，组织保障、技术装备保障不到位，或发生问题后隐瞒不报、逾期不报的，要根据具体情况追究相应责任。凡因违反上述规定造成不良影响的，检察长和主管检察长一律要向上级院检讨或说明情况。

7 强化监督管理，促进规范执法，进一步提高检察机关执法公信力*

省院党组研究决定召开这次会议，主要任务是针对当前执法办案中存在的执法不规范突出问题，进一步提高检察干警对规范执法重要性的认识，研究健全促进规范执法的制度机制，努力提高检察机关执法公信力。

一、认清形势，提高认识，切实增强贯彻落实规范执法工作要求的责任感和使命感

当前，我们工作中仍然存在一些执法不规范的突出问题，甚至发生了个别后果严重、影响恶劣的案件和事件。我们必须在思想上高度重视规范执法问题，必须采取有力措施强化监督管理、促进规范执法。

（一）深刻认识当前存在执法不规范问题的严重性

近年来，全省检察机关按照省院“两长一本”工作思路，持续抓好执法规范化建设，组织开展“三个专项治理”，“作风建设年”活动、“两严一强”教育活动、扣押冻结款物专项检查、推动建立促进公正廉洁执法“五位一体”工作格局，提出并落实“四个绝对禁止、一个必须实行”办案纪律、部署开展“强化检察管理年”活动等，全体检察干警规范执法意识不断提高，规范执法总体水平不断加强，检察机关促进规范执法的体制机制不断健全完善。但从全

---

* 2011年7月12日敬大力同志在湖北省检察机关强化监督管理、促进规范执法工作会议上的讲话节录。

省近期出现的一些违法违规案件看，特别是从最近全省拉网式检查发现的问题看，我们对执法规范化建设的成果绝不能估计过高，必须清醒认识到工作中仍然存在执法不规范的突出问题，有的超出预想。昨天，各地在上半年工作报告中，都对本地存在的执法不规范问题进行了查摆分析。执法不规范的突出问题，反映出我们在强化监督管理、促进规范执法的问题上，思想认识还不到位，执行制度的态度还不坚决，监督手段还不严格，需要持续加以改进。

（二）深刻认识违法违规办案的严重危害性

违法违规办案直接损害检察机关执法公信力和执法形象，影响正常的办案秩序和相关案件的办理，侵犯当事人的合法权益，甚至损害党和政府的形象，影响社会和谐稳定和社会公平正义。我们必须清醒认识违法违规办案的严重危害性，自觉严格执法、规范办案。

（三）深刻认识强化监督管理、促进规范执法的极端必要性

随着我国民主法治进程的加快推进，人民群众法治意识、维权意识不断增强，对严格规范执法的期待越来越迫切，对检察机关严格、规范、文明执法提出了新的更高要求。特别是在当前执法条件下，检察机关执法活动越来越成为社会各界和新闻媒体关注的焦点，不仅要求我们执法严格、公正，而且要求我们执法规范、文明。检察机关执法不严、不公、不廉，以及执法能力不强、效率不高、行为不规范不文明等行为就可能成为激化社会矛盾、引发群体性事件、突发性事件的“燃点”。各级检察机关和全体检察干警一定要深刻认识加强执法规范化建设的极端重要性，切实增强贯彻落实规范执法要求的责任感和使命感。全省各级检察院要从关系检察机关执法公信力、关系社会和谐稳定、关系党和政府形象的高度，大力推进执法规范化建设，有效防止违法违规办案情况的发生。

二、突出重点，强化措施，进一步推动完善促进公正廉洁执法“五位一体”工作格局

解决当前存在的执法不规范问题，必须认真贯彻执行省院《关于构建促进检察机关公正廉洁执法工作格局的指导意见》，真正建立

健全以执法办案为中心、以制度规范为基础、以执法管理为前提、以监督制约为关键、以执法保障为条件的“五位一体”工作格局。全省检察机关要着力在五个方面下功夫：

（一）要在转变执法观念上下功夫

全省检察机关和全体检察干警要自觉适应执法办案面临的新形势、新任务和新要求，进一步统一执法指导思想，更新执法观念，以适应时代进步要求、适应社会主义法治理念要求的执法理念、观念指导执法办案工作，自觉做到严格公正、规范文明执法。要牢固树立人权观念，依法保障公民包括犯罪嫌疑人、被告人的人权不受侵犯。检察机关作为法律监督机关，在维护人权方面要做得更好，自身规范要更加严格。要坚持与时俱进，自觉摆脱传统错误观念的束缚，坚决摒弃“重打击犯罪、轻保障人权”、“重实体公正、轻程序公正”、“重口供、轻证据”、“重突破案件、轻规范办案”以及搞司法神秘主义、抵制监督制约，就案办案、机械执法等错误思想和执法陋习。要牢固树立理性、平和、文明、规范的执法新理念，端正执法态度，提升执法水平，客观公正行使检察权。要坚持办案数量、质量、效果、效率、规范、安全的有机统一，坚决防止相互割裂、顾此失彼，防止以一个倾向掩盖另一个倾向，从一个极端走向另一个极端，绝不能为了片面追求办案力度而放松了对规范执法的要求。要牢固树立“三个效果统一”的观念，在保证法律效果的前提下，争取最佳政治效果和社会效果，自觉防止将执法办案的法律效果、政治效果和社会效果对立起来。要主动适应信息化条件下执法办案工作，主动适应实行全程同步录音录像对执法办案提出的新要求，树立在“镜头下”办案的观念，努力提高办案能力和水平。检察机关的办案部门应当成为能办案、敢办案、办大案，并且始终坚持文明办案、理性执法。要按照这样的要求加强侦查队伍建设，培养、选拔和宣传推广这样的先进典型，清理整改不足之处。

（二）要在健全完善并落实制度规范上下功夫

近年来，省院制定了一系列促进规范执法的制度规定，高检院制定出台了《检察机关执法工作基本规范》等重要文件，为检察机关规范执法提供了制度依据，促进了执法行为的不断规范。抓规范执法，根本在制度，关键在落实。我们必须继续高度重视制度建设，进一步健全完善相关制度，形成长效机制，将执法办案工作置于严密的制度约束之下。但更重要的一点是，要狠抓制度规范的贯彻落实，真正发挥制度规范的作用。从一些地方发生违法违规办案的情况看，都与相关制度规范落实不到位甚至不落实、不执行直接相关，这也充分表明了当前抓制度落实的极端重要性、紧迫性。全省检察机关要扎实抓好执法办案各项制度规范的贯彻落实，认真学习、把握制度规范的内容和要求，原原本本、不折不扣地执行制度规范。省院和市级院要加强对制度规范执行情况的监督检查，坚决纠正在执行落实中降低要求、断章取义、各取所需、打折扣执行的现象。要严格执法规范性文件制定权限和程序，防止政出多门，防止在制度执行中出现“层层做减法”和变通适用的情况，确保制度规范的完整性、统一性、科学性和权威性，为严格规范执法奠定坚实基础。

（三）要在健全执法管理上下功夫

强化执法管理是促进执法规范化建设的重要手段。抓执法管理，首先必须在抓执行、抓落实上下功夫。全省检察机关特别是各级检察长，要按照省院《指导意见》的要求，将实行案件统一、归口、专门管理、加强办案流程管理、加强办案质量管理、完善执法考评管理、完善线索集中管理、完善扣押、冻结涉案款物管理、完善办案安全管理等各项执法管理要求落实到位，通过强化执法管理促进规范执法。要按照省院下发的《关于推进“强化检察管理年”活动的通知》要求，明确“落实、增效、规范、创新”的目标任务，进一步研究解决执法管理中存在的突出问题和薄弱环节。

这里，我强调一下执法管理中必须注意的三个问题：

一是进一步健全和完善检察机关同纪检监察机关在办案中的协调配合、案件移交等工作制度。检察机关必须坚持党委统一领导、党政齐抓共管、纪委组织协调、部门各负其责、依靠群众支持和参与的反腐败领导体制和工作机制，在有关办案协作、案件移送中坚持“权责一致、各负其责、互相配合、同级联系”的工作原则。要

按照中纪委、高检院和省反腐败协调领导小组的有关规定，在执法办案中为纪检监察机关提供必要的协作和配合。为使检察机关和纪检监察机关在办案中的协调配合更加有利，根据省委反腐败案件协调小组有关文件精神，应当重申三条：（1）依法办案，要保证依法提供协作配合。（2）分工履职，检察机关的具体办案工作应当在检察机关的组织领导体系下独立开展，在办案中不得混淆管理审批程序、相互替代职责、相互借用办案手段等。（3）协调有序。检察机关同纪检监察机关的联系配合采取同级联系原则，上级机关需要对方下级机关办理案件、提供协作、借用人员等，应当与相对应的同级上级机关相互联系协商。下级检察机关收到需要同上级检察机关联系的事项，应当向上级院报告，上级院要进行协调。

二是进一步规范行贿犯罪案件的办理工作，实行受贿和行贿犯罪案件统一办理原则。这是因为受贿行贿相互联系，不能割裂，无论是受贿案先办行贿案后办，还是行贿案先办受贿案后办，或者是两者同时办，都应当坚持统一办理原则。按省院有关线索管理的规定，对受贿罪案件线索实行分级管理，对有关行贿犯罪线索也应当按相对应的原则管理，办理受贿案件的检察机关，同时办理所涉及的相关行贿案件，下级检察机关未经上级检察机关交办或者指定管辖，不得受理、办理不属于本院管辖的行贿犯罪案件。上级检察机关对下交办行贿犯罪案件的，对下级院办理行贿案件工作实行统一管理。

三是进一步规范指定异地管辖。严格按照省院规定的四种情形规范异地管辖，同时附加一条，明确对存在执法不规范问题、未配备必要的技术装备特别是同步录音录像设备、或者虽然配备但不按照规定使用的，上级院不得指定管辖案件。实行市级院指定异地管辖的案件报省院备案审查制度，由省院侦查指挥中心具体负责。

（四）要在强化监督制约上下功夫

构建对自身执法办案的完整监督制约机制，切实加强对执法办案的监督制约，才能及时发现、有效监督、坚决纠正执法办案中的违法违规问题。各级检察机关和全体检察干警要牢固树立监督者更要接受监督的观念，坚持把强化自身监督与强化法律监督放在同等重要的位置来抓。要在自觉接受外部监督的同时，落实各项内部监督制约措施，健全完善对自身执法办案的内外部监督制约体系。检察机关公诉、侦监、批捕、监所检察、警务、检察技术等部门要强化监督制约意识，对自侦办案工作既要加强协作配合，又要加强监督制约。反贪、反渎部门要牢固树立接受监督的观念，自觉接受内部监督制约。纪检监察（检务督察）部门要注重提高监督能力和水平，增强监督工作的实效。各级检察长和检察领导干部要支持有关内设机构在执法办案中开展监督制约，不能压制有关内设机构提出监督意见，更不能带头抵制监督。省院决定成立 3 至 4 个专门的巡视督察组，定期在全省进行检查、督查、暗访和案件评查等，强化检查督导工作，有效监督纠正发现的执法不规范问题。

（五）要在改善落实执法保障上下功夫

各地要深刻认识到规范执法是有成本的，需要资金来保障，需要投入来落实。一些基层院甚至市级院不能按照要求配备同步录音录像等设备，怎么能保障规范执法？各级院要积极争取党委政府支持，进一步加大检察经费保障力度，防止以收定支，以罚没款、政法转移支付资金冲抵预算拨款，上进下退等问题，消除受利益驱动违法违规办案的深层次诱因。要坚持加强办案基础设施和业务装备保障，加大经费投入，解决同步录音录像工作中设备不到位、不齐全、不管用等问题，按照高检院的新标准推进“两房”建设。要加强与公安机关的协调配合，协调解决录音录像等技术装备不能进入看守所的难题，省院和各级院要加大协调和推动工作部署落实的力度，尽快在看守所内建设标准化讯问室和同步录音录像室。总之，要把有限的财力、物力向检察业务、执法办案一线倾斜，为规范执法提供有力保障。

三、健全制度机制，强化责任追究，确保“四个绝对禁止，一个必须实行”办案纪律的有效落实

“四个绝对禁止、一个必须实行”的办案纪律是省院根据一个时期以来发生的执法不规范的实际情况，有针对性地提出的，也是

在当前执法条件下检察机关必须做到的，否则就会被动，就会失利，就会失去公信力。但是遗憾的是，根据检查的实际情况看，全省检察机关执行和落实的并不理想，仍然需要提高认识，健全机制，明确责任，继续推动落实。

（一）健全完善长效机制，切实增强贯彻落实“四个绝对禁止、一个必须实行”办案纪律的实效性

我们必须研究推行一些在执法办案中躲不开、绕不过、免不了的措施和办法，对规范执法进行严密规制，形成一种规范执法的长效机制，形成一种规范执法的“倒逼机制”。

在强化办案安全、文明办案、规范办案以及实行讯问同步录音录像等方面要明确或者重申的要求、措施和办法主要是：（1）对办案区域实行视频监控。这是同步录音录像系统以外的另一个独立监控系统。在现有信息系统基础上，进行一定的投入和技术改造，对全省各级院办案区的讯问室、询问室、指挥室、备勤室、暂押室、医务室、走廊、厕所等部位实行全天候视频监控，由省院、市级院集中控制、监控、影像存储；设在公安看守所的检察机关讯问室也要实行视频监控，逐步联入检察机关视频监控系统。（2）逐步落实讯问室实行“强制物理隔离”，使讯问人员同被讯问者不能有肢体接触。看守所的检察院讯问室、新建的办案区讯问室必须一律实行“强制物理隔离”；已建成的办案区，要分步骤有计划地进行改造。（3）遵守法律和有关规定对讯问、询问的具体要求。高检院、省检察院的有关规定都明确要求，严禁将办案区作为羁押、留置犯罪嫌疑人、被告人或者其他涉案人员的场所。在办案区讯问时间严格按照有关规定不能超过12小时，不得超时讯问或者在办案区进行羁押、留置；询问不得限制被询问人的人身自由，不得进行拘禁、留置或者变相拘禁、留置；拘留、逮捕后的讯问必须在看守所进行，必须遵守看守所的管理规定按时还押，保证每天至少安排犯罪嫌疑人还押休息6至8小时。（4）实行审押分离。提押、还押、看管等职责应当由司法警察负责，没有按规定配备司法警察力量或者实行编队管理的，应当限期进行整改。（5）规范办案区设施设备。坚决

禁止办案区配备、购置、改制可能导致刑讯逼供或者变相刑讯逼供的设施设备，同时警械的使用要严格遵守有关规定。(6) 驻所检察室履行监督职责。驻所检察室对自侦部门在看守所提审讯问犯罪嫌疑人应当登记，对还押情况进行监督，对超时讯问应当预警提示。(7) 依法保障律师的会见权等执业权利。严格执行《律师法》关于律师会见的规定，自犯罪嫌疑人被第一次讯问或者采取强制措施之日起，律师有权会见犯罪嫌疑人、被告人并了解有关案件情况，检察机关应当依法安排。(8) 试行建立集中管理的办案区。有条件的市级院，可以根据办案工作的实际需要，在中心城区试行建立集中管理的办案区，供市级院和若干基层院使用，实现对办案区的集中规范管理。集中管理的办案区的建设和管理模式由省院和有关市级院共同研定。(9) 严格执行非法证据排除规则。今后凡是反映检察机关办案存在刑讯逼供行为、要求排除非法证据的，检察机关都要认真核查。经核查反映属实的，要依法排除、不予认定，而且要严肃追究相关办案人员的责任；经核查不存在刑讯逼供行为，证据合法有效的，要充分做好各方面的应对工作，不能仓促上阵，使办案工作陷于被动。(10) 实行提讯和同步录音录像时间登记制度。对讯问笔录司法文书进行改革，增加提讯和同步录音录像起止时间填录栏目，讯问笔录必须准确记录提讯和同步录音录像的起止时间。(11) 实行审录分离。同步录音录像录制工作应当由检察技术部门派员负责；受条件限制只能由自侦部门干警录制的，必须经检察长批准。(12) 实行违法违规讯问笔录排除入卷制度。对内容造假、私自涂改、记载讯问时间地点不实、取得程序不符合程序的讯问笔录，一律排除入卷，不能作为证据使用；没有本次提讯全程同步录音录像的讯问笔录，也应当排除入卷。排除入卷由侦查、批捕、公诉部门分别审查确定。对没有本次提讯全程同步录音录像的讯问笔录排除入卷制度，全省检察机关自今年10月起执行，不开口子、不留余地。

(二) 严肃责任追究，增强“四个绝对禁止、一个必须实行”办案纪律的执行力

坚持从严治检，对发生的违法违规问题严肃处理，依法依纪依

规进行责任追究。各级院要进一步明确每个执法岗位和执法行为的执法责任，通过严格考评、严肃查处、严明纪律，将办案制度真正落实到每个部门、每个干警、每个具体案件、每个办案具体环节。各级院纪检监察部门对执法办案中发现的刑讯逼供、暴力取证、非法拘禁、滥用强制措施和变相体罚虐待等侵害当事人人身权利的行为，受利益驱动，违法违规办案，查封、扣押、冻结、处理涉案款物的情况，办案区、看守所审讯室不按照规定要求实行全程录音录像的情况，利用职务上便利接受案件当事人吃请、送礼、娱乐性消费等情况，要严格按照有关规定，严肃追究相关人员责任，对后果严重、造成恶劣影响的，在查处直接责任人的同时，要按照党风廉政建设责任制和领导干部问责制的有关规定，追究有关领导的责任。同时，进一步健全和完善重大事件报告制度，严格执行高检院今年6月下发的《关于加强紧急重大事件报告工作的通知》的规定，及时向上级检察机关报告紧急、重大事件；发生涉案人员死亡事故的所在单位检察长、纪检组长到上级院检讨说明情况。

四、提振精神，加强领导，推动强化监督管理、促进规范执法要求的贯彻落实

全省各级检察院要根据中央、省委、高检院和省院关于加强执法规范化建设的部署要求，敢于担当、勇于面对，以一种崭新的精神风貌迎接新的挑战。

第一，各级院领导要高度重视认真抓好执法规范化建设。各级院党组特别是“一把手”要坚持把强化监督制约、促进规范执法始终摆在重要议事日程，始终绷紧“规范执法”这根弦，高度重视推进执法规范化建设。要紧密结合自身实际，逐条逐项进行梳理整改，做到有什么问题就解决什么问题，什么问题突出就重点解决什么问题。要细化整改措施，执法行为不规范的，要下力气纠正刑讯逼供、暴力取证等违法违规现象；制度纪律不落实的，要切实加强对有令不行、有禁不止、检令不通等问题的整改；执法管理不严格的，要认真研究解决办案区管理、扣押、冻结款物管理等方面的问题；监

督制约不到位的，要坚决监督纠正制度规章执行不严、对违纪违法苗头性、倾向性问题失之于软、失之于宽等问题。要积极健全完善长效机制，全面推进执法规范化制度体系建设。检察领导干部特别是检察长要加强对干警的严格管理、教育和监督，深入开展理想信念教育、先进执法理念教育、学习《检察机关执法工作基本规范》等活动，打牢干警公正廉洁规范执法的思想基础；要积极发挥表率示范作用，带头执行制度规定，带头接受监督制约，带头规范文明办案。

第二，要强化上级院对下级院执法办案的监督。前不久，高检院下发了《关于强化上级人民检察院对下级人民检察院执法办案活动监督的若干意见》，再次强调了要严格执行上级院关于执法办案工作的各项决定和部署、严格执行执法办案有关审批制度、严格执行和完善备案审查制度、严格执行和完善请示报告制度、进一步推进检察工作一体化机制建设、进一步完善执法办案工作考评和监督机制、严格执行和完善责任追究机制 7 个方面要求的 26 条具体措施。这是强化监督制约，促进规范执法的一个重要文件，全省检察机关要从落实检察机关领导体制、推进检察工作一体化机制建设、保障检令畅通的高度认真抓好文件的贯彻执行。上级院要切实担负起对下级院执法办案活动的监督职责，对下级院执法办案中的错误决定和违法违规行为要及时予以监督纠正，对下级院报批、报备的案件和事项要进行严格审查，对下级院的执法办案要认真开展工作考评、专项检查、案件评查、同步监督等各项执法监督工作，充分发挥上级院在强化内部监督、促进规范执法方面的重要作用。下级院要强化组织观念，自觉接受上级院对检察工作的领导，自觉接受上级院对执法办案活动的监督，严格执行上级院关于执法办案工作的各项决定和部署，该报批的要报批，该报备的要报备，该请示的要请示，该报告的要报告，严禁有令不行，有禁不止。

第三，要积极发挥考评标准的导向作用。长期以来执法办案的工作经验和教训一再表明，坚持执法办案数量、质量、效果、效率、规范、安全六个方面的有机结合，确保法律效果、政治效果和社会

效果有机统一，是实现检察工作自身科学发展、更好地服务党和国家工作大局的必然要求。各级检察院特别是各级领导和办案部门，要自觉处理好加大办案力度和搞好执法规范化的关系，不能将两者对立起来。我省一些地方的实践证明，将两者统一起来是可能的、可行的、可信的。要把考评总体工作与考评执法办案单项工作有机结合起来，在实践中不断完善考评标准和考评方法，在保持一定办案数量、不断提高办案质量、讲求办案效率的基础上，重点加强对规范执法、安全办案的考核，凡出现违法违规办案、办案安全事故的，实行全年执法办案工作考核的一票否决制。要通过建立科学考评体系，引导各级院统筹处理以上六个方面重大关系，走一条既确保执法办案的法律效果，又切实增强执法办案政治效果和社会效果的新路子。

第四，要加强对规范执法办案的督促检查。要根据中央、省委、高检院和省院关于加强执法规范化建设的要求部署，采取有效形式，加大制度落实情况的监督检查力度，加大对违反规定人员的责任追究力度，形成用制度管权、以制度管事、靠制度管人的工作机制，确保制度规范落实到每一个基层单位、每一个办案人员和每一个执法环节，切实解决“铁律不铁、禁令不禁”的问题，确保检察干警牢守底线不违法、不踩红线不违纪、不越警戒线不违规。加强省市两级院执法巡视督察工作，通过定期检查、巡视、暗访、案件评查等方式，深入了解检察机关和检察干警执法思想、执法行为、执法作风状况，及时发现和纠正违纪违法问题。在检察长换届考察、干部选拔任用方面，要将本人和所在部门遵守规范执法的规定情况列入考察内容。

第五，要提振精神，保障执法办案工作健康发展。今年上半年，在全省检察机关的共同努力下，我省检察工作特别是执法办案工作取得了新的进展，为完成全年任务打下了好的工作基础。当前正处年中，是开展今年各项检察工作的“黄金期”，各项工作也在紧张进行之中，任务相当繁重。全省检察机关要始终保持振奋的精神状态，深入贯彻年初全省检察长会议精神，按照“八个紧紧围绕”的要求部署，全面推进各项检察工作。要坚持服务大局，发挥检察职能作用，服务全省经济社会又好又快发展。要坚持依法履职，积极主动地开展执法办案和法律监督工作，确保全年工作任务的顺利完成。

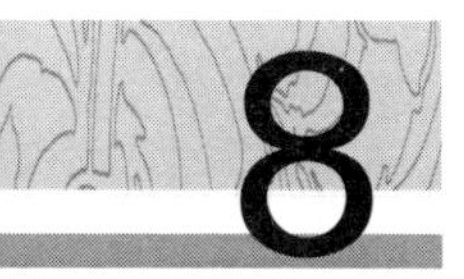

8 规范执法行为，强化自身监督，进一步提高执法公信力*

近年来，湖北检察机关认真贯彻中央、高检院、省委的要求部署，坚持不懈地抓执法规范化建设。今年以来，我们针对实际中执法不规范的突出问题，细化措施，认真整改，落实强化监督管理、促进规范执法 22 项任务，进一步提高了检察机关执法公信力。

一、明确思路，常抓不懈，持续开展专项治理

2006 年以来，我们按照“两长一本”，即“坚持长期治理、健全长效机制、落实治本措施”的工作思路，先后组织开展“三个专项治理”、扣押、冻结款物专项检查、“严肃法纪、严守规章、强化管理”专项教育整顿活动、“反特权思想、反霸道作风”专项教育暨检风检纪整肃活动等，深入推进执法规范化建设，着力提升执法公信力。在开展“三个专项治理”活动中，坚决纠正受利益驱动违法违规办案、不文明办案、办案安全隐患对规范执法冲击最大的三个主要方面。在扣押、冻结款物专项检查活动中，树立保护公民人身权利和财产权利并重的意识，坚决纠正群众反映强烈的违法违规扣押、冻结、处理涉案款物行为，相关做法三次在全国介绍经验。在“严肃法纪、严守规章、强化管理”专项教育整顿活动中，坚决纠正法纪观念不强、制度执行不严、管理工作不到位等现象。通过持续的、不间断的专项治理，有效遏制了执法不严、不公、不廉现象的发生，促进了执法规范化建设。

---

* 2011 年 12 月 22 日敬大力同志在全国检察长会议上的发言。

二、直面“顽症”，举一反三，解决执法不规范的突出问题

虽然持续不断地狠抓规范执法，但我们也清醒认识到治理工作的长期性、反复性和艰巨性。在实践中，我们深刻体会到，刑讯逼供不文明办案、受利益驱动违法违规办案、办案区安全隐患，办关系案人情案、同步录音录像不到位五个问题是经过反复强调、长期治理，但仍不断反弹、难以根治的“顽症”。为了迎接刑事诉讼法、律师法修改、两个证据规定出台等带来的新挑战，切实解决执法办案中的突出问题，提出并落实“四个绝对禁止、一个必须实行”的办案纪律，即绝对禁止刑讯逼供和暴力取证；绝对禁止违法违规扣押、冻结及处理款物；绝对禁止在办案区违法违规关押犯罪嫌疑人，或者将已经关押在看守所的犯罪嫌疑人违规提押到办案区进行讯问；绝对禁止接受吃请、收礼，为犯罪嫌疑人或有关请托人通风报信、出谋划策；必须实行讯问职务犯罪嫌疑人全程同步录音录像，不安排录音录像不得进行讯问，每次讯问笔录都要准确记载实行全程同步录音录像情况。全省检察机关层层签订承诺书，明确各级各部门在落实“四个绝对禁止、一个必须实行”办案纪律中的职责，进一步规范了执法行为，提升了执法公信力。

今年 6 月以来，省院党组坚决贯彻中央、高检院、省委的指示精神，正视问题，痛下决心，迅速行动，扎实整改。一是针对思想认识不到位的问题，省院连续三次召开专题会议，传达领导重要指示精神，通报事件处置情况，教育和引导广大干警深刻认识违法违规办案的严重危害性，规范文明执法的极端重要性，整治突出问题、建立健全机制、抓好制度落实的现实紧迫性，切实提高全体干警特别是各级院领导干部的思想认识。二是针对查找问题不深入的问题，省院要求三级检察机关结合暴露的问题，开展拉网式专项检查，省院听取各市州分院关于各地规范执法行为、落实办案纪律工作情况的专项工作报告，并进行认真评议，督促各地逐条逐项梳理，切实找准存在的突出问题。三是针对整改措施不完善的问题，从今年 9

月开始，在全省检察机关开展为期半年的规范执法教育和整顿执法作风活动，把握学习培训、查摆整改、督促检查等重点环节，开展教育整顿活动；省院教育整顿活动领导小组每月听取工作汇报，提出具体要求，推动活动不断深入。省院专门成立4个巡视督察组，由厅级干部带队，深入全省市县两级院，采取现场检查、检务督察、暗访抽查、案件评查等，监督纠正发现的执法不规范问题，着力解决“铁律不铁、禁令不禁”的突出问题，促进了各项规章制度的落实。

三、多管齐下，源头治理，构建“五位一体”工作格局

努力构建以执法办案为中心、以制度规范为基础、以执法管理为前提、以监督制约为关键、以执法保障为条件促进检察机关公正廉洁执法“五位一体”工作格局。一是执法办案。践行理性、平和、文明、规范的执法观，坚持以业务工作为中心强化执法办案，规范执法行为，改进执法方式，严格依法办事，做到有法必依、执法必严、令行禁止。二是制度规范。不断完善业务规范，细化执法标准，加强规范性文件管理，明确凡属执行法律、司法解释、政策和检察工作体制与机制改革的检察工作规范性文件，除高检院制定以及部分由省院制定的以外，市州分院原则上不再制定，基层院一律不再制定，切实提高制度规范的执行力。三是执法管理。强调实现从侧重整治向整治与管理相结合，更加注重管理的转变，省院成立执法管理与监督委员会，委员会下设办公室，由一名检察委员会专职委员担任主任，案件管理办公室主任、职务犯罪大要案侦查指挥中心办公室主任和执法监督处处长担任副主任，按照“全面管理、分工负责、统筹协调”的原则，切实加强执法管理工作。四是监督制约。加强各业务部门之间的内部制约，加强纪检监察和检务督察部门对执法办案的监督制约，加强上级院对下级院的领导与指导，加强业务部门执法办案中的自身监督，完善接受外部监督制约机制，完善自身执法办案的内外部监督制约体系。五是执法保障。把有限

财力更多地向公正廉洁执法方面倾斜，加强办案基础设施建设，优先配齐办案所需的设备，加快科技项目在执法办案中的应用，消除执法不公、不廉、不规范、不文明的深层次诱因。我们按照“五位一体”的要求，既相对独立，从五个方面来着手，各自细化措施加以推进；又统筹兼顾，将五个方面作为有机整体来考虑，形成公正、廉洁、规范、文明执法的合力。

四、健全制度，强化措施，形成规范执法的“倒逼机制”

为了从根本上解决执法不规范的“顽症”，我们高度重视发挥长效机制的治本作用，研究推行了一系列在执法办案中躲不开、绕不过、免不了的措施和办法，对各个环节进行严密规制，形成一种规范执法的“倒逼机制”。在加强基础设施建设方面，省院与省公安厅协调，在全省 97 个看守所设置检察机关讯问室并开展同步录音录像设施建设；对全省各级院办案区的讯问室、询问室、指挥室、走廊、厕所等部位实行视频监控“全覆盖”，由省院、市级院集中控制、监控，省院对全省 130 个办案区的所有监控点集中录像存储 3 个月，市级院对所辖基层院办案区的监控点集中录像存储 6 个月；实行讯问室“强制物理隔离”，讯问人员区域和犯罪嫌疑人区域分别设门，两个区域之间完全隔离，确保讯问人员和被讯问人不能有任何肢体接触。在讯问、询问管理方面，严禁采取询问、传唤、拘传连续交替使用等方式变相拘禁犯罪嫌疑人；讯问已拘留、逮捕的犯罪嫌疑人，应当在看守所进行并接受驻看守所检察室的监督；在看守所讯问犯罪嫌疑人，应当保证每天至少安排还押连续休息 6 至 8 小时；询问证人，不得限制证人的人身自由，严禁以协助调查取证等名义变相限制和剥夺证人的人身自由。在落实同步录音录像方面，严格按照审录分离的要求实行讯问犯罪嫌疑人全程同步录音录像；每次讯问犯罪嫌疑人时，对讯问全过程实施不间断的录音录像，未安排录音录像不得进行讯问；修改讯问笔录格式，实行提讯和同步录音录像时间登记制度，对没有全程同步录音录像等违法违规讯问

笔录排除入卷。在加强内部监督制约方面，强化上级院对下级院执法办案的监督；监所检察部门对提讯、提押职务犯罪嫌疑人活动实行内部制约；司法警察部门履行提押、还押、看管等职责，并对侦查部门的执法办案活动进行监督制约；纪检监察、检察技术等部门加大内部监督制约的力度。在树立正确工作导向方面，将本人和所在部门遵守规范执法规定情况列入检察长换届考察、干部选拔任用的考察内容，将规范执法情况作为综合考评的重要项目，对执法不规范行为实行"一票否决"或单项工作否定性评价，引导全省检察机关规范执法、文明办案。

五、更新观念，科学引导，探索执法办案的新路子

经过近年来不懈的思想教育、问题整治、机制建设，全省检察机关推进规范文明执法的认识空前一致。广大干警尤其是各级院领导班子自觉践行"六观"、"六个有机统一"的发展理念和执法理念，坚持在执法办案中正确处理数量、质量、效率、效果、规范、安全六个方面重大关系，确保法律效果、政治效果、社会效果的有机统一。全省检察机关变压力为动力，敢于担当，多措并举，努力提升执法能力，在实践中探索出了一条既敢办案、能办案、办大案，又能坚持理性、平和、文明、规范执法的新路子。2006 年至 2010 年，我省查办职务犯罪案件数量呈现持续上升的良好态势，查办大案、要案数一直稳居全国前列，反贪、反渎工作考评纵向比位次上升，横向比排名靠前。今年 1 至 11 月，我省职务犯罪立案数与前三年基本持平，查办了一批有影响的大案要案。我们一方面狠抓规范执法，强化自身监督；另一方面加大办案力度，提高办案质量，推动执法办案持续平稳健康发展的做法，受到了高检院和省委领导的充分肯定。

近期，省院下发专门通知，召开电视电话会议，对强化监督管理、促进规范执法再动员、再部署、再深化，集中精力抓好各项工作部署的落实，着力把执法规范化建设提高到一个新水平，提升检察机关执法公信力。

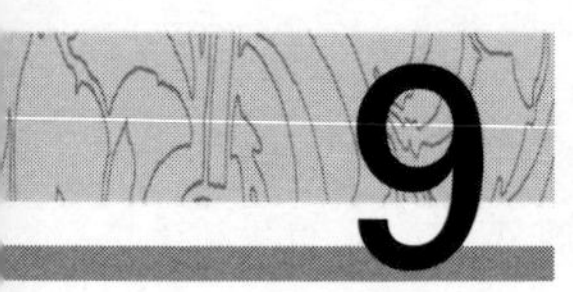

9 狠抓突出问题治理*

关于这个问题，省院党组高度重视，已经多次强调和部署。这里之所以再次强调，一方面，是因为这项工作极其重要，必须常抓不懈、警钟长鸣；另一方面，就是有些问题虽经反复强调但仍有发生，“顽症”仍未根治，必须再次重申、坚决整治。

要进一步提高思想认识。牢固树立人权观念，尊重人格和尊严，依法保障公民包括犯罪嫌疑人、被告人的合法权益。牢固树立法治观念，大力弘扬法治精神，自觉遵法守法，始终以宪法和法律的规定为界限行使检察权，严格依法办案、规范执法行为。牢固树立正确的发展理念和执法理念，靠违法违规换取的案件突破和办案数上升，不是健康发展、只会阻碍检察工作科学发展。要自觉践行“六观”和“六个有机统一”的要求，切实树立理性、平和、文明、规范的执法理念，正确处理办案数量、质量、效率、效果、规范、安全的关系，实现“三个效果”有机统一。

要进一步推进规范执法“倒逼机制”。对各个执法环节进行严密规制，强力推行一系列在执法办案中躲不开、绕不过、免不了的硬办法、硬措施，通过加强基础设施建设、严格讯问询问管理、落实同步录音录像、强化内部监督制约、完善考核考评机制等方式“倒逼”规范执法，发挥长效机制的治本作用。

要进一步强化监督检查。全省各级院要采取有效形式，加大对

---

* 2012 年 2 月 17 日敬大力同志在湖北省检察长培训班暨全省检察机关纪检监察工作会议上的讲话节录。

制度要求落实情况的监督检查力度，加大违反规定人员的责任追究力度，切实增强制度刚性、维护制度权威。省院近期将对各地落实规范执法“三项重点建设”任务情况开展专项巡视督察，提出了明确的验收标准和细致的工作要求、工作方法。各地要下决心加快建设进度、加大落实力度，端正态度、实事求是地汇报情况。经省院统一检查验收合格的办案区，由省院统一发牌；不合格的限期整改，缓建的要有明确计划、列出时间表、不得一缓了之；对不符合标准的办案区，非经检察长批准并落实安防措施，不得使用。

要进一步解放思想、探索创新。当前，法律约束更为“趋紧”、执法环境更为透明等执法外部环境的变化，对检察机关规范执法提出了更高要求和新的挑战，我们必须主动适应，在解决好执法思想、执法作风、监督管理等问题的同时，进一步解放思想、更新观念，在法律规定范围内、从制度执行和政策导向层面加强探索。要综合考量执法办案可能发生的政治风险、社会风险和法律风险，把维护法治和保障人权作为执法办案的优先选项，把严格、公正、文明、廉洁、规范执法作为第一准则。执法办案要依法进行，要正确理解和执行法律有关立案、撤案、采取强制措施的规定，该立案的就要立案，该撤案的就要撤案，该依法采取强制措施的就要依法采取强制措施。对拘留、逮捕等刑事诉讼强制措施既要慎用、也要善用，以保证办案工作的有效、顺利进行。为规范执法、保证办案安全而风险决策所可能造成的失误，除依法应当由检察机关承担的赔偿责任外，按照国家赔偿法等有关法律规定，一般也不对个人追偿和问责。可以思考研究一种“前紧后松”的办案模式，要严格规范立案前的调查、初查程序，要在办案区依法规范办案，降低办案区办案风险。同时，更加及时有效地运用风险决策，依法果断运用立案以及拘留、逮捕等强制措施，并在撤案率、拘留逮捕质量、起诉率等考评指标上予以适当体现，以创新的思路有效治理执法办案中的“顽症”，努力探索一条既敢办案、能办案、办大案，又能坚持理性、平和、文明、规范执法的新路子。

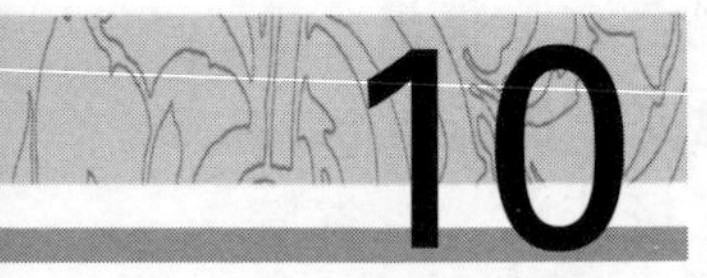

10 狠抓规范执法“三项重点建设任务”的贯彻落实*

省院党组对规范执法高度重视，组织6个工作组对规范执法“三项重点建设任务”的落实情况进行巡视督察，主要目的是通过检查、验收和督促，推动规范执法“倒逼机制”的落实。

巡视督察的主要任务包括两方面：一是检查看守所设置讯问室及同步录音录像设施建设、讯问室“强制物理隔离”、“视频监控全覆盖”的落实情况，这是规范执法24项任务的重中之重。二是检查规范执法24项任务中其他措施的落实情况。

检查验收要有标准。标准分三部分：一是看守所设置讯问室及同步录音录像设施建设；二是讯问室“强制物理隔离”；三是“视频监控全覆盖”。看守所设置讯问室及同步录音录像设施建设标准很明确。讯问室“强制物理隔离”实质上是落实“看审分离”的技术措施，必须有隔离栏、双通道、双区域，实现“看审分离”。对有些地方设调查室、谈话室的情形要予以纠正，按高检院规范要求是只能设讯问室、询问室，不能混设混用，防止形成违法违规关押的隐患。

“视频监控全覆盖”检查的重点有三点：（1）是否全覆盖。探头的设置是否有死角，走道、门口、各个房间都要覆盖，对个别地方提到厕所监控涉及隐私的问题，可采取调整监控角度的办法解决。省院巡视督察组检查时要拿一个标志，在办案区各个位置走一下，

* 2012年2月22日敬大力同志在湖北省检察机关规范执法“三项重点建设任务”巡视督察工作部署会上的讲话要点。

与省院联网看是否有死角。（2）是否连通。基层院是否与上级院连通，是否随意关机，随意断电。（3）是否存储。本院和上级院是否按规定进行存储。

对专项巡视督察工作强调五点要求：（1）坚持原则。巡视督察组是省院党组派下去的，要坚持原则，没有例外。规范执法是大道理，一切小道理都要服从大道理。资金问题不是缓建的理由。（2）全面具体。各巡视督察组要把检查项目事先熟悉一下，不要走马观花，不要大而化之。（3）严格标准。严格按照标准验收，不能私自解释，不能私自通融。（4）加强指导。有的工作任务过去没有，有的地方不明白，要做解释工作。（5）加强调研。检查过程中要注意把有关规范执法需要研究、落实、强化的问题收集上来，提出解决问题的方案和意见。

具体方法问题：第一，巡视督察组先到市级院，先检查市级院，再征求市级院的意见，由市级院排出基层院的顺序，必须在 3 月底之前检查完。要和市县两级院检察长见面沟通，说明这次巡视督察的背景、意义和任务，争取支持。第二，检查过程中，侦查指挥中心办公室、检察技术信息处要配合好，注意检查视频监控是否做到“全覆盖”，有没有死角，各级院相互连通情况怎么样。第三，24 项任务中，“三项重点建设任务”以外其他的内容可以采取抽查的办法检查，例如，违法违规笔录排除入卷可以检查笔录，看笔录是否记录同步录音录像时间，检查存储的光盘等。第四，对于缓建的院，省院都有名单，缓建不是一缓了之，都有承诺，都有时间表，名单和承诺书要发给各巡视督察组，要检查一下承诺的落实情况。第五，对于巡视督察组认为不符合标准的办案区，不发验收牌。对不符合标准的办案区，非经检察长批准并落实安防措施，不得使用。要检查一下该条规定的落实情况。

凡是合格的办案区，由省院统一发牌。不合格的发限期整改通知，缓建的发督促通知，争取尽早建成。关于办案区的使用问题，现在部分办案区是闲置的，侦查指挥中心办公室或警务处要统一协调，可以对各地办案区进行调剂使用。巡视督察组要抓紧时间，基层院较多的可以先下去，要先和市级院沟通，排出顺序来。在 3 月底之前结束检查，监察处对 6 个组的情况进行汇总，向省院党组汇报。

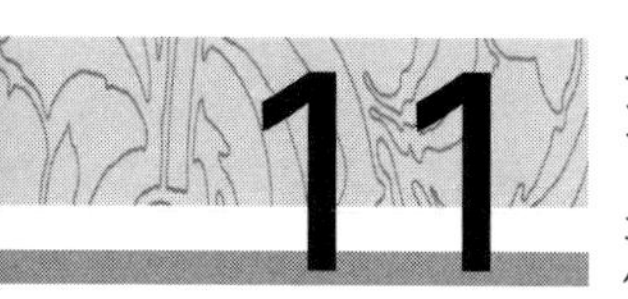

落实24项硬措施，建立规范执法“倒逼机制”*

去年以来，湖北省院坚决贯彻高检院和湖北省领导同志重要批示精神，深刻吸取教训，深入分析一些执法不规范问题反复发生、成为“顽症”的根源，举一反三、探索创新，根据现行法律法规要求，结合修改后的刑事诉讼法关于尊重和保障人权等有关精神及制度安排，研究部署一系列在执法办案中躲不开、绕不过、免不了的硬措施，强力推进强化监督管理、促进规范执法24项任务，对执法办案各环节进行更为严密的规制，形成一种规范执法的“倒逼机制”，努力从根本上解决执法不规范“顽症”，取得了初步成效。

一、完善基础设施建设“倒逼”规范执法

基础设施特别是办案区基础设施建设不到位给刑讯逼供等严重违法违规行为留下了空间、埋下了隐患。为从设施和技术手段层面强化对规范文明执法的保障，湖北省院根据相关法律法规要求，着力从促进规范执法出发，创新基础设施建设。

一是推进看守所讯问室及同步录音录像设施建设。修改后的刑事诉讼法明确规定：犯罪嫌疑人被拘留、逮捕后应立即送看守所羁押；犯罪嫌疑人被送看守所羁押以后，侦查人员对其进行讯问，应当在看守所内进行。去年以来，湖北省院先行先试，积极与省公安厅沟通协商，会签相关文件，在全省97个看守所建设检察机关职务

---

* 2012年3月30日敬大力同志主持撰写的关于湖北省检察机关健全制度机制、强化监督管理，进一步促进执法规范化建设情况的报告。

犯罪案件讯问室，并安装同步录音录像设备。推进这项建设任务，符合修改后的刑事诉讼法精神，能够为贯彻落实刑事诉讼法上述规定提供物质条件保障，建议高检院与公安部联合制定相关规定，在全国推进看守所讯问室及同步录音录像设施建设。

二是对办案区域实行视频监控“全天候”、“全覆盖”。省院参照公安机关看守所建设标准和要求，对全省各级院办案区的讯问室、询问室、指挥室、执勤室、待诊室、接待室、走廊、卫生间等部位以及看守所检察机关讯问室实行 24 小时全天候视频监控，由省院、市级院集中控制、监控，上级院可随时查看所辖检察院办案区状态，省院对全省 130 个办案区的所有监控点集中录像存储 3 个月，市级院对所辖基层院办案区的监控点集中录像存储 6 个月。视频监控与同步录音录像相比较，具有全天候、全覆盖、适时性的特点和优势，有助于上级检察机关和相关部门加强对讯问、询问工作的适时动态监督，能够有效防止和减少违法违规办案问题以及办案安全事故的发生，应当作为确保规范执法的一种发展方向和有效措施，建议高检院在全国检察机关试点推行。

三是实行讯问室“强制物理隔离”。为严格落实刑事诉讼法关于严禁刑讯逼供和以其他非法方法收集证据、不得强迫任何人证实自己有罪的规定，省检察院依据《国家人权行动计划》关于“所有提讯室实施强制物理隔离”的要求，参照《看守所建筑设计规范》，在全省所有办案区和看守所讯问室推行“强制物理隔离”，在办案区建设由讯问人通道和犯罪嫌疑人通道构成的双通道，讯问室内由使用软质材料套包的金属栅栏隔成讯问人工作区和犯罪嫌疑人区域，分别开门，在办案区形成办案人员和嫌疑人各自独立的区域，确保讯问人员和被讯问人不能有任何肢体接触。

对于上述“三项重点建设任务”，省检察院明确规定，经省院统一检查验收合格的办案区，由省院统一发牌；对不合格的限期建设整改；申请缓建的要有明确计划、列出时间表；对不符合标准的办案区，非经检察长批准并落实安防措施，不得使用。

二、严格执法管理"倒逼"规范执法

针对诸多执法不规范问题暴露出的执法管理漏洞，省检察院在去年"强化检察管理年"活动中，把加强执法管理作为重中之重。

一是严格讯问、询问管理。修改后的刑事诉讼法明确规定，尊重和保障人权；严禁刑讯逼供和以威胁、引诱、欺骗以及其他非法方法收集证据，不得强迫任何人证实自己有罪；拘留、逮捕犯罪嫌疑人后应及时送看守所羁押；不得以连续传唤、拘传的形式变相拘禁犯罪嫌疑人，传唤、拘传犯罪嫌疑人应当保证犯罪嫌疑人的饮食和必要的休息时间。省检察院去年制定的《关于进一步规范职务犯罪侦查讯问、询问工作的规定》，在很多方面注重体现前瞻性，参考借鉴刑事诉讼法修正案（草案）内容，与刚刚修订完成的刑事诉讼法关于上述方面的规定和精神是高度一致的。如省检察院规定，传唤、拘传犯罪嫌疑人应当到办案区进行讯问，一次传唤、拘传持续的时间应当遵守刑事诉讼法规定的时限，不得以连续传唤、拘传的方式变相拘禁犯罪嫌疑人，严禁采取询问、传唤、拘传连续交替使用等方式变相拘禁犯罪嫌疑人；对犯罪嫌疑人拘留、逮捕后，应当立即将其送往看守所羁押，严禁在办案区留置、讯问；讯问已拘留、逮捕的犯罪嫌疑人，应当在看守所进行并接受驻看守所检察室的监督，应当保证每天至少安排还押连续休息 6 至 8 小时，严禁违反规定将已羁押的犯罪嫌疑人提押到看守所以外的场所进行讯问；严禁刑讯逼供和以威胁、引诱、欺骗以及其他非法的方法收集犯罪嫌疑人供述；询问证人，不得限制证人的人身自由，严禁以协助调查取证等名义变相限制和剥夺证人的人身自由。为确保上述要求落实到位，全省反贪、反渎部门召开了讯问询问工作专题会议，研究工作措施，加强执法管理，促进规范执法。

二是完善和落实同纪检监察机关办案协调配合、案件移交等制度。贯彻落实《湖北省反腐败案件协调工作办法（试行）》规定，坚持"权责一致、各负其责、互相配合、同级联系"四条原则，准确把握依法办案、分工履职、协调有序三项具体要求，确保在依法规范的前提下做好各项协调配合工作。

三是进一步规范行贿犯罪案件办理。省检察院专门下发通知，强调受贿和行贿犯罪案件统一办理原则，行贿犯罪案件应当由办理相应受贿犯罪案件的检察机关查办，下级院未得到上级院授权不得越权办理。

四是进一步规范指定异地管辖。省检察院下发通知对指定异地管辖的条件进行了重申，并规定对存在执法不规范问题、未配备必要的技术装备特别是同步录音录像设备或者不按照规定使用的，上级院不得指定异地管辖案件。

三、落实同步录音录像“倒逼”规范执法

修改后的刑事诉讼法明确规定，讯问犯罪嫌疑人可以进行录音或录像，对可能判处无期徒刑、死刑的案件或者其他重大案件应当进行录音或录像，录音或录像应当全程进行、保持完整性。省检察院在相关规定中体现了这一要求，作出了更为严格的规定，强调每次讯问犯罪嫌疑人时，必须对讯问全过程实施不间断的录音录像，未安排录音录像不得进行讯问。为保证同步录音录像要求落实到位，省检察院还探索建立了一些制度。一是实行审录分离制度。规定侦查讯问工作和录音录像应由不同部门人员承担，讯问工作由侦查部门负责，录音录像工作原则上由技术部门负责，没有技术部门的基层院经检察长批准可以由自侦部门非办理本案人员负责，看守所内的同步录音录像由监所部门负责。二是规范讯问笔录格式。省检察院制定下发《关于印发修改后的讯问笔录格式的通知》，实行提讯和同步录音录像时间登记制度，要求全程同步录音录像的情况在讯问笔录中注明。三是规范录音录像资料保管。要求各地按照卷宗化管理的要求对同步录音录像视听资料统一设计包装，规范存放方式。四是实行不符合录音录像要求等违法违规讯问笔录排除入卷。规定对于没有本次审讯全程同步录音录像、私自涂改内容或者记载内容与本次审讯全程同步录音录像内容严重不符等情形，坚决排除入卷，并相应规定侦查、批捕、公诉等部门责任，以此确保修改后的刑事

诉讼法等法律法规关于录音录像规定的落实。

四、强化内部监督制约“倒逼”规范执法

省检察院根据高检院关于加强内部监督制约的相关规定，采取了一些新办法、新举措，进一步健全和完善检察机关自身执法办案活动的监督制约体系。一是强化驻所检察室制约职责。制定出台《关于对提讯、提押职务犯罪嫌疑人活动实行内部制约的规定（试行）》，规定驻看守所检察室对办案部门在本看守所提讯、提押职务犯罪嫌疑人实行内部制约，由驻所检察室严格掌握提讯、提押条件，对提讯开始时间、预定还押时间、实际还押时间、讯问人和被讯问人等情况进行登记，并承担超时预警提示和报告等职责。二是实行审押分离。制定出台《关于进一步做好审押分离工作的通知》，明确讯问、询问以及接待有关知情人员等由办案人员负责，押解、看管犯罪嫌疑人、被告人、维护办案工作区秩序和办案工作区的安全警戒由司法警察负责，司法警察与办案人员在讯问、询问等工作实行互相监督制约、相互协作配合。三是积极探索开展巡视督察。探索实行巡视与检务督察相结合的工作模式，制定下发《湖北省人民检察院巡视督察组工作办法》，成立五个巡视督察组，由厅级干部担任组长，以遵守办案程序和办案纪律、落实办案安全防范措施等为经常性重点检查内容，加大现场检查、检务督察、暗访抽查、案件评查等工作力度，积极发挥纪检监察部门在促进规范执法中的重要作用。巡视督察组自成立以来，组织开展了多次全省性执法检查活动，并逐步使这项工作常态化。

五、完善考评考核机制“倒逼”规范执法

将规范执法作为重要指标纳入工作考评、干部考核之中，引导检察人员自觉做到理性、平和、文明、规范执法。一方面，将规范执法工作纳入检察工作综合考评。在制定出台的《湖北省人民检察院考核评价市州分院检察工作实施办法（试行）》中，明确提出“对出现市州分院领导班子成员违法违规办案受纪律处分或刑事追

究，市州分院因违规违法办案造成极其严重的后果，所辖基层院因违规违法办案造成极其严重的后果的”实行“一票否决”，不得评定该年度“检察工作考评先进单位”；对于发生因违法违规办案造成涉案人员自杀、自伤、行凶等12种不规范执法办案情形的，实行单项工作否决性评价，努力通过健全科学考评体系树立规范文明执法的导向。另一方面，将规范执法纳入检察长换届和干部考察。下发《关于将本人和所在部门遵守规范执法规定情况列入检察长换届考察内容的通知》，将执行检察机关执法工作基本规范、省院“四个绝对禁止、一个必须实行”办案纪律、贯彻落实上级院关于规范执法的精神和要求等内容纳入考察范围，引导各级检察领导干部特别是检察长以身作则、当好规范文明执法表率。

六、解放思想、探索创新，促进规范执法

我们分析认为，当前执法不规范问题屡禁不止的原因是多方面的，但是，其中一个重要原因就是在办案工作中掌握和执行立案、拘留、逮捕、撤案等法定制度的标准过严过紧，导致实践中往往以拘留逮捕标准作为立案标准、以起诉判决标准来作为拘留逮捕标准。这种标准的“前移”导致很多符合立案条件应该立案的而不立案，符合拘留逮捕条件应该拘留逮捕的而不拘留逮捕，但同时又在办案中“前移”办案手段和措施，采取了一些应当在立案、拘留、逮捕之后才能够采取的方式方法，也就造成了违法违规办案。造成这种现象的主要原因在于考评导向对撤案率、起诉率、错案责任追究等考核要求控制过高过严，逼迫办案人员为了提高所谓的案件质量而超阶段提前使用一些办案方法手段、在办案区违法违规获取口供和证言，造成不破不立等现象，在客观上形成了一种在立案前对规范执法要求松、对突破案件要求过紧的“前松后紧”的办案模式。为解决这种“前松后紧”问题，湖北省院进一步解放思想，积极从法律制度执行层面加强探索创新。明确提出应综合考量执法办案可能发生的政治风险、社会风险和法律风险，把维护法治和保障人权作为执法办案的优先选项，把严格、公正、文明、廉洁、规范执法作

为第一准则。强调要正确理解和执行法律有关立案、撤案、采取强制措施的规定，该立案的就要立案，该撤案的就要撤案，该依法采取强制措施的就要依法采取强制措施。对拘留、逮捕等刑事诉讼强制措施既要慎用、也要善用，以保证办案工作的有效、顺利进行。同时，省院提出，为规范执法、保证办案安全而风险决策所可能造成的失误，除依法应当由检察机关承担的赔偿责任外，按照国家赔偿法等有关法律规定，一般也不对个人追偿和问责。我们建议高检院探索研究一种“前紧后松”的办案模式，即通过严格规范立案前的调查、初查程序，确保在办案区依法规范办案，降低办案区办案风险。同时，更加及时有效地运用风险决策，依法果断运用立案以及拘留、逮捕等强制措施，并在撤案率、拘留逮捕质量、起诉率、错案责任追究等考评指标上予以适当体现和引导，以创新的思路有效治理执法办案中的“顽症”，提升检察机关执法公信力。

去年以来，我们通过狠抓规范执法 24 项任务的落实，形成规范执法的“倒逼机制”，取得了初步成效。在思想认识方面，全省检察机关对规范执法的认识空前一致，尊重和保障人权的意识得到强化，“加大办案力度和规范执法要求相对立”等错误认识得到进一步澄清，“六观”和“六个有机统一”的发展理念进一步牢固树立，理性、平和、文明、规范执法进一步成为检察人员的自觉行动。在执法能力方面，通过“倒逼机制”，迫使检察人员加快转变侦查观念，调整侦查模式，提高侦查技能，规范和加强初查工作，加强检察信息化建设和装备现代化建设，对实现侦查工作转型升级、提升执法办案能力和水平起到了积极促进作用。在制度机制方面，通过健全完善一系列具有针对性、操作性、创新性的制度规范，形成严密的制度体系，为规范执法提供了更为有效的机制保障。在执法行为方面，检察人员主动接受检察机关内外部的监督制约，严格按照法律和检纪检规办案，执法行为进一步规范，执法作风进一步改进，有效预防和减少了违法违规办案问题以及执法办案风险的发生。在执法办案工作发展方面，通过实践探索出了一条既敢办案、能办案、办大案，又能坚持理性、平和、文明、规范执法的新路子，推动了执法办案工作平稳健康发展。我们整改突出问题、规范执法行为的做法得到了各方面的肯定，在今年全省“两会”上，人大代表、政协委员对检察机关正视突出问题、狠抓执法规范化建设的态度和做法给予积极评价，对省检察院工作报告的赞成率同比上升 7 个百分点。

我们在总结实践经验和教训基础上提出的各项规范执法制度措施，契合了修改后的刑事诉讼法关于尊重和保障人权、非法证据排除等一些重要精神和制度要求。下一步，湖北省院将始终保持清醒头脑、认真贯彻落实修改后的刑事诉讼法和高检院要求，狠抓“顽症”治理不放松，确保各项制度规定的落实，努力促进规范文明执法水平进一步提升。

12 严格实行全程同步录音录像，保障职务犯罪侦查工作平稳健康发展*

近年来，湖北检察机关认真贯彻高检院部署，在持续推进执法规范化建设过程中，始终把讯问职务犯罪嫌疑人全程同步录音录像工作摆在突出位置，作为规范执法“倒逼机制”的重要内容，明确思路，强化措施，完善机制，狠抓落实，有效保障了职务犯罪侦查工作平稳健康发展。

一、深化认识、高度重视，扎实推进全程同步录音录像工作

自2005年高检院部署推行全程同步录音录像工作以来，我们积极从思想、硬件、制度等多方面入手，强力推进这项工作。一是加强思想发动。坚持把提高认识、转变观念放在首位、作为关键环节来抓，不断强化思想教育，正确认识开展这项工作对于规范执法行为、保证办案质量、保障职务犯罪侦查工作顺利进行的重大意义。尤其是“两个证据规定”出台后，针对办理重大典型案件过程中，因同步录音录像缺失或者不完整而遭受的质疑、造成的被动，总结吸取教训，深刻认识到落实这项工作，资金不是问题、技术不是问题、装备不是问题，关键是思想认识问题，以鲜活案例教育引导干警澄清模糊认识，摒弃错误观念，真正实现从不理解到理解、从不愿为向主动为的转变。二是加强组织实施。省院成立专门领导小组，制定工作方案，筹措建设资金，建设设施设备，引进专业人才，全

* 2012年7月18日敬大力同志在全国检察长座谈会上的发言。

力做好组织实施工作。三是加强检查督办。全省统一组织开展拉网式检查，根据检查情况，把同步录音录像设施建设及使用情况作为规范执法“三项重点建设任务”之一，定期通报情况，狠抓督办落实；省院主要领导同志亲自带队，对部分基层院进行突击检查暗访、掌握实情；专门成立6个巡视督察组，开展经常性明察暗访，对发现的问题现场督促整改。四是加强调研指导。针对程序不规范、监督不到位、执行不严格、设施设备建设不达标等问题，召开专题座谈会，实地调研指导，强化推动措施。五是加强验收考评。对办案区同步录音录像和视频监控设施进行统一验收，合格的由省院统一发牌，不合格的限期整改。将同步录音录像情况作为规范执法项目纳入年度考核，依据讯问笔录记载、巡视督察情况等进行严格考评，增强工作导向性和制度约束力。

二、严格要求、破解难题，全面落实同步录音录像制度

坚持按照“全面、全部、全程”的要求，把同步录音录像工作落实到办案区讯问和看守所讯问的全过程。2011年至今，全省办理的2734件职务犯罪案件全部实现全程同步录音录像。一方面，抓好办案区讯问同步录音录像工作。在全省130个检察院办案区安装同步录音录像设备，严格落实“全面”要求，所有检察院毫无例外地做到讯问职务犯罪嫌疑人同步录音录像，不开口子、不讲条件；落实“全部”要求，对所有职务犯罪案件实行同步录音录像，不落一件、不漏一人；落实“全程”要求，坚持对每次讯问全过程实施不间断的同步录音录像，因客观原因无法录音录像的停止讯问，确保资料完整性。另一方面，抓好看守所讯问同步录音录像工作。根据法律规定，讯问被拘留、逮捕的犯罪嫌疑人，除法定情形外，应当在看守所进行。但实践中，在看守所开展同步录音录像工作面临制度、设施、技术等多重难题。有的看守所不允许检察机关录音录像，有的以看守所不配合、没条件为理由不进行录音录像，有的便携式设备质量不过关，有的为录音录像违法违规将犯罪嫌疑人提押到办案区讯问等。针对上述困难和问题，省院积极应对、统筹安排，按

照“四个统一”的原则，全面推进看守所讯问室及同步录音录像设施建设。一是统一制度号令。积极与省公安厅协商、达成共识，联合会签《关于驻所检察室监控联网和职务犯罪案件讯问室建设工作的通知》，在全省97个看守所统一部署推进，有效解决了制度性障碍。二是统一建设标准。制定下发建设方案，每个看守所按至少1间讯问室、1间指挥兼控制室标准建设，安装同步录音录像设备，全省统一遵照执行，确保建设的规范性、兼容性、稳定性。三是统一筹措资金。将该项目纳入科技强检规划，投入2886万元专项资金，统一调拨使用，集中管理监督。四是统一组织实施。省院成立建设专班，统一开展招标采购、设备安装、技术培训等工作，统一建立技术、保密、廉政监督等机制，保证项目建设顺利进行。截至目前，全省除因看守所搬迁等原因申请缓建的外，已有74个看守所建成检察机关讯问室。对申请缓建的地方，明确规定申请缓建期在一年以上的一律不予审批，必须按标准建设；批准在一年以内缓建的，统一配备高质量便携式设备，为看守所讯问同步录音录像工作提供物质保障。

三、双管齐下、加强监督，全面实行办案区视频监控

针对录音录像在实际操作中存在的不确定性和不稳定性问题，我们积极探索创新，参考借鉴公安机关看守所视频监控系统及社区安防监控系统的做法，按“四全”要求对检察机关办案区实行视频监控，与同步录音录像互为补充、形成“双保险”，确保规范执法、文明办案。一是“全覆盖”，在办案区讯问室、询问室、指挥室、执勤室、待诊室、接待室、走廊、办案区门口、卫生间等所有部位安装监控探头，卫生间安装隐形探头、并对视频图像用“马赛克”方式处理，确保全面覆盖、不留死角。二是“全天候”，视频监控系统配备不间断电源，通电自动开机，全天24小时运行，不关机、不断电，适时监控、长年运行。三是“全联通”，通过专线网上下联通，省、市两级院对辖区内所有院、所有监控点实行集中管理控制，用户无法关机，上级院经授权的部门或人员可实时监控。四是

“全存储”，系统自动上传图像、自动存储，并配备大容量存储设备，由省院对全省所有监控点集中录像存储3个月，市级院对所辖监控点集中录像存储6个月，上级院经授权的部门或人员可调取、查验以往任何时间段监控录像。截至目前，已在114个院办案区建成视频监控系统。实践表明，视频监控能够加强上级检察机关和相关部门对讯问、询问工作的适时动态监督，有效减少同步录音录像人为干扰因素，防止违法违规办案问题和办案安全事故发生，促进提高规范文明执法水平。今年6月，全国检察机关职务犯罪侦查预防工作会议要求探索推广湖北实行“四全”视频监控的做法。

四、完善制度、强化管理，确保同步录音录像工作落实

针对同步录音录像工作监督管理不到位、执行打折扣的问题，提出一系列操作性强、有效管用的工作措施，并上升为制度规范，狠抓工作落实。一是提出并落实“四个绝对禁止、一个必须实行”的办案纪律。为解决执法不规范的“顽症”，我们反复重申“一个必须实行”办案纪律，即必须实行讯问职务犯罪嫌疑人全程同步录音录像，不安排录音录像不得进行讯问，每次讯问笔录都应准确记载实行同步录音录像情况。全省检察机关层层签订承诺书，深入开展专项检查，促进解决“铁律不铁”、“禁令不禁”的问题。二是实行审录分离。规定侦查讯问工作由侦查部门负责，录音录像工作原则上由技术部门负责，没有技术部门的由自侦部门非办理本案人员负责，看守所内的同步录音录像由监所部门负责，强化部门之间的监督制约。三是规范讯问笔录格式。下发《关于印发修改后的讯问笔录格式的通知》，增加“全程同步录音录像起止时间”和“全程同步录音录像人签名”两栏，实行提讯和同步录音录像时间登记制度。四是对不符合录音录像要求的讯问笔录排除入卷。对没有全程同步录音录像、讯问笔录记载与同步录音录像内容严重不符等情形，由侦查、批捕、公诉等部门在刑事诉讼各环节分别履行排除职责，坚决排除入卷。五是严格规范管理。规范录音录像工作的通知、录制、交接、复制、调用等各环节文书，统一规定录音录像资料封存

袋样式，严格保管和归档，强化安全保密要求。通过建立健全制度机制，加强了监督、制约和管理，保证了同步录音录像制度严格落实。

五、着眼长远、深入研究，做好贯彻实施修改后刑事诉讼法准备工作

修改后的刑事诉讼法将于明年正式施行。我们根据高检院部署，狠抓学习研究，认真做好实施前相关准备工作，其中对同步录音录像工作形成了一些认识和思考。一是在思想上更加重视。修改后的刑事诉讼法着眼于保障人权，吸收借鉴实践经验，从立法上明确了同步录音或录像制度，并强调全程性和完整性，使这一制度的位阶从司法解释层面上升到国家法律层面，具有了更高的效力和更强的约束力。从这个意义上看，是对同步录音录像工作的更高要求，更应引起重视。我们将把这项工作看得更重、抓得更紧、开展得更扎实。尤其针对修改后的刑事诉讼法“犯罪嫌疑人被拘留、逮捕后应立即送看守所羁押，讯问被羁押的犯罪嫌疑人应当在看守所内进行”的规定，我们将对未完成看守所讯问室建设任务的地方加大督办力度、加快建设进度，对申请缓建的地方实行严格审批，确保新法施行后同步录音录像工作顺利进行。二是在要求上不能放松。与现行规定相比，修改后的刑事诉讼法关于录音或录像的规定较宽松。考虑到职务犯罪案件社会关注度高、证据来源较单一、非法证据排除任务重等特点，考虑到规范执法需要，我们坚决贯彻高检院要求，明确提出要坚持现行标准不后退，继续按照“三全”要求对所有职务犯罪案件讯问过程实行同步录音录像。进一步加大视频监控投入，增配设备，延长监控资料存储时间，使之符合办案周期；增加带宽，提高上传图像分辨率和畅通性。三是在新问题上深入研究。对修改后的刑事诉讼法与录音录像工作相关的其他规定，积极研究应对措施。如指定居所监视居住的同步录音录像，我们初步考虑可利用音像采集移动平台进行。对此，我们将在进一步深入研究论证的基础上，积极向高检院提出建议。

通过扎实推进同步录音录像工作，既规范了执法行为，又保障了职务犯罪侦查工作平稳健康发展，在实践中探索出了一条既敢办案、能办案、办大案，又能坚持理性、平和、文明、规范执法的新路子。高检院和省委多次对我们落实同步录音录像制度、“倒逼”规范执法的做法给予充分肯定，指出湖北检察机关举一反三，切实转变执法观念，推行看守所检察讯问室建设、坚决落实同步录音录像制度、开展办案区视频监控等做法，体现了中央司法改革要求，在执法规范化建设方面走在了全国的前列，在落实修改后的刑事诉讼法方面率先跨出了极其重要的一步。下一步，我们将积极适应修改后的刑事诉讼法要求，认真贯彻本次会议精神，更加扎实深入地开展同步录音录像工作，进一步提高理性、平和、文明、规范执法水平，提升检察机关执法公信力。

13 用法治思维和法治方式促进规范执法*

习近平总书记深刻指出，政法机关要完成党和人民赋予的光荣使命，必须严格执法、公正司法。法治的要义首先是限制权力、防止滥用。检察机关只有坚持法治思维、恪守法律底线、运用法治方式，才能促进自身规范执法，才能承担起宪法和法律赋予的神圣职责使命。

一是切实增强法治观念，筑牢规范执法思想根基。法治观念是依法办案、规范执法的基本前提。检察机关必须把法治精神作为主心骨，带头信仰法治，遵守法治，以事实为依据，以法律为准绳，执法如山，公平如度。必须深刻认识有权必有责、用权受监督、滥权要追究，严格依法行使权力、履行职责，谨慎恪守正当程序，不越权、不滥权，自觉将检察权纳入法治化、规范化运行轨道。

二是探索新模式，走出执法办案新路子。在执法办案工作中努力走出一条既敢办案、能办案、办大案，又能坚持理性、平和、文明、规范执法的良性循环新路子，实现法律效果、政治效果和社会效果的有机统一。坚持把转变执法办案模式作为关键环节来抓，积极推动建立新型检律关系，加强和规范与纪检监察机关的协作配合，建立听取意见、公开审查、听证制度，建立健全“前紧后松”办案模式，加强侦查信息化建设等任务的落实，实现执法办案工作从传统向现代的转型。

---

* 《检察日报》2014 年 5 月 15 日刊载敬大力同志文章。

三是强化制度机制建设，增强规范执法硬性约束。要用法治防止权力滥用，通过制度机制建设，构建对检察机关自身执法办案监督制约的完整体系。积极建立一些在执法办案中躲不开、绕不过、免不了的硬措施，在执法办案各环节设置隔离墙、通上高压线，形成规范执法“倒逼机制”。狠抓制度执行，对违法违规办案发现一起、查处一起，让制度真正成为铁规禁令。

四是强化过硬执法办案队伍建设，提升规范执法能力水平。贯彻“五个过硬”要求，把强化公正廉洁的职业道德作为必修课，引导广大检察人员强化自我约束、坚守职业良知，自觉做到执法为民。深化教育培训和岗位练兵，切实提高办案能力。加强纪律作风建设，坚持从严治检，扎实开展党的群众路线教育实践活动，打造过硬的执法办案队伍。

14 从更高标准、更严要求上开展规范司法行为专项整治*

党的十八届四中全会对"保证公正司法、提高司法公信力"作出重大部署，突出强调要规范司法行为，加强对司法活动的监督，努力让人民群众在每一个司法案件中感受到公平正义。全国检察机关规范司法行为专项整治工作会议从全面推进依法治国的战略高度，深刻阐释了新形势下规范司法行为的极端重要性，对深化司法规范化建设、扎实开展规范司法行为专项整治工作提出了明确要求。我们要切实增强开展规范司法行为专项整治工作的责任感和紧迫感，必须深刻认识到，规范司法和监督行为，是实现司法公正、全面推进依法治国的必然要求。检察机关是国家法律监督机关，是维护公平正义、推动法治建设的主力军、生力军。如果我们自身司法行为不规范，损害的不仅是当事人的合法权益，更是法律的尊严和权威，是人民群众对社会公平正义的信心。只有严格、公正、规范、文明司法，才能有效维护社会公平正义，才能使法治信仰深入人心、使依法治国顺利推进。必须深刻认识到，开展专项整治是推进司法和监督工作规范化建设的基础工程，是促进检察工作长远发展的固本强基之举。专项整治就是要从制度机制、内部管理和监督等方面，进一步规范司法和监督行为，确保检察权依法正确行使，促进提高检察工作法治化水平和检察公信力，为检察工作持续健康发展打下坚实基础。必须深刻认识到，开展专项整治是适应司法环境变化、

* 2015 年 2 月 15 日敬大力同志在湖北省检察机关党风廉政建设和反腐败工作暨规范司法行为专项整治动员部署、案件管理工作会议上的讲话节录。

解决当前检察工作和检察队伍中突出问题的现实需要。要主动适应检察工作任务加重、要求提高、快速发展的态势，必须想方设法解决司法和监督工作不规范的突出问题，建设过硬检察队伍，全面推动检察工作发展进步。全省检察机关一定要从全面推进依法治国大局和检察事业发展全局的高度，深刻认识专项整治工作的重要意义，严格按照中央、高检院部署，结合实际，扎实开展，以此为契机，从更高标准、更严要求上推进司法和监督工作规范化建设，力争走在全国最前列。

一、正确认识规范化建设成绩和存在的问题

近些年来，我们高度重视司法和监督工作规范化建设，提出并落实“坚持长期治理、健全长效机制、落实治本措施”的工作思路，狠抓“四个绝对禁止、一个必须实行”等办案纪律；研究推行一系列躲不开、绕不过、免不了的硬措施硬办法，建立24项规范司法“倒逼机制”；健全自身监督制约体系，切实把检察权纳入全方位监督之中；坚持从工作机制层面规范司法行为，积极构建促进公正廉洁司法“五位一体”工作格局；深入推进司法办案工作转变模式、转型发展，全面落实建立新型检律关系、完善“前紧后松”办案模式等11个方面的任务；深化对诉讼监督工作的规律性认识，针对存在的突出问题，积极推进诉讼监督制度化、规范化、程序化、体系化建设。通过不断地探索实践，树立了新理念，探索了新模式，形成了新作风，开创了新局面，得到了高检院、省委和社会各界的充分肯定。

成绩越突出，我们越要保持清醒的头脑，越要深刻认识到当前司法办案和诉讼监督工作中仍然存在一些突出问题，有的是久治不愈的“顽症”，有的甚至具有一定的普遍性和反复性。我们一定要深刻认识司法和监督工作规范化建设是一场“输不起、伤不起、赔不起”的斗争，牢固树立“不抓规范司法就是失职，放任违法违规办案就是渎职”的意识，始终把司法规范化建设作为一项长期任务和系统工程来推进，经常抓、反复抓，坚定不移、坚持不懈地解决

好司法和监督工作不规范问题。

二、突出抓好“顽症”治理

衡量专项整治工作成效如何，一个很重要的标准就是看“顽症”、“痼疾”解决的怎么样。我们要坚持问题导向，从人民群众反映强烈的问题入手，从影响检察公信力的“顽症”抓起，重点围绕职务犯罪侦查、批捕、公诉、侦查监督、刑事审判监督、刑事执行检察、民事和行政诉讼监督、控告申诉检察等部门和环节，找准和整治突出问题。在司法办案方面，重点治理司法作风简单粗暴，特权思想、霸道作风；整治执行办案规范和纪律规定不严格，包括执行讯问职务犯罪嫌疑人同步录音录像制度、办案区视频监控、讯问室“强制物理隔离”、指定居所监视居住等制度规定执行不严格、不到位，侵害诉讼参与人合法权益、不依法保障律师权利，工勤人员参与办案等问题；整治滥用强制措施，违法关押、超时讯问、询问、刑讯逼供、违法取证，违法查封扣押、冻结、处理涉案财物等问题；整治为追求考评成绩而弄虚作假，受利益驱动办案，越权办案，违规插手经济活动等问题；整治私下接触当事人及律师，泄露案情或帮助打探案情，或者受人之托过问、干预办案，利用检察权获取个人好处等问题；整治接受吃请、收受贿赂、以案谋私，办关系案、人情案、金钱案等问题。在诉讼监督方面，重点整治诉讼监督造假虚报、凑数监督、滥用监督等问题，加大对执行诉讼监督“四化”制度规定的监督检查和纠正问责力度。各地既要查找整改“共性”顽症，也要结合实际整治“个性”问题，切实增强专项整治工作的针对性和实效性。

三、加强专项整治工作组织实施

各地要坚持高标准、严要求，按照省院的实施方案加强专项整治工作的组织领导，确保扎实有效推进。一要把握方法步骤。省院实施方案明确了专项整治工作的六个阶段，各级院要逐段推进、务求实效。宣传发动阶段要抓好学习，打好基础，创造条件。查摆问题阶段要全面深入排查摸底，梳理汇总突出问题，深刻剖析问题根源。整改落实阶段要坚持边查边改、立查立改，对发现的问题，能立即纠正整改的立即整改，需要较长时间解决的要明确时限要求、限期整改。建章立制阶段要突出重点难点问题，当立则立、该修则修，使制度规范易懂易记，接地气、可操作。组织巡视阶段要强化监督检查，检验整改成果，公开通报、督促整改、严肃问责。总结验收阶段要注重总结经验，反思不足，巩固提高。要坚持进度服从质量，确保一个步骤不少，一个阶段不省，一个标准不降，对重要部门和重点环节实行全程督察、严格把关，不经批准，不得转段，做到善始善终、善作善成。二要强化组织领导。省院专门成立了专项整治工作领导小组，由我任组长，领导小组下设办公室，负责组织领导和统筹协调，具体推进由案管部门牵头，各职能部门特别是业务部门分工负责、明确任务，实行严格的责任制，确保全员参与、不留死角。各级院要按照省院要求，成立领导小组和工作专班，加强组织领导，明确责任分工，全力组织实施。各级检察领导干部既是专项整治工作的组织者、监督者，更是参与者、执行者，要首先把自己摆进去，带头自查自纠、落实整改。三要注重统筹推进。规范司法行为专项整治与党风廉政建设、检察改革、队伍建设密切相关、相互影响。我们要树立系统思维和全局观念，加强总体谋划，既要通过专项整治为反腐倡廉和检察改革创造条件、营造环境，又要充分发挥党风廉政建设警示教育、执纪监督问责的职能作用，充分利用深化司法体制和检察改革的重大机遇，助力专项整治深入推进，实现效果最大化。

四、从更高标准、更严要求上推进司法和监督工作规范化

近年来，我们经过持之以恒地努力，规范化建设总体水平较之以往有了很大提高，一些方面走在了全国前列。当前形势下开展规范化建设，我们应该立足更高起点，瞄准更高目标，不能满足于一般化的要求，要在“更高标准、更严要求”上下功夫，自我加压，

跳起来摘桃子，努力推动司法和监督工作规范化水平实现质的飞跃。总体来讲，“更高标准、更严要求”主要体现在五个方面：

一是理念的先进性。要努力使我们的司法理念实现彻底更新和转变。大力培育现代文明司法理念，切实将人权保障、诉讼民主、司法公正、监督制约等先进理念内化于心、外践于行，根除司法不规范的思想根源，使严格、规范、公正、文明司法成为职业习惯，筑牢规范司法、规范监督的思想根基。

二是内容的全面性。过去，我们更多地强调司法办案的规范化建设，具有当时的特殊背景。当前，在“四个全面”重大战略部署的大环境下，在全面推动检察工作发展进步的新时期，检察机关规范化建设也必须更加全面。不仅要包括司法办案规范化，也要包括监督和预防的规范化，要把业务工作的方方面面毫不遗漏的纳入规范化、制度化轨道。要在继续狠抓司法办案规范化的同时，大力推进诉讼监督“四化”建设，做到既敢于监督，又善于监督、依法监督、规范监督、理性监督；大力推进预防工作规范化，继续完善各项预防工作制度机制，防止脱离职能、超越职能搞预防。

三是制度的根本性。我们推进规范化建设经历了从侧重整治向整治与管理相结合、更加注重管理的过程，其实质是逐步逐渐向发挥长效机制的治本作用转变，是遵循规律的必然之举。制度具有根本性、基础性、稳定性。现阶段，我们从更高标准、更严要求上推进规范化建设的一个重要体现，就是必须更加重视制度建设，真正用制度管人、管事、管权，最大限度压缩司法不规范问题滋长空间，形成违规滥权“不能”的长效机制。要进一步完善司法程序、工作标准、案件管理、责任追究等方面的制度，逐步形成常态化、系统性、约束力强的制度运行机制，更好地发挥制度的引领、规范和保障作用。

四是标准和执行的严格性。要全面贯彻十八届三中、四中全会以及中央、高检院的一系列新部署新要求，使规范司法的标准和落实更为严格、更上层次。要积极适应以审判为中心的诉讼制度改革、检察官办案责任制改革等要求，全面贯彻证据裁判规则，明确各类检察人员工作职责、工作流程、工作标准，严格依照法律规定的权限、程序履行职责、行使权力。要完善纠错问责机制，实行办案质量终身负责制和错案责任倒查问责制，对因违法违纪被开除公职的检察人员终身禁止从事法律职业。要从严执行，从严监督，从严问责，切实管到位、严到份，防止制度规定成为“稻草人”。

五是落实的主动性和自觉性。千条万条，不落实都是白条；千难万难，抓落实就不难。过去，我们抓规范化建设主要靠“倒逼”方式、靠外在压力，是针对当时突出问题的不得已之举。我们现在强调更高更严，应该有这样一种追求，就是要争取实现从“倒逼”落实向主动作为的逐步转变，通过一定时期的不懈努力，使全体检察人员自觉主动地做到规范司法、文明办案，体现为我们的自发意识和自觉行动，断掉不规范的念头，使规范司法成为一种习惯，实现司法和监督工作品质与境界的新提升。

15 自觉接受人大监督，推动检察工作健康发展*

省委制定出台《关于进一步加强人大工作和建设的决定》（以下简称《决定》），并专题召开这次会议，对于在新的历史条件下进一步加强党对人大工作的领导、加强各级人大工作和建设，协调推进“四个全面”战略布局湖北实施、加快推进“建成支点、走在前列”和“五个湖北”建设进程，具有十分重大的意义。宪法规定人民代表大会是我国的国家权力机关。检察机关由人大产生，对人大负责，受人大监督。我们将组织全省各级检察机关认真学习贯彻省委《决定》和本次会议精神，始终坚持党的领导、人民当家作主和依法治国有机统一，进一步增强在党的绝对领导下自觉接受人大监督的观念，增强国家一切权力属于人民、密切联系群众、尊重人大代表的观念，紧紧依靠各级党委领导、人大及其常委会监督和广大人民群众支持，更好地履行各项法律监督职责，为全省改革发展稳定大局提供有力司法保障。

一、自觉接受人大监督，确保检察权正确行使

检察机关在党的领导下接受人大及其常委会的监督，是坚持我国根本政治制度、促进社会主义民主政治建设、推进国家治理体系和治理能力现代化的必然要求，是检察权依法正确行使的重要保证，是检察机关的法定义务和重要工作。全省检察机关将坚定不移走中国特色社会主义政治发展和法治建设道路，围绕落实省委《决定》，

---

* 2015 年 9 月 23 日敬大力同志在湖北省委人大工作会议上的发言。

不断探索完善接受监督的途径和方法，始终把检察工作置于党的绝对领导和人大有力监督之下。一是认真向人大报告工作。坚持每年年初向人民代表大会报告工作，年中向人大常委会报告半年工作，全面、客观、准确反映检察工作总体情况；健全检察专项工作报告制度，积极争取人大常委会每年就1－2个检察工作中的重大问题，专题听取检察机关工作报告；坚持定期报告与不定期报告相结合，对检察工作重要部署、重大情况、重大事项及时向人大报告。二是认真贯彻落实人大决议。各级人大及其常委会作出的涉及检察机关和检察工作的决议、决定和审议意见，我们将纳入年度重点工作，认真研究，细化措施，明确责任，不折不扣贯彻落实，坚决维护人大决议、决定和审议意见的权威性和严肃性。三是认真接受人大监督检查。按照人大部署和安排，积极配合开展涉及检察工作的调研，如实提供资料，反映情况，提出建议。主动配合人大开展专项执法检查、代表视察，自觉接受人大询问和质询，严格执行规范性文件备案审查等制度，对存在的问题坚决整改，确保人大对检察机关、检察人员的各项监督落到实处，促进提高检察工作法治化水平和检察公信力。

二、切实加强同人大代表的联系，支持代表依法履职

宪法明确规定，国家一切权力属于人民。人大代表是人民代表大会的主体，代表人民依法行使国家权力。全省检察机关将始终坚持检察工作政治性、人民性、法律性相统一，把联系代表作为对人民负责、受人民监督的重要举措，使检察工作更好地反映民意、汇聚民智、保障民生。一是做好检察领导干部联系代表工作。由检察长带头负责与本级、上一级人大代表的日常联络工作，定期走访人大代表，通报情况，听取意见，加深了解，增进感情。二是做好代表意见建议征集、转化和落实工作。高度重视代表议案建议办理工作，纳入目标管理，实行统一受理和流程管理，明确责任人和办理期限，建立主要负责人牵头办理、重点建议领导领办督办、代表参加督办、工作机构跟踪督办机制，当面沟通情况，及时反馈办理结

果，不断提高问题解决率和代表满意率。注重提高检察专家咨询委员、人民监督员中人大代表比例，在涉及群众切身利益的重大部署、规范性文件出台前主动征求代表意见。三是做好代表日常联络工作。实行专门机构归口负责，积极邀请代表参加检察机关“公众开放日”、“举报宣传周”等活动，定期寄送《联络专刊》，赠阅检察报刊杂志，介绍检察工作动态和成效；依托“鄂检网阵”，开设代表联络专网、专栏，构建全方位、立体化联络交流平台，让检察权在阳光下运行。四是做好代表权益保障工作。立足法律监督职能，依法查处贿选、破坏选举等职务犯罪案件，坚决监督纠正妨碍、阻挠代表履职或侵犯代表权益的违法行为。

三、紧紧依靠党的领导和人大监督，不断加强和改进检察工作

检察机关坚持人民代表大会制度，最根本的是坚持严格、公正、依法办案，不断完善中国特色社会主义检察制度，确保党领导人民制定的各项法律得到统一正确实施。全省检察机关将在各级党委领导和人大监督下，坚持敢于担当、履职尽责、改革创新，始终与湖北改革发展大局同步合拍。一是依靠人大监督充分履职。深入贯彻省人大常委会《关于加强检察机关法律监督工作的决定》，紧紧围绕各级党委、人大普遍关注和人民群众反映集中的问题，依法严厉打击各类严重刑事犯罪，全面加强和规范对诉讼活动的监督，积极查办和预防职务犯罪，努力为湖北“建成支点、走在前列”创造安全稳定的社会环境、公平正义的法治环境、优质高效的服务环境。二是依靠衔接机制促进司法公正。去年底以来，我们认真执行《湖北省人大常委会加强人大司法监督工作与省人民检察院法律监督工作衔接的办法》，先后办理省人大交办和转办的重要案件、事项16件，有力促进了严格执法和公正司法。下一步，我们将深入落实《衔接办法》，制定实施细则，细化办理程序和时限，进一步发挥衔接机制在维护司法公正方面的重要作用。三是依靠人大支持推动司法改革等重大工作部署的落实。我们将按照中央、省委、高检院部

署，紧紧依靠人大监督和支持，进一步完善以司法责任制为核心的检察权运行机制，完善依法独立公正行使检察权的体制机制，努力推动司法改革等重大工作部署落实到位，为加快建设公正高效权威的司法制度，创造更多可复制可推广的经验。

第十二章
检察管理

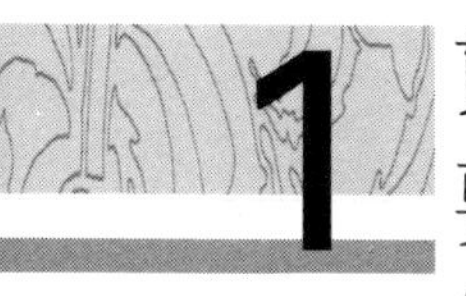

1 贯彻“落实、增效、规范、创新”的要求，努力实现从侧重治理向侧重管理的跨越*

强化检察管理既是当前检察机关一项重点工作，也是一项重要研究课题，对于提高检察机关法律监督能力，加强检察机关自身建设，保障严格、公正、文明、廉洁执法，推动检察工作科学发展具有重要意义。

一、进一步深刻认识强化检察管理的重大意义

检察管理是遵循检察工作运行规律，结合检察工作实际，依托现代管理模式和手段，对检察机关人、财、物、信息等要素进行科学组合，以实现法律监督职能规范、公正、高效运行的活动。

“管理”内涵丰富，但简单来讲，一是“管”，就是管束、约束；二是“理”，就是理顺，特别是理顺工作机制。检察管理是一项系统工程，涉及检察机关政务管理、执法管理、后勤管理、队伍管理等方方面面，要坚持围绕执法工作加强各项管理。近年来，检察机关针对检察工作特别是执法办案工作中存在的突出问题，坚持在抓治理上下功夫，持续开展专项治理、思想教育和制度规范建设，取得了一定成效。但对治理取得的成效不能评价过高，一些问题仍时有发生，一些制度规范落实执行不力。这些情况，反映出检察管理水平整体不高，对检察管理认识不够、重视不够。当前把强化检察管理作为一项重点工作来抓，就是要努力实现从侧重治理向侧重

* 2011年5月敬大力同志在湖北黄冈等地检察机关调研时的讲话要点，主要内容刊载于《人民检察》2011年第12期。

管理的跨越。检察机关必须深刻认识检察管理工作的重要意义，切实强化检察管理，由被动式的治理、临时性的应付向发挥长效机制的作用转变，更加有效地解决工作中存在的突出问题，进一步提高检察工作水平。强化检察管理是一个永久的课题，湖北省院今年在全省检察机关部署开展“强化检察管理年”活动，就是要为不断强化检察管理奠定基础，为实现从侧重治理向侧重管理的跨越奠定基础。

二、进一步明确强化检察管理的基本要求

管理的基本要求是实现管理科学化，而管理科学化是建立在发现并把握规律、按照规律办事这个前提下的。因此，实现管理科学化，必须要讲规律，只有遵循检察工作规律的管理才可能是科学化的管理。强化检察管理就是要把探索、认识、发现检察工作规律贯穿于管理活动全过程，注意对各种检察工作规律的准确把握，促进检察管理科学化。我们认为，近年来，湖北省检察机关在开展工作中的一些重大探索实践，应作为检察工作重要规律来对待。

一要遵循检察工作一体化机制。检察工作一体化机制，是检察机关在各级党委领导和人大监督下，依据宪法和法律规定，按照检察工作整体性、统一性要求，实行上下统一、内部协作、横向整合、总体统筹的工作机制。湖北省检察机关近年的实践证明，实行检察工作一体化机制，有利于充分发挥检察领导体制优势，增强法律监督合力，能充分发挥法律监督整体效能，体现了检察权运行规律，体现了检察权的统一性与整体性。检察工作一体化不仅是一个工作机制、体制问题，也是一个理念、观念问题。一体化的要求涉及检察工作的各个方面，检察管理要落实检察工作一体化的要求。

二要遵循“两个适当分离”规律。“两个适当分离”，即诉讼职能和诉讼监督职能适当分离、案件办理职能和案件管理职能适当分离。近年来，湖北省院针对检察机关诉讼职能和诉讼监督职能合在一起所造成的“一手硬一手软”，一个是主业、一个是副业；案件办理职能与案件管理职能合在一起，容易导致重案件办理轻案件管

理，难以实现案件统一、专业、归口管理，难以有效提高案件管理水平等问题，在遵循检察权运行规律基础上，积极推动承担诉讼职能与诉讼监督职能的机构分设、案件办理职能与案件管理职能的机构分设，建立健全了一系列相关工作机制。运行实践证明，这些探索对整体推进检察机关诉讼职能与诉讼监督职能和案件办理和案件管理职能协调发展、均衡发展起到重要作用，不仅是重要的检察权运行规律，更是检察科学管理规律。

三要遵循执法公信力这一检察权运行规律。执法公信力是检察机关的立身之本，如果没有公信力，检察机关就失去了信誉，检察权也就失去了运行的基础。我们加强政务管理、加强执法管理、加强保障管理、加强队伍管理等一系列检察管理活动，最终是为了确保严格、公正、文明、廉洁执法，提高检察机关执法公信力；检察管理活动的成效，最终也要以执法公信力为检验标准。因此，应当坚持把检察机关执法公信力的提升当做重要执法规律，作为战略任务和立身之本来建设，检察管理工作要立足促进公信力的提升。

四要遵循加强检察机关群众工作的规律。检察机关要坚持在各项检察管理活动中更加自觉地倡导、坚持群众路线，更加注重继承、发扬群众工作经验，更加重视发展、创新群众工作方法，推动检察管理活动更上新台阶，促进检察工作全面科学发展。以上四条，都是检察工作的重要规律。我们要把这些客观规律把握好，把管理理念树立好，健全落实相应的工作机制，有效地解决工作中存在的问题，有力推动检察管理的科学化。

三、进一步明确强化检察管理的目标任务

检察管理的内容很多，要做的工作也很多。但是有四个方面是重点要抓的，就是“落实、增效、规范、创新”，这也应当是我们强化检察管理的目标要求。

一是落实。管理就是落实，管理就是执行。我们所有成效，都是干出来的，这里的关键就是始终注重抓落实。对于检察机关而言，现在上级的要求部署都很明确、各种规章制度也很多，但存在的最

大问题是落实不到位。如果上级要求不落实、制度规范不落实，也就无从谈管理。因此，强化检察管理工作首要目标就是落实、就是执行，寓管理于执行中，在执行中抓落实。

二是增效。管理要提高效率、提升效果。检察管理重要衡量标准之一是要通过对检察机关人力、物力、财力及其他资源的协调或处理，实现各种检察资源配置的最优化和各项检察工作产出的最大化。当前，我们工作中对资源配置的效率最优化重视不够，工作效率不高，一些同志特别是基层同志经常提的“人、财、物”问题，只考虑要党委政府、上级检察机关解决问题，但很少思考怎样从提高自身效率上来解决这些问题。强化检察管理，必须要多从节约成本、提高效率的角度来考虑问题，加强对人、财、物的管理，科学整合与运用检察工作资源，激发检察干警的工作积极性、主动性与创造性，提高工作效率，提升管理效果，降低成本支出。

三是规范。管理的科学化也是管理的规范化。针对检察机关执法不规范的一些突出问题，这些年一直不间断地进行着整治、整改，现在要上层次，要从体制机制上，要从强化管理上来进一步推进执法规范化。通过提升管理水平，用常态化机制来解决问题，使规范执法、规范办事成为一种自觉行动。

四是创新。创新是永恒的主题。检察管理创新包括检察管理体制创新和检察管理机制创新。当前，我们执法工作中面临着不少挑战与考验，我们的执法条件越来越透明，上级领导机关对我们执法的要求越来越严格，法律的规范要求越来越高，我们所面对的犯罪手段、犯罪形式日益翻新，应对难度增大。在这种情况下，我们只有不断创新才能适应新形势新任务，才能应对新挑战新考验。强化检察管理，要着眼于促进和推动思想创新、工作创新、机制创新。当然，创新应当是符合检察工作规律的创新。

四、进一步研究解决检察管理中存在的问题

不断发现并解决工作中存在的问题，检察工作才能不断进步，检察管理水平才能不断提升。检察机关要坚持将检察管理的基本理

念、基本要求、目标任务具体体现在解决检察管理存在的突出问题上，切实促进检察管理各项工作落到实处。针对当前检察工作中存在的问题，在政务管理方面要突出抓强化检察管理理念，提高决策科学化、民主化水平，提高抓落实的能力与水平，科学设置检察机关内设机构，加强上级院对基层院建设的领导和指导，深入开展检察管理理论研究等工作；在执法管理方面要突出抓健全完善业务工作考评办法，构建以执法办案为中心、以制度规范为基础、以执法管理为前提，以监督制约为关键、以执法保障为条件的“五位一体”工作格局，加强执法办案部门对自身执法活动的管理，加强线索的统一集中管理，加强各地检察机关、各内设机构在执法办案工作中的协作配合，加强检察机关在执法办案工作中的内部监督制约，积极运用信息化手段加强执法管理等工作；在保障管理方面要突出抓强化成本效益管理，加强检察技术资源的整合与管理，加强检察机关内部事务管理等工作；在队伍管理方面要突出抓加强干部人事管理、抓好机关“庸、懒、散”等问题的治理、加强检察文化建设等工作。

五、进一步深入开展检察管理理论研究

管理是一门科学，检察管理有自身规律性。要加强检察管理理论研究和调查研究，为强化检察管理提供理论支撑，实现理论与实践互动。一方面，理论研讨以强化检察管理为主题，深化对检察管理规律的研究，以理论研讨的成果指引检察管理实践的深入。另一方面，要组织检察机关开展检察管理课题化攻关，对一些检察管理中的重大问题，提出对策措施，推动管理工作。同时，要将检察管理作为检察制度的一个基本理论问题进行研究思考，使其逐步发展成为检察学理论体系的一个重要组成部分。

2 统筹兼顾、突出特色，科学考评检察工作*

办公室汇报了《湖北省人民检察院考核评价市州分院检察工作实施办法（试行）》（以下简称《考评办法》）的修改情况，并对考核评价办法的有关问题进行了解释说明。《考评办法》是在两年的实践检验中逐步修改完善的，两年的实践初步证明，我省目前运行的对市州分院检察工作考核评价机制是符合湖北实际、符合检察工作规律的，评定的结果基本得到了全省检察机关的认可。在探索和完善过程中，我省的考评办法要坚持以下九个特点：

1. 在考评内容方面，坚持综合考评、统筹兼顾。对市州分院的考核评价，既考评各类检察业务工作，也考评各类综合保障工作；既分项考评单项工作，又综合评价整体工作。结合我省推进“两个适当分离”改革等实际情况，考评内容包括执法办案、诉讼监督、综合业务、综合管理、检务保障五大类22项工作。执法办案类包括查办贪污贿赂犯罪工作、查办渎职侵权犯罪工作、审查逮捕工作、审查起诉工作、控告申诉检察工作5项工作；诉讼监督类包括立案和侦查活动监督工作、刑事审判监督工作、刑罚执行和监管活动监督工作、民事诉讼监督工作、行政诉讼监督工作5项工作；综合业务类包括侦查指挥中心建设及职务犯罪案件线索管理工作、预防职务犯罪工作、法律政策研究工作、警务工作、人民监督员工作、检察教育培训工作6项工作；综合管理类包括办公室工作、检察政治工作、纪检监察工作、检察宣传工作4项工作；检务保障类包括检

* 2011年11月24日敬大力同志在湖北省人民检察院党组会议上的讲话。

察技术信息工作、计划财务装备工作 2 项工作。考评要素兼顾数量、质量、效率、效果、规范、安全各方面要求，坚持六者有机统一，促进法律效果、政治效果和社会效果的有机统一，推动构建公正廉洁执法“五位一体”工作格局。

2. 在组织实施方面，坚持集中考评、统一实施。省院对市州分院检察工作集中组织考评，省院各职能部门不再另行组织考评，防止多头考评、分散考评、重复考评。围绕检察工作重点，突出考评检察工作的主要方面和基本要求。对于未纳入考评项目的工作内容和工作要求，例如，查办行业系统性职务犯罪专项活动等，省院相关职能部门可根据工作需要采取其他方式进行指导。

3. 在考评层级方面，坚持分级考评、各管其下。省院仅考评市州分院各项工作，通过综合考评市州分院工作来推动全省检察工作。对于基层检察院的考评工作，要充分发挥市州分院“一线指挥平台”的作用，由市州分院组织考评。各市州分院可参照省院考评市州分院检察工作实施办法，制定本地区检察工作考评办法，报省院审查后，开展对基层院的考评工作。

4. 在考评步骤方面，坚持单项考核、综合排名。各项工作均分别进行计分，在地区间作横向比较，评定优秀、良好、合格、不合格四个等次；根据单项工作优秀等次的数量对各地的整体工作进行排名。在此基础上，原则上评选前五名为“年度检察工作考评先进单位”。与此同时，为了进一步体现以业务工作为中心，被评为年度“检察工作考评先进单位”，除了单项工作优秀等次的数量排前五名外，还要设置一定的“门槛”，即执法办案、诉讼监督两类 10 项工作中必须有 6 项以上进入优秀等次，以引导检察工作突出重点、整体推进、科学发展。这种根据单项工作优秀等次的数量评价整体工作，而不是综合计算各项工作得分总和作为整体工作得分的考评模式，是我省考评办法最显著的特色和优势。

5. 在考评对象方面，坚持针对工作、不对部门。各考评项目的考评对象是各项工作，而不是各个职能部门。因为省院与市州分院机构设置并不完全一致，一些工作可能涉及多个部门，省院对市州分院的考评重在考核、评价各项工作，而不是考核各个部门。例如，省院分别设置了审查批捕处和侦查监督处两个部门，很多市州分院都只设一个部门。同时，立案和侦查活动监督工作，不仅包括批捕和侦查监督部门的工作成果，也包括公诉部门的工作成果。因此，省院的考评是对各项工作的考评，而不是简单地对各个部门的考评，各市州分院职能部门不必对号入座。

6. 在分值配置方面，坚持工作不分权重，项目区分权重。省院考评的22项单项工作不分权重，均设置满分为100分，这有利于调动各部门的工作积极性，促进全省各项检察工作全面发展进步。但是，在对各项工作进行考评时，均设置若干个考评项目，考评项目之间根据具体情况设置不同的分值，这实际上是有一定权重的，这有利于各个部门突出工作重点，促进全面工作。

7. 在计分方式方面，坚持考评总数、人均数、发展变化数相结合。考核项目采取考评总数、人均数、发展变化数相结合的计分方式，三者各占一定权重。考评人均数，是为了解决客观因素带来的地区差异问题。但各地案件数量是各地客观因素和主观努力共同作用的结果，总数本身在一定程度上可体现主观努力的差异，因此，在主要考评人均数的同时考评总数，有利于充分调动各地积极性、主动性。另外，工作自身动态变化情况是各地主观努力的最直观体现，同时考评发展变化情况，有利于更大限度地调动工作的积极性、主动性，也有利于各地根据自身需要进行多元比较。

8. 在考评导向方面，坚持强化规范执法的要求。发挥考评对于促进规范执法的积极作用，体现高检院、省院对于规范执法的具体要求。执法规范化评价分为三个评价层次：一是对单项工作计减分，即考虑是否有违背规范执法要求的情况，在相关单项工作基础情况评价得分的基础上减分。二是单项工作否决性评价，即对单项工作评定等次时，将严重违法违规行为、造成严重后果的情形规定为否决情形，该项工作不得评为优秀或者良好等次。三是对整体工作一票否决，将极其严重的违法违规情形规定为一票否决情形，该单位整体检察工作不得评为年度“检察工作考评先进单位”。

9. 在考评结果的运用方面，坚持考评工作与改进工作紧密结合。下一级院定期向上一级院报告工作并开展评议，是我省2006年以来坚持的制度，是推进检察工作一体化机制建设，不断加强和改进检察工作的有效途径。考评工作要与这一制度紧密衔接、有机结合。市州分院要坚持定期向省院报告工作情况，省院通过分析考核结果，对各市州分院提出有针对性的评议意见，各市州分院应积极落实省院评议意见。年度单项检察工作考评为合格、不合格档次或者综合排名下滑幅度较大的市州分院，应及时制定整改措施，并向省院报告整改情况。

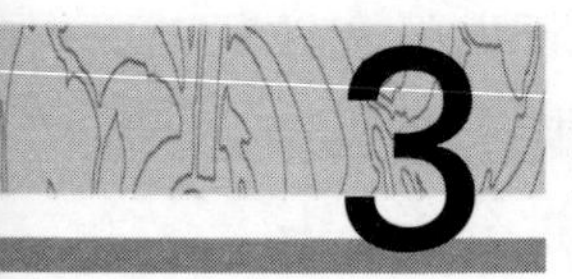

3 关于检察管理的十个问题*

今天，我主要就检察管理问题与大家作一个交流。选择这个主题，主要基于以下三个背景：一是今年省院部署开展“强化检察管理年”活动以来，各地高度重视，结合本地实际积极推动，取得了可圈可点的成绩，有必要进行阶段性的总结，根据新的要求加以推进。二是第四届检察发展论坛会议交流了很多经验，探讨了很多问题，形成了一批高质量的研究论文，取得了丰硕的理论成果，大家加深了对检察管理问题的理解。三是首届检察专业法学硕士研究生第三学期开学，进入专业课程学习阶段，全体学员特别是检察管理研究方向的学员，需要进一步确定具体研究课题，进行论文写作准备。

当前，全国检察机关高度重视检察管理问题。第十三次全国检察工作会议强调，要进一步健全执法管理、队伍管理和保障管理机制，提高检察管理科学化水平。刚刚结束的第四届检察发展研究论坛会议指出，人民检察制度创立 80 年特别是检察机关恢复重建 30 多年来的实践证明，检察事业的发展进步离不开检察管理工作的加强和创新。最近，高检院正式设立了案件管理办公室，全国检察机关正在结合实际，积极探索推进案件管理工作。

一、关于检察管理的概念与层次

“管理”一词内涵丰富，但简单来讲，一是“管”，就是管束；

---

* 2011 年 12 月 13 日敬大力同志在湖北省首届检察专业法学硕士研究生班检察管理座谈会上的讲话提纲。

二是“理”，就是理顺。检察管理的概念是什么？当前学术界、实践界都存在很大的争议。我理解，从内涵来看，检察管理是遵循检察工作运行规律，结合检察工作实际，依托现代管理模式和手段，对检察机关人、财、物、信息等要素进行科学组合，以实现法律监督职能规范、公正、高效运行的活动。从外延来看，检察管理是一项系统工程，涉及检察机关政务管理、执法管理、后勤管理、队伍管理等方方面面，所有检察工作的运转活动都与管理密切相关。

关于检察管理这一概念，应当全方位、全过程、多层次来把握。所谓全方位，就是检察管理包括政务管理、执法管理、后勤管理、队伍管理等各个方面，检察工作的每个环节都存在管理问题。所谓全过程，就是检察管理涉及各个部门各类案件的接收、办理、流转等，体现在检察机关执法办案的各个环节，贯穿于检察工作的始终。所谓多层次，就是检察管理可以从不同标准进行不同分类，应当从不同层次来分析和理解，例如检察管理、案件管理、执法管理；集中、统一、归口管理与分别、分散、个别管理；流程管理、质量管理、审批管理、考评管理、线索管理；绩效管理、成本管理、文化管理等。这些林林总总的概念，本身就反映了检察管理概念的多元性、包容性，必须从多个层次来理解，防止简单化、庸俗化、纯事务化。

二、关于检察管理的正确性、科学化

检察管理不是为了管理而管理，必须遵循检察工作规律，实现检察“良治”。所谓检察“良治”，在管理方面的基本要求有四项：一是管理方向的正确性。检察管理的目标、任务、行为要体现党和国家的基本要求，代表检察工作的发展方向。二是管理内容的重点性。检察管理不能没有重点，“眉毛胡子一把抓”；更不能主次不分，“丢了西瓜保芝麻”。三是管理方式的合理性。检察管理需要适应新的形势，不断创新管理方式，但这些方式必须是科学的、合理的、管用的。四是管理效果的良好性。检察管理要建立好的制度，实现好的管理，产生好的效果；正确处理管理与服务的关系，寓管理于服务之中，实现“善治”。例如，省院和15个市州分院职务犯罪大要案侦查指挥中心办公室，在加强案件线索管理等工作的同时，有效发挥了服务办案的积极作用，实践证明是一种成功的“良治”。

什么是检察工作规律？理论上有很多探讨，观点也不尽一致。但在实践中，检察机关正确执行国家基本法律、坚决贯彻党的方针政策、坚持检察机关职能定位是最关键、最核心的问题，做好这些方面就是遵循检察工作规律办事。我们在检察工作实践中遵循检察工作规律，促进检察管理科学化，应当把握以下三个层面：

一是基本方针政策。检察工作是党和国家工作的有机组成部分，首先必须坚持围绕中心、服务大局、执法为民、不断提高执法公信力。我们加强检察管理不是为了管理而管理，其出发点必须立足于提高服务大局水平，着力做好群众工作，提高执法公信力，这是检察工作“质的规定性”和必须把握的努力方向。特别是检察机关的领导干部，必须增强大局意识，全局观念，围绕党和国家的基本方针政策来谋划和推进工作。在这个意义上讲，按照检察工作的规律性加强检察管理，首要就是自觉地在检察工作中落实党和国家的基本方针政策。

二是体制机制制度。我们在党委领导和人大监督下，依据宪法和法律规定，实行上下统一、横向协作、内部整合、总体统筹的检察工作一体化机制，体现了检察工作整体性、统一性、协调性的要求，是加强检察管理应当遵循的规律。我们坚持检察机关宪法定位，探索实行“两个适当分离”，即诉讼职能和诉讼监督职能适当分离、案件办理职能和案件管理职能适当分离，使得各个方面都有所加强，也是加强检察管理应当遵循的规律。检察工作一体化和“两个适当分离”，是检察机关的基本运行机制，本身还包括许多相关的配套性机制，应当作为推进检察管理的“顶层设计”来推进。

三是找准职能定位。检察机关的反贪、反渎、公诉、民行、控申等各项法律监督职能的行使，都有其自身的规律性。如果对这些职能定位不准，就可能会出现摇摆、反复、折腾甚至倒退。把握检

察工作规律加强检察管理，必须把各个内设机构的职能定准、定好，确定工作内容、方式等。近年来，我们在实践中对于各项法律监督职能进行了有益的探索，例如，民事行政诉讼监督“四个加强、四个维护”，控告申诉检察发挥“四个作用”、公诉和刑事审判监督“两手抓、两手硬、两手协调”，职务犯罪预防发挥“三个作用”，推进预防工作社会化、专业化、规范化、法制化建设等。实践证明，我们找准了职能定位，就确定了检察管理的内容，促进了检察工作科学发展。

三、关于当前检察管理的主要问题与目标任务

只有不断发现并解决工作中存在的问题，检察管理水平才能不断提升，检察工作才能不断进步。检察机关要坚持将检察管理的基本理念、基本要求具体体现在解决检察管理存在的突出问题上，切实促进检察管理各项工作落到实处。当前，检察机关、检察工作、检察队伍中存在“庸、懒、散、软”的突出问题，主要表现在“五庸”，即发展理念和执法理念上的“昏庸”、精神状态上的“庸碌”、思想作风上的“庸俗”、工作业绩上的“平庸”、工作原则上的“中庸”。

为了切实解决这些突出问题，提升管理科学化水平，我们按照省委的统一部署，开展了治庸问责活动，初步解决了一些问题。但必须清醒地看到，当前做工作、抓管理，还存在一些不正常现象：工作要“哄”，领导像管理幼儿园小朋友，“排排坐、吃果果”；“推”，工作不推不动，甚至推而不动；“批”，只有领导不断批评教育，在后面跟着、催着、压着，才能勉强完成工作；“帮”，不能“一个萝卜一个坑”，需要其他同志帮助才能完成；“带”，不能独立承担工作职责和任务，只有领导和骨干带领才可基本完成工作。

对此，要进一步树立能力席位意识。检察机关的每个领导岗位、工作岗位，都是一个“能力席位”，而不是“照顾、安置、混事”的席位。要制定、明确每一个岗位的能力席位标准，每个岗位只有

具备这个能力的人才能担任，没有能力就不再担任。要明确岗位不是非你莫属，更不是终身制、世袭制，要全面考察和检验干部的工作能力是否胜任，工作业绩是否符合岗位职责的要求。我们干好工作、搞好管理，除了思想觉悟、工作态度等之外，要强调四点：一是激情。要心怀对党和国家的感激之情，对人民的爱戴之情，燃烧激情，奋发有为，主动工作，自觉工作，勇于争先，敢于担当，全神贯注，全力以赴。二是能力。一个人较高的工作水平，要有“智商”主要是知识水平、思维能力，还要有“情商”，主要是要具有良好的协调力、号召力、感化力、亲和力、凝聚力，与大家团结共事，开拓进取。三是毅力。要有坚强的意志、足够的定力，在工作中发扬韧劲、钻劲、拼劲，对制定的措施逐条抓好落实，对建立的制度逐项贯彻执行，咬定青山不放松，不达目的不罢休，一抓到底，务求实效。四是境界。要始终坚持对工作高标准、严要求，牢固树立争先创优、争创一流意识，力争在工作中有所作为，有所建树，不断超越自我，追求完美。

在强化检察管理活动中，应当坚持“落实、增效、规范、创新”8个字的目标任务，“落实”强调管理就是落实，管理就是执行，寓管理于执行中，在执行中抓落实，把上级的部署要求和各种规章制度不折不扣地落实到位；“增效”要求从节约成本、提高效率的角度优化管理流程，加强对检察机关人、财、物的管理，科学整合和运用检察工作资源，激发干警潜能；“规范”要求加强对执法办案的管理，在整治突出问题的基础上，逐步形成常态化的制度机制，使规范办案、规范办事成为干警的自觉行动；“创新”要求检察管理围绕“强化法律监督、强化自身监督、强化队伍建设”的总要求，不断推动理论创新、思想创新、工作创新、机制创新。

四、关于从侧重整治向整治与管理相结合、更加注重管理转变

检察工作开展的好坏与检察管理水平密切相关。检察机关要统

筹处理数量、质量、效果、效率、规范、安全六个方面重大关系，确保法律效果、政治效果、社会效果的有机统一，必须切实加强检察管理。对于这个问题，要从三个方面把握：

一是坚持对突出问题的集中整治。长期的实践证明，适时开展一些拉网式、集中性整治，有利于解决工作中的突出问题，促进管理的科学化。2006年以来，我们按照“两长一本”，即“坚持长期治理、健全长效机制、落实治本措施”的工作思路，先后组织开展“三个专项治理”、“作风建设年”活动、扣押、冻结款物专项检查、“严肃法纪、严守规章、强化管理”专项教育整顿活动、“反特权思想、反霸道作风”专项教育暨检风检纪整肃活动等一系列专项整治，有效遏制了执法不严、不公、不廉现象的发生。

二是坚持整治与管理相结合。我们近年来也深刻体会到，如果只有整治，就可能是“头痛医头、脚痛医脚”，不能从根本上解决问题，必须把被动开展整治与主动加强管理结合起来。我们目前虽然不断强化检察管理，但仍有一些反复强调、长期治理，但仍不断反弹、难以根治的“顽症”，这也表明现阶段整治仍不失为一种解决突出问题的有效办法，不能完全放弃。

三是更加注重管理。实践反复证明，除非一些人们意志以外原因发生的“天灾人祸”，各种问题的发生都存在管理不到位的问题；如果管理到位，很多问题可以避免、减少。为了解决各种可能出现的问题，必须更加注重各项工作规范、科学运行，更加注重发挥长效机制的治本作用，更加注重加强检察管理。

五、关于“五位一体”工作格局与强化执法管理

检察管理是一项系统工程，涉及方方面面，但必须坚持围绕执法工作加强各项管理，强化执法管理是检察管理的重中之重。近年来，我们在抓好思想政治、职业道德、素质能力等工作的同时，在此基础上更多地从工作机制层面加以考虑，努力构建以执法办案为中心、以制度规范为基础、以执法管理为前提、以监督制约为关键、以执法保障为条件促进检察机关公正廉洁执法“五位一体”的工作

格局。

在构建这个工作格局中，我们始终将执法管理放在重要位置来抓，强调抓好案件流程管理、质量管理、审批管理、考评管理、线索管理等各个执法环节，提出了13条管理措施，例如，对职务犯罪案件线索、诉讼违法线索实行集中管理；对交办案件、指定异地管辖案件的规范管理要求，强调上级院不得向存在不规范、不文明执法行为、办案安全隐患或者办案设备设施不齐全，且尚未达到整改要求的下级院交办案件或者重要办案任务；禁止受利益驱动以办理渎职犯罪关联案件的名义立办其他刑事案件，防止只注重办理关联案件而不积极办理渎职犯罪案件；乡镇检察室不得作为基层人民检察院独立办案单位查办案件；所有查办职务犯罪案件工作一律由反贪、反渎等具有办案权限的部门负责，办案工作由分管职务犯罪侦查工作的院领导统一负责，不得临时组合、随意指定人员组成办案组脱离办案部门查办职务犯罪案件；上级检察机关抽调下级检察机关工作人员参加办案工作的，应当加强对办案工作和办案人员的统一组织和管理，办案中的重要决定和决策应当由上级检察机关作出，等等。这些强化执法管理的工作措施，有力推动了执法办案工作规范运行，确保了检察机关公正廉洁执法。

六、关于执法规范化建设和自身监督制约体系建设

执法规范化是加强检察管理的重要内容，也是管理科学化的应有之义。近年来，我们在开展集中整治的过程中，高度重视推进执法规范化建设。针对办案区管理不规范问题，提出了“六条禁令”；针对违法扣押冻结款物问题，规范扣押、冻结、处理涉案款物的程序、权限；针对执法办案中的突出问题，提出并落实“四个绝对禁止、一个必须实行”的办案纪律；针对拉网式检查发现的问题，提出强化监督管理、促进规范执法的22项任务等。今年以来，我们研究推行了一系列在执法办案中躲不开、绕不过、免不了的措施和办法，对各个环节进行严密规制，形成一种规范执法的“倒逼机制”。在加强基础设施建设方面，省院与省公安厅协调，在全省97个看守

所设置检察机关讯问室并开展同步录音录像设施建设；对全省各级院办案区的讯问室、询问室、指挥室、走廊、厕所等部位实行视频监控“全覆盖”，由省院、市级院集中控制、监控，省院对全省130个办案区的所有监控点集中录像存储3个月，市级院对所辖基层院办案区的监控点集中录像存储6个月；实行讯问室“强制物理隔离”，讯问人员区域和犯罪嫌疑人区域分别设门，两个区域之间完全隔离，确保讯问人员和被讯问人不能有任何肢体接触。在讯问、询问管理方面，严禁采取询问、传唤、拘传连续交替使用等方式变相拘禁犯罪嫌疑人；讯问已拘留、逮捕的犯罪嫌疑人，应当在看守所进行并接受驻看守所检察室的监督；在看守所讯问犯罪嫌疑人，应当保证每天至少安排还押连续休息6至8小时；询问证人，不得限制证人的人身自由，严禁以协助调查取证等名义变相限制和剥夺证人的人身自由。在落实同步录音录像方面，严格按照审录分离的要求实行讯问犯罪嫌疑人全程同步录音录像；每次讯问犯罪嫌疑人时，对讯问全过程实施不间断的录音录像，未安排录音录像不得进行讯问；修改讯问笔录格式，实行提讯和同步录音录像时间登记制度，实行违法违规讯问笔录排除入卷制度。这些都是推进执法规范化的具体举措，也有力促进了检察管理的科学化。

在推进执法规范化过程中，我们将检察机关的执法活动纳入全方位监督之中，逐步构建了检察机关自身执法活动监督制约的完整体系，主要是：加强检察机关各业务部门之间的内部制约，加强检察机关专门监督机构对执法办案的监督制约，加强上级检察院对下级检察院的领导与指导，加强业务部门执法办案中的自身监督，完善检察机关人大监督、社会监督、舆论监督等外部监督制约机制。

执法规范化建设和自身监督制约体系建设是紧密相联、密不可分的，但两者也有一定的差别，执法规范化建设侧重于“树立规矩”，是加强检察管理的前提条件；自身监督制约体系建设侧重于“强化监管”，是加强检察管理的重要保障。执法规范化建设和自身监督制约体系建设对于加强检察管理都具有十分重要的意义，是相辅相成、缺一不可的，不能相互混同、相互替代，必须促进两个方面都发挥作用，形成强化检察管理的合力。

七、关于“全面管理、分工负责、统筹协调”的执法管理模式

执法管理是检察管理的一个重要方面。当前各地开展案件管理工作是执法管理的重要内容，其运行模式不尽相同。就全国而言，江苏、山西、广东等地成立了案件管理中心，但职责范围、工作内容都不一样。就我省而言，随州、武汉、阳新、潜江等地也结合自身实际开展了这方面的探索，但机构设置并不相同，管理职能也相差很大。

之所以会出现这种差异，首先是大家对“案件”的认识不一样。我们认为，要加强检察管理，必须进一步加强“两个观念”：一是线索观念，要把对诉讼违法的控告、自行发现的诉讼违法行为等作为线索来看待，像职务犯罪线索管理一样，要加强对诉讼违法线索的收集、管理、分析和利用；二是办案观念，检察机关办理的案件有诉讼案件、诉讼监督案件两类，我们通过开展法律监督调查、提出纠正违法意见、提出检察建议等形式办理监督案件，也是一种办案。在此基础上，当前案件管理工作要着力研究以下四个问题。

一是案件管理的模式问题。最近，高检院成立案件管理办公室，我省也加大了探索的力度，提出要建立实行“全面管理、分工负责”的案件管理模式。“全面管理”是指根据检察业务特点和执法办案规律，建立健全全方位、全环节、全过程的执法管理体系，提高案件管理的规范化和科学化水平。“分工负责”是指案件集中、统一、归口管理与分别、分散、个别管理相结合，能集中的就集中，该分散的则分散，不搞越俎代庖、职能交叉替代；对应当实行集中统一归口管理事项，一般不搞“大一统”，而是实行分工负责。

二是案件管理的机构问题。关于我省的案件管理机构应当如何进行设置，初步的想法是在控告申诉检察部门加挂案件管理办公室的牌子，对现有职能进行扩展，承担流程管理、质量管理等案件管理工作。主要考虑有四个方面：第一，控告申诉检察部门对于受理

的举报、控告、申诉、投诉本身就承担着审查、分流、督办等流程管理职能，由控告申诉检察部门承担这一职责，有利于形成“一个窗口对外、一个闸门对内”的工作格局。二是控告申诉检察部门承担着统一管理诉讼违法线索的重要职能，对通过群众控告、申诉、投诉反映，办案部门自行发现、领导交办、其他机关移送等渠道获得的诉讼违法线索，像职务犯罪线索管理一样，进行集中统一管理，这也是加强检察管理的重要内容和必然要求。三是控告申诉检察部门在复查刑事申诉、办理国家赔偿、处理涉检信访、开展案件评查等工作中，对于发现的执法错误、瑕疵，承担着依照法定程序予以纠正的重要职责，这与案件管理工作要求加强案件质量管理的要求本身是一致的。四是控告申诉检察部门是群众工作的专门机构，由其承担统一归口管理职能，有利于及时将检察机关内部管理与受理群众查询，及时向群众反馈、答复，做好检察机关群众工作有机结合起来。

三是案件管理的职责问题。我们按照高检院通知要求，经过研究，初步拟定案件管理部门工作职责：（1）统一受理报案、举报、控告、申诉、投诉以及侦查机关移送的案件，统一进行分流处理；（2）对下级院报送本院有关部门审批的案件进行备案监控；（3）对本院执法办案、诉讼监督部门办案工作进行流程节点监控；（4）对诉讼违法线索进行统一管理和综合研判；（5）负责对本院有关部门办理的有异议、有问题的案件进行复查、评查和纠正，组织协调有关业务部门对全省检察机关办理的有问题的案件进行评查；（6）负责就本院办理案件统一对外移送、答复、查询和反馈；（7）协调、组织执法办案风险预警、处置和防范工作；（8）负责对全省检察机关案件管理工作的指导；（9）负责院领导交办的其他案件管理工作。省院将在慎重研究后，进一步明确案件管理机制的具体职责。

四是执法管理的统筹协调问题。在统筹抓好执法管理过程中，我们应当看到，案件管理只是执法管理的一个部分、一项内容，还有三点应当一并考虑：第一，全面开展各项执法管理工作。执法管理主要包括办案流程管理、案件质量管理、办案安全管理、案件线索管理、涉案款物管理、执法考评管理、规范执法管理、情报信息管理、案件协查管理、执法审批管理等，这些执法管理工作都要科学合理地安排有关机构负责承办。第二，案件办理部门也需要加强自身执法管理工作。案件办理并不是单纯办理具体案件，也包含着加强自身管理的客观要求，例如，反贪、反渎等案件办理部门仍然需要承担对案件合理分配、严守办案期限、保证案件质量等管理任务，这是案件办理所固有的职能，必须由这些部门亲自行使，不能由专门的案件管理部门来承担。第三为加强执法管理工作的宏观决策和协调运作，有必要建立“全面管理、分工负责、统筹协调”的执法管理模式，并可以考虑成立一个执法管理委员会，统筹各项执法管理工作，成为检察长领导下的议事、协调组织，实行单位成员制的运行方式，负责有关执法管理的情况通报、事项协调、争议处理、统筹协调等工作，进一步加强执法管理。

八、关于组织体系建设与检察管理

检察机关的组织机构是检察管理的组织基础，也是加强检察管理必须解决的重点问题。检察机关的组织体系不健全，会造成检察管理不顺畅，直接影响检察职能的优化配置和职能作用的充分发挥。近年来，按照“两个适当分离”的思路，湖北省检察院将内设机构分成五种类型，即执法办案机构、诉讼监督机构、综合业务机构、综合管理机构、检务保障机构，对内设机构进行了调整，实行优化配置。设立审查批捕处和侦查监督处，分别承担审查批捕、批准延长羁押期限等职能和刑事立案监督、侦查活动监督等职能；设立公诉处和刑事审判监督处，分别承担公诉职能和对刑事审判活动的法律监督职能；分设民事行政检察处，成立民事诉讼监督处和行政诉讼监督处，分别承担对民事诉讼和行政诉讼的监督职能。省院和15个市州分院将职务犯罪大要案侦查指挥中心办公室改为单设机构，与反贪局、反渎局等案件办理部门并列，负责案件线索管理、指定异地管辖等职能。省院统一部署在13个规模较小（40人以下）的基层检察院推进内部整合改革试点工作，在横向上，将现有机构统

一整合为批捕公诉部、职务犯罪侦查部、诉讼监督部、案件管理部和综合管理部等五个实际运行的工作机构；在纵向上，各部不再单设负责人，由一名副检察长兼任该部负责人，实行扁平化管理，减少层次；在职能上，对受理、办理、审批、监督等基本环节按照“两个适当分离”原则进行改革并重新设计工作流程。对于“适当”分离之后可能出现的管理问题，我们建立了线索发现、移送及办理反馈、资源整合优化、办案协调配合等一系列新的工作机制，形成了既相互制约又相互协调的运行模式。实践证明，按照“两个适当分离”原则加强检察组织体系建设，保证了检察管理的统一规范，促进了检察机关法律监督职能的正确行使，初步显现出较好的效果。加强检察管理应当探索完善检察组织体系及其运行机制，进一步优化检察职能配置，规范内设机构设置，为科学管理奠定坚实的组织基础。

九、关于检察文化建设与检察管理

先进文化具有独特功能和巨大魅力，能在潜移默化中发挥引导、约束、凝聚、激励等作用。从管理的角度讲，这些作用有助于弥补制度管理等管理方式的缺陷，降低管理成本，提升管理效能。因此，可以说文化是一种更高层次的管理，是实现有效管理的重要途径。要把检察文化建设作为强化检察管理的重要手段，以检察文化的无形力量推动执法办案、检察队伍、检务保障等检察工作管理水平，实现高层次、现代化的检察管理，

加强检察管理不能仅靠制度压、纪律管和检查督，更应注重发挥检察文化的“内功”，引导大家自觉而不是被迫，主动而不是被动，自律而不是他律，积极而不是消极地加强检察管理。要贯彻十七届六中全会精神，着力构建尊重人、关心人、理解人、帮助人的人文环境，努力营造有利于政法干警身心健康、依法履职的良好氛围，加强文化设施建设，组织开展丰富多彩的检察文化活动，更好地凝聚检心检力，进一步增强检察机关的文化软实力。

十、关于“人治”、“法治”与“机治”

所谓检察管理中的“人治”，是指检察管理归根到底要靠人，必须坚持以人为本。检察管理的主体是人，特别是检察机关的领导者在管理中发挥着重要作用；检察管理的对象也是人，必须尊重检察人员的主体地位。检察管理要重视“人治”，坚持以人为本，重视人在管理中的核心地位和能动作用，最大限度地激发检察人员的积极性、主动性和创造性，在强化管理过程中实现检察人员的全面发展。

所谓检察管理中的“法治”，是指检察管理要建立、健全和落实法规、规章、制度、机制。严格执行法律，认真遵循程序，全面落实制度，是加强检察管理最基本的要求。一方面，要结合检察工作实际，不断建立、健全各项规章制度，坚持狠抓制度规范的贯彻落实，切实保障法律、政策和上级文件规定的统一正确执行，不断提高检察管理水平。另一方面，要明确规范性文件的制定权限和程序。凡属执行法律、司法解释、政策和检察工作体制与机制改革的检察工作规范性文件，原则上由最高人民检察院制定，部分由省院制定，市县两级院应当集中精力抓好落实，寓管理于落实之中，通过落实各项规章制度提高管理水平。

所谓检察管理中的“机治”，是指检察管理要依靠“机器”，充分利用信息化手段。检察管理要积极引进先进的管理理念、方式、技术，以检察信息化建设为依托，进一步创新管理手段，加强流程管理和过程控制，实现检察管理工作的全程化、精细化、实时化和公开化。近年来，我省在运用信息化手段加强检察管理方面进行了有益的探索，省院控告申诉检察处研发了综合性受理接待软件，武汉市汉阳区院研发了扣押、冻结款物管理软件，青山区院研发了“检务通”软件，高检院开展统一业务软件试点工作以来，我省积极参加试点，取得了初步成效，最近高检院在宜昌召开了现场会，推广了我省的做法，我们有责任将这项工作做得更好，促进实现管理科学化。当然，我们在推进信息化过程中，也要防止出现“看起

来很美”，但实际不管用或管不了大用，甚至增加工作负担的现象出现。

加强检察管理，“人治”、“法治”与“机治”三者都相当重要，缺一不可，“人治”是根本，“法治”是保障，“机治”是动力，应当将三者有机结合，使之发挥更大效应。

4 构建"全面管理、统分结合、分工负责、统筹协调"的执法管理模式*

去年1月，省院执法管理与监督委员会及其办公室成立以来，在省院党组的领导下，在省院各内设机构的积极配合下，经过委员会各单位成员的共同努力，取得了显著进展，主要体现在三个方面：一是狠抓24项任务，"倒逼"规范执法，尤其是深入推进"三项重点建设任务"，成立六个巡视督察组，通过统一建设方案、统一组织实施、统一检查验收、定期通报情况、深入现场明察暗访等综合性措施，推动规范执法各项任务落实，有效保障和促进了公正廉洁执法。二是健全规范执法长效机制，研究制定案件管理办法、诉讼违法线索管理办法、进一步规范讯问和询问工作的规定、排除违法违规讯问笔录入卷的规定、实行审录分离制度的通知等一系列制度规范，对执法办案工作进行更为严密的规制，为严格、规范、文明执法提出了可靠的制度保障。三是基本建立了"全面管理、统分结合、分工负责、统筹协调"的执法管理模式及相关运行机制，全省三级院统一成立了案件管理办公室，加强了执法管理工作的宏观决策和协调运作，加强了案件线索、侦查情报信息、办案流程、案件质量等各方面的管理与监督，促进了办案数量、质量、效率、效果、规范、安全六个方面的有机统一。

我省检察机关执法管理模式经过一年多的实践，充分证明这个模式非常好，我们要坚定模式自信、机制自信、方法自信，这个模

---

* 2013年6月27日敬大力同志在湖北省人民检察院执法管理与监督委员会第一次全体会议上的讲话。

式体现了六个方面的特点，也是模式的要点。一是“全面管理、统分结合、分工负责、统筹协调”说明我们把执法管理作为促进检察机关公正廉洁执法“五位一体”工作格局的重要一环，是全局性而不是局部性的问题，是系统性而不是孤立性的问题，是不同层次而不是单一层次的问题。二是围绕这个模式省院成立执法管理与监督委员会、侦查指挥中心办公室、案件管理办公室、执法监督与巡视督察等组织机构，提供了有效管理的组织保障。三是案件管理办公室与控告申诉检察部门合署，这主要是考虑两个部门的有些职能是一致的，既属于控申工作范围，又属于案件管理工作范围，合署起来有利于统筹协调、提高效能。四是执法管理工作的重点明确，主要包括线索管理、执法活动管理、流程监控、案件质量管理、办案效率管理等方面，比单纯案件管理的范围更大。五是这个模式是一种积极性管理，管用结合，管理就是服务，不是消极被动的管理、不是为了管而管。六是“人治、法治、机治”并行。执法管理并不仅仅是通过网络、软件管理，执法活动是一种非常复杂的活动，是人的活动，必须要以人为本。这个模式中，即强调“人治”，即人对人的管理；又强调“法治”，即靠制度管理约束；还强调“机治”，即采用信息化手段管理，三种管理方式并行不悖、共同发挥效用。

一、在“治”上下功夫，持续治理执法不规范的突出问题

近年来，全省检察机关直面问题，态度坚决，从执法观念、执法管理、执法装备和基础设施等多方面，全方位、持续抓执法规范化建设，检察干警规范执法的意识不断增强，执法规范化水平不断提高，在实践中也积累了一些行之有效的经验做法。但是，我们也要对执法规范化建设的艰巨性和复杂性保持清醒认识。最近，省院通过检查发现，各地检察机关存在一些执法不规范的问题，有的是执行新的法律规定出现的新情况、新问题，有的是长期存在的执法不规范“顽症”，必须坚持以往经验，狠抓治理不放松。要“长”

治，“顽症”具有顽固性、易发性，不是一朝一夕形成的，也不可能在朝夕之间彻底解决，要做好长期作战的思想准备，在相当长的时期内始终保持对执法不规范问题的高度警惕，时时紧绷规范这根弦，毫不放松、锲而不舍、持之以恒地治理。要“常”治，针对“顽症”抓一抓有效果、松一松就反弹的特点，经常抓、反复抓，既要针对突出问题定期不定期开展专项整治行动；又要善于构建常态化治理的机制，提出制度化的硬措施强化监督管理、促进规范执法。要“狠”治，各级院党组要始终旗帜鲜明、态度坚决，继续强化对规范执法必要性、紧迫性的认识，拿出踏石留印、抓铁有痕、壮士断腕的劲头，决不能只打雷不下雨，对违法违规问题发现一起、严肃查处一起，绝不手软，确保制度的刚性和权威性。要“会”治，要针对执法不规范问题的原因，遵循规律，讲究方法，坚持重点治理和日常监督管理相结合，治标与治本相结合，该教育的教育，该健全机制的健全机制，该加强保障的加强保障，该严肃处理的严肃处理，进一步提高治理执法不严、不公、不廉问题的科学性和有效性。执法管理与监督委员会对治理执法不规范问题责无旁贷，要切实承担起情况通报、事项协调、争议处理、统筹协调等职责，统筹各项执法管理工作，督促规范执法24项任务落实到位，发挥“倒逼”机制作用，深入推进执法规范化建设，不断健全防范冤假错案的工作机制，提高我省检察机关执法公信力。

二、在“转”上下功夫，切实转变执法观念、转变办案模式、推动转型发展

在狠抓治理“顽症”的基础上，我们要积极适应当前执法办案工作形势任务，从更好地坚持社会主义法治原则、维护公平正义、尊重保障人权、体现诉讼民主、推进诉讼现代化出发，转变执法观念和模式，坚守防止冤假错案底线，提高执法办案和法律监督水平。

（一）要继续转变执法观念

理念是行动的指南，是指导实践的思想基础。导致冤假错案发生的原因很多，最根本的还是一些司法人员包括检察人员的执法思

想、执法理念存在偏差。执法不规范“顽症”之所以在某些地方出现反弹，根本原因在于有的同志认识上不去，没有从思想上真正解决问题。我们要认真吸取教训，注重教育和引导，使广大检察人员深刻认识到观念的改变才是最根本的改变，牢固树立正确的执法理念和发展理念。

始终坚持社会主义法治原则。党的十八大明确提出，要全面推进依法治国，推进科学立法、严格执法、公正司法、全民守法。习近平总书记也强调，要坚持依法治国、依法执政、依法行政共同推进，坚持法治国家、法治政府、法治社会一体建设。执法不规范，甚至发生冤假错案或者安全事故，说到底就是法治观念不牢固，法治原则没有得到坚守。如果做到凡事讲法治、全部执法办案过程都依法依规进行，就能够最大限度地防止冤假错案，最大限度地提高执法公信力。检察机关作为国家法律监督机关，必须更加注重坚持社会主义法治理念和法治原则，坚持法律面前人人平等，坚持以事实为依据、以法律为准绳，坚持有法必依、执法必严、违法必究，坚持惩罚犯罪与保障人权、实体公正与程序公正、互相配合与依法制约并重，坚持依法独立公正行使检察权，努力让人民群众在每一个司法案件中都感受到公平正义。全省各级院执法管理与监督委员会要把坚持社会主义法治原则作为开展工作的总体指导思想，认真剖析、查找本院在执法思想、执法理念、执法作风方面的突出问题，切实做到举一反三、引以为戒。

转变执法观念，总体来讲，就是要把“六个并重”的思想牢记于心、融入血脉。要切实改变重打击犯罪、轻人权保障观念，始终坚持尊重和保障人权，坚持理性、平和、文明、规范执法，严格落实不得强迫自证其罪、讯问全程同步录音录像等规定，不打折扣、不搞变通，坚决杜绝通过刑讯逼供等非法手段获取证据，坚决杜绝受利益驱动违法违规办案。切实改变重实体、轻程序的倾向，严格执行各项程序性规定，高度重视对执法办案细节、关键环节的管理和监督，防止和坚决制止违规争取管辖权、规避管辖、滥用强制措施和侦查措施、无故拖延或相互借用办案期限的违法违规行为。切实改变重证据客观性轻证据合法性、重口供轻其他证据的倾向，既重视收集和审查有罪、罪重的证据，又注意收集和审查无罪、罪轻的证据，全面审查各类证据，不轻易放过任何疑点，坚决排除非法证据。切实改变重配合、轻监督的观念，落实与公安、法院、司法行政机关监督制约与协调配合的规定，强化对刑事诉讼活动各环节的监督。加强与省纪委工作联系与协调配合，坚持严格把关，分工履职，依法依规办案，防止执法司法权滥用。

转变执法观念必须长期不懈地抓思想教育。要紧密结合党的群众路线教育实践活动，紧密结合各类教育培训和日常思想政治工作，抓好正面教育，打牢公正廉洁执法的思想基础，引导干警依法用权、秉公办事；抓好反面警示教育，通过近距离感受违法违规之害，触及干警灵魂，促进观念转变。

（二）要继续转变执法模式

执法模式不科学、不合理、不适应，往往导致执法过程的不规范、不合法，进而造成执法结果的不公正。全省检察机关必须适应全社会法治意识不断增强、适应新媒体时代的要求，打破习惯思维和陈旧观念，打破不合时宜的固有办案模式，着力推动执法办案工作转变模式、转型发展。对此，省院已提出了 11 个方面的要求，这里重点强调以下几点：

进一步建立新型检律关系。这既是对案件办理工作的要求，同样也是一项新的执法管理任务，要通过我们积极有效地管理，引导干警切实深化对律师重要地位和作用认识。通过律师介入形成诉辩对抗，是刑事诉讼的重要制度设计，对维护司法公正、防范冤假错案、规范执法行为、提升司法公信具有重要意义。在新形势下，我们要切实改变过去把律师置于完全对立的立场上的错误认识，从法律职业共同体的角度正确认识律师在刑事诉讼中的地位和作用，把律师作为共同维护司法公正的重要依靠力量。我们不能仅因为法律有规定而被动地保障律师权利，而应该从有利于我们换位思考、查漏补缺，有利于保障当事人权利，有利于公正规范执法的角度更加主动、更加自觉地保障律师执业权利，构建新型检律关系，实现与

律师的良性互动。要在执法管理过程中，引导干警保持客观公正立场，真正与律师平等相待、彼此尊重，通过规范流程、明确时限、统一文书等措施，依法保障律师会见、阅卷、申请调取证据等法定诉讼权利，坚决防止和纠正各种无故拖延、推诿甚至刁难的现象。注重听取律师辩护意见，特别是对证据真实性、合法性的意见，确保案件依法公正处理。注重发挥律师在联系、说服犯罪嫌疑人、被告人及其亲友、非利益群体等方面的独特作用，共同做好相关人员工作，加强释法说理、减少对抗情绪、保障案件办理、促进矛盾化解、维护和谐稳定。

进一步推进检察长领导下的主办检察官负责制试点工作。要改革和完善对执法办案指导决策机制，探索完善办案组织形式，切实改变和纠正层层向上转移执法办案风险和责任的习惯做法，努力形成符合检察工作特点和规律、运行高效的检察机关办案机制。我们推进的主办检察官负责制试点工作，符合高检院有关部署精神，契合湖北检察实践，要加快进步深入推进，研究完善工作方案尽早下发开始试点。上级院要加强对下级院试点工作的指导，对试点中涉及的权限划分、职责履行等重大问题要及时层报省院。执法管理要适应试点工作要求，调整完善相关工作机制，保障和促进试点工作顺利进行。

进一步深化检务公开。通过公开使检察人员自觉严格依法依规办案，是另一个角度的管理。执法管理工作要进一步推动加大检务公开力度，坚持以公开为原则，以不公开为例外，能公开的一律公开，完善公开范围、程序，为当事各方和社会公众参与、评判和监督检察工作提供便利，形成检察机关外部“倒逼”规范执法的工作机制。要通过有效的管理，把检务公开的要求落实到执法办案过程中，完善及时主动公开和依申请公开等制度，加强执法依据、执法程序、办案过程和检察机关终结性法律文书的公开，加强对当事人及其近亲属、辩护人和新闻媒体的公开，积极探索建立听取意见、公开审查、听证制度，听取各方意见，接受监督制约，保证办案质量。联络处要切实加强对检务公开的统筹协调，相关部门要各负其责、通力配合。

进一步加强对自身执法活动的监督。始终坚持把强化自身监督放到与强化法律监督同等重要的位置，认真解决不同程度存在的忽视、削弱内部监督、不愿接受监督等问题，切实保障检察权依法正确行使。深入推进自身监督制约体系建设，加强检察机关内部上下级院、相关内设机构之间的监督，推动建立及时的、主动的、经常的、良性的自我纠错机制，有效杜绝错案在检察环节发生。

进一步完善“前紧后松”办案模式。这一办案模式的健全完善需要建立科学的工作考评、责任追究等工作机制，与执法管理紧密相关。要注重发挥管理与监督的作用，引导检察人员正确认识和把握“前紧后松”的实质内涵，坚持该“紧”的紧，该“松”的松，保障立案前调查、初查程序的规范合法，保障职务犯罪侦查工作顺利进行。尤其要根据符合工作实际、树立正确导向的原则，改革和完善包括职务犯罪侦查工作在内的执法办案考评和奖惩办法，不片面强调批捕率、起诉率和有罪判决率，而以是否依法公正办案和办案质量来衡量和评判。

进一步正确对待和处理来自社会舆论和被害方的压力。这是新形势下和新媒体时代对案件办理和案件管理的新要求。无论是执法办案本身，还是执法管理工作，都要逐步适应，依法、冷静、妥善处理社会热点敏感案件，既充分尊重舆论，考虑被害方的态度，听取被害方的意见；又坚持用法治思维和法治方式处理问题，坚持以事实为依据，以法律为准绳，严把事实关、证据关、程序关，依法独立公正行使检察权，努力使办理的案件经得起法律和历史的检验。

三、在“抓”上下功夫，不断提高检察机关严格公正规范文明执法水平

要突出重点，强化措施，健全规范执法制度机制，防止发生冤假错案，不断提高执法办案管理和监督工作水平。

（一）抓统筹

委员会作为议事协调机构，必须在组织领导、统筹协调上做文

章，真正在执法管理与监督方面发挥牵头抓总、协调各方作用。要围绕“全面管理、统分结合、分工负责、统筹协调”的执法管理模式，把执法办案各方面、各环节纳入严密的管理体系，不留空白和死角；对于该统一管理的就统一管理、统一部署、统一检查落实，该分散管理的要明确责任部门，在坚持服务不越位、帮忙不添乱、管理不代理的基础上，加强督促检查，做好组织协调；要加强对执法管理和监督工作的宏观决策研究，适时掌握、定期研究执法管理与监督工作中遇到的重大问题，提出解决措施。执法管理与监督是一项基础性、综合性、全局性工作，是各部门的共同责任，需要各成员单位的共同参与和积极努力；是具有探索性的工作，需要不断摸索、磨合、调整和完善。各成员单位要组织全体人员认真学习高检院、省院关于执法管理的相关文件，明确规范要求，领会精神实质，统一思想和步调，及时调整优化工作模式，全力做好本部门的执法管理和监督工作；要克服部门本位主义影响，加强工作通报、沟通协商，实现共同管理、共同提高。

（二）抓机制

第一，健全完善规范执法“倒逼”机制。结合落实修改后的刑事诉讼法，归纳总结实践经验，从实际操作层面修改完善执法管理、执法监督、执法责任方面具体的实施办法，深入推动规范执法 24 项任务中相关基础设施建设及制度规范的进一步落实，巩固规范执法成果。第二，健全完善案件管理机制，全面深入落实省院即将下发的《案件管理暂行办法》和《诉讼违法线索管理办法》，明确统一受理、分流案件、线索的责任分工，对案件办理实行备案管理、节点控制、时限预警，发现和纠正执法办案程序上存在的问题；落实省院线索管理制度，对线索受理实行归口统一管理，明确职务犯罪、诉讼违法线索的分流原则及具体承办单位，真正有序有效地管理好各类线索；加强线索的收集、整理和分析研判，推动专项查案工作；落实对交办、督办、指定异地管辖线索的跟踪督办制度，提升线索规范化管理水平和成效；案件管理办公室要定期开展案件评查和复查工作，发现质量问题，查找深层次原因，坚持实事求是、有错必纠，积极推动整改，不断提高办案质量。第三，健全执法办案风险预警、处置、防范工作机制，根据省院《意见》，指导和监督有关部门落实相关要求，确保检察环节不发生影响办案安全、影响社会稳定的问题。第四，健全自身执法办案的活动监督制约机制，按照检察工作一体化要求加强上级院对下级院的领导和监督，按照“两个适当分离”要求加强检察机关各业务部门之间的内部制约；加强巡视督察工作，重点强化对执法作风和执法规范、纪律禁令执行情况的明察暗访；按照“一岗双责”要求加强业务部门执法办案中的自身监督；完善检察机关外部监督制约机制，着力构建更加健全完善的自身监督制约体系。第五，健全委员会自身工作运行机制。根据委员会职责，建立重要情况通报、重大事项组织协调、日常事务运转等工作机制，使委员会运行更富有效率和成效。

（三）抓基础

要适应执法办案形势任务变化，一方面，加强执法管理设施设备建设。主要是加强检察机关对外“窗口”建设。第一是群众工作“窗口”，即综合受理接待中心建设，要改善受理接待环境，完善相关机制和功能；第二是案件管理“窗口”，即接受公安等相关部门移送的批捕等各类案件的“窗口”，要做好相关工作场所、设施设备建设。第三是律师接待“窗口”，主要是要加快律师会见室等功能性用房建设。要适应执法办案转型发展需要，积极推进公开审查大厅、听证室等建设。要加快案件管理机构场所建设，配齐必需的设施设备。另一方面，加强技术保障。按照“四全”的要求进一步抓好办案区视频监控建设、管理和应用，全面做好全国检察机关统一业务应用软件、统一办公软件的部署和应用，结合湖北实际自主开发配套软件，指导督促干警逐步做到网上办案、网上审批、网上管理，实现对执法办案活动的全程、统一、实时、动态监管。

（四）抓落实

抓落实是我们对待工作应有的态度和作风，抓落实的效果是衡量领导干部水平和工作作风的重要体现。不抓落实，再好的工作思路也是纸上谈兵，再明确的目标也是空中楼阁。全省各级院检察长、

各内设机构主要负责人要亲自研究、推动执法管理与监督工作，对案件要认真履行审批、审核职责，既从实体上把关，又注重发现程序上的瑕疵或问题；以身作则，带头严格落实各项管理规定，带头维护制度严肃性和权威性，对本单位本部门的问题不遮不掩、敢抓敢管，该问责的问责。要明确工作任务，出现问题要倒查工作责任，形成一级抓一级、层层抓落实的工作机制，打造落实链条。要建立执法管理与监督工作年度报告制度，每年底相关内设机构分别报告本部门执法管理工作；建立委员会季会制，通报情况、协调重大事项，指导督促各单位成员认真履行职责，切实帮助解决各部门执法管理工作中遇到的困难和问题，使各项工作部署和要求真正落实、见到实效。

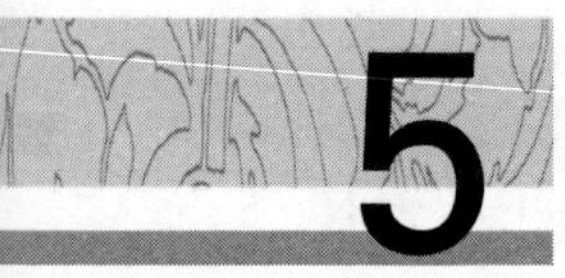

5 推动科学考评，树立实事求是、尊重规律、久久为功的政绩观*

习近平总书记曾深刻指出，政绩观就是为政之绩，即为政的成绩、功绩、实绩。既然是实绩，就必须实事求是。我们考评的目的是推动检察工作实实在在取得进步，考评的数据必须真实准确、没有水分，不能“虚胖”、“浮肿”，更不能失职、渎职。如果没有实事求是、尊重规律、久久为功的政绩观，就不可能设计出科学的考评制度，也不可能发挥好考评的导向作用，推动检察工作健康发展。对此，大家一定要有清醒的认识，这绝不是个小问题。

一方面，要坚持以正确政绩观为指导完善考评制度。这是我们一贯的努力方向。省院自2009年开始考评工作以来，一直致力于完善科学考评体系，持续不断地加以改进，坚持数量、质量、效率、效果、规范、安全并重，构建了具有“单项考核、综合排名”，“工作不分权重、项目区分权重”，“ 总数、人均数、发展变化数相结合”，“考评工作与改进工作相结合”等一系列鲜明特点的综合考评体系。从效果来看，总体是好的。尤其是去年，省院在反复调研、多次征求意见的基础上，进一步改进考评工作。例如，我们贯彻“前紧后松”办案模式要求，对捕后撤案、不起诉、判无罪的情形进行了区别对待，而不是一律作为案件质量问题扣分；对改变原决定的申诉案件，在对控申工作加分的同时，也对经核实确有起诉质量问题的案件进行扣分；深入开展数据核查工作，对某些考评项目的

---

* 2014年1月26日敬大力同志在市州分院、林区院向湖北省人民检察院报告工作会议上的讲话节录。

统计数据挤走了“水分”等。当然，考评指标只能是力求科学，没有最好，只有更好。要始终坚持以正确的政绩观为导向，尊重规律、尊重实际，不断完善考评体系。各级院也要站在检察工作全局的角度看待考评体系。例如，“小地方”、“小院”与“大地方”、“大院”不在同一起跑线的问题，省院综合考虑调动各地积极性需要，通过合理设置各项考评“总数”、“人均数”、“发展变化数”的分值，既使“小地方”、“小院”能够通过主观努力争先进位，也促使“大地方”、“大院”“跳起来摘桃子”。还有铁检院的考评问题，统一管理就应当坚持统一考评，同时考虑到铁检院的特殊情况，省院正在研究将铁检院在全国铁检系统考评排名的情况作为全省统一考评的参考。

另一方面，要坚持以正确的政绩观为指导，严肃正确对待考评工作。我们既要重考评、但也不能唯考评。要把考评结果与日常掌握情况综合起来，客观准确地评价一个地区、一项工作的成效和进展；要把考评作为推动工作的一个抓手而不是目标，无论是排名靠前还是靠后，都要针对形势任务变化和存在的薄弱环节，进一步改进提高。我们既要积极充分履职，又要依法规范履职，绝不能因为错误的政绩观而影响某些检察职能的依法正确行使乃至整个检察工作的健康发展、法律监督的权威和检察机关的良好形象。我们鼓励大家争先进位、争创一流，但坚决反对急功近利、掺水造假。一定要有政绩是“实绩”不是“虚效”、不仅是“显绩”也是“潜绩”的理念和境界，把当前发展与长远发展紧密结合起来，不贪一时之功、不图一时之名，多干打基础、利长远的事；一定要严肃考评纪律，严禁搞“数字工程”，严禁掺水造假，今后省院将从制度和工作层面进一步加大对执行考评纪律情况的监督检查力度，凡是发现掺水造假的一律实行一票否决，情节严重的要按规定追求相关人员及领导责任。

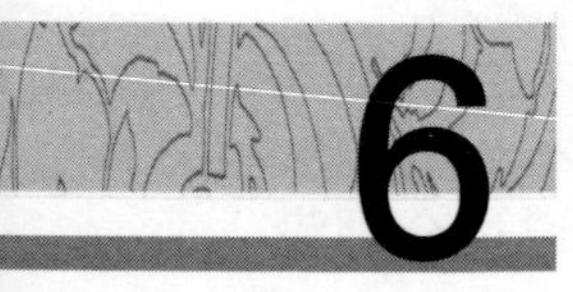

6 全面加强司法和监督工作管理的十个重点问题*

加强司法和监督工作管理，是完善司法体制和司法权力运行机制的必然要求，是规范司法行为、提高检察工作法治化水平和检察公信力的一个重要抓手。全国检察机关第一次案件管理工作会议对深化案件管理机制改革作出了全面部署，强调要加强全面管理，构建在检察长和检委会领导下，以办案部门和办案人员自我管理为基础，以案件集中管理为枢纽，以纪检监察等部门综合管理为支撑的案件管理立体格局，促进案件集中管理和部门管理的有机统一，加快构建科学化的检察业务管理体系。近年来，我们积极建立“全面管理、统分结合、分工负责、统筹协调”的司法和监督工作管理模式，这与高检院要求是相一致的。全省检察机关一定要坚定自信、强化措施，努力推动这一模式更加完善、更加成熟、更加定型。

一要加强案件线索管理。要贯彻十八届四中全会精神，规范职务犯罪线索管理，健全受理、分流、查办、信息反馈制度，完善案件线索的梳理、研判、初核、不立案审查、集体评估等相关程序，强化对线索流转的跟踪监督，防止有案不查、选择性办案。要借鉴纪委线索下管一级的做法，探索建立处级以上干部职务犯罪线索由省院统一管理的制度，实行统一编号、分流和处理。要完善诉讼违法线索管理机制，实行统一受理登记、编号管理，严格执行司法办案和诉讼监督部门有关线索发现及双向移送机制，做好诉讼违法线

---

* 2015 年 2 月 15 日敬大力同志在湖北省检察机关党风廉政建设和反腐败工作暨规范司法行为专项整治动员部署、案件管理工作会议上的讲话节录。

索的跟踪督办、备案审查和分析研判工作，更好地解决线索发现难、该移送不移送等问题。

二要重视完善和使用统一业务应用系统。统一业务应用系统是司法和监督工作流程管理的重要平台。要贯彻省院关于加强科技强检的工作意见，坚持“建、管、用”相结合，加快推进统一业务应用系统升级改造和综合运用，推进信息化、检察技术与司法办案的深度融合。要依托应用系统，加快侦查信息、诉讼监督“四化”、公信力评价、“两法衔接”及公检法司信息共享、检务公开、公诉出庭辅助等子系统、子平台建设，全面拓展统一业务应用系统功能。要加强系统平台的运维管理，完善案件受理、流程监控、质量评查、律师接待、信息填报等操作规程，全面构建统一管理、分散运用、运转高效的管理体系。要坚持把应用作为重中之重，按照“全员、全面、全程、规范”要求，充分发挥应用系统的管理、监督、服务、参谋等作用，特别是在司法规范化建设、检察业务考评、司法风险评估、案件信息公开等方面的作用，促进司法和监督工作管理模式更加完善。

三要完善办案责任体系。办案责任体系本身就是对检察办案的一种管理，其实质是“依法确权、分工履职、决定有责、终身负责”，其含义主要是三个方面：一是目标责任，强调积极作为、履职尽责；二是职责划分，即明确各类检察人员的办案职责；三是责任承担，即各类检察人员对其决定、办理的事项承担相应的后果。我们要通过建立涵盖各层级、各类别、各环节的一整套办案责任体系，实现对司法和监督工作管理的不断强化。要科学划分检委会、检察长、副检察长、检委会委员、检察官以及其他检察辅助人员的职责权限和责任范围，解决履职尽责不到位以及权责不一致、不清晰、办案不负责、把关不严格等问题。要按照谁决定、谁担责，谁办案、谁负责的要求，对检委会决定的事项，检委会对法律适用负责，检察官或主办（主任）检察官对事实和证据负责。检察长、副检察长、检察官对其职权范围内所作出的决定承担责任；要实行审批和指令书面化，强化领导责任意识。检察官助理等检察辅助人员依法协助检察官履行调查取证、审查案件等办案职责时，对其办理的事项负责。要通过清晰的责任体系，切实加强司法办案和诉讼监督过程中的管理、监督和制约。

四要强化看押管理工作。要严格落实审押分离制度，充分发挥司法警察管理办案区、对讯问询问进行监督制约等作用，促进规范司法。要总结推广孝感等地经验，探索建立重大职务犯罪案件嫌疑人定点羁押、统一管理制度，会同公安机关联合出台规范性文件，建立定点羁押专属监区或者设置相对固定监室，完善关押、提讯、会见等制度规定，畅通医疗救护通道，加强羁押场所的技术设施配备和人员管理，切实解决跑风漏气、提押困难等问题。要完善驻所检察室对提讯、提押犯罪嫌疑人的监督制约机制，认真检查提讯、提押手续，及时发出预警提示，对违规违纪和特殊情况，必须及时报相关院领导处理。要依法慎用、防止滥用指定居所监视居住措施，因办案特殊需要，必须使用的，要层报省院批准；要研究探索商请公安、武警等部门参与指定居所监视居住、帮助看管的措施机制。

五要规范涉案款物管理。要按照中办国办《关于进一步规范刑事诉讼涉案财物处置工作的意见》，适应省以下财物统一管理新要求，进一步修改完善省院扣押、冻结款物及处理办法，坚决纠正和防止受利益驱动办案、违法违规扣押冻结处理涉案财物问题。要建立健全涉案财物统一收缴、管理机制，在省院设立全省检察机关涉案款专户，在市州分院和基层院设立涉案款专管过渡账户，专项管理涉案款，待案件终结后，按规定该上缴国库的上缴，该退还的退还当事人。要探索建立跨部门的涉案财物集中管理信息平台，对查封、扣押、冻结、处理的涉案财物清单及时录入，确保管理规范、移送顺畅、处置及时。要商请有关部门建立交办案件扣押款物管理制度和办案经费保障制度，对高检院、省院交办的案件，涉案财物统一纳入中央、省级涉案财物管理账户。

六要深入推进诉讼监督“四化”建设。“四化”建设是加强对诉讼监督工作管理的重要举措。要深入贯彻十八届三中、十八届四中全会关于“加强和规范对司法活动的监督”、“完善检察机关行使

监督权的法律制度”等要求，从更高层次、更高水平上推进诉讼监督“四化”建设，认真抓好相关规范文本的测试工作，针对运行中存在的问题，进一步完善诉讼监督规程和立案标准，健全立案及调查、核实、处理等一整套程序，改进文书、统计、考评、立卷建档等制度，适时全面推行，切实把诉讼监督工作纳入规范化运行轨道。要积极建议高检院制定专门的诉讼监督规则，促进形成系统完备、科学规范、运行有效的法律监督制度体系。

七要完善工作考评机制。考评是加强管理的重要手段。中央要求对各类司法考核指标进行全面清理，取消批捕率、起诉率、有罪判决率、结案率等不合理的考核项目，主要目的在于防止出现冤假错案、防止违法违规办案，而不是取消对工作的评价。省院近期已经根据中央、高检院要求，取消了15个考核指标，采取扣分的方式对相关案件质量问题予以负面评价。下一步，我们要在坚持考评制度的基础上，集中全省广大检察干警的智慧，对考评标准进行系统修改，建立更加科学合理的考核评价机制，建立有效管用的督促、问责、激励机制。要严肃考评纪律，坚决防止为追求考评成绩而弄虚作假、不规范司法等问题。

八要规范协作配合工作。协作配合是适应检察办案工作新形势、新要求的重要方法，一方面要加强，另一方面也要规范。第一，规范外部协作配合。完善与纪检监察机关的协调配合机制，严格执行中办《关于在查办党员和国家工作人员涉嫌违纪违法犯罪案件中加强协作配合的意见》，在省纪委、省院联合出台的8条规定的基础上，积极推动反腐败协调小组研究制定贯彻《意见》的实施细则，进一步明确纪检监察和刑事司法办案标准和程序衔接，完善案件和案件线索通报、同级联系、及时移送、同时立案、办案协作配合等制度。规范与行政执法机关的协作配合行为，细化案件移送标准和程序，实现行政执法与刑事司法无缝衔接。完善“公检法司”相互配合机制，全面落实省院与省公安厅、省法院、省司法厅会签的“三个文件”，进一步加强和规范提前介入侦查、技术侦查、职务犯罪嫌疑人定点羁押、指定居所监视居住、信息共享和横向联接等方面的协作配合。第二，规范上下协作配合。完善检察机关业务联系指导、请示汇报、情况反馈、事务协调等方面衔接机制，严格执行有关案件备案审查、上报审批等工作制度。下级院对上级院侦查并移送起诉的案件，要严格审查把关，该纠正的纠正、该退查的退查，上级院也要态度端正、积极配合。第三，规范横向协作配合。完善检察机关内设机构在查办职务犯罪案件中的相互配合和监督制约机制，建立健全侦查与公诉部门之间的协作配合机制，公诉部门对重大案件要提前介入、引导侦查，侦查部门在起诉阶段也要提供必要的配合协助。完善相关内设机构在诉讼监督工作方面的线索移送、分流办理、集中反馈、息诉维稳等协作配合机制。加强相关部门在三项预防职能整合、涉检信访处理等方面的协作配合，切实发挥好检察工作一体化优势。

九要完善制度规范体系。制度是加强检察业务工作管理的根本保障，是实现违反“不能”的治本措施。要以形成内容科学、程序严密、配套完备、有效管用的制度规范体系为目标，严格规范性文件制定权限，确保制度规范的统一性和权威性。要系统梳理现有的规范性文件，对不符合高检院、省院规定的制度规范进行全面清理，并结合专项整治工作查找出来的突出问题，有针对性地建章立制，确保司法和监督工作各个环节都有章可循。要建立健全防止利益冲突、回避、规范检察人员对外接触交往行为等制度，完善廉政风险防控、廉政隐患摸排预警等机制，切实加强对检察权运行的制度化、规范化管理。

十要健全监督制约机制。大管理的概念包括监督制约。我们要始终坚持强化法律监督与强化自身监督并重，进一步健全完善检察权运行监督制约体系。根据十八届三中、四中全会精神和高检院要求，当前，要重点建立健全以下五个方面的监督制约机制：第一，健全人大司法监督与检察机关法律监督衔接机制，明确衔接范围，细化办理和流转程序，完善与人大代表、政协委员联络机制，自觉接受人大政协监督。第二，加快推进人民监督员制度改革，强化对查办职务犯罪立案、羁押、扣押冻结财物、起诉等环节的监督。第

三，构建动态、透明、便民的检务公开新机制，依法全面公开司法依据、流程、结果，主动接受新闻媒体和社会各界监督。第四，健全接受公安、法院、司法行政机关制约的机制，完善听取律师意见制度，坚决纠正阻碍律师行使诉讼权利的行为，更好地接受律师监督。第五，建立内部人员过问案件的记录制度和责任追究制度，完善检察机关办案部门和办案人员违法行使职权的纠正机制和记录、通报、责任追究制度。

第十三章
司法体制改革与检察改革创新

1 以机制创新推动中国特色社会主义检察制度的完善与发展*

近年来，中国特色社会主义检察制度不断发展与完善，但客观上仍然存在一些制约检察工作发展的体制性、机制性障碍。在新的历史条件下，检察机关必须在科学发展观、社会主义法治理念的指导下，按照中央关于进一步加强“两院”工作《决定》提出的加强法律监督、完善司法工作机制、提高工作效率的要求，积极稳妥地推进检察改革。检察改革要进行统筹设计、科学规划、系统构建。既努力争取检察体制、机制和制度的“应然”，也要积极落实检察体制、机制和制度的“实然”。既要重视对涉及检察体制改革与修改完善立法等宏观层面的改革举措，又要重视工作机制创新，通过机制创新保障检察工作依法、规范、高效运行，以机制创新推动中国特色社会主义检察制度的完善与发展。当前，实践中还有很多工作机制方面的问题亟待解决，需要积极探索、改革创新。笔者认为，应重点在以下五个方面积极推进机制创新：

一、加强检察工作一体化机制建设

现行检察机关领导体制是与国家政治体制相适应的，符合检察工作的实际需要，实践中也是行之有效的。当前，检察机关要研究的一体化，应当是在工作机制层面上的一体化，是在现行政治体制和法律制度框架下的“检察工作一体化”，而不是与是否实行“检

* 2006年9月19日湖北省首届检察理论与应用研究年会收录敬大力同志文章，刊载于《人民检察》2006年第11期（上）。

察独立”、“垂直领导”等领导体制问题相关联的“检察一体化”。加强检察工作一体化机制建设，是落实检察机关上下级领导体制，树立法律监督权威的必然要求；是发挥检察机关整体优势，提高执法水平和效率的迫切需要；是保障检察工作规范有序运作，形成法律监督整体合力的客观要求；是克服地方和部门保护主义，维护社会公平正义的重要保证；是增强检察机关法律监督能力，保障国家法律统一正确实施的有效途径。

检察工作一体化机制强调检察工作的整体性、统一性，应按照“上下统一、横向协作、内部整合、总体统筹”的要求来进行构建。“上下统一”就是要充分发挥检察机关领导体制的优势，强化上级院对下级院的领导关系，下级服从上级，上级支持下级，克服检察权地方化、部门化的倾向。“横向协作”就是要加强检察机关之间的相互协作，加强沟通，取得理解、支持与配合。“内部整合”就是要充分发挥检察机关各业务部门的职能作用与优势，在工作中加强配合与联系，紧密配合，形成合力，防止各自为政、相互封锁、相互掣肘。“总体统筹”就是要坚持检察机关上下、横向、内部之间结成统一的整体，运转高效、关系协调、规范有序，充分发挥整体效能。以上四个方面有机结合，要强调多向度的整合，才能实现检察工作的整体性、统一性。需要指出的是，不宜将“整体的一体化”分割为“部门的一体化”。如果只谈一个业务系统的一体化，那只是部门主义的一体化。在出现检察权地方化、部门化和分散主义倾向的情况下，当务之急是“收拢手指，攥紧拳头”，形成法律监督的合力。

加强检察工作一体化机制建设的重点是以下八个方面：（1）建立健全落实检察机关上下级领导体制的工作机制。主要包括：强化上级院的指令权与监督权、强化检察长的领导指挥权、提高检委会决策水平、建立定期工作报告和评议制度、加强检察工作督导、加大上级院协管干部的力度、强化上级院的宏观指导与业务指导、健全完善巡视制度、健全完善请示报告和情况说明制度等等。如湖北省检察机关今年试行了下级院向上级院报告工作制度，于7月至8

月组织全省检察机关自下而上、逐级分层向上一级检察院报告工作，并由上级院进行评议。从试行情况看，这一制度凸显了激励约束功能、完善一体化机制的功能、科学评价的功能和上下互动、双向交流的功能，对于加强上级院对下级院的领导、保障检令畅通、及时发现和解决工作中存在的问题等具有重要意义，发挥了实际作用。（2）加强侦查工作的统一组织、指挥、管理与协调。强化对查办职务犯罪大案要案工作的统一领导和指挥协调，整合侦查资源，加大办案力度，增强工作效率。首要是健全完善侦查指挥中心机制。检察机关应设立独立机构，而不是挂靠或附属于反贪局的侦查指挥中心，在检察长的领导下对办理案情重大复杂、社会反映强烈或下级检察机关侦查确有困难等职务犯罪大案、要案进行统一组织、指挥与协调。侦查指挥中心及其办公室对下代表本级院对下级院的侦查工作进行组织、指挥、管理与协调；对内代表检察长对各部门初查、侦查工作进行组织、指挥、管理与协调。各级检察机关建立侦查指挥室，逐步实现检察机关的联网，形成功能完备的侦查指挥系统。（3）加强情报信息的统一管理和综合分析利用。主要包括：协调举报中心和侦查指挥中心的关系，由举报中心归口受理举报线索，由侦查指挥中心负责统一管理案件线索与交办案件；建立健全案件线索管理机制，对案件信息进行综合分析和开发利用；加强内外部协作，畅通情报信息渠道；加强情报信息的采集、管理和利用，加强情报信息库建设；建立健全检察机关信息共享机制。（4）提高公诉工作的整体合力。上级院可以根据需要整合人力资源，在本辖区内指派、抽调、选调公诉人开展办案；对于不适合由有管辖权的检察院审查起诉的案件，上级院应当会商同级法院依法指定管辖；对于案件涉及多个地区的，上级院要加强协调；对刑事抗诉工作，上级院要加强领导；妥善处理主诉检察官办案责任制同上级检察官领导下级检察官、检察长领导检察院工作的关系。（5）加强侦、捕、诉各部门的相互制约与协作配合。在办理职务犯罪案件中，加强侦、捕、诉三部门之间的相互制约与协作配合。经检察长决定，侦查监督和公诉部门可以提前介入侦查，熟悉案情，审查证据，引导侦查取证。在职务犯罪侦查、侦查监督、公诉部门相互之间建立互相听取意见和列席案件讨论会制度。公诉部门出庭公诉，侦查部门可以派员参与支持公诉。统一证据标准，在办案工作中全面、客观地审查、运用证据，对非法证据应依法予以排除。（6）综合运用监督措施形成法律监督合力。检察机关各个部门应把强化对诉讼活动的法律监督作为共同任务，综合运用各种方法和手段，有效形成监督合力。应实施和完善检察机关内部侦查分工，建立查办司法人员职务犯罪协作机制，把查处司法和行政执法不公背后的职务犯罪作为强化法律监督的有力手段。（7）坚持惩防并举，落实预防工作责任制与加强各部门协调配合。把预防职务犯罪工作落实到各项检察业务之中，将查办职务犯罪工作与预防职务犯罪工作相衔接，将诉讼监督工作与预防工作相衔接，实现各业务部门预防职务犯罪工作整体效能的有效发挥。（8）加强各地检察机关的检务协作。上级检察院加强对检务协作工作的指导、协调和检查；建立健全侦查协作机制；加强各地检察院之间的联系协作，建立健全工作联系、业务对接、办案协调、合作互助机制。除上述八个方面外，在检察资源配置、涉检信访工作、司法警察管理与勤务等方面，都应按照一体化的要求，改革创新工作机制。同时，在执法规范、队伍建设、人员培训、经费保障、资源配置等方面，要提供检察工作一体化的保障措施。

二、探索建立法律监督调查机制

诉讼活动中司法执法人员的违法行为时有发生，损害诉讼参与人的合法权利，危害司法公正和社会公平正义。监督纠正诉讼活动中的违法行为，检察机关责无旁贷。没有调查就没有发言权，如果对监督事项不经调查，监督的根基就不牢，监督的质量就不高。检察机关应当在现行法律框架内，探索建立一套以发现、核实、纠正司法执法人员违法行为为核心内容的法律监督调查机制。建立法律监督调查机制，其法律依据就是宪法和法律对检察机关职权的有关规定，检察机关依法对有关机关的诉讼活动是否合法实行监督，有权对监督的事项进行审查，包括就一些重要事项进行必要的调查，

依此判断其是否合法，并提出纠正违法的意见或检察建议。其根本意义在于加强对诉讼活动的法律监督，提高监督质量，增强监督的针对性、有效性。

湖北检察机关在侦查监督工作中对调查机制进行了探索。2003年，武汉市汉阳区检察院率先建立起侦查活动监督投诉处理机制；2004年，湖北省检察院确定在50个基层检察院开展改革试点工作。试点情况充分表明，侦查活动监督调查机制的建立与运行，一是有利于侦查活动监督从被动监督、事后监督向主动监督、同步监督转变。二是有利于监督手段从单一型向复合型转变。在符合法律规定条件下，明确了检察机关的适当调查权、处理权及处理建议权，使监督的手段更加完善与有力。三是有利于从单一监督向合力监督转变。调查机制的建立促进了检察机关内部监督资源的重新整合，形成合力。四是有利于增强监督实效。检察机关调查后的处理以及处理建议，往往不仅涉及案件，而且涉及具体的司法执法人员，监督效果更为明显。2006年9月，湖北省检察院总结提炼试点经验，制定了《刑事立案监督、侦查活动监督调查办法（试行）》。在具体制度设计上，一是确立了调查范围。规定检察机关对侦查机关刑事立案、侦查活动实行监督，对其中有无违法行为进行审查，对特定违法情形进行必要的调查。二是明确了受理的有关规定。检察机关受理线索，有公民、法人或其他组织申诉、控告或检举，犯罪嫌疑人、被告人及其法定代理人、近亲属、委托的律师申诉、控告或检举，有关部门移送，上级机关交办，检察机关自行发现等方式。控申检察部门对受理的线索和材料集中归口管理，经初步审查发现刑事立案及侦查活动中有违法行为嫌疑的，根据内部分工移送相关职能部门办理，对涉嫌犯罪的移送侦查部门办理。三是明确了调查的有关规定。检察机关对受理的线索、材料均应审查，发现有违法嫌疑需要调查的，由检察长批准后启动调查程序。调查中可以询问、查询、勘验、辨认、鉴定、查阅案件材料。同时，还对调查与职务犯罪初查、立案的衔接机制作出规定。四是明确了处理的有关规定。经调查认定刑事立案与侦查活动中有违法行为的，应当提出纠正意见并督促侦查机关纠正。发出《检察建议》、《纠正违法通知书》的，要求侦查机关及时书面回复纠正情况。对有违法行为的侦查人员，可以向所在单位提出更换办案人员等建议；情节严重涉嫌犯罪的，应移送有关部门立案侦查。

刑事立案监督、侦查活动监督调查机制只是法律监督调查机制的一个重要方面。检察机关应同时探索建立对刑事审判、刑罚执行以及民事审判、行政诉讼监督调查机制，进一步明确法律监督调查机制的范围、功能、程序、效力等内容，形成健全的法律监督调查机制体系，强化法律监督的整体效能。

三、建立健全促进公正、规范、文明执法的长效机制

长期以来，执法不公正、不规范、不文明的问题虽经大力治理整顿，但仍然在检察机关比较经常地、普遍性地发生，成为一大“顽症”。之所以如此，关键是促进公正、规范、文明执法的长效机制还不够健全。必须纠正实际工作中重教育整顿、轻长效机制建设的倾向，通过加强机制建设实现以制度管人管事，发挥长效机制的治本作用。加强长效机制建设，应在四个方面着力：

一是制定包括惩罚措施的禁止性规定。对于执法不规范行为，均应出台相关的禁止性规定。对违反禁令的行为，应明确规定具体的惩罚措施，增强禁令的强制性，以确保令行禁止。

二是制定可操作性的界限性规定。如应根据法律法规和高检院的有关规定，进一步明确超越管辖权违法违规办案与依法管辖的界限，明确追缴、扣押涉案款物的界限，以及将扣押款物发还发案单位、上缴财政、移交有关部门或单位处理的范围等，有效防止因界限不清引发执法不规范问题。

三是制定规范办案流程的程序性规定。按照规制统一、科学合理、简便易行的要求，规范各项检察业务办案流程，加强办案流程控制，明确各个执法环节的工作要求、方法和办案期限，使各个办案环节衔接紧密，办案程序规范严密。同时，应将追缴、扣押涉案款物、办案安全防范措施等纳入办案程序管理。

四是建立规范执法的保障机制。重点加强“抓基础、管长远”的经费保障机制、办案安全防范机制建设。在经费保障机制建设方面，湖北省检察院的主要做法是：（1）会同省财政厅制定县级检察院公用经费保障标准，为基层院强化财政保障、落实部门预算提供了政策依据。（2）积极争取党委、政府的重视与支持，落实经费保障标准，坚决防止和纠正“以收定支”、“收支挂钩”。省委、省政府明确指出对向检察机关下达罚没指标或经费保障同赃款上交挂钩的地方要严肃处理，并责成省级财政部门建立惩罚制度。（3）配合省财政部门对转移支付经费和高检院专项补助资金的落实情况进行检查清理，防止地方和其他部门截留和挪用。（4）建立基层院保障水平预警机制，对未达到保障标准或截留中央、省转移支付经费的，定期进行通报，并适时建议省级财政部门将其纳入适用惩罚性措施管理范围。在办案安全防范机制建设方面：（1）重视硬件建设，将办案安防设施包括同步录音录像设备落实到位，保障办案安全。（2）协调公安机关，在看守所建立专门的讯问室，并加强在看守所进行预审、羁押的装备设施建设。（3）加强办案区的规范化建设，严格实行预审与看守分离，看守与羁押分离，办案区与证人、律师会见区分离，羁押犯罪嫌疑人必须坚持交由看守所执行等制度，同时建立健全司法警察与其他办案人员分工负责、互相配合、互相监督制约的工作制度。

四、健全完善执法办案的科学考评和绩效管理机制

加强考评和实行绩效管理是强化执法办案工作宏观指导和管理的重要途径。建立执法办案的科学考评和绩效管理机制，不仅能够客观准确地评价执法办案的绩效，及时发现和纠正办案工作中存在的起伏摇摆、发展不平衡、工作顾此失彼等问题，更重要的是能够树立正确的工作导向，使考评结果提前作用于执法办案的过程中，引导检察机关和检察人员自觉主动地运用和执行上级的决策与部署，促进公正、规范、文明执法，推动执法办案工作平稳健康发展。

健全完善执法办案的科学考评和绩效管理机制，应注意把握好以下几点：一是突出综合考评。落实科学发展观和检察工作总体要求，坚持对执法办案进行综合考评。在考评内容上，通过科学设置考评指标，使考评内容更全面，综合性更强。既要强调办案力度，又要强调办案的质量、安全与效果，还要注重当前与长远、显绩与潜绩的辩证统一。在考评方法上，既要注重量化考核，还可以引入实绩分析和社会评查，使有关职能部门和社会各界参与到考评中来，形成综合考评结果，提高考评质量。二是要坚持执法的法律效果与社会效果、政治效果的有机统一。执法办案的相关考评办法，应对坚持执法的法律效果和社会效果、政治效果相统一提出明确要求，并通过合理确定考评内容、科学设置考评指标、完善考评方式方法，充分体现这一要求，量化考核标准，使“三个效果的统一”落到实处。三是要健全考评机制体系。建立对各级检察院执法办案的总体考评机制，应坚持以检察业务工作为中心导向，坚持依法查办和预防职务犯罪、依法打击刑事犯罪、依法履行诉讼监督三项基本工作格局，促进检察职能的整体加强。建立健全对检察机关业务部门执法办案的考评机制，应从各项业务工作的规律性出发，科学设置考评指标，进行综合考评。同时，应建立相关配套机制。包括建立执法办案的预警机制，实行工作考评与预警机制相结合，加强对执法办案的动态监控，及时发现和解决苗头性、倾向性问题，使考评的功能从事后向事前、事中延伸；建立奖惩机制，对考评结果排名居前的予以奖励和表彰，对排名居后和大幅下滑的予以批评，有的要责令说明情况或作检讨；建立定期工作报告制度，由上级院对下级院工作进行评议，促进下级院加强和改进工作。

五、健全和完善检察机关执法办案的监督制约机制

完善检察机关内外部监督制约机制，是保障检察权正确行使、促进严格公正执法的迫切需要。要通过积极推进机制创新，努力形成对检察执法工作的一个完整的监督制约体系，将检察机关的执法活动纳入全方位监督、规范发展的轨道。

一是要完善检察机关外部监督机制。着力完善人民监督员制度和深化检务公开。省级检察院应进一步完善和规范人民监督员的产生方式、职责权限、组织形式和监督程序，确保人民监督员履行监督职责的独立性，防止有意引导和诱导，防止控制监督结果，切实增强监督的外在化；地方各级检察院应确保“三类案件”无一例外地进入监督程序，积极开展对“五种情形”的监督，增强监督的全面化；健全完善对接受监督的准备、前置审查、提起监督、监督人数确定、组成方式、推举主持、独立评议、独立表决、意见反馈、申请回避、监督步骤、职权审查、意见采纳、执行监督、异议提请、集体决定、提起复核等程序性规定，增强监督的程序化；积极争取同级人大常委会作出关于加强人民监督员制度试点工作的决议，推动人民监督员制度的规范化、法制化，为全面推行人民监督员制度与推动国家立法奠定基础。深化检务公开，应针对存在的经常化、制度化不够，内容未及时更新、完备，公开方式和手段单一，工作机制和监督保障机制不健全等问题，依法扩大检务公开的范围，拓展检务公开的途径，建立健全诉讼权利义务告知制度、主动公开与依申请公开制度、定期通报和新闻发言人制度、检务公开的监督与检查机制、责任追究制度等，推动检务公开工作的落实和有效开展。

二是完善检察机关内部制约机制。检察机关各业务部门应按照检察工作一体化的要求，加强在执法办案中的相互制约。应以立案监督为重点，完善侦查监督部门与自侦部门的相互制约；以引导侦查为重点，完善公诉部门与自侦部门的相互制约；着眼于协调配合，加强侦查监督与公诉的相互制约；实行办案与复议、复查分离，完善控申部门与各业务部门的监督制约；实行受案与办案的分离，完善举报与侦查的相互制约。

三是完善上级检察院对下级检察院的制约机制。严格执行重大案件报告制度和查办职务犯罪案件有关报备、审批制度，加强上级院对下级院在立案、逮捕、撤案、不起诉等环节的监督。进一步健全巡视制度，突出监督重点，加强对下级院领导班子特别是主要领导干部的监督，提高巡视工作质量，充分发挥监督作用。

四是加强纪检监察监督与检务督察。健全完善纪检监察部门对执法办案活动的监督制约机制，加强对反贪、渎检、公诉、侦查监督等重点执法环节和部位的监督。有效开展执法检查、案件复查、重点案件回访工作，及时发现和纠正执法办案中存在的问题。积极推行“一案三卡”、流程监督、网上监督、跟踪监督等监督措施，加强案前、案中监督，有效预防和减少执法办案中的违法违纪问题。建立健全检务督察机制，加强对执行上级院和本院重大工作部署和决策情况的督察，加强对执法办案情况的督察，加强对以执法作风为主要内容的检风检纪情况的督察，加强对制度规范落实情况的督察，确保检令畅通，促进公正、规范、文明执法。

机制创新是检察改革的重要内容，是完善和发展中国特色社会主义检察制度的重要措施。总之，在机制创新中，一要注重鼓励在统一领导下的各地首创精神，调动积极性主动性，形成推进改革、勇于创新的生动局面；二要注重针对法律监督和执法办案中的突出问题和社会反映强烈的问题进行机制创新，抓住改革和创新的“契机”，提高针对性和实效性；三要注重有计划、分步实施改革措施，要经充分论证、制定方案报批，经试点形成实证模型，再系统推广；四要注重不断积累机制创新成果，适时进行总结推广，促进检察体制、机制和制度的整体推进，推动中国特色社会主义检察制度的完善与发展。

2 坚持强化监督职能、加强监督制约，着力深化检察体制机制改革*

改革创新是推动各项事业发展的根本动力。要认真落实中政委、高检院深化检察体制机制改革的各项部署，大力推进理论创新、体制创新、机制创新和工作创新，为检察工作科学发展提供强有力的体制机制保障。

最近，中央对下一阶段的司法改革作出了全面部署。高检院正在研究制定贯彻落实中央改革意见的工作规划，规划正式下发后，省院将细化改革方案，强化工作措施，加强协调配合，认真组织实施，希望各地一项一项抓好落实。当前，我们一定要统一思想，把全体检察人员的思想迅速统一到中央、高检院的决策部署上来，紧紧围绕优化检察职权配置、贯彻宽严相济刑事政策、加强检察队伍建设、加强检务保障四个重点，深化理论研究，做好相关准备。近年来，全省检察机关紧紧围绕强化法律监督职能、提高法律监督能力和加强对自身执法活动的监督制约两个方面的重点，坚持在宪法和法律框架内，用足用好现有法律监督手段，加强检察工作一体化机制、法律监督工作机制等七项工作机制建设，有力推动了检察工作科学发展。要坚定信心，强化措施，巩固这些机制建设成果，并在三个方面不断深化：

一是加强业务工作机制建设。实践证明，我们全面实行检察工作一体化机制，有效解决了“检令不畅通”、“分散化倾向”两个突出问题，维护了检察工作的整体性、统一性；加强法律监督调查机

---

* 2009年1月9日敬大力同志在湖北省检察长会议上的讲话节录。

制建设的主要内容和精神实质，符合高检院建立健全对诉讼违法行为进行调查、纠正机制的改革部署；加强职务犯罪初查工作机制建设，积极应对了律师法修改带来的挑战，保持了执法办案工作平稳健康发展。对于各项检察业务工作机制建设，要按照“注重实际运用、总结推广经验、完善配套制度、推进改革深化”的总体要求，继续深入推进，务求取得新的实效。要注重实际运用，不搞“花架子”，不做表面文章，切实将这些机制运用于工作实践，以推动检察事业科学发展的实际成效作为检验机制建设成效的基本标准。要总结推广经验，对各地在工作中探索的成熟做法，创造的新鲜经验，注意总结提炼，及时加以推广，适时进行交流，不断巩固提高；同时，上级院要积极引导，加强指导，加强对规范性文件的管理，及时纠偏纠错，把握正确方向。要完善配套制度，适应工作发展需要，不断加强制度建设，充实完善各项工作机制的配套制度体系，促进工作机制效能的充分发挥。要推进改革深化，加强基础理论研究，加强实践问题调研，根据上级部署和工作实践，不断对这些机制建设提出新要求，研究新情况，解决新问题，促进这些机制不断深化发展。

二是加强队伍管理机制建设。这项机制建设，既是检察队伍建设的重要“工程”，也是工作机制建设的重要内容。省院关于队伍管理机制的部署，符合中央司法改革方案的原则性意见，各地要统一思想，细化措施，继续抓好落实。这里强调三点：一要建立健全专业化管理机制。严格检察人员进出口管理，坚持公开、平等、竞争、择优原则，实行全省统一招录检察人员制度。对于今后 5 年增加的政法专项编制，一定要严格按照规定落实用好，发挥最大效益。加大检察官管理力度，完善检察官选拔、引进机制。积极推行上级检察院从下级检察院公开遴选检察官制度。合理调配检察官资源，充实办案一线检察官力量。二要完善绩效考评奖惩机制。要把对执法办案的综合考评和绩效管理与对检察干警德、能、勤、绩、廉的考核有机结合起来，既有效推动执法办案工作平稳健康发展，又有效调动广大干警干事创业的积极性主动性。要紧密结合实际，不断

探索新形势下落实奖惩机制的有效途径和办法。三要健全检察职业保障机制。依法保障检察人员履行职责应当具有的职权和工作条件。不得要求尚未达到退休年龄的检察人员提前离岗或退休，不得安排检察人员参与行政执法、招商引资、经济创收等活动。认真执行检察人员工资、福利、津贴和医疗保障政策，落实休假制度，定期组织体检，尽快为干警办理人身意外伤害保险，不断提高干警特别是基层干警的职级待遇。

三是加强检务保障机制建设。一方面要着眼长远，促进落实“明确责任、分类负担、收支脱钩、全额保障”的经费保障体制，力争从根本上改善检察机关经费保障状况。另一方面要立足现实，积极争取各级党委、政府和有关部门的支持，逐步完善保障机制、提高保障水平，为检察工作科学发展创造良好的物质条件。当前，要加大科技投入，将中央财政安排我省的专项装备款同省、市、县财政安排的预算资金捆绑使用，切实做到专款专用。要按照统一规划、统一规范、统一设计、统一实施的原则，认真落实省院“科技强检”活动实施方案和项目建设规划，积极推进以“强办案、强监督、强管理”为主要内容的“科技强检”活动，健全检察科技管理机制，不断提高检察工作科技含量。要积极向上反映真实情况，通过上下共同努力，不断提高县级检察院公用经费保障标准，争取加大转移支付力度，探索建立检察经费正常增长机制，着力促进“收支挂钩”、“上进下退”两个突出问题的解决。建立健全检察经费专门管理制度，坚持勤俭办事、艰苦奋斗，厉行节约、精打细算，强化经费使用的激励约束机制，切实规范支出行为，提高资金使用效益。

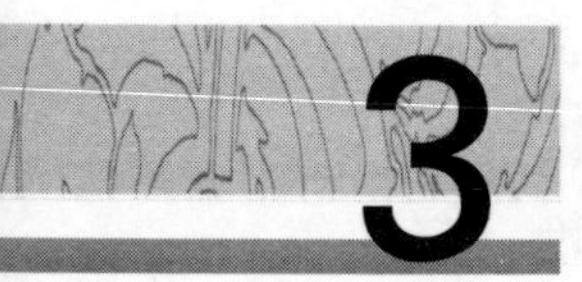

3 正确认识和把握检察改革及工作机制创新*

一、正确认识和把握检察改革及工作机制创新

一方面，要进一步增强改革创新主动性。只有不断改革创新，只有创造性地实践，才能在破解难题中谋求发展，才能在应对挑战中不断前进。如果因循守旧，固步自封，对改革要求消极应付，对存在的问题不主动想办法解决，必然会严重影响和阻碍检察事业健康发展。要切实贯彻“创新检察”的要求，破除封闭意识和保守思想，打破习惯势力和主观偏见束缚，更加积极主动地投入到检察改革和工作机制创新的“大潮”中来。另一方面，要准确把握改革的方向和要求。要依法审慎推进改革，在现行体制框架内推进工作机制创新，严禁未经批准擅自突破法律规定搞创新。要准确把握改革文件的精神实质和基本要求，不能曲解改革文件要求，更不能与之背道而驰，把“顽症”当创新，把落后当先进，把不是当理讲。要讲求实效，立足现实需要，针对实际问题谋求新思路、新举措。

二、继续认真落实高检院各项改革措施

在这一轮检察改革中，全省检察机关认真贯彻高检院部署，积极推进职务犯罪案件审查逮捕上提一级、刑事立案监督、“两法衔接”、量刑建议、民事审判与行政诉讼监督、民事执行监督试点、刑罚变更执行同步监督、人民监督员等改革措施，取得了积极进展。

---

* 2012 年 8 月 2 日敬大力同志在湖北省检察长座谈会上的讲话节录。

但同时也存在畏难、厌烦、抓落实不够、执行偏差，甚至违反或超越改革规定随意制定文件、出台措施等问题。今年是本轮司法、检察改革的收官之年，也是下一轮改革的启动之年。要继续抓好各项已出台改革措施的落实。进一步加强对已出台改革文件的学习培训，加强对落实情况的督促检查，加强对苗头性、倾向性问题的研究、指导，确保各项改革措施正确落实。要根据高检院部署，在下半年重点抓好铁检管理体制改革。继续加强与铁路部门的沟通，确保协议规定及时全面落实；抓紧做好机构人员编制管理、经费管理、基础设施建设等工作，进一步理顺关系。要拓展视野，进一步探索专门检察工作规律，研究交通运输领域检察职能整合问题。要积极配合高检院谋划好下一轮检察改革。围绕进一步健全法律监督的范围、程序和措施，健全组织体系，优化职权配置，强化自身监督制约等重点问题，加强基础性、系统性、前瞻性理论研究和实证调研，发挥好检察发展研究论坛和检察基础理论论坛两个平台作用，提出建设性意见建议供高检院决策参考。

三、继续深化检察工作机制创新

全省检察机关坚持不懈地以机制创新推动检察工作发展，在法律制度框架内，围绕落实检察机关领导体制，深入推进检察工作一体化机制，有效增强了法律监督合力；围绕优化检察职能配置，积极推进“两个适当分离”，实行职能分离、机构分设、“小院整合”，推动了各项工作的协调发展；围绕提升发现、核实、纠正诉讼违法行为能力，建立法律监督调查机制，增强了法律监督针对性、实效性；围绕理顺外部关系、营造良好环境，健全完善与政法部门监督制约和协调配合机制，增进了相互理解与支持；围绕拓展法律监督领域，积极推进“两法衔接”机制，开辟了法律监督新的增长点；围绕规范文明执法，建立“倒逼机制”，探索出了一条既敢办案、能办案、办大案，又能坚持理性、平和、文明、规范执法的新路子。

这些年，机制创新始终成为我们谋划和部署工作的关键词，始终成为我们推进和落实工作的着力点，始终成为湖北检察事业发展进步的“助推器”，始终成为湖北检察工作最鲜明的特色、最突出的亮点！高检院主要领导在湖北视察时指出，湖北检察工作机制创新有很多亮点，尤其是按照“两个适当分离”思路开展“小院整合”改革试点，具有“三个符合”和“三个优点”，迈出了非常坚定、扎实、可喜的一步，为全国检察机关创造了好的经验。这些肯定令人鼓舞，催人奋进。全省检察机关一定要以此为强大动力，将机制创新转入深化、调整、扩大、固定阶段，务求取得新的实效。

一要深化检察工作一体化机制。重点解决好“一体化”理念问题，牢牢把握检察工作的整体性、统一性，切实将“一体化”理念融入谋划和推进工作的全过程，强化上级检察机关对下级检察机关的领导和监督，严格组织原则和政治纪律，狠抓重大部署、重大事项、制度规范的督导检查，着力解决对上级决策部署不传达、不贯彻、不落实的问题，确保检令畅通、步调一致，确保上级部署得到严格一体遵循和落实。

二要深化“两个适当分离”。省院要健全相关部门内部工作运行机制，健全部门之间的协调配合和监督制约机制，健全对下指导、联系机制，进一步理顺职能分离后的内外部关系。市级院要切实解决“中间梗阻”的问题，加快审查批捕与侦查监督、公诉与刑事审判监督机构分设，并调整相关工作职能，做到名副其实，促进各项职能的同步强化。一些地方条件暂时不具备的，也要设立专门组织负责诉讼监督工作。要突出抓好“小院整合”改革，认真总结学习黄石改革试点经验，按照“横向大部制、纵向扁平化、全面整合资源”的思路，扩大改革深度，进一步健全有利于强化职能、提高效率的工作机制，进一步突破传统观念、职级待遇保障等“瓶颈”问题，进一步探索以检察官为主体的运行管理模式，推动“物理整合”向“化学整合”的转变；扩大试点范围，将符合条件的小院尽量纳入试点。同时，整合机构、减少层次、检力下沉的模式同样适用于所有基层院，各地都要积极探索，研究建立市县两级院内设机构新设、变更报省院审查制度，防止用扩大机构来解决干部职级待遇的倾向。

三要深化法律监督调查机制。修改后的刑事诉讼法明确赋予了检察机关对以非法方法收集证据行为的调查核实权，“两高三部”也明确规定了检察机关对司法工作人员渎职行为的调查权，这些与法律监督调查机制在精神实质上是一致的，在很多方面可以互为补充，为开展法律监督调查提供了更为有力的制度保障。全省检察机关一定要把握机遇，融会贯通，加强衔接，最大限度地发挥三项制度的效用。

四要深化政法机关相互监督制约和协调配合机制。坚持分工负责、互相配合、相互制约的原则，进一步加大沟通协商力度，统一思想，达成共识，真正使这项机制要求落实到位，共同维护司法权威。要正确处理诉讼监督与诉讼制约的关系，在履行法律监督职能过程中，自觉接受公安、法院和司法行政机关的制约，规范执法行为，提高监督公信力。

五要深化“两法衔接”机制。要紧紧围绕贯彻落实《实施办法》，建立健全执法办案情况通报、联席会议、案件咨询等机制，依法开展建议移送案件、立案监督等工作。要把信息共享平台建设作为重要基础性工程来抓，积极争取纳入电子政务建设规划，科学设计、加大投入、加快建设，力争在2013年底前建成。

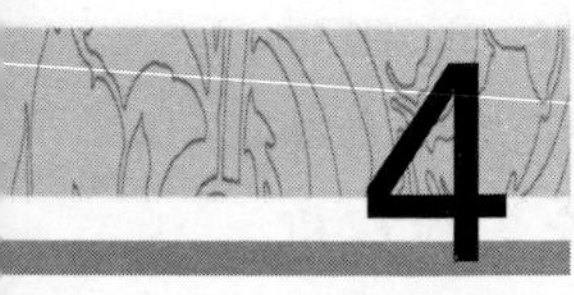

4 推进诉讼监督工作制度化、规范化、程序化、体系化*

今天，我们召集省院诉讼监督部门负责同志开这个座谈会，大家作了很好的发言，也提了一些好的意见建议，感到是经过认真思考、精心准备后提出的，我听了也很受启发。结合大家的发言，我就推进诉讼监督工作制度化、规范化、程序化、体系化讲几点意见，请大家共同研究，深入思考。

一、诉讼监督工作“四化”的目标任务

近年来，湖北检察机关始终坚持检察机关宪法定位，自觉接受党的领导、人大及其常委会监督，落实高检院工作部署，争取省人大常委会制定出台《关于加强检察机关法律监督工作的决定》，把诉讼监督工作作为硬任务、作为“主业”来抓，诉讼监督工作取得显著成绩。一是诉讼监督工作的思路进一步明确。提出要始终坚持诉讼监督的总体思路，按照“强化监督意识、加大监督力度、突出监督重点、增强监督实效”和“规范监督行为、健全监督机制、完善监督方式、提高监督水平”的要求开展诉讼监督工作。二是诉讼监督工作的格局进一步健全。对刑事、民事、行政三大诉讼监督工作都提出了明确的工作思路，形成均衡发展、齐头并进的工作格局。提出“两手抓、两手硬、两手协调”，着力解决刑事审判监督相对薄弱问题；提出“四个加强、四个维护”，构建多元化民事诉讼监

* 2013 年 2 月 26 日敬大力同志在推进诉讼监督工作制度化、规范化、程序化、体系化座谈会上的讲话。

督工作格局；提出“四强化、一探索”，推进行政诉讼监督工作深入发展。三是诉讼监督工作的机制进一步完善。推行“两个适当分离”，在诉讼监督中落实检察工作一体化机制，优化检察职能配置，增强诉讼监督的整体效能。加强“两法”衔接、检察机关与公安、法院、司法行政等部门之间的监督制约与协调配合、法律监督调查等机制建设，破解影响和制约诉讼监督工作的难题，提高诉讼监督水平。四是诉讼监督工作的实效进一步显现。诉讼监督工作作为“硬任务”、“主业”的地位日益显现，监督的数量、质量逐年稳步上升。正确处理好与公安、法院、司法行政等部门的监督支持关系，营造良好的外部环境。诉讼监督工作的社会影响力逐步扩大，群众反响较好。

刑事诉讼法、民事诉讼法的修改，针对诉讼监督的规定较为原则、手段较为单一等难题，总结和巩固了司法改革的成果，进一步强化了检察机关的诉讼监督职能。从总体上看，诉讼监督工作在立法授权上已经实现了从抽象到具体，需要在实践中发展完善，逐步实现制度化、规范化、程序化、体系化，这是法治建设的要求、深化改革的需求和历史发展的必然。推进诉讼监督工作“四化”，主要目标是做到敢于监督、善于监督、依法监督、规范监督、理性监督。要全面履行各项诉讼监督职能，敢于监督，增强监督意识，加大监督力度；善于监督，讲究方式方法，提高监督水平；依法监督，严格依据法律赋予的职权，按照法律规定的程序进行监督；规范监督，明确监督的范围、程序、方式、手段，不断健全工作机制；理性监督，正确认识诉讼监督的有限性，防止越权替代、包打天下、不讲效果。

推进诉讼监督工作“四化”，是一项系统工程，涉及方方面面，需要统筹考虑，突出重点，逐步推进。我们要准确把握立法精神，坚持问题导向，突出实践特色，创造性地开展工作，主要任务包括四个方面：

1. 实践落实。推进诉讼监督工作“四化”贵在实践，重在落实。要针对制度不执行、监督不规范、程序不完善、体系不健全等突出问题，突出制度刚性，狠抓制度执行。坚持在实践中落实强化诉讼监督的各项规定，推动各项诉讼监督工作取得新的进步。

2. 规范梳理。要对诉讼监督法律、法规、司法解释、地方性法规和我省规章制度进行全面梳理，按照条理化、体系化的要求进行汇编。在汇编的基础上，适时搞一些类编，还可以利用现代科技手段搞电子版、活页式类编，及时更新，方便检索。

3. 经验总结。要全面、系统总结各地在实践中推进诉讼监督工作的好做法、好经验，进一步发扬成绩、克服不足、深化提高，使诉讼监督工作机制更加健全，程序更加完善，制度更加成熟和定型，在实践中发挥更大效能。

4. 工作创新。要继续解放思想，坚持走创新驱动发展之路，尊重基层首创精神，鼓励全省检察机关在法律框架内、授权范围内大胆创新。认真梳理各地创造的新鲜经验，及时上升为规范，制定新的工作制度，指导诉讼监督工作创新发展。

二、诉讼监督工作“四化”的重要意义

当前，诉讼监督工作面临新的形势任务，深化对诉讼监督工作规律的认识，创新工作措施，破解实践难题，推进诉讼监督工作“四化”，具有十分重要的意义。

推进诉讼监督工作“四化”，有利于检察机关坚持宪法定位，全面履行法定职责。检察机关作为国家的法律监督机关，依照法律规定对法律的遵守和执行情况进行监督，督促纠正严重违法、执法不严、司法不公等行为，维护社会主义法制的统一、尊严和权威。最近，习近平总书记在中共中央政治局第四次集体学习时强调，要加强对执法活动的监督，做到“三个坚决”：坚决排除对执法活动的非法干预、坚决防止和克服地方保护主义和部门保护主义、坚决惩治腐败现象。加强诉讼监督工作是对法律实施最现实、最直接的监督，是检察机关履行法定职责的客观要求。修改后的刑事诉讼法、民事诉讼法对检察机关诉讼监督工作明确了新任务，提出了新要求。推进诉讼监督工作“四化”，有利于检察机关全面履行宪法和法律

赋予的各项法律监督职责。

推进诉讼监督工作“四化”，有利于落实中央司法改革任务，强化诉讼监督职能。全国政法工作会议部署进一步深化司法体制机制改革，特别强调要推进司法权力运行机制改革等“四项改革”。司法权力运行机制改革要求，强化政法各单位之间的监督制约，建立健全科学合理规范有序的司法权力运行机制，确保审判机关、检察机关依法独立公正行使审判权、检察权；重点加强检察机关对侦查、审判、执行环节的法律监督，确保司法权不被滥用。推进诉讼监督工作“四化”，进一步规范诉讼监督的内容、形式和程序，有利于检察机关落实司法权力运行机制改革的任务，加强对诉讼活动全过程、各环节的监督。

推进诉讼监督工作“四化”，有利于加强法治建设，做到“五个监督”。高检院一直高度重视诉讼监督工作，近年来，先后制定出台加强诉讼监督工作的意见等一系列规范性文件，相关业务厅局也提出很多措施，有力指导和推动了诉讼监督工作。十八大提出要实现各项工作法治化。高检院要求切实做到敢于监督、善于监督、依法监督、规范监督、理性监督；强调要严格执行法律规定，正确处理好监督与支持、监督与配合、监督与制约的关系，注重监督措施运用的适当性、实效性，防止和克服执法任意性、选择性。推进诉讼监督工作“四化”，是推进检察工作法治化的必然要求，是落实“五个监督”的具体行动，在工作原则、要求和标准上契合法治精神，符合法律规定，是贯彻高检院部署的一个很好的载体和抓手。

推进诉讼监督工作“四化”，有利于遵循诉讼监督规律，突出诉讼监督“主业”。诉讼职能、诉讼监督职能是两种不同性质、不同种类的职能，对于检察机关都是不可少的。但是，诉讼监督不是诉讼活动本身，具有自身的独特地位，遵循不同的工作规律，也理应有不同的运行规范。目前，法律法规对诉讼程序的规定相对具体、完备，对诉讼监督的规定相对原则、薄弱，相当一部分诉讼监督规则是附属于诉讼规则的，没有形成独立的诉讼监督规则，这在一定程度上制约了诉讼监督工作的健康发展，也影响了诉讼监督工作的实际效果。推进诉讼监督工作“四化”，完善诉讼监督的原则、措施、方式等，有利于遵循诉讼监督规律，推动诉讼监督职能与诉讼职能齐头并进、协调发展，不断提高诉讼监督工作水平。

推进诉讼监督工作“四化”，有利于总结湖北实践经验，增强诉讼监督实效。湖北检察机关在推进“三个体系”、“五个检察”过程中，贯彻高检院部署，立足于湖北具体情况，在诉讼监督工作机制创新方面做了一些探索，法律监督调查机制等多项工作机制创新取得了较好的实践效果，相关做法被中央、高检院司法体制机制改革文件和新的法律所吸收，初步积累了弥足珍贵的经验。推进诉讼监督工作“四化”，认真总结梳理湖北检察机关诉讼监督工作的实践经验，将其上升为制度规范，与高检院关于诉讼监督的规定要求有机衔接，从工作制度、机制层面细化落实高检院工作部署，有利于体现诉讼监督工作的整体性、统一性，增强诉讼监督工作实效。

三、诉讼监督工作“四化”的主要内容

诉讼监督工作制度化、规范化、程序化、体系化，各有侧重，相互联系，我们既要注重从不同角度把握其主要含义和工作要求，又要注重将其作为有机统一的整体统筹把握，在法律框架内、授权范围内，结合湖北检察工作实践，全面深入推进。

一是诉讼监督工作制度化。制度具有根本性、全局性、稳定性、长期性，对工作开展起到打基础、管长远的作用。党的十八大强调要构建系统完备、科学规范、运行有效的制度体系，使各方面制度更加成熟、更加定型。我们强调诉讼监督工作制度化，至少包括两个方面的要求：一方面，要突出制度的刚性约束。制度化首先要求各项制度具有刚性，提高制度执行力，保证制度约束力。要树立制度面前没有特权、制度约束没有例外的观念，严格依法依规进行监督，落实上级各项诉讼监督工作制度，着力解决诉讼监督工作可有可无、形同虚设的问题。另一方面，要推动制度的健全完善。要针对诉讼监督的相关制度缺位、原则、抽象等问题，在工作机制层面加强探索，推动现有的诉讼监督工作制度从“无”到“有”、从

"粗"到"细"、从"虚"到"实"。

二是诉讼监督工作规范化。规范监督是诉讼监督工作的一项重要指导原则。规范化是制度化更高层次的表现形式，是制度由静态到动态的过程，既包括建立、健全制度，又包括制度运行的规矩和章法，为诉讼监督工作有序有效进行提供保障。诉讼监督工作要严格限制在法律授权的范围内，注重克服随意性、无序性，绝不能擅自突破法律的规定；要正确认识和理性对待诉讼监督的有限性，正确认识和处理检察机关与公安、法院和刑罚执行机关的关系，避免不适当地夸大监督功能，更不能形成对诉讼监督的迷信，防止把诉讼监督职能看成是无所不能、无所不包的思想倾向；要结合工作实际，在实践中不断规范诉讼监督法律文书、台账、考评等工作，使全省检察机关的诉讼监督工作保持相对统一性。

三是诉讼监督工作程序化。任何公权力的行使必须有正当法律程序。诉讼监督工作是行使法律赋予的公权力，必须按正当程序来运行，不是"随意性"的监督，而是一种"程序化"的监督。当前，随着人民群众法治观念、法治意识和法治水平的不断提高，对程序公正的要求和期望也越来越高，诉讼监督程序化越来越重要，必须建立统一的、确定的程序，确保诉讼监督的正当性。同时，诉讼监督程序不是诉讼案件办理的程序，不能用诉讼程序代替。要树立"线索"、"办案"观念，研究提出涵盖诉讼监督线索管理、审批、调查、核实、处理等全过程、全方位的工作程序，通过合理完整的程序设置，使诉讼监督工作有具体明确的"路线图"，诉讼监督各环节有效运转、有序衔接，提高诉讼监督的公信力。

四是诉讼监督工作体系化。诉讼监督工作体系化是一个实践的过程，只能随着制度化、规范化、程序化水平的不断提高而逐步发展，需要经过长期的、持续的、艰辛的探索。要在实践的基础上，深入归纳总结，征求各方意见，研究制定一个全面系统、上下统一、整体配套、运行有序的诉讼监督工作规则。在推进诉讼监督工作体系化过程中，要使各项诉讼监督职能划分清晰，配置合理，诉讼监督工作各项制度机制衔接紧密、相互促进；确保各项诉讼监督工作都有明确的方式、手段、机制；全面落实检察工作一体化机制，形成诉讼监督工作整体合力；确保诉讼监督工作运行流畅、高效，实现诉讼监督法律效果、政治效果和社会效果的有机统一。

四、诉讼监督工作“四化”的推进措施

当前，推进诉讼监督工作“四化”要把握要求、突出重点，强化措施，扎实推进，抓好以下工作：

一要主动作为。推进诉讼监督工作“四化”不是纸上谈兵，重在实践。地方检察机关在这一方面加强探索是职责所在，也是有所作为的。全省检察机关要不等不靠，突出“四化”的实践性，发挥开拓创新精神，在本级院权限范围内积极探索，作出自己的贡献。

二要争取支持。要主动向高检院、省委、省人大常委会汇报，争取领导和支持，解决诉讼监督工作实际运行中的问题。诉讼监督工作“四化”已经纳入省人大常委会年度调研安排，省院将适时作专项工作报告，要以此为契机，积极配合省人大常委会做好相关工作，使推进“四化”的力度更大、效果更好。

三要注重实效。诉讼监督工作“四化”不是形式主义，不是应景之举，不是为了出台一份文件，而要把着力点放在增强实效上。要进一步增强监督意识，加大监督力度，全面加强和改进各项诉讼监督工作，挤掉监督的“水分”，以实实在在的成效体现推进诉讼监督工作“四化”的成果。

四要制定规则。要在法律框架和授权范围内，制定一个全方位、综合性、多环节的诉讼监督工作规则。要尽早拿出一个大纲，明确规则的方针、原则、程序和要求，以大纲为依据收集相关文件，形成汇编、类编，列明依据、出处、渊源，用不同字体标注，便于检索、增删、修改。要在类编的基础上，组织专门力量，根据大纲制定诉讼监督工作规则。

五要分工协作。诉讼监督工作“四化”，涉及的部门较多，既要分工负责，又要协调配合。相关诉讼监督部门要根据各自职责，全面梳理收集现有法律法规等制度规定，研究推进“四化”的具体

措施。在部门工作的基础上，由法律政策研究室牵头，抽调人员组成专班，统筹开展梳理、调研、研讨等工作，适时组织起草规则。相关部门对这项工作要明确责任人、制定时间表，积极、稳妥、逐步推进。

六要组织保障。诉讼监督工作“四化”是今年省院党组推进的三项工作机制改革措施之一。党组同志要根据分工抓好组织、领导与协调，政治部、计划财务装备处等部门要加大人力、物力、财力方面的保障力度，确保这项工作顺利进行。

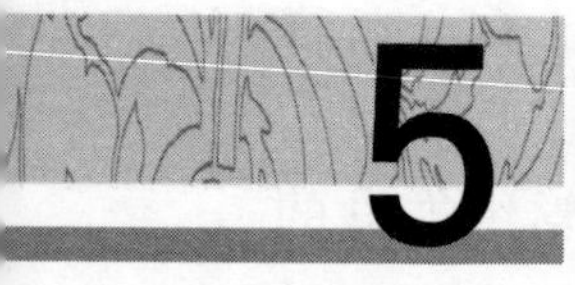

5 明确执法办案工作转变模式、转型发展的重要意义、主要方面和实施要求*

今天，我们召集省院执法办案部门负责同志开这次座谈会，主要是对推进执法办案工作转变模式、转型发展进行研究，统一思想，明确任务。刚才大家结合实际作了很好的发言，反映大家对这项工作很重视，谈得也很细致、很深入，提了一些有建设性的观点和想法，我很受启发。下面，我结合近期思考和刚才大家的发言，讲三个方面的意见：

一、深刻认识执法办案工作转变模式、转型发展的重要意义

推进执法办案工作转变模式、转型发展，是今年省院党组贯彻中央、高检院部署，适应当前执法办案工作形势任务变化，重点推进的一项新的改革创新任务。新任务就要有新思想、新认识，首先要解决好为什么转变模式、转型发展问题，深刻认识开展这项工作的重要性、必要性和紧迫性，也是开展这项工作需要遵循的主导思想和基本原则。主要是五个方面：

一是有利于更好地贯彻法治原则。法治是实现国家长治久安的根本之策，是治国理政的基本形式。党的十八大从国家战略高度对法治建设提出了一系列新要求，强调要弘扬社会主义法治精神，实现各项工作法治化，建设法治中国。习近平总书记强调，要坚持依

---

* 2013 年 2 月 27 日敬大力同志在湖北省人民检察院推进检察机关执法办案工作转变模式、转型发展座谈会上的讲话。

法治国、依法执政、依法行政共同推进，坚持法治国家、法治政府、法治社会一体建设，不断开创依法治国新局面。当前，全国、全党、全社会的法治意识正在逐步强化，法治精神正在进一步弘扬。刑事诉讼法、民事诉讼法等法律的修改以及司法改革部署，从尊重保障人权、强化对公权力的监督制约、优化司法职能配置等方面作出了一系列新的制度设计和安排。检察机关作为国家法律监督机关，应当在弘扬法治精神、贯彻法治原则方面主动作为、发挥表率示范作用。然而，我们现行的一些执法办案模式、方式及其产生的结果，有时候不完全符合法治所蕴含的公正、民主、保障人权、监督制约等要求，有悖于法治精神，不利于法治建设的全面推进。只有在执法办案工作中转变观念、转变模式、转型发展，才能适应法律修改，充分履行职责，依法严格办案，促进检察工作法治化；才能营造人们不愿违法、不能违法、不敢违法的法治环境，营造法律至上的法治环境，营造公平正义的法治环境，促进法治湖北、法治中国建设。

二是有利于更好地维护公平正义。公平正义是中国特色社会主义的内在要求，是法治的基本价值追求。司法公正是社会公平正义的最后一道防线。随着法治意识日益深入人心，人们对司法公正的要求不断提高，不仅要求结果公正，而且要求过程公开透明、程序合法。习近平总书记强调，要努力让人民群众在每一个司法案件中都感受到公平正义。受诸多因素影响，检察机关仍存在一些执法、司法不公的问题，其重要原因之一就在于执法办案模式的不科学、不合理，未能充分体现程序公正原则，也导致实体公正缺乏可靠保障。适应人民群众对公平正义的新期待，解决执法司法不公的突出问题，要求我们高度重视执法办案转变模式、转型发展，通过一系列实践操作层面的程序性、技术性措施，保障案件事实清楚、证据确实充分、适用法律正确、程序合法规范，作出令人信服、公正客观的处理。

三是有利于更好地尊重和保障人权。尊重和保障人权是我国宪法确定的一项重要原则，是社会主义的本质要求。修改后的刑事诉讼法将尊重和保障人权明确写入总则，并作出了强化犯罪嫌疑人和被告人辩护权、捕后羁押必要性审查、非法证据排除、讯问录音录像、当事人诉讼权利救济等一系列新的制度安排，对在刑事诉讼活动中坚持惩治犯罪与保障人权并重提出了新的更高要求。要清醒地认识到，现行的一些执法办案模式在一定程度上仍然体现了“重打击犯罪、轻人权保障”的思想，是造成刑讯逼供、暴力取证、违法限制涉案人员人身自由、违法扣押、冻结涉案款物等侵犯人权现象的重要直接原因。转变执法办案模式，有助于加强对诉讼权力运行的内外部监督制约、规范执法办案行为、减少和消除对当事人及相关人员合法权益的侵害，把尊重和保障的要求真正落实到诉讼的各个环节。

四是有利于体现诉讼民主原则。诉讼民主是政治民主在诉讼中的体现，是判断一个国家民主状况的重要指标之一。诉讼民主的本质是司法权来自于民、为民所用，其中重要特征是诉讼程序本身的民主，具体体现为当事人及民众对诉讼活动的参与、制约和监督。习近平总书记强调，要加大司法公开力度，回应人民群众对公正公开的关注和期待。转变执法办案模式，推进建立新型检律关系、听证、公开审查、听取意见、开放式办案等办案模式，是贯彻中央和高检院部署的具体实践，能够使诉讼民主原则得以彰显，有助于人民群众多渠道、多层次参与司法，维护司法公正、提升诉讼效率、保证办案效果。

五是有利于推进诉讼现代化。实现社会主义现代化和中华民族伟大复兴，是建设中国特色社会主义的总任务。随着我国各项事业的现代化进程加快，社会利益格局发生深刻变化，人们思想活动的独立性、选择性、多变性增强，社会矛盾呈现多发性、多样性、突发性、复杂性、对抗性等特点，执法司法环境更加透明，这些都使诉讼现代化成为了一种不可逆转的趋势和确定不移的过程。当前，法律的修改和司法改革的深化在一定程度上实现了诉讼制度的现代化改造，迫切要求司法机关在实践中打破不合时宜的传统观念和做法，采取新方式、探索新模式、建立新机制，实现执法办案工作从传统向现代的转型，把诉讼现代化要求从应然变为实然、从制度变

为现实。

二、把握执法办案工作转变模式、转型发展的主要方面

我们讲转型发展不是简单地、单纯地讲法律制度本身，而是适应法律修改、遵循办案规律，在工作方式、办案模式、工作机制等方面的变换、改进、创新和完善，以更好地执行法律、解决问题、推动发展。近年来，全省检察机关认真贯彻中央、高检院、省委部署，围绕“全面加强和改进检察工作”、“推动检察工作全面发展进步”等总体思路，推出了检察工作一体化机制、“两个适当分离”、法律监督调查、基层院内部整合、与有关政法机关监督制约和协作配合等一系列机制创新。这些都与转变执法办案工作模式密切相关，都是转型发展问题，必须始终坚持、不断深化。新时期，进一步推动执法办案工作转变模式、转型发展的内容很多，涉及不同业务、不同层次、不同环节，需要全省检察机关在实践中加强探索、积累经验。结合当前刑事诉讼法、民事诉讼法修改，根据贯彻法治原则、保障人权、维护公平正义、推进诉讼民主和诉讼现代化的需要，这里重点讲十一个问题：

（一）建立新型检律关系

律师作为具有法律专业知识和技能的诉讼参与人，在诉讼活动中扮演着重要角色。刑事诉讼法等法律法规修改后，律师对诉讼活动的介入，在时间上提前、范围上扩大、程度上更深，可以说是如影随形、无处不在。全省检察机关要正确认识、辨证看待，既要看到带来的影响和困难，更要看到有利条件和发展机遇，努力化挑战为机遇、变不利为有利，核心问题就是要构建新型检律关系，实现与律师的良性互动。职务犯罪侦查、批捕、公诉、控申、民事和行政诉讼监督等相关部门要高度重视，积极探索，主要包括三个方面的内容：一是完善律师执业权利保障机制。要通过规范流程、明确时限、统一文书、强化监督制约等措施，切实尊重和保障律师会见、阅卷、申请调取证据等法定诉讼权利，争取律师的信任和支持。二是建立与律师的沟通协作机制。虽然在诉讼结构上检察机关与辩护律师处于对抗地位，但最终都是为了更好地发现真相、正确适用法律、维护公平正义，双方理应具有沟通协作的空间，在对抗中也可以有合作。三是建立违法、违规及犯罪问题处理机制。着眼于共同维护司法公正，强化律师与司法人员的相互制约，既要及时受理、审查律师对司法机关及其人员违法犯罪的申诉、控告，依法监督纠正和查办执法司法不公、不严、不廉等问题；又要加强与律师协会、司法行政机关、公安机关等部门沟通，建立律师违法犯罪问题沟通处理机制，明确初核、通报、移送、处理结果反馈等程序，保障诉讼活动顺利进行。

（二）完善检察机关与纪检监察机关协调配合机制

无论从以往执法办案工作的经验还是教训来看，加强和规范与纪检监察机关的协调配合都十分重要。去年省院与省纪委就在办案工作中加强工作联系与协调配合联合制定出台了 8 条意见，得到了中央纪委和高检院领导的肯定认可，并作出重要批示。全省检察机关要积极适应加强反腐败工作的总体形势，认真贯彻落实 8 条意见，进一步转变与纪检监察机关的协作配合模式。总体来讲，要把握好两个方面：一方面，要加强协调配合。积极探索开展提前介入、及时移交、同时立案、监察机关行政执法办案证据直接作为刑事诉讼证据使用等工作，争取工作主动，提高协作效率，充分发挥各自优势，形成查办腐败案件的整体合力。另一方面，要规范协作配合行为。坚持依法办案，依法依规审查和受理纪检监察机关移送的案件、提供协作配合；坚持分工履职，不得混淆管理审批程序、相互替代职责、相互借用手段；坚持协调有序，明确对口联系、归口管理部门，健全协作配合长效机制。

（三）完善受理或立案前的审查、初查程序

受理或立案前的审查、初查，是保障执法办案工作顺利开展的前提和基础。在当前法律规定趋紧、要求提高的形势下，必须更加重视做好审查、初查工作，进一步解决程序不完备、不规范、质量不够高、效果不够好等问题。一方面，要完善诉讼监督案件受理前

审查程序。尤其要适应民事诉讼法修改后民事申诉大幅上升、监督案件办案时限的新变化，建立民事诉讼监督案件受理前的审查程序。另一方面，要规范和完善初查程序。要积极探索初查的方式方法、措施手段、策略技巧以及运用原则，推进情报信息以及线索经营、审查同初查的有效整合，切实提高初查质量、效率和效果。

（四）建立听取意见、公开审查、听证制度

听取意见、公开审查、听证制度的形式不同，但实质都是为了兼听各方意见，接受监督制约，保证办案质量，提高执法公信力。修改后的刑事诉讼法在总结司法改革经验的基础上，明确规定了听取意见制度；高检院有关文件规定了办理相关案件的公开审查、听证程序，全省检察机关要积极探索，认真落实。一要明确范围。对于听取意见，修改后的刑事诉讼法明确规定了十种情形，包括：对违法取证行为进行调查核实的，要听取律师的意见，要讯问犯罪嫌疑人，询问办案人员，询问证人和在场人员；延长侦查羁押期限，重新计算侦查羁押期限的，听取律师意见；在侦查过程中，律师可以提出意见，撤销案件的，要告知控告人、举报人，并听取他们的意见；在审查批捕中听取律师的意见；在审查起诉阶段，要听取律师、被害人及其代理人的意见等。各级院要严格按法律规定落实到位。对于公开审查、听证制度，总体上要考虑确有必要的因素，如对案件事实、适用法律存在较大争议的案件，有较大社会影响的案件，拟作出不批捕、不起诉、不抗诉等决定的案件等。同时，要考虑涉及国家秘密、商业秘密、个人隐私、未成年人犯罪等除外情形。二要明确参加人员。公开审查和听证案件参加人员包括案件承办人、受邀人员、案件当事人及其辩护人、代理人等。其中受邀人员，根据具体案件情况，可以考虑与案件没有利害关系的人大代表、政协委员、人民监督员、专家咨询委员、相关社会组织人员等。三要规范程序。听证程序可考虑包括申请、决定、当事人陈述、案件承办人阐述、论辩、听证员评议等环节。公开审查程序可参照听证程序进行。四要加强设施建设。根据听取意见、公开审查、听证工作需要，加强公开审查大厅、听证室等功能性用房建设，统一设计，合理布局，配备必要的设施设备。需要强调的是，听取意见、公开审查、听证工作属于研究案件的性质，其结果只能作为作出处理决定的参考依据。

（五）做好依法全面客观收集证据工作

证据是诉讼的核心和基石，对于保证办案质量、实现司法公正具有关键作用。依法全面客观收集证据，从理论上讲，是履行检察官客观义务的必然要求。检察官不仅代表国家行使追诉犯罪职能，同时也承担着保障人权、维护司法公正、确保法律统一正确实施的责任，必须依法全面客观收集证据。从法律规定看，刑事诉讼法明确规定审判人员、检察人员、侦查人员必须依照法定程序，收集能够证实犯罪嫌疑人、被告人有罪或者无罪、犯罪情节轻重的各种证据，并规定了非法证据排除规则。全省检察机关要切实改变重证据客观性、轻证据合法性，重口供、轻其他证据的倾向，使取证模式向更加注重证据的全面性、合法性转变。在执法办案中，既要重视收集有罪、罪重证据，又要注意收集无罪、罪轻证据；既要重视收集定罪证据，又要注重收集量刑证据；既要重视收集证明犯罪事实的证据，又要注重收集证明取证合法性的证据，确保定罪量刑的事实都有证据证明，据以定案的证据均经法定程序审查属实，综合全案证据对所认定事实排除合理怀疑，努力使办理的每一起案件都经得起法律、历史和人民的检验。

（六）做好司法审查性质的执法办案工作

主要内容包括：捕后羁押必要性审查，对辩护人、诉讼代理人认为阻碍其依法行使诉讼权利的申诉或者控告的审查，对当事人和辩护人、诉讼代理人、利害关系人不服强制措施或强制性侦查措施的申诉或控告的审查，对当事人及其法定代理人申请办案人员回避的审查，对当事人及其辩护人、诉讼代理人报案、控告、举报侦查人员采用刑讯逼供等非法方法收集证据的审查等。这些工作有些是制约性质的，有些是监督性质的，但其共同点在于都是对诉讼活动中公安机关等部门及其人员的某些行为和决定的审查，而非对案件事实、证据的审查，同时又区别于一般意义上的法律监督，而是一

种司法救济权，这类权能在其他国家均为法院享有，因此称之为司法审查性质的执法办案工作。全省检察机关要根据刑事诉讼法和刑事诉讼规则规定，依照“两个适当分离”的原则，合理确定职能分工，完善和规范办案程序、机制，创新方式方法，在必要情况下引入听取意见、公开审查、听证等方式，依法充分履行好这些职责，以更好地保障人权、维护公正、促进诉讼民主及其现代化。

（七）建立健全“前紧后松”办案模式

去年以来，省院针对以往办案中存在的不恰当地提高或“前移”立案、强制措施等法定标准，将本应在立案之后才能采取的限制犯罪嫌疑人人身自由的措施前移到立案前的初查、调查环节，造成执法不规范、侵犯人权的现象，提出要建立“前紧后松”办案模式。经过一年的探索实践，取得了一些成效和经验。这一模式的实质是依照法律规定，对相关立案、强制措施等标准的把握问题。只有遵循侦查工作规律，正确理解和执行法律有关立案、撤案、采取强制措施的规定，做到善于风险决策，该立案的立案，该撤案的撤案，该依法采取强制措施的依法采取强制措施，才能保障立案前调查、初查程序的规范合法，才能更好地保障人权。全省检察机关要注意正确把握这一模式的内涵，防止理解偏差，甚至是曲解、走向反面，造成该“紧”的不紧，该“松”的不松。要提高规范化初查水平和风险决策能力。要修改完善考评标准，推进考评科学化，对捕后撤案、判无罪、绝对不起诉的，要根据案件具体情况决定是否作为质量问题扣减分数；对捕后判缓刑、轻刑和相对不起诉的，不应作为质量问题作出负面评价；对为规范执法、保证办案安全而风险决策所可能造成的失误，除依法应当由检察机关承担的赔偿责任外，按照国家赔偿法等有关法律规定，一般也不对个人追偿和问责。

（八）完善执法办案风险和效果评估及预警、处置、防范工作体系

这项工作也是一个办案模式转变问题，主要是适应当前检察机关执法办案风险加大、对案件综合效果要求更高的形势，把风险和效果评估及预警、处置、防范作为重要环节，融入执法办案过程，

做到既依法办案，又效果良好，提高执法公信力。一方面，要做好评估工作。评估就是预测，对案件可能产生的风险和效果进行预估预判，为下一步工作做好准备。要高度重视风险评估，这直接关系后继的预警、防范和处置工作成效，要根据案件具体情况，对可能产生的政治风险、社会风险、法律风险、办案人员安全风险及其程度作出准确判断。要高度重视效果评估，综合考虑案件性质、涉案范围、发生领域、经济社会影响等因素，着眼于努力实现法律效果、政治效果、社会效果的有机统一，指导执法办案工作开展。另一方面，要完善执法办案风险预警、处置、防范“三位一体”工作体系。要抓紧制定出台全省检察机关执法办案风险预警、处置、防范工作意见，并落实到每一起案件、每一个环节。要把握谁承办、谁负责，预警、处置、防范“三位一体”，检察工作一体化等原则要求；要着力完善、认真落实预警、处置、防范的程序、机制和措施。

（九）完善规范执法“倒逼机制”

近年来，我们针对执法不规范“顽症”，下大力气建立并落实规范执法“倒逼机制”，成效较明显，成为我省检察工作的亮点，并在全国介绍经验。全省检察机关要坚定不移地深入推进规范执法“倒逼机制”建设，严格落实相关职能部门任务和责任，完善相关基础设施和配套机制，加大督办检查力度，确保规范执法 24 项任务严格落实。同时，要针对新情况、新问题，探索新举措、建立新机制，对执法办案工作进行更为严密的规制。

（十）探索推行开放式执法办案

在当前法治化进程加快、人民群众法治意识日益增强、信息传播方式深刻变化的大背景下，检察机关执法办案环境更加公开，传统的封闭办案模式已经难以适应客观形势变化和检察事业发展需要，不转不行、不变不行。要打破传统观念束缚，防止和克服一讲执法办案就是秘密进行、采取强制措施，积极推动办案模式从传统封闭神秘模式向开放式模式转变。这一模式在内涵上至少包括两层含义：一是公开调查、公开办案。这是相对于秘密办案而言的。不可否认，

秘密性是执法办案工作尤其是侦查工作的重要特征，在一定范围、一定程度上对案情、证据等保密是必要的。但对于某些案件，如大多数以事立案的反渎案件，很多内容已为辩护人、社会公众等知晓，秘密性已不复存在，实行公开调查、公开办案既有必然性，也有可行性，并且有利于接受社会监督、体现诉讼民主。二是非强制性办案。即对被调查对象、犯罪嫌疑人的权利限制减少。对于一些案件，如客观证据已经确实充分的案件，不一定立案就采取强制措施，可捕可不捕的可以依法不捕，捕后也不一定一押到底，在一定程度上减少和免除羁押性措施。在外延上，这一模式包含范围较广，之前所提到的建立新型检律关系，听取意见、公开审查、听证制度都属此范畴。除此之外，还包括：严格落实法律和司法解释有关通知、告知、见证制度；完善审查批捕和羁押必要性审查机制，减少非必要性羁押；完善检务公开机制；建立与新闻媒体的良性互动机制；深化人民监督员制度；建立健全与发案单位的联系、沟通、协作机制等。全省各级院、各级部门要在实践中认真研究、积极探索，进一步明确开放式执法办案的任务，采取有针对性地措施予以推进。

（十一）积极推进执法办案信息化和装备现代化建设

科技是推动检察工作不断向前发展的强大动力和重要手段。要认真贯彻高检院、省院关于实施科技强检战略的部署要求，切实提升科技装备及信息化建设、应用水平，推动执法办案工作从传统人力型向手段现代化转变。要积极推进侦查指挥、侦查取证、交通通讯、安全防范等装备项目建设。按照高检院要求，全面推广使用全国统一业务应用软件，结合湖北实际研究开发配套软件。加快推进职务犯罪侦查、行政执法与刑事司法衔接、案件管理、综合考评等信息化平台建设。要依托省院的国家认可实验室，引进高水平人才和高精尖设备，建设一个综合性、高层次、辐射带动力强的检察技术研究中心，为执法办案提供更加有力的技术支撑。

三、推动执法办案工作转变模式、转型发展的实施要求

执法办案工作转变模式、转型发展，既是解决当前执法办案工

作发展难题的需要，也是未来发展的趋势，是应急与谋远的有机统一，省院各部门和全省各级院务必深化认识、积极行动。

一要高度重视。推进执法办案转变模式、转型发展，不是试点问题，而是执行和落实现行法律规定，有明确的法律依据，是推动执法办案工作持续深入健康发展的重大举措。各级院、各级部门尤其是主要负责同志，要提高认识，高度重视，将其作为战略任务来抓。要加强领导和组织协调，明确硬任务，制定硬措施，把转变模式、转型发展的要求真正落实到每个具体案件中。

二要依法进行。转变模式、转型发展的目的是更好地执行和落实法律法规规定，是在法律制度框架内的工作机制创新，必须依法稳妥推行，不能违背立法精神，不能突破法律底线，不能越权解释法律进行自我授权，确保执法办案在法治轨道上运行。同时，要始终立足于提高办案质量、效率和效果，把握工作主动权，掌握好分寸和尺度，做到恰到好处，防止给执法办案工作带来不必要的束缚、造成被动和不良影响。

三要项目推进。要坚持项目化推进这一行之有效的做法，结合各地各部门实际，把转变模式、转型发展的主要任务分解立项，拿出具有可操作性的办案措施，明确责任部门和工作要求，该完善制度的完善制度，该统一文书的统一文书，该加大投入的加大投入，以项目为抓手推动落实。

四要坚持顶层设计与基层首创相结合。推进执法办案转变模式、转型发展是一个渐进发展、不断完善的过程，需要上下一心、共同努力。要把顶层设计与基层首创紧密结合起来，把统一部署与分别实施紧密结合起来，既注重鼓励和引导基层院在法律制度框架内探索新模式、新方法；又注重对基层实践中有益做法和新鲜经验的总结、提炼，综合考虑全局，适时上升为统一要求和制度规范，形成转变模式、转型发展的长效机制。

五要加强沟通协调。要加强与公安、法院、司法行政机关的沟通协调，例如，建立新型检律关系问题，需要与司法行政机关、律师协会加强协调配合，建立相关工作机制，省院已经与省司法厅进

行了初步沟通，在方向性问题上取得了一些共识，相关部门要做好进一步的联系、沟通、协调工作，争取理解与支持。要落实检察工作一体化机制，加强相关部门在转变模式、转型发展中的协作配合，形成工作合力。

六要强化保障。各级院要积极争取党委、政府及组织人事、财政、发改委等部门支持，在完善人员编制、经费保障、基础设施、科技装备等人、财、物保障性机制上下功夫，为执法办案工作转变模式、转型发展创造良好条件。

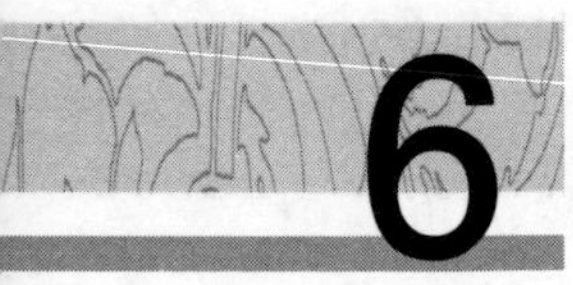

6 建立新型检律关系的理念与实践*

今天，我们共聚一堂，共议建立新型检律关系这一具有重要战略意义和现实意义的话题，我觉得十分有必要。首先，我代表省检察院党组、省检察官协会和全省所有检察官，对省司法厅、省律师协会的通力合作、鼎力支持表示衷心感谢，对中华全国律师协会领导、各位知名律师、知名专家学者百忙之中、不辞辛劳来建言献策表示衷心感谢。我想这次会议的顺利召开，本身就反映了检察机关、司法行政机关与律师界各位同仁对这一问题的基本共识，是我们建立新型检律关系的一项具体实践，也是一个良好开端。刚才听了各位代表的精彩发言，从大家思想的交锋交流、理论的深刻阐释、实践的深入剖析中，我们更加感受了大家对维护公平正义、加强法治建设的热忱期盼，听出了建立新型检律关系的共同心声，提出了许多极具建设性的思想观点和意见建议，可以说达到了加强沟通、达成共识的目的，收获很大，也使我感到很振奋、很有信心、很受启发。借此机会，我谈一些体会，与各位同仁交流、向大家请教。

一、建立新型检律关系需要我们以新的理念作为支撑

为什么提出建立新型检律关系？我认为目前的检律关系与过去相比已经有了明显发展进步，但相对于加快建设社会主义法治国家、法律法规修改完善、人民群众对公平正义的强烈期盼等形势任务而

---

* 2013 年 8 月 23 日敬大力同志在建立新型检律关系座谈会上的讲话，刊载于《检察日报》2013 年 11 月 6 日。

言，仍表现出了诸多滞后和不适应。目前，检律关系所反映的简单对抗甚至对立、律师权利保障不充分、沟通交流协作不够等特征带来的问题和负面影响毋庸讳言。我想不论是检察官还是律师，都应从更好地保障人权、维护公正、增强公信、推进法治建设的高度，深刻认识建立新型检律关系的重要性和紧迫性。

新型检律关系的理念支撑是什么？对于我们来讲，我想主要有四个方面：一是法律监督职责使命。宪法将检察机关定位为国家法律监督机关，目的就是要维护国家法律的统一正确实施。保障律师执业权利是法律的明确规定，加强与律师的沟通协作、建立违法犯罪问题防范处理机制是确保严格、规范、公正执法的重要途径，所有这些都与履行好法律监督职责紧密相关。另外，监督者必须首先接受监督，律师介入执法办案工作对检察机关是一种重要的外部监督方式。从这一点出发，检察官必须加强与律师良性互动、建立新型检律关系。二是检察官的客观义务。在诉讼活动中，检察官除了承担打击犯罪的职责，还必须承担保障人权、维护法制的客观义务，应当保持客观公正的立场，既要注意不利于犯罪嫌疑人、被告人的证据、事实和法律，又要注意有利于犯罪嫌疑人、被告人的证据、事实和法律，做到不偏不倚。正如德国学者赫尔曼指出的："检察官不得单方面谋求证明被告人有罪。"基于此，检察官必须重视听取律师意见，必须尊重和保障律师的会见、阅卷、申请调查证据等权利。三是法律职业共同体的理念。检察官和律师同为法律工作者，都是中国特色社会主义事业的建设者、捍卫者，都以捍卫司法公正和法律尊严、尊重和保障人权、服务国家法治建设为价值目标，两者在宏观性目标、社会性价值上是统一的，这是我们成为职业共同体的根基所在，是必然的，牢不可破的。同时检察官与律师都秉承共同的职业信仰，都需要具备相同的职业素养和职业技能，在执法公信力的体现和提高上也是一荣俱荣、一损俱损，等这些都形成了建立新型检律关系的坚实基础。对此，与会代表有很多精彩的论述，如"双方要在专业上过招"，"我们需要共同的信仰，构建共同的精神家园"，"把双方各自职责发挥到极致，为司法公正创造一个兼听则明的基础”，以及有的同志提到的双方应“和而不同”、“相互欣赏”等。我们需要牢固树立法律职业共同体的理念，以此为支撑、为指引，转变执法、执业观念和工作模式，朝着建立新型检律关系的目标迈进。四是对执法公信力的自信。这也是一种重要理念，有了这种理念我们就会主动地、积极地去促进新型检律关系的建立。具体体现在三个方面：首先是能力的自信。经过多年来持续不断地素质能力建设，我们应当有信心在律师的参与和监督下把案件办好，而且能办得更好。其次是依法规范执法的自信。近年来，我们反复抓执法规范化建设，在思想观念、制度机制、基础设施建设等方面都有了极大的更新和改变，更加注重保障人权，更加注重程序公正，这与律师的意愿是相通的，我们有信心在这方面全面接受律师的监督制约；最后是公正廉洁执法的自信。我们构建了公正廉洁执法“五位一体”工作格局，在思想上、管理上、制度上都形成了抵制执法不公不廉问题的“防火墙”，有信心与律师规范交往、正常交流、“和而不同”。这三个方面的自信是我们建立新型检律关系的底气所在，虽然不能排除个别人员、个别案件出现问题，但总体上我们是有信心能够做到的，对发现的问题也能够及时正确解决。同时这也是一种“倒逼机制”，运用好了就能够更加有效地促进提升办案水平和执法公信力。

如何认识和理解新型检律关系的实质和要义？我认为就是要形成对立统一、相互依存、平等相待、彼此促进的良性互动关系。尤其是要努力实现由简单对抗到对抗中有合作的转变。虽然在诉讼结构上检察机关与辩护律师处于对抗地位，但最终都是为了更好地发现真相、正确适用法律、维护公平正义，双方不是此消彼长、你进我退的尖锐对立，不是单纯一个案件的胜负成败，对抗应是一种平等、理性、客观的对抗，在对抗中也完全可以有合作。正如有的学者指出：“检察官与律师之间的关系，既不是不共戴天的生死敌人，也不是你我不分的酒肉朋友，而是通过平等地对抗、平等地对话，并在司法公正的道路上共同追求、共同成长的对手。”这种对抗合作的哲学基础在于辩证法的对立统一理论，法理依据在于人权保障、

无罪推定、诉讼民主、权力监督制约等理论，现实需求在于提高办案质量、司法效率、化解社会矛盾、提升司法公信力和亲和力等需要。检察机关要切实转变观念，正确认识律师在诉讼中的重要地位和价值，看到律师对于防止冤假错案、促进严格规范文明执法、强化检察权监督制约等方面的巨大作用，用更宽广的胸怀和视野来加强与律师的良性互动、推进新型检律关系的构建与完善。

二、建立新型检律关系需要我们全面进行探索实践

今年初，省检察院研究部署年度重点工作时，将建立新型检律关系作为深化检察改革、推进执法办案转变模式转型发展的重要内容，提出了明确要求。我认为，在树立正确理念的基础上，总体来讲，建立新型检律关系要做到“两手抓”：一手抓落实，严格执行刑事诉讼法、民事诉讼法、律师法等法律法规的相关规定，这是建立新型检律关系最基础、最首要任务，是最根本的一条。目前，司法实践中的问题有很多不是没有法律规定，而是规定没有严格落实到位，只有把现有的法律规定落实好了，检律关系才有进一步发展的基础和空间。一手抓创新，在法律制度框架内，探索检律合作共赢、互相监督、相互制约的新举措、新路径，不断丰富新型检律关系的内涵。具体来讲，包括四个大的方面：

一是健全完善保障律师依法行使执业权利的相关机制。保障律师依法执业是一个法治国家诉讼公开、诉讼民主、诉讼文明和诉讼监督制约的重要标志，是保障人权、维护公正的重要途径，也是我们遵守法治原则、维护程序正义的重要体现。没有充分的权利保障，就难以争取律师的信任支持，建立新型检律关系就是举步维艰、寸步难行。检察机关在这方面既有明显进步，同时也还存在不少问题。首先要转变执法观念，要抱着正确的认识、积极的态度、发展的眼光，从法治、公正、人权的高度来对待这一问题。其次要履行义务，保障律师依法执业是检察机关的法定义务，是正当程序原则的具体体现，如果不履行或不充分履行，就是执法违法，就会损害我们的形象和公信力。检察机关要重点针对律师会见、阅卷、调查取证及

申请变更强制措施、提出意见等权利保障方面存在的突出问题，全面贯彻落实各项法律规定，切实加强制度机制建设，对方式、程序、时限、责任追究等提出明确要求，更好地保障和促进律师依法执业。

二是加强检察机关与律师的沟通、交流、协商、协作。这是一个需要认真研究的问题，应当作为检律关系中不可或缺的重要内容加强探索实践。如前所述，在以往的检律关系中，几乎只有对抗，甚至是“顶牛”，基本没有合作，对此既缺乏研究、也缺少实践。我们认为检律双方的沟通交流和协作的空间很大、领域很广、内涵十分丰富，诸如形成常态化的业务工作沟通交流机制，进一步拓宽律师与检察官队伍之间的交流渠道；认真落实听取律师意见制度，在平等对话、充分交流的基础上准确分析案情，补强薄弱环节，全面客观收集证据，正确适用法律，及时发现和纠正办案中的偏差和错误；注重发挥律师疏导和化解矛盾纠纷的独特作用，用好律师与犯罪嫌疑人、被害人及其亲友的信任关系，发挥其桥梁纽带作用，减少对抗情绪、保障案件办理、促进矛盾化解、维护和谐稳定，做好检察机关特殊性、专门性群众工作；探索聘请律师担任检察机关专家咨询委员会委员，探索建立专业咨询制度，提供专业性法律意见以及必要的办案协助；检察机关在执法办案中可以寻求律师的支持配合，同律师共同对犯罪嫌疑人开展认罪服法教育，以使犯罪嫌疑人可能得以简易审、变更强制措施或依法从轻处理；加强与刑事被害人、民事行政诉讼监督案件当事人代理律师的沟通交流，共同做好释法说理、息诉罢访等。

三是建立违法违规及犯罪问题处理机制。检察官与律师的联系频繁而紧密。为维护法律职业共同体的荣誉，双方都应当保持各自高贵的品德，自觉地不使共同体的名誉受到损害。建立检察官、律师违法违规及犯罪问题防范机制，确保各自遵守职业道德和职业伦理，守护行为边界和底线，规范检察官与律师的接触交往行为，自觉抵制少数检察人员和律师的不合理要求，防止相互勾结、沆瀣一气、徇私枉法。建立司法人员违法违规及犯罪问题处理机制，及时受理、审查律师对司法机关及其人员违法犯罪的申诉、控告，依法

监督纠正和查办执法司法不公、不严、不廉等问题。建立律师违法违规及犯罪问题处理机制，加强与律师协会、司法行政机关的沟通，依法惩戒律师违法违规行为，规范律师涉嫌犯罪案件的管辖及办案程序，保障诉讼活动顺利进行。

四是做好检察机关自身准备工作。检察机关要积极适应建立新型建立关系需要，做好思想准备，牢固树立四个方面的理念支撑；做好制度机制准备，以《指导意见》为基础，建立并落实一系列配套机制，推动新型检律关系制度化、规范化、常态化；做好执法模式准备，深入推进“前紧后松”办案模式、听取意见、公开审查、听证、开放式办案、执法办案风险和效果评估及预警处置等工作，努力实现执法办案模式从相对封闭向沟通互动、从“由供到证”向“由证到供”、从“孤立作战”向“整体联动”等方面的转变；做好组织保障准备，加强案件管理部门建设，加强院党组及检察官协会对建立新型检律关系的组织领导；做好设施设备准备，加强律师会见室、阅卷室、听证室、公开审查大厅等功能性用房建设，注重运用网络信息技术提升检律沟通协助效率和效果等。

三、建立新型检律关系需要我们共同不懈努力奋斗

建立新型检律关系是双方共同的责任，任重而道远，需要双方既立足当前，又着眼长远，共同努力付诸实施，争取在建立新型检律关系方面取得新突破、积累新经验。要相互尊重。法律职业共同体必然要求我们相互尊重，这也是建立新型检律关系的感情基础。检察官和律师都要互相尊重对方权利，互相尊重对方的诉讼行为，真正做到“对抗而不对立、交锋而不交恶”。要相互信任。增强双方互信是建立新型检律关系的必然选择。目前，法律职业共同体内部存在的不屑、抵触等问题，直接导致检律双方尖锐对立，互相猜疑抱怨、设置障碍。正如有的律师所讲的：“在一些地方，检察官和律师因为在法庭上的抗辩而产生对立，工作关系进而发展成相互不信任的对立关系。这会导致两个队伍之间的抱怨、不信任，无法为追求司法公正而共同努力。”检察官和律师都应看到我们队伍的主流

是好的，不能因为少数害群之马而否定全局，大家都需要从内心认同对方，相互信任，平等交流对案件的意见和看法，共同为维护司法公正而努力。要发挥好检察官协会和律师协会作用。检察官协会、律师协会作为自律性组织，在规范执法和执业行为，维护检察官和律师权利，加强内部监督，深化理论和实务研究等方面是大有可为的。省检察官协会希望和省律师协会加强交流合作，建立常态化的沟通协作机制，共同防范检察官和律师违法违纪问题产生，促进检察权依法公正行使，保障和促进律师依法执业，维护法律正确实施。要发挥好各级司法行政机关和检察机关作用。省检察院和省司法厅一直保持密切的工作联系，近年来先后就加强协作配合、监督制约制定出台实施意见，对省直机关处级干部开展反渎职侵权培训，这次的指导意见也是两家共同研究制定的。我们希望能够继续深化与司法行政机关的合作，共同把指导意见制定好，尽早下发、指导实践；积极推进双方之间尽快建立一些沟通协作机制，组织开展检察官与律师之间的交叉培训；检察机关还要专门发出通知，就自身的相关准备工作作出安排、提出要求，使新型检律关系能够早日形成、不断完善，为法治湖北建设作出新的更大贡献！

7 牢牢把握改革这条主线不动摇*

这两天，我们分别在武汉和襄阳组织两个片会，各市州分院检察长和部分基层院的同志参加了会议。大家围绕省院安排的深入开展贯彻党的十八届三中全会精神、落实“三个走在前列”及 2014 年检察工作思路部署的专题调研内容，结合近期学习十八届三中全会体会和本地检察工作实际，谈了很多很好的想法，尤其是分析了我们当前工作中存在的问题，根据新形势、新任务，就全省检察机关深入贯彻落实十八届三中全会精神、谋划全省检察工作总体思路和主要任务，提出了一些建设性意见建议，反映了大家对十八届三中全会精神的深刻领会、对检察事业未来发展的深入思考和责任担当，省院将认真研究、参考、吸收。

全面深化改革，是决定当代中国命运的关键决策，关系党和人民事业前途命运，关系党的执政基础和执政地位。习近平总书记强调，在整个社会主义现代化进程中，我们都要高举改革开放的旗帜，绝不能有丝毫动摇。检察事业作为中国特色社会主义事业的重要组成部分，必须把改革作为一条主线贯彻始终，体现在思想观念、业务工作、制度机制、队伍建设、方式方法等方方面面，把改革的精神、改革的思维、改革的举措融入检察工作全过程和各环节。今年以来，我们认真学习贯彻党的十八大精神，确立了今后五年湖北检察事业发展战略，即坚持检察工作根本政治方向、坚持检察事业发

* 2013 年 12 月 3 ~4 日敬大力同志在湖北省检察机关深入贯彻党的十八届三中全会精神专题调研座谈会上的讲话节录。

展和科学检察发展理念、确立“五个检察”发展目标、确立“三个体系”建设发展布局、把握检察事业发展的根本要求，明确了8个方面的主要任务，制定并落实《湖北省检察机关“五个检察”建设实施纲要》、《关于充分发挥检察职能优化法治环境促进经济发展的实施意见》、《关于进一步深化、细化、实化检察机关群众工作的实施意见》三个文件，着力推进诉讼监督工作“四化”、检察机关组织体系及基本办案组织建设、执法办案工作转变模式转型发展等“三项改革”等，这些内容都充分体现了改革创新要求，契合十八届三中全会精神，必须一以贯之地坚持下去。

同时，改革只有进行时，没有完成时，就当前和今后一个时期改革的重要性和必要性而言，首先，适应形势任务、贯彻“三种意识”必须要改革。当前，检察工作面临的形势任务继续发生深刻复杂变化，党和人民对检察工作更加关心、重视、支持，检察事业处于全面深化改革的大时代、处于新的重大战略机遇期；党和人民对推进经济发展转型升级、维护人民权益、维护社会和谐稳定等方面的新要求、新期待也越来越高，破解各种风险难题、化解各种风险挑战的任务越来越紧迫，我们肩负的历史责任使命更加重大。唯有牢固树立进取意识、机遇意识、责任意识，自觉融入改革潮流，全面服务和深化改革，才能开拓中国特色社会主义检察事业更为广阔的前景。其次，解决我们自身存在的问题必须要改革。习近平总书记指出，改革是由问题“倒逼”出来的。当前，检察机关自身执法理念、执法模式、素质能力、工作机制、执法保障等方面仍存在诸多不适应、不符合、不协调的问题，要从根本上解决这些困难和问题，必须紧紧依靠改革，关键在于全面深化改革。我们的改革始终是坚持问题导向，不是为了改革而改革，而是着眼于解决实际问题、满足发展需要。这既是我们多年实践的基本经验，也是我们今后必须坚持的方向。尤其同以往相比，当前检察改革进入了深水区、攻坚期和关键阶段，将更加触及习惯思维、固有模式甚至是既有的利益格局，我们有许多问题需要改革，有许多困难需要克服，必须以更大的决心冲破思想观念障碍，突破模式固化的藩篱，不断凝聚全

体检察人员的改革共识。最后，赶上时代步伐、适应发展大势必须要改革。纵观当代中国，改革是时代主旋律，是大势所趋、人心所向，顺之者昌，逆之者亡。社会各部门各领域改革进取的积极性充分涌流，全省各界正朝着“建成支点、走在前列”的目标奋力进发，整个社会改革创新风生水起、风起云涌，检察工作要想在激烈的竞争中赢得主动、赢得认可、赢得优势，要想与湖北发展大势同步合拍、同频共振，必须牢牢把握改革这条主线不动摇。

全会关于司法体制改革的部署以及诸多机制方面的创新，力度之大、要求之明确具体，是前几轮改革中鲜见的，充分体现了中央推进法治中国建设、建设公正、高效、权威社会主义司法制度的坚定决心，令人感到鼓舞振奋。全省检察机关要深刻领会、准确把握司法改革的总体要求、主要任务和方法步骤，积极参与改革，进一步推动湖北检察改革和工作机制创新走在全国检察机关前列。

在总的要求方面，应当围绕完善和发展中国特色社会主义检察制度、使之优越性更加充分发挥的目标来全面深化检察改革，这个目标与全面深化改革的总目标高度一致，是由我国国情决定的，是改革的方向、立场、原则，我们必须要增强战略定力，始终如一坚持，绝不能为各种错误思想观点所左右。同时，改革过程中，要坚持一些基本遵循。一是要坚持正确方向，始终坚持党的领导，坚持人民主体地位，坚持中国特色社会主义政治方向，推动中国特色社会主义检察制度自我完善和发展。二是要把握全面和深化的要求，坚持改革的全面性、关联性、耦合性，统筹协调推进检察工作各方面、全方位的改革，使各项改革在政策上相互配合、在实施过程中相互促进、在成效上相得益彰；深入观念层面、制度层面、利益层面，抓住改革的大好机遇推动实现一些重点难点问题的根本性解决。三是要找准问题，把握规律。坚持问题导向，紧紧抓住制约检察工作科学发展的体制机制方面的深层次问题，抓住牵一发而动全身的根本性问题，遵循事物发展一般规律，统筹考虑上级与下级、当前与长远、内部与外部、公正与效率等各方面关系，遵循司法权和检察权运行规律，体现权责统一、权力制约、公开公正、尊重程序、高效权威的要求，坚持正确的方法论，加强顶层设计，摸着石头过河，突出重点，循序渐进，依法推进，稳步实施。四是要增强改革自觉，凝聚改革共识。强化进取意识、机遇意识、责任意识，深刻认识检察工作改革发展面临的矛盾越多、难度越大，越要有进取意识、进取精神、进取毅力；深刻认识我们处于改革的新起点，面临难得的历史新机遇惠顾，必须牢牢抓住，争取战略主动；深刻认识我们承担的对党、对人民的责任更大重大，必须勇于负责，敢于担当，做好统一思想、凝聚共识的工作，汇集起推动检察工作改革创新发展的强大精神动力。五是要处理好改革中的各种问题，包括人才、职级职数、经费保障等方面的“瓶颈”问题，配套性不够、落实不到位、顶层设计与基层实际脱节、总结完善提高不够等推动改革部署中的问题，方向把握不准、规律认识不清、观念守旧固化、态度不够坚决、能力不足、畏难思想、抵触情绪等问题。

在改革任务方面，一是要抓紧做好十八届三中全会部署的重大体制性、制度性改革准备。十八届三中全会围绕确保依法独立公正行使检察权，提出要改革司法管理体制，推动省以下检察院人财物统一管理，探索建立与行政区划适当分离的司法管辖制度，建立符合职业特点的司法人员管理制度。这是保障检察机关依法独立行使检察权的重大改革，涉及体制性、制度性变化，也是本轮司法改革的重头戏，要按中央、高检院统一部署推进落实。要加强调查研究、分析改革过程中可能会产生的问题，研究对策措施。探索开展全省检察机关内设机构设置报省院备案审查、省以下检察机关新进人员统一招录等工作，系统总结检察工作一体化机制、逐级遴选制度、派出检察院管理体制等方面的经验做法，逐步为改革做好准备。要确保过渡时期的稳定，防止发生突击进人等不正常现象。二是要迅速启动探索十八届三中全会明确部署的机制改革任务。要深化检务公开，进一步扩大执法依据、程序、过程、结果、期限的公开范围。深化人民监督员制度改革，完善监督程序，完善人民监督员工作与检察机关内部办案工作的衔接机制。健全完善规范查封、扣押、冻结、处理涉案财物的制度机制，健全冤假错案防范处理机制和责任

追究机制，落实执法办案责任终身负责制，健全完善非法证据审查、排除机制等。三是继续深入推进符合全会改革精神的其他机制创新。近年来，我们推行的检察工作一体化机制符合司法改革精神，两个适当分离、法律监督调查机制、诉讼监督“四化”等改革符合加强和规范对司法活动的法律监督的改革精神，基层院内部整合符合优化司法职权配置、积极稳妥实行大部门制的改革精神，主办检察官办案责任制符合优化司法权运行机制、司法人员分类管理的改革精神等，这些都要坚定不移、坚持不懈地继续深化、巩固和提高。四是继续推进其他改革任务的落实。对上一轮检察改革任务，在不违背全面深化改革精神、没有明确停止进行的情况下，需要坚持统筹考虑和推进，继续积累经验，不能半途而废。

在具体操作方面，当前需要抓好三件事：一是要搞好总体规划安排，列出当前和今后一个时期深化检察改革的任务书、路线图、时间表、关系表。之所以讲关系表，是因为这次的检察改革需要很多配套制度、政策的支持，将更多、更广泛地牵涉其他机关和部门，具有很强的关联性、互动性，加强与这些部门的沟通协商是关系改革能否顺利推进的重要一环。二是要抓紧做好思想、工作、制度机制、素质能力等各方面的准备工作，为改革逐步过渡、按时有效推进打好提前量。三是要抓紧开展调研工作。对改革可能遇到的问题和困难做一些预判性、前瞻性研究。这次调研只是整个改革调研的一个开场式，今后还要对全面深化改革进行更大范围、更加系统的调研，对各项具体改革任务进行专项深入调研，希望在座各位和全省检察机关要认真思考研究今后一个时期检察改革的重点、难点问题，提出意见建议服务决策参考。

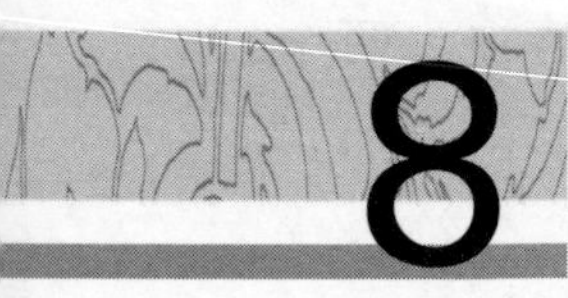

8 深化检察改革，推动检察工作创新发展*

习近平总书记强调，司法体制改革对推进国家治理体系和治理能力现代化具有十分重要的意义。全省检察机关要认真落实中央、高检院、省委部署，努力推动我省检察改革和工作机制创新不断取得新的成效，走在全国检察机关前列。

一、牢牢把握深化检察改革的重要意义和根本方向

近年来，全省检察工作能够平稳健康发展，很重要的一个方面，就是得益于我们领先一步的持续改革，得益于不断超越自我的求实创新。在新形势下，我们要进一步统一思想、深化认识。要深刻认识到，检察工作面临的形势任务催促我们改革。我们处于全面深化改革的大时代，党和人民的要求和期待越来越高，破解各种风险挑战的任务越来越紧迫，我们肩负的历史使命更加重大。唯有牢固树立改革意识，自觉融入改革潮流，才能开拓中国特色社会主义检察事业更为广阔的前景。要深刻认识到，检察工作中存在的问题“倒逼”我们改革。习近平总书记讲，改革是由问题“倒逼”出来的。我们不是为了改革而改革，而是着眼于解决实际问题、满足发展需要。当前，检察机关自身仍存在诸多不适应、不符合、不协调问题，要从根本上加以解决，必须紧紧依靠改革，关键在于全面深化改革。要深刻认识到，社会发展大势要求我们改革。改革是时代主旋律，是大势所趋、人心所向。社会各领域改革进取的积极性充分涌流，

---

* 2014 年 1 月 24 日敬大力同志在湖北省检察长会议上的讲话节录。

全省各界正朝着“建成支点、走在前列”的目标奋力进发，整个社会改革创新风云激荡，检察工作要想在激烈的竞争中赢得主动、赢得认可、赢得优势，要想维护好改革大局的全面性系统性关联性，必须牢牢把握改革这条主线不动摇。要始终坚持中国特色社会主义检察制度，做到“不糊涂、不模糊、不含糊”，紧紧围绕完善和发展中国特色社会主义检察制度、使之优越性更加充分发挥的目标来深化检察改革，这是改革的方向、立场、原则，我们必须增强战略定力，始终如一坚持。

二、全面落实好重点改革和机制创新任务

在继续抓好以往改革任务落实的同时，按高检院和省委统一部署，重点抓好以下任务：

（一）加快推进涉法涉诉信访改革

一年来，我们在这项改革上取得了较好成效，但检察机关涉法涉诉信访尤其是民事申诉依然呈明显上升态势，面临的任务和压力仍然很大。全省各级院要牢牢把握改革目标，切实在法治轨道上解决涉法涉诉信访问题。进一步完善涉法涉诉信访受理、审查工作机制，确保符合条件的涉法涉诉信访能及时导入司法程序，对不符合受理条件的及时引导分流，保持“入口”顺畅。提高办理效能，该纠正及时纠正，该赔偿的依法赔偿，该追责的依法追责。畅通案件“出口”，完善信访案件终结机制，按照“解决问题到位、说服教育到位、困难帮扶到位、依法处理”四句话总要求统筹办理，切实解决“终而不结”问题。在整个处理涉法涉诉信访过程中，要加强内部协作配合，紧紧依靠党委、政府及有关部门共同做好相关工作；要重视矛盾化解，加强各环节的释法说理、息诉维稳；要落实领导责任，对于“骨头案”，实行领导包案，推动问题切实解决。

（二）抓好三项改革试点任务落实

一是深化检务公开。坚持以公开促公正、以透明保廉洁。扩大公开范围，做到能公开的一律公开，建立不立案、不逮捕、不起诉、不予提起抗诉决定书等检察机关终结性法律文书公开制度，健全有

关重大、疑难、复杂案件公开审查、公开答复制度，探索建立审查逮捕公开听取意见机制。完善公开程序，明确主动公开和依申请公开的流程、方式、期限。拓展公开渠道，在继续坚持“公众开放日”、新闻发布会等好做法的同时，充分利用现代信息手段丰富公开载体和平台，尤其要把检察机关门户网站作为检务公开的权威发布平台，建好、管好、用好。

二是抓好检察官办案责任制试点。这是一项关乎基础、涉及全局的综合性改革。这项改革与我们推进的基层院内部整合改革和综合配套改革紧密相关。全省各试点院要在总结成绩、经验的基础上，按照高检院和省院统一部署，进一步深化试点。要准确把握改革主旨，防止偏向。完善运行机制，推行“五个一”工作法，即“一单”，确定主办检察官权限清单；“一图”，制定适应基层院内部整合和主办检察官执法办案的流程图；“一表”，制定执法办案评查表；“一档”，建立执法绩效档案；“一证”，实行主办检察官证书年审制。注意及时发现、研究、解决试点中的问题，例如要防止放权后办案质量下降的问题，既按规定放权，又保证案件质量。要以办案责任制改革试点为抓手和突破口，深入推进基层院内部整合改革，进一步促进解决机构编制、领导职数、职级待遇等“瓶颈”问题，健全完善适合不同规模检察院内部整合的运行机制；深入推进基层院综合配套改革，努力使职能配置、执法办案、检察管理、队伍素能、检务保障等各个方面的改革成龙配套、相互协调、相互促进；以新型检察院建设为抓手，紧扣“四个适应、八个新”的目标要求，结合落实新时期检察队伍建设总体要求，推动检察改革全面深入开展。

三是深化人民监督员制度改革。改革人民监督员选任方式，规范监督程序，拓展监督内容、畅通知情渠道和联络途径，认真听取、依法采纳意见建议，确保人民监督员作用得到充分发挥。

（三）深入推进三项工作机制创新

一是狠抓诉讼监督工作制度化、规范化、程序化、体系化。省院去年部署这项任务以来，取得了初步进展，但现在看来，离我们

的预期目标还有较大差距。最近，省院对全省各地报送的24898件诉讼监督案件进行了全面深入系统的检查和分析，发现了一些问题，有的还比较严重，主要表现在数据造假、不规范运作和制度不健全等方面。大家一定要从树立正确政绩观、树立法律监督权威的高度引起警觉，真正做到像管理职务犯罪线索一样管理诉讼违法线索，像办理诉讼案件一样办理诉讼监督案件。对此，省院党组高度重视，专门研究确定推行八项措施，即：对诉讼违法线索实行统一编号管理，所有的诉讼监督案件都要从线索开始；建立立案及调查、核实、处理等一整套程序，规范行使诉讼监督权；统一规范相关文书，确保诉讼监督各环节都有相应的法律文书为依据，并实行文书备案审查制度；细化立案及处理标准，明确什么样的情形应当纳入监督范围、什么样的违法适用什么样的监督方式，该监督的就监督、不该监督的就不监督，防止“鸡毛蒜皮”，保持监督手段与违法程度的协调性；建立立卷建档制度，所有的诉讼监督案件都要立卷并填报案卡，办理完毕后归档备查；统一规范统计口径和数据填报，确保数据真实可信；加快软件开发和系统建设，依托统一业务应用系统，自主研发相关诉讼监督业务软件，让各项诉讼监督工作上线规范运行；完善科学考评体系，合理设置监督数量、质量、效率、效果、规范等方面指标，引导诉讼监督工作健康发展。此项工作，省院将在认真调研、充分准备的基础上，适时在全省统一部署，积极推进，按时检查验收。

二是继续推动执法办案转变模式转型发展。进一步转变执法理念，坚守法治原则，更加注重保障人权、诉讼民主、诉讼文明、诉讼公开和诉讼监督制约。继续深化落实，对省院部署的建立新型检律关系、“前紧后松”办案模式等11项任务，加强组织领导，明确硬要求，制定硬措施，真正把转变模式、转型发展的要求落实到执法办案的每一个环节，体现在每一个具体案件中。

三是继续推进检察机关组织体系建设。在深化检察官办案责任制和内部整合改革试点的同时，继续加强派驻检察室、检察服务站、检察巡回服务组建设，完善派出院管理体制机制，推动交通运输检察职能整合，努力形成符合检察工作规律、检察职业特点、检察队伍管理和法律监督运行要求的组织结构及运行机制。

三、明确改革基本要求和注意事项

检察改革的政治性、政策性和法律性都很强，必须正确、准确、有序、协调推进。这里重点强调三个方面：一是落实高检院部署的改革要“在原则问题上讲底线、在细节方法上求创新”。既要把握改革的方法步骤，按上级统一部署、自上而下有序推进，对需要法律授权的要等待法律明确授权；又要尊重实践，尊重基层首创精神，在法律制度和上级要求的框架内积极探索、勇于开拓。二是要配合上级机关做好检察管理体制和检察人员管理制度改革试点方案研究论证工作。根据中央、高检院要求，这两项改革今年主要是研究制定试点方案。全省检察机关要积极配合，深入调研论证，抓紧研究提出改革建议。尤其要深刻认识到这两项改革的实质是克服地方保护主义、保障法律统一正确实施，我们近年来推进检察工作一体化、“两个适当分离”等机制创新是符合改革精神的，要重视总结相关经验，为改革决策提供参考。三是要做好省以下人财物统一管理改革前期的相关工作。在检察管理体制改革实施之前，要注意保持思想、队伍和工作稳定，继续按照现行管理体制，积极争取地方党委、政府对检察工作的领导和支持，加强思想政治工作和检察队伍管理，心无旁骛地做好各项检察工作。要按照省院商省委组织部和省编办同意下发的《关于加强当前全省检察机关机构编制和干部人事管理的通知》精神，严格公务员招录、遴选和调入审批，严格机构编制管理，加强领导干部协管工作。要按中央、高检院和省委要求，严格改革宣传纪律。

9 坚持改革基本遵循，全力推动中央司法体制改革四项试点任务走在前列*

随着中央部署的四项司法体制改革试点即将展开，下半年及今后一个时期，我们面临的改革任务将十分艰巨繁重。全省检察机关一定要根据中央、高检院、省委和省院统一部署，按照省委领导同志提出的积极稳妥、步稳蹄疾；大胆探索、勇于创新；一步到位、不留“尾巴”；步子要大、走在前列等要求，推动各项改革任务落到实处、见到实效。

一、坚持改革基本遵循

司法改革具有很强的政治性、政策性、法律性，为了确保改革不入歧途、少走弯路，必须坚持以下基本遵循：

一要正确把握改革方向和目标。习近平总书记强调，深化司法体制改革，首先要坚持正确的政治方向。我们在推进改革的过程中，必须始终坚持党的领导，在中央和省委的统一领导下开展改革，通过改革更好地坚持党的领导，实现党的领导、人民当家作主、依法治国的有机统一；必须始终坚持中国特色社会主义方向，坚定不移地走中国特色社会主义法治道路，从国情出发，遵循司法规律，推动中国特色社会主义司法制度自我完善和发展，更好地发挥我国司法制度的特色和优势；必须始终坚持促进社会公平正义，尊重人民主体地位，着力解决好人民群众最关心、最直接、最现实的公平正

---

* 2014年7月8日敬大力同志在湖北省检察长座谈会上的讲话节录。

义问题。要按照习近平总书记要求，凡是符合方向、应该改又能够改的，就要坚决改；凡是不符合方向、不应该改的就决不能改。要紧紧围绕加快建设公正、高效、权威的社会主义司法制度的目标来深化司法体制改革、检察改革和工作机制创新，这个目标与全面深化改革的总目标高度一致，是由我国国情和发展要求决定的，我们必须增强制度自信和政治定力，始终牢牢把握，确保依法独立公正行使检察权，健全司法权力运行机制，完善人权司法保障制度，着力解决影响司法公正、制约司法效率、损害司法权威的深层次问题。当前，全国各地各方面在讨论方案、推进改革的过程中，有时会出现一些不尽合理的意见和想法，如有的表现出政治定力不够，过分强调“司法独立”，忽视或弱化党委领导；有的从大局出发考虑不够，把关注点、侧重点一味放在提高职级待遇上，而不是放在工作和事业的发展进步上；有的对司法规律认识不清、把握不准，对检察工作与审判工作的不同规律、检察官与法官办案责任制的差异、不同检察职能的各自特点区分不够、笼而统之；有的解放思想不够，慎重有余、积极不足等。诸如此类现象，我们必须清醒认识，保持定力，及时澄清，防止出现偏差和错误。

二要加强统筹协调。加强对各项改革以及改革涉及的各种因素、各种关系的关联性、系统性、可行性研究和把握，整体考虑、全面安排、协同配合。第一，正确处理开展改革试点、落实其他改革任务、深化机制创新的关系。在认真落实中央 4 项改革试点的同时，积极推进全国人大常委会确定的刑事案件速裁程序试点、高检院和省院确定的检察官办案责任制等试点，积极落实高检院 4 项改革任务和省院三项机制创新，科学统筹谋划，防止顾此失彼。要注重各项改革举措之间的协调共振、衔接有序，注重完善某一项改革的综合配套政策措施，使其互相支撑、产生化学效应。要注意改革方案的协调一致，总体方案与配套方案之间、各项改革方案之间都要口径一致、衔接有序，不能互相牵扯甚至抵触。第二，正确处理落实中央框架意见、省改革试点方案和总结推广湖北检察机关实践经验的关系。既要在省委统一领导下，尊重中央顶层设计，严格执行上

级意见和方案；又要切实坚持好、发展好、推广好我们在开展主办检察官办案责任制、基层院内部整合改革、完善和落实检察工作领导体制、优化检察职能配置等具有湖北特色和优势的改革创新经验，强化模式自信、机制自信、方法自信，努力争取可复制、可推广，使湖北模式上升为全国模式，为逐步推开试点积累经验、创造条件、提供借鉴。第三，正确处理实行员额制选拔优秀人才与对其他人员实行平稳过渡的关系。落实胆子要大、步子要稳的要求，一方面，要通过科学确定员额比例，合理设置选任程序，保证优秀人才脱颖而出、充分发挥作用；另一方面，要充分考虑、细化平稳过渡的相关政策和措施，确保工作不受影响，确保队伍稳定，确保改革顺利推进。第四，正确处理省以下人财物统一管理后检察机关与同级地方党委的关系。既坚持省统一管理的原则，按照正式方案的规定执行；又不能脱离市（州）县（区）党委的领导，在部分干部选拔任用方面要征求地方党委意见、获取支持，在执行党的路线方针政策、重大工作部署、党建等方面要接受同级地方党委领导和指导。第五，正确处理实行试点与全面推进的关系，有试点任务的地方要积极主动、不等不靠、抓紧实施，切实当好“先锋”、积累经验；尚未纳入试点的地方，也需要积极做好改革准备工作，包括严格干部人事管理、积极开展调研、做好思想准备等，为下一步全面推行创造条件。上级院要健全改革指导、跟踪督办等制度，及时掌握各项改革进度和落实情况，提出指导性意见。

三要坚持问题导向。习近平总书记多次指出，改革是由问题“倒逼”出来的。我们的改革始终坚持问题导向，不是为了改革而改革，更不是为了赢得某些人的掌声和喝彩，而是着眼于解决实际问题、满足发展需要。这既是我们多年实践的基本经验，也是今后必须坚持的基本遵循。要紧紧抓住执法办案和诉讼监督中不严格、不规范、不公正、不文明的突出问题，以改革的精神和办法加以解决；紧紧抓住牵一发而动全身的根本性问题，深入观念层面、制度层面、利益层面，加强对检察机关干部管理体制、机构编制、经费保障等问题的研究论证，争取借助改革的大好机遇进一步解决。

二、全力推动中央司法体制改革四项试点任务走在前列

中央把湖北作为司法体制改革六个试点省份之一，充分表明了中央对湖北省委和司法机关的信任，既是对湖北过去改革成果、做法的肯定和鼓励，也是对推进下一步改革的希望和鞭策，所以我们必须，同时也完全有条件有可能走在全国前列、当好“先锋模范”。

一要深化认识、统一思想。习近平总书记深刻指出，司法体制改革是政治体制改革的重要组成部分，对推进国家治理体系和治理能力现代化具有十分重要的意义。只有不断深化司法体制改革，才能从根本上破解体制性、机制性、保障性障碍，解决影响司法公正、制约司法能力的深层次问题，让司法真正发挥维护社会公平正义最后一道防线的作用。全省检察机关要从大局和战略的高度，认识到中央部署的4项改革的关键性、基础性地位，认识到当前的改革已经是迫在眉睫、箭在弦上、真正进入了深水区、攻坚期和实施阶段，必须以更大的决心冲破思想观念的障碍，突破利益固化的藩篱，强化政治意识、机遇意识、责任意识和进取意识，统一思想和行动，以积极而不是消极、主动而不是被动的态度推进改革试点，汇集起推动改革的强大精神动力，争取战略主动，抢占未来发展先机和制高点。

二要领会改革主旨、把握关键问题。实行检察人员分类管理，旨在建立符合职业特点的检察人员管理制度，把检察院的工作人员明确分为检察官、司法辅助人员、司法行政人员三类，对检察官实行有别于普通公务员的管理制度，司法辅助人员按照国家有关规定管理，司法行政人员按综合管理类公务员管理，加强队伍专业化职业化建设。实行检察官办案责任制，旨在突出检察官办案主体地位，健全基本办案组织，规范优化办案审批，强化执法办案责任，健全科学规范、权责一致的检察权运行机制。完善检察官职业保障，旨在增强检察官职业荣誉感和使命感，从职业身份和经济待遇等方面保障检察官依法独立公正执法。实行省以下地方检察院人财物统一管理，旨在确保依法独立公正行使检察权，克服地方保护主义干扰，

保障国家法律统一正确实施。对于以上改革任务中的一些重大关键问题，需要我们准确把握。例如，员额制与过渡期问题。员额制是实行分类管理的关键点之一，同时也将触及部分检察人员利益。在实行员额制、推行分类管理的过程中，要用好方案提出的过渡期各项政策措施，对涉及检察人员切身利益的改革措施，“多做加法、少做减法”，最大限度调动一切积极因素，保证现有检察人员各归其位、各得其所。再如，省以下检察人员统一管理问题。必须把“党管干部原则”和“人员省统一管理”两句话结合起来，在坚持省委统一管理的大前提下，由省相关部门全面、分类、分工负责管理，不能脱离市（州）县（区）党委的领导，在市（州）县（区）两级检察院班子成员的选拔任用方面，不仅要征求地方党委意见，而且要依靠地方党委支持走相关任免程序等。

三要科学制定方案、加强组织实施。前一段时期，省院在反复调研、沟通协商的基础上，根据中央司法体制改革框架意见和省里的初步方案，制定了我省检察机关改革试点实施方案，将在这次会议上作详细说明，并请大家讨论，结合实际提出建设性意见建议。下一步，要抓紧有限时间，加强向省委、省委政法委的汇报，尽量将我们的考虑和需求纳入全省整体改革试点方案，并根据中央批准的方案，迅速修改完善、科学制定出台检察机关实施方案。参与改革试点的检察院，要切实将其作为一项重大政治任务，作为一把手工程，成立改革领导小组和工作专班，加强对试点方案的学习宣传和思想发动，把改革主旨、原则、背景、要求、措施及关键问题向干警讲清楚、讲明白、讲透彻，最大限度凝聚改革共识，最大限度争取各方支持，按照方案规定，明确路线图、任务书、时间表，系统化推进、体系化落实、项目化建设，扎扎实实推进改革试点工作。

三、认真落实高检院部署的四项改革任务

一要深化涉法涉诉信访工作机制改革。积极应对信访数量上升、种类增多、情况复杂的新挑战，坚持诉访分离，建立健全并严格落实案件导入、甄别分流、协同办理、执法瑕疵处理、案件终结、司

法救助等制度和措施，切实加大依法受理、依法纠错、依法赔偿、依法救助力度，防止程序空转，防止无限申诉，维护公正结论，纠正错误裁决。要坚持和发展行之有效的做法，严格执行首办责任、检察长接待、联合接访、领导包案等制度，积极推行网上接访、视频接访，完善律师参与信访接待工作制度，加强和改进释法说理、公开审查、公开听证等工作，进一步理顺内外部衔接配合机制，共同维护法律权威和正常信访秩序。

二要深化检务公开改革试点。要克服不想公开、不愿公开、不敢公开的顾虑，进一步扩大检务公开广度和深度，认真贯彻高检院即将下发的《人民检察院案件信息公开工作规定（试行)》，推进案件信息查询、重大案件信息和典型案例发布等执法办案信息公开。要根据高检院部署，依托即将建立的全国统一案件信息公开系统，做好有关法律文书公开工作，做好在办案件程序性信息向当事人及其法定代理人公开工作。完善新闻发言人制度，积极推进检务公开大厅建设，继续打造网站、博客、微博、微信、手机客户端五位一体“鄂检网阵”，着力把检察机关门户网站建成检务公开权威发布平台，加快实现“双微平台”全覆盖、全关注、全推介，逐步把接待等候、业务咨询、控告举报申诉受理、律师接待、视频接访、行贿犯罪档案查询、案件信息查询等工作整合在检务公开场所、整合在门户网站等互联网平台上，实现网上网下“一站式”服务。

三要深入推进检察官办案责任制改革试点。这项改革在湖北具有探索时间长、扩展范围大的特点。现在要按照中央、高检院、省委和省院有关试点方案要求，发挥优势、趁热打铁、乘势而上，力争使之成为湖北最具有推广价值的改革之一，积极推广，扩大效应。这是一项关乎检察工作基础和全局的综合配套改革，要积极推行一系列完整的、配套的改革措施，将其与检察人员分类管理改革有机结合起来，进一步明确检察官与主办检察官比例配置、权限划分等问题；进一步落实健全以主办检察官为首的基本办案组织、规范优化办案审批等配套措施；尤其要继续深化基层院内部整合改革，优化职能配置，使各项改革在政策上相互配合、在实施过程中相互促

进、在成效上相得益彰。要完善新的工作模式和运行机制，去年以来，省院在深入总结基层创新经验的基础上，研究制定了“五个一”工作法相关制度，请大家紧贴实际认真讨论，待正式出台后严格遵照执行，切实解决好权限划分、办案流程、办案评查、绩效考评、资格年审等问题，推动办案责任制规范运行；要探索完善相关激励机制，按照权责一致、办案责任终身负责制要求，健全并落实监督制约机制，加强对责任界限、追责方式等问题的研究，完善执法办案责任体系，不断解决实践中遇到的新情况新问题。

四要稳步推进人民监督员制度改革试点。根据高检院初步意见，湖北将被纳入人民监督员制度改革试点地区。全省检察机关要认真贯彻高检院和司法部即将下发的人民监督员选任管理方式改革试点工作方案以及关于监督范围和程序改革的意见，与有关部门密切配合，积极探索由司法行政机关选任、管理、培训人民监督员的模式、机制和措施，探索拓展监督案件范围，适时将职务犯罪案件中“采取指定居所监视居住强制措施违法的”、“阻碍律师或其他诉讼参与人依法行使诉讼权利的”、“应当退还取保候审保证金而不退还的”等情形纳入监督范围。要优化和规范监督程序，完善人民监督员知情权保障、履职保障机制，进一步拓宽人民群众有序参与检察工作的方式和途径。

四、继续深化三项机制创新

一是全面深入推进诉讼监督“四化”建设。这项任务关系法律监督职能全面正确履行、关系法律监督权威和执法公信力、关系法治建设和人民群众切身利益。今年以来，省院针对诉讼监督工作存在的8个方面的突出问题，把治标与治本相结合，边清理整改边完善制度，专门研究制定出台9项措施，取得了积极进展。这次提交会议讨论的几个规范文本，是省院经过大量调研论证提出的，请大家认真研究、提出修改意见。下一步，要认真贯彻十八届三中全会关于加强和规范对司法活动的法律监督的要求，进一步统一思想，进一步强化科学的政绩观、强化诉讼监督的“主业”观念、强化敢于监督与规范监督并重的观念，出重拳、下狠手，推动诉讼监督工作深入健康发展。要狠抓9项措施及相关制度规定的落实，从标准、手段、程序、管理、监督、考评等多个层面落实“四化”要求，尤其要高度重视诉讼监督案件“立案标准”的科学制定和严格执行，将其作为一项重要基础工作，深入总结归纳实践中存在的主要诉讼违法情形，建立诉讼违法的“立案标准”，真正明确什么样的情形应当监督、什么样的情形不应当监督、什么样的情形适用什么样的监督手段，做到“对号入座”、照章办事。要在法律制度框架范围内，以相关制度为基础，尽快制定出台全方位、综合性、多环节的诉讼监督工作规程。要加强督导检查，严格纪律要求，今后填报诉讼监督数据必须同时报送相关文书，省院相关部门要及时审查文书，及时发现和纠正数据不实等情况。今后凡是发现掺水造假的一律在考评中实行一票否决，并依照规定追究相关人员责任。

二是进一步推动执法办案转变模式、转型发展。要深刻认识推进这项改革不是应景之举，而是现实亟需，是为了适应整个检察机关工作任务和执法环境的深刻变化，适应保障人权、辩护制度、证据制度、强制措施、反腐败领导体制机制等方面变化，完成好三项主要任务和五项职责的必然要求，是不断增强执法办案生命力的现实需求。要准确理解、全面把握省院部署的11项任务，防止一知半解、断章取义、以偏概全、各取所需。要加强协作、密切配合，落实新模式的各项任务不是一两个部门的事，而是相关内设机构的共同责任，要探索建立相关部门分工明确、共同参与、协作配合、功能互补的任务推进机制，形成工作合力。要结合实际、狠抓落实，切实把目标任务变成具体项目，把原则要求变为可操作的措施，同时根据总体精神进行开放式的探索实践，稳扎稳打、务求实效，努力使现代化的执法办案模式成为一种习惯和自觉。

三是进一步推进检察机关组织体系建设。继续深化“两个适当分离”改革，围绕优化职能配置目标，加快机构分设，统一规范机构名称和职能，完善运行机制，使之更加成熟、更加定型、优越性得以更加充分发挥。一方面，省市两级院要侧重精细分工和专业化

建设，按照执法办案、诉讼监督、综合业务、综合管理、检务保障五大类设置机构。另一方面，基层院要突出抓好内部整合改革的深化和扩展。这项改革符合基层实际、符合检察工作规律、符合未来发展方向，一定要紧紧抓住即将被纳入司法体制改革试点总体范畴的难得机遇，进一步完善新的工作运行模式和内部协调配合机制，既坚持分清职责、分工履职，根据侦查、批捕起诉、诉讼监督各自运行规律完善不同运行模式；又加强协作配合和监督制约，注意做好线索移送、业务协作、重大案件统一组织指挥等工作，防止各扫门前雪。进一步完善内外之间、上下之间的衔接机制，理顺业务联系指导、请示汇报、事务协调、工作考评等方面的关系。进一步加强复合型人才引进培养，适应整合需要，培养一专多能、多专多能的“全科型”检察官。

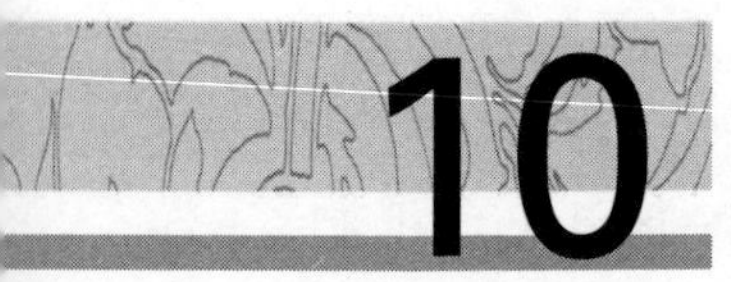

10 运用科学方法推进改革创新，正确处理七个方面关系*

近年来，湖北省检察机关认真贯彻中央、高检院、省委决策部署，努力推进改革创新走在前列，增强检察事业的生机与活力。

一、深化思想认识、把握基本原则

对于持续推进改革创新的重要性、必要性和紧迫性，省院党组和全省检察机关的认识始终是高度统一的、态度是一以贯之的。我们坚持把改革创新写在检察事业发展的旗帜上，把“创新检察”作为湖北“五个检察”发展目标之一，放在检察工作整体布局中谋划和推进，以改革为根本动力，推动检察工作全面发展进步。之所以如此重视改革创新，是因为我们越来越深刻认识到，在制度层面上，只有深化改革创新，才能使中国特色社会主义检察制度更加成熟、更加定型、优越性更加充分的发挥，这是我们很重要的一条指导思想；在服务大局层面上，党和人民对推进经济发展转型升级、维护社会稳定和公平正义等方面的要求不断提高，破解各种难题、化解风险挑战的任务不断加重，唯有深化改革创新才能完成好检察机关肩负的重大历史使命；在自身发展层面上，检察事业处于全面深化改革的大时代，处于重大战略机遇期，同时也面临诸多困难、存在各种问题，把握机遇、迎接挑战、解决问题，不断实现新的发展，必须紧紧依靠改革，关键在于全面深化改革。

---

* 2014 年 10 月 16 日敬大力同志向最高人民检察院主要领导同志的汇报提纲节录。

基于以上认识，我们坚持走创新驱动发展之路，力求做到全面改，解放思想，更新理念，推行工作思路、体制机制、方式方法等多角度、全方位的改革创新，落实中央、高检院、省委以及省院自身部署的多层次、立体化的改革创新，推进业务、队伍、保障多方面、系统化的改革创新；做到深入改，敢于涉深水，敢于啃硬骨头，层层递进、步步为营，深入观念层面、机制层面、利益层面一抓到底，着力解决影响和制约检察事业发展的深层次问题，推动改革向纵深发展；做到真正改，不务虚功，不喊空口号，既有部署，更重行动，下真功夫、以硬措施推动改革落到实处，见到实效，解决实际问题；做到不断改，深刻认识改革只有进行时，没有完成时，既根据发展需要谋划新的改革措施，又坚持以改革的办法解决改革中的问题，持续发力、久久为功，不断巩固和扩大改革成果。

在推进检察改革创新过程中，我们始终强调、牢牢把握了以下原则：一是坚持正确方向。紧紧围绕完善和发展中国特色社会主义检察制度、使之优越性更加充分发挥的目标来深化改革创新，坚持党的领导不动摇，把握强化法律监督和强化自身监督两条主线，把握加强法治建设和提高执法公信力两个主基调，在改革创新的方向、立场、原则问题上增强战略定力，做到“不糊涂、不模糊、不含糊”。二是坚持依法推进。在落实中央、高检院改革任务时，原则问题上讲底线、细节方法上求创新，按上级统一部署、自上而下有序推进，对需要法律授权的等待法律明确授权；推行工作机制创新在法律制度框架内进行，确保符合法律规定。三是坚持积极稳妥。在深入调研、掌握情况、找准问题的基础上，以审慎的态度、务实的办法，研究提出科学合理的改革措施，先易后难、先点后面，既克服畏难情绪、止步不前，也防止急功近利、草率行事，力争少走弯路、不入歧途，确保改革积极稳妥、健康有序。四是坚持实事求是。注重从实际出发，把握改革的时机和节奏，因地制宜、因时制宜，区别不同情况保持适度差异，分步骤、分层级稳步实施。

二、运用科学方法、扎实深入推进

为了使各项改革实现预期目标，总体上，我们坚持了以下做法：

一是突出问题导向、满足实际需要。省院党组始终强调，不能为了改革而改革，而是要着眼于解决实际问题，由问题“倒逼”改革创新，在不断解决问题中推进改革深化，满足检察事业发展需要。例如，我们针对执法不规范“顽症”难以根除问题，建立了规范执法“倒逼”机制；针对检察权分散化、地方化倾向、合力不足问题，实行了检察工作一体化机制；针对诉讼违法行为发现难、核实难、监督手段不足等问题，建立了法律监督调查机制；针对诉讼监督工作相对弱化而且不规范的问题，推进诉讼监督“四化”建设；针对基层院机构林立、管理层级多、一线执法办案力量不足、效率偏低等问题，推进基层院内部整合改革；针对执法办案模式、能力、水平与新的外部环境不适应的问题，推进执法办案转变模式、转型发展等。可以说，我们全部改革创新的重心所在，都是着眼于解决实际问题。

二是坚持不懈、坚韧不拔。不忘初心、方得始终，是我们各项改革创新取得积极进展的重要经验，如果退缩迟疑、瞻前顾后，不仅会效果不佳，而且可能半途而废、走回头路。我们的一些主要改革措施，之所以能够取得一定成效，得益于在高检院、省委的大力支持下，坚定不移地走下去。诸如推进检察工作一体化、“两个适当分离”等改革过程中，无论是检察机关内部还是法学理论界，都存在较大争议和分歧，但高检院和省委领导多次给予我们鼓励、肯定，高检院《领导参阅件》及信息简报多次转发我们改革创新的材料，每走一步，都得到了上级领导的重视、关心和支持。我们以此为强大动力，始终保持改革创新的毅力和恒心，对符合中央精神、符合改革方向、符合工作实际的，理直气壮地坚持，咬定青山不放松，用事实说话，以实践为检验标准，靠实际成效逐渐达到思想认识上的统一。例如，在建立规范执法“倒逼”机制之初，有一些同志包括个别检察机关的领导干部持怀疑态度，认为加大办案力度与规范

文明执法时常冲突，不好统一，可能会影响甚至削弱执法办案工作。但省院党组在深入思想发动的基础上，坚定不移、坚持不懈的推进，逐步走出了一条既敢办案、能办案、办大案，又能坚持理性、平和、文明、规范执法的良性循环新路子，得到高检院充分肯定，先后两次在全国检察长会议上介绍经验。

三是遵循规律、科学论证。高度重视对检察工作规律的探索，坚持理论先行、调研先行，依托检察发展研究中心、中国检察学研究会基础理论专业委员会等平台，开展贯彻十八届三中全会精神、“两个适当分离”、创新群众工作机制、新型检律关系等一系列专题调研和主题研讨，加深了对检察机关职能性质、运行特点、工作规律的理解把握。目前，全省检察机关共有 140 名全国、全省检察业务专家和理论研究人才，其中省院领导班子成员中有 5 名全国检察业务专家、2 名博士生导师，这些专家和研究人才对我们探索和把握规律、推动检察事业改革发展起到了重要作用。在探索规律过程中，我们始终尊重基层首创精神，关注基层创新亮点，对发源于基层的“小院整合”、法律监督调查、“五个一”工作法等新鲜经验，及时总结、抽象和推广。按照已经认识到的规律推进改革，在实践中再加深对规律的认识，这种方法既增强了改革的底气，也保证了改革的实效。例如，我们按照检察工作整体性、统一性和检察权运行规律，把“检察工作一体化”和“两个适当分离”作为事关检察机关领导体制和检察权运行方式的根本问题和基本问题来研究探索，在高检院的支持和指导下，不断消除分歧、增进共识、稳步推进，接受了实践检验、赢得了广泛认可，中央、高检院相关司法改革文件中也给予了采纳和推广。

四是统筹协调、总体掌控。基于改革的关联性、耦合性，我们统筹考虑、全面安排，注重各项改革举措之间的协调共振、衔接有序，注重完善某一项改革的综合配套措施，使各项改革政策上相互配合、实施过程中相互促进、成效上相得益彰。基于改革的整体性、统一性，我们加强领导、整体安排，对成熟的机制创新统一部署、统一模式、统一要求，做到步调一致，防止各自为阵、各行其是，增强了改革的合力和整体效果。

五是系统化推进、体系化落实、项目化建设。找准推进改革创新的载体和抓手，推行整体性改革，防止零打碎敲、“碎片化”倾向，促进形成系统完备、科学规范、运行有效的制度体系，并以项目化的方式逐一落实。例如，省院制定的《湖北检察机关“五个检察”建设实施纲要》，既从总体上推进实力检察、创新检察、法治检察、文明检察、人本检察等“五个检察”，使之融为一体，相互促进；又规划具体项目、明确责任分工，提出具体目标、要求、时限，推动全面落实。

三、释放改革红利、彰显改革成效

近年来，我们保持了检察工作深入健康发展的良好态势，这得益于领先一步的持续改革，得益于不断超越自我的求实创新，改革创新的红利在实践中得到逐步显现和释放，集中体现在七个方面：

一是健全完善了检察工作体系。贯彻高检院关于坚持和完善中国特色社会主义检察制度的要求，经过这些年努力实践，我们不断改革不适应、不符合、不协调的制度机制，不断构建新的制度机制，基本建立了检察工作方针政策体系、执法办案和法律监督工作体系、检察机关自身建设体系，初步形成了较为健全完善的检察工作体系。

二是实现了执法办案工作平稳健康发展。多项检察业务工作进入了全国第一方阵。

三是提高了工作效率。经过全面改革创新，检察机关职能配置更加优化，职责分工更加合理，上下联系更加紧密，内外协调更加顺畅，干警作风更加雷厉风行，案多人少、事多人少的矛盾从内部得到了缓解，促进了各方面工作环环相扣、衔接有序、顺畅运行，实现了检察工作整体效率的进一步提升。

四是增强了新形势下检察工作适应能力和应对能力。在近些年法律约束“趋紧”、执法环境更加公开透明、法律监督任务加重等背景下，我们通过先行一步的改革积极应对，较好地适应了这些变化。例如，以硬措施推进同步录音录像、视频监控、强制物理隔离，

在贯彻实施修改后刑事诉讼法时就没有下陡坡、转急弯；提前开展检察官办案责任制试点，现在相对来讲困难阻力小很多；坚持创新群众工作机制，推进综合受理接待中心、“鄂检网阵”等措施，为涉法涉诉信访改革、深化检务公开打下了坚实基础。这些都表明，改革提高了检察机关的适应力，在应对新要求、新挑战时，能够从容不迫、顺利自然。

五是提升了队伍整体战斗力。通过改革创新促进解决了队伍结构不合理、职能配置不科学、管理机制不健全、素质能力不够高等系列问题，进一步挖掘了队伍潜力，有效推动了过硬检察队伍建设，增强了整体凝聚力和战斗力。突出体现在“抓大事”和“办大案”两个方面：我们深入贯彻中央、高检院、省委重大决策部署，制定《关于充分发挥检察职能优化法治环境促进经济发展的实施意见》、《关于进一步深化、细化、实化检察机关群众工作的实施意见》，充分发挥检察职能服务经济发展、保障改善民生，得到了中央、高检院、省委领导同志的批示肯定；我们勇于承担中央、全国人大、高检院、省委部署的各项改革任务，整体谋划、精心安排、狠抓落实，逐项逐步取得了新的进展。我们突出政治，坚守法治，勇于担当，成功办理了中央交办的重大专案，保证了执法办案法律效果、政治效果和社会效果的有机统一，经受住了重大政治考验和实践检验。这些都是长期改革成效的生动体现。

六是提高了执法公信力。我们围绕强化自身监督，狠抓规范执法 24 项任务落实，深化构建促进公正廉洁执法“五位一体”工作格局，健全对自身执法活动的监督制约体系，有效提升了严格、公正、规范、文明执法水平，赢得了社会各界的信任、理解与支持，2014 年，省检察院人大工作报告赞成率创近 5 年来新高。

七是创造了一些可复制、可推广的新经验。省院班子成员先后 20 多次在高检院、省委召开的会议上作经验交流。高检院在相关改革文件中，对推进基层院内部整合改革、检察工作一体化均提出了明确要求。去年以来，北京、广东等 10 多个省份先后到湖北考察交流各方面改革经验。

四、正确处理改革中的若干重大关系

今年以来，我们认真贯彻中央、高检院、省委部署，把司法体制改革试点作为一项重大政治任务抓紧抓实，目前各项准备工作已基本就绪。我们注意处理好七个方面的关系：

一是正确处理落实中央框架意见和总结推广湖北实践经验的关系。坚持以中央《框架意见》为基本依据，对中央的明确规定坚决执行，同时对我们以往检察官办案责任制、基层院内部整合改革试点、完善和落实检察工作领导体制、优化检察职能配置等方面的创新经验，争取在省总体方案中予以吸收，努力形成可复制、可推广的经验模式。

二是正确处理开展改革试点、落实其他改革任务、解决实际问题之间的关系。统筹推进司法体制改革试点四项任务、全国人大常委会部署的刑事案件速裁程序试点，以及高检院部署的各项改革任务，并且争取解决好与改革相关的一些实际问题。

三是正确处理实行员额制选拔优秀人才与对其他人员实行平稳过渡的关系。考虑改革应当调动全体人员的积极性，在科学确定员额比例的同时，充分考虑、细化平稳过渡的相关政策和措施，保持稳定，保证现有人员各得其所。

四是正确处理检察官统一管理和检察机关干部人事统一管理的关系。坚持把人的统一管理作为一项系统工程，建立省委领导下，省相关部门全面、分类、分工负责的管理模式，建立与省级统一管理体制相适应的编制、干部人事、检察官等管理制度机制。

五是正确处理司法工作共同性和差异性的关系。既遵循检察工作与审判工作共同规律，又注意突出检察工作特有规律和实际需求，不能简单地把对法院的改革要求等同于对检察机关的改革要求，慎提“去行政化”，不搞“捆绑式”改革。例如，基于法院和检察院在上下级关系、运行模式、审批方式上有诸多不同，我们积极推动省委总体方案将检察官办案责任制和法官办案责任制分开规定。

六是正确处理体制性改革和机制性创新的关系。坚持体制改革

和机制创新两手抓，体制改革重坚持，严格按上级规定的原则进行，不越权、不违规；机制改革重创新，对一些可以不做统一要求、能够自行解决的问题，保持一定的自主性和灵活性，服务、支撑体制改革，防止把机制层面问题放在体制改革中作出“过死”规定，反而影响改革进展。

七是正确处理实行试点与准备全面推进的关系。充分考虑长期性、长远性需要，做好非试点地方的准备工作，为下一步扩大试点、全面推进奠定基础。

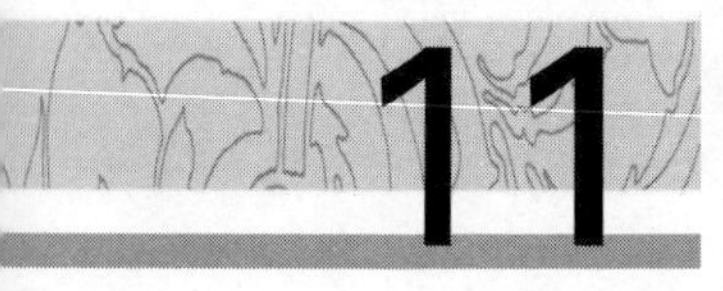

11 以解决“三难”问题为目标，一手抓改革，一手抓办案，深入推进涉法涉诉信访改革*

涉法涉诉信访改革是党的十八大后中央政法委确定的四项重点改革之一，是深化司法体制改革的重要内容。党的十八届三中全会明确提出，要把涉法涉诉信访纳入法治轨道解决，建立涉法涉诉信访依法终结制度。当前，随着我国经济社会的快速发展和改革逐步进入攻坚期、深水区，多种新旧问题并存，一般矛盾和深层次矛盾交织，使得信访问题的解决显得繁重而紧迫。与此同时，人们的民主意识、权利意识、法治意识不断增强，司法逐渐成为解决社会矛盾纠纷的终极渠道，涉法涉诉信访问题日益凸显。特别是修改后的刑事诉讼法、民事诉讼法赋予了检察机关更多的监督职能，对检察机关涉法涉诉信访工作提出了更高要求。全省检察机关要深刻认识深入推进涉法涉诉信访改革的重要意义，切实把思想和行动统一到上级的决策部署上来，坚持以解决导入难、纠错难、终结难为主要目标，一手抓改革，一手抓办案，充分发挥检察工作一体化优势，办理好涉法涉诉信访案件，力争在破解涉法涉诉信访突出问题上走在前列。

一、坚持问题导向，着力解决好“三难”问题

省院党组始终强调，不能为了改革而改革，而是要着眼于解决实际问题。从全国、全省的情况看，导入难、纠错难、终结难是阻

---

* 2014 年 10 月 22 日敬大力同志在湖北省检察机关深入推进涉法涉诉信访改革工作电视电话会议上的讲话。

碍涉法涉诉信访改革推进的主要症结。

一是导入难，入口不顺，一些符合条件的信访案件难以导入法律程序。让符合条件的信访事项依法得到及时受理是解决涉法涉诉信访问题的首要前提。这项改革推行以来，我们结合检察工作实际，大力推进综合受理接待"七合一"、"六整合"，不断拓宽信访受理渠道，取得了积极成效。但与庞大的涉法涉诉信访案件总量相比、与人民群众的新期待相比，仍然存在一些问题。有的地方对诉与访的界限把握不清，工作中受理部门和办理部门把握尺度不一，难以准确分类处理；有的地方人为提高受理门槛，一些瑕疵案件不能得到及时受理，或者虽然进入法律程序，但反复在程序中"兜圈子"；有的地方政法机关之间信息共享机制不健全，对于交叉管辖案件，当事人多头反映，政法机关多头受理，导致群众反映的问题无法顺利导入法律程序。

二是纠错难，程序空转，一些确有错误或瑕疵的案件得不到依法处理。依法纠错，保证群众合法有据的诉求在司法程序和时限内得到公平公正解决，是涉法涉诉信访改革取得成功的关键。从实践看，一些地方在纠正检察机关自身作出的错误决定时不敢碰硬、不愿较真；有的地方缺乏监督纠正法院错误裁判的能力，法律监督的力度和质量有待进一步提升；办案终身负责制和责任倒查制度不健全，不注重挖掘信访案件背后的深层次问题，追究相关人员责任不力。

三是终结难，出口不畅，终而不结、无限申诉的问题比较突出。一些已经走完法律程序的信访案件退不出去，存在反复申诉，甚至缠访闹访，有的当事人长期滞留接访场所，影响正常的办公办案秩序。这一方面是由于办案质量不高、终结程序不规范、标准把关不严造成的。例如，有的案件在没有达到"四个到位"要求的情况下，就急于终结了事；有的上级院审查把关不严等。另一方面是由于依法作出终结结论后善后工作不到位，帮扶救助、教育疏导落实不够造成的。如有的地方为了化解缠访闹访，不讲法律底线，存在"花钱买平安"的现象，助长了不良风气；有的地方与党委政府和基层组织在协调移送终结案件及落实教育稳控责任方面不到位，使终结案件交不出去。

这些问题，无论是较为常见还是偶然所见，都要引起我们的重视，如果不能有效防范和解决，将影响群众对政法机关、对法治的信心，也会影响涉法涉诉信访改革进程。全省检察机关要坚持突出问题导向，紧紧扭住涉法涉诉信访导入难、纠错难、终结难这个“牛鼻子”，积极探索，加强措施，打通梗阻，确保实效。要坚持“诉访分离”的改革方向，坚决防止将本应导入法律程序的涉法涉诉信访案件遗漏在法治轨道外。要坚持有错必纠，决不允许以维护司法既判力和自由裁量权为由有错不纠，决不允许对瑕疵问题不管不问，确保问题得到依法公正处理，切实让人民群众感受到公平正义完全可以通过法律途径得到实现。要畅通涉法涉诉信访出口，健全依法终结制度，确保每一起终结的涉法涉诉信访案件都经得起法律和历史的检验，促使当事人息诉罢访。

二、坚持“两手抓”，统筹推进改革创新和案件办理工作

把涉法涉诉信访纳入法治轨道解决，彻底扭转诉讼与信访交织、法内处理与法外解决并存的状况，是党中央审时度势作出的一项重要决策。这项改革涉及面广、十分复杂、难度很大，很多地方没有先例可循。我们要坚持一手抓改革，一手抓办案，既善于从制度机制层面创造性地落实好中央、高检院、省委的改革部署和具体要求，推动各项工作向制度化、规范化的方向前进；又注重从微观细节着手，抓好每一起眼前案件的办理工作，不断提高依法处理涉法涉诉信访问题的能力和水平。

（一）抓好中央政法委、高检院和省委政法委文件的贯彻落实

去年底以来，中央政法委针对涉法涉诉信访改革中存在的问题，制定出台了《关于建立涉法涉诉信访事项导入法律程序工作机制的意见》、《关于建立涉法涉诉信访执法错误纠正和瑕疵补正机制的指导意见》和《关于健全涉法涉诉信访依法终结制度的意见》3 个配

套文件，高检院和省委政法委也相继出台了系列规范性文件，进一步明确了破解入口不顺、程序空转、出口不畅等难题，建立健全导入、纠错、退出机制的具体措施。对这些文件，省院已经或者即将原文转发，不再另行规定，以保证原原本本地加以贯彻落实。全省检察机关要认真学习领会，在狠抓执行上下功夫，决不允许打折扣、讲条件、搞变通。

一要确保涉法涉诉信访得到依法及时受理。进一步明确诉与访的甄别标准和区分界限，细化受理范围和条件，科学设定工作程序，对属于本院管辖的涉法涉诉信访事项及时受理并导入程序，对普通信访事项或不属于本院管辖的涉法涉诉信访，积极引导信访人到主管机关反映诉求。特别是要降低受理门槛，把瑕疵案件纳入进来，对只要可能存在执法过错或瑕疵的，都要依法予以审查。要坚持人、信、网、视四管齐下，做到无论哪种渠道反映的诉求都能依法办理、及时答复。

二要坚决依法纠错。严格落实中央、高检院关于防止冤假错案的各项规定要求，坚决依法纠正确有错误的处理决定；对导入检察机关法律监督程序的诉讼监督案件，要综合运用再审检察建议、抗诉、纠正违法通知等手段依法予以监督纠正；对检察环节的司法瑕疵，要依法及时予以补正，努力取得人民群众的理解和认同；对疑难复杂信访事项，要采取更换办案人员、指定异地办理、上级提办等方式，确保问题得到依法公正处理。

三要依法审慎开展信访终结工作。要按照中央“四个到位”的要求，严把终结标准，明确终结工作程序，依法启动终结工作。要严格审查把关，防止因随意终结影响信访事项公正处理，甚至激化矛盾、留下隐患。对已经依法审查终结的信访事项，当事人仍然上访的，要接谈劝导、耐心劝返，积极配合地方党委政府及基层组织，做好法律政策解释、矛盾化解、帮扶救助等工作。

（二）着眼“三个解决”深化改革创新

没有创造性的落实，就不是最好的落实。全省各级院要紧密结合实际，围绕把涉法涉诉信访解决于基层、解决于司法、解决于网络三个方面，继承发扬先进经验，积极探索创新破解难题的新思路、提高工作实效的新机制、化解矛盾的新办法，确保改革工作既符合中央政策要求和法治取向，又符合检察工作和各地的实际情况。

一要着力将涉法涉诉信访解决于基层。依靠群众就地化解矛盾，是60年代浙江枫桥干部群众创造出来的“枫桥经验”。去年10月，习近平总书记专门作出重要指示，要求把“枫桥经验”坚持好、发展好，把党的群众路线坚持好、贯彻好。党的十八届三中全会也明确提出，要健全及时就地解决群众合理诉求机制。全省检察机关要进一步强化属地责任，积极引导群众以理性合法的方式逐级表达诉求。要以巩固和深化党的群众路线教育实践活动为抓手，努力推进检察机关群众工作不断深化细化实化，积极探索做好特殊性专门性群众工作的新机制新方法，健全执法办案风险预警、处置、防范工作体系，有效防止和处置缠访闹访问题。要推进检察工作向基层有序延伸，充分发挥派驻检察室、检察服务站、检察服务巡回组作用，搭建面对面服务群众、解决问题、化解矛盾的新平台。要深化视频接访工作，加强视频接访硬件软件的建设与投入，确保全省三级检察机关、省院机关与高检院视频接访系统联通，方便群众在当地反映诉求。

二要着力将涉法涉诉信访解决于司法。让本属于司法管辖的信访回归司法途径解决，这是涉法涉诉信访改革的本意和核心。实现这一目标，要在严格贯彻落实中央、高检院、省委相关制度的同时，继续推进我们实践中创造出来的配套机制建设，使两者相互促进。要进一步完善“七合一”、“六整合”的受理接待格局，加快综合性受理接待中心建设改造，规范控申受理接访标准和流程，解决好“入口不畅、窗口不亮”问题，尽量减少和杜绝门难进、脸难看、事难办现象的发生，坚决防止矛盾激化、信访上行。要深化检务公开改革，进一步健全信访公开办理机制，依法公开信访事项受理、办理依据、流程和结果，以公开促公正、提公信、促息诉。要推进人大司法监督与检察机关法律监督相衔接机制建设，将人大常委会以及人大代表转办、反映的信访事项及时导入司法程序，促进相关

案件的公正处理。要完善律师参与检察机关信访接待制度，探索开展由律师代理申诉、代为处理涉法涉诉信访工作，消除当事人的抵触和疑虑情绪，提高化解息诉效果。

三要着力将涉法涉诉信访解决于网络。随着网络信息技术的飞速发展和自媒体的广泛应用，使社会生活发生深刻变化，对检察工作提出了新的更高要求。全省检察机关要积极适应这一变化，运用信息网络技术，积极推进“指尖上的群众工作”，能够通过网络联系和解决的问题，尽量通过网络途径解决，充分发挥好网络解决涉法涉诉信访问题的优势。要依托“鄂检网阵”积极拓展网络受理平台，打造网上受理流转、网下复查办理、网上答复化解的信息化受理接访模式，提高办理效率。最近，省院检察门户网站进行了改版升级，初步实现了包括受理控告、申诉和举报在内的九大功能，全省检察门户网站一体化建设也正在逐步推进，各地要充分挖掘这些功能，做到有人管、有人用，及时处理网民的咨询、申诉和举报，努力将矛盾化解于无形之中。要健全涉检网络舆情危机监测、引导和化解长效机制，提高涉法涉诉信访舆情研判和处理能力。

（三）狠抓涉法涉诉信访案件办理

全省检察机关要进一步强化法治思维和法治观念，严格依照法律程序解决好实际问题。对群众反映的每一个涉法涉诉信访问题，各级检察机关都要及时审查、依法受理，该纠正的错误依法及时纠正，该追究执法责任的依纪依法严肃追究，该给予国家赔偿的依法足额赔偿，该给予司法救助的依法及时救助，努力让人民群众在每一个信访问题处理中，都能切身感受到公平正义，维护好法治权威和司法公信。要加强与党委政府及相关部门的协调配合，建立健全审查分流、信息通报、案件会商、终结移交、善后处置等一整套完备的工作流程，形成共同处理涉法涉诉信访工作的合力。

三、充分运用检察工作一体化机制，提高处理涉法涉诉信访问题水平

推进涉法涉诉信访改革是一项全局性工作、系统性工程，涉及

不同层级的检察院，也涉及各个部门的工作，不仅仅是信访发生地的责任，也不仅仅是控申一个部门的职责，需要我们上下一体、横向协作，运用好检察工作一体化优势，结成运转高效的统一整体，形成推进改革深化、推动问题解决的强大合力。

一要实行严格的责任制。实行一体化不是混为一体、不是责任不清、界限不明，而是分工负责基础上的一体化，首先还是应该明确责任、落实责任。承办涉法涉诉信访案件的检察院、相关部门及办案人员，应当切实承担起主体责任，对事实负责、对法律负责、对人民群众负责。要进一步明确责任划分，谁受理、谁办理、谁答复都要责任到部门、责任到人，确保各司其职。要强化领导责任，发挥好检察长及分管领导的组织领导和统筹协调作用，对处理不当造成严重后果的检察领导干部，也要追究问责。要强化部门责任，控申、案管等部门负流程管理之责，执法办案和诉讼监督部门负办理之责，其他相关部门负协作配合之责，检察机关的各个部门都是这个责任体系中的一个环节，决不能有事不关己、高高挂起的思想。要强化办案人员责任，当前，我们正在积极推行检察官办案责任制改革试点，这项改革的要求，不仅适用于我们直接办理的批捕、起诉、职务犯罪侦查等案件，同样适用于涉法涉诉信访案件的办理，要把两项改革统筹起来考虑，增强办案人员的责任意识，强化办案质量终身负责制，确保涉法涉诉案件办理质量、效率和效果。

二要坚持协作配合。要按照检察工作一体化机制要求，坚持横向协作，理顺控告申诉检察部门和其他内设机构“前店后厂”关系，形成权责明晰、运转协调、配合有力的涉法涉诉信访工作格局。要坚持“一个窗口对外、一个闸门对内”，完善工作流程，在受理上由控申部门进行形式审查、办案部门进行实体审查，在办理上以承办部门为主、控申部门做好相关协作配合工作，办理完毕后由控申部门统一答复反馈，同时与办案部门及办公室、新闻宣传、机关管理等部门共同做好释法说理、息诉维稳、突发事件应对处置等工作，提升涉法涉诉信访工作整体效能和水平。

三要坚持上下统一。要深刻认识到处理涉法涉诉信访问题不仅

仅是哪一个地方的职责，下级发生的问题，原因可能在上级，处理也可能要依靠上级。要树立“一盘棋”思想，坚持上下统一，下级服从上级、上级支持下级，共同把涉法涉诉信访改革推向深入。下级院要严格按中央、高检院、省院要求把各项改革任务落实到位，在职责范围内把问题解决到位。上级院既要抓好本院的信访处理问题，又要履行好形势研判、政策指导、宏观协调等工作职能，切实加强对下级院落实改革要求的监督检查力度，切实解决改革深入开展的“最后一公里”问题，确保上级各项部署要求在全省检察机关得到一体执行。

四要坚持“五位一体”工作格局。严格、公正、规范、文明执法是解决涉法涉诉信访问题的治本之策。要更加注重规范执法、文明办案，自觉用法律厘定权力边界、约束权力行使，确保检察权始终在法治的轨道规范运行。要进一步健全完善以执法办案为中心、以制度规范为基础、以执法管理为前提、以监督制约为关键、以执法保障为条件的“五位一体”工作格局，继续狠抓24项任务“倒逼”规范执法，健全完善“全面管理、统分结合、分工负责、统筹协调”的执法管理模式，加强对自身执法办案活动的监督制约，及时发现和纠正不符合法律、纪律、规定的行为，促进提高办案质量和效率，努力减少涉法涉诉信访存量，控制涉法涉诉信访增量，让人民群众感受公平正义、信服法律权威。

12 全力抓好司法体制改革试点工作*

这次会议是省院党组决定召开的一次重要会议。会议的主要任务是，传达贯彻中央、高检院和省委关于司法体制改革试点工作的决策精神，动员部署全省检察机关司法体制改革试点，启动12个检察院先行先试。

一、深化认识，把握方向，切实把思想和行动统一到中央、高检院和省委推进司法体制改革试点的决策部署上来

司法体制改革是全面深化改革的重点之一，关系依法治国基本方略的全面实施，关系国家治理体系和治理能力现代化。党的十八届四中全会作出中共中央《关于全面推进依法治国若干重大问题的决定》，提出完善司法管理体制和司法权力运行机制的改革要求。推进司法体制改革试点，是中央对湖北提出的重要使命和要求，是全省检察机关当前的一项重大政治任务。我们要落实中央、高检院和省委决策部署，贯彻全省试点总体方案，把握正确方向，强化责任担当，细化工作措施，全力推进全省检察机关改革试点工作取得预期成效，创造可复制、可推广的经验，努力走在全国前列。

一要增强对深化改革重要性和紧迫性的认识。要深刻认识到，必须深化改革，才能使中国特色社会主义检察制度更加成熟、更加

* 2014年12月16日敬大力同志在湖北省检察机关司法体制改革试点工作动员部署电视电话会议上的讲话。

定型，优越性更加充分的发挥，坚持和完善中国特色社会主义司法制度；必须深化改革，才能从根本上破解体制性、机制性、保障性障碍，解决影响司法公正、制约司法能力的深层次问题，不断提高司法公信力，让司法真正发挥维护社会公平正义最后一道防线的作用；必须深化改革，才能把握当前的重大战略机遇，破解检察事业自身发展面临的诸多困难和障碍，全面提高检察工作法治化水平，不断实现检察事业新的发展。

二要充分认识全省检察工作持续保持深入健康发展的良好态势，正是得益于改革创新的红利不断释放。近年来，我们从实际出发，遵循司法规律，在法律制度框架内，先后推行检察工作一体化、“两个适当分离”、规范执法“倒逼”机制、诉讼监督“四化”等改革创新，健全完善了检察工作体系，充分履职服务湖北经济社会建设，成功办理中央交办专案，有效提升了检察机关司法公信力和检察队伍整体战斗力，积累的许多有益经验成为全国司法体制改革试点的内容，为我们适应新要求、应对新挑战打下了坚实基础，赢得了先机。要通过试点持续推进改革创新，坚持走创新驱动发展之路。

三要坚持党的领导，牢牢把握改革的正确方向。坚持党的领导不动摇，牢牢把握“全面提高检察工作法治化水平”和“全面提高检察机关司法公信力”两个主基调，在改革创新的方向、立场、原则问题上增强战略定力，做到“不糊涂、不模糊、不含糊”，坚定不移走中国特色社会主义法治道路，把坚持党的领导、坚持中国特色社会主义制度体现和落实到各项改革试点工作中，严格按照中政委批准的改革方案，在中央、高检院和省委领导下推进改革试点。在改革试点推进过程中，要注重充分发挥各级院党组织的政治保障作用和党员干部的先锋模范作用，确保改革试点顺利进行。

二、突出重点，攻坚克难，扎实推进全省检察机关司法体制改革试点工作

完善司法责任制、完善司法人员分类管理制度、健全司法人员职业保障制度、推动省以下地方法院检察院人财物统一管理 4 项改

革，在司法体制改革中居于基础性地位，是司法体制改革的重点难点。我省改革试点总体方案和全省检察机关试点方案，围绕落实上述改革任务，提出了具体措施。我们要抓住重点、准确把握，积极稳妥地抓好司法体制改革试点任务的落实。

（一）关于检察人员分类管理

检察人员分类管理，旨在建立符合职业特点的检察人员管理制度，加强队伍专业化职业化建设。要认识到员额制势在必行，分类管理中员额比例的确定，关系到现有检察人员的身份转换，是司法体制改革的难点所在。省院党组充分考虑改革应调动全体人员的积极性，实现平稳过渡，努力保证现有检察人员各归其位、各得其所。分类管理的目的是实行专业化分工，而不是分成三六九等，通过分类管理，实行合理分流，适合办案的去办案，适合做行政管理的去做行政管理。司法行政人员有独立的管理体制，有相应的职级层次和晋升空间。同时，在转任、选任等制度设计上，也充分考虑尊重干警本人意愿，提供公平竞争的机会。各地要做好测算工作，根据本院检察人员员额比例、年龄结构等实际情况，确定员额控制目标。要按照专业化职业化要求，综合考虑业务量、检察人员结构、辖区面积人口等情况，科学核定各检察院员额比例。省检察院要统筹管理，综合平衡，不搞平均主义，向基层倾斜，向办案任务重的检察院倾斜。同时，积极争取好的政策，促进人才合理分流，跨地区交流。

（二）关于检察官办案责任制综合配套改革

检察官办案责任制，旨在突出检察官办案主体地位，健全基本办案组织，规范优化办案审批，强化执法办案责任，健全科学规范、权责一致的检察权运行机制，是一项关乎检察工作全局的改革任务，是我省实施方案中的最大“特色”。去年，我们先行先试，在 69 个检察院开展主办检察官办案责任制试点，取得了初步进展。高检院推行检察官办案责任制试点后，省检察院及时调整思路，积极指导随州检察机关参与试点。从以往经验和改革要求看，我们深刻认识到，检察官办案责任制涉及检察机关内设机构设置、检察官履行职

责的范围条件、业绩评价、问责惩戒、履职保障等系列问题，相互关联，相互影响，需要完整的配套措施，实行全方位、多层次的配套改革。主要包括：检察官办案责任制居于首要位置，突出检察官主体地位，实行办案质量终身负责制和错案责任倒查制；主任检察官制度、检察官助理参与办案制度、检察机关领导人员直接参与办案制度，是对不同层次、不同权限直接参与办案人员职责范围的划分；基本办案组织、基层院内部整合从组织层面进行改革，突出遵循司法规律，实行扁平化管理，提高办案质量和效率；优化审批审核、健全监督制约、健全工作运行机制，是从检察工作具体运行流程、监督、考核等方面作出规定，防止司法权滥用。以上九个方面的制度规定，包含检察权运行的方方面面，要统筹考虑，整体推进。

（三）关于检察人员职业保障制度

检察人员职业保障，旨在增强检察官职业荣誉感和使命感，从职业身份和经济待遇等方面保障检察官依法独立公正司法。检察人员职业保障制度包含薪酬制度、检察人员权利保障制度、实行资深、优秀检察官延迟退休制度。一是要引导广大检察人员对职业保障制度改革全面理解，形成合理改革预期，不能片面理解为大幅提高工资待遇。同时，我们也会综合考虑，建立各类检察人员相对均衡、梯次有序的薪酬体系，避免出现厚此薄彼、待遇失衡等问题，以此形成积极向上的激励机制、减少攀比，调动全体检察人员的积极性。二是适应现阶段社会矛盾对抗性、敏感性增强，检察官职业风险增大的特点，建立完善检察人员职业身份保障及相关救济、救助制度，检察官依法履行职责不受行政机关、社会团体和个人的干涉，非经法定事由、法定程序，不被免职、降职、降级、辞退或者处分等，为检察官依法履职提供必要的保障。三是实行资深、优秀检察官延迟退休制度，主要是考虑适应司法工作需要丰富阅历和工作经验的特点，尽量发掘现有检察人员潜力，充分发挥资深、优秀检察官的作用，带领指导一线办案，以此缓解办案压力，促进提高办案水平。

（四）关于建立省以下检察人员统一管理体制

省以下检察人员统一管理，旨在形成检察官全省“统一选任、遴选，分级审批、任免”的管理格局，建设高素质过硬检察队伍。推行此项改革，必须把“坚持党管干部原则”和“检察人员省级统一管理”结合起来，在坚持省委统一领导管理的大前提下，由省相关部门全面、分类、分工负责管理。一是由省一级进行统一组织选任或遴选检察官，省法官、检察官遴选委员会进行业务素质把关，按照干部管理权限进行分级审批，然后按照法定程序提交相应层级人大常委会进行任免。二是建立与省级统一管理相适应的干部管理体制，对各级检察院及其工作部门、内设机构领导成员，按照干部管理权限进行管理。三是建立全省统一的机构编制管理制度、省级统一提名检察官制度、检察辅助人员、司法行政人员省级统一招录和分配制度、检察人员交流机制等，提升检察人员管理的规范化水平。

（五）关于建立省以下检察院财物统一管理体制

省以下检察院财物统一管理旨在克服地方保护主义干扰，确保依法独立公正行使检察权，保障国家法律统一正确实施。主要包括建立经费保障标准体系和经费、资产统一管理机制。需要明确，一是省以下检察院财物统一管理，是“省级”统一管理，不能单纯错误认为是“垂直”管理，而是要建立省以下地方检察院经费由省级政府财政部门直接管理的预算管理体制。市县两级检察院作为省级政府财政部门一级预算单位，按照预算管理规定，向省级财政部门编报预算，预算资金通过国库集中支付系统拨付。全省各级检察院预算执行监督、专项检查考核等工作由省级政府财政部门会同省检察院共同组织开展。二是实行省以下检察院财物统一管理后，仍然要立足当地，充分履职服务当地经济社会发展，紧紧依靠当地党委政府推进各项检察工作。要继续加强与当地财政、发改部门的工作联系，做好协调衔接工作，争取理解和支持，减少改革试点阻力，营造良好的改革氛围。三是要全面统一落实。省以下检察院财物统一管理工作，省检察院和省财政厅先期已根据改革试点精神，就预算编制等工作作出具体部署，联合组织了专项业务培训，实际上已经全面铺开，各级检察院应按照省里的统一部署贯彻落实。

三、加强领导，强化措施，确保全省检察机关司法体制改革试点工作取得实效

司法体制改革试点已经正式启动。全省检察机关要把试点工作作为当前的一项中心工作，精心组织，周密安排，全力以赴抓好各项试点任务落实。

一要加强组织领导。省院要进一步完善实施方案和相关配套方案，各试点院要制定具体实施办法，报经省院审批后实施。各试点院要相应成立试点工作领导小组，党组和检察长要亲自抓方案、抓协调、抓督办；分管领导、相关职能部门、全体干警要各负其责，密切配合，抓紧推进。要加强对下指导，及时了解情况，研究解决共性问题。要坚持抓改革和抓工作“两不误”，在抓好改革启动、试点的同时，全面加强和改进各项检察工作。

二要全面着手准备。根据省委部署，明年 7 月开始，试点工作将在全省全部铺开。未进入首批试点的检察院，不能等待观望，要对照试点方案摸清底数，掌握情况，进行思想预热，提前进入状态，为改革打好基础。先期已经开展内部整合的检察院，改革脚步不要停滞，要着手向新的要求和标准并轨、看齐，继续深化改革。

三要做好思想工作。要把加强思想政治工作贯穿试点始终，引导检察人员掌握各项政策，对普遍关心的过渡期等问题，要多做全面宣传解释，最大限度地凝聚共识，使检察人员能够感受到组织的关爱，以良好精神状态认识、理解和支持改革，切实当好改革的参与者、实践者、推动者。

四要严肃工作纪律。要严肃政治纪律，严格按照中央、高检院和省委部署开展试点，遇到政策界限把握等问题要及时请示汇报，决不能另搞一套、自行其是。严守组织纪律和工作纪律，保持队伍稳定，确保机关正常运转。严肃保密纪律，未经批准，不得对外泄露相关决策过程等试点情况。严肃舆论宣传纪律，按照统一部署和口径对外宣传，未经批准不接受采访、不发表文章。

13 坚定信心、凝聚共识，坚定不移推进各项改革任务落到实处*

最近一个时期，中央、高检院对深化司法改革作出了一系列新的重大部署。中央政法委在上海召开了司法体制改革试点工作推进会，进一步明确了改革试点的相关重大政策导向问题，在系统化、体系化、成功配套推进各项改革方面向前迈进了一大步，在深化改革规律性认识、把握规律方面也向前迈进了一大步，对下阶段改革试点提出了很多新的要求。前不久，中央、高检院对以审判为中心的诉讼制度改革、检察机关提起公益诉讼等作出了新的部署。下半年及今后一个时期还将陆续有重大改革措施出台，再加之以往部署的涉法涉诉信访等改革任务，这些都表明司法和检察改革正在更广范围、更深层次上展开，多重改革任务叠加带来的艰巨性、复杂性前所未有，带来的宝贵机遇和美好前景也前所未有。湖北检察机关将进一步坚定信心，凝聚共识，遵循规律，破解难题，坚定不移推进各项改革任务落到实处、走在前列。

一、深刻认识、牢牢把握改革总体要求

这一轮司法改革和检察改革涉及面广、情况复杂，要确保沿着正确方向推进、实行预期目标，必须坚持把握好一些总体要求。主要是三个方面：

一是牢牢把握目标任务。按照党的十八届三中、四中全会精神，

---

* 2015 年 7 月 28 日敬大力同志在湖北省检察机关检察长座谈会上的讲话节录，刊载于《人民检察》2015 年第 18 期。

要坚持以建立公正、高效、权威的社会主义司法制度为战略目标。坚持党的领导，坚定不移走中国特色社会主义法治道路，以坚忍不拔地意志稳中求破、以立促破，推动中国特色社会主义检察制度不断自我完善、自我发展。要坚持以提高检察公信力为根本尺度。以人民满意为标准，把解决了多少问题、人民群众对问题解决的满意度作为评判改革成效的标准，解决影响检察公信力的深层次问题，让人民群众对司法改革和检察改革有更多的获得感。要把维护国家法律统一正确实施作为重要追求。确保法律实施是维护公平正义、提升司法公信力的前提。检察机关既要善于运用改革的办法强化法律监督、加强法律实施，也要在改革中自觉维护和遵守宪法、组织法确定的基本原则，坚持检察机关领导体制，坚持检察一体化，通过改革进一步保证和促进检察一体化的加强和落实、而不能削弱或虚化。

二是牢牢把握规律。中央反复强调，要积极探索符合中国国情、符合司法规律的改革之路。检察权既有司法属性，又有行政属性，还有监督属性，不同性质权能的运行有其各自的规律，检察改革既要遵循司法活动一般规律，又要体现检察权运行的特殊规律。在历年的改革过程中，湖北检察机关高度重视对检察工作规律的探索和坚持，特别是把“检察一体化”和“两个适当分离”作为事关检察机关领导体制和检察权运行方式的根本问题和基本问题来把握，确保了改革不走弯路、不入歧途、效果良好。中央、高检院多次提出检察一体化、司法责任制要搞好衔接配套、推进基层院大部制改革等，这些都表明我们以往积极推行的一些重要改革创新得到了中央、高检院的充分肯定和认可。我们将坚定模式自信、机制自信，以规律为指引，探索创造更多可复制、可推广的改革经验。

三是牢牢把握统筹协调。改革涉及检察工作方方面面，涉及检察人员利益调整，是一个复杂的系统工程。要坚持把统筹兼顾的方法运用到改革实践中，统筹推进各项改革任务，把握改革的关联性、耦合性，注重各项改革举措之间的衔接有序，注重某一项改革的综合配套。统筹处理各种利益关系，想方设法满足干警合理诉求，同时把思想政治工作作为党组和主要领导同志工作的重中之重，引导广大检察人员做到“三个正确认识”，确保“两个平稳”，即正确认识改革精神实质和目标任务、正确认识自己和他人、正确认识发展前景，确保队伍稳定，确保工作平稳。统筹考虑整体性与差异性，对应当保持统一的做到步调一致、整齐划一，对应当保持适度差异的要因地制宜。统筹改革、业务与队伍建设，确保协调推进、相互促进，防止相互影响和掣肘。

二、深入推进司法体制改革四项试点

完善司法责任制等四项改革，是司法体制改革的基石，对建设公正、高效、权威的社会主义司法制度具有决定性影响。

在完善司法责任制方面，我认为有三个最主要、最根本、最绕不过去的问题：

一是坚持检察机关领导体制。上级检察院领导下级检察院工作、检察长领导检察院工作，是我国宪法、检察院组织法确定的基本原则。高检院强调，既要赋予检察官相对独立的依法决定权力，又要坚持检察一体化原则。这些要求表明，在司法责任制改革中，必须坚持检察机关领导体制，坚持检察一体化，正确处理好检察一体化和检察官独立负责的关系，不能以实行责任制为由弱化甚至否定检察一体化。制定权力清单，首先要坚持上级领导下级、检察长领导检察院工作的基本原则，按照“抓两大、放两小”的原则科学划分职责权限；办案审批制要继续坚持，同时也要进一步优化和规范，既赋予检察官应有的司法办案决定权，又保证上级检察院、检察长和检委会对检察工作的领导权。

二是健全司法责任体系。责任体系的含义主要是三个方面：第一是目标责任，即检察官的职责使命，主要强调检察官应当积极作为、履职尽责；第二是职责划分，即科学划分、合理配置检察长、检委会委员、检察员的职责权限；第三是责任承担，即各类检察人员对其决定、办理的事项承担相应的后果。以上三种意义上的责任应作统一、完整的理解，不可偏废，不能一谈到责任制就仅仅只是

追责问责。我们讲司法责任制，应当首先强调目标责任，要通过改革，进一步调动广大检察人员履职积极性，确保“法定职责必须为”，把分内之事办好，把该办的案件办好。在担责追责问题上，要建立办案质量终身负责制和错案责任追究制，按照故意违法责任、重大过失责任、监督管理责任等区分不同的责任承担方式。

三是健全完善检察机关组织体系和基本办案组织。中央提出要主动适应司法责任制的要求，积极稳妥推进内设机构改革，进一步优化司法职能。高检院明确提出，内设机构改革的重点在基层院，强调要把握好“既促进机构扁平化又促进办案专业化、既适当去行政化又强化司法管理、既讲配合又讲制约”三条原则。近年来，湖北按照“两个适当分离”原则推进组织体系建设，在基层院推行内部整合改革，在省市两级院按照侧重精细化分工与专业化建设的要求实行相关机构分设和职能分离，完全符合中央、高检院关于内设机构改革的精神。下一步，要从三个大的方面来考虑：第一，办案组织的构建。可考虑分三个层次：（1）健全基本办案组织。建立检察员＋检察辅助人员的办案组，根据实际情况采取固定办案组、临时办案组、临时指派办案三种形式，这应当是最常见、最典型的办案组织。（2）组合办案或协同办案。由两个以上基本办案组织（检察官办案组）组成，在由检察长、副检察长直接组织指挥、各检察官办案组分工负责、共同办案的情况下，就是组合办案；在由一名检察员主办案件，其他检察员参与协助的情况下，就是协同办案。（3）专案组。从实践来看，这种形式确实存在，而且并不鲜见。对一些特别重大、复杂的专案，需要建立跨部门、跨区域乃至全市统一、全省统一的办案组织，这种形式组合性更强、指挥指令层级系统更加复杂，区别于组合办案而独立存在。第二，组织机构的重新定位。改革后，检察机关内设机构定位应调整为“专业平台”和“管理单元”。“专业平台”就是专门办理某类型案件或某类事务的集体，根据层级不同可大可小，但必须尽量完整和细分，不能使检察工作专业化受影响，这是直接关系各项法律监督职能弱化还是强化的大问题。按照“两个适当分离”实行基层院内部整合和省市两级院相关机构分设，就是专业化要求的突出体现。例如未检工作，省院以未检处为专业平台，基层院实行内部整合改革，没有专门机构，但也要专设未检检察官岗位。“管理单元”就是不再在办案中发挥实质性作用，主要承担本部门办案管理、行政管理、队伍管理等职责。第三，坚持领导体制和审批体系。无论是办案组织还是组织机构，都在检察机关上下级领导体制下运行，都要坚持上级检察院领导下级检察院工作、检察长领导检察院工作。

在检察人员分类管理方面，要坚持员额制不动摇，严格控制39%的员额比例，把检察员和助理检察员放在同一平台竞争，从现有检察官中挑选最优秀的人员来办案。要按照检察工作规律配置人力资源，科学分配不同地区检察院、不同部门具体员额，并实行动态调剂。要做好首次计入员额检察官的培训工作，抓紧建立与分类管理相适应的工作运行机制，实现新老管理制度之间的有序衔接和平稳过渡。

在省以下检察院人财物统一管理方面，要积极配合省委组织部等部门建立与省级统一管理体制相适应的检察机关干部管理制度，建立健全检察官选任、逐级遴选、公开选拔、跨区域履职保障等制度机制。按照“一个标准体系、两个保障机制”的总要求健全完善财物统一管理体制，及时出台财务管理、政府采购、基础设施建设管理等具体制度。抓好2016年预算编制和近三年预算中期规划，保障检察经费充足。加快资产清理、明晰权属工作，确保资产及时统一上划。适应新的管理体制，完善制度和运行管理机制，确保改革后财物管理高效、规范、廉洁运行。

在健全检察职业保障方面，目前，中央有关部门正在研究建立检察官单独职务序列。按照重点向基层和办案一线倾斜的思路，重新配置各级院检察官等级，建立按期晋升、择优选升、特别选升制度。同时根据中央要求，要统筹考虑司法辅助人员、司法行政人员切身利益，设计好相应的职业发展通道，不同程度地提高其职业保障水平，调动大多数人的积极性。

三、积极推进以审判为中心的诉讼制度改革

这是十八届四中全会的重要部署，纳入了今年中央政治局的工作重点，牵涉面很广，社会各界高度关注。我们要深刻认识以审判为中心，不是以法院为中心，公检法三机关在刑事诉讼活动中各司其职、互相配合、互相制约的原则不能变、不能丢；深刻认识这一改革的实质是以庭审为中心，强调司法机关和诉讼参与人的诉讼活动都要围绕庭审进行，进一步实现庭审实质化，不仅不能弱化审前程序、庭审指控犯罪功能和诉讼监督，反而要使之更加强化；深刻认识以审判为中心的内在要求是以证据为核心，必须坚持罪刑法定、疑罪从无等原则，全面贯彻证据裁判规则。具体而言，要按照“两主一重”的思路推进落实。

首先，充分发挥检察机关在审前程序中的主导作用。一要强化审前过滤。牢固树立办案必须经得起法律检验的理念，从源头上防止事实不清、证据不足或违反法定程序的案件“带病”进入审判程序。规范适用不批捕、不起诉、撤回起诉制度。特别是当前，法院突出强调，对定罪依据不足的案件应宣告无罪，我们必须高度重视，切实严把起诉质量关。二要完善提前介入、引导侦查机制。坚持依法、适度介入原则，合理划分批捕、公诉部门介入侦查的范围和重点，帮助厘清思路、明确重点、完善证据体系、规范侦查行为。三要深入推进司法办案转变观念、转变模式、转型发展。完善“前紧后松”、信息引导侦查等办案模式和机制，尤其要进一步构建新型检律关系，在依法保障律师执业权利的同时，加强与律师的沟通交流、协商协作，认真落实听取律师意见制度，寻求律师的支持配合，发挥律师在查清案件事实、开展认罪服法教育、疏导化解矛盾纠纷等方面的独特作用。四要严格依法收集、固定、审查和运用证据。严格证明标准，既重视收集和采信有罪证据，也重视收集和采信无罪证据，严格排除非法证据，确保侦查、起诉的案件事实清楚、证据确实充分。五要结合刑事案件速裁程序试点，借鉴“辩诉交易”制度，探索建立认罪认罚从宽处理制度。经控辩协商犯罪嫌疑人认罪案件，可考虑适用简易程序、当事人和解程序或速裁程序，对轻罪案件可依法不起诉，应当起诉的可建立迅速起诉、量刑协商等制度，体现从宽政策，提高诉讼效率。这项改革措施也是实现繁简分流、解决案多人少问题的办法。当前一些地方案多人少的矛盾比较突出，我们不能机械地认为改革与解决案多人少问题有冲突，而是要正确认识、辩证看待，要通过改革进一步挖掘内部潜力，让有限的司法资源得到最有效的利用，努力在更高层次上实行公平与效率的平衡。例如在司法责任制方面，要鼓励检察官积极作为，多办案、办好案，而不能因为制度的设计造成畏首畏尾、推诿扯皮。再如，员额制改革要有利于调动各方面积极性、提高效率，而不能影响和降低效率等。

其次，充分发挥检察机关在庭审中指控犯罪的主体作用。检察机关公诉人是庭审的推动者，居于主动地位。随着庭审实质化的推进，控辩博弈将进一步聚焦法庭，庭审对抗性、变化性都将极大增强。我们要适应这一变化，把握“指控有据、辩论有力”总体要求，以推进庭审顺利进行为第一原则，扎实做好庭审相关工作。一要重视庭前准备，推进重大案件庭审预案常态化、规范化；完善并落实庭前会议制度，尽量在庭前解决管辖、非法证据排除等争议。二要把握庭审节奏，掌握主动，抓住关键，运用技巧，从容应对，着力提高当庭讯问询问、示证质证、发表公诉意见和辩论能力，提高突发情况应变能力。三要坚持“两条线”作战，既重视审查起诉、支持公诉工作；又重视法治教育，加强思想疏导、政策攻心和释法说理，密切关注犯罪嫌疑人、被告人心理变化，稳定供述，促进其认罪悔罪。四要重视现代科技手段的应用，建立重大案件公诉出庭参谋辅助机制，加强多媒体示证系统的普及应用。

最后，更加注重做好诉讼监督特别是刑事审判监督工作。加强诉讼监督是这一改革的必然要求。要牢牢把握检察机关宪法定位，秉持客观公正立场，强化侦查监督，探索建立对搜查、查封、扣押、冻结等强制性侦查措施和技术侦查措施的监督制度，促进侦查机关严格依法收集、固定、保存、审查和运用证据；完善同步录音录像

案件范围和审查机制，督促公安机关落实重大案件讯问录音录像制度。积极适应刑事裁判质量不断提升、审判监督难度加大的挑战，发挥参与庭审、全程监督的优势，调整审判监督工作重心和结构，加大对生效司法裁决的复查力度，强化对法院指令异地再审案件的监督，提高发现、核实、纠正审判活动违法能力，维护刑事审判公平公正。

四、稳步探索开展检察机关提起公益诉讼改革试点

十八届四中全会提出要探索建立检察机关提起公益诉讼制度。目前，中央全面深化改革领导小组审议通过了检察机关提起公益诉讼试点方案，全国人大常委会审议通过了关于授权最高人民检察院在部分地区开展公益诉讼试点工作的决定，高检院也下发了试点方案，确定在湖北等13个省市开展试点工作。湖北省委对这项工作高度重视，要求湖北检察机关全面贯彻高检院要求，积极稳妥推进。

一要把行政公益诉讼放在对行政权监督的大格局中考虑。从监督纠正行政违法、促进行政机关依法履职的角度出发，行政公益诉讼只是检察机关对行政权监督的途径之一。要坚持全局性、联系性、辩证性思维，把行政公益诉讼放在对行政权监督的大格局中来思考，统筹考虑、整合运用各种监督职能，确保效果最优。要采取分层次、渐进式推进方式，区分不同情形、不同阶段，分别采取检察建议、监督立案、提起公益诉讼、查办相关职务犯罪等检察监督方式，特别情形下各种监督手段可依次运用或同时运用。

二要严格范围、程序和审批。要牢牢抓住公益这个核心，严格限定范围。按照试点方案规定，民事公益诉讼的案件范围为，污染环境、食品药品安全领域侵害众多消费者合法权益等损害社会公共利益的案件；行政公益诉讼的案件范围为，生态环境和资源保护、国有资产保护、国有土地使用权出让等领域负有监督管理职责的行政机关违法行使职权或不作为，造成国家和社会公共利益受到侵害的案件。各试点院不得突破这一范围，同时要根据高检院要求，试点期间以生态环境和资源保护领域为重点，重心放在市县两级检察

院。要严格落实诉前程序，把公益诉讼作为后续程序。提起民事公益诉讼之前，应当依法督促或者支持法律规定的机关或有关组织向法院提起民事公益诉讼；提起行政公益诉讼之前，应当先向相关行政机关提出检察建议，督促其纠正违法行政行为或依法履行职责。相对公益诉讼而言，督促或支持起诉，以及督促行政机关纠正违法、依法履职是前置程序；相对解决问题而言，公益诉讼则是其后续程序。要把前后分清楚，着眼于节约司法资源、实现监督目的，把诉前程序作为必经程序、实质程序严格遵守，决不能绕过、虚化。要严格审批制度，按规定将拟提起公益诉讼的案件和拟宣传的监督个案，先行层报省院、高检院审批同意后再进行。

三要深入研究相关问题和推进措施。要认真研究“在履行职责中”这一限定的外延，明确检察机关通过受理接待举报、控告等获得的线索是否属于履行职责中发现。要加强与法院的沟通协商，明确管辖、回避、证据、一审、二审等具体程序性问题，增强可操作性。要加快推进市级院民事和行政检察机构分设，引进、培养一批具备专业知识技能的检察官和检察辅助人员，开展系统化、专业化培训，强化经费保障，争取增加鉴定费等专门预算，保障这一改革试点顺利进行。

14 确保“两个平稳”、做到“三个到位”，加快推进司法体制改革*

为深入推进我省第一批试点检察院司法体制改革试点工作，省院党组决定召开这次会议，旨在研究解决实践中的突出问题，并对下一步司法体制改革试点工作进行全面部署安排。各试点院检察长要将司法体制改革推进工作作为当前工作的重中之重来抓，严格、认真、迅速地落实好各项任务。下面，我再强调三点意见：

一、确保“两个平稳”，实现司法改革和业务工作相互促进

在推进司法体制改革试点工作深入开展的过程中，要统筹处理各种利益关系，统筹改革、业务与队伍建设，确保协调推进、相互促进，防止相互影响和掣肘。一要确保司法办案平稳。由于这次改革涉及范围广，调整幅度大，创新程度高，政策突破多，可借鉴经验少，改革的任务很重，难度也是前所未有，而且可能会出现案多人少等矛盾，务必引起我们的高度重视。要坚持改革与业务两手抓、两手硬，切实采取有针对性的措施，迅速适应新的组织体系、办案程序和运行机制，尽量缩短磨合期，保证改革期间各项检察业务工作平稳发展。二要确保检察队伍平稳。队伍稳定是推进改革和促进工作的基础和前提。随着检察官员额制、检察人员分类管理、司法责任制等改革的逐步深化，越来越涉及利益调整，会引起部分人思

* 2015 年 9 月 1 日敬大力同志在湖北省检察机关第一批试点检察院司法体制改革试点工作推进会上的讲话。

想上的波动。因此，要把思想政治工作作为党组和主要领导同志工作的重中之重，把实事说明白，把道理讲清楚，想方设法满足干警合理诉求，引导广大检察人员正确认识改革精神实质和目标任务、正确认识自己和他人、正确认识发展前景，从而理解改革、支持改革并积极参与到改革之中。

二、做到“三个到位”，推进司法体制改革全面深入开展

根据省司改办统一部署，9 月底前将召开全面推开司法体制改革试点工作动员会。在此之前，第一批试点检察院要加快改革步伐，做到“三个到位”，为下一步全面推开创造积累可复制、可推广的经验。

一要把机构和办案组织落实到位。近期，省院和省编办就我省检察机关优化机构设置、规范完善组织体系等问题达到了基本共识，各试点院要抓紧按照模拟“三定”方案开始运行，待形成一定的经验模式后由省编办批复确定。在优化机构设置方面，各市州院除反贪局、反渎局外，其他业务处室更名为部，增设未成年人刑事检察部，将民事行政检察部门分设为民事检察部、行政检察部，将侦查监督部门分设为批捕部、侦查监督部，将公诉部门分设为公诉部、刑事审判监督部等；各基层院根据政法专项编制规模分别整合为“四部一局”、“六部一局”或“八部一局”。在办案组织方面，继续构建完善基本办案组织、组合办案或协同办案、专案组三个层次的办案组织形式，并以基本办案组织为基础，根据办案工作的实际需要分别采用不同的办案组织形式进行司法办案，不搞“一刀切”。

二要把人员分类定岗落实到位。前段时间，12 个试点院的首批计入员额检察官遴选工作已圆满完成，但并没有到岗到位和实际运行。目前，各试点院要按照省院《关于首次计入员额检察官工作的指导意见》和《关于检察辅助人员和司法行政人员分类定岗工作的指导意见》的规定，抓紧做好检察官、检察辅助人员和司法行政人员的分类定岗工作，确保办案组织构建与司法责任制运行得以及时

完成和开展。

三要把新的司法责任制运行机制落实到位。完善司法责任制是改革的核心、“牛鼻子”。在机构调整、构建办案组织和人员分类定岗到位的基础上，要按照司法责任制要求启动新的办案模式，把司法责任制真正运行起来，不能“穿新鞋、走老路”。

三、强化“四项措施”，确保司法体制改革取得良好成效

司法体制改革试点工作时间紧、任务重、要求高，需要我们强化措施，大胆探索，勇于实践，稳步推进。

一要加强对改革试点工作的统一领导和组织实施。各试点院要正确理解掌握中央《关于司法体制改革试点若干问题的框架意见》、《湖北省司法体制改革试点方案》和《湖北省检察机关司法体制改革试点实施方案》及相关配套制度的各项原则要求和具体内容，不得超越中央、省委和省院方案框架制定本地改革措施。对于改革中遇到的问题，要加强请示汇报，不得违反上级精神另搞一套或变通执行，确保各项司法体制改革工作部署得到不折不扣的一体遵循、落到实处。各地在试点中确需制定的相关实施办法应在省院统一部署下进行，并报省院审批后方可实施。

二要注重发挥检察辅助人员和司法行政人员的积极性。实行检察人员分类管理后，如何充分调动检察辅助人员和司法行政人员的积极性，各级院都要结合实际进行研究。特别是未计入员额的现有检察官，如何安置，如何发挥他们的作用，各级院要结合工作需要和个人实际予以合理安排。对于不愿意做检察官助理的，可根据具体情况分别安排到司法行政岗位或司法警察岗位等。要注重研究解决检察辅助人员不够用、不好用、不能用、不敢用的问题，切实保证基本办案组织的构建和正常运转。

三要建立完善检察官考评和退出机制。司法责任制的核心是“谁办案谁负责、谁决定谁负责”，其成效如何有赖于检察官的专业化、职业化和正规化，有赖于“能办案、能负责”的人员进入检察官员额。对于已计入员额检察官，不能一选定终身。要建立完善检

察官考评和退出机制，明确如何考评考核、什么情况下需要退出等具体办法，对于无法适应司法办案要求，不能适应司法责任制需要，办错案或违法违纪的检察官，应当依法退出检察官员额。

四要善于总结和宣传好经验、好做法。注重加强对试点工作中行之有效的经验和做法及时进行总结、提炼，将符合检察规律和工作实际的经验上升为制度，努力创造可复制、可推广的经验，为下一步全省全面推开司法体制改革工作提供借鉴参考。

15 牢固树立改革大局观，全面推进司法体制改革试点*

深化司法体制改革是全面深化改革和全面依法治国的重要内容。2014 年以来，全省检察机关在中央、省委和高检院正确领导下，扎实有序开展第一批改革试点工作，取得了初步成效，积累了宝贵经验。下一步，我们将进一步贯彻落实中央、省委和高检院关于深化司法体制改革的决策部署，牢固树立改革大局观，敢于担当，主动作为，攻坚克难，全力抓好全面推进司法改革各项任务的落实。

一、增强战略定力，确保司法改革正确方向

司法体制改革政治性强、涉及面广、情况复杂，事关社会主义司法制度的完善与发展。我们将深刻认识、牢牢把握改革总体要求，确保改革不走弯路、不入歧途、效果良好。一是坚持党的领导不动摇。坚定不移走中国特色社会主义法治道路，始终把党总揽全局、协调各方与检察机关依法履行职能、开展工作统一起来，在改革创新的方向、立场、原则问题上旗帜鲜明、态度坚决。严格按照中央、省委和高检院精神推进改革，对于改革中遇到的问题，加强请示汇报，确保上级司法体制改革部署得到不折不扣的一体遵循。二是准确把握改革目标任务。按照党的十八届三中、四中全会精神，坚持以建立公正、高效、权威的社会主义司法制度为战略目标，坚持以提高检察公信力为根本尺度，坚持把维护国家法律统一正确实施作

---

* 2015 年 10 月 10 日敬大力同志在湖北省全面推进司法体制改革工作电视电话会议上的讲话。

为重要追求，以人民满意为标准，把解决了多少问题、人民群众对问题解决的满意度作为评判改革成效的标准，解决影响检察公信力的深层次问题，让人民群众对司法改革和检察改革有更多的获得感。三是始终遵循司法规律。坚持符合国情、省情和遵循司法规律相结合，既遵循司法活动一般规律，又体现检察权运行的特殊规律和湖北实际，善于借鉴、总结以往行之有效的经验做法，进一步坚定模式自信、机制自信，以规律为指引，保证各项改革任务顺利推进、效果良好，努力创造更多可复制、可推广的改革经验。

二、强化工作措施，确保司法改革落地生根

当前，中央、省委和高检院关于深化司法体制改革的路线图和时间表都已明确，如何按照上级的部署要求，打赢这场改革攻坚战，是全省检察机关面临的重大挑战。作为司法体制改革和检察改革的推动者、实践者，各级检察机关领导干部特别是检察长要有高度的政治自觉、强烈的责任担当、扎实的工作作风，全力以赴抓好司法体制改革的贯彻落实。一要强化组织领导。各级院党组要把全面推进司法改革作为当前工作的重中之重、头等大事，严格、认真、迅速地落实好各项任务。检察长作为第一责任人，要亲自抓谋划、抓协调、抓督办、抓落实，分管领导、相关职能部门、全体干警要各负其责、密切配合、全力推进。二要突出工作重点。坚持把改革的注意力聚焦到“四项改革”上，抓住员额制改革这个关键，抓好司法责任制这个“牛鼻子”，抓牢检察人员职业保障，统筹推进省以下人财物统一管理。要根据省司改领导小组统一部署，按照模拟“三定”方案，尽快把内设机构和办案组织落实到位，把人员分类定岗落实到位，把司法责任制新的运行机制落实到位。三要加快改革进度。继续发扬“钉钉子”精神，乘势而上、顺势而为，根据改革举措的轻重缓急、难易程度，有针对性掌握好改革的时机、方式、步骤和次序，细化改革任务的责任主体、完成时限、考核问责等，理清各项改革的“联络图”和“关系网”，严格按照规定的时间节点抓落实，力争推动各项改革取得突破性进展。四要加强督促指导。

建立健全蹲点指导制度，上级院领导要深入基层和一线，及时掌握情况，指导督促、集中研究解决改革中的共性问题。针对改革试点中的政策适用、操作把握等具体问题，加强分类指导，研究出台实施细则，着力推进改革在探索中实践、在创新中完善。加强改革效果评估，及时总结经验，注意发现和解决苗头性、倾向性、潜在性问题，增强改革的有序性、实效性。

三、抓好统筹兼顾，确保业务和队伍“两个平稳”

随着司法改革逐渐进入深水区和攻坚期，不可避免地会遇到更多的困难和矛盾。我们将更加注重政策统筹、方案统筹、力量统筹、进度统筹、利益统筹，确保改革、业务与队伍建设协调推进、相互促进、相得益彰。一方面，确保司法办案平稳。这次改革涉及范围广，调整幅度大，创新程度高，政策突破多，可借鉴经验少，改革的任务很重，难度前所未有，而且可能会出现案多人少等矛盾。我们将坚持改革与业务两手抓、两手硬，切实采取有针对性的措施，迅速适应新的组织体系、办案程序和运行机制，尽量缩短磨合期，保证改革期间各项检察业务工作平稳发展。另一方面，确保检察队伍平稳。队伍稳定是推进改革和促进工作的基础和前提。针对改革过程中部分检察人员思想上出现波动等问题，高度重视做好思想政治工作，统筹做好政策解读、宣传引导和改革培训，把实事说明白，把道理讲清楚，想方设法满足干警合理诉求，引导广大检察人员正确认识改革精神实质和目标任务、正确认识自己和他人、正确认识发展前景，从而理解改革、支持改革并积极参与到改革之中，最大限度凝聚推动改革的正能量。

推进司法体制改革使命光荣，责任重大。全省检察机关一定要在中央、省委和高检院的坚强领导下，扎实工作，锐意进取，按时保质保量完成各项改革任务，为法治湖北建设作出新的更大贡献！

16 把握规律、坚定自信，推动司法体制改革落地生根、走在前列*

这次会议的主要任务是，认真贯彻落实全省全面推进司法体制改革试点工作电视电话会议精神，对省院机关推进改革试点进行动员部署。

去年以来，全省检察机关在中央、省委和高检院正确领导下，扎实有序开展第一批改革试点工作，取得了初步成效，积累了宝贵经验。10 月 10 日，省委召开了全省全面推进司法体制改革试点工作电视电话会议，发出了全面推进司法体制改革的动员令，指明了目标方向，提出了明确要求。前天，省院党组研究通过了省院机关首次确定计入员额检察官工作实施方案，这标志着省院机关的改革正式启动。

一、把握基本遵循，确保改革正确方向

深化司法体制改革，是全面深化改革的重要组成部分，事关坚持和完善中国特色社会主义司法制度，事关全面依法治国和推进国家治理体系和治理能力现代化。准确把握司法改革的基本遵循，是制定方案、设计制度、落实改革的首要前提。省院在谋划改革的过程中，认真贯彻中央、省委、高检院有关精神，坚持党的领导不动摇，坚定不移走中国特色社会主义法治道路，坚持以建立公正高效权威的社会主义司法制度为战略目标，以提高检察公信力为根本尺

* 2015 年 10 月 16 日敬大力同志在湖北省检察院机关司法体制改革试点工作动员大会上的讲话。

度，把维护国家法律统一正确实施作为重要追求，着力解决影响检察公信力的深层次问题。这些都是涉及改革立场、方向、目标、任务的根本性问题。省院机关全体干警要从党和国家大局高度看待改革，讲政治、顾大局、守纪律、讲规矩，以高度的政治自觉和强烈的大局观念，把支持改革、拥护改革、参与改革作为一项重要政治任务来落实。

这里，我重点强调一下遵循规律问题。规律是指事物本身所固有的本质的、必然的、稳定的联系，具有客观性和普遍性，不以人的意志为转移。中央反复强调，要积极探索符合中国国情、符合司法规律的改革之路。检察权既有司法属性，又有行政属性，还有监督属性，不同性质权能的运行有其各自的规律，检察机关的司法改革既要遵循司法活动的一般规律，又要体现检察权运行的特殊规律。在历年的改革过程中，我们高度重视对检察工作规律的探索和坚持，确保了改革不走弯路、不入歧途、效果良好。在这次司法体制改革的推进过程中，省院党组一如既往地坚持探索规律、遵循规律，主要是：坚持检察机关领导体制，坚持检察一体化原则，正确处理好检察一体化和检察官独立负责的关系，坚持在办案审批制基础上优化和规范审批，不搞绝对去行政化。坚持遵循检察职能配置规律，按照“三个适当分离”原则（即诉讼职能与诉讼监督职能适当分离、案件办理职能与案件管理职能适当分离、检察权与检察机关司法行政事务管理权适当分离），健全完善检察机关组织体系。坚持检察权运行规律，按照“谁办案谁负责、谁决定谁负责”要求，结合不同检察业务特点确定检察人员的责任清单和权限清单，结合检察机关办案方式构建三种形式的办案组织。坚持遵循普遍联系规律，运用统筹兼顾的方法，把握改革的关联性、耦合性，注重各项改革举措之间的衔接有序，注重某一项改革的综合配套。例如，省院考虑司法责任制的综合性特点，推行9个方面的综合配套改革；再如，深刻认识司法责任制与员额制的联系，员额制改革后，所有检察官都是严格按照员额控制比例选任，实际上已经实现“优中选优”、“精英化”配置，因此，不再提主任检察官办案责任制，直接实行检察官办案责任制。这些都是基于检察工作规律作出的制度设计，得到了中央、高检院的充分肯定和认可。省院机关全体干警在参与的过程中要牢牢把握，确保改革沿着正确的方向顺利推进、实现预期目标。

二、坚定模式自信，推动改革落地生根

推进司法改革必须紧扣中央精神，在与中央改革政策保持高度一致的前提下，结合湖北实际进行细化完善，做到顶层设计与地方探索相结合，使改革的制度设计更加“接地气”、可操作。近些年来，省院党组带领全省检察机关，坚持贯彻上级部署，坚持结合湖北实际，坚持问题导向，不断加强对改革创新的实践探索，持续深入推进检察一体化、“两个适当分离”、基层院内部整合等机制创新，取得了丰硕成果，探索创造出了可复制、可推广的经验，得到了中央、高检院、省委的充分肯定，诸如检察一体化、基层院内部整合等改革已经为高检院、省委相关改革方案所吸收采纳，为改革的顶层设计作出了积极贡献。在这次改革中，我们进一步坚持和深化这些探索，形成了一系列具有湖北特色、检察特色的制度设计。对此，大家一定要领会地清清楚楚、执行地彻彻底底。

在人员分类管理方面，按照中央政法专项编制总数的36%和3%确定检察官员额分配数和预留数，预留数由省检察院在全省范围内调剂使用，动态分配，留有空间。检察官入额采取考试+考核的方式进行，将检察员与助理检察员放在同一平台竞争，在坚持政治标准基础上，突出对司法能力、办案业绩、职业操守的考核，防止“论资排辈”、“迁就照顾”，真正使素质能力高、司法经验丰富、能够独立承办案件的人员进入检察官队伍。建立特别选升制度，突破了基层检察官职务“天花板”，形成了倾斜基层一线，加强基层基础的政策导向。

在司法责任制方面，一是正确理解责任体系的三层含义。首先是目标责任，建立责任清单，强调检察官应当积极作为、履职尽责；其次是职责划分，按照“抓两大、放两小”的原则确定检察官权限

清单，科学划分、合理配置检察长、检委会委员、检察员的职责权限，对此，高检院在刚刚召开的司法责任制改革部署会上给予了肯定；再次是责任承担，各类检察人员对其决定、办理的事项承担相应的后果。三种意义上的责任应作统一、完整的理解，不可偏废。二是建立健全组织机构和办案组织。在机构设置上，既促进机构扁平化又促进办案专业化，既适当去行政化又强化检察管理，按照“三个适当分离”原则，在全省三级院设立司法行政事务管理局，体现检察权与检察行政事务管理权适当分离要求；在基层院按照“四部一局”、“六部一局”、“八部一局”等模式全面推行内部整合，实行横向大部制、纵向扁平化；在省市两级院按照精细化分工和对下指导要求实行相关机构分设，将业务部门的“处”改为“部”，将检察机关内设机构重新定位为“专业平台”和“管理单元”。在办案组织构建上，基本办案组织由一名检察官配备必要的检察辅助人员组成办案组，采取固定办案组、临时办案组、临时指派办案三种形式；在基本办案组织形式基础上，可以实行组合办案或协同办案，由两个以上基本办案组织组成；对于特别重大、复杂的案件，可以组建专案组办理。三是在坚持办案审批制度基础上，减少审批事项，简化审批程序，实行审批和指令书面化，从工作机制层面规范和优化审批，强化办案责任，提高办案效能。

在检察职业保障方面，积极争取各类检察人员的工资待遇水平都有不同程度的提高；建立履行法定职责保护、人身安全保障等制度；实行资深、优秀检察官延迟退休制度。

在人财物统一管理方面，机构人员编制实行上划；推进省以下检察院财物统一管理全面先行先试，规范调整了上划基数，完善财物统一管理、涉案款物管理等政策制度，基本保证了正常运转；建立备用金制度，有效保证了检察机关大要案办理、突发事件处置等特殊情况的经费等。

以上制度和措施，都是省院党组把上级要求与湖北实际紧密结合的探索，省院机关全体干警一定要准确理解，增强定力，坚定自信，通过我们每一个人身体力行的实践落实，推动各项制度措施落地生根，彰显改革成效。

三、积极投身改革，推动改革走在前列

当前，省院机关改革工作已箭在弦上、蓄势待发。省院改革是全省改革的重点和难点，情况比市县两级院更为复杂。但我们作为全省检察机关龙头，理应要以向我看齐、从我做起的态度和魄力干在实处、走在前列，为全省检察机关当好表率、做好示范。

（一）充分调动各类检察人员积极性

检察机关就像一个“大机器”，每个检察人员都是不可或缺的“零部件”。开展改革必须始终把调动全体人员的积极性作为基本考虑，如果没有大多数人的支持和参与，改革就难有生命力。推进人员分类管理和员额制改革，目的是按照司法规律配置司法人力资源，根据每个人的特点和条件设计不同的职业通道和发展空间，最大限度发挥人尽其才、才尽其用的综合效能。省院党组在中央、省委总体改革方案范围内，坚持把调动全体干警积极性作为基本出发点，在制度设计上，不遗余力、竭尽全力地激发广大干警支持改革、拥护改革、参与改革的热情。例如，注重调动检察辅助人员积极性，着力解决检察辅助人员不够用、不好用、不能用的问题。针对检察机关办案更需要发挥辅助人员作用的特点，建立了检察官助理参与办案制度。注重强化各类检察人员职业保障，在提高检察官工资待遇的同时，兼顾检察辅助人员和司法行政人员。以上这些都是省院党组在坚持改革原则要求基础上，为凝聚改革共识、顺利推进改革作出的具体制度安排，希望每一名干警都能够认识到位、领会到位。

（二）做到“三个正确认识”

司法体制改革是一场深刻变革，改革过程中部分检察人员思想上出现波动等问题也属正常现象。越是这个时候，越要高度重视思想政治工作，统筹加强政策解读、宣传引导，有针对性地做好各类检察人员特别是老同志、年轻同志、综合部门同志的思想工作，依法依政策妥善处理合理利益诉求，积极引导广大干警充分理解改革政策，准确把握改革精神，积极支持和参与改革。一要正确认识改

革的精神实质和目标任务。司法体制改革的精神实质和目标任务，是建设公正、高效、权威的社会主义司法制度，提高司法质量、司法效率和司法公信力。特别要强调的是，大家不能错误地理解改革是为提高司法人员的待遇、进入员额就是享受待遇，而应当认识到司法责任制才是改革的核心，入额并不是单单的待遇提升，更是意味着承担更多的责任、更重的任务、更多的付出，目的是让检察人员更好地履职尽责，否则就要承担相应责任。对这个问题，大家一定要弄清楚、想明白。二要正确认识自己和他人。“知人者智，自知者明。”实事求是地讲，这次改革涉及干警个人未来发展方向，大家都面临着一次重要选择。全面、客观、理性地认识自己和他人是作出正确判断和选择的基础前提。要全面审视自己，客观衡量他人，想想自己想要什么、能做什么，比比自己有什么优势、有哪些不足，看看自己的能力、经历等各方面因素和条件更加适合什么样的岗位。有了这些正确的自我认知，才能找准自己的努力方向和人生目标，才能正确对待分类定岗和角色转换，才能作出正确、合理的判断和选择。三要正确认识个人发展前景。从改革政策导向来看，不论是检察官还是检察辅助人员、司法行政人员，将来都有各自的发展空间、都有干事创业的舞台，省院400多名检察干警都将享有人生出彩的机会，享有实现自我价值的机会，享有与检察事业一起成长进步的机会。

（三）严格纪律要求和时间节点

省院各部门和全体检察干警都要严格执行实施方案，决不允许有令不行、有禁不止，决不允许敷衍塞责、消极拖延，这是讲政治规矩、守政治纪律的问题，必须严肃认真加以对待。对于改革中遇到的问题、困惑，要按程序反映，及时与相关部门及领导沟通交流，耐心听取、接受相关政策解释与说明，不能妄加评论、乱发议论，要共同为改革营造良好氛围。根据省司改领导小组统一部署，省院检察官的入额遴选，初定11月1日进行考试，11月底前完成考核，12月中旬提交遴选委员会进行审核，年底前，首次入额检察官、检察辅助人员、司法行政人员等三类人员全部分类定岗到位，新的办案组织组建到位，从明年起，开始按照新的办案模式和管理模式运行，把司法责任制落实到位。从现在来看，时间紧、任务重、要求高、难度大，省院机关各部门要按照这个总体进度，明确责任，细化任务，倒排工期，狠抓落实，确保改革如期完成。

（四）强化领导干部责任担当

省院党组作为推进司法体制改革的责任主体，要切实加强对司法体制改革工作的组织领导。我作为第一责任人，将坚持以身作则，把司改试点工作扛在肩上、拿在手上，全力抓谋划、抓协调、抓督办，集中心思和精力推进改革；班子成员、厅级干部、内设机构负责人要坚持以上率下，发挥带头示范作用，主动走上改革前线、站到改革前台，带头执行改革政策措施，对照改革方案与进度要求扎实推进；政治部等部门在做好方案制定、政策解读、推进实施等工作的同时，要加强改革效果评估，及时总结经验，注意发现和解决苗头性、倾向性、潜在性问题，增强改革的有序性、实效性。

（五）确保"两个平稳"

确保司法办案和检察队伍平稳是我们推进司法体制改革必须恪守的一条底线。这次改革涉及范围广，调整幅度大，创新程度高，政策突破多，改革的难度前所未有，容易引起司法办案和人员队伍的波动。我们要坚持改革与业务两手抓、两手硬，切实采取有针对性的措施，迅速适应新的组织体系、办案程序和运行机制，尽量缩短磨合期，保证改革期间各项检察业务工作平稳发展，保持办案的数量、质量、效率、效果、规范和安全；保证队伍不散、人心不乱，工作劲头更足、干劲更大，坚决避免因为改革导致队伍不稳、工作下滑的问题，实现两不误、两促进。

推进司法体制改革使命光荣，责任重大。省院机关一定要在中央、省委和高检院的坚强领导下，敢于担当，主动作为，扎实工作，按时保质保量完成各项改革任务，为全省检察机关作出表率，为法治湖北建设作出新的更大贡献！

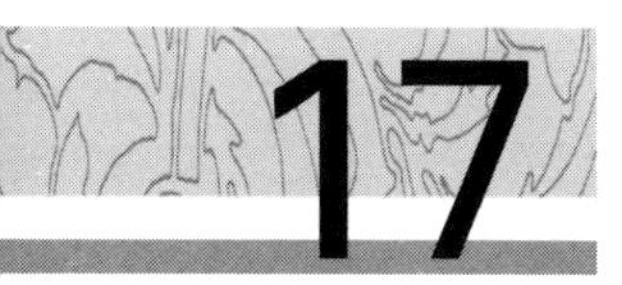

更新理念、夯实基础、加强合作，积极构建新型检律关系*

党的十八大以来，中央和省委高度重视律师工作，前不久召开的全国律师工作会议，对检察机关保障、支持、促进新形势下律师事业改革发展提出了新的更高要求。全省检察机关要认真学习贯彻中央、高检院、省委领导同志重要讲话精神，全面保障律师依法执业，积极构建新型检律关系，共同投身全面依法治国、法治湖北建设的伟大实践。

一、深化律师在法治建设中重要地位的认识，更新构建新型检律关系的理念

律师制度是一个国家法律制度的重要组成部分，是法治文明进步的重要标志。我国律师是中国特色社会主义法治工作者，是社会主义法治建设的一支重要力量。从我们检察实践的感受来看，近年来，全省广大律师围绕刑事辩护、诉讼代理和法律援助，发挥熟悉法律规定的专业优势，在保障公民合法权益、维护社会公平正义、化解社会矛盾纠纷、促进社会和谐稳定等方面发挥了重要作用，也对检察机关严格、公正、文明、规范司法，提高司法能力、工作水平和检察公信力发挥了重要作用。

全国律师工作会议突出强调，要积极构建司法人员和律师的新型关系，共同促进社会主义法治文明进步。高检院也反复强调，要从共同的法治理念、职业信仰和价值追求出发，着力构建新型、健

* 2015 年 10 月 26 日敬大力同志在湖北省律师工作会议上的讲话。

康、良性互动的检律关系。近年来，我们认真贯彻落实修改后的刑事诉讼法、律师法等法律规定，联合省司法厅制定并认真落实《关于建立新型检律关系的指导意见》，在保障律师权利、加强与律师沟通协作等方面取得了积极进展，特别是在共同促进重大专案办理方面取得了良好效果。面对新形势、新要求，全省检察机关要在深化、完善和落实上下功夫，进一步建立健全彼此尊重、平等相待，相互支持、相互监督，正当交往、良性互动的新型检律关系。

实现这一目标的前提，就是要以新的理念作为支撑。一要强化法律职业共同体的理念。尽管检察官和律师的角色定位、职责分工不同，但都秉承相同的法治理念、职业信仰和价值观念，肩负共同的历史使命；都以维护司法公正和法律尊严为己任，维护当事人合法权益、维护法律正确实施；都坚持以事实为依据、以法律为准绳，严格规范司法行为和执业行为，坚守职业操守。这种法律职业共同体，决定了我们必须积极构建新型检律关系。二要强化恪守检察官客观义务观念。要始终保持客观公正的立场，既要注意不利于犯罪嫌疑人、被告人的证据、事实和法律，又要注意有利于犯罪嫌疑人、被告人的证据、事实和法律，尤其要尊重和保障律师的会见、阅卷、申请调查证据等权利，做到不偏不倚、不枉不纵。三要强化严格公正履职的使命观念。保障律师执业权利是法律的明确规定，接受律师监督制约、加强与律师的沟通协作是确保严格、规范、公正司法的重要途径。全省检察机关要把依法履职作为建立新型检律关系的基础性要求来抓，把建立新型检律关系作为严格、公正、文明、规范司法的重要保障来落实，实现检察官与律师的良性互动。

二、依法保障律师执业权利，夯实新型检律关系的基础

保障律师依法执业是法治国家的重要标志，也是构建新型检律关系的重要基石。近年来，全省检察机关高度重视律师权益保障，积极为律师依法执业创造条件、优化环境。但我们也要清醒认识到，在有些方面、有的地方对律师执业权利的保障还不够充分，律师会

见难、阅卷难、调查取证难等问题仍然存在。我们要一手抓落实，严格执行法律法规的相关规定；一手抓创新，在法律制度框架内，探索检律合作共赢、互相监督、相互制约的新举措、新路径。

一要严格落实保障律师执业权利的硬要求。保障律师依法执业是检察机关的法定义务，是正当程序原则的具体体现，是硬任务、硬要求，如果不履行或不充分履行，就会损害我们的司法形象和公信力。检察机关要严格执行诉讼法、律师法等法律和《关于依法保障律师执业权利的规定》，凡是法律明确赋予律师的执业权利，都要不折不扣地在办案中予以保障，充分尊重和保障律师在辩护、代理中所享有的知情权、申请权、会见权、阅卷权、收集证据权和庭审中质证权、辩论辩护权等执业权利，确保法律规定的律师执业权利落实到位。在此基础上，我们要结合规范司法行为专项整治，针对存在的主要问题，建立健全保障律师执业权利的工作机制，对具体的方式、程序、时限、责任追究等提出明确细化的要求，以长效机制更好地保障和促进律师依法执业。

二要完善律师执业权利的救济机制。"无救济，则无权利。"权利救济是权利保障的重要屏障。我们要按照修改后刑事诉讼法的规定，严格履行保障律师依法执业的法律监督职责，建立完善救济机制，确保侵犯律师执业权利的行为能够得到及时纠正。在办案过程中发现有阻碍律师依法行使诉讼权利行为的，必须依法、及时提出纠正意见。对辩护律师关于办案机关及其工作人员阻碍其依法执业的申诉、控告，要及时依法审查办理，情况属实的，通知有关机关予以纠正；情况不属实的，做好说明解释工作。

三要加强对律师执业的服务保障。要进一步增强服务意识，加强案件管理部门建设，完善便利律师参与诉讼的机制，加强律师会见室、阅卷室、听证室、公开审查大厅等功能性用房建设，建立网上预约、自助查询、电子卷宗、网上阅卷等网络信息系统和律师服务平台，运用网络信息技术提升检律沟通协助效率和效果，为律师依法执业创造良好条件。

三、加强与律师沟通协商合作，丰富新型检律关系的内容

检察人员和律师要坚守共同的法治理想、法治目标、法治方式，在互相尊重、互相支持的基础上，不断加强沟通、协商和协作，真正做到“对抗而不对立、交锋而不交恶”。

一要认真落实听取律师意见制度。检察人员要自觉保持客观公正立场，认真听取律师对办案工作的意见，在平等对话、充分交流的基础上准确分析案情，补强薄弱环节，全面客观收集证据，正确适用法律，及时发现和纠正办案中的偏差和错误。对于律师提出犯罪嫌疑人无罪、罪轻、证据合法性存在问题等意见的，要认真审查核实，确保案件依法公正处理。

二要促进形成化解矛盾纠纷的合力。注重发挥律师疏导和化解矛盾纠纷、促进案件办理的独特作用，完善并落实省检察院会同省司法厅制定的律师参与检察机关信访接待工作制度，探索建立律师代理申诉和信访制度，建立检察官与律师共同开展认罪服法教育制度，用好律师与犯罪嫌疑人、被害人及其亲友的信任关系，发挥其桥梁纽带作用，减少对抗情绪、保障案件办理、促进矛盾化解、维护和谐稳定。

三要创新检律合作的方式方法。检察机关要主动加强与各级司法行政部门、律师协会和广大律师的沟通，建立健全联席会议、业务交流、专题研讨、资源共享等工作机制，增进相互了解和信任。要探索聘请律师担任检察机关专家咨询委员会委员，建立专业咨询制度，提供专业性法律意见以及必要的办案协助。要建立从优秀律师中招录检察官制度，畅通律师进入检察队伍通道。

四、遵守行为准则和职业操守，提高新型检律关系的公信力

恪守法律和职业道德，是检察官与律师的共同行为规范，两者相互关联、互相影响、密不可分。全省检察机关要自觉严守法律，

强化职业自律，严格防范、严肃处理自身违纪违法问题，推动检察事业健康发展，促进律师事业健康发展。一要严格规范检察官和律师交往行为。检察官在与律师的相互交往中要依法履行职责、恪守行为界限、坚持职业操守，严禁接受律师请托打听案情、通风报信、干预办案、违法办案，严禁收受、索取律师的财物。要坚决防止检察官与律师权钱交易，串通违法。二要自觉接受律师监督。建立健全检察官违法违规及犯罪问题处理机制，对律师认为检察人员阻碍其依法行使诉讼权利的，检察机关要认真审查，对情况属实的及时予以纠正。对律师关于检察官司法不公、不严、不廉的申诉、控告，要认真对待，凡是查证属实的都要依法依纪严肃处理。三要依法促进律师规范执业。着眼于促进律师行业规范管理，对检察工作中发现的律师违法违规执业行为，要及时告知司法行政机关处理。我们也衷心地希望广大律师遵守法律、严守纪律、谨言慎行，正确行使法律规定的权利，自觉履行法律规定的义务，自觉践行律师职业道德规范。

全面推进依法治国、加快法治湖北建设，是我们的光荣使命和共同责任。全省检察机关要始终立足法治建设全局，主动强化律师执业权利保障，主动加强与律师的沟通协商协作，构建完善新型检律关系，为实现“法治梦”而携手前行、共同奋斗。

第十四章
检察队伍建设

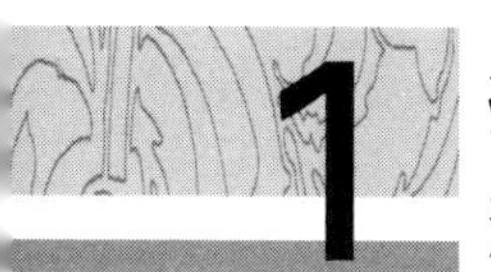

1 提高三种能力、树立三种精神、倡导三种风气*

我们今天召开省院机关全体干部大会，听取党组就去年以来的工作所作的述职报告，党组将听取大家的评议意见，对报告进行修改完善，并上报省委和高检院。借此机会，我讲几句话，同大家谈谈心，目的是和大家交流思想、沟通认识。

关于今年我省检察工作，全省检察长会议已进行具体部署。省院党组还专门制定了意见，对 2006 年重点工作作了责任分工。各内设机构也都据此制定了今年的工作要点。我来院以后找了绝大多数内设机构负责人听了工作情况和工作计划的介绍。我们做好工作，不仅要靠科学的决策部署、正确的要求、健全的规范、严格的纪律，更要靠大家不断提高工作能力，养成扎实的工作作风，保持高昂的精神状态，营造良好的工作氛围，团结一心，真抓实干。能力的提高、作风的养成以及良好的精神状态与工作氛围的形成，这些都是检察文化建设的重要方面。也就是说，要以优秀的检察文化来推动工作。通过建设继承优秀法律文化传统、体现时代发展要求、适应检察事业发展需要、具有强烈职业特点和价值取向的检察文化，形成公正、高效、务实、奋进、文明、和谐的良好氛围，激发检察干警强烈的归属感、自豪感和责任感，自觉地、全身心地投入检察工作，推动各项任务圆满完成，推动我省检察事业健康发展。在此，我对大家提几点希望和要求。

---

* 2006 年 2 月 24 日敬大力同志在湖北省人民检察院全体干部大会上的讲话。

一、提高三种能力

对于整个检察机关和全体检察干警来说，最根本的是要提高法律监督能力。在具体开展工作中，作为省级院机关干部，特别是处级领导干部而言，要特别注重提高以下三种能力：

第一，要不断提高执行领导决策和工作部署的能力。简单讲，就是提高执行力。执行力是贯彻决策意图，完成预定目标的操作能力。它是宏观决策、工作部署、目标要求转化成为工作效益、工作实绩的关键。省院机关各部门以及全体干警的主要任务是执行，最迫切需要提高的能力是执行力。要通过提高执行力，做到带头执行、严格执行、模范执行和有力执行，确保各项工作目标、任务部署落到实处，取得实效。如何提高执行力，关键要把握好四条：一是要吃透“上情”。对上级的指示精神、工作部署不能准确领会和全面把握，就难以正确执行；对上级正确部署和要求说三道四，强调客观多，主观努力少，搞“上有政策，下有对策”，致使上级的部署和要求在执行中走了样、变了味，就谈不上执行。目前，我们有的部门和同志仍然对全国、全省检察长会议精神领会得不够透彻，提出的贯彻落实意见没有谋在点子上、抓在关键处，要进一步学习领会，吃透精神。二是要详察“下情”。对上级的要求不加分析，不切实际地搞“上边怎么说，下边怎么做”，也抓不好执行。必须在全面掌握本部门的工作实际的基础上，结合上级的指示和要求，正确处理共性与个性、普遍性与特殊性的矛盾，理顺本部门的工作思路，提出可操作性的工作措施，才能把上级的指示、要求落实到实际工作中。三是要突出重点。在做好经常性工作的同时，只有突出抓好重点工作，才能以点带面，推动全面。各处室领导班子要就如何落实省院党组总体部署，对本部门的工作进行认真分析、认真研究，确定好工作重点和主攻方向。四是要强化措施。各项工作需要强有力的工作措施来推动落实。既要有加强领导的措施，对本部门的工作实行目标责任制，将责任分解到人、任务落实到人，形成严密的责任体系，推动工作落实；又要努力从本部门工作的重点、热

点、难点问题入手，深入研究思考，狠抓工作的薄弱环节，采取有力、有针对性的具体工作措施，推动工作开展。如何检验执行力，我看根本衡量标准还是工作实效。要建立起科学的考核评价体系，对各项检察工作进行综合考核评价。

第二，要不断提高创造性开展工作的能力。概括来讲就是提高创新力。当前全省检察工作既面临着有利的发展机遇，也面临着新的挑战，需要我们正确应对。中央、省委、高检院和省院对检察工作提出了许多新的任务和新的要求，需要我们积极推动落实。工作发展中也不断出现新的矛盾和问题，需要大家去认真思考和解决。检察改革正处于深入推进的关键时期。在这种形势下，如果因循守旧，光靠老一套的工作方式方法或者局限于自身的思维定式，是不能适应工作发展需要的；对上级要求不加分析、不切实际地生搬硬套、照搬照抄，也不能做好工作。我们的工作要创造新的业绩、开创新的局面，必须牢固树立创新意识，坚持根据实际情况，发挥主观能动性，创造性地开展工作，把每一项工作、每一个事情做得更好，更有效率，比上级的要求和本部门提出的工作目标更进一步。大家要树立这样一种观念，即百分之百地实现上级交给的任务，只能是称得上完成工作；百分之一百二十、百分之两百地做好上级交给的任务，在工作中多出“湖北特色”的新鲜经验、多出亮点，才是圆满完成、创造性地完成工作。大家要坚持以科学发展观为指导，进一步解放思想、更新观念，积极探索符合构建社会主义和谐社会要求、符合检察工作规律和发展要求、符合本部门工作实际需要的工作机制、工作方法和管理模式，努力开辟一条体现时代特征、具有湖北特色的检察工作新路。要及时研究改革创新中出现的新情况、新问题，善于总结和推广新经验、新创造，并为基层、为干警大胆探索、锐意创新营造一个好的环境和条件。

第三，要不断提高分析和解决实际问题的能力。省院机关干部特别是处级领导干部处在承上启下的重要地位，大家是做好省院机关各项工作乃至全省检察工作的中坚力量。全省检察工作的重大安排、重大部署需要大家去贯彻，提出的有关任务需要大家带领干警去完成，对下的工作指导、督促、检查需要大家去落实，大量的政务、业务、事务需要大家去承担。在工作中，大家要自觉服从服务于党和国家工作大局、检察工作全局，加强对本部门工作的宏观把握。但更多的是，大家肩负着大量具体任务，面临着大量在实际工作中出现的具体矛盾和具体问题，需要去具体落实和认真解决。因此，提高分析问题和解决实际问题的能力，对大家非常重要。要全面掌握和认真思考本部门工作的实际情况，真正认清其发展基础、有利条件及制约因素，把握住工作发展形势，做到心中有数，提高工作的主动性和预见性；要认真总结、及时发现工作中存在的问题和不足，特别是以实事求是的态度正视工作中的薄弱环节，深入剖析产生问题的原因，研究解决问题的办法，提出改进工作的措施；要认真系统地总结工作经验和教训，在不断的实践锻炼中提高解决问题的能力，努力做到思路清晰、措施有力，在开展部门工作中每年都思考谋划一两件有特色的事情，组织一两次有特点的活动，解决一两个关键性的问题，推动工作发展。

二、树立三种精神

毛泽东同志指出："人是要有一点精神的。"振奋的精神状态，能够给工作提供不竭动力。检察机关、检察干警肩负着党和人民交给的重大责任，必须始终振奋精神，保持高昂的工作热情和革命干劲，推动工作不断创新发展。

第一，要树立奋发有为、积极进取的精神。据我了解，省院的处级领导班子都是经过竞争而走上领导岗位的，在竞争和此后的工作中，大家都普遍表现出了积极向上、有所作为的强烈愿望和工作姿态，要在今后的工作中继续保持和发扬这种奋发有为、积极进取的精神。一是在事业上要有追求。应当看到，检察事业是建设中国特色社会主义的一项重大事业，各项检察工作都与法律监督的神圣职能密切相关，大家的责任重大、使命崇高。如果意志消沉、精神萎靡、随波逐流、得过且过，在一个部门几年干下来，面貌依旧，建树不大，就不能说尽到了职责，就是有愧于党和人民的期望。要

确立为党和人民多作贡献、成就一番事业的决心，全身心地投入到工作中，有所作为，有所建树。二是在工作上要创一流。始终坚持对工作高标准、严要求，牢固树立争先创优意识，努力争先进、创一流，使本部门工作纵向比较能够年年有进步、年年有提高，横向比较能够在全国拿得出、叫得响、过得硬，推动我省检察工作在全国保持靠前位置。省院机关要带头开展“创先进检察院、争先进处（科）室、当先进检察官”活动，形成“有先就争、有奖就夺”的争创热潮。今年，各处室负责人对本部门工作提出了不少争进位、上台阶的目标，年底要逐一检查验收。三是要有强烈的责任心。大家要时刻想着自己肩负的责任，时刻想着自己负责的工作是否做好了，还有没有没发现的问题；发现了问题，有没拿出解决问题的办法；有了办法，落实了没有。要有一种职责未尽到就寝食难安的责任心和使命感，聚精会神地抓工作，务求各项检察工作落到实处。四是要有迎难而上的勇气。工作中遇到困难是必然的，关键是要勇于迎难而上，克难奋进，化挑战为机遇，变压力为动力。工作任务越重，困难越大，就越要有一种韧劲、钻劲、拼劲，越要激发饱满的热情、旺盛的斗志去抓工作，努力创造更好的业绩。

第二，要树立扎实肯干、务实高效的精神。必须树立科学发展观和正确政绩观，按照客观规律开展工作，以求真务实的作风抓落实，埋头苦干，扎实工作，务实高效，决不作主观臆断的“拍脑袋”决策，不追求脱离实际的高目标，不喊哗众取宠的空口号，不搞不切实际的瞎指挥。我们有的干部缺乏实干、苦干精神，抓工作抓落实满足于就事论事、上传下达，停留在召开会议、定措施、发文件。固然，召开会议、定措施、发文件，都是抓工作的重要形式和方法。但会开了不等于工作落实了，想到了办法不等于做好了工作，制定了措施不等于解决了问题。决策的制定和方案的部署，事情只进行了一半，还有更重要的一半就是要确保决策和方案的贯彻落实。如果用讲话落实讲话、会议落实会议、文件落实文件，缺乏埋头苦干、扎实工作的实际行动，落实就会变成落空。因此，抓工作必须静下心来，沉下身子，深入实际，在认真调查研究、切实掌握实情的基础上，对群众最为关注、工作中最迫切需要解决的问题逐个研究解决办法，对定出的措施逐条抓好落实，对建立的制度逐项贯彻执行。抓工作要落脚于实，着眼于紧，认真察实情、讲实话、鼓实劲、办实事、见实效，做到快节奏，高效率。抓工作要在细节问题上下功夫，人人争做“细节专家”，持之以恒地做艰苦、细致的工作，扎实地做好每一件事，一个环节一个环节地抓好工作落实，努力把工作做得尽善尽美，取得实实在在的成效。

第三，要树立艰苦奋斗、无私奉献的精神。历史和现实表明，一个没有艰苦奋斗精神作支撑的政党，是难以兴旺发达的；一项没有艰苦奋斗精神作支撑的事业，是难以发展进步的。我们党是靠艰苦奋斗起家的，也是靠艰苦奋斗发展壮大、成就伟业的。我们的检察事业，也是靠艰苦奋斗不断发展进步的。在改革开放、全面建设小康社会的新的历史时期，艰苦奋斗的精神不能丢，艰苦奋斗蕴含的艰苦朴素、勤俭节约、无私奉献、拼搏进取的要求不能改变。在检察机关工作条件改善、生活水平提高、办案手段改进的情况下，要清醒看到改革开放虽然取得举世瞩目的成就，但国家还不富裕，物质文化生活的整体发展水平还不高，需要继续艰苦奋斗、勤俭创业；要清醒看到检察工作中存在的困难和挑战，以及检察工作与党和人民要求之间的差距，牢固树立为检察事业长期艰苦奋斗的思想；要清醒看到在法律监督工作特别是反腐败斗争中，检察人员肩负历史重任，需要付出艰苦的努力，甚至需要作出某些牺牲，自觉做到在考验面前牢记自身使命，甘愿把生活苦乐置之度外，为检察事业无私奉献。树立艰苦奋斗、无私奉献的精神，最重要的是坚持勤俭节约、艰苦创业的原则，量力而行、精打细算，讲实效、比奉献，坚决反对铺张浪费、大手大脚、攀比奢华，坚决反对浮躁浮夸、急功近利、追名逐利。当然，我们坚持艰苦奋斗和无私奉献，并不是一味地强调要过苦日子，合理的待遇、从优待检的政策要落实，但工作条件、生活待遇只能随着经济的发展而逐步改善。

三、倡导三种风气

检察机关作为法律监督机关，要做到严格执法、公正执法、文明执法，靠的是队伍的作风。省院机关要加强自身建设，形成良好的风气，为全省检察机关作好表率。

第一，要倡导学习和调查研究的风气。学习是进步的前提。我们正处在知识不断更新的时代、终身学习的时代。要跟上时代发展，应对时代挑战，出色完成各项检察工作任务，推进湖北检察事业健康发展，就必须加强学习。我们要把学习不仅作为自我的精神追求，更要作为时代赋予的重大责任，切实增强学习的紧迫感，努力建设学习型的机关。要通过学习，坚定理想信念，统一执法思想，增强理论修养，提高工作本领，培育宏观思维能力和解决实际问题的能力，努力运用掌握的新知识、新方法、新经验加强和改进工作。要大兴调查研究之风，深入开展调查研究，坚持理论联系实际，根据实际工作需要，立足解决实际问题，抓准本部门工作的重点、热点、难点开展调查研究。要坚持在全面深入上下功夫，切忌走马观花或者热衷于听汇报、看材料，必须真正深入基层、深入实际、深入群众，详实而全面地掌握情况。要坚持在调用结合上下功夫，通过调查研究，使各项决策、工作措施符合实际、科学正确，使指导工作更具针对性和有效性。今年，省院党组部署的关于制定检察机关为和谐湖北建设服务的意见、制定检察改革实施方案、制定“检察工作一体化”机制的指导意见、建立检务督察机制、建立健全加强刑事诉讼监督的办法、对全省检察队伍现状开展调查等一系列重点工作，都需要我们认真做好调查研究工作。

第二，要倡导讲原则、守纪律的风气。省院机关的风气总体是好的，但也存在一些不容忽视的问题：极少数干警有的进取心不强，随波逐流，讲奉献少、讲待遇多；有的作风漂浮、办事拖拉、效率不高；有的当面不说，背后乱说，损害团结；有的甚至违法违纪。要解决这些问题，首先必须在省院机关大张旗鼓地树正气，压邪风。

在此我提出四个要求：一是要令行禁止。切实增强组织观念和纪律观念，保证检令畅通，保证上级和省院制定的各项制度、规范、纪律得到严格执行，保证各项工作部署有部门、有专人去落实。今后各项工作凡是提出时限要求的，都要按期完成到位。二是要以身作则。领导干部要求干警做到的事情首先自己要做到，要求干警不做的事情首先自己不做，发挥好表率作用。三是要敢抓敢管。讲原则，讲正气，对违反原则的人和事要敢于批评制止，坚决克服奉行好人主义、碰到问题绕道走、遇到矛盾上推下卸的现象，切实抓好工作，带好队伍。四是要开展正常的批评和自我批评。有问题通过正常的组织程序反映，不允许无中生有诬陷他人，滥发匿名信，私下串联或者造谣、传谣。其次是要形成廉洁自律的道德风气。检察干警只有自身廉洁自律、一身正气，才能理直气壮地监督纠正执法违法问题，依法惩治职务犯罪。检察领导干部更要严格要求自己，经得住考验，抗得住诱惑，管得住小节，筑牢拒腐防变的思想防线；要坚持从小事做起，防微杜渐，切实管好家属子女，管好分管部门；要坚持“两手抓”，严格执行党风廉政建设责任制。

第三，要倡导团结协作、和谐友爱的风气。我们不但要按照构建社会主义和谐社会的要求加强和改进检察工作，也要按照构建社会主义和谐社会的要求加强机关建设，积极倡导团结协作、和谐友爱的风气，增强队伍的凝聚力和向心力。省院党组要带头讲团结，认真贯彻执行民主集中制，遇事多商量，多倾听干部群众的意见和呼声，做到民主决策、科学决策和依法决策。领导与领导之间、部门与部门之间、个人与个人之间要加强沟通，加强团结，加强协作，提升机关的整体战斗力。全体干警都要珍惜在共同工作、共同生活中建立起来的同志情谊，互相尊重，互相关心，互相帮助，真心相待，和谐共处，始终把精力集中在干事业、抓工作上。通过倡导团结、协作、和谐的风气，不断增强“团队意识”，发扬“团队精神”，团结、感召全体检察干警自觉投入检察工作实践，使检察业务建设、队伍建设更加充满生机与活力。

总之，我希望省院机关各内设机构和全体同志在“提高三种能力、树立三种精神、倡导三种风气”的总要求下，努力做到“想干事、会干事、能干成事而又能共事、不出事”，将各项工作做得更好。

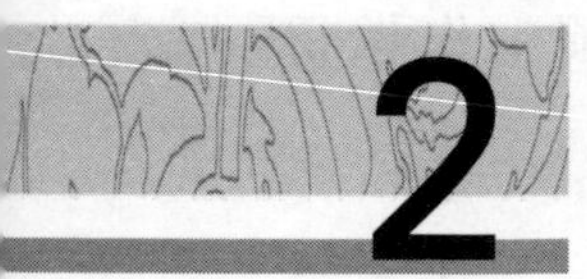

2 切实加强干部作风和执法作风建设，为检察工作持续健康发展提供有力保障*

今年以来，湖北省检察机关认真贯彻中央、高检院和省委的决策部署，大力加强干部作风和执法作风建设，努力以优良的作风带出过硬队伍，创造新的业绩，推动全省检察工作持续健康发展。

一、坚持领导带头，着力加强检察领导干部作风建设

我们强调检察领导干部特别是检察长和各级院领导班子要带头改进作风，通过自身示范带动全省检察机关作风建设。

一是注重提高科学决策能力和领导水平。我们明确提出要站在贯彻落实科学发展观、构建社会主义和谐社会、加强党的建设和推进反腐倡廉工作的高度，切实加强领导干部作风建设。全省各级检察领导干部自觉改进作风，努力做到思想清醒、政治坚定、作风务实。坚持用党的最新理论成果指导实践，认真落实科学发展观的要求，不断深化对检察工作发展规律的认识，努力提高把握全局、科学决策的能力；坚持检察工作服务党和国家工作大局，认真贯彻执行去年省委转发我院制定的“服务大局二十条”，努力提高服务大局、服务和谐社会建设的能力和水平；坚持发扬求真务实、真抓实干的作风，推动工作落实。

二是积极发挥示范表率作用。年初，我院党组就遵守政治纪律、办案纪律、财经纪律、干部人事纪律、贯彻民主集中制等公开作出

* 2007年7月28日敬大力同志在加强作风建设研讨班暨全国检察长座谈会上的发言。

“十项承诺”，并重申党组成员在勤政廉政方面的五项要求。全省各级院领导班子也出台了加强作风建设的约束性规定，郑重作出承诺，带头加强理论学习，带头查摆自身问题，带头落实整改措施，自觉接受监督，带动了全体检察人员自觉改进作风。

三是强化对检察领导干部的监督管理。上级院与下级院层层签定《党风廉政建设责任状》，进一步强化了检察领导干部特别是检察长的责任。继续落实下级院定期向上级院报告工作制度，确保检令畅通。在检察长换届工作中，坚持把能否发扬民主、接受监督、维护团结作为推荐考核干部的重要标准。各级班子成员加强互相监督，认真开展批评与自我批评。检察长带头发扬民主，乐于听取各种意见包括不同意见，坚持民主决策，发挥班子的整体合力。纪检监察部门认真监督检察领导干部严格执行“四大纪律八项要求”、“六个严禁”以及廉洁从检的各项规定；加大巡视工作力度，我院组织巡视组对4个市级院与25个基层院领导班子建设、作风建设情况进行了巡视。

二、坚持突出重点，扎实开展“作风建设年”活动

根据中央、高检院关于加强作风建设的要求，紧密结合我省实际，我们今年在全省检察机关组织开展“作风建设年”活动。明确了此次活动“六个明显增强”的目标要求，即大局意识、责任意识明显增强，勤奋好学、学以致用的作风明显增强，脚踏实地、精益求精的工作责任感明显增强，科学决策、民主决策、依法决策的能力明显增强，艰苦奋斗、勤俭节约的思想明显增强，文明规范、廉洁执法意识明显增强。我们注重突出检察工作特点，始终将干部作风建设和执法作风建设紧密结合起来，使两者互相推动、互相促进，着力解决干部作风和执法作风上存在的突出问题。

目前我省检察机关“作风建设年”活动已进入查摆问题阶段。全省检察机关组织走访党委、人大、政府、政协等有关部门，认真征求意见；邀请人民监督员全程参与“作风建设年”活动，自觉接受监督；向社会各界发征求意见函和调查问卷，广泛征求对检察机

关作风建设的意见和建议。各级院组织干警对照思想作风、学风、工作作风、领导作风、干部生活作风和执法作风等六个方面的要求，认真进行“六查六看”，通过个人查、大家帮、组织评等方式切实找准存在的问题，为集中整改问题、健全制度机制创造了有利条件。

我们注重在整个活动中突出一个“实”字：部署出实招、学习求实效、剖析重实务、查摆讲实话、工作出实迹。根据高检院的要求，我们将对作风建设活动进行再动员、再部署，不断把作风建设引向深入。

三、坚持多措并举，努力推进作风建设不断深入

我们坚持统筹兼顾，多措并举，促进全省检察机关作风建设不断深入。

一是加强检务督察促深入。为了更好地发挥检务督察在推进作风建设中的重要作用，我院制定了《湖北省检察机关2007年检务督察工作实施方案》，并明确今年的工作重点就是对开展“作风建设年”活动情况进行督察，对执法不规范、不公正、不文明问题进行督察。我院采取明察与暗访相结合、日常督察与突击检查相结合、普遍检查与重点抽查相结合、督察与巡视相结合等多种方式，先后派出6个督察工作组开展检务督察工作，促进了作风建设深入进行。

二是开展“以案析理”促深入。紧密结合执法办案实践，分析正反两方面的典型案件，全省各级检察机关共筛选各种类型的成功案例140余件，筛选不诉、撤案、无罪等瑕疵案例260余件，进行深入剖析，敢于亮短揭丑、敢于较真碰硬、敢于触及思想，使检察干警深受教育。

三是建立长效机制促深入。我们在作风建设中高度重视制度建设和机制创新，努力发挥长效机制的治本作用。如我们制定了《湖北省人民检察院廉政监督员暂行办法》，在省院机关各部门聘任48名廉政监督员，负责对本部门及其人员遵守党纪检纪、勤政廉政、作风建设等情况进行监督，及时发现和解决干警在作风方面的苗头性、倾向性问题，有效预防和减少违法违纪问题的发生；继去年颁

行扣押冻结款物及处理办法、办案过错责任追究办法之后，今年我院又颁行了《办理职务犯罪案件安全防范工作备案监督暂行规定》，要求有关部门在办理职务犯罪案件中，制定的安全防范工作预案必须报送本院纪检监察部门备案并接受监督，通过加强监督促进执法作风的转变。

通过不断加强作风建设，促进了全省检察干警思想认识高度统一，形成了风清气正、心齐劲足、干事创业的浓厚氛围。各地注意把握好机遇，认真贯彻中央 11 号文件以及省委的实施意见，认真贯彻高检院的各项决策部署，以振奋的精神状态推动工作。打击刑事犯罪、查办职务犯罪、诉讼监督等各项检察业务工作继续保持了平稳健康发展的态势；队伍建设、经费保障等方面争取政策支持和实际落实，推动检察队伍建设、检务保障工作取得了新进展；人民监督员制度试点、“三位一体”机制试点工作在我省顺利开展，检察工作一体化机制、法律监督调查机制等检察机制创新取得了新成效。

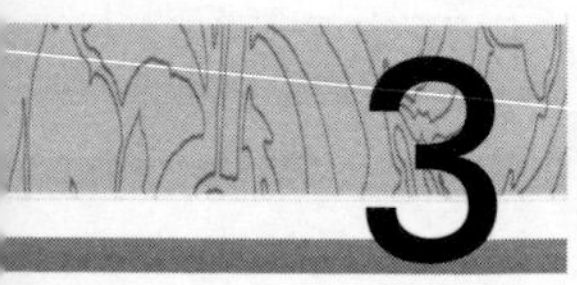

3 实施“六项工程”，全面加强检察队伍建设*

多年以来，全省检察机关积极贯彻中央、省委和高检院有关加强检察队伍建设的一系列指示精神，不断明确思路、突出重点、强化措施、狠抓落实，检察队伍建设取得了新的进展。实践证明，我省检察队伍建设总体是健康的，检察队伍是一支党和人民完全可以信赖、有战斗力的队伍。

当前，检察队伍建设面临着难得的机遇和有利条件。第十二次全国检察工作会议提出，要以公正执法为核心、专业化建设为方向，进一步提高检察队伍的整体素质。省第九次党代会强调，要坚持从严治警，全面加强政法队伍建设。这为我们加强检察队伍建设提出了新的更高要求。在全面建设小康社会、构建促进中部地区崛起的重要战略支点进程中，检察队伍承担的任务越来越艰巨，责任越来越重大。我们必须清醒地看到，在经济体制深刻变革、社会结构深刻变动、利益格局深刻调整、思想观念深刻变化的大背景下，检察队伍的执法理念、素质能力、依法管理、监督激励、保障水平等方面都还存在薄弱环节，检察队伍的总体状况与日益艰巨的工作任务相比还不适应。去年，省院对近年来检察队伍建设情况进行了深入调研和分类梳理，形成了有数据、有分析、有对策的调查报告。

面对新形势新任务新要求，省院党组分析认为，影响检察工作的因素很多，但基础性、战略性、决定性的因素是人、是队伍。坚

---

* 2007年8月16日敬大力同志在湖北省检察长座谈会暨加强检察队伍建设会议上的讲话节录。

持检察工作科学发展，提高检察工作水平，建设公正高效权威的检察制度，关键都在“人”、在“队伍”。因此，我们必须首先抓好“人”的工作，必须落实科学发展观的要求，坚持以人为本，全面加强检察队伍建设。要全面理解以人为本的科学内涵，将其作为当前和今后一个时期加强检察队伍建设的行动指南，使我们的思想观念、政策措施、工作部署、工作方式更好地体现以人为本的要求：一要始终坚持检察干警的主体地位。检察工作的发展必须依靠检察干警的共同努力，检察事业的进步需要检察干警来共同推进。要把尊重干警、爱护干警、理解干警、关心干警贯穿于检察工作始终，不断强化干警的主人翁意识，树立强烈的事业心和责任感，充分调动干警的积极性、主动性和创造性，激励干警为发展中国特色社会主义检察事业努力奋斗。二要注重提高检察干警的整体素质。着眼于促进人的全面发展，加强素质能力建设，强化教育培训，重视岗位练兵，倡导终身学习，全面做好人才招录、选拔、培养、使用等各个环节的工作，不断提高检察队伍的政治素质、业务素质、职业道德素质和法律监督能力。三要不断激发检察干警的工作活力。把检察工作的发展与检察干警的自我发展有机结合起来，在检察工作发展中促进检察干警人生价值的实现，增强职业荣誉感和集体归属感，增强团队意识和责任意识，保持工作激情，激发工作潜能，形成全体干警各尽其能、各得其所而又和谐相处的生动局面。四要努力营造队伍建设的良好环境。鼓励干警干事业、支持干警干成事业、帮助干警干好事业，为干警平等发展、全面发展、充分发挥聪明才智创造良好的政策环境、工作环境和生活环境，使干警工作有机会，干事有舞台，发展有空间。

当前和今后一个时期，全省检察机关要以邓小平理论和“三个代表”重要思想为指导，深入贯彻落实科学发展观，坚持检察工作主题和总体要求，坚持以人为本，大力加强检察机关思想政治建设、领导班子建设、作风纪律建设、素质能力建设、队伍管理机制建设和检察文化建设，不断提升检察队伍建设整体水平，推动检察工作全面健康发展，促进建设公正高效权威的检察制度。

一、加强思想政治建设

要坚持不懈地抓好思想政治建设，始终坚持把思想政治建设摆在首位，这是加强检察队伍建设的根本性措施。要坚持用马克思主义中国化的最新成果武装全体检察人员的头脑，保证检察工作的正确政治方向。高举中国特色社会主义伟大旗帜，坚持发展和完善中国特色社会主义检察制度。坚持用科学发展观统领检察工作，按照构建社会主义和谐社会的要求加强和改进检察工作。坚定理想信念，坚定政治立场，增强政治敏锐性和鉴别力，始终在政治上、思想上、行动上与党中央保持高度一致，确保党的各项路线方针政策在检察工作得到正确执行。加强检察机关党的先进性建设，摸索党的建设和队伍建设相互促进的规律，努力形成“以党建带队建”的工作机制。加强检察机关精神文明和检察职业道德建设，引导检察人员牢记职业责任，带头践行“八荣八耻”的社会主义荣辱观，恪守“忠诚、公正、清廉、严明”的检察职业道德，成为德才兼备的国家法律的捍卫者和公平正义的守护人。

要积极探索建立社会主义法治理念教育的长效机制。通过举办检察长研讨班、全员集中学习教育、开展以案析理活动、强化新进人员培训等多种形式，全省检察机关深入开展以“依法治国、执法为民、公平正义、服务大局、党的领导”为主要内容的社会主义法治理念教育，广大检察人员不断增强政治意识、大局意识和责任意识，始终保持了忠于党、忠于祖国、忠于人民、忠于法律的政治本色。按照中央要求，今年上半年社会主义法治理念集中教育已基本结束，下一步要转入经常性的教育。全省检察机关要结合检察队伍建设的实际，积极探索建立社会主义法治理念经常性教育机制，把社会主义法治理念纳入检察人员培训的必修课程，作为检察人员日常的学习内容。要建立学习制度，把集中教育活动中行之有效的办法制度化、规范化；要创新学习形式，开展经常性以案析理活动，探索更多有效的教育方式；要保证学习效果，紧密结合业务工作和队伍建设的实际，及时查找、不断解决业务和队伍中存在的突出问

题。通过建立健全长效机制，把社会主义法治理念教育作为检察队伍思想政治建设的一项长期任务，贯穿于建设社会主义法治国家的全过程，贯穿于服务构建社会主义和谐社会的全过程，深入持久地开展下去。

二、加强领导班子建设

领导班子是做好检察工作的“火车头”。领导班子建设在整个检察队伍建设中起着决定性作用，必须始终作为检察队伍建设的重中之重。要按照政治坚定、求真务实、开拓创新、勤政廉政、团结协调的要求，把各级领导班子建设成为朝气蓬勃、奋发有为的坚强领导集体。

要积极主动做好干部协管工作。要完善检察机关领导干部双重管理制度，加大上级院党组干部协管工作的力度，加强与地方党委的沟通协商，按照公务员法、检察官法和《党政领导干部选拔任用工作条例》的规定，切实选好配强各级院领导班子。要坚持党管干部、依法管理、积极主动、不断创新的原则，进一步加强干部协管工作，努力掌握工作主动权，实现工作的规范化、制度化。要积极参与领导班子和领导干部考察、考核工作，严格把好领导班子调整补充人选的任职资格条件关，积极主动提出领导班子调整、配备建议，并认真抓好落实。要积极协助地方党委做好领导干部交流任职工作，营造良好的干部交流氛围。要大力培养选拔优秀年轻干部，注重提高班子成员的知识层次，加强后备干部队伍建设，注意培养选拔女干部，不断优化班子结构。

要加强对领导干部的教育、管理和监督。要加强党章学习和党的理论教育，加强党性锻炼和宗旨教育，使各级领导干部真正做到自重、自省、自警、自励。要以保证廉洁从政为目标，加强对领导干部的监督，把党内监督与各方面监督结合起来，形成监督合力，领导干部要自觉养成在广泛监督下工作和生活的习惯。首先，要加强上级检察机关的监督。上级检察机关要坚持对下级检察机关班子建设等各方面工作进行定期和不定期的督促检查，及时发现问题，及时解决问题，帮助改进工作。在执法办案和其他工作中发生问题特别是重大问题，除追究当事人责任外，还要追究本级检察院有关部门和院领导的责任，必要时还要追究上级检察院相关部门和院领导的责任。其次，要加强班子内部的监督。要坚持和完善民主集中制，提高领导班子民主生活会质量，以对党的事业高度负责的精神，积极开展批评与自我批评，搞好领导班子内部的互相监督，不断提高领导班子解决自身矛盾和问题的能力，增强凝聚力、战斗力和创新力。再次，要加强纪检察监察部门的监督。要更好地发挥纪检监察部门的监督作用，认真落实领导干部述职述廉、个人重大事项报告制度，积极探索建立领导干部廉政档案制度，完善领导干部任期经济责任审计制度，进一步推行巡视、上级院派员参加下级院党组民主生活会等制度，切实抓好领导干部配偶、子女从业情况申报登记工作，加强对“六个严禁”执行情况的监督检查。

要保持昂扬向上、奋发进取的精神状态。领导班子和领导干部如果没有一个良好的精神状态，瞻前顾后，畏首畏尾，工作必然受影响。全省各级领导班子和广大领导干部要始终保持饱满的热情、旺盛的斗志，聚精会神抓工作，一心一意谋发展。要在事业上有追求，立志为党和人民多作贡献，努力做一名有所作为、有所建树的领导干部。要有强烈的事业心和责任感，始终坚持对工作高标准、严要求，努力推动各项工作争先进位，争创一流。

三、加强作风纪律建设

全国检察长座谈会提出，要以改进执法作风和工作作风为重点，大力倡导和弘扬五个方面的作风：一是联系群众、一心为民的作风；二是与时俱进、开拓进取的作风；三是求真务实、真抓实干的作风；四是顾全大局、令行禁止的作风；五是公正执法、清廉严明的作风。这为检察机关加强作风纪律建设指明了方向，提出了更高的要求。我们要深刻领会贾春旺检察长讲话的重要精神，切实把作风纪律建设放在更加突出的位置，抓紧抓实、抓出成效。

要集中精力抓好“作风建设年”活动。各地要根据高检院的新

任务新要求，对作风建设活动进行再动员再部署。今年上半年，省院部署开展了“作风建设年”活动。截至7月底，“作风建设年”活动征求意见、查摆问题阶段已基本结束，取得了初步成效。实践证明，开展“作风建设年”活动是符合高检院精神的，也得到社会各界的充分肯定。前不久，省院通过上门走访、召开座谈会、发放征求意见函等多种形式，广泛征求了社会各界对检察机关作风建设的意见和建议42条。这些意见和建议大多是实事求是、客观中肯的，反映了我们工作中还有不少地方需要改进和提高。为了进一步贯彻高检院要求，解决存在的突出问题，省院决定把征求意见、查摆问题阶段延长一段时间，推动“作风建设年”活动不断深入。要始终坚持在“实”字上下功夫：一是学习求实效。要把学习贯穿活动始终，深入学习贾检察长强调的五个方面的作风，领会精神实质，提高思想认识，增强广大干警参与活动的积极性主动性。二是查摆讲实话。要对照五个方面的作风，进行认真查摆：在联系群众、一心为民方面，看是否存在特权思想、霸道作风，冷硬横推、敷衍塞责，方法简单、态度粗暴，野蛮执法、吃拿卡要等问题；在与时俱进、开拓进取方面，看是否存在不学习新知识、不掌握新情况，知识靠吃老本、决策凭老经验，安于现状、不思进取，不求有功、但求无过等问题；在求真务实、真抓实干方面，看是否存在搞形式主义、做表面文章，追名逐利、好大喜功，空喊口号、不抓落实，弄虚作假、欺上瞒下等问题；在顾全大局、令行禁止方面，看是否存在各自为政、各行其是，上有政策、下有对策，阳奉阴违、敷衍应付，有令不行、有禁不止等问题；在公正执法、清廉严明方面，看是否存在执法不公、为检不廉，利益驱动、为钱办案，私欲膨胀、忘乎所以，徇私舞弊、贪赃枉法等问题。要通过个人查、大家帮、组织评等多种方式深入查摆问题。三是整改见实效。要针对查摆出来的问题，认真梳理，深入剖析，坚持有什么问题就解决什么问题，什么问题突出就重点解决什么问题。要建立整改责任制、整改承诺制和整改公示制，制定整改措施，细化整改内容，明确整改时限，并以一定方式公开，接受社会监督。对问题比较突出或整改工作不到位的，上级院要加强指导，帮助整改。四是工作出实绩。各级院领导干部要改进作风、带头办案，以改进作风的实际行动为广大检察人员作出表率。要注意透过工作看作风，把开展“作风建设年”活动与做好当前工作紧密结合起来，切实做到两不误、两促进，通过作风纪律建设推动各项工作部署的全面落实。

要充分认识作风纪律建设的长期性、艰巨性，在“作风建设年”活动取得阶段性成效后，要着眼于建立健全长效机制，把作风纪律建设的要求落实到制度规范上，体现到经常性工作中。要继承和发扬党的光荣传统和优良作风，积极探索加强检察机关作风纪律建设的新路子，大力倡导和弘扬符合检察工作特点的优良作风纪律。通过不断加强作风纪律建设，努力以优良的作风带出过硬队伍，创造新的业绩，形成风清气正、心齐劲足、干事创业的浓厚氛围。

四、加强素质能力建设

造就高素质的专业化检察队伍，是提高法律监督能力、确保公正执法的根本。全省检察机关要坚持立足全员、突出重点、学以致用，大规模开展正规化岗位培训和岗位练兵，强化高层次和实用型人才培养，不断提高检察队伍的整体素质和法律监督能力，为检察事业创新发展提供坚强的人才保障和智力支持。

要强化检察教育培训，着力提高全员素质。要树立人尽其才、人人都能成才的观念，多层次、多渠道、多形式地开展教育培训，保证培训的覆盖面、渗透力和实效性，建立和完善检察人员素能养成制度，切实提高全员素质。要坚持分级分层培训。教育培训工作要实行统一规划、归口管理、分类培训、分级实施，建立和完善省市县三级教育培训体系。省院要发挥好对全省教育培训的规划、指导作用，抓紧湖北省检察官学院的筹建工作，充分发挥示范和辐射效应；市级院要加强对本地教育培训的具体组织工作，充实力量，承担起相关培训任务；基层院也要转变观念，创新方式，通过领导带头授课、业务骨干交流经验、组织案例研讨等多种形式加强教育培训工作。要不断丰富培训形式。在抓好正规化岗位培训的基础上，

充分运用网络培训、远程教育等现代培训手段，利用系统内外培训资源，鼓励自主学习、在岗学习和团队学习；要突出检察实践培训主阵地的作用，持续开展岗位学习、岗位练兵、岗位竞赛活动，形成岗位“学、练、赛”长效机制，定期举办全省性岗位竞赛活动。要扩大培训覆盖范围。进一步推进本科学历教育，鼓励和支持检察人员参加在职硕士、博士等高学历教育，力争到2010年全省检察机关大学本科学历以上的人员高于全国检察机关平均水平；继续组织司法考试集中培训，提高司法考试通过率；以提高领导能力为重点，对检察长和副检察长、检委会委员、业务部门领导、中青年后备干部开展领导素能培训；以增强履行职务能力为重点，对新任检察长、新录用人员、拟任检察官、晋升高级检察官等开展任职资格培训；以提高执法能力为重点，对职务犯罪侦查、侦查监督、公诉、监所、民行等业务部门人员开展专项业务培训；以增强岗位通用技能为重点，对全体检察人员开展电子检务、计算机运用等岗位技能培训。各级院党组要将教育培训工作作为提高全员素质、推进检察事业发展的一项基础性战略任务来抓，进一步提高认识，加强领导，抓好新一轮大规模培训检察人员工作。广大教育培训人员要增强荣誉感和使命感，善于从时代的新发展和实践的新要求出发，在培训理念、管理方式、运行机制、教学模式等方面创新发展，不断提高教育培训水平，为提高全员素质作出积极贡献。

要树立科学的人才观，实施人才强检战略。要加快培养一批门类齐全、数量充足、结构合理、素质优良的检察人才队伍，包括检察领导人才、检察业务人才、检察技术人才、检察管理人才等。实施高层次和实用型人才培养工程，以优秀中青年骨干为主体，通过课题攻关、学术交流、选派深造、交办重大疑难案件等措施，培养一批检察业务专家、业务尖子和办案能手。加大检察专门人才和紧缺人才的引进力度，在中央下达的政法专项编制中，留出一部分编制用于引进急需人才，进一步改善检察队伍的年龄、文化和专业结构。研究制定鼓励优秀人才到基层、贫困地区检察院工作的倾斜性政策。建立专项人才奖励基金，重奖有突出贡献的检察人才。正确评价和使用检察人才，关心人才的成长进步，搭建人才发展平台，做到人尽其才、才尽其用。

五、加强队伍管理机制建设

要把管理科学化作为事关检察队伍长远发展的重要工作来抓，探索建立具有检察特点的队伍管理机制。要落实和完善中央、高检院和省委的有关政策措施，以专业化标准招录、选拔、考核和管理检察人员。严格检察官职业准入制度，依法从通过国家司法考试人员中选任检察官，其他检察人员实行统一招考、择优录用，保证初任检察官和新进人员具备相应的专业水平。推行检察官遴选制度，上级检察院的检察官优先从下级检察院遴选。推进检察人员分类管理制度改革，建立检察官单独职务序列，合理确定检察官员额，提高检察业务人员职级比例。要建立涵盖检察人员德、能、勤、绩、廉的业绩档案，逐步完善检察队伍绩效考评机制，将绩效考评结果作为检察人员使用和管理的重要依据，探索新形势下落实激励机制的有效途径和办法。在总结“三位一体”机制建设试点成果的基础上，以现代管理理论为指导，实现通过信息网络手段对办公、办案和干部考核实行流程管理、过程控制。完善检察官职业保障制度，认真落实检察人员工资、福利、津贴和医疗保障政策，依法保障检察人员履行职责应当具有的职权和工作条件，积极创造用事业留人，用感情留人，用适当的待遇留人的氛围和条件，增强检察官的职业荣誉感和对优秀法律人才的吸引力。

六、加强检察文化建设

检察文化建设是社会主义文化建设的重要组成部分，要进一步促进检察文化的发展和繁荣，通过建设体现时代发展要求、适应检察事业发展需要、具有强烈职业特点和价值取向的检察文化，促进全体检察人员思想道德素质和科学文化素质的不断提高。探索建立和完善检察人员共同价值体系，形成全体检察人员奋发向上的精神力量和团结一致的精神纽带。坚持从精神、制度、物质等各个层面

营造检察文化建设氛围，开展创学习型检察院、做学习型检察官活动，激励检察人员把个人追求与检察事业结合起来，实现个人与组织的共同发展。注重促进检察人员的心理和谐，加强人文关怀和心理疏导，引导干警正确对待组织、他人和自己，正确对待困难、挫折和荣誉，塑造自尊自信、理性平和、积极向上的良好心态。充分发挥检察文化潜移默化、陶冶情操、凝聚力量、激发活力的功能，增强广大干警的归属感、自豪感和责任感，自觉地、全身心地投入检察工作，推动我省检察事业健康发展。

要加强对检察队伍建设的组织领导。各级检察长要作为检察队伍建设的第一责任人，对检察队伍负总责。各级院党组要始终把检察队伍建设放在应有的重要位置，坚持检察队伍建设与检察业务工作同谋划、同部署、同检查、同考核，把检察队伍建设情况作为各级领导班子和领导干部政绩的重要内容。充分发挥政工、纪检监察部门在队伍建设中的职能作用。要坚持把队伍建设的重点放在基层。牢固树立为基层服务的思想，在领导精力、工作安排、经费投入等方面向基层倾斜。要采取有力措施，全面提高基层检察队伍的整体素质和公正执法水平。加大对基层院人才和经费扶持力度，缓解职级待遇偏低、编制偏紧以及贫困地区基层检察官短缺等实际困难。要坚持发挥“创争当”活动的载体作用，把“创争当”活动贯穿于队伍建设的全过程，不断细化评选标准，完善考核机制，加强动态管理。要深入学习这次将要表彰的“双十佳”和先进集体、先进个人，在全省检察机关掀起学先进、争先进、赶先进的热潮。要大力培养、树立和宣传一批在全省、全国有重大影响的先进典型，发挥典型示范作用。要把“创争当”活动与文明创建、检察业务等工作结合起来，推动检察工作不断向前发展。为了进一步推动检察队伍建设，省院在广泛征求意见的基础上，研究起草了《关于加强检察队伍建设若干问题的决定（稿）》，提交这次会议，请大家深入讨论，提出完善建议。《决定》正式下发后，各地要认真学习，严格执行，抓好落实。

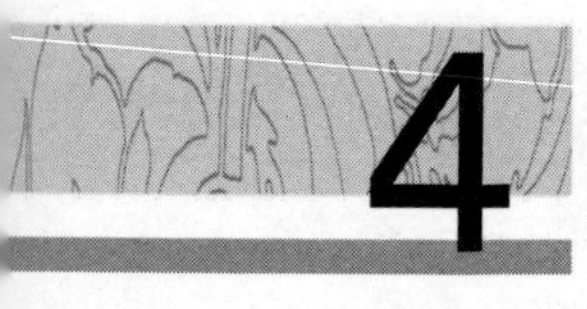

4 牢记“为民、务实、清廉”的根本要求，切实提高决策力、执行力、公信力*

加强领导干部党性修养，树立和弘扬优良作风，是党的执政能力建设和先进性建设的重要内容，是贯彻落实科学发展观的重要保证。我体会，检察领导干部按照中央的要求加强党性修养，树立和弘扬优良作风，最重要的就是要以“为民、务实、清廉”为根本，切实提高决策力、执行力和公信力，充分发挥检察领导干部在检察事业建设中的模范带头作用。

一、强化宗旨观念，坚持理论联系实际，注重提高决策力

提高检察领导干部的决策能力，对于推动检察工作科学发展至关重要。我们要切实提高科学决策、民主决策、依法决策的能力，就必须强化全心全意为人民服务的宗旨观念，发扬我们党密切联系群众、理论联系实际的优良作风，自觉以科学理论指导工作实践。只有坚持立检为公、执法为民，才能使检察机关的各项工作决策代表广大人民的根本利益，适应人民群众对检察工作的现实需求，才能使检察工作始终保持正确的发展方向；只有坚持理论联系实际，不断提高理论水平，全面掌握实际情况，切实提高理论联系实际的水平，自觉用科学理论指导检察工作实践，才能增强各项工作决策的科学性、预见性和可操作性，才能紧密结合实际创造性地开展工作、有效解决实际问题。我们要通过提高决策力，使工作思路和工

---

* 2009 年 2 月 14 日敬大力同志在全国检察机关纪检监察工作会议上的发言，部分内容刊载于《检察日报》2009 年 2 月 14 日。

作决策真正体现科学发展观的要求，做到“六个符合”：符合法律，维护法律的统一正确实施；符合规律，遵循检察工作发展的客观规律；符合大局，坚持检察工作服务党和国家工作大局；符合民意，积极应对人民群众对检察工作的新要求新期待；符合理念，坚持社会主义法治理念和中国特色社会主义检察制度；符合实际，坚持实事求是，使工作思路和工作举措切实可行、效果圆满。湖北省院近年来对全省检察工作中涉及重大公共利益和人民群众切身利益的决策，注意公开征求各方面的意见，有的向社会各界和人民群众公开征求意见，努力使工作决策体现人民的意志和愿望；高度重视调查研究，对检察工作服务大局、加强检察队伍建设、推进检察工作机制建设、推进科技强检、加强经费保障、部署开展专项工作等一系列重大工作决策，都是在开展大范围专题调研的基础上作出的。通过调查研究掌握实际情况、把握实际需要、加强理论分析、提出工作对策，努力把握规律性、增强预见性、争取主动性，避免盲目性和片面性。使调查研究和分析论证的过程成为不断统一思想、提高认识的过程；使领导决策成为各级检察机关和广大干警自觉的行动；使加强和改进检察工作的理念和主张成为检察工作科学发展的实际效果。

二、强化责任意识，树立正确政绩观，注重提高执行力

中央、高检院对新时期检察工作作出了一系列重要部署，提出了明确要求，这些需要我们以求真务实、认真负责的精神狠抓落实，不断推动人民检察事业的发展进步。在这个意义上讲，我们现在缺的不是工作思路和工作方针，缺的是扎扎实实见诸行动、取得实效，缺的是创造性地贯彻落实。我们必须始终牢记宪法和法律赋予检察机关的使命和任务，牢记党和人民的重托，着力强化责任意识，树立正确政绩观，切实提高贯彻中央和上级决策意图、工作部署的执行力。只有强化责任意识，树立强烈的事业心和使命感，怀着对党和国家的无限忠诚、对检察事业的不懈追求、对人民群众的深厚感情去做工作，才能确保上级决策部署真正执行到位，确保法律监督

取得实实在在的成效。只有树立正确政绩观，坚持一切从实际出发，不喊哗众取宠的空口号，不搞不切实际的瞎指挥，不搞中看不中用的花拳绣腿，才能深入实际、深入群众，听民声、察民情、顺民意，真正站在人民的立场上考虑问题、谋划工作，才能尊重检察工作规律，树立符合科学发展观和正确政绩观要求的执法导向，才能确保人民赋予的检察权始终为人民谋利益，做出经得起实践、人民、历史检验的实绩。近年来，我们注意以谋事创业来凝聚力量，实行工作责任分工，推行目标责任制管理，狠抓执行力建设；部署开展“作风建设年”活动，突出检察工作特点，始终将干部作风建设和执法作风建设紧密结合起来，使两者互相推动、互相促进，着力解决作风方面存在的突出问题，以改进作风的实际成效保证工作落实，推动工作发展；牢固树立办案数量、质量、效率、效果、规范相统一的政绩观，健全完善执法办案的综合考评和绩效管理机制，科学设置考评要素；推行下级院定期向上级院报告工作、请示报告和情况说明等制度，重点检查各地落实上级检察院工作部署落实情况，分析解决检察工作中的重点、难点问题，改善薄弱环节，全面加强和改进检察工作。今后，我们将进一步强化检察领导干部的责任意识，提高执行力，求真务实、埋头肯干，察实情、讲实话，鼓实劲、出实招，办实事、求实效。

三、强化纪律观念，树立正确利益观，注重提高公信力

执法公信力是检察机关的立身之本。检察机关公信力水平首先要看检察领导干部的公信力水平。自觉遵守和维护党的纪律，树立人民利益至上的利益观，这是切实提高检察领导干部公信力的根本。只有增强纪律观念，严格遵守党的政治纪律、组织纪律、经济工作纪律、群众工作纪律和廉洁从政等各项纪律，才能确保中央政令和决策在检察系统不折不扣地贯彻落实；才能保持检察工作的人民性，保持与人民群众的血肉联系；才能树立监督者更要接受监督的权力观，保障人民群众对检察工作的知情权、参与权和监督权，赢得社会各界的信任、尊重与认同。只有树立正确利益观，时刻坚持以人

民利益为重，正确看待个人利益、正确看待个人得失、正确把握利益关系，才能使检察领导干部不为私心所扰，不为名利所累，不为物欲所惑，坚持为民作主、为民伸冤、为民解忧，促进解决人民群众最关心最直接最现实的利益问题，以执法为民的实际行动赢得人民群众的信赖、理解与支持。近年来，我们就领导干部遵守政治纪律、办案纪律等公开作出“十项承诺”，提出党组同志勤政廉政五项要求，并严格加以遵守，接受各方面的监督。为加强检察领导干部党性修养，树立和弘扬良好作风，我们将部署开展执法公信力建设专项工作，开展“严守职业道德，促进公正执法”主题活动，努力使各级检察领导干部成为政治坚定、作风优良、纪律严明、勤政为民、恪尽职守、清正廉洁的领导干部，推动检察机关严格、公正、文明、廉洁执法，推动检察工作全面、协调、可持续发展。

5 建立健全全员培训体系，积极推进大规模检察教育培训*

全省检察机关第一期领导素能培训班今天开班了。本期培训班，是在市、县两级院正在开展深入学习实践科学发展观活动，全国检察教育培训工作会议对开展检察队伍大规模教育培训作出部署的背景下举行的。这期培训班既是我省检察机关深入学习贯彻党的十七大精神，推动学习实践活动深入发展的实际行动，也是我省检察机关落实中央、高检院关于努力造就高素质检察官队伍的要求、切实推进大规模检察教育培训工作的一项重大措施。

一、统一思想认识，积极推进大规模检察教育培训

检察教育培训是加强检察机关法律监督能力建设的重要基础和主要途径，是提高队伍整体素质的先导性、基础性、战略性工程。加强检察教育培训工作是贯彻落实中央加强干部教育培训的战略部署的迫切需要，是深入贯彻落实科学发展观，努力开创中国特色社会主义检察事业新局面的迫切需要，是深入推进检察队伍建设，全面提高检察人员素质的迫切需要。全省检察机关一定要把思想统一到中央和高检院的要求部署上来，全面加强教育培训工作。近年来，我省检察队伍整体素质有了新的提高。但我们要清醒看到，一些检察人员在执法宗旨、法治理念、职业道德、纪律作风等方面的修养需要加强；一些检察人员法律政策水平不高，专业知识老化；一些

* 2009 年 8 月 18 日敬大力同志在湖北省检察机关第一期领导素能培训班开学典礼上的讲话。

检察人员业务知识和专业技能急需训练提高；少数检察人员学历还达不到任职资格要求，一些基层院检察官断档、专业人才匮乏的状况亟待改变。我们还要清醒看到，检察工作面临的新形势新任务对队伍的整体素质和执法水平提出了新的更高要求，比如在维护稳定方面，当前金融危机对社会稳定的冲击不容忽视，刑事犯罪高发多发，各种社会矛盾碰头叠加并相互交织，各种敌对势力加紧勾连聚合进行捣乱破坏活动，社会稳定形势严峻复杂，要求我们不断提高驾驭复杂局面、解决复杂问题的能力。要解决检察队伍中存在的这些问题，要适应新形势新任务对检察工作的要求，我们必须大规模推进检察教育培训，努力建设一支高素质的检察队伍。

全省检察机关要认真贯彻高检院《关于2009—2012年大规模推进检察教育培训工作的实施意见》，全面加强和改进检察教育培训工作。一是要建立健全全员培训体系。要把教育培训的对象定位于全体检察人员，按照统一规划、分级实施的要求，下大气力扩大教育培训规模，切实做到全员轮训，使教育培训覆盖整个检察队伍，保证检察人员人人受教育、年年有培训，努力形成完整的大教育、大培训格局。要落实高检院要求，保证基层检察长和中层以上领导干部每年脱产、集中培训不少于110学时，其他检察人员不少于100学时，省院和市级院要高于这个要求。要完善全员培训工作机制，按照分级培训原则，明确省院、市级院和基层院的职责分工，加强对教育培训工作的组织管理，完善培训档案、考核、管理等相关制度。要适应全员教育培训工作需要，加强培训基地、师资队伍、教材课程、经费保障等基础体系建设，大力提高教学、科研、管理、服务水平和能力，提高教育培训工作质量，切实承担起对不同类别、不同区域、不同层次检察人员的培训任务。二是要完善教育培训内容。大规模推进检察教育培训，必须着眼于检察人员综合素质培养和全面发展，将思想政治理论教育、职业道德教育、职业技能培养、社会阅历磨练等有机结合起来，科学设置和完善教育培训内容。在内容上，我们要始终把握好理论教育培训、检察业务教育培训和检察职业道德教育培训这三个主要方面，坚持把提高思想政治素质作为首要任务，把提高业务素质作为核心要求，把提高职业道德素质放在突出位置，切实抓好检察教育培训工作。三是要深化教育培训改革。增强改革创新意识，改进教学方法，创新培训手段，转变培训模式，完善教育培训制度，不断提高教育培训质量。要落实按需施教的要求，坚持分类培训，根据不同类别、不同层次、不同岗位检察人员的需要，按照干什么学什么、缺什么补什么的要求开展培训，切实增强针对性和实效性。

二、进一步理顺思路，抓好今年各项检察工作任务的落实

今年以来，省院党组认真贯彻中央、省委和高检院部署，结合我省实际，提出了“六个着力”的总体工作要求，即着力保障经济平稳较快发展、着力维护国家安全和社会和谐稳定、着力强化法律监督职能、着力推动检察工作科学发展、着力深化检察体制机制改革、着力加强执法公信力建设。围绕这一总体要求，省院党组确定了今年要突出抓好的20项重点工作并实行责任分工。今年7月召开的全省检察长座谈会，对按照“六个着力”的总体要求狠抓工作落实进行了再部署。可以说，省院确定的工作思路和工作措施是相当明确的。大家要通过这次学习培训，进一步理顺工作思路，进一步领会和把握省院的工作部署和要求，切实抓好贯彻落实。这里，我再强调一下当前要突出抓好的几项工作：

一是全力维护社会稳定。在今年经济发展遭遇困难、政治敏感时段相对集中的大背景下，维稳任务更加艰巨繁重。我们要切实把维护社会稳定作为压倒一切的中心任务，牢固树立“大稳定观”和“一线”观念，全力做好检察环节维护稳定的各项工作。要全面理解和把握检察机关维护稳定的职责要求，认真履行批捕、起诉、查办和预防职务犯罪、对诉讼活动的法律监督等各项职能，全面发挥检察职能作用维护社会稳定。要高度重视涉法涉诉涉检群体性、突发性事件的处置问题，认真总结经验教训，加强专门教育培训，进一步提高应急处置能力，确保执法办案和对事件处置的法律效果、

政治效果和社会效果的有机统一。要进一步加强涉检信访工作，不断畅通信访渠道，加强源头治理，健全工作机制，讲究工作方法和处置策略，努力化解矛盾纠纷，促进社会和谐稳定。

二是加强检察机关执法公信力建设。今年，省院从更高层次、战略高度对检察机关执法公信力建设进行了部署。我们要牢牢把握检察机关执法公信力建设的目标要求，紧紧围绕建设公正高效权威的社会主义检察制度和造就严格、公正、文明、廉洁执法的检察队伍的要求推进执法公信力建设。要认识到执法公信力建设是一项系统工程，其主要内容包括端正统一执法指导思想、忠实履行法律监督职责、深化工作机制建设、推进执法规范化建设、全面加强检察队伍建设、加强检察机关群众工作、加强自身反腐倡廉工作、加强监督制约机制建设、推进基层检察院建设等九个方面的工作，必须统筹兼顾，逐项细化措施，全面抓好落实。

三是进一步强化法律监督。要始终坚持检察机关宪法定位，牢牢把握法律监督这一根本职责，全面加强对刑事诉讼、民事审判和行政诉讼等执法司法各环节的法律监督，不断提高法律监督工作水平。当前，要突出抓好省人大常委会《关于加强检察机关法律监督工作的决定》的贯彻落实。要全面理解掌握《决定》要求，进一步增强监督意识，突出监督重点，针对人民群众反映强烈的影响严格执法和公正司法的突出问题，加大监督力度，并始终坚持把查办职务犯罪作为强化法律监督的主要途径和措施；进一步完善法律监督工作机制，改进监督方式，增强监督实效；进一步加强自身建设，不断提高法律监督公信力；进一步加强与公安、法院以及司法行政部门的协作配合和监督制约，共同促进严格执法、公正司法；进一步争取人大、政府部门支持，改善法律监督工作外部环境和条件。

四是保持执法办案工作平稳健康发展。执法办案是检察工作的基本内容和实施法律监督的基本形式。保持执法办案工作平稳健康发展，是我们抓执法办案工作的一个总的指导思想和总的工作要求。要保持执法办案工作平稳健康发展，我们必须始终坚持以业务工作为中心，即以执法办案为中心，其他各项检察工作都要围绕执法办案来开展；必须保持积极进取、奋发有为的精神状态，以强烈的政治责任感抓执法办案，进一步加大查案力度；必须坚持围绕党和国家工作大局开展执法办案工作，正确理解和把握省院提出的五条办案原则；必须正确处理数量、质量、效率、效果、规范等五个方面的重大关系，实现“力度大、质量高、效果好、不出事”的工作要求；必须进一步健全执法办案工作机制，提高执法办案工作水平；必须坚持科学考评，树立正确导向，遵循办案规律，确保办案工作符合科学发展观、科学政绩观要求。

五是全面加强检察机关群众工作。加强检察机关群众工作，是维护社会和谐稳定、提高检察机关执法能力和执法公信力的必然要求。当前，我们要以贯彻落实省委转发、省院制定的《关于加强检察机关群众工作的指导意见》为契机，全面加强检察机关群众工作，进一步提高群众工作能力和水平。要全面理解《指导意见》内容，牢牢把握检察机关群众工作的指导思想、基本原则和目标任务，真正在维护人民群众权益、紧紧依靠人民群众、提高群众工作能力、接受人民群众监督、落实便民利民措施等方面下功夫、见成效。各级检察院要注意结合实际研究制定具有可操作性的制度，切实抓好省院指导意见的贯彻落实。要积极争取党委、人大、政府部门支持，为全面加强检察机关群众工作提供有力保障。

六是大力加强基层基础工作。基层院建设和检察基础工作是全部检察工作的基石。我们要认真贯彻全国基层检察院建设工作会议精神，坚持以业务建设为中心，以执法规范化、队伍专业化、管理科学化、保障现代化为目标，深入推进基层检察院建设。要扎实抓好检察基础工作，不断加强检务保障，强化检察人才工作，积极推进科技强检，健全制度机制，努力夯实检察工作发展基础。

三、切实端正学习态度，确保这次培训班取得实效

这次培训是第一次全省性的检察领导干部素能培训。本期培训班有着鲜明特色，办班方式实行大班套小班，课程设置既有公共课又有分班开课，教学形式全部采取专题讲座的方式，学习内容十分

丰富，目的是为了切实增强学习培训的针对性和实效性。这期培训班的学习情况如何，不但对今后几期培训具有示范意义，而且对全省检察机关新一轮的教育培训工作都有一定的引领作用。希望大家能够按照教学计划，加强学习、深入研讨，在各个方面作出表率。

一要结合实际开展学习。理论联系实际是干部教育培训必须坚持的基本原则。要带着问题参加培训，联系实际进行研讨，提高运用科学理论解决实际问题的能力。要紧紧围绕检察机关如何深入学习实践科学发展观认真学习和思考。要坚持理论与实际、学习与运用、思想与行动相统一，把学习培训的成效体现在解决实际问题上，体现到更好地推动各项检察工作上。

二要深入研讨推动学习。学习实践科学发展观的基本要求是解放思想、实事求是、与时俱进。只有发扬解放思想、实事求是、与时俱进的精神，才能真正促进科学发展，实现科学发展。加强理论学习和相互交流，是促进检察领导干部解放思想的重要途径。参加本期培训班的都是市县两级检察院领导班子成员，大家在开展工作中积累了很多好的经验做法，对如何深入推进当前检察工作有许多深入的思考，集中培训为大家提供了相互交流、相互探讨的难得机会。希望大家通过广泛交流和深入研讨，进一步解放思想、开阔视野、启发思维。要自觉地把思想认识从那些不符合科学发展观要求的观念、做法的束缚中解放出来，做到培训有所得、学习有所思、研究有所悟、本领有所增，努力使自己的主观认识符合不断发展的客观实际，进一步提高组织领导本地区检察工作的能力和水平。

三要集中精力抓好学习。当前，各级检察机关的工作任务十分繁重，省院党组让大家抽出一段时间来参加学习培训，是克服了一定困难的，也是花了一定成本的。机会难得，时间宝贵，一定要十分珍惜。希望大家根据安排和要求，有计划读点书，增加自己的理论积累，扩大自己的知识面，并集中思考研究一个或几个重大理论或实践问题，努力取得更多的学习收获。检察官学院和参加办班的部门要加强管理，强化服务，为同志们的学习和生活创造良好条件。

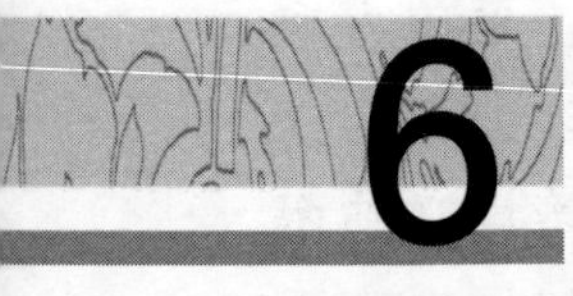

6 以党的十七届四中全会精神为指导，加强新形势下各级检察院领导班子自身建设*

刚刚召开的党的十七届四中全会，研究了加强和改进新形势下党的建设若干重大问题，审议通过了《中共中央关于加强和改进新形势下党的建设若干重大问题的决定》。全会对当前和今后一个时期加强和改进党的建设作出了部署，强调要建设马克思主义学习型政党、提高全党思想政治水平，坚持和健全民主集中制、积极发展党内民主，深化干部人事制度改革、建设善于推动科学发展和促进社会和谐的高素质干部队伍，做好抓基层打基础工作、夯实党执政的组织基础，弘扬党的优良作风、保持党同人民群众的血肉联系，加快推进惩治和预防腐败体系建设、深入开展反腐败斗争。全会号召，全党高举中国特色社会主义伟大旗帜，全面贯彻党的十七大精神，以改革创新精神全面推进党的建设新的伟大工程。学习贯彻十七届四中全会精神，是全党全国当前的一项重大政治任务。全省检察机关要紧密结合实际，认真传达学习和贯彻落实十七届四中全会精神，切实把思想和行动统一到党中央的要求和部署上来。要按照十七届四中全会的要求，全面加强和改进检察机关党的建设，努力提高党的建设科学化水平，真正把全面加强和改进检察机关党的建设同全面推进中国特色社会主义检察事业紧密结合起来，同建设和捍卫中国特色社会主义事业紧密结合起来，确保党的建设各项部署落到基层、落到实处，以党的建设带动和推进检察队伍建设，带动和推进

---

* 2009年9月27日敬大力同志在湖北省检察工作情况通报会上的讲话节录，刊载于《人民检察（湖北版）》2009年第12期。

各项检察工作。

以党的十七届四中会会精神为指导推进检察机关党的建设，首要的是切实加强检察机关领导班子建设。当前，检察工作面临着社会矛盾更加凸显、对敌斗争日益尖锐、刑事犯罪总量高位运行、反腐败斗争形势依然严峻、诉讼活动中执法不严、司法不公的问题仍比较突出等一系列严峻挑战。同时，党中央对落实依法治国基本方略、加强和改进政法工作、深入推进司法体制机制改革、建设公正高效权威的社会主义司法制度作出了战略部署，各级党委、人大、政府和社会各界、人民群众对检察工作更加重视、关心、支持，检察工作也面临着良好的发展机遇。能否正确应对挑战，善于抓住机遇，不断推动人民检察事业的发展进步，是对各级检察机关领导班子领导水平和领导能力的重大考验。

一、积极推进学习型领导班子建设

十七届四中全会强调，要把建设马克思主义学习型政党作为重大而紧迫的战略任务抓紧抓好。检察机关要积极响应党的号召，努力建设学习型党组织、学习型领导班子和学习型检察机关。检察领导干部要牢固树立学习观念，自觉把学习作为提高素质、增长本领、做好领导工作的根本途径。要努力学习党的理论政策、法律知识、检察业务以及现代管理知识、现代科学知识等等，努力使自己的思想水平和能力水平适应时代前进、工作发展的需要。要积极向书本学习，向实践学习，向群众学习，带着问题学习，围绕工作钻研，使工作的过程成为不断学习、增长才干的过程，切实提高学习能力和实践能力。

要培养战略思维、辩证思想、创新思维，增强检察工作的原则性、系统性、预见性和创造性。多年前，小平同志告诫党的领导干部要认真学习马克思主义理论，以增强工作的“原则性、系统性、预见性和创造性”，十七届四次全会通过的《中共中央关于加强和改进新形势下党的建设若干重大问题的决定》对此作了强调。全省检察机关领导干部，一要切实增强检察工作原则性。坚定理想信念、法治理念，明确工作方向，防止左右摇摆，坚持法治原则，依法办事，坚持是非分明，爱憎分明。二要切实增强检察工作的系统性。按照马克思列宁主义哲学关于事物普遍联系的原理，坚持辩证法，不孤立地看问题和处理问题，而是把检察工作作为互相联系的整体，把各项检察工作置于一个系统中来对待，做到环环相扣、整体推进、统筹兼顾。近年来，省院的一系列工作部署、改革措施，如检察工作一体化、队伍建设“六项工程”、检察机关群众工作、坚持以业务工作为中心、正确处理执法办案的数量、质量、效率、效果、规范五个方面的重大关系等等，都是根据系统性的工作要求作出的，系统性的部署还要系统性地落实。三要切实增强检察工作的预见性。注意提高对检察工作规律性的认识，注意吃透上级精神，全面掌握下情，随时把握工作的发展状况及趋势，早做准备，早做部署，增强工作的针对性和主动性，把握工作主动权。四要切实增强检察工作的创造性。强化改革创新意识，善于结合实际创造性地开展工作，善于结合实际需要积极推进检察改革，特别是加强检察工作机制创新，为检察工作发展增添动力。

二、切实加强领导班子思想政治建设

要坚持把马克思主义作为检察工作的根本指导思想，用中国特色社会主义理论体系武装党员干部的头脑。要深入开展社会主义核心价值体系学习教育，把理想信念教育作为重中之重，不断增强贯彻党的基本理论、基本路线、基本纲领、基本经验的自觉性，增强走中国特色社会主义道路、为党和人民事业不断奋斗的自觉性和坚定性。要增强党性观念，坚决维护党的领导的权威性，严格遵守党的政治纪律和组织纪律，提高政治敏锐性和鉴别力，在思想上、政治上、行动上始终与党中央保持高度一致，确保党的路线方针政策在检察工作中得到正确执行。要强化宗旨意识，进一步树立“立检为公、执法为民”的执法观，始终保持忠于党、忠于国家、忠于人民、忠于法律的政治本色。要不断深化对社会主义法治理念的认识，自觉践行社会主义法治理念的要求。

三、努力提高领导检察工作科学发展的能力

重视领导干部推动科学发展、促进社会和谐能力的培养和提高，努力建设一支善于领导检察工作科学发展的高素质领导干部队伍。领导干部要带头深入学习贯彻科学发展观，把科学发展观作为检察机关应当长期坚持的重要指导方针，积极发挥检察职能服务、保障和促进经济社会的科学发展，努力促进和实现检察工作自身的科学发展。要以科学发展观为指导，着力解决不适应不符合科学发展观的思想观念，着力解决影响和制约检察工作科学发展的突出问题，着力创新保障检察工作科学发展的体制机制，真正把科学发展观贯彻落实到检察工作的各个方面。要坚持工作思路和工作决策体现科学发展观的要求，做到符合法律、符合规律、符合大局、符合民意、符合理念、符合实际，努力创造出符合党和人民要求，符合经济社会发展需要，符合检察工作发展规律的实绩，不断推动检察工作的科学发展。

四、自觉发挥好示范表率作用

各级领导干部尤其是检察长作为本地本部门检察工作的组织者、领导者，精神状态如何，对检察工作的发展至关重要。工作要求越高、任务越重、困难越大，就越要求我们以饱满的热情、旺盛的斗志和高度的责任感去抓工作。检察领导干部一定要保持奋发向上的精神状态，具有强烈的事业心和责任感，始终把全部心思和智慧凝聚到完成党和人民交给的任务上来，为广大检察人员发挥示范表率作用。要做锐意进取、争先创优的表率，带着一种有所作为、有所建树的决心开展工作，推动各项工作争一流、上台阶，不断开创新局面。要做求真务实、真抓实干的表率，不是只讲宏观、讲长远、讲别人，而是坚持从自己做起、从现在抓起、从最急需解决的问题入手，坚持以求真务实的精神去抓落实，创造出实实在在的业绩。要做解放思想、改革创新的表率，破除自满、畏难、僵化思想，树立忧患、进取、创新意识，善于结合实际创造性地开展工作，善于推进工作机制创新，不断推动检察工作创新发展。要做勤政为民、执法为民的表率，想问题、作决策、办事情不是以个人的得失进退为取舍，而是怀着对党和国家的无限忠诚、对检察事业的不懈追求、对人民群众的深厚感情去做工作。各级检察长要有只争朝夕的精神，不能“春眠不觉晓”，不能醒得早、起得晚，不能凡事慢吞吞、慢半拍。

五、扎实推进党风廉政建设

十七届四中全会强调，要把反腐倡廉建设放在更加突出的位置。各级院领导班子要高度重视党风廉政建设，认真落实党风廉政建设责任制，在抓好检察机关党风廉政建设的同时，认真抓好领导班子自身党风廉政建设。要深入开展党性党风党纪教育和加强领导干部廉洁从检教育，筑牢拒腐防变的思想防线，从严律己、廉洁从检。要严格遵守中央和检察机关关于领导干部廉洁自律的各项规定，坚持用制度管权、管人、管事，加强检察机关反腐倡廉制度创新，形成反腐倡廉长效机制。要健全和完善对检察权运行特别是对领导干部和自身执法办案活动实施监督制约的有效机制，确保检察权不被滥用，确保清正廉洁、公正执法。领导干部要进一步增强接受监督的意识，自觉接受上级检察机关的领导和监督，自觉接受来自领导班子内部的监督，自觉接受纪检监察部门的监督，把自己手中的权力主动置于来自各方面的监督之中。

7 自觉端正思想认识，狠抓各项工作方针和部署的落实*

今年以来，全省检察机关深入学习实践科学发展观，认真贯彻高检院、省委的工作部署，按照全省检察长会议确立的“六个坚持、六个着力”的总体要求，全面履行法律监督职能，积极推进各项检察工作。从省院工作组检查调研的情况看，全省检察工作总的情况是好的，取得了很大成绩，呈现出良好的发展态势。但同时也要看到，工作中还存在着不少亟待解决的问题和薄弱环节，有些问题还比较突出，有些问题还带有一定的普遍性，影响着全年工作任务的圆满完成，甚至制约全省检察工作的科学发展。实事求是地对这些问题进行分析，我们可以看到导致这些问题产生的原因是多方面的，但其中最主要的就是抓工作落实不够。表现在四个方面：一是有的地方对重要工作部署不贯彻不落实；二是有的执法办案不能保持平稳健康发展；三是有的执法办案不符合规范化要求；四是有的地方推进改革措施不积极不主动。在当前中央对政法工作的要求很明确，高检院、省院对今年检察工作的部署也很明确的情况下，我们要完成今年的各项工作任务、推动检察工作的科学发展，关键在于狠抓工作落实。抓落实的关键在于各级检察院领导班子，各级检察院领导班子特别是检察长一定要进一步增强抓落实的主动性和自觉性。

一、深刻认识抓落实的重大意义

任何一件工作任务的完成，都是抓落实的结果。扎扎实实抓工

---

* 2009 年 9 月 27 日敬大力同志在湖北省检察工作情况通报会上的讲话节录，刊载于《人民检察（湖北版）》2009 年第 12 期。

作落实，是我们对待工作应有的态度和作风。全省各级检察领导干部特别是各级检察长要进一步认识抓落实的重大意义，切实增强抓工作落实的责任感和紧迫感。

第一，抓落实是领导干部加强党性锻炼、弘扬优良作风的必然要求。中纪委十七届三次全会明确要求，领导干部要牢记党和人民的重托，加强党性锻炼，弘扬优良作风，强化责任意识，把功夫下到抓落实上，兢兢业业完成组织上交付的工作任务。可以说，重视抓落实、敢于抓落实、善于抓落实，是领导干部的基本功，也是领导干部坚定的党性、良好的作风的重要体现。领导干部只有狠抓落实，才能确保中央的各项决策部署、上级检察机关的各项工作部署在检察工作中真正得到贯彻落实；领导干部只有狠抓落实，坚持真抓实干，察实情、鼓实劲、出实招、办实事、求实效，才能扎实具体地做好每一项工作，一项一项地认真研究解决存在的问题，推动工作不断前进发展。不抓落实，就谈不上党性坚定，谈不上讲政治、讲大局；不抓落实，就谈不上求真务实的工作作风；不抓落实，再好的工作思路、决策部署、制度规范也只能落空。

第二，抓落实是领导干部提高公信力、执行力的必然要求。近年来，全省检察机关一直强调加强执法公信力建设和执法能力建设，注重提高检察机关公信力，注重提高检察人员贯彻上级决策部署的执行力。必须看到，检察机关的公信力和检察人员的执行力首先要看检察领导干部的公信力、执行力。检察领导干部如果作风飘浮、工作不实，只作一般号召，只提工作措施，没有抓落实的扎实行动，就不可能树立起公信力，也不可能在贯彻执行上级决策部署中发挥示范表率作用，甚至会带坏一个地方、一个单位的风气，引起普通干部群众的强烈不满。检察领导干部必须大兴求真务实之风，狠抓工作落实，善于结合本地实际创造性的开展工作，使各项工作部署和要求得到真正落实、见到实效，才能提高自身的公信力和执行力。

第三，抓落实是实行检察工作一体化，确保检令畅通的必然要求。保证检令畅通，是检察机关履行法律监督职责、维护国家法律统一正确实施的重要保障。只有通过狠抓落实，严格执行上级检察

机关的指示、部署和决定，才能做到检令畅通，令行禁止。不抓落实或者落实不力，搞“上有政策、下有对策”，搞敷衍应付，致使有令不行、有禁不止，不仅对整个检察事业造成损害，也不可能做好本地的检察工作。因此，领导干部特别是检察长要统一思想，深刻认识抓落实的重大意义，以对党、对人民、对检察事业高度负责的态度，扎扎实实地抓工作落实。

二、认真解决影响抓落实的突出问题

最近，省院党组对工作方针部署、规章制度落实不够问题进行了认真、严肃地分析研究，深刻剖析了原因，归纳起来主要有六个方面：一是精神状态不振奋。一些同志工作主动性、敬业精神、责任心不强，工作没有热情、没有激情，不能全力以赴地抓工作，致使工作停滞不前，甚至长期扭转不了被动局面。二是思想认识、工作能力不高。有的“一体化”思想不到位，致使一些地方检令不畅通、力量不集中、工作不协调；有的执法理念、执法指导思想不端正、不统一，致使对上级的指示、部署和决定不理解、不执行、不落实；有的自身能力水平不高，不善于抓落实，也难以结合实际创造性的开展工作。三是工作作风不扎实。有的作风飘浮，抓工作浮光掠影，用会议落实会议，用文件落实文件，缺乏得力的措施和扎实的行动。四是制度机制不健全。如省院推出的一些改革措施配套制度不健全，影响各地抓落实；考核标准和奖惩制度不健全，导致“干与不干一个样”、“干好干坏一个样”的现象仍然存在，挫伤抓工作落实的主动性和积极性。五是督促指导不力。上级检察机关督促不力，督办不力，对领导的批示、要求督办不够、反馈不够；上下级检察机关在学习、传达、宣传、沟通方面做得不够，有些同志包括领导同志甚至不知道省院下发有关的文件及相关内容。六是客观因素的制约。如有的工作要求部署缺乏相应的人、财、物方面的保障。全省检察机关要对照这些问题进行认真检查分析，查找本地本部门是否存在这些问题，采取有针对性的措施加以解决。凡此种种影响抓落实的主观和客观原因，各级检察院领导班子要认真对照检查，加以解决。

三、健全抓落实的制度和机制

抓落实是一个老问题，这个问题之所以在一些地方和单位解决得不是很好，关键在于缺乏一套完善的制度和机制。我们要结合我省检察工作实际，在健全完善制度和机制上下功夫，为抓落实提供有力的制度机制保障。

一是落实检察工作一体化机制。对“检察工作一体化”，我们既要作为一种检察工作机制来落实，也要作为一种检察工作理念来对待，牢固树立起“一体化”的思想。要落实检察工作一体化机制的要求，强化上级院对下级院的领导关系，下级服从上级，上级支持下级，确保检令畅通、令行禁止，确保上级各项决策部署能够得到一体化遵行。

二是明确规范性文件制定权限。执行法律、政策的规范性文件，制定权限主要在高检院和省院，市级院和基层院的主要任务是抓好落实。要着力解决规范性文件过多过滥的问题，对上级已经制定的文件，不能层层做“减法”，不能对上级精神误读误用或有选择性适用。当前，下级院制定的规范性文件，要坚持报上级院备案审查制度，重要的执行法律和政策的规范性文件，原则上由省院制定；下级院有特殊需要的，可以提请省院制定；下级院确实需要自己制定的，要事先报省院审批。

三是建立健全工作指导制度。加强上级检察机关对下级检察机关的工作指导和督促检查，特别是要加强分类指导，认真总结推广好的经验做法，及时掌握工作中出现的新情况新问题，共同研究改进工作的对策措施，推动工作落实。要着眼于实现工作指导的常态化和提高工作指导的针对性、实效性，健全完善上级检察机关开展工作指导的相关制度。

四是健全完善案件督办、交办制度。目前，省院已就案件督办、交办工作出台了一系列规定，案件督办、交办工作已经有章可循，促进了办案工作开展和执法规范化建设。但在实践中，各地又反映

了案件督办、交办工作中出现的一些新问题，需要对相关制度进一步完善、细化。省院经认真研究，提出了十个方面的意见和要求。省院将就此下发文件，进一步完善案件督办、交办制度，各地要遵照执行。

五是建立健全考核、问责等机制。进一步改进业务工作考评办法，使考评标准更为科学合理，树立正确工作导向，推动抓工作落实更富有成效。鼓励各级院借鉴省院近年来行之有效的做法，每年对应当突出抓好的重点工作实行责任分工，严格检查验收，纳入目标考核。注重考核结果的应用，把抓落实作为衡量干部能力和水平的重要标准，把抓落实的实效作为检验干部政绩和选拔任用、提职晋升的重要依据。实行领导干部问责制，对工作不落实和长期打不开工作局面的要适时进行问责，领导班子该充实的进行充实，该调整的果断调整，该诫勉的及时诫勉，该批评的严肃批评。

六是改进报告工作制度。坚持下级院定期向上级院报告工作制度，改进报告工作的方式方法，改进评议工作，探索全面报告工作与专项报告工作相结合，加强对下级院落实评议意见的督促检查，推动下级院不断加强和改进工作，抓好工作落实。

8 抓好检察专业法学硕士培养工作，加快构筑人才战略高地*

人才是经济社会发展的第一资源。国家各项事业的发展，归根到底要靠人才。近期，中央颁发了《国家中长期人才发展规划纲要（2010—2020年）》（以下简称《人才规划纲要》），对实施人才强国战略、加快建设人才强国做出了全面部署。高检院党组在学习《人才规划纲要》时提出要坚持走人才强检之路，不断提高检察机关人才发展水平。我们必须深刻认识人才工作对检察工作和检察事业发展的重大意义，切实把思想和行动统一到中央、省委和高检院的决策部署上来。要瞄准加快构筑检察人才战略高地的目标，以更大的决心、更大的力度、更多的投入推进人才工作，使人才真正成为我省检察工作科学发展的第一推动力。

要确立人才优先发展的战略布局。做好新形势下人才工作，必须确立人才优先发展战略布局。我们在推进各项检察工作科学发展过程中，也要把人才工作放在突出位置，着力培育检察机关人才资源优势。要坚持人才资源优先开发，多措并举，强化措施，加大人才培养力度，创新人才培养模式，提高人才培养质量；坚持人才结构优先调整，根据我省检察事业发展需要，及早谋划和率先调整人才队伍素质结构、层级结构、分布结构，适应检察工作可持续发展的需要；坚持人才投资优先保证，要将资金投向的重点由“两房”建设、装备建设等物质建设转向人才队伍建设，当前首先要保证全

* 2010年9月2日敬大力同志在湖北省首届检察专业法学硕士研究生班开学仪式上的讲话。

员教育培训的投入。

要统筹抓好各类检察人才队伍建设。要突出重点，加快培养一支能担当推进中国特色社会主义检察事业健康发展重任的高层次、复合型人才队伍；着力培养一批精通法律、精通业务、善于监督的专门人才；注重建设一支长于检察事务管理的人才队伍；加大急需紧缺的信息技术、司法鉴定、司法会计等专业技术人才队伍建设力度。要加大人力资源开发力度，通过提高检察队伍整体素质，夯实人才资源开发的基础，扩大人才总量，提高人才质量；要加大统筹推进力度，注重各类人才队伍建设的整体推进和协调发展，使不同专业特长、不同职业岗位、不同成长经历、不同能力水平的人才都能各得其所、各展所长。

要优化检察人才发展环境。各级领导干部要切实承担起营造引才、育才、聚才、用才良好环境的重任。要树立"以人为本"的导向，建立适应各类人才施展才干、实现价值的制度环境，努力实现人才自身发展与推动检察事业科学发展的双赢局面。要坚持德才兼备、以德为先的选人用人原则，遵循实践出人才的根本规律，使人才在使用中成长，在实践中提高。要营造公开平等、竞争择优的环境，为人才成长提供公平机会，最大限度地调动人才的积极性。要营造鼓励创新、宽容失败的工作环境，使各类人才尽情发挥自己的聪明才智。要注重树立我省检察机关珍视人才、尊重人才的社会形象，进一步拓宽人才引进渠道，加大引进高层次人才力度，完善人才结构，充实人才队伍。

在全省检察机关整个教育培训工作和人才建设中，检察专业法学硕士培养工作占据举足轻重的位置。培养检察专业法学硕士研究生，是从检察工作的实际需求出发，借力湖北丰富的教育资源，加强人才培养工作的一项创新举措。其目的在于培养一批能满足检察工作创新发展需要的高层次检察人才，建设一支能够引领湖北检察事业科学发展的领导班子后备人才队伍和各方面的检察业务骨干，同时探索一种培养高层次检察人才的有效模式。首届检察专业法学硕士培养工作中要做到三个注重：

一是注重检察特色。要将适应检察工作实际需求作为培养工作的根本任务，在系统学习法学理论知识的同时，更加侧重检察实务研究，更加侧重解决检察工作面临的实际问题。为此，我们在培养方式上实行双导师制，既配备高校理论导师系统教授学员法学理论知识，又从检察系统选派专家担任实务导师，着力培养学员解决实际问题的能力。在教学内容上，开设检察基础理论与制度、检察工作方针政策、检察队伍建设、检察改革、检察工作方法与技巧、检察管理、检务保障、检察业务等八个具有鲜明检察特色的共同课程；设置批捕起诉、职务犯罪侦查、诉讼监督、民事行政检察和检察管理等五个研究方向，分别开设五至六门的专业课程。在教学计划上实行"三个三分之一"，即三分之一的时间集中授课，接受正规化的检察基础理论教育；三分之一的时间深入基层，参与检察业务实践，开展调查研究和实习、见习活动；三分之一的时间跟随和辅助导师工作，针对检察工作中的重点、难点和热点问题，开展检察专题研究。在培养要求上，每个学员在完成规定学分的基础上，必须提交一份优秀的毕业论文、一两份高质量的检察调研报告，办一两件精品案件，参与组织指挥一两件重大突发事件的处置或重大案件的办理。

二是注重探索创新。检察专业法学硕士研究生培养是我省检察机关与高校"检校共建"的新模式，是人才培养机制的创新，无成规可用，无先例可循。这就要求我们立足实际，以创新的思维、创新的办法逐步建立健全各项工作制度机制。在教学方面，实务导师要将教学任务作为本职工作的重要组成部分，认真编写讲稿、讲义等教学资料，合理安排教学内容，结合自身工作为学员提供实践的机会和平台。同时希望理论导师关注检察专业法学硕士研究生培养目标的特殊性，在教学内容、教授方式等方面给予更多考虑。要建立教学效果评估制度，根据教学效果及时调整完善教学内容和方式；要建立理论导师和实务导师协作配合机制，加强两者在提高教育培养针对性和实效性方面的合作。要将检察工作中的最新经验、检察理论和实务研究的最新成果及时引入教学、转化为实践，实行教学

与科研相结合。在教务方面，省院教育培训部门要加强与华中科技大学的联系，建立情况信息及时通报制度、重大问题共同协商制度等，实现教务工作的无缝衔接。要及时总结教学、管理上的经验，探索成熟的联合办学模式，为首届检察专业法学硕士研究生培养工作的圆满完成和后续班次的顺利开办夯实基础。

三是注重表率作用。省检察院和华中科技大学对首届检察专业法学硕士研究生培养高度重视，寄予厚望。首届检察专业44名法学硕士研究生，都是经过各级院党组亲自审查、推荐，通过研究生考试的激烈竞争脱颖而出的，都具有较高的政治素养、文化素质和发展潜力。大家是从繁忙的工作岗位上又回到学习的课堂，机会难得，令人羡慕。要时时告诫自己是来学习的，不是来休息的；是来练就真本事的，不是来镀金的；是来研究问题的，不是来走形式的。希望大家能够珍惜这次难得的学习机会，全力以赴认真学习，努力丰富和完善自己，为今后的发展打牢基础，为今后的工作增添本领。同时，通过自己的努力，使首届检察专业法学硕士研究生成为后续研究生的样板和标杆，发挥好“首届”、“一期”的示范效应。希望学员们在学习过程中谨记华中科技大学“明德厚学、求是创新”的校训，恪守“忠诚、公正、清廉、文明”的检察官职业道德，秉承检察官的各项职业守则，继承和发扬优良的作风和学风，勤学多思、刻苦钻研、严谨治学、勇于创新。坚持学以致用，将学习法学理论知识与解决检察工作实际问题结合起来，自觉加强对检察工作中重大问题的思考，积极向领导建言献策，在学习中提高实践的能力和水平，在实践中丰富和深化对知识的理解，提高知识的转化利用效率。坚持正确处理学习与工作的关系，加倍努力、克服困难，做到学习与工作两不误、两促进。经过几年的努力，希望大家都能成为能够担负大任的优秀检察人才！

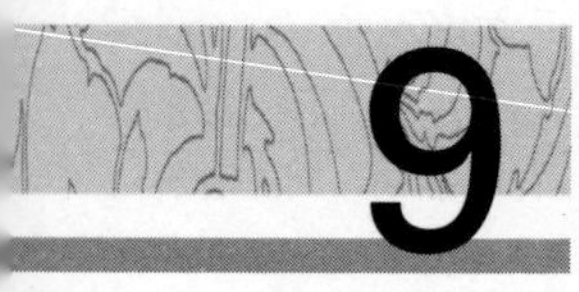

9 检察文化建设重在体现时代精神、构建检察人员共同价值体系、激发检察事业发展内生动力*

什么是检察文化？检察文化的内容形式如何？它具有什么样的作用？如何发展检察文化？这些都是本次会议要研讨的问题，也正是我们所期待的！湖北省检察院在2007年曾经制定发布了《关于加强检察队伍建设若干问题的决定》，提出了加强包括检察文化建设在内的队伍建设“六项工程”。这些年来，在高检院正确领导下，我们在检察文化的理论和实践上进行了一些探索。按照检察工作特点和文化建设规律，大力实施检察文化发展和文化育检战略，不断丰富检察文化内涵，牢固树立和自觉践行社会主义法治理念，深化检察职业道德建设，积极开展丰富多彩的文化创建活动，充分发挥检察文化功能促进检察事业创新发展，取得了积极成效。

文化是一个民族的精神和灵魂，是国家发展和民族振兴的强大力量。检察文化是中国特色社会主义先进文化的重要组成部分，是社会主义法治文化的重要内容，伴随着检察事业的发展而不断丰富完善，其在促进提高检察队伍素质、推动检察工作科学发展方面的巨大作用越来越凸显、越来越为我们所认识和重视。这也就是我们之所以大力发展检察文化、创新检察文化的根本意义所在。

首先，检察文化建设重在体现时代精神。检察文化作为整个文化的一个子系统，与其他各类文化一样，大致可分为物质文化、制度文化、行为文化、精神文化等层面。检察机关的制度规范、执法

---

* 2010年10月30日敬大力同志在全国检察文化建设理论研讨会上的致辞。

活动、设施环境以及各种文化活动等，是检察文化的客观载体和外在表现；检察人员在执法等各种活动中展示的理想信念、价值标准、执法理念、职业修养、精神风貌，则是检察文化的本质与核心，它体现着检察事业最深层次的精神积淀，反映着检察人员的理想追求，是决定检察事业发展方向、内容、规模等的导引和推动力量。检察文化建设不光要注重外在的形式与符号，更要注重内在的本质与核心。只有紧紧抓住精神文化建设这一本质与核心，在检察机关内大力提倡树立合乎时代发展趋势的一种精神、一种风气、一种价值追求和行为准则，并以此引领检察人员的思想和行动，才能真正实现文化既要“化物”，更要“化人”的价值功能，才能充分发挥检察文化“软实力”的巨大力量，更有效地促进检察事业发展进步。加强检察文化建设，应在坚持物质文化建设和精神文化建设相统一的基础上，更加注重检察精神文化建设，以其巨大的理论力量、精神力量、道德力量凝聚人、感召人、鼓舞人，提振检察干警的精、气、神，为检察事业全面发展进步提供坚实的思想基础和强大的精神动力。

其次，检察文化建设重在构建检察人员的共同价值体系。要在弘扬检察人员共同价值理念和职业精神上下功夫，形成全体人员团结一致、奋发向上的纽带，打造全体检察人员共同的精神家园，坚持将弘扬主旋律作为检察文化建设的本质要求，形成检察人员团结奋斗的共同思想基础。任何一个时期、一个区域的文化，总有一种占据主导地位、起着支配作用，它为一个社会群体全体成员共同理解、接受和遵循。邓小平同志讲，文化建设要“弘扬主旋律、提倡多样化”，弘扬主旋律是社会主义制度对文化建设提出的本质要求，就当代中国而言最根本的就是要建设和弘扬社会主义核心价值体系，这是以文化统一意志、团结力量的基础，是提倡多样化的前提。检察文化建设同样应当遵循这一基本规律和要求，着力构建检察人员共同的价值体系，真正唱响主旋律、形成导向性，以此确保检察文化建设的正确方向。构建和弘扬检察人员共同的价值体系，必须始终坚持以社会主义核心价值体系为指导，牢固树立社会主义法治理念，真正使“依法治国、执法为民、公平正义、服务大局、党的领导”的观念内化于心、外践于行；大力弘扬社会主义荣辱观，努力践行忠诚、公正、清廉、文明的检察职业道德规范，培育良好的职业道德风尚；着力把握检察工作发展的内在规律，加强对各项检察工作的统筹协调，增强检察工作的原则性、系统性、预见性和创造性；努力形成“四个三”的共同价值追求：提高三种能力，即执行领导决策和工作部署的能力，创造性开展工作的能力，分析和解决实际问题的能力；树立三种精神，即奋发有为、积极进取的精神，扎实肯干、务实高效的精神，艰苦奋斗、无私奉献的精神；倡导三种风气，即学习和调查研究的风气，讲原则、守纪律的风气，团结协作、和谐友爱的风气；培养三种思维，即战略思维、法律和政策思维、哲学思维。要通过构建和弘扬共同价值体系，坚定检察职业信仰，用统一的价值理念和精神追求引领全体检察人员的思想与行动。

最后，检察文化建设重在激发检察事业发展的内生动力。“随风潜入夜，润物细无声。”实践证明，先进文化具有独特功能和巨大魅力，能在潜移默化中发挥引导、约束、凝聚、激励等作用。从管理的角度来讲，这些作用有助于弥补制度管理等管理方式的缺陷，降低管理成本，提升管理效能。因此可以说文化是一种更高层次的管理，是实现有效管理的重要途径。我们要推动高层次、现代化的检察管理，必须重视检察文化建设，必须深刻认识到加强管理不能仅靠制度压、纪律管和检查督，更应注重发挥检察文化的“内功”。具体而言，就是要以先进检察文化指引方向，引导广大检察干警进一步加深对中国特色社会主义的理论认同、政治认同和感情认同，坚定理想信念，树立正确的世界观、人生观、价值观，自觉增强党的意识、宗旨意识、大局意识、责任意识，增强为党的事业、人民事业、检察事业不懈奋斗的自觉性和坚定性。就是要以先进检察文化约束行为，通过先进检察文化的影响和熏陶，提高检察人员的职业素养和自律能力，使每位干警加强自我修养、强化自我约束，自觉自愿地遵从法律法规、工作纪律等制度要求，并推动形成检察职

业自律机制。就是要以先进检察文化凝聚人心，积极借助文化蕴含的价值标准和目标追求统一思想，增强干警对检察事业的认同感、自豪感和归属感，增强凝聚力和向心力，促进结成全体检察人员荣辱与共的命运共同体，努力形成团结一致、心齐劲足的良好氛围。就是要以先进检察文化激励斗志，充分运用文化的精神力量鼓舞干警，使每位检察人员在检察文化的感召下，树立强烈的主人翁意识，始终保持饱满的工作热情和昂扬的进取斗志，积极主动地为检察事业贡献自己的智慧和力量。要把检察文化建设作为强化执法管理的重要手段，以检察文化的无形力量推动执法办案、检察队伍、检务保障等检察工作管理水平再上新台阶、取得新成效。

近期，高检院即将成立全国检察文学艺术联合会，并组织召开本次研讨会进行思想理论准备，这对于深入推进全国检察机关文化建设、发展和繁荣检察文化事业、推动检察工作科学发展具有重大战略意义。我们相信，通过大家对检察文化内涵、特征、规律、作用等基本理论问题的深入研讨交流，必将会进一步深化对检察文化建设的认识，取得丰硕的理论成果。

10 扎实深入开展治庸问责工作*

今天，我们召开省院机关全体干部大会，主要任务是认真贯彻《中共湖北省委常委会关于推广武汉市经验在全省开展治庸问责工作的决议》、省直机关工委《关于强力推进治庸问责工作的实施方案》以及省直机关治庸问责工作动员大会精神，对省检察院机关开展治庸问责工作进行动员部署。

一、深化思想认识，迅速扎实开展治庸问责工作

中纪委六次全会提出了在全党治理庸、懒、散问题。新形势下我们党面临精神懈怠的危险，能力不足的危险，脱离群众的危险，消极腐败的危险。全国“十三检”会议强调，要把治理庸、懒、散作为推进机关作风建设的突破点，坚持不懈地反对特权思想、霸道作风。最近，省委提出，我省要实现科学发展、跨越式发展的目标，这是非常之事；做好非常之事，需要非常之人、非常之精神、非常之能力、非常之举措。要推广武汉掀起“责任风暴”、实施“治庸计划”的经验，在省直机关开展治庸问责工作，着力解决干部队伍中存在的“庸、懒、散、软”问题。

这些重要精神立意高远，内涵丰富，切中要害，令人警醒。坚持党要管党，从严治党，有效应对和预防“四大危险”，对于我们党执政为民、长期执政具有重要而深远的意义。“庸、懒、散、软”

---

* 2011 年 8 月 24 日敬大力同志在湖北省人民检察院深入开展治庸问责工作动员大会上的讲话。

问题是“四大危险”在党员干部作风方面的具体反映，对此我们绝不能忽视和轻视。结合省检察院机关的实际，我体会“庸、懒、散、软”问题还不同程度地存在，主要表现在：一是在发展理念和执法理念上的“昏庸”。有的对科学发展观、社会主义法治理念和“六观”、“六个有机统一”，认识不够深、理解不够透、把握不够准，不能很好地指导实践，不能适应新形势新任务的要求，正确的发展理念和执法理念还没有牢固树立。二是在精神状态上的“庸碌”。有的意志消沉、不思进取、随波逐流；有的自认为是“老资格”，有“船到码头车到站”的松劲思想；有的受到一点挫折就不能正确对待，客观原因找了一大堆，就是不从自身找差距。三是在思想作风上的“庸俗”。有的不讲同志关系，而讲“哥儿们”义气；不讲原则立场，而讲“好人主义”；不讲道德品行，而讲低级趣味。四是在工作业绩上的“平庸”。工作满足于一般化，平平过，标准不高，小成即满，不是跳起来摘桃子，而是得过且过，目标缺乏，动力缺乏，做一天和尚撞一天钟，不推不动，甚至推而不动。五是在工作原则上的“中庸”。有的不偏不倚，推诿扯皮，不敢抓、不敢管，不坚持原则、不敢于担当，怕得罪人、怕丢选票，避重就轻，避难就易，避实就虚，遇到困难绕道走，见到难题就躲避。凡此种种，都是“庸、懒、散、软”的具体表现，直接影响检察机关职能作用的充分发挥，严重损害检察机关在人民群众心目中的形象。

我们要从适应新形势新任务要求，推进中国特色社会主义事业发展进步的高度，深刻认识开展治庸问责工作的重要性、必要性和紧迫性。要对治庸问责工作旗帜鲜明、态度坚决、行动迅速，树立“把公家的事当做自家的事，把群众的事当做自己的事”的观念，自觉而不是被迫，主动而不是被动，积极而不是消极，进取而不是停滞地抓好各项工作。要保持清醒头脑，直面现实问题，通过抓精神鼓士气、抓学习提能力、抓效能优环境、抓作风严纪律、抓规范促执法，进一步强化全体干警的能力席位意识、危机意识、责任意识、服务意识和奋发有为意识，形成解放思想、勇于担当、敢抓敢管、真抓真管的良好氛围，推进“三个体系”建设，促进省院机关精神面貌大改观、干警作风大转变、服务效能大改进、执法能力大提升。

二、坚持领导带头，充分发挥领导班子和领导干部的示范表率作用

领导干部是“关键的少数”。省院机关处于全省检察系统的顶端，是全省检察工作的领导机关，省院机关的工作效能直接影响全省检察工作的成效。省院党组作为省院机关的领导核心，是全省检察工作的“发动机”，直接决定省院机关的风气、面貌和工作水平。省院中层领导班子处在承上启下的重要地位，是做好省院机关各项工作乃至全省检察工作的中坚力量。在全部检察工作中，队伍建设是根本，领导班子和领导干部是关键。开展治庸问责工作，必须突出领导班子和领导干部这个重点，充分发挥领导班子和领导干部的示范表率作用。

当前和今后一个时期，省院班子和领导干部要努力做六个方面的表率：一要做勤于学习、善于思考的表率。少一些应酬、空谈，多一些阅读、思考，培养世界眼光和战略思维，提高思想境界和综合素质，不断提高领导干部思想、理论、探索、实践的自觉性，不断提高工作的原则性、系统性、预见性和创造性。二要做解放思想、改革创新的表率。破除自满、畏难、僵化思想，树立忧患、进取、创新意识，善于结合实际创造性地开展工作，推动检察工作科学发展。三要做以人为本、执法为民的表率。想问题、作决策、办事情不是以个人的得失进退为取舍，而是怀着对党和国家的无限忠诚、对检察事业的不懈追求、对人民群众的深厚感情去做工作。四要做求真务实、真抓实干的表率。开展治庸问责工作不能只讲宏观、讲长远、讲别人，而是要从自己做起、从现在抓起、从最急需解决的问题入手，抓实事，求实效，创造实实在在的业绩。五要做严于律己、勤政廉政的表率。带头贯彻执行各项纪律规定，要求干警做到的，自己首先做到；要求干警不能违反的，自己坚决不做；要求下级院做到的，省院首先做到，还要做得更好。六要做抓好班子、带

好队伍的表率。认真落实“一岗双责”，既抓业务又抓队伍，既抓思想政治建设又抓反腐倡廉建设。在开展治庸问责工作中，省院党组成员、院领导、厅级干部、中层领导干部要对照“六个表率”的要求，系统查找在思想、工作、作风等方面的问题，采取有针对性的措施加以解决。要当好治庸问责工作的引领者、组织者和推动者，带头参加学习，带头查找问题，带头整改完善，带头抓好落实，一级抓一级、一级带一级，推动这项工作顺利开展。

三、把握工作重点，确保治庸问责工作取得实效

开展治庸问责工作，要坚持把思想教育、检查整改、树立典型、责任追究、完善机制贯穿始终，突出抓好宣传发动、自查整改、督查问责、总结提高四个环节。为了确保省院机关治庸问责工作取得实效，必须牢牢把握工作重点，做到“六个狠抓”：

（一）狠抓“维护、创造、优化”发展环境

推进湖北科学发展、跨越式发展，加快构建促进中部地区崛起重要战略支点，发展环境至关重要。省委明确提出要治庸提能，治懒提效，治散提神，治软提劲，创建全国环境最优省份。检察机关并不直接从事经济工作、管理工作，服务湖北经济社会发展大局关键是从自身的性质和职能出发，充分发挥检察职能作用，着力“维护、创造、优化”发展环境。偏离党和国家工作大局，影响、妨碍、破坏发展环境，就是最大的“庸、懒、散、软”。近期，第十三次全国检察工作会议明确提出，要发挥各项检察职能作用，为“十二五”规划纲要顺利实施营造诚信有序的市场环境、和谐稳定的社会环境、廉洁高效的政务环境、公平正义的法治环境。在开展治庸问责工作中，省院机关要发挥带头示范作用，深入学习贯彻高检院、省委重大战略部署，按照省院党组坚定正确政治方向、加强“三个体系”建设的工作要求，进一步强化政治意识、大局意识、服务意识，充分发挥打击、预防、监督、教育、保护等检察职能，努力为湖北科学发展、跨越式发展创造良好环境。要紧紧围绕省委全面实施“两圈一带”战略、加快“四基地一枢纽”建设、推动“一主两

副”中心城市加快发展，奋力推进“四个跨越”等重大决策部署，理清大局与检察工作的关系，明确大局对检察工作的要求，深入思考和谋划服务大局工作。

（二）狠抓执法规范化建设

检察机关是国家法律监督机关，严格、公正、文明、廉洁、规范执法是最基本的要求、最根本的职责。检察机关不严格履职、不依法办案、不善于监督、不规范执法，就是“庸、懒、散、软”，就会失信于民；就是业绩平庸、工作懒惰、纪律松散、班子软弱的集中体现。省委常委会最近研究检察工作时强调，检察机关要弘扬法治精神，在法治湖北建设中发挥积极作用，要落实省委提出在普法、信法、守法、依法、施法、执法、司法、立法等方面的新要求，切实维护司法公正，严格遵守法律和制度，执法守法，依法“执法”，治庸问责、清除隐患，对于自身违法违纪案件要下重拳、下狠手，坚决依法严肃查处。

（三）狠抓检察管理工作

检察机关出现“庸、懒、散、软”问题，原因是多方面的，但与管理模式不明确、管理措施不到位、管理手段不先进、管理机制不健全有密切关系。近年来，对于检察工作中的“庸、懒、散、软”问题，我们侧重在治理上下功夫，坚持不懈地开展思想政治教育，但总体效果不尽如人意，执法理念仍然存在偏差；持续不断地开展突出问题的专项治理，但没有达到理想效果，一些执法“顽症”仍然屡禁不止；高度重视制度规范的健全完善，但落实执行力度不够，制度的根本性长远性作用没有显现出来。为什么出现这种反差，值得我们深思。这就启示我们在开展治庸问责工作中，要实现从侧重治理向治理与管理相结合，更加侧重管理的转变，突出强调抓落实、抓执行、抓问责，通过强化检察管理发现问题、堵塞漏洞、建章立制，向管理要公正、要效率、要规范。省院机关要按照“强化检察管理年”活动的部署，遵循规律，深化探索，率先垂范，把强化检察管理放在重要位置来抓。要进一步认识强化检察管理的重大意义，深刻认识创新和加强检察管理是促进严格公正文明廉洁

执法的重要举措，是提高法律监督工作水平的必由之路；要将开展治庸问责工作作为强化检察管理的重要抓手，集中治理执法不规范、管理不到位等突出问题，着力提高管理水平。要进一步明确强化检察管理的基本要求，遵循检察工作一体化、“两个适当分离”等重要规律，注意从检察工作规律出发来研究检察管理问题，强化对各种检察工作规律的准确把握，促进检察管理科学化。要进一步把握检察管理机制建设的目标任务，按照“落实、增效、规范、创新”的要求，激发检察干警的工作积极性、主动性与创造性，切实提高抓工作落实的自觉性，提高工作效率、提升管理效果、降低成本支出，用常态化的体制机制解决执法不公不廉不严等突出问题，促进和推动思想创新、工作创新、机制创新。要进一步研究解决检察管理中存在的突出问题，落实责任分工方案，强化检察政务管理、执法管理、保障管理、队伍管理四个方面20项工作，提出解决存在问题的对策措施，通过强化检察管理最大限度地减少“庸、懒、散、软”产生的源头性、根本性、基础性问题。

（四）狠抓全体干警的精神状态、责任意识和能力建设

省委指出，精神之庸、责任之庸、能力之庸的“三庸”现象，不负责、不尽责、不担当的“三不”问题，在少数地区和机关干部中不同程度地存在，对这些不良现象和问题，必须“敢治、狠治、大治、重治”。近年来，省院机关通过加强干部作风、职业道德和执行力建设，干警的精神面貌、责任意识和素质能力都有了明显提升，但也要清醒地看到，仍有一些干警精神不振、动力不足；少数干警责任意识淡漠，事不关己，高高挂起；个别干警案件突破不了、材料写不出来、请示答不上来，能力不能适应工作需要。在开展治庸问责工作中，要紧密结合省院机关实际，把提振精神状态、树立责任意识和加强能力建设作为重要任务来推进。要警惕精神懈怠的危险，树立奋发有为、积极进取的精神，在事业上要有追求，在工作上要创一流，始终坚持对工作高标准、严要求，努力争先进、创一流，使本部门工作纵向比较能够年年有进步、年年有提高，横向比较能够在全国拿得出、叫得响、过得硬，推动我省检察工作在全国

保持靠前位置。

看一个领导干部，很重要的是看有没有责任感，有没有担当精神。责任意识是领导干部和检察干警必须具备的基本素质，是党性修养和工作作风的试金石。责任意识强，再大的困难也可以克服；责任意识差，很小的问题也可能酿成大祸。全体干警都要勇于任事，敢于担当，不能在其位不谋其政，在岗位不在状态；要各负其责，守土有责，不能敷衍塞责，逃避责任；要责权统一，尽职尽责，不能遇到权力往里揽，遇到责任往外推。中层干部要将自己承担的责任先负起来，影响和带动周围的人负责，形成负责任、敢担当的良好氛围。这里，我特别强调一下加强能力建设问题。做好各项检察工作，履行好法律监督职责，必须具备特定的能力，包括思想水平、综合素质、专业能力，等等。检察机关的每一个工作岗位特别是领导岗位，都是一个“能力席位”。能力席位的含义丰富，但首先是有标准要求的，不是“照顾、安置、混事”的席位；其次是实实在在的，是需要承担特定职责的，是需要一定能力来承担的。在这个意义上讲，有能力才能胜任席位，有能力才能做好工作，有能力才能担当责任。8 月底之前，省院各部门都要按照统一部署，按照“确责、履责、问责”的要求，研究制定每一个工作岗位的能力席位标准。全体干警都要对照岗位职责、能力席位的要求，立足本职，强化措施，着力提高发现违法犯罪、分析研判矛盾、侦查突破案件、审查固定证据、适用法律政策、严格规范执法、组织引导群众等素质，不断提升自身的履职履责和胜任工作的能力，防止出现能力不足的危险，努力使自己成为检察工作的“行家里手”和“专家权威”。

（五）狠抓检察机关群众工作

“庸、懒、散、软”问题影响党和政府形象，损害检察机关执法公信力，损害人民群众切身利益。同时，检察机关能否做好群众工作，也是检验检察工作庸与不庸的一个重要标准。开展治庸问责，必须为了群众、依靠群众、接受群众监督。要坚持开门治庸、公开问责，高度重视群众评价，坚持把民评民议贯穿于治庸问责的全过

程。治庸问责工作开展得好不好、效果明不明显，要把群众满意不满意作为最终评价标准。全体干警都要始终把人民放在心中最高位置，把人民群众的需要作为检察工作的根本导向，把实现好、维护好、发展好人民群众的利益作为检察工作的根本出发点、落脚点，使检察工作获得最广泛最可靠最牢固的群众基础和力量源泉。坚持把人民群众的关注点作为法律监督工作的着力点，促进解决人民群众最关心的社会治安、权益保障、社会公平正义等问题，切实保障和改善民生，努力使执法过程变成服务群众的过程。更加注重察民情、听民声、化民怨，更加注重妥善处理人民内部矛盾和群众合理诉求，切实维护人民群众的合法权益。要认真贯彻中央的指示要求和省委、省政府《关于加强和改进新形势下群众工作的决定》，深入落实省委转发的省院《关于加强检察机关群众工作的指导意见》，准确把握新形势下群众工作的新情况新特点，切实抓好“维护人民群众权益、紧紧依靠人民群众、提高群众工作能力、接受人民群众监督、落实便民利民措施”等各项工作。按照省院提出的“六个进一步”的要求，推进检察机关群众工作深入发展，积极探索新的历史条件下检察工作专群结合、依靠群众、服务群众的新途径新机制，切实把以人为本、执法为民和检察机关群众工作根本要求全面深入贯彻到各项检察工作中去，不断提高群众工作能力和水平。要使治庸问责工作成为一个开放工程，提高广大群众的参与程度，接受群众的监督，着力提高检察机关执法公信力和人民群众满意度。要按照最高人民检察院的有关规定，充分做好执法办案的风险评估，并积极预防办案风险、涉检信访和突发事件的发生。

（六）狠抓各项工作部署的落实

反对空谈、强调实干、注重落实，是我们党的一个优良传统。“庸、懒、散、软”问题之所以出现并长期存在、治理后不断反弹，抓落实不够有力、不够有效是一个重要原因。在开展治庸问责工作中，要引导全体干警一心一意谋发展，心无旁骛抓办案，做“干将”而不做“谈将”，褒奖那些埋头苦干、狠抓落实的干部，调整和问责那些只尚空谈、不干实事的干部，使“庸、懒、散、软”的干部没有立足的环境、没有发展的空间，努力营造崇尚实干、恪尽职守、勇于奉献的工作氛围。

四、完善责任体系，健全治庸问责长效机制

省委强调，治理“庸、懒、散、软”问题，“只打雷不下雨”不行，光靠和风细雨式的说服教育也解决不了问题，必须“刮大风、打大雷、下大雨”。要围绕“确责、履责、问责”三个环节，突出问题导向，完善责任体系，健全长效机制，不断把治庸问责工作向纵深推进。

一要明确岗位目标责任。开展治庸问责工作的出发点和落脚点是为了推进各项工作。要把治庸问责工作与目标管理责任制、公务员能力建设紧密结合起来，通过落实目标责任制，通过确定每一个岗位的能力席位标准，来考察和检验干部的工作能力是否胜任，工作业绩是否符合岗位职责的要求。要明确工作能力不胜任就是“庸”、工作任务完不成就是“庸”，岗位不是非你莫属，更不是终身制、世袭制，促进和激励广大干警尽职履责。要对各项工作进行责任分解，加强检察管理，使每项工作都做到有奋斗目标、有具体任务、有进度安排、有责任主体、有考评结果，实现项目化安排、精细化管理。要明确责任部门，明确工作程序和责任处罚，做到环环相扣，确保治庸问责工作落实到每一个层次、每一个岗位、每一个干部。

二要严格责任追究。要拿出真手段、硬措施深入排查问题，建立并实施责任倒查制，出了问题要层层追究，不搞下不为例，建立良性责任导向。要善于问责，对发现的问题，按照程序问责追责，给予相关人员诫勉谈话、批评教育等，有的要给予调离工作岗位等组织处理，情节严重的予以纪律、行政处分。要寓教于惩，以惩施教，做到问责一个、教育一批。除此以外，在治庸问责工作中，还要对由于工作态度、工作能力等原因不适合、不胜任本职工作的，进行必要的调整，有的要安排留职培训。

三要明确督促落实责任。省院成立了治庸问责工作领导小组，

领导小组各成员单位要按照职能分工，各司其职、各负其责，加强协调配合，健全长效机制，形成抓治庸问责工作的整体合力。要内部与外部结合、大事与小事结合、治标与治本结合，既谋大局、抓大事，又抓细节、强管理，积极接受人大监督、政协民主监督和社会各界监督，坚持民评民议，以人民满意作为衡量工作成效的标准。

开展治庸问责工作是当前的一项重要政治任务。我们一定要认真贯彻中央、高检院和省委的决策部署，突出问题导向，强化工作措施，治理庸懒散软，严格问责追究，全面加强省院机关建设，为推进湖北科学发展、跨越式发展，加快构建促进中部崛起重要战略支点提供有力司法保障。

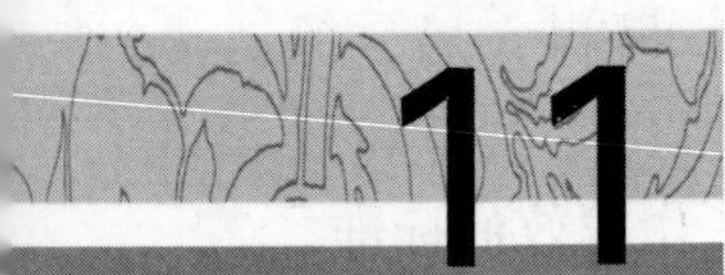

11 努力打造现代校园、智能校园、人文校园和绿色校园*

刚才，我们举行了庄严的升旗仪式，这标志着国家检察官学院湖北分院汤逊园校区正式启用！这是湖北检察事业发展的一件大事，也是湖北检察机关的一件喜事。现在，我们在这里举行首届检察专业硕士研究生班第三学期开学和全省检察机关反贪业务培训班开班仪式！首先，我代表湖北省人民检察院，向光临这次活动的各位干警和参加此次培训的全体学员表示热烈的欢迎！

检察大计，教育为本。近年来，全省检察机关坚持把教育培训放在重要位置来抓，统筹推进全员培训工作，与华中科技大学、武汉大学联合培养检察专业法学硕士、博士研究生，深入抓好精品课程、教材体系、实训教学和师资队伍等工作，推动检察教育培训取得了明显成效。近期，高检院制定实施《“十二五”时期全国检察教育培训规划》，对当前和今后一个时期检察教育培训工作提出了新的更高要求。要全面落实中央大规模培训干部、大幅度提高干部素质的战略部署，将检察教育培训作为建设高素质检察队伍的先导性、基础性、战略性工程来抓，深入推进学习型党组织、学习型检察院建设，进一步加大力度，强化措施，不断加强和改进检察教育培训工作，为我省检察事业科学发展提供更加有力的思想政治保证、人才保证和智力支持。

春华秋实，硕果累累。加强检察教育培训工作，必须高度重视

---

* 2011年12月5日敬大力同志在国家检察官学院湖北分院汤逊园校区启用仪式上的致辞。

培训基地建设。近年来，省院党组在抓好南湖大厦、九宫山培训基地建设的同时，从事关检察事业长远发展、科学发展、跨越式发展的高度出发，着力抓好国家检察官学院湖北分院汤逊园校区的建设。汤逊园2008年10月正式奠基，经过三年多的艰苦建设，现已基本完成7栋主体建筑楼，总建筑面积3万余平方米的建设任务。在汤逊园的建设过程中，高检院、省委、省政府始终高度重视，省发改委、省财政厅、省国土资源厅等省直有关部门和武汉市委、市政府、江夏区委、区政府及有关部门给予了大力支持，全体设计、施工、监理单位付出了辛勤劳动，全省各级检察机关提供了鼎力帮助。借此机会，我代表湖北省人民检察院，向多年来一直关心和支持国家检察官学院湖北分院建设发展的各级领导、有关部门、各界朋友表示衷心的感谢！

新的起点，新的发展。汤逊园的基本竣工和投入使用，为我们进一步加强全省检察教育培训工作提供了一个新的起点，创造了一个好的平台。国家检察官学院湖北分院要按照高检院加强教育培训工作的战略部署，坚持高起点定位，高标准要求，在全省检察教育培训中发挥引领效应，在统筹推进全员培训中成为中坚力量，完善教育培训内容，改进教育培训方式，提高教育培训质量，为全省检察干警提供良好的服务。学院要在继续完善硬件设施的同时，不断提升“软实力”，努力把汤逊园建成“四个校园”。一是建成设施完备、功能齐全的现代校园。工程建设专班和学院要通力配合，按照既定方案，抓紧时间，完成后续施工，抓好细节完善，使整个校园成为布局合理、层次分明、功能分区，教学设施、运动设施、生活设施完备的现代教学园区。要解放思想，大胆探索，向内挖潜，进一步提高教学、管理、经营和服务水平，使汤逊园成为集教育培训、实训教学、公务接待、体能训练等多种功能于一体的现代校园。二是建成科技领先、高效教学的智能校园。学院要保持在信息化、网络化、科技化等方面的领先地位，运用、维护、管理好基础网络系统、教学科研系统和校园管理系统，切实提升管理水平。要坚持贴近业务、贴近基层、贴近实践，充分运用现代信息技术，实现理论教学、实践推演、模拟演练、科学研究等有机结合、良性互动，不断提高教学效率，增强教育培训的针对性、适应性和实效性。三是建成以人为本、文化传承的人文校园。学院要高倡人文精神，坚持以人为本的理念，尊重检察人员的主体地位，让学员感到自主、自信、自立、自强，着力构建尊重人、关心人、理解人、帮助人的人文环境，促进检察人员的全面发展。在学院建设过程中，我们同步进行了被称为“十全十美”的文化建设，创造了健康、美好的文化氛围。要通过环境的熏陶、气氛的浸染，在潜移默化中传承优秀文化，提升人文素质。四是建成环境友好、资源节约的绿色校园。要树立绿色、文明、节约、低碳的理念，不断提高绿化覆盖率，丰富生态种植园的种类与形式，不断美化环境，倡导生态文明，促进人与自然、社会和谐相处、共同发展。要加强资源节约型技术的运用，充分利用地源热泵空调系统和太阳能供水系统，有效降低运营成本，最大限度地利用资源，提高资源利用效率，使之成为全省检察机关参与环境友好型、资源节约型社会建设的典范。

12 强化履职观念、提振精神状态、积极应对挑战*

当前，检察工作的总体要求和主要任务十分明确。全体检察人员特别是各级院检察长要依法履职、勇于担当、尽职尽责，保持奋发有为的精神状态，提高有效应对困难挑战的能力，切实履行好执法办案和法律监督职责。

强化履职观念。检察机关作为法律监督机关，依照法律规定对法律遵守和执行情况进行监督，依法履职是检察工作本身固有的、基本的、第一位的要求。要切实增强法治观念，自觉尊重、遵守和服从法律，牢固树立不依法履职就是失职、渎职的观念。要深刻认识到，依法履职也是提高执法公信力的必然要求，检察机关不依法履职或者履职不到位，公信力根本无从谈起，履职尽责才能树立公信。要真正履行好检察职责，必须要以对党和人民、对检察事业高度负责的政治责任感、使命感和紧迫感，切实做到勇于担当。要勇于担责，切实把岗位作为能力席位、责任席位，履责、负责、尽责；要勇于担险，不畏艰险、奋发进取、开拓创新；要勇于担难，直面困难挑战，破坚冰、涉深水、解难题；勇于担过，不揽功诿过、不逃避追责，正视错误、改进提高。全省检察机关要根据全国检察长会议和省院提出的各项要求部署，切实履行批捕起诉、查办职务犯罪等执法办案职责，切实履行对刑事诉讼、民事审判与执行、行政诉讼的法律监督职责，努力实现数量、质量、效率、效果、规范、安全六个方面的有机统一，始终保持执法办案和法律监督工作的平

* 2012 年 1 月 17 日敬大力同志在湖北省检察长会议上的讲话节录。

稳健康发展。

提振精神状态。精神状态是软实力。一流的精神状态才能创造一流的工作成效。当前，全省检察队伍总体精神状态是好的，为检察事业的不断创新发展提供了强有力的精神支撑。但同时，有些地方仍存在消极懈怠、斗志不高、软弱涣散的现象。精神状态不佳，是不可能履行好执法办案和法律监督职责的，是难以推动检察工作开拓进取、开创新局面的。当前，全省上下各地各部门各系统围绕推动湖北经济社会科学发展、跨越式发展，都在奋勇争先、你追我赶，工作思路、体制、机制不断推陈出新，工作业绩、亮点、品牌不断涌现。检察机关也要有不甘落后、敢于争先的精神状态，要切实把我们的职责履行好，要努力在服务经济社会发展中有更大的作为。全省检察机关要进一步提振精神，坚定信心，迎难而上，不为困难所惧，不为挑战折服，多做自身努力，学会化危为机，积极主动应对，推进检察工作发展。各级院检察长要以身作则，勇挑重担，发挥感染力和影响力，成为一个班子、一支队伍真正的“主心骨”，带领广大干警全神贯注投入工作、进入状态。

积极应对挑战。当前，检察机关执法办案和法律监督工作面临诸多挑战。随着刑事诉讼法、民事诉讼法即将修改、“两个证据规定”的出台、全程同步录音录像制度的实施等，面临着法律约束“趋紧”、执法要求更高的挑战；在当前条件下，执法工作越来越遭人“追踪”、被人“围观”、受人议论，检察机关面临着“透明”执法的挑战；随着改革发展进入攻坚期，我国社会正处于人民内部矛盾凸显、刑事犯罪高发、对敌斗争复杂的时期，检察机关面临着维护社会和谐稳定压力增大的挑战；伴随社会结构变动，社会矛盾、利益冲突复杂化，大量疑难复杂案件出现，执法办案可能牵涉的复杂问题也越来越多，检察机关面临执法办案任务加重、难度加大的挑战；伴随着社会“诚信缺失”、“公信缺失”不同程度存在，检察机关执法办案活动获得社会认可、支持和理解，提高执法公信力的难度增大；检察机关还面临着各种干扰、说情对执法办案形成的影响和压力；与此同时，我们自身在执法理念、执法能力、科技装备

建设等方面也存在一些不适应的问题。挑战虽然很多很复杂，但只要我们保持清醒头脑，沉着冷静应对，正确把握规律，创新方式方法，努力提升队伍素质，就一定能战胜各种挑战，开创检察工作新局面。

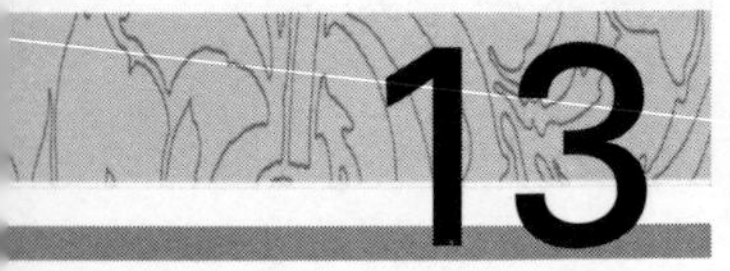

13 抓好全省检察机关年轻干部培养工作*

实施全省检察机关年轻干部专项培训工作，是省院党组为加强全省检察机关领导班子建设和干部队伍建设，经过认真研究而作出的一项重大决策，是省院加强干部协管工作的重要组成部分，是各级地方党委年轻干部培训工作的必要补充，培训重点在于检察理论和实务的重大问题。大家作为第一批学员，来到这里进行为期一个月的集中培训，是光荣的，也是幸运的。首先，我代表省院党组向你们表示祝贺。希望同志们珍惜这次机会，好好学习，加强锻炼，提升自己。

一、提高思想认识，增强抓好全省检察机关年轻干部培养工作的责任感、紧迫感

着力培养年轻干部，是事关中国特色社会主义事业发展的长远性、战略性任务。中央、高检院、省委始终高度重视年轻干部培养工作。源源不断地造就大批优秀年轻干部，是关系党和国家事业继往开来、薪火相传的根本大计。全省各级检察机关要立足当前，着眼长远，科学谋划，切实把年轻干部培养工作摆到重要位置来抓。

首先，实施年轻干部培养工作，事关全省检察事业的全面协调可持续发展。在事物发展过程中，人是最关键的因素。从长远来说，推动检察事业不断发展进步，关键是要培养造就一大批能够担当重

* 2012年8月27日敬大力同志在湖北省检察机关年轻干部培训班开班式上的讲话。

任的年轻干部。年轻干部作为后继力量，如果培养工作跟不上，干部队伍就会青黄不接，发展难免会受到影响。近年来，省院党组立足于推动检察工作科学发展，根据中央、省委、高检院一系列重大决策部署，鲜明提出要着力推进“三个体系”建设，努力构建更加健全完善的检察工作体系，制定出台了一系列重大政策措施，对各项工作也作出了具体部署。近期，我们认真贯彻省第十次党代会精神，进一步提出了推进“实力检察、创新检察、法治检察、文明检察、人本检察”的要求。落实好这些部署、推动检察工作科学发展任重而道远，需要一批接一批、一代接一代地不懈努力。省院党组投入大量精力推进年轻干部培养工作，就是从长远出发，为检察事业提供充足的人才储备，永葆检察队伍的生机活力，确保检察工作发展的全面性、协调性和可持续性。

其次，实施年轻干部培养工作，事关全省检察机关领导班子结构的不断优化。领导班子建设在整个检察队伍建设中具有关键性作用。要把各级领导班子建设成为朝气蓬勃、奋发有为的坚强领导集体，必须有一个合理的梯次结构。尽管近年来我们在检察机关各级领导班子中充实了一批年轻干部，但是年轻干部依然总量不足，年龄、素质等结构性矛盾在一些地方仍比较突出。年轻干部是各级检察机关领导班子中最活跃、最有生气、最具创造精神的一支力量。省院党组着眼于全省各级检察领导班子建设的战略布局，遵循检察机关干部成长规律，加强对年轻干部的培训工作，是发现人才、培养人才和考察人才的重要渠道，是进一步优化检察领导干部结构、增强领导班子生机与活力的客观要求，是提升各级检察领导干部综合素质的有效途径。

最后，实施年轻干部培养工作，事关全省检察队伍素质的不断提高。近年来，我们着力推进检察队伍建设“六项工程”，深入开展全员教育培训，全省检察队伍整体素质迈上了新台阶。但我们也要清醒地看到，年轻干部队伍的状况与科学发展观的要求相比、与人民群众的期望相比，仍存在一些问题。有的权力观、政绩观不够正确，片面追求自我价值实现；有的年轻干部学习抓得不够紧，缺乏潜心钻研的精神；有的眼高手低，急功近利，实际工作能力不强；有的心灵不够强壮，在压力、挑战和竞争面前，缺乏承受能力、应对能力；有的缺乏艰苦奋斗精神，不愿到条件艰苦的地方去，等等。我们实施年轻干部培养工作，就是要通过加强对年轻干部的严格要求，严格管理，严格监督，努力打造一支数量足、素质高、有朝气的年轻干部队伍，不断为检察队伍注入新鲜力量，促进队伍整体素质和法律监督能力进一步提升，为湖北检察事业科学发展提供可靠的人力资源保障。

二、认真学习深造，努力提升自身综合素质

这期培训班有一个非常重要的特点，就是适应经济社会发展和新的历史条件对年轻干部成长的要求，着力提高年轻干部的综合素质和能力，内容很丰富，形式很多样，大家务必要以“提能善政”为目标，抓住机会，认真学习，切实提升自身综合素质。

一要坚定理想信念。坚定理想信念是政法工作之灵魂。对检察机关干部而言，坚定信念第一位的要求就是忠诚，就是要自觉坚持中国特色社会主义的政治方向，对坚持中国共产党领导坚定不移，对中国特色社会主义道路坚定不移，对中国特色社会主义理论体系坚信不疑，始终保持政治上的清醒坚定、忠诚可靠。要增强政治敏锐性和鉴别力，高度警惕、密切关注各种不良社会倾向，善于运用政治智慧、把握政策策略，及时妥善处理各种复杂敏感问题，始终确保检察工作正确政治方向。

二要坚持服务大局。服从服务于党和国家工作大局，是检察机关任何时候都必须坚持的重大政治原则和根本指导思想，也是确保检察工作正确政治方向、赢得党和人民信任支持、实现检察工作科学发展的必然要求。大家作为各级检察领导干部，必须更加注重提升服务大局的本领。要牢固树立推动科学发展、促进社会和谐的大局观，自觉贴近大局、融入大局，正确处理执法办案与服务大局的关系，做到执法不忘大局、办案考虑发展和稳定，防止就事论事、就案办案、机械执法。要自觉加强对战略支点，科学发展、跨越式

发展，一元多层次战略体系，富强、创新、法治、文明、幸福“五个湖北”建设等重大决策部署的学习和理解，准确把握经济社会发展总体部署，明确工作努力方向。要紧紧围绕大局找准检察工作的切入点、结合点、着力点，以履行法律监督职能为基本途径，充分发挥打击、监督、预防、保护等职能作用，努力为全省经济社会科学发展、跨越式发展营造“四个环境”。

三要提高业务能力。检察机关作为法律监督机关，必须坚持以检察业务为中心，切实加强执法办案和法律监督工作。在座的各位同志都是市级院、基层院的领导班子成员或者市级院中层正职，分管或直接承担某一方面的执法办案和法律监督工作，是检察业务工作的直接领导者、实践者。大家一定要在学习和工作中注重法律监督能力的提高，结合自身实际，准确把握各项工作的基本要求。牢固树立“大稳定观”和“一线观念”，积极履行批捕、起诉等职能，提高维护社会和谐稳定的能力。牢牢把握今后一个时期职务犯罪侦查工作的“总基调”，切实转变观念，促进转型发展，正确处理执法办案与服务大局的关系，开创职务犯罪侦查工作的新局面；正确处理严格公正廉洁执法与理性平和文明规范执法的关系，走出职务犯罪侦查工作的新路子；正确处理修改后刑事诉讼法带来的机遇与挑战的关系，探索侦查办案的新模式，努力实现办案数量、质量、效率、效果、规范、安全等六个方面的有机统一，始终保持执法办案工作平稳健康发展。要整合预防刑事犯罪、预防职务犯罪、预防诉讼违法等三项职能，促进构建检察机关预防违法犯罪工作大格局。要积极履行对刑事诉讼、民事审判与执行、行政诉讼、刑罚执行与监管活动的法律监督职责，做到敢于监督、善于监督、依法监督、规范监督，切实提高监督能力、水平和实效。要结合自身工作实际，深入落实检察工作一体化、“两个适当分离”、“小院整合”、法律监督调查、与相关政法部门监督制约与协调配合、“两法衔接”等工作机制，努力构建更加健全完善的检察工作体系，不断增强检察事业发展的动力与活力。

四要维护公平正义。司法是维护社会公平正义的最后一道防线。

如果这道防线守不住，人民群众不仅对司法机关失望，而且会对政府失望，社会稳定、经济发展就会缺乏保障。检察机关作为法律监督机关，维护社会公平正义是我们的重大使命和首要价值追求。要通过参加学习培训、警示教育等多种途径，自觉弘扬社会主义法治精神，将公平正义的要求内化于心，外践于行。要坚持以事实为依据、以法律为准绳，做到有法必依、执法必严、违法必究，维护法律统一尊严权威。要坚持法律适用的平等性，牢固树立法律面前没有特权、没有亲疏贵贱、人人平等意识，始终站在客观公正立场上开展执法办案和法律监督，平等保护各类社会主体合法权益。

五要切实履职尽责。依法履职是检察工作本身固有的、基本的、第一位的要求，也是提高执法公信力的必然要求，检察机关不依法履职或履职不到位，公信力根本无从谈起，履职尽责才能树立公信。要真正履行好检察职责，必须要以对党和人民、对检察事业高度负责的责任感、使命感和紧迫感，切实做到勇于担当，在难题面前敢抓、在矛盾面前敢管、在挑战面前敢于积极应对，提升政务管理、执法管理、队伍管理和保障管理能力，切实履行好抓管理、带队伍、促发展的职责。要以身作则，勇挑重担，切实发挥领导干部的感染力和影响力，带领干警全神贯注投入工作、进入状态，营造干事创业的良好氛围。

六要加强自身修养。要始终保持廉洁的基本操守，不徇私利，不徇私情，筑牢拒腐防变思想防线，严格遵守法律法规和检察工作纪律，依法审慎行使权力，做到公器公用，清清白白、干干净净为党和人民工作。要始终保持优良的工作作风，带头弘扬理论联系实际、密切联系群众、批评与自我批评、艰苦奋斗、求真务实、雷厉风行等优良作风，树立自身良好形象，带领队伍团结奋斗。要始终保持高尚的道德情操，树立正确的人生观、价值观、荣辱观，自觉模范遵守社会公德、职业道德和家庭美德，努力做一个品德高尚的人。要始终保持健康平和的良好心态，正确对待组织，深刻认识工作中取得的成绩和进步都是组织培养的结果，自觉服从组织安排；

正确对待他人，善于发现别人的长处、优点和成绩，取人之长，补己之短，严于律己、宽以待人，培养宽阔的胸襟和善于容言、容人、容事的雅量；正确对待自己，实事求是地认识自己，恰如其分地评价自己，既看到自己的优势，也要看到自己的不足，不断自我提高，自我完善。

三、加强组织领导，确保培训工作取得实效

加强对年轻干部的教育，是全员培训的重要组成部分，是事关检察事业未来发展的战略任务。省院政治部、国家检察官学院湖北分院等相关部门，要在省院党组的统一领导下，加强对培训工作的指导和统筹协调，创新培训方式，加强培训管理，全面提升培训效果。

一要坚持常抓不懈。年轻干部培训是一项基础性、战略性任务，只有坚持常抓不懈，使之常态化、规范化，才能培养造就一批又一批党性强、业务精、作风实的年轻干部，为湖北检察事业科学发展提供源源不断的人才保障。省院要着眼于长远发展，把年轻干部培训作为一项常态性工作，加强组织领导，将其纳入全员教育培训体系，纳入检察教育培训中长期规划，作出长远规划和系统部署，并在年度教育培训计划中统一安排、定期举办，使之成为一项制度。要遵循年轻干部成长规律和检察教育培训规律，探索创新培训模式，完善相关工作机制，完善课程和教材体系，加强师资力量建设，不断提升年轻干部培训工作的规范化、科学化水平。

二要丰富培训内容。要着眼于年轻干警的综合素质培养和全面发展，既注重法学理论、法律知识、执法办案和法律监督能力方面的培训，又注重加强政治品行、职业道德、个人修养等方面的培训，将思想政治理论教育、职业技能培养、纪律作风培养、社会阅历磨练等有机结合起来，科学设置课程，完善培训内容，提升教育培训质量。

三要创新培训方式。要坚持以增强培训实效为目标，解放思想，改革创新，突破单一课堂式培训模式，采用多种方式激发学员学习

积极性。要针对年轻干警思想活跃、勇于创新等特点，多采用讨论式、案例式、座谈式教学方式，活跃气氛，启发思维。要针对年轻干警社会阅历、工作经验等方面的不足，设置一些实践性课程，多组织开展基层调研、实践考察等活动，开阔视野，增长见识，增强教育培训的针对性和实效性。

四要加强培训管理。为加强本次培训工作的组织、管理和协调，省院成立了专门的领导小组。省院政治部、国家检察官学院湖北分院等部门要根据领导小组统一安排，分工负责，相互配合，切实抓好组织实施。学员所在的检察院要为学员参加培训提供时间和方便，培训期间不要安排其他工作。要抓好纪律管理，严格请假制度，没有特殊情况不得请假，保证学习时间；严格跟班管理制度，严格作息时间，严肃课堂纪律。要抓好质量管理，通过要求撰写学习体会、调研报告、培训总结等多种方式，加强对学员的实时测评和考察，增强学员学习紧迫感，保证培训取得良好效果。

大家都是一线工作的年轻干部，承担着非常繁重的工作任务，把大家集中在一起，进行为期一个月的培训，时间不长，但也不短，机会非常难得，希望大家静下心来，踏踏实实地学习，做到学有所获、研有所得。

14 严明政治纪律，加强检察机关自身反腐倡廉和作风建设*

这次会议的主要任务是：深入学习贯彻党的十八大、十八届中央纪委二次全会、省纪委十届三次全会和全国检察机关反腐倡廉建设工作会议精神，总结工作，分析形势，研究部署今年全省检察机关反腐倡廉建设任务。

2008 年以来，全省检察机关坚持以提升执法公信力为目标，全面推进检察机关惩防腐败体系建设，狠抓反腐倡廉教育不松懈，持续开展一系列主题教育实践活动；狠抓制度规范不松懈，认真落实党风廉政建设责任制，深入推进廉政风险防控等机制建设，完善了党风廉政建设工作考评细则；狠抓内部监督不松懈，进一步健全对自身执法活动的监督制约体系，积极推进巡视督察；狠抓规范执法不松懈，强化对 24 项任务落实情况的监督检查，健全完善规范执法“倒逼机制”，着力构建促进公正廉洁执法“五位一体”工作格局；狠抓从严治检不松懈，严肃查办检察人员违法违纪案件，得到高检院和省委肯定，全省违法违纪检察人员比例连续 13 年保持在高检院要求的 2‰以内。这些成绩的取得，是全省检察机关和全体检察人员共同努力的结果，也凝聚了广大纪检监察干部的心血和汗水，在此我代表省院党组，向大家表示衷心的感谢！

当前，检察机关党风廉政建设面临一系列新形势新任务新挑战。党的十八大强调要坚定不移反对腐败、建设廉洁政治，做到干部清

* 2013 年 3 月 19 日敬大力同志在湖北省检察机关反腐倡廉建设工作会议上的讲话。

正、政府清廉、政治清明；习近平总书记在十八届中央纪委二次全会上强调要重点加强党的纪律建设、作风建设和反腐倡廉建设，这对检察机关转变作风、加强自身反腐倡廉建设提出了新的更高要求。新一届党中央对依法治国、加强法治建设作出了新的战略部署，突出强调加强对权力运行的监督制约、提高司法公信力，修改后刑事诉讼法、民事诉讼法赋予了检察机关更多的法律监督职能和手段，对我们进一步加强自身监督、防止检察权滥用、确保公正廉洁执法提出了新的更高要求。新媒体时代，信息传播更加快速、广泛，特别是博客、微博、微信等自媒体的广泛应用，对检察机关和检察人员如何适应在“放大镜”下开展工作提出了新的更高要求。改革开放的深化和市场经济的发展，对检察干警如何抵制错误腐朽思想侵蚀，提高拒腐防变和抵御风险能力提出了新的更高要求。全省检察机关要深刻认识自身反腐倡廉建设的长期性、艰巨性和复杂性，牢牢把握“常”、“长”二字，坚定不移地把党风廉政建设和自身反腐败斗争引向深入。

一、以完善惩防腐败体系为重点，加强自身反腐倡廉建设

打铁还需自身硬。检察机关是国家法律监督机关，承担着维护公平正义、促进反腐倡廉建设的重大责任，在党风廉政建设方面必须有更严的要求。全省各级检察机关要坚决贯彻中央、高检院、省委和省院部署，以解决影响公正廉洁执法、制约执法公信力的深层次问题为着力点，健全完善惩防腐败体系。

（一）严明政治纪律

纪律严明是我们党的光荣传统和独特优势。习近平总书记强调，党的政治纪律，是各级党组织和全体党员在政治方向、政治立场、政治言论、政治行为方面必须遵守的规矩，是维护党的团结统一的根本保证。检察机关作为党领导下的国家法律监督机关，必须严明政治纪律，坚决维护党的集中统一。一要严格遵守党章。党章是我们党的总章程、总规矩。全省各级检察机关党员领导干部和广大党

员干警要牢固树立党章意识，认真学习党章、遵守党章，深刻领会党的基本理论、基本路线、基本纲领、基本经验、基本要求，在思想上政治上行动上同党中央保持高度一致，按照习近平总书记“五个不允许”的要求，自觉用党章规范一言一行。要切实增强政治敏锐性和鉴别力，对大是大非问题要有坚定立场，对背离党性的言行要有鲜明态度，对各种苗头性倾向性问题要及时提醒和纠正，在任何情况下都做到政治信仰不变、政治立场不移、政治方向不偏。二要确保检令畅通。做到检令畅通是检察机关遵守政治纪律的重要体现，是保证党的路线方针政策在检察机关严格落实的必然要求。要切实增强政治意识，强化组织纪律观念，按照高检院《关于加强上级人民检察院对下级人民检察院工作领导的意见》、《关于强化上级人民检察院对下级人民检察院执法办案活动监督的若干意见》以及省院检察工作一体化机制等制度要求，自觉接受高检院和上级检察院的领导和监督，严格执行上级院决策部署，正确处理保持检令畅通和立足实际创造性开展工作的关系，任何具有地方特点的工作都必须以贯彻上级部署为前提，决不允许上有政策、下有对策，决不允许有令不行、有禁不止，决不允许在贯彻执行上打折扣、做选择、搞变通。三要以铁的手段维护铁的纪律。检察机关党员领导干部要把落实纪律规定作为一项重要工作来抓，坚决带头落实，真正做到纪律面前人人平等，执行纪律没有例外，遵守纪律没有特权。各级院纪检监察部门要加大对政治纪律、检察纪律执行情况的监督检查力度，对随意变通、恶意规避等违反纪律的行为，进行严肃批评和坚决纠正。

（二）强化对检察权运行的监督制约

党的十八大提出，要健全权力运行制约和监督体系，让人民监督权力，让权力在阳光下运行。习近平总书记强调，要把权力关进制度的笼子里，形成不敢腐的惩戒机制、不能腐的防范机制、不易腐的保障机制。我们要始终坚持把强化自身监督与强化法律监督放在同等重要位置来抓。一方面，强化对领导干部的监督。领导干部是检察工作的领导者、组织者，自身不正，难以正人。要加强对领导干部的日常教育管理，引导领导干部树立正确的权力观、地位观、政绩观，提高自身素质和自我约束能力。要严格执行廉政准则和廉洁从检若干规定，更好地发挥巡视、个人有关事项报告、述职述廉等制度的作用，加强上级院对下级院领导干部的管理监督、考察考核。各级检察领导干部要始终牢记没有不受监督的权力，没有不受监督的个人，带头自觉接受监督，严格执行民主集中制，切实守住底线，永葆清正廉洁的政治本色。另一方面，强化对自身执法活动的监督制约。要紧紧抓住执法办案中的突出问题和关键环节，加强各业务部门之间的内部制约，加强纪检监察部门对执法办案的监督制约，加强上级院对下级院的领导与指导，加强业务部门执法办案中的自身监督，完善接受人大政协监督、公安法院制约、人民监督员监督、群众监督、舆论监督等外部监督制约机制。通过落实这些措施，进一步构建对检察机关自身执法办案监督制约的完整体系，确保检察权依法正确行使。

（三）更加注重预防

扬汤止沸，不如釜底抽薪。要更加重视对自身腐败问题的源头治理，坚持贴近检察人员思想和工作实际，推进廉政教育制度化、规范化、常态化，深入开展职业道德教育、岗位廉政教育和示范教育、警示教育，增强教育的针对性和实效性。深入开展廉政文化创建活动，营造崇尚廉洁的良好氛围。要把制度建设贯穿于反腐倡廉工作始终，完善廉政风险防控机制，建立健全廉政隐患摸排预警制度、防止利益冲突制度、对违反法定程序干预办案的登记备案、报告和通报制度等，发挥好制度的基础性、根本性作用。要坚持抓早抓小、防微杜渐，对苗头性、倾向性问题，及时谈话提醒、诫勉、教育，防止小错酿成大错。

（四）严肃查处检察人员违法违纪案件

要深刻认识到勇于坦承自己的不足，勇于查究自己的问题，是我们自身有信心有力量的表现，是提高检察机关执法公信力的重要方面。要以“零容忍”的态度，以执法一线岗位、关键环节和领导干部等为重点，坚持有案必办、有腐必惩，严肃查处各类违法违规

办案，违法插手经济纠纷，为违法犯罪活动开脱、包庇、提供保护，参与经营或变相参与经营娱乐场所和企业、矿山，利用人事权、财权贪污受贿等问题。对有案不查、瞒案不报的，要实行追究问责，严肃追究有关领导责任。

二、以保持同人民群众的血肉联系为重点，加强检察机关作风建设

作风关系党的形象和人心向背，关系党和国家的生死存亡。新一届中央领导集体上任伊始就狠抓作风建设，带头制定八项规定，并以实际行动为全党作出了表率。为认真落实中央八项规定，高检院、省委和省院都相继就改进工作作风、密切联系群众制定下发了有关规定。全省检察机关要认真贯彻执行上述规定，以党的群众路线教育实践活动和“学创”、“三抓一促”、“两转两抓”等活动为载体，以“踏石留印、抓铁有痕”的精神抓好作风建设，以优良的作风干事业、树形象、创一流。

（一）坚持执法为民，反对特权思想、特权现象

党的十八大强调，以人为本、执政为民是检验党一切执政活动的最高标准。习近平总书记指出，反对特权思想、特权现象，不仅是党风廉政建设的重要内容，而且是涉及党和国家能不能永葆生机活力的大问题。全省检察机关要切实强化宗旨意识，按照省委转发的省院关于加强检察机关群众工作的指导意见和省院即将制定出台的实施细则要求，进一步深化、细化、实化检察机关群众工作，提高做好新形势下群众工作的能力，增强检察工作亲和力。尤其要做好检察机关特殊性、专门性群众工作，充分考虑对象、内容、程序、办法、要求等方面的特殊性，做好被害人、犯罪嫌疑人、被告人及其亲友、辩护人、诉讼代理人，以及无利害关系的公众、网民等相关人员的工作。要下大力气解决特权思想、霸道作风、受利益驱动办案、滥用强制措施、违法违规扣押冻结涉案款物等严重伤害群众感情、侵害群众利益、人民群众反映强烈的突出问题，持续开展专项治理，着力整治各类执法陋习，维护检察机关良好社会形象，以

实际行动赢得群众的信任和支持。

（二）坚持艰苦奋斗，反对奢侈浪费

艰苦奋斗是中华民族的传统美德，也是我们党的优良传统。中央、高检院、省委反复强调，改进作风最根本的就是要坚持和发扬艰苦奋斗精神。尽管当前我们的各种条件有很大改善，但艰苦奋斗的优良传统仍然不能丢，必须坚决制止和纠正各种奢侈浪费现象，使厉行节约、反对浪费在全系统蔚然成风。要进一步规范和简化公务接待，各级检察领导干部要严格执行公务接待制度，到下级院调研、指导、检查工作等要严格遵守不搞边界迎来送往、不张贴悬挂标语横幅、不安排超规格套房等规定。大力推进节约型机关建设，严格公用经费管理，增强经费预算刚性，落实部门经费包干制度，严肃整治公款吃喝、公款旅游问题，严格规范公务用车特别是警车使用管理，严格控制因公出国（境）组团数量和规模。纪检监察部门要抓好监督检查，坚决查纠铺张浪费、整治奢靡之风。

（三）坚持求真务实，反对形式主义

求真务实是我们党的一贯作风，也是贯彻党的实事求是思想路线的必然要求。求真，就是坚持一切从实际出发，制定决策、推动工作要符合客观实际，讲真话、报实情，反对各种弄虚作假和形式主义。务实，就是要出实招、办实事、求实效，在抓落实上下功夫。要进一步加强和改进调查研究，紧扣事关检察事业科学发展的重点、难点、热点问题确立调研主题、了解真实情况、研究解决问题、指导推动工作。要进一步改进文风，切实精简各种文件简报，提高公文质量，积极推广网上办公办案。要进一步转变会风，严格会议审批程序，严格控制会议规模和时间，提高会议实效。在这个问题上，还要注意防止以新的形式主义反对老的形式主义。落实“简”、“俭”二字重在实事求是、解决问题，不能该说的话不说，该做的事不做，该传达的不传达，该讨论的不讨论，该部署的不部署。要狠抓工作落实，务实踏实，求真求效，打造决策、执行、监督、考评、奖惩一体化的“落实链条”，真正把各项要求和措施落实到检察实践中。

（四）坚持勇于担当，反对消极懈怠

习近平总书记曾指出，是否具有担当精神，是否能够忠诚履职、尽心尽责、勇于担当，是检验每一个领导干部身上是否真正体现了共产党人先进性和纯洁性的重要方面。担当是一名领导干部的必须之为和从政为官的资格条件。从本质上讲，勇于担当是一种无私的政治品格，一种过硬的工作作风。要实现第十三次全省检察工作会议提出的目标任务，需要全体干警尤其是各级检察领导干部切实增强责任意识，做到勇于担当、履职尽责。要保持奋发有为的精神状态，既充分认识检察工作取得的成绩和面临的机遇，又清醒看到存在的困难和问题，坚定信心，迎难而上，争创一流业绩。要强化履职观念，忠实履行法律监督职责，勇于担责、担难、担险、担过，努力在服务经济社会发展中有更大的作为，为“五个湖北”建设提供最优检察服务。要保持一抓到底的韧劲，紧紧抓住影响和制约工作开展的重点难点问题，以咬定青山不放松、不达目的不罢休的精神，把上级部署的各项任务一抓到底，抓出成效。

全省各级检察领导干部要充分认识作风建设的重要性和紧迫性，充分认识中央抓作风建设的坚定决心，做改进工作作风上的“清醒人”、“明白人”，当好“关键的少数”，带头遵守中央、省委、高检院和省院的各项规定，言必行、行必果，说到就做到，承诺就兑现，一级做给一级看，一级推动一级办，确保作风建设不走形式、取得实效。

三、以规范执法行为为重点，加强自身法治化和执法公信力建设

深入推进法治建设是新一届中央领导集体治国理政的显著标志之一。检察机关作为法治建设的重要力量，必须坚持以学习贯彻党的十八大精神为主线，牢牢把握加强法治建设和提高执法公信力“两个主基调”，更加重视执法规范化建设，进一步落实“两长一本”工作思路，进一步构建促进公正廉洁执法“五位一体”工作格局，推进检察工作自身法治化，提升检察机关执法公信力。

（一）进一步整治执法不规范“顽症”

近年来，全省检察机关针对执法不规范的突出问题先后组织开展了一系列专项整治活动，有效遏制了执法不严、不公、不廉现象的发生。但我们也要清醒地认识到一些问题的顽固性、反复性，保持高度警惕，树立长期作战思想，坚持反复抓、抓反复，对于执法办案中仍然存在的规避规范执法要求、置上级三令五申于不顾、视技术设施形同虚设等做法，有针对性地持续开展重点专项整治，动真格、下狠手，发现一起、查处一起，决不姑息，决不迁就，教育警示全体检察干警规范执法、文明办案。

（二）健全规范执法“倒逼机制”

所谓“倒逼机制”，与其他规范执法措施的特殊之处主要体现在两方面：一是这些措施具有不可回避的特征，是躲不开、绕不过、免不了的，是硬措施而不是软措施，是靠外力约束而不是主要靠自身自觉；二是这些措施具有最严格的特征，有的甚至比法律规定更为严格、更进一步，如全程同步录音录像、视频监控“全天候、全覆盖、全联通、全存储”、强制物理隔离，等等。近年来，我们通过建立规范执法“倒逼机制”，制定出台规范执法24项任务并狠抓落实，取得了明显成效，得到了高检院和省委领导的充分肯定，成为我省检察工作的亮点，并在全国介绍经验。全省检察机关要坚定不移地推进“倒逼机制”建设，严格落实相关部门责任，继续抓好“三项重点建设任务”，全面完成全省所有看守所职务犯罪讯问室及同步录音录像设备建设；进一步加大视频监控投入，增配设备、增加带宽，延长监控资料存储时间，提高上传图像分辨率和畅通性。继续抓好监督检查，确保讯问询问管理、内部监督制约、工作考评等方面制度严格执行。要根据规范执法需要，探索新举措、建立新机制，不断丰富完善“倒逼机制”内涵，对执法办案进行更为严密的规制。要深入推进“前紧后松”的办案模式，严格规范立案前的调查、初查程序，严格落实调查、初查不得采取强制措施、强制性侦查措施、技术侦查措施等规定，防止“标准”和“措施”前移，做到“前紧”；引导干警正确把握和执行法律有关立案、撤案、采

取强制措施的规定，提高风险决策能力，该立案立案，该撤案撤案，该采取强制措施的采取强制措施，做到“后松”。

（三）进一步加强执法管理

要在坚持对突出问题持续整治的同时，努力实现从侧重整治向整治与管理相结合、更加注重管理的转变。要深入推进“全面管理、统分结合、分工负责、统筹协调”的执法管理模式，坚持加强对执法办案全方位、全环节、全过程的管理；坚持案件集中、统一、归口管理与分别、分散、个别管理相结合；坚持各部门各司其职、各负其责；坚持统筹各项执法管理工作，充分发挥执法管理与监督委员会作用，加强执法管理工作的宏观决策和协调运作。要深化案件管理机制改革，制定并落实《湖北省人民检察院案件管理暂行办法》和《湖北省人民检察院诉讼违法线索管理办法》，按照高检院建立统一受案、全程管理、动态监督、案后评查、综合考评的执法管理机制的要求，坚持“两个适当分离”原则，分清职能，理顺关系，做好对口衔接工作，建立健全符合检察工作规律和高检院要求、符合我省实际的案件管理机制。

自身反腐倡廉建设，事关检察事业兴衰成败。全省各级院党组要认真落实党风廉政建设责任制，坚持“一岗双责”，突出抓好责任分解、责任考核、责任追究三个重要环节，做到责任明确、考核到位、追究有力。各级院检察长要对班子内部和管辖范围内的反腐倡廉建设负总责，做到重要工作亲自部署，重大问题亲自过问，重点环节亲自协调，重要案件亲自督办，切实管好班子，带好队伍，切实担负起反腐倡廉的政治责任。要大力支持纪检监察部门开展工作，关心爱护纪检监察干部，为他们创造良好条件，始终做他们的坚强后盾。各级院纪检监察部门要牢记使命，勇挑重担，坚持原则，敢于碰硬，认真履行职责，充分发挥作用；纪检监察人员更要严格要求自己，严守纪律、改进作风、廉洁奉公，树立可亲、可信、可敬的良好形象。

最后，我再强调一下学习贯彻全国“两会”精神问题。刚刚结束的全国人大和全国政协十二届一次会议，审议通过了全国人大常

委会、国务院、最高人民法院、最高人民检察院等工作报告，形成了一系列重要决议，通过选举、决定产生了新一届国家机构领导人，完成了新老交替，开启了实现中国梦的新征程。省委高度重视“两会”精神学习贯彻，昨天专门召开全省干部大会进行部署，要求全省要通过学习贯彻全国“两会”精神，增强道路自信、理论自信和制度自信，按照“竞进提质”的总要求推动湖北科学发展、跨越式发展，深入推进“法治湖北”建设，加大保障和改善民生力度，深化改革开放，加强和改进人大、政协工作，全力抓好各项任务的落实。全省检察机关要把学习贯彻全国“两会”精神作为当前一项重大政治任务，以实际行动学习领会好，贯彻落实好。一要坚定“三个自信”。深刻认识中国特色社会主义的必然性、科学性和优越性，把握好中国特色社会主义的真谛和要义，增强道路自信、理论自信、制度自信，尤其要结合检察工作实际，进一步增强对中国特色社会主义法律体系、法治体系、司法制度和检察制度的政治认同、理论认同、感情认同。二要积极服务发展。深刻认识发展是硬道理，发展仍是解决我国、我省一切问题的关键。始终把服务发展作为重大政治责任，立足于创造最优法治环境，充分发挥各项检察职能作用，积极营造人们不愿违法、不能违法、不敢违法的法治环境，营造法律至上的法治环境，营造公平正义的法治环境，服务“五个湖北”建设，推动湖北科学发展、跨越式发展。最近，省委转发了省委政法委关于政法机关优化法治环境促进经济发展的16条意见，省院也即将制定下发湖北省人民检察院关于发挥检察机关职能作用创造最优法治环境的实施意见，各地应当按照省院的统一要求执行，不再另行制定规范性文件。三要促进法治建设。全国“两会”的鲜明主题之一就是加强法治建设，各个工作报告和各位中央领导同志的重要讲话都充分体现了这一主题。要认真贯彻中央、省委部署，把加强法治建设贯穿于检察工作全过程，既依法惩治各类犯罪，监督纠正司法不公，深化法治宣传教育，弘扬社会主义法治精神，促进各项事业法治化；又带头严格依法履行职责，确保检察权在法治轨道上运行，推动实现“法治检察”。四要加强自身建设。坚持以提高

执法公信力为目标，切实按照代表、委员的意见建议抓好自身建设，着力深化检察改革和工作机制创新，着力加强高素质检察队伍建设，着力推进基层院建设大发展，着力推进检务保障和科技强检工作，着力解决执法不规范的突出问题，为全省检察事业科学发展提供可靠保障。

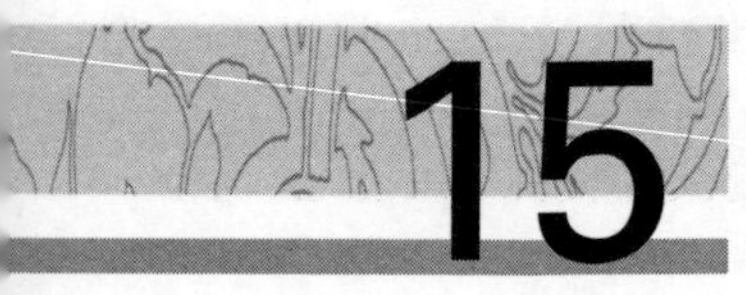

15 促进年轻干部成长成才、建功立业*

在大家的共同努力下，全省检察机关年轻干部2013年春季培训班圆满完成了既定的培训任务，达到了预期的培训效果。刚才，三位学员代表谈了培训的收获、体会，以及今后的计划和打算，我听了很受启发、很受鼓舞。下面，我对年轻干部培训情况进行简要总结，并对年轻干部培养工作讲几点希望。

一、要总结经验，发扬年轻干部培训的显著成绩

举办年轻干部培训班，与举办检察学硕士、博士研究生班一样，是省院党组为加强全省检察机关领导班子建设、提升检察队伍素质作出的几个“大动作”之一，是培养我省检察工作后继力量、推动检察事业全面发展进步的谋远之举。通过3—5年的努力，使我省高层次检察人才在数量上进一步拓展、质量上进一步提高，整体提升检察队伍素质。去年以来，省院先后举办两期年轻干部培训班，104名优秀年轻干部参加培训，取得了显著成绩，探索了有益经验。

一是培训高标定位，组织工作严密有序。我省检察机关年轻干部培训作为省委年轻干部成长工程的子系统，由省委组织部和省检察院联合举办，纳入到了全省干部教育培训的整体规划当中，体现了定位上的高层次。省院加大人力、物力投入，精心制定培训方案，多位党组同志亲临授课，选聘优秀师资，派员全程跟班管理，整个

* 2013年3月28日敬大力同志在湖北省检察机关年轻干部2013年春季培训班结业典礼上的讲话。

培训工作环环相扣、部署周密。

二是培训内容全面，有力提升了综合素质。培训紧紧围绕新形势下检察工作实际需要，以“坚定理想信念、坚持服务大局、提高业务能力、维护公平正义、切实履职尽责、加强自身修养”为目标，精心设计培训总体课程，内容上全面涵盖政治、法律、管理等各个方面，环节上学习、测试与考察层层推进，使参训学员政治素养、理论水平、业务能力、领导水平、心理素质等得到全面提升。

三是培训模式新颖，贴近检察工作实际。年轻干部培训改变传统的课堂灌输式教学模式，通过组织学员论坛、专题研讨、无领导小组讨论等新型教学模式和现地教学、实训教学、考察调研等形式，突出学员主体地位，变被动学习为主动学习，最大限度地激发了学员的学习积极性。特别是在培训中运用了省院自主研发的执法推演实训软件，进行涉检突发事件处置的执法推演，提高了学员应急处置、心理抗压能力。培训贴近干警、贴近实战、贴近基层，受到了大家的普遍好评。

四是培训纪律良好，保证了培训的效果。各位参训学员都非常珍惜培训机会，克服诸多困难，正确处理好学习与工作的关系，以认真的态度来对待培训。大家尊重老师的教学成果，遵守培训纪律，服从学院管理，刻苦学习、认真研讨、大胆实践，积极参加班级集体活动，营造了“团结和谐、紧张有序、严肃认真、活泼愉快”的良好培训氛围，体现了端正扎实的学风，展示了检察年轻干部昂扬的精神风貌。

集中学习的时间是短暂的，但大家的收获是沉甸甸的，组织对大家的期望也是沉甸甸的。“检察机关年轻干部培训班”是个“标签”，但我希望这个“标签”不要成为大家的“负担”，也不要成为炫耀的“资本”，而要成为一种“责任”。在此，我代表省院党组，向认真学习、刻苦钻研、顺利结业的两期学员表示热烈的祝贺！向承担培训组织工作的政治部、检察官学院及相关部门的同志表示亲切的慰问！向关心支持年轻干部培训、培养工作的省委组织部、省委政法委领导表示衷心地感谢！

二、要创造条件，推动年轻干部在接续培养中成长成才

年轻干部培训班虽然即将划上圆满的“句号”，但是对年轻干部的成长而言，只能说是点了一个“逗号”，能否真正成才，真正发挥作用，还要划一个“问号”，优秀不优秀还要看发展、看实践。希望全系统都要关心、关爱年轻干部成长，创造条件，加强培养，抓好这件事关检察事业长远发展的大事。

一要持续学习，提升素质能力。学习是年轻干部成长的重要途径，是增强能力、提高水平的“金钥匙”。年轻干部要把学习作为一种政治责任、一种精神追求、一种思想境界。要加强理论学习，把理论学习与党性锻炼相结合、与研究解决现实问题相结合，认真学习马列主义、中国特色社会主义理论体系，做到真学、真懂、真信、真用，以理论上的清醒保证政治上的坚定。要立足岗位，加强对检察理论、业务知识的学习，不断深化对检察工作规律性的认识，努力做业务上的行家里手。要坚持学用相长，加强实践锻炼，不断提高履职能力和自身修养，切实肩负起中国特色社会主义事业建设者、捍卫者的重任。

二要重在培养，创造良好条件。省委明确提出，实施年轻干部成长工程，目的是保证年轻干部健康成长，必须认真贯彻重在培养的方针。年轻干部自身既要注重培养工作能力，也要加强党性修养；既要加强学习培训，也要加强实践锻炼。各级院党组要坚持跟踪培养，根据年轻干部具体情况，按照缺什么、补什么的原则，有针对性地加强素质、能力培养；坚持重点培养，对发展潜力大、基础好的年轻干部压担子、交任务，使他们在实践中增长才干；坚持接续培养，把年轻干部培养放在重要位置来抓，因人因地制定接续培养方案，为年轻干部成长创造良好环境，搭建广阔平台。

三要注重导向，抓好选拔使用。要引导年轻干部正确对待组织、正确对待他人、正确对待自己，进一步茁壮心灵，应对竞争，成就事业，获得幸福。要坚持正确的用人导向，按照“德才兼备、以德为先”、“五湖四海、任人唯贤”的用人标准，把那些信念坚定、作

风优良、业绩突出、群众公认和想干事、能干事、干成事的优秀年轻干部选拔出来。要结合检察机关实际，健全使用机制，促进年轻干部的合理流动、交流，促进优秀年轻干部脱颖而出，促进年轻干部到基层、到一线锻炼成长，为我省检察事业科学发展建设一支党性强、业务精、素质高、堪当重任的优秀年轻干部队伍。

三、要勇于担当，促进年轻干部在检察实践中建功立业

党的十八大吹响了全面建成小康社会的进军号，新一届党中央对依法治国、加强法治建设作出了新的战略部署，修改后的刑事诉讼法、民事诉讼法赋予了检察机关更多的职能和手段，检察工作面临的机遇前所未有，肩负的责任使命更加重大。刚刚结束的第十三次全省检察工作会议，提出了未来五年湖北检察工作的总体思路、目标任务和工作举措。大家作为检察系统年轻干部的优秀代表，正处在人生黄金时期，年富力强，也积累了一定的社会阅历和工作经验，具有较强的学习能力、适应能力和创新精神。希望你们正视自己的优势、珍惜组织的培养，勇于担当，大胆实践，全面落实“十三检”会议提出的各项任务，切实承担起在新的历史起点上，推动检察事业全面发展进步的重任。

一要牢牢把握“一条主线”。学习贯彻党的十八大精神是当前和今后一个时期全省检察机关的头等大事和首要政治任务。广大年轻干部要认真学习党的十八大精神，深刻认识中国特色社会主义的丰富内涵和内在要求，自觉把中国特色社会主义作为伟大旗帜来高举、作为正确道路来坚持、作为共同理想来追求，坚定“三个自信”。要进一步增强对中国特色社会主义法律体系、法治体系、司法制度和检察制度的政治认同、理论认同、感情认同，坚定不移地走中国特色社会主义政治发展和法治建设道路。始终把服务发展作为重大政治责任，立足于创造最优法治环境，充分发挥各项检察职能作用，积极营造人们不愿违法、不能违法、不敢违法的法治环境，营造法律至上的法治环境，营造公平正义的法治环境，服务“五个湖北”建设，推动湖北科学发展、跨越式发展。

二要坚持“两个主基调”、“两手抓”。广大年轻干部要深刻认识、牢牢把握加强法治建设和提高执法公信力两个主基调，这是我们检察工作之魂。要坚持立足当前、着眼长远，一手抓检察事业的长远发展、一手抓各项工作任务的落实。深刻理解习近平总书记关于法治建设的一系列重要讲话精神，深刻认识法治化本身就是大局，发挥检察职能促进各项事业法治化就是服务大局。做到既依法惩治各类犯罪，监督纠正司法不公，深化法治宣传教育，弘扬社会主义法治精神，促进各项事业法治化；又带头严格依法履行职责，确保检察权依法正确行使。要顺应人民群众对司法公正、权益保障的新要求新期待，充分体现严格公正廉洁执法、提高执法公信力的要求，解决好自身在思想认识、执法观念、工作作风、检察管理等方面存在的突出问题，全面加强自身建设，推动检察事业全面发展进步。

三要坚持“三个体系”、“五个检察”。要按照“三个体系”的总布局，进一步健全以坚定政治方向、服务大局为基点的检察工作方针政策体系，健全以“四个维护、两个促进”、营造“四个环境”为基点的执法办案和法律监督工作体系，健全以提升队伍素质能力和执法公信力为基点的检察机关自身建设体系，推动形成更加健全完善的检察工作体系。要按照省院即将下发的湖北省检察机关“五个检察”建设实施纲要的部署，深入推进“五个检察”发展目标的实现。要推进“实力检察”，实现发展的硬实力进一步增强；推进“创新检察”，实现创新的驱动力进一步增强；推进“法治检察”，实现制度的约束力进一步增强；推进“文明检察”，实现文化的感召力进一步增强；推进“人本检察”，实现队伍的凝聚力进一步增强。

四要全面落实各项工作任务。全省“十三检”会议部署的八个方面的任务，是实现总思路、总目标的具体措施，是当前和今后一个时期全省检察机关必须坚决贯彻的硬任务。要以党和国家大局为重，紧紧围绕“五位一体”总布局和“五个湖北”建设，充分发挥各项检察职能。按照省委转发的省院关于加强检察机关群众工作的指导意见和省院即将制定出台的实施细则要求，进一步深化、细化、

实化检察机关群众工作，提高做好新形势下群众工作的能力，增强检察工作亲和力。要推动各项检察业务全面发展，进一步加强批捕起诉工作、查办和预防职务犯罪工作，全面加强诉讼监督工作，努力争创一流业绩。要深化检察改革和工作机制创新，狠抓修改后刑事诉讼法、民事诉讼法的贯彻执行，落实中央司法改革部署，按照高检院关于深化检察改革的要求抓好落实。按照省院部署，认真抓好推进诉讼监督工作“四化”、推动执法办案转型发展、深化检察机关组织体系和办案组织建设三项机制创新任务的落实。要不断夯实基层基础，着力加强高素质检察队伍建设，着力推进基层院建设大发展，着力推进检务保障和科技强检工作，着力解决执法不规范的突出问题，为全省检察事业科学发展提供可靠保障。

16 以改革创新精神推进检察队伍六项建设*

这次会议是深入贯彻习近平总书记考察湖北时的重要讲话精神和全国全省组织工作会议、全国检察机关队伍建设工作会议、全国大检察官研讨班、第十三次全省检察工作会议精神，研究部署推进新形势下全省检察队伍建设的一次重要会议。

2008 年以来，全省检察队伍建设取得了显著成效。我们认真贯彻高检院、省委部署，深入落实《关于加强检察队伍建设若干问题的决定》，全面实施队伍建设“六项工程”，扎实推进思想政治建设，干警政治素养和理论水平进一步提升；扎实推进领导班子建设，加强干部协管工作，圆满完成市县两级院检察长换届，班子结构不断优化，凝聚力、决策力、执行力和公信力进一步增强；扎实推进素质能力建设，坚持统筹全员培训，共培训检察人员 33000 余人次，本科以上学历人员比例上升 9 个百分点，研究生以上人员比例上升 3.8 个百分点，培养全国、全省检察业务专家等各类人才 106 名，国家检察官学院湖北分院汤逊园校区建成投入使用，与高等院校联合培养检察专业法学硕士、博士研究生 109 名，队伍整体素质能力进一步提升；扎实推进作风纪律建设，检察人员违法违纪比例连续 12 年保持在 1‰以内，执法公信力进一步提高；扎实推进队伍管理机制建设，选人用人、职业保障等机制进一步完善，按照“两个适当分离”思路实行批捕与侦监、公诉与刑事审判监督、民事诉讼监督

---

* 2013 年 8 月 13 日敬大力同志在湖北省检察机关队伍建设工作会议上的讲话。

与行政诉讼监督等职能分离、机构分设，成立案件管理办公室和未成年人刑事检察机构，推行部分基层院内部整合改革，清理整顿和新建派驻检察室、检察服务站、检察巡回服务组，检察组织体系及其运行机制进一步健全；扎实推进检察文化建设，优秀文化感召力进一步增强。近年来，我们队伍建设得到了社会各界的充分肯定，省院连续十年五届荣获全国基层检察院建设组织奖，被评为全省党建工作先进单位，22个（次）基层院被评为全国模范、先进基层院，96.8%的检察院被评为文明单位，全省检察系统两次被评为省级精神文明建设先进系统，高检院、省委领导多次对我们服务大局、群众工作、机制创新、规范执法等方面工作给予充分肯定。五年来，我们在教育培训、规范执法、基层院建设等方面打造了一批在全国有影响的工作品牌，涌现了一批先进典型。这些成绩是在高检院、省委正确领导下，在有关部门的大力支持下，全省检察干警团结奋斗的结果，也凝聚着广大检察政工干部的智慧和汗水。在此，我代表省检察院向大家表示衷心的感谢！

党的十八大以来，中央、高检院、省委对抓好新形势下检察队伍建设提出了一系列新的要求。党的十八大明确提出，要加强政法队伍建设，切实肩负起中国特色社会主义建设者、捍卫者的职责使命。习近平总书记多次强调，要全力推进过硬队伍建设，坚持严格执法、公正司法，加强忠诚教育和职业培训，进一步提高执法能力，进一步提高政法工作公信力和亲和力。全国检察机关队伍建设工作会议对加强思想政治、专业化职业化、领导班子、基层院等建设提出了明确要求。省委强调，要高度重视政法队伍建设，做到“打铁自身硬”、转变作风、提升正能量。这些重要部署，是中央加强干部队伍建设要求的具体体现，是人民群众的殷切期盼，是基于检察队伍现实状况的科学谋划，为我们加强新时期检察队伍建设指明了方向。在年初的全省“十三检”会上，我们确定了“两个主基调”、“两手抓”、推动检察事业全面发展进步的总体思路，制定出台了推进“五个检察”建设、优化法治环境、深化细化实化检察机关群众工作的三个重要文件，结合实际部署了推进诉讼监督工作“四化”、执法办案工作转变模式转型发展、加强组织体系及基本办案组织建设等三项重点改革任务。完成好这些目标任务，关键在人，关键在队伍，对全省检察队伍的整体素质是一个长期的、重大的考验。

当前和今后一个时期，我们必须以改革创新精神推动检察队伍建设。改革是我们这个时代的主旋律，是决定当代中国命运、实现“两个一百年”奋斗目标的关键一招。党的十八大以来，中央反复强调要坚定不移地全面深化改革。习近平总书记多次在不同场合强调改革开放是坚持和发展中国特色社会主义的必由之路，只有进行时没有完成时，停顿和倒退没有出路。近期考察湖北期间，总书记还深刻指出，要处理好解放思想与实事求是的关系、整体推进与重点突破的关系、顶层设计与摸着石头过河的关系、胆子要大和步子要稳的关系、改革发展稳定的关系。在今年七月全国大检察官研讨班期间，高检院对未来五年深化检察改革工作进行了全面、系统、深刻的阐述，强调要进一步完善依法独立公正行使检察权的保障机制，进一步完善法律监督工作机制，进一步完善检察权运行工作机制，进一步完善检察机关自身监督制约机制，进一步完善检察队伍专业化、职业化建设机制。当前，检察工作和队伍建设的外部环境都在发生极为广泛而深刻的变化，前进道路上还有不少困难，队伍整体年龄结构、学历结构、专业结构不够合理，队伍管理机制仍不够健全，精神状态欠佳、执法理念偏差、执法模式落后、执法素质能力不强、纪律作风不正等问题仍不同程度存在。要从根本上解决这些困难和问题，必须紧紧依靠改革，关键在于全面深化改革。在一定意义上，以改革的精神、改革的思维、改革的办法来加强队伍建设，是有效解决影响司法公正和制约素质能力的深层次问题，始终保持队伍旺盛生机活力和坚强战斗力的根本之策。尤其同以往相比，当前检察改革进入了深水区、攻坚期和关键阶段，将更加触及习惯思维、固有模式甚至是现有的利益格局，越是这个时候，越需要我们坚定与时俱进、攻坚克难的信心，冲破思想观念的障碍，突破模式固化的藩篱，如果退缩迟疑，瞻前顾后，不仅会效果不佳，而且可能半途而废，甚至走回头路。全省检察机关一定要积极顺应

全面深化改革的大势，努力打造“创新检察”，解放思想，实事求是，统筹兼顾，重点突破，加强顶层设计，鼓励基层首创，营造敢于改革、善于改革的浓厚氛围，以更高远的目标、更大的政治智慧和勇气、更强的探索精神推动检察队伍建设在改革中攻坚破难、在创新中发展进步。

在全部检察工作中，队伍建设是根本和保障。我们讲建设、捍卫中国特色社会主义事业，讲推进“五个检察”、实现检察工作全面发展进步，根本上还是要依靠人、依靠我们这支队伍。检察队伍建设只有放到检察工作全局中来谋划和推进，始终围绕检察中心工作来开展，才能体现其价值和作用。随着修改后刑事诉讼法、民事诉讼法全面实施，检察机关群众工作深入推进，检察改革全面深化，科技强检深入实施，等等一系列新形势新任务对干警素质能力的要求越来越高，越来越暴露出检察队伍在思想观念、素质能力、制度机制等方面的不适应和短板，迫切需要更加重视和强化检察队伍建设的基础性、保障性地位与作用。我们要牢固树立大局意识和全局观念，加强战略思维、辩证思维、系统思维、创新思维，以更大的决心，下更大的气力抓好检察队伍建设，认真解决业务工作与队伍建设相关联的突出问题，以过硬队伍保障和促进全省检察工作全面发展进步。当前和今后一个时期，全省检察队伍建设的总体思路是：高举中国特色社会主义伟大旗帜，以邓小平理论、“三个代表”重要思想、科学发展观为指导，深入学习贯彻党的十八大精神和习近平总书记考察湖北时的重要讲话精神，以法律监督能力建设、先进性和纯洁性建设为主线，以加强法治建设和提高执法公信力为主基调，以专业化、职业化建设为方向，以改革创新为动力，全面加强检察机关思想政治、领导班子、人才队伍、专业化职业化、组织体系和基层检察院建设，努力打造忠诚可靠、执法为民、务实进取、公正廉洁的过硬检察队伍，为服务“五个湖北”建设、推进“五个检察”提供坚实的思想基础、组织保证、人才支持和精神动力。

一、加强思想政治建设，进一步坚定理想信念、端正思想意识

思想政治建设是检察队伍建设的根本。检察队伍的政治素质是否过硬，关系到检察工作的政治方向，关系到检察事业的兴衰成败。要始终坚持把思想政治建设放在首位，不断增强思想政治工作的针对性、深入性、有效性，加强忠诚教育，坚定理想信念，强化为民意识，构建检察人员共同价值体系，始终确保检察工作正确政治方向。

忠诚可靠是思想政治建设的首要要求。忠诚是检察干警应当首先具备的基本政治品格。在任何时候、任何地方，我们都要讲忠诚。失去忠诚，就丧失了底线。要教育引导检察干警明辨理论是非，善于从政治上、大局上、战略上、理论上看问题，认清西方错误观点主张的本质及其政治危害，对重大政治原则和大是大非问题做到旗帜鲜明、立场坚定、态度坚决，始终把检察工作置于党的绝对领导之下，始终与以习近平同志为总书记的党中央保持高度一致，始终做到忠于党、忠于国家、忠于人民、忠于宪法和法律，打牢干警高举旗帜、听党指挥、忠诚使命的思想基础。

坚定理想信念是思想政治建设的根本目标。加强思想政治建设，最重要的是坚定理想信念。理想信念动摇是最危险的动摇，理想信念滑坡是最危险的滑坡。坚定理想信念的核心在于坚定对中国特色社会主义的道路自信、理论自信和制度自信。全省检察机关要坚持把深入学习贯彻党的十八大精神作为首要政治任务，以马克思主义政治观对照自己、改造自己、提高自己，把“三个自信”建立在对科学理论的理性认同上，建立在对历史规律的正确认识上，建立在对基本国情的准确把握上，始终把中国特色社会主义作为伟大旗帜来高举，作为必由之路来坚持，作为根本制度来遵循，作为科学理论来运用，坚持中国道路、弘扬中国精神、凝聚中国力量，矢志不渝地为实现中华民族伟大复兴的“中国梦”努力奋斗。要进一步增强对中国特色社会主义检察事业发展道路、理论体系和检察制度的自信，团结广大检察干警坚定不移地走中国特色社会主义检察事业

发展道路，坚持和丰富中国特色社会主义检察理论体系，坚持和完善中国特色社会主义检察制度，使其优越性更加充分发挥。

强化执法为民意识是思想政治建设的基本目标。人民性是检察机关的本质属性。执法为民是党的根本宗旨在检察机关的具体体现，是检察工作的根本出发点和落脚点。当前，我们强化执法为民意识，最重要的就是要扎实开展党的群众路线教育实践活动。习近平总书记强调，开展教育实践活动，既要解决实际问题，更要解决思想问题。全省检察机关一定要把活动定位在自我教育和自身建设上，对照“为民、务实、清廉”的要求，以整风精神开展批评与自我批评，清洗思想上的灰尘，把为民务实清廉的价值观念深深植根于全体干警的思想之中，始终做到以最广大人民利益为念，牢固树立求真务实的精神，不断增强拒腐防变的自觉性。要针对人民群众反映强烈的作风问题，立查立改，坚决反对和整治“四风”，真正给自己紧紧螺丝，坚决防止将教育实践活动泛化、矮化、庸俗化，推动检察机关教育实践活动走在前、作表率。要以教育实践活动为契机，深入推进队伍纪律作风建设，进一步严明政治纪律、组织纪律和检察工作纪律，健全检察机关惩防腐败体系，强化对检察权运行的监督制约，坚决整治受利益驱动办案、违法违规扣押冻结款物、变相体罚和限制人身自由等执法不规范“顽症”，严肃查处违纪违法检察人员，以铁的纪律带出一支过硬队伍。

构建检察人员共同价值体系是思想政治建设的重要内容。检察人员共同价值理念是检察事业发展的精神支撑，对于履行法律监督职能具有重要的导向、凝聚、激励和规范作用。要按照党的十八大加强社会主义核心价值体系建设的部署，紧密结合检察工作实际，积极培育和践行社会主义核心价值观，自觉树立和践行社会主义法治理念，着力构建检察人员共同价值体系，打造我们共同的精神家园。要把检察文化建设作为重要抓手，坚持社会主义先进文化前进方向，突出加强法治建设和提升执法公信力两个主基调，广泛开展各种文化创建活动，深化文明系统创建，努力探索一条符合社会主义核心价值体系、具有时代特征和检察特点的检察文化建设新路子，形成全体干警众志成城、努力奋斗的思想基础，激发检察事业发展的内生动力。

二、加强领导班子建设，进一步打造善于领导检察事业科学发展的坚强领导集体

领导干部是“关键的少数”，一把手是“少数的关键”、“关键的关键”，其素质往往决定整个干部队伍的整体素质，最终决定一个地方、一个单位的事业发展水平。各级检察院领导班子尤其是检察长作为检察工作的决策者、组织者，肩负着领导检察工作、管理检察队伍的重大责任。要坚持把领导班子建设作为队伍建设的关键环节来抓，不断提高各级检察领导班子的凝聚力、战斗力、执行力、约束力。

切实提高领导班子建设的针对性。要对照“信念坚定、为民服务、勤政务实、敢于担当、清正廉洁”等五条标准，认真研究、正视、解决我省检察领导班子建设方面存在的差距和不足。针对班子结构问题，加强和规范干部协管工作，密切与地方党委及有关部门的沟通协商，坚持德才兼备、以德为先的用人导向，深化检察机关干部人事制度改革，搞好选贤任能，把那些政治上靠得住、工作上有本事、人民群众信得过的干部选拔到各级领导岗位上来，不断优化班子结构。尤其要重视抓好各级院一把手的配备，研究一把手成长规律，按照高标准、大格局、全能型的要求，把一把手队伍建设作为整个队伍建设的战略工程来抓。针对领导能力和水平方面的差距，认真贯彻落实民主集中制，完善领导班子议事规则和决策程序，提高领导艺术，讲究领导方式和领导方法，带头发扬民主作风，提升科学、民主、依法决策水平；认真落实业务培训、理论研讨等制度，养成干部勤于学、敏于思的良好习惯，克服本领不足、本领恐慌、本领落后，不断提升想大事、谋全局的能力，运用法律政策履行职能的能力，应对复杂局面、引领科学发展的能力。针对精神状态、工作活力方面的问题，切实强化敢于担当精神。担当的大小，体现着干部的胸怀、勇气、格调，有多大担当才能干多大事业。现

在，有的检察领导干部精神懈怠、不思进取，不把心思花在干事创业上，而花在谋求个人利益上，不求务实，但求务虚、务官、务关系、务人脉、务上级、务面子；有的怕得罪人，搞无原则的一团和气，信奉多栽花、少栽刺的庸俗哲学；有的居其位不谋其政，遇到问题和矛盾绕道走，推诿扯皮、敷衍塞责；有的因循守旧、固步自封、怕苦畏难，不求有功、但求无过，缺乏争先创优意识和改革创新精神，等等。这些问题的危害毋庸多言，希望每一个检察领导干部都认真自省自警，牢固树立责任重于泰山的意识，始终把党和人民事业、把检察事业放在第一位，敢于旗帜鲜明，敢于较真碰硬，敢于担责担难担险，对工作任劳任怨，尽心竭力，善始善终，善作善成。针对思想和纪律方面的问题，坚决贯彻从严治检要求，对领导干部严格要求、严格管理、严格监督，落实好政治轮训、领导班子情况定期分析、巡视督察、考察考核等制度，确保我们的干部始终把为中国特色社会主义事业贡献力量作为自己的最高追求，把人民群众放在心中最高位置，保持惩恶扬善、执法如山、公平如度、清廉如水的浩然正气。尤其要严明政治纪律，坚决反对有令不行、有禁不止、阳奉阴违、另搞一套，确保政令和检令畅通，确保中央、省委和上级检察机关重大决策部署得到不折不扣地贯彻执行。

切实提高领导班子建设的计划性。凡事预则立、不预则废。我们在“十三检”会议上明确了未来五年的发展战略和主要任务，制定了“五个检察”建设的路线图、时间表，这些都是我们尊重规律、尊重现实的总体谋划。干部成长也是有规律的，需要经过必要的台阶、递进式的历练和培养，是一个长期的、不间断的过程，临时抱佛脚是行不通的。全省检察机关要树立战略意识和长远眼光，认真研究领导班子建设的长期规划，有计划、分步骤地持续稳步推进，当前尤其要抓好市县两级院党组副书记的配备。要充分考虑检察事业的薪火相传，按照素质优良、数量充足、结构合理、堪当重任的要求抓紧充实后备干部队伍，统筹考虑省委中青年干部培训班、省院年轻干部培训班、检察专业研究生班学员以及上挂下派干部的培养、使用工作，实行接续培养、动态管理、优胜劣汰，特别是要协助党委选好一把手后备人选，使各级检察领导班子形成合理的梯次配备。要抓紧培养年轻干部，继续开展年轻干部成长工程，对那些看得准、有潜力的年轻干部，要敢于压担子，安排他们到基层一线和环境艰苦的地方经受锻炼，磨练其意志，增益其所不能。

三、加强检察人才队伍建设，进一步抢占检察人才战略高地

当前，一些地方尤其是基层院高素质人才缺乏与检察工作发展需要不相适应的矛盾，更加尖锐地摆在了我们面前，已经成为了制约发展的瓶颈问题。全省检察机关一定要有强烈的危机感和紧迫感，树立强烈的人才意识，扩充数量、优化质量，加快建设一支规模宏大、素质优良的检察人才队伍。

确立人才优先发展的战略布局。各级院党组要牢固树立人才资源是第一资源、人才投入是最有价值的投入的观念，形成爱才惜才的价值取向。要在工作中坚持人才资源优先开发、人才结构优先调整、人才投入优先保证，做到寻觅人才求贤若渴，发现人才如获至宝，举荐人才不拘一格，使用人才各尽其能，抢占人才竞争先机，树立我省检察机关珍视人才、尊重人才的社会形象。

统筹推进各类检察人才队伍建设。要科学谋划人才布局，抓紧制定实施今后五年全省检察机关人才队伍建设重点项目规划。要着眼于引领检察工作科学发展，大力培养造就一批政策理论水平高，善于战略思维和创新思维，能够有效应对复杂局面的检察领导人才；着眼于提高队伍专业化、职业化水平，继续抓好检察专业法学硕士、博士联合培养，加大高层次、专家型、复合型人才引进力度，着力建设一支数量充足、门类齐全、精通业务、善于管理的专门业务人才队伍、主办检察官人才队伍和检察管理人才队伍，努力构筑检察人才战略高地；着眼于强基固本，注重倾听基层呼声、满足基层发展需要，解决好部分基层院和贫困地区检察院人才短缺、检察官断档问题；着眼于人才队伍发展的全面性、协调性、可持续性，高度重视、切实抓好青年干部、女干部的培养管理工作，加大紧缺人才

引进力度。要正确处理统筹推进和突出重点的关系，既注重各类人才队伍建设的整体协调发展，又抓主要矛盾和矛盾的主要方面，因时而异、因地而异，有重点、分阶段地抓好人才引进、培养和使用工作。要正确处理“专才”和“全才”的关系，既适应专业化建设需要，抓好各类专家型、专门型人才培养；又适应内部整合改革、检察工作向基层延伸等现实需要，培养全能型、复合型人才，尤其要在基层院培养一批一专多能、多专多能的“全科检察官”。

优化检察人才发展环境。越是人才越是看重事业发展的环境和干事创业的平台。我们要努力完善人才评价、发现、培养、使用、激励、保障机制和措施，营造有利于各类人才施展才华、实现价值的制度环境，想方设法为他们解决实际问题；营造公开平等、竞争择优的环境，为人才成长提供公平机会，最大限度地调动积极性；营造鼓励创新、宽容失败的工作环境，使各类人才尽情发挥自己的聪明才智。检察事业是国家的事业、人民的事业，也是每个检察人员的事业，我们要努力打造一个能够实现检察事业全面发展进步和实现检察人员个人理想的平台，把两者有机结合起来，使每个检察人员都享有人生出彩的机会，享有实现自我价值的机会，享有与检察事业一起成长进步的机会。尺有所短、寸有所长，抓人才队伍建设决不是只抓一小部分人，而是着眼于每个干警，努力打造一个知人善任、用其所长的平台，使不同专业特长、不同职业岗位、不同成长经历、不同能力水平的人才都能各得其所、各展所长，形成人人皆可成才、人尽其才、才尽其用的生动局面。

四、加强队伍专业化、职业化建设，进一步提升法律监督工作能力

一个合格的检察人员，不仅应当具备坚定的理想信念，而且应当具备过硬的专业素质和职业素养。中央、高检院明确提出要大力推进检察队伍专业化、职业化建设，专业化与职业化相互依存，密不可分，都是履职能力建设的重要内容，同时也各有侧重，专业化侧重于法律监督能力的提升，职业化侧重于强化履职的保障。全省

检察机关要积极适应新形势新任务新要求，牢牢把握专业化、职业化的攻坚方向，切实把提高队伍履职能力摆在更加突出的位置来抓。

积极推进队伍专业化建设。专业化是由检察机关的专门性质和特殊职责决定的，是一个大概念，包括业务工作的专业化、体制机制的专业化、检察队伍的专业化等多个层次。队伍专业化不是一个单纯的、孤立的问题，其核心在于提升法律监督能力、提升业务工作专业化水平。在新的形势下，执法办案和法律监督工作任务越来越繁重，执法环境越来越复杂，面临的要求也越来越高，只有足够的专业素养才能有效应对，仅凭热情、靠经验执法办案是不行的。我们必须紧紧围绕业务工作的专业化来推进队伍专业化建设，优化队伍专业素质结构，提升专业化素质能力，推动形成专业化队伍管理机制，建设符合专业化要求的组织体系和基本办案组织，努力建设一支专业齐备、结构合理、数量充足的高素质专业化检察队伍，努力使队伍的结构、素能、组织体系及其相关机制符合业务工作专业化要求。要注重优化队伍专业结构，通过完善招录机制、加强学历教育等途径，提高检察人员总体学历水平，建设一支以法律专业为主体，以其他专业为补充的专业化检察队伍。要把加强和改进检察教育培训作为推进专业化建设的根本途径，在抓好硬件建设的同时，更加注重“软实力”建设，与时俱进地更新教育培训理念，坚持以岗位素能和能力席位要求为标准，以领导干部、业务一线和基层人员为重点，全面开展分层分类全员培训和岗位练兵，深化教育培训改革，建立健全体现时代特征、具有检察特色、符合办案要求、科学完备的专业化教育培训工作体系，不断提升检察教育培训质量和效果。

稳步推进队伍职业化建设。职业化的核心在于建立符合检察权运行规律和检察官职业特点的价值体系、管理模式和保障机制，是检察官作为执法办案主体、依法正确履行法律监督职责的精神保证、制度保证和物质保证。要大力开展职业信仰、职业精神教育，增强检察人员职业归属感、荣誉感和使命感。要继续完善检察职业道德自律机制，强化自我约束，加强道德修养，树立检察机关可亲、可

信、可敬的良好职业形象。要强化职业管理，严格落实检察人员职业准入制度，改进检察人员招录办法，健全遴选、基层院定向招录、向社会公开选拔初任检察官等机制，拓宽优秀人才进入检察队伍渠道；认真落实省检察院关于进一步加强全省检察机关政法专项编制管理、使用的意见，推进政法专项编制规范化管理，着力解决空编、超编检察院人员招录难题；重点推进检察人员分类管理改革，根据高检院统一部署，稳步推行检察官、司法警察及检察辅助人员单独的职务序列，科学设置各类人员员额比例，逐步建立分类科学、结构合理、职责明晰、管理规范的分类管理制度。要积极建立与检察职业特点相适应的职业保障机制，健全检察人员任用、职务晋升、奖惩、待遇与德才表现、工作业绩、能力素质挂钩的制度，保障和促进检察人员依法履职。

五、加强组织体系建设，进一步优化检察职能配置

近年来，我们在推进检察改革和队伍建设的过程中，自然而然地触及了组织体系问题，进行了一些探索，取得了积极成效。要遵循规律，坚定信心，总结经验，按照高检院改革要求进一步深化探索，努力建立机构设置合理、职责划分清晰、编制配备精干、运转高效有序的检察组织体系。

加强检察机关组织体系建设，必须遵循一定的基本原则。一要遵从检察机关职能特点和检察工作基本规律，符合检察权性质及其运行方式的综合性、特殊性、复杂性，符合检察工作一体化规律，符合“两个适当分离”原则。二要有利于履行法定职责，为依法独立公正行使检察权提供坚强组织保障。三要有利于提高工作效率，调整工作流程，减少中间环节，加强协作配合，保障检察工作高效有序运行。四要坚持依法推进，在法律授权范围内、在现行法律制度框架内进行，并且要层报省院、高检院同意并经编制管理部门核准。最近，高检院将制定关于地方各级检察院内设机构设置的意见，省院将实行内设机构设置报省院备案审查制度，各地要严格贯彻执行，严防各行其是。

组织体系建设涵盖检察机关组织结构、组织机构、基本办案组织形式等多方面内容，我们要根据高检院统一部署，结合实际把握主攻方向。要继续深化“两个适当分离”改革，围绕优化职能配置目标，加快机构分设，统一规范机构名称和职能，进一步理顺工作关系，健全内部协调配合、监督制约等工作机制，使之更加成熟、更加定型、优越性得以更加充分发挥。要深化基层院内部整合改革。我们的这项改革得到了高检院充分肯定，目前高检院正在研究部署基层院职能整合问题，初步设想与我省做法基本一致。我们要深刻认识这项改革在实践中彰显的强大生命力，按照横向大部制、纵向扁平化、突出检察官主体地位、体现“两个适当分离”合理内核的要求，继续积极争取支持，突破制约改革的机构、领导职数等“瓶颈”问题，建立全新的工作机制和运行模式，稳步推进“中型院”、“大型院”内部整合改革，支持有关市级院在本地区全面推进基层院内部整合改革，不断巩固和扩大改革成果。要完善并落实派驻检察室、检察服务站、检察巡回服务组工作规程，实现检察工作向基层有序有效延伸。要加强派出院组织体系建设，落实省院派出院机构编制和干部人事管理暂行规定，着眼于分院特殊体制，在机构设置、工作管理和运行机制方面作出特别安排，积极推动交通运输检察职能整合，健全适应派出监狱检察院特点的管理模式、机构设置和考评机制，努力提升专门检察工作水平。

开展主办检察官办案责任制试点，是加强基本办案组织建设、推进检察人员分类管理的重要形式，是遵循检察权运行规律、提高执法办案运行效能的重大探索。省院近期下发了试点方案，并将在这次会议之后专门进行动员、部署和培训，希望参与试点工作的检察院统一思想，统一行动，认真落实。这里我重点强调一下主旨问题，归纳起来就是四句话：一是突出办案主体作用。依照法律规定，检察官是履行法律监督职责的主体，长期以来，受各种因素影响，检察官的主体地位尚未真正突显、主体作用尚未真正发挥，影响了执法办案效能。我们开展这项改革，就是要改变目前状况，使检察官成为有职有权、相对独立的办案主体，形成以检察官为主体的执

法办案模式，进一步激发检察官主人翁精神，进一步调动检察官的主动性和积极性。需要强调的是，突出检察官的主体地位必须与强化监督制约相结合，防止一放就乱、防止执法不公不严不廉问题的发生。二是健全基本办案组织。一线检察官办案，应当基于一定的组织形式。改革中，要坚持因地制宜、因事制宜，合理选择不同办案组织形式，建立主办检察官负责主持、安排和推进办案工作的运行机制，建立检察长或部门负责人统一组织、指挥、协调办理重大、疑难、复杂案件的工作运行机制，充分发挥基本办案组织的一线战斗堡垒作用。三是规范优化办案审批。我们既要认识到办案审批制的法定性和合理性，坚持检察机关领导体制和检察工作一体化机制，坚持办案审批、指挥、指令等工作制度；又要充分考虑日益繁重的办案工作需要，从工作机制层面对办案审批制及指挥、指令加以规范和优化，在法律规定范围内、依照一定原则科学划分检察官、部门负责人、检察长、检察委员会的具体权限，实行办案程序方式的“扁平化”、规范化改革，减少中间层级，简化办案流程，增强检察官办案的亲历性、判断性。四是强化执法办案责任。责任落实不到位、追究不到位是影响当前办案质量、效率、效果的重要因素。要通过试点工作，使检察官权责一致，形成以检察官为主体的考核评价、追究问责机制，做到有权必有责、用权受监督、违法必追究，引导检察官自觉做到对党和人民事业高度负责、对宪法法律高度负责、对检察事业高度负责，坚决守护严格公正规范文明执法底线。

六、加强基层检察院建设，进一步夯实检察事业发展根基

按照高检院的要求，我们持续推进基层院执法规范化、队伍专业化、管理科学化和保障现代化建设，近年来提出并落实基层院建设20件事项，取得了明显成效。站在新的历史起点上，要进一步强化强基固本思想，重视基层、关心基层、支持基层，认真贯彻高检院即将制定出台的2013年至2017年基层院建设规划，奋力推动全省基层检察院建设再上新层次、实现新跨越，不断夯实检察事业发

展根基。

全面建设新型检察院。建设新型检察院，是省院党组审时度势、慎重研究的重大决策部署，不仅仅是基层院建设目标，而是未来一个时期全省每一个检察院的奋斗方向，是一项全面性部署。考虑到基层院在检察事业发展中具有全局性、基础性、战略性地位，在基层院中首先推进新型检察院建设，具有关键性、决定性意义。

什么是新型检察院？就是要使检察院建设水平做到“四个适应”，即：适应经济社会发展，能够充分发挥检察职能服务好经济持续健康发展，维护好社会和谐稳定和公平正义，履行好中国特色社会主义事业建设者、捍卫者的职责使命；适应法治建设需要，在法治精神、人权意识、严格规范公正文明执法水平、检察改革进程、执法公信力等方面与社会主义法治国家要求同频共振，有效促进各项事业的法治化；适应人民群众新要求新期待，顺应人民群众对公共安全、司法公正、权益保障、反对腐败等方面的强烈期盼，满足群众日益增长的司法需求，维护好最广大人民群众的根本利益；适应检察事业全面发展进步要求，在各方面建设上实现平稳健康发展、持续深入发展、全面协调发展、合理规范发展。

新型检察院新在哪儿？我想应当体现在方方面面，既有有形的也有无形的，既有宏观的也有微观的，既有业务方面的也有队伍方面的，既有工作层面的也有制度机制层面的等等，是全方位的而非单方面的，是多点开花而不仅仅是某一个方面的亮点、特色。归结起来就是“八个新”：发展思路有新突破，科学检察发展理念进一步牢固树立；工作格局有新构建，“三个体系”的发展布局更加健全完善；执法模式有新转变，执法办案转型发展、诉讼监督工作“四化”取得明显成效；队伍素质有新提升，干警政治素质、专业能力、职业素养、纪律作风等得到全面加强和改进；组织体系有新完善，机构设置更加科学，检察职能配置更加优化，检察权运行机制更加健全；管理水平有新提高，执法管理、队伍管理、政务管理、后勤管理机制健全、高效有序；检务保障有新改善，努力实现经费保障充足、设施功能完善、业务装备精良、科技应用领先；精神风

貌有新变化，干警竞进提质、热情饱满，班子团结统一、战斗力强，队伍生机勃发、活力焕发，在整个检察院形成求真务实、改革创新、奋发有为、风清气正的正能量。

如何建设新型检察院？我们通过基层院内部整合改革已经迈出了探索步伐，应当有信心、有底气唱好这台“大戏”，但这将是一个长期的、系统的、复杂的工程，需要全省所有的检察院共同努力、持续探索、接续奋斗。要以“三个文件”为总抓手，认真贯彻“五个检察”建设纲要、优化法治环境的意见和深化细化实化检察机关群众工作的意见，按照“系统化推进、体系化落实、项目化建设”的思路，全力以赴、想方设法把140个具体项目的目标、任务、要求真正落实到基层、落实到每一个检察院。要认真贯彻省院关于进一步加强和改进全省基层检察院建设的指导意见，深入实施基层院建设七项工程，步步为营，稳扎稳打，努力提高基层检察院硬实力、软实力和执行力。要坚持把改革创新精神贯穿始终，全面落实中央、高检院改革部署，全面深化检察工作一体化、“两个适当分离”等各项工作机制创新，不断释放改革红利，输出建设新型检察院的强大动力。

全力抓好基层检察院综合配套改革。基层院综合配套改革是我们在抓基层院建设已经取得明显成效、在一些地方已经突破“瓶颈”问题的基础上，对基层院推进的全方位、宽领域、多层次的改革，是建设新型检察院的重头戏和突破口。“综合”是指全面，是全局性的而不是单项的，包括检察业务、检察队伍、检务保障等方方面面，都要统筹谋划、协调推进。“配套”是考虑到各个方面各个环节改革的相互关联性，每一项改革都会对其他改革产生重要影响，每一项改革都需要其他作为支撑，一个解决不了，其他改革也难以完成；只有改革措施成龙配套、互为支撑，才能释放改革的最大效应。除了“综合性”、“配套性”，与以往改革相比，综合配套改革还有其“特殊性”，也就是要先行先试，给予特殊的政策，实现合法有序地放权，也需要党委政府在编制、人员、经费等方面给予特殊的帮助和支持。综合配套改革体现了事物联系性的哲学基本观点，是更加系统、更加全面、更加高层次的改革，对建设新型检察院、推动检察工作全面发展进步具有重大而深远的破题效应、拉动效应和示范效应。省院党组考虑到这项改革任务的艰巨性、复杂性，选择了已经开展内部整合改革的基层院率先开展。希望所有参与综合配套改革的基层院充分认识这项改革的战略意义，迅速行动起来，多做自身努力，努力将相关改革任务纳入地方改革总体规划，大力争取党委政府及有关部门的配套政策，力争在一些重大问题和关键环节上尽快取得突破。上级院要加强政策引导，推进上级各项改革部署在综合配套改革院率先突破，在经费保障、人事政策上予以大力支持；要加强领导、指导和督导，实行领导干部一对一联系、重点问题协调督办等制度，及时帮助解决改革中遇到的困难，上下一体、形成合力，推动综合配套改革有序、快速、健康发展。

新形势下的检察队伍建设任务繁重、责任重大、要求很高。全省各级检察院党组要坚持“一把手”负总责、班子成员分工负责、分管领导具体抓，切实加强组织领导，认真研究解决队伍建设中的重大问题和难题，大力支持政工部门做好工作，在人员配备、经费装备等方面保证承担工作任务的需要。要真正重视、真情关怀、真心爱护政工干部，加强培养教育，关心进步成长，为他们开展工作创造良好条件。政工部门要发扬优良传统，继续加强自身建设，增强党性修养，坚持组织原则，积极开拓进取，努力造就讲政治、重公道、业务精、作风好的过硬政工队伍。

17 打造“五个过硬”检察队伍*

深入贯彻习近平总书记关于政治过硬、业务过硬、责任过硬、纪律过硬、作风过硬等“五个过硬”的要求，根据全省检察机关队伍建设工作会议的部署，努力建设一支信念坚定、执法为民、敢于担当、清正廉洁的检察队伍。

一要强化政治过硬。突出抓好忠诚教育、理想信念教育和检察机关党建工作，深入学习党的十八届三中全会、习近平总书记系列重要讲话精神，进一步改造主观世界，打牢高举旗帜、听党指挥、忠诚使命的思想基础，真正做一个有信仰、有原则、有担当、有作为的人，永葆忠于党、忠于国家、忠于人民、忠于法律的政治本色。要把理想信念坚定作为好干部第一位的标准，严格执行新的党政领导干部选拔任用工作条例，提高各级检察领导班子建设的针对性和计划性。

二要强化业务过硬。坚持把专业化、职业化建设置于战略性、基础性、先导性位置来抓。完善统一招录、遴选、向社会公开选拔初任检察官等机制，健全专业化教育培训体系，完善岗位能力席位标准，分级分类开展领导素能、专项业务等培训，深化岗位练兵和实训教学，把课堂搬到执法司法现场、把实战搬进课堂，切实提高执法能力。抓紧落实高检院“检察人才重点工程”，加快引进和培养急需紧缺专门人才，加强卓越法律人才基地建设。加强社会主义核心价值观、伦理操守教育，引导干警用检察职业道德约束自己，

---

* 2014年1月24日敬大力同志在湖北省检察长会议上的讲话节录。

坚守职业良知和法律底线。严格检察人员职业准入制度，规范管理政法专项编制，完善职业保障机制。

三要强化责任过硬。坚持对党和人民事业负责，对宪法法律负责，对检察事业负责，真正做到面对重大政治考验，旗帜鲜明、挺身而出，绝不当“骑墙派”；面对歪风邪气，敢于亮剑、坚决斗争，绝不听之任之；面对急难险重任务，豁得出来、顶得上去，绝不畏缩不前。

四要强化纪律过硬。坚持从严治检不动摇，深化自身反腐倡廉建设，对检察人员尤其是检察领导干部从严教育、从严管理、从严监督，完善“三重一大”决策机制，改进巡视督察机制，增强巡视督察效果，切实正风肃纪，使纪律和法规真正成为带电的高压线。健全廉政风险防控、重点岗位轮岗交流等制度，严格规范检察人员对外交往行为。深入推进执法规范化建设，坚决整治执法不规范“顽症”，继续狠抓规范执法 24 项任务落实，进一步健全对自身执法办案活动的监督制约体系，深化构建促进公正廉洁执法“五位一体”工作格局。狠抓执法管理，坚定模式自信、机制自信、方法自信，树立系统性思维，努力使“全面管理、统分结合、分工负责、统筹协调”的执法管理模式运行更加顺畅、效果更加明显。

五要强化作风过硬。扎实开展党的群众路线教育实践活动，第一批单位要善始善终、善作善成，继续整治“四风”特别是执法作风问题，健全改进作风常态化制度机制；第二批单位要切实增强思想自觉和行动自觉，坚持主题不变、镜头不换，以严的标准、严的措施、严的纪律坚决反对“四风”，真正把改进作风成效落实到基层。严格执行中央八项规定、省委六条意见以及关于厉行节约反对浪费、公务接待、会议活动的一系列制度规定，制定完善相关实施细则，狠抓检查落实。进一步抓好深化细化实化检察机关群众工作 20 项任务，开展爱民实践活动，推动群众工作方法创新，不断提高群众工作能力和水平。

18 严明组织纪律，更加坚定自觉地推进检察机关党风廉政建设和反腐败工作*

这次会议的主要任务是，深入贯彻落实十八届中央纪委三次全会、省纪委十届四次全会以及全国检察机关党风廉政建设和反腐败工作会议精神，总结2013年全省检察机关党风廉政建设和反腐败工作，研究部署今年任务。

去年以来，全省检察机关认真贯彻落实中央、高检院、省委关于党风廉政建设和反腐败斗争的新部署、新举措、新要求，始终坚持把反腐倡廉建设融入检察工作全局，治标和治本两手抓、惩治和预防两手硬，自身反腐倡廉建设取得新成效。我们注重发挥教育的基础作用，继续加强党风党性党纪教育、警示教育、岗位廉政教育，广大检察干警廉洁从检的思想基础更加牢固；注重发挥惩治的震慑作用，严肃查办检察人员违法违纪案件，充分彰显反对自身腐败的鲜明态度和坚定决心；注重发挥纠风的矫正作用，深入开展群众路线教育实践活动，着力查找“四风”问题和执法作风问题，一批群众反映强烈的作风顽症得到切实解决；注重发挥制度的保障作用，积极推进自身反腐倡廉制度建设，促进公正廉洁执法“五位一体”工作格局更加定型、更加完善；注重发挥监督的关键作用，狠抓内部监督不松懈，进一步健全完善自身执法活动的监督制约体系；注重发挥规范执法24项任务的“倒逼”作用，继续整治、严密防范执法不规范、不文明、不严格的突出问题，自身法治化和执法公信力

---

* 2014年2月28日敬大力同志在湖北省检察机关党风廉政建设和反腐败工作会议上的讲话。

建设取得新突破。这些成绩的取得，是全省检察机关和全体检察人员敢于担当、恪尽职守、共同努力的结果，也凝聚着广大纪检监察干部的心血和汗水。在此，我代表省检察院，向大家表示衷心的感谢和诚挚的问候。

一、牢牢把握过硬队伍建设的目标要求，更加坚定自觉地推进检察机关党风廉政建设和反腐败工作

在今年中央政法工作会议上，习近平总书记明确提出要按照政治过硬、业务过硬、责任过硬、纪律过硬、作风过硬的要求，努力建设一支信念坚定、执法为民、敢于担当、清正廉洁的政法队伍。最近在对检察工作的重要批示中，又突出强调了建设过硬队伍的问题。队伍建设是各项工作的根本和保证。检察事业能否发展、检察机关能否赢得民心、检察工作能否顺利推进，关键在人，关键靠队伍。我们一定要深刻领会建设过硬检察队伍的极端重要性，始终把政治过硬作为检察队伍的核心要求，坚持把理想信念教育摆在第一位，打牢高举旗帜、听党指挥、忠诚使命的思想基础，真正做一个有信仰、有原则、有担当、有作为的人，永葆忠于党、忠于国家、忠于人民、忠于法律的政治本色。始终把业务过硬作为检察队伍的立身之本，更加重视提高自身素质能力和水平，大力推进检察队伍正规化、专业化、职业化建设，促进严格执法、公正司法。始终把责任过硬作为检察队伍必备的基本品质，面对重大政治考验必须旗帜鲜明、挺身而出，面对歪风邪气敢于亮剑、坚决斗争，面对急难险重任务豁得出来、顶得上去。始终把纪律过硬作为检察队伍的政治优势，切实正风肃纪，使纪律和法规真正成为带电的高压线。始终把作风过硬作为检察队伍完成职责使命的根本保障，持之以恒地整治“四风”特别是执法作风问题，做到善始善终、善作善成。

（一）严明党的纪律是加强队伍建设的基本要求

我们党是靠革命理想和铁的纪律组织起来的马克思主义政党，纪律严明是党的光荣传统和独特优势。习近平总书记强调，政法工作的性质决定了政法队伍必须严明纪律。检察队伍作为纪律部队，

我们的形象和战斗力来自于铁的纪律，缺少纪律就会成为一盘散沙，没有任何战斗力可言。检察干警特别是领导干部都要牢固树立纪律底线不能逾越的观念，在纪律面前不能有任何含糊，必须无条件地遵守党的纪律，说到做到、有纪必执、有违必查，争做维护和遵守各项纪律的模范和表率。要强化纪律教育和执行，用纪律规范行为、约束干警、保护干部，引导广大检察干警把遵守纪律铭刻在灵魂中、熔铸在血液里，以铁的纪律打造过硬检察队伍。严明党的纪律首要的就是严明政治纪律。政治纪律是最重要、最根本、最关键的纪律。要坚持把维护党的政治纪律放在第一位，牢牢把握好检察工作的政治方向，旗帜鲜明地坚持党的领导不动摇，时刻保持政治清醒和政治自觉，对大是大非问题要有坚定立场，对背离党性的言行要有鲜明态度，始终在思想上、政治上、行动上与党中央保持高度一致。要严格执行中央和上级的重大决策部署，决不搞上有政策、下有对策，决不搞有令不行、有禁不止，决不搞变通、打折扣、做选择。

（二）严明组织纪律是落实党的纪律的重要保证

党的力量来自于组织，组织能使力量倍增。习近平总书记在中纪委十八届三次全会上专门强调了组织纪律问题。我们作为党领导下的国家法律监督机关，理应按照监督者自严、更严的要求来增强组织纪律性，当好严守组织纪律的局中人、清醒人、明白人。一要不断增强党性修养。加强组织纪律性首要的是增强党性，而党性说到底就是立场问题。我们想问题、做决策、办事情都必须站在党和人民的立场上，强化党的意识和组织意识，始终把党放在最高位置，牢记自己的第一身份是共产党员，第一职责是为党工作，时刻想到自己是党的人、组织的一员，时刻不忘应尽的义务和责任，做到在党爱党、在党为党、在党忧党。二要严格遵守组织制度。党员干部遵守组织制度是分内之事、应尽义务，没有例外、没有特殊。要严格遵守和执行“四个服从”、民主集中制和党内组织生活制度，严格按照党的组织原则和党内政治生活准则办事，做到相信组织、依靠组织、服从组织，自觉接受组织安排和纪律约束。各级院党组特别是检察长要带头执行民主集中制，正确处理组织意图和领导个人意图的关系，不能把领导个人等同于组织，不能把个人意见强加给组织，不能用个人决定代替组织决定。要把向党委报告工作制度化，各级院党组要结合贯彻年初、年中全省检察长会议精神，一年两次自觉主动地向地方党委报告工作，重要会议讲话、工作部署和规范性文件要及时报告地方党委，执法办案中的重大事项要严格执行党内请示报告制度，自觉接受党组织管理和监督，要严格执行领导干部个人事项报告制度。三要切实执行组织纪律。纪律的生命力、震慑力在于执行。要进一步明确纪律执行的"红线"、"雷区"，使党员干部真正明白什么事必须做，什么事可以做，什么事不能做，做事的程序是什么，违反的后果是什么。要加强监督检查，凡是违反组织纪律的行为，都不能放过，更不能纵容，必须严肃追究责任，防止失之于软、失之于宽。各级院党组和纪检监察部门要切实负起责任，敢于板起脸来批评，黑起脸来问责，切实维护纪律的权威性和严肃性。

二、深入贯彻惩防腐败体系建设规划，全面落实检察机关党风廉政建设和反腐败工作主要任务

检察机关是反腐败的重要职能部门，加强自身反腐倡廉建设具有特殊的意义。如果我们自身出了问题，必将对整个法治建设和反腐败工作造成严重危害，影响党和国家事业健康发展。旗帜鲜明反对腐败是政法战线必须打好的攻坚战。我们要切实把思想和行动统一到中央、高检院、省委对形势的分析判断和任务部署上来，因势而谋、应势而动、顺势而为，真正赶上趟、对准表、聚好焦，进一步增强责任意识、忧患意识和危机意识，深入贯彻落实《建立健全惩治和预防腐败体系2013—2017年工作规划》，坚持"力度统一论"，以猛药去疴、重典治乱的决心，以刮骨疗毒、壮士断腕的勇气，坚决把自身反腐倡廉建设进行到底。

（一）聚焦"四风"和执法作风，深化检察机关作风建设

作风建设无小事，不够重视就会吃大亏。新一届中央领导集体坚持从作风问题抓起，聚焦"四风"问题，取得了显著成效，深得

党心民心。但作风问题具有顽固性、反复性，不可能一劳永逸，也不可能一蹴而就。我们要坚决贯彻中央“坚持、巩固、深化、拓展”的原则，按照“铁、电、常、长”的要求，深化党的群众路线教育实践活动，乘势而上，乘胜追击，一鼓作气、一抓到底，持之以恒狠抓作风建设。一要坚定理想信念。习近平总书记强调，在作风问题上，起决定作用的是党性，衡量党性强弱的根本尺子是公私二字。我们要始终从党性的高度，正确处理公私关系，要讲大公无私、公私分明、先公后私、公而忘私，牢记公款姓公，公权为民，做到克己奉公、严格自律。二要开展专项整治。从人民群众反映和实际掌握的情况看，检察机关在作风方面仍然还存在一些突出问题，我们不能盲目乐观、麻痹松懈、掉以轻心。要以开展“正风肃纪，争做好干警”活动为契机，以最大的决心完成“七项规定”动作，以高度的自觉抓好“自选动作”，以硬标准和铁手腕强力正风肃纪，针对突出问题逐一认真开展专项整治，坚决纠正损害群众利益的不正之风。三要抓好大兴“新风”。在坚决反对“四风”的同时，要按照省委要求，大兴“好学、亲民、清廉、尚能”之风，大抓特抓，做好文章，在破旧立新中大兴新风正气。要大兴好学之风，自觉学习、主动学习、坚持学习，使学习作为一种习惯、一种生活方式，在好学中提高解决实际问题的能力，增强促进工作发展的本领。要大兴亲民之风，始终身怀爱民之心，恪守为民之责，察民声、顺民意、聚民智、解民忧、增民利。要大兴清廉之风，始终把“清正廉洁、简约朴素”八个字作为当官、做人、处世的价值追求，以身作则，率先垂范，在清廉中带动党风社风好转。要大兴尚能之风，大力弘扬尚能崇绩、真抓实干的良好风气，大力整治庸、懒、散、软、拖等机关作风病，大力倡导“担”、“干”、“做”、“办”的精神风貌，在尚能中想干事、会干事、干成事。

（二）坚持有案必查，以“零容忍”态度查处检察人员违法违纪案件

检察机关必须对自己要求更高、更严，如果自身执法犯法，伤害的不仅是法治权威和司法公信，而且更影响人民群众对党和政府

的信心。我们要以多措并举、标本兼治的“组合拳”向自身腐败亮剑，坚决打好反对自身腐败这场攻坚战。一要加大查处力度。要始终把查办检察人员违纪违法案件放在自身反腐倡廉建设的突出位置，坚持有腐必反、有案必查、有贪必肃，发现一个坚决查处一个，决不姑息，决不能压案不查、隐瞒不报，决不能为评优评先搞变通、大事化小、小事化了、以组织处理代替纪律处分，让每一个检察干警牢记“手莫伸，伸手必被捉”的道理。省院和市级院纪检监察机构要带头查办案件，发挥示范作用。今后，凡检察人员涉嫌违纪被地方纪委立案调查的，各地要及时层报省院，不得瞒报迟报。二要突出办案重点。紧紧抓住执法一线和领导干部等重点领域、重点岗位、关键环节，抓好突出问题的重点整治，着力查处以案谋私、办关系案、人情案、金钱案和徇私枉法案件，刑讯逼供、暴力取证、超期羁押等任意侵犯当事人合法权益案件，失职渎职导致涉案人员自杀、死亡或脱逃案件，违法查封、扣押、冻结、处理涉案款物案件以及严重违反组织人事纪律、中央八项规定、省委六条意见和廉洁从检若干规定的案件。三要坚持抓早抓小。只有警钟长鸣，才能警笛不响。要坚持有病马上治，发现问题就及时处理，不能养痈遗患。对检察人员身上暴露出的问题要早发现、早提醒、早纠正、早查处，对苗头性问题要及时约谈，加强诫勉谈话工作，防止小错酿成大错、违纪问题变成违法问题。

（三）强化教育、管理和监督，科学有效预防检察机关自身腐败

要坚持源头治理、防范在先、关口前移，继续在强化教育、管理、监督上下功夫，注重三者衔接配套、相互促进，发挥整体效能。一要把教育作为反腐倡廉的第一道防线。紧密结合群众路线教育、“三抓一促”和“正风肃纪，争做好干警”等主题实践活动，加强社会主义核心价值观、党性党风党纪教育和廉洁从检教育，引导干警坚守职业良知和法律底线。注重正面教育和警示教育相结合，善于运用违法违纪的典型案例，举一反三，引以为戒，防患于未然。要健全反腐倡廉教育长效机制，把培育廉洁价值理念落实到党员干

部培养、选拔、管理、使用全过程，切实提高自身反腐倡廉教育的针对性和感染力。二要把有效管理贯穿于反腐倡廉始终。在继续全面加强政务管理、后勤管理、队伍管理的基础上，注重狠抓执法管理，积极推进案件管理机制改革，强化对执法办案全方位、全环节、全过程的管理和监督。要坚定模式自信、机制自信、方法自信，努力使“全面管理、统分结合、分工负责、统筹协调”的执法管理模式运行更加顺畅、效果更加明显。三要把加强监督制约放在突出位置抓紧抓实。对我们这样一支人数众多、手中掌握着一定权力、时刻面临考验诱惑的队伍，监督制约任何时候都不能有丝毫放松。要重点加强对领导班子、领导干部特别是“一把手”的监督，紧紧围绕用人权、决策权、财经权和管理权，进一步明确权力的内容、边界、行使方式和程序，完善领导干部接受监督制约的制度机制，切实防止权力失控、决策失误、行为失范。各级院领导干部必须把自觉接受监督当作政治必修课来认真对待，严格执行各项规定，坚决守住做人、处事、用权、交友的底线。要突出抓好对执法办案活动的监督。针对检察权运行的关键点，内部管理的薄弱点，问题易发的风险点，特别是自侦、批捕、起诉以及诉讼监督等重点岗位，健全并落实自身执法办案活动的监督制约体系，完善廉政风险防控、廉政隐患摸排预警、防止利益冲突等制度，确保执法办案活动进行到哪里，监督工作就延伸到哪里。

三、深化改革创新，加快完善检察机关党风廉政建设和反腐败工作制度机制

党的十八届三中全会对健全反腐败领导体制和工作机制作出了新部署，提出了一些重大改革措施，为我们进一步完善自身反腐倡廉制度机制提供了重要遵循和启示。我们既要坚持以往行之有效的经验做法和制度机制，又要以改革创新精神推进自身反腐倡廉建设，形成用制度管权、管案、管人的长效机制。要坚持把完善自身反腐倡廉制度机制寓于各项检察改革措施之中，我们重点推进的基层院内部整合改革、检察官办案责任制试点、诉讼监督工作“四化”、

执法办案转变模式转型发展等一系列检察改革和工作机制创新，都要统筹考虑自身反腐败的需要，都要充分体现促进严格、公正、规范、廉洁执法的要求，都要紧紧围绕提升执法公信力和群众满意度的目标，以改革的动力、创新的活力提高自身反腐倡廉建设科学化、制度化、规范化水平。

(一) 完善党风廉政建设责任制

反腐败体制机制改革，一个很重要的方面就是理清责任、落实责任。不讲责任、不追究责任，再好的制度也会成为纸老虎、稻草人。一要落实各级院党组和各部门的主体责任。各级院党组必须树立不抓党风廉政建设就是严重失职的意识，要常研究、常部署，种好自己的“责任田”。各级院检察长要履行“第一责任人”的政治职责，主动承担起领导和组织的责任，对本单位的党风廉政建设负总责，管好班子，带好队伍，管好自己。领导班子成员要认真履行“一岗双责”，对职责范围内的党风廉政建设负直接领导责任。需要明确的是，检察机关各内设机构对本部门、本条线的党风廉政建设也负有主体责任，必须坚持业务工作和廉政建设一起研究、一起部署、一起落实。二要落实纪检监察机构的监督责任。各级院纪检监察机构要深入研究新形势下检察机关反腐倡廉建设的特点和规律，探索解决问题的办法和途径，既协助党组加强党风廉政建设和组织协调自身反腐倡廉工作，又督促相关部门落实惩治和预防腐败工作任务，经常检查监督，严肃查处腐败问题。三要强化责任追究。有权就有责，权责要对等。无论是党组还是纪检监察机构，无论是班子还是个人，都要将承担的党风廉政建设责任落实到位，做到守土有责，出了问题就要倒查责任、追究责任。省院和市级院要抓紧完善并严格执行责任追究办法，健全责任分解、检查监督、倒查追究的完整链条，做到有错必究、有责必问。对发生重大腐败案件的单位，要实行“一案双查”制度，既追究当事人责任，又倒查追究相关人员的领导责任和监管责任。

(二) 创新检察人员违法违纪举报、查处机制

要按照高检院的统一部署，建立健全检察干警违法违纪举报专

区运行机制，控申部门和纪检监察部门要加强对专区的分类分级管理，完善线索受理、登记移交、交办转办、跟踪督办、核实调查、不实举报澄清机制。要切实加强举报专区管理，健全网络举报受理机制，完善线索运用和反馈制度，真正为群众提供一条便捷、畅通的监督渠道。省院和市级院纪检监察部门要定期对受理举报、查办违法违纪案件情况进行综合分析，为党组决策提供参考。要借鉴纪律检查体制改革的新举措，结合实际，认真研究如何进一步完善检察人员违法违纪案件查处机制，线索处置、案件查办等情况要及时向上级院纪检监察机构报告，增强监督刚性，更好地解决有案不查、瞒案不报、捂着掖着盖着等问题。

（三）改进和落实巡视督察制度

建立巡视督察制度是省院将巡视工作和检务督察有效整合、无缝对接的一种制度创新，是强化内部监督、确保检令畅通、防止和查处检察人员违法违纪的重要改革举措。从实际运行情况看，这一制度符合检察工作规律、符合我省实际，是一项被实践证明真正管用有效的制度。去年，中央纪委对巡视制度进行了改进，相继推出一系列新措施。我们要结合实际，进一步丰富、发展和完善巡视督察制度。一要突出发现问题，强化震慑作用。要突出各级院领导班子和领导干部这个重点，着力发现是否存在违反党的政治纪律问题，着力发现是否存在权钱交易、以权谋私、以案谋私、贪污贿赂、腐化堕落等违法违纪问题，着力发现是否存在形式主义、官僚主义、享乐主义和奢靡之风等问题，着力发现是否存在选人用人上的不正之风和腐败行为。要围绕规范执法、廉洁从检、作风建设等开展巡视督察，着力发现和纠正检察人员违法违规办案问题以及损害群众切身利益的不正之风。二要改进方式方法，落实监督责任。积极探索新办法、掌握新手段、开辟新途径，特别是注意运用现代科技手段，加大现场检查、随机抽查、暗访抽查、案件评查等工作力度。要探索推行巡视督察组组长不固定、巡视督察对象不固定等制度改革，选派有经验的办案人员参加巡视督察，提高巡视督察质量和水平。要明确巡视督察组对重大问题应该发现而没有发现的就是失职，

发现问题没有如实报告的就是渎职，强化巡视督察人员的责任意识和履职约束。三要加强成果运用，细化分类处置。对巡视督察中发现的问题和提出的整改意见，及时通过回访、催办、报告等多种方式，督促被巡视督察单位制定整改措施、认真落实整改。对发现的问题线索按程序逐一核实，及时调查处理，做到件件有着落。

（四）继续完善规范执法“倒逼”机制

之所以反复强调这一机制，既是因为这项工作极端重要，与自身反腐倡廉建设紧密相关，必须常抓不懈；也是因为一些执法不规范“顽症”仍未根治，必须反复重申、坚决整治。一方面，要继续狠抓规范执法 24 项任务落实。对已经制定实施的各项制度规范和工作机制，都要严格执行，上级院要加强督促检查，及时发现、有效监督、坚决纠正执法办案中的违法违规问题。另一方面，要创新规范执法“倒逼”机制。根据新形势、新情况、新问题，对各个执法环节进行更加严密的规制，重点在基础设施建设、严格讯问询问管理、强化内部监督制约等方面，再继续推行一系列新举措、新机制，巩固和扩大“倒逼”规范执法成果。

各级院党组要更加重视纪检监察工作，始终坚持“只能加强，不能削弱”的原则，切实加强领导，强力支持纪检监察部门履行职责，真正做到政治上信任，精神上鼓励，工作上支持，生活上关心，始终做他们的坚强后盾。各级院纪检监察部门要增强党的意识、责任意识，加强自身反腐倡廉建设和作风建设，牢记使命、忠实履职，坚持原则、敢于碰硬，管好自己、作出表率，用铁的纪律打造一支忠诚可靠、服务人民、刚正不阿、秉公执纪的纪检监察干部队伍。要创新思想理念，改进方式方法，把握新形势下的工作规律，执好纪、问好责、把好关，树立起可亲、可信、可敬的良好形象。

19 落实“主体责任”的关键在行动*

党的十八届三中全会明确提出落实党风廉政建设责任制，党委负主体责任，纪委负监督责任。这是我们党在新形势下推进党风廉政建设的重大理论和实践创新，是完善反腐败体制机制的关键性举措。作为国家的法律监督机关和反腐败的重要职能部门，湖北省各级检察机关理应在落实“两个责任”上带头示范、作出表率、走在前列，坚持大题大作、大事大为，真正赶上趟、对准表、聚好焦，扎实推进党风廉政建设深入发展，努力打造过硬检察队伍。

一、增强落实主体责任的自觉性

落实主体责任是职责所在、形势所需。反对腐败是我们党一贯坚持的鲜明政治立场，是必须始终抓好的重大政治任务。当前，落实党要管党、从严治党的任务，必须重视党委、党组在反腐倡廉建设方面的主体责任。检察机关是营血卫气、祛邪扶正、保证社会肌体健康的重要力量，但检察机关和检察人员并不当然地具有廉洁的“基因”，对违法违纪现象并不具有天然的免疫力。加强检察机关反腐倡廉建设，在整个国家反腐败斗争和党风廉政建设中具有重要意义。检察机关党组应始终站在讲政治、讲大局、讲公信的高度，增强责任意识、忧患意识和危机意识，深刻领会落实主体责任的重大意义、精神实质和深刻内涵，深刻认识落实主体责任的极端重要性和现实紧迫性，主动把主体责任记在心上、扛在肩上、抓在手上、

* 《检察日报》2014 年 9 月 5 日刊载敬大力同志文章。

落在行动上。

落实主体责任的关键看行动、根本在担当。务实行动、敢于担当是共产党人的鲜明品格，是领导干部的时代责任。担当背后体现的是品格、是境界、是能力。对主体责任是否重视、能否落实，直接反映党性观念强不强、责任担当够不够。检察机关党组既是党风廉政建设责任制的领导者、组织者，更是执行者和推动者。要始终把党风廉政建设当作分内之事、应尽之责，与各项检察业务工作同研究、同部署、同检查、同考核、同落实，主动承担起组织领导、教育管理、检查考核、责任追究的主体责任，做到守土有责、守土尽责。要切实增强敢于担当的理论素养、政治定力、无私情怀、浩然正气和过硬本领。旗帜鲜明地支持、保护、褒奖担当者、落实者，为他们撑腰鼓劲，促使敢于担当、勇于落实成为领导干部的自觉追求，在检察机关蔚然成风。

二、明确落实主体责任的硬任务

落实主体责任既是一项战略任务，也是一个系统工程，需要准确把握目标定位、工作规律和主要任务，切实找准落实的着力点和突破口。

严明党的纪律。落实主体责任离不开纪律约束和保障。要坚持用纪律规范行为、约束干警、保护干部，牢固树立法律红线不能触碰、纪律底线不能逾越的观念，在纪律面前不讲条件、不装糊涂，必须说到做到、有违必查。要把维护党的政治纪律放在第一位，坚持党的领导不动摇，时刻保持政治清醒和政治自觉，始终在思想上、政治上、行动上与党中央保持高度一致。要严守组织纪律，增强党性原则和组织观念，认真落实向党委报告工作制度，自觉接受组织安排和纪律约束，自觉接受党组织的管理和监督。

坚持有腐必惩。惩治腐败、查处违法违纪行为是检验主体责任落实情况的重要标尺。要树立惩治自身腐败无例外、无禁区、无特权的思想，紧紧抓住执法一线和领导干部等重点领域、重点岗位、重点环节，以解决关系案、人情案、金钱案以及严重违反组织人事

纪律、中央八项规定等问题为重点，坚持有腐必反、有案必查、有贪必肃，发现一个坚决查处一个，决不姑息、决不迁就。要抓早抓小，对个别检察人员身上暴露出的问题早发现、早提醒、早纠正、早查处，对苗头性问题及时约谈，加强诫勉谈话，防止小错酿大错、违纪变违法。要强力支持纪检监察部门查处和纠正执法不规范、不廉洁问题，定期听取情况报告，分析党风廉政建设形势，坚决抵制各种说情、干预行为，积极为纪检监察部门开展工作排除阻力、创造条件、提供便利。

聚焦作风建设。作风建设是党风廉政建设的治本之策，也是落实主体责任的重要内容。要继续深化党的群众路线教育实践活动，持续聚焦“四风”问题，紧紧围绕人民群众反映强烈的突出问题，以硬标准和铁手腕强力正风肃纪、开展专项整治，有重点、重质量、讲实效地作出制度安排。建立健全防范和解决作风问题长效机制，坚决纠正特权思想、霸道作风、对群众冷硬横推、办案方法简单粗暴等作风问题。坚持立破并举、扶正祛邪，大兴“好学、亲民、清廉、尚能”的新风正气，打好作风建设持久战。

狠抓规范执法。执法行为不规范与执法作风紧密相关，与执法不公、司法腐败往往只有一线之隔。检察机关党组必须把执法规范化建设作为落实主体责任的重要内容，持之以恒地加以推进。一方面，要强化执法规范化建设。牢牢把握加强法治建设和提高执法公信力两个主基调，始终信仰法治、坚守法治，用法治防止权力滥用，在法治轨道上解决问题。推进执法办案转变模式、转型发展，研究推行一系列在执法办案中躲不开、绕不过、免不了的规范执法“倒逼”机制，健全并落实“全面管理、统分结合、分工负责、统筹协调”的执法管理模式，提高严格公正规范廉洁执法水平。另一方面，要推进诉讼监督制度化、规范化、程序化、体系化。认真贯彻党的十八届三中全会关于加强和规范对司法活动法律监督的要求，强化监督主业地位，完善诉讼监督工作格局，从标准、手段、程序、管理、监督、考评等多个层面推进诉讼监督“四化”建设，做到敢于监督、善于监督、依法监督、规范监督、理性监督。

强化监督制约。针对自侦、批捕、起诉、诉讼监督等重点环节和管钱管物岗位，健全并落实自身执法办案活动的监督制约体系，完善廉政风险防控、廉政隐患摸排预警、防止利益冲突等制度。围绕用人权、决策权、财经权和管理权，进一步明确权力的内容、边界、行使方式和程序，完善领导干部接受监督制约的制度机制，强化上级检察院和纪检监察、案件管理部门对执法办案活动的监督制约，切实防止权力失控、决策失误、行为失范。

三、推进落实主体责任的制度化

探索创新与落实主体责任内在要求及规律相符合、相适应、相配套的制度机制，保障主体责任落实。

完善主体责任落实体系。严格落实《中共最高人民检察院党组关于落实党风廉政建设主体责任的实施意见》，并结合自身实际，研究制定落实主体责任的具体实施细则及配套制度，进一步明确和细化责任标准、内容清单、落实程序、履责要求，解决主体责任“是什么、干什么、怎么做”的问题。详细列出党组、党组书记、班子成员、纪检监察部门、内设机构负责人的责任清单，采取责任内容明细表、责任主体分解图、责任追究链条化等方式，把目标任务分解到部门、具体到项目、落实到岗位、量化到个人，形成标准明确、内容清晰、操作简便、程序完备的主体责任落实体系。

完善“一岗双责”制度。正确处理抓党风廉政建设和抓法律监督工作的关系，把党风廉政建设贯穿于检察工作各个方面，做到两手抓、两手硬、两促进。党组书记作为第一责任人，对党风廉政建设负总责、负全责、负首责，必须坚持原则、树正气、敢抓敢管，面对歪风邪气敢于亮剑、坚决斗争，做到立场坚定、态度鲜明、做好表率；必须对党风廉政建设工作亲自部署、重点环节亲自协调、重要案件亲自督办，对群众举报信件亲自批阅；必须坚持从我做起、向我看齐，抓好班子、带好队伍，对下级和身边工作人员严格要求、严格教育、严格管理、严格监督。领导班子成员应当对职责范围内的党风廉政建设负直接领导责任，进行“背书签字”，自觉做好党

风廉政建设的清醒人、局中人、带头人。各内设机构负责人要对本部门、本条线的党风廉政建设负主体责任，坚持业务工作和廉政建设同研究、同部署、同落实。

改进巡视督察制度。巡视督察制度是湖北省检察院将巡视工作和检务督察有效整合、无缝对接的一种制度创新，是强化内部监督、确保检令畅通、防止和查处检察人员违法违纪的重要改革举措。要围绕规范执法、廉洁从检、作风建设等开展巡视督察，着力发现各级院领导班子和领导干部是否存在违反党的政治纪律、权钱交易、以权谋私、以案谋私、腐化堕落等违法违纪问题。对发现的问题线索按程序逐一核实，及时调查处理。积极推进巡视督察制度改革，不断探索新办法、掌握新手段、开辟新途径，加强成果运用，对发现的问题和提出的整改意见，强化督促整改落实。

健全主体责任追究机制。严格责任追究是落实主体责任的最后一道防线。应当坚持有错必纠、有责必问、有违必查，创新检察人员违法违纪举报、查处机制。进一步健全责任分解、检查监督、倒查追究的完整链条，加大对落实主体责任的检查、考核、督导力度。对落实不力甚至不抓不管导致不正之风滋长蔓延，或者对腐败问题不制止、不查处、不报告的，坚决按照“一案双查”的要求追究相关领导责任，以严肃有力的责任追究推动主体责任落实。

20 坚持守纪律、讲规矩，深入推进检察机关党风廉政建设和反腐败工作*

去年以来，全省检察机关认真贯彻中央、高检院、省委关于全面从严治党、深化反腐倡廉的一系列重大部署，坚持从严治检不动摇，推动了党风廉政建设和自身反腐败工作向纵深发展。我们坚持教育、管理和监督三管齐下，源头治理自身腐败取得新成效；坚持聚焦“四风”和司法作风，继续巩固和扩大群众路线教育实践活动成果，立新规、兴新风、求实效，推动解决作风顽症取得新成效；坚持以上率下，省院制定并落实党风廉政建设主体责任和监督责任的实施办法，加大巡视督察力度，积极构建“两个责任”新格局；坚持改革创新，依靠制度管权、管案、管人的机制建设取得新进展；坚持有案必查、违纪必究，严肃查处违纪违法检察人员 21 人，以零容忍的态度惩治自身腐败体现新力度。这些成绩的取得，离不开各级院党组和广大纪检监察干部的严格履职、敬业奉献，离不开全体检察人员的自觉行动、共同努力。在此，我代表省检察院党组，向大家表示衷心的感谢和崇高的敬意！

习近平总书记在十八届中央纪委五次全会上深刻指出，当前反腐败斗争的形势依然严峻复杂，特别强调党风廉政建设和反腐败斗争永远在路上，是一场输不起的斗争，必须决战决胜。全省检察机关要切实把思想和行动统一到中央、高检院、省委要求和部署上来，算清这个政治账、人心向背的账，深刻认识党风廉政建设和反腐败

* 2015 年 2 月 15 日敬大力同志在湖北省检察机关党风廉政建设和反腐败工作暨规范司法行为专项整治动员部署、案件管理工作会议上的讲话节录。

斗争是一场攻坚战、持久战，既发挥好惩治和预防职务犯罪职能作用，又牢固树立惩治腐败“无例外、无禁区、无盲区”的思想，以实际行动推动全省检察机关党风廉政建设再上新台阶。

一、聚焦落实“两个责任”

党的十八届三中全会明确提出，落实党风廉政建设责任制，党委负主体责任，纪委负监督责任。这是我们党在新形势下推进党风廉政建设的重大理论和实践创新，也是完善反腐败体制机制的关键性举措。各级院党组和纪检监察部门要切实把党风廉政建设当作分内之事、应尽之责，坚持大题大作、大事大为，真正赶上趟、对准表、聚好焦。

一要狠抓主体责任。习近平总书记突出强调要警钟长鸣，落实全面从严治党、推进党风廉政建设的主体责任。各级院、各部门的负责同志不仅要记住自己是什么“长”，更要牢记自己的党内职务和职责，抓牢抓稳主体责任这个“牛鼻子”，自觉承担起组织领导、教育管理、检查考核、责任追究的主体责任，种好自己的“责任田”。党组书记作为第一责任人，对党风廉政建设负总责、负全责、负首责，既要挂帅又要出征，要坚持对重要工作亲自部署、重大问题亲自过问、重点环节亲自协调、重要案件亲自督办。领导班子成员要履行好分管范围内的主体责任，督促分管部门严格落实党风廉政建设责任，真正使主体责任落地生根。各内设机构负责人要承担起本部门廉政建设的第一责任，坚持业务工作和廉政建设两手抓、两手硬，做好清醒人、局中人、带头人。要进一步细化落实主体责任的措施和要求，把目标任务分解到部门、落实到岗位、量化到个人，层层传导压力，级级落实责任，解决好主体责任“是什么、干什么、怎么干”的问题。

二要狠抓监督责任。监督是纪检监察部门最基本的职责。纪检监察干部能否做到恪尽职守、敢于较真，最能检验干部的担当精神。纪检监察部门一定要真担当，敢唱“黑脸”，始终聚焦主责主业，创新监督平台，畅通监督渠道，完善监督机制，真正把功夫下在执纪、监督、问责上。

三要狠抓追责问责。坐而论道，不如强化问责；动员千遍，不如问责一次。落实责任与问责是辩证统一的，没有问责，就没有责任。中央、高检院、省委都强调，今年党风廉政建设的重点是抓追责。我们要始终把追究责任、严肃问责作为落实“两个责任”的重要保障，贯彻“追责问责年”部署，进一步明确责任追究的主体、情形、程序和方式，进一步健全责任分解、检查监督、倒查追究的完整链条。凡是对党风廉政建设不管不问、做表面文章的，或者发现问题不制止、不报告、压案不查、阻挠调查的，就要严肃追责。要落实“一案双查”制度，对出现严重腐败案件的，既查处违纪违法者本人的问题，又必须追究相关领导的主体责任和纪检监察干部的监督责任。

二、严守党的政治纪律和政治规矩

纪律是党的生命，党内规矩是党的各级组织和全体党员必须遵守的行为规范和规则。纪律不严、规矩不彰，党要管党、从严治党就无从谈起。检察机关是党领导下的国家法律监督机关，执行党的纪律和规矩是我们党性意识、政治觉悟、组织观念的集中体现，也是推动检察工作顺利开展的重要保障。我们要真正让纪律严起来、把规矩立起来，确保各级院党组织和全体检察人员把遵规守纪铭刻于心、熔铸血脉。

一要深刻认识严明政治纪律和政治规矩的重大意义。习近平总书记强调，在所有党的纪律和规矩中，第一位的是政治纪律和政治规矩。违反政治纪律和政治规矩，不仅会使党员干部在面子、圈子、场子里动不了真，在理想、信念、事业上提不起劲，而且会严重损害党的形象，削弱党的力量，危害执政基础。各级院党组必须深刻认识严明政治纪律和政治规矩的极端重要性和现实紧迫性，主动把守纪律、讲规矩摆在更加突出的位置，积极营造良好氛围。

二要突出遵守政治纪律和政治规矩。对政治纪律和政治规矩，要十分明确地强调、十分坚定地执行，不要语焉不详、闪烁其词。

政治纪律和政治规矩是新形势下提高党的战斗力的根本保障，是加强党的建设的首要着力点。严守政治纪律和政治规矩，是关系检察工作政治方向的重大问题。当前，全省检察机关和检察人员在遵守政治纪律和政治规矩方面总体上是好的，但也存在一些问题需引起高度警觉，如，有的检察人员认为政治纪律和政治规矩与自己关系不大；有的认为只要干部没有腐败问题，其他问题都可以忽略。我们要切实把严守政治纪律和政治规矩当成“天大的事”，要始终盯紧有没有搞团团伙伙、结党营私、拉帮结派，有没有乱评乱议、口无遮拦，有没有脱岗离岗、不向组织汇报，有没有个人重大事项隐瞒不报，有没有跑风漏气、说情风、打招呼等问题，哪怕是苗头性的、倾向性的，也要严肃执纪，做到防微杜渐，坚决维护政治纪律、政治规矩的严肃性和权威性。各级院党组和检察领导干部要时刻保持政治清醒和政治自觉，始终严明纪律红线、守住公正司法底线，自觉做到习近平总书记强调的“五个必须”和“五个决不允许”，始终在思想上政治上行动上与党中央保持高度一致。要深入开展“严明政治纪律、严守政治规矩”等专题教育活动，加强警示教育，自觉同违背党性原则的言行划清界限、坚决斗争，教育引导检察人员受警醒、明底线、知敬畏，当好守纪律、讲规矩的表率。

三要着力增强纪律规矩的刚性约束。纪律的生命在于实施，纪律的权威在于执行。从查处的违纪违法案件看，少数检察人员在执行纪律、遵守规矩方面还有打折扣、搞变通的现象，合意的就执行，不合意的就不执行。抓好纪律的刚性约束和严格执行是我们必须始终强调的关键问题。各级院党组和纪检监察部门要把严明党的纪律与各项检察纪律紧密结合起来，坚持纪律面前人人平等、执行纪律没有例外、遵守纪律没有特权，加强监督检查，严肃执纪问责，坚决纠正有令不行、有禁不止行为，使党的纪律真正成为硬约束。

三、横下一条心抓好作风建设

习近平总书记深刻指出，当前“四风”问题在面上有所收敛，但不良作风积习甚深，树倒根在，稍有松懈，刚刚压下去的问题就可能死灰复燃。全省检察机关要深入贯彻中央、高检院、省委部署，认真落实高检院巡视组反馈意见，始终绷紧作风建设这根弦，牢固树立作风建设永远在路上的思想，锲而不舍、驰而不息地加强作风建设。

一要继续抓好整改落实。这是巩固教育实践活动成果的首要任务，也是深化作风建设的必然要求。如果整改方案不落实，作出的承诺不兑现，查摆的问题不整治，这本身就搞成了形式主义，更谈不上深化和拓展。我们要保持常抓的韧劲、长抓的耐心，以“钉钉子”精神一抓到底，严格对照清单逐一整改、达标销号，不整改到位就不放过。

二要严肃整治“隐形”、“变种”问题。紧紧围绕当前作风领域出现的新动向、新变化、新问题，尤其要警惕穿上隐身衣的享乐主义、奢靡之风，及时跟进对策措施，做到掌握情况不迟钝、解决问题不拖延，坚决遏制“四风”变种滋生蔓延，打好作风建设的持久战。要加强对中央、省委关于厉行节约、公车配备、公务接待、职务消费等规定执行情况的监督检查，抓好检察人员八小时外行为禁令等检纪检规的执行和检查，加大执纪监督、公开曝光力度，对那些我行我素、顶风违纪的坚决处理，防止不良作风反弹回潮。

三要向制度建设要长效。一些司法作风顽症之所以难以根除，从根本上说还是制度机制建设存在漏洞。我们要坚持标本兼治、立破并举，在完善和执行作风建设各项制度的基础上，重点扭住司法作风“顽症”不放松，针对容易发生司法不严、不公问题的重点领域和关键岗位，进一步建立健全流程监控、内部监督、案件评查、集中管理等系统配套、务实管用的制度机制，切实扎紧制度的篱笆，从源头上堵塞司法作风漏洞。

四、严肃查处检察人员违法违纪案件

从严查处是我们保持肌体健康的内在需要，这一手不能软，更不能丢。

一要加大查处力度。坚持零容忍的态度不变、猛药去疴的决心

不减、严厉惩处的尺度不松，针对高检院巡视组反馈意见中执纪办案问责偏于宽软等问题，严肃惩治自身腐败问题，发现一起查处一起，清除害群之马，纯洁检察队伍。要完善巡视督察制度，积极创新方式方法，扩大覆盖面，有针对性地开展专项巡视督察，切实用好巡视督察这把“利剑”。省院和市级院纪检监察部门要加大直接查处案件力度，提高主动发现和查处案件的能力和水平。

二要突出查处重点。紧紧抓住司法一线和领导干部等重点领域、重点岗位、重点环节，严肃查处违反政治纪律的行为；严肃查处公款吃喝、公款旅游、公款送礼等问题，特别是十八大后、中央八项规定出台后、群众路线教育实践活动后的顶风违纪行为；严肃查处在规范司法行为专项整治工作中打探案情、利益驱动违规查封扣押冻结涉案财物、违规办案发生安全事故等行为；严肃查处滥用检察权，以案谋私，以案谋利等行为；严肃查处干部选拔任用、“三重一大”事项决策等环节的违纪行为。

三要注重预防。坚持把思想教育、纪律约束、监督查处融为一体，充分发挥查办案件的治本功能，健全重大案件剖析通报制度，发挥警示、震慑和教育作用，让检察干警心有所畏、言有所戒、行有所止，推动惩戒成果向预防机制转化。对发现的倾向性苗头性问题，要抓早抓小、“小题大做”，防止小错酿成大错、违纪变成违法甚至犯罪。

五、加强纪检监察部门自身建设

执纪者必先守纪，律人者必先律己。纪检监察部门只有做到打铁自身硬，才能让监督执纪问责更有底气、更有硬气、更有权威。纪检监察部门要深刻认识到自身的特殊性，积极深化转职能、转方式、转作风，更好履行党章赋予的职责。要认识到检察机关纪检监察职能的特殊性，监察部门是检察机关重要的司法监督部门，要把对司法办案的监督作为分内之事、当然的主业，注重发挥司法监督职能推进规范化建设。要健全纪检监察机构设置，配齐配强领导班子和干部队伍，调整充实查办案件人员，充分发挥廉政监督员的作用。实行内部整合改革的基层院，纪检组长不能兼任部门负责人，不得分管其他工作，要安排专人专司纪检监察职责。要完善纪检监察部门自我监督机制，健全内控措施，自觉接受党内和群众监督，防止“灯下黑”。要教育引导广大纪检监察干部敢于监督、敢于负责，努力打造一支忠诚、干净、担当的纪检监察队伍。各级院党组要更加重视、强力支持纪检监察工作，坚持“只能加强，不能削弱”的原则，积极为纪检监察部门开展工作排除阻力、创造条件、提供便利，始终做他们的坚强后盾。

21 抓学习、抓作风、抓党建，促进检察事业发展*

这次会议的主要任务是，认真学习贯彻省委关于在省直机关开展“抓学习、抓作风、抓党建、促改革发展”活动的精神，对省院机关“三抓一促”活动进行动员部署，是一次收心、提神、鼓劲，推进今年重点工作落实的重要会议。

近四年来，省委紧扣改革发展主题，连续在每年春节过后立即部署开展“三抓一促”活动，效果明显。最近一个时期，以习近平同志为总书记的党中央提出了“四个全面”的战略布局。今年是全面建成小康社会的攻坚之年、全面深化改革的关键之年、全面依法治国的开局之年、全面从严治党的强化之年，开展“三抓一促”活动是把握发展大势、明确前进方向的现实需要，是统一思想认识、凝聚奋进力量的重要抓手，是提升队伍素质能力、全面推动检察工作发展进步的重要载体。省院机关作为全省检察机关的“领头羊”，要强化政治意识、大局意识、责任意识和服务意识，坚持问题导向，聚焦突出问题，结合今年重点工作，以饱满的热情、高昂的斗志主动抢抓新机遇、迎接新挑战、推动新发展，在抓学习、抓作风、抓党建、促进改革发展等方面干在实处、走在前列，为全省检察机关当好表率、做好示范。

---

* 2015 年 3 月 2 日敬大力同志在湖北省人民检察院“抓学习、抓作风、抓党建、促改革发展”活动动员大会上的讲话，刊载于《人民检察（湖北版）》2015 年第 3 期。

一、突出“新”字抓学习，讲政治、懂方法、增本领

习近平总书记指出，学习是文明传承之途、人生成长之梯、政党巩固之基、国家兴盛之要。只有加强学习，才能避免陷入少知而迷、不知而盲、无知而乱的困境，才能克服本领不足、本领恐慌、本领落后的问题。当前，省院机关学习风气和学习情况总体比较好，大多数检察人员学习的自觉性比较高，各党支部开展学习活动的成效也比较明显。但一些检察人员的学习态度和学习状况还有待改进，有的缺乏学习热情和动力，不愿学；有的热衷应酬、忙于事务，对学习往往说起来重要、做起来次要、忙起来不要，不勤学；有的习惯于走走形式、做做样子，有时仅仅为了应付考试、职务晋升，不真学；有的心浮气躁、浅尝辄止，不深学；有的理论脱离实际、学用脱节，不善学，等等。这些问题需要认真对待、尽快加以解决。我们要树立终身学习的理念，把学习作为一种政治责任、一种精神追求、一种生活方式，发扬钻劲、韧劲，在重学好学、勤学苦学、广学博学上下功夫，通过学习强化理论武装、掌握工作方法、提升工作能力。

（一）把握新内容

要在全面系统学习中国特色社会主义理论体系的基础上，重点突出“与时俱进之新、创新创举之新、唯物辩证之新、正本清源之新”的要求，深入学习习近平总书记系列重要讲话精神的新内容，进一步坚定主心骨、筑牢“压舱石”，解决理论武装、精神动力、根本遵循、行动指南的问题；深入学习“四个全面”的全新战略布局，进一步增强战略思维和战略定力，更好地观大势、谋大事，以“四个全面”为统领推动检察工作发展进步；深入学习全面建成小康社会和“建成支点、走在前列”重大决策部署，更好地把检察事业放在党和国家大局中来谋划和推进；深入学习改革的新要求，抓住“最大的机遇”，释放“最大的红利”，推动检察改革创新主动作为、蹄疾步稳；深入学习法治的新部署，牢牢把握“两个主基调”，更好地服务法治湖北建设，深化法治检察建设；深入学习从严治党

新内容，全面加强检察机关党的建设，充分发挥检察机关党组织重要作用；深入学习中华优秀传统文化，以文化自信坚定“三个自信”。

（二）丰富新载体

要深入开展学习习近平总书记系列重要讲话精神等活动，运用集中培训、专题讲座、知识竞赛、岗位练兵等形式，提高学习活动的覆盖面和参与度。加强各类学习平台建设，充分利用现代信息技术和各种新兴媒体，为推动学习型党组织建设创造条件。建立和完善促进学习、保障学习的长效机制，着力加强学习竞争、激励、创新和考核等制度建设。要培育、宣传学习典型，努力在省院机关形成重视学习、鼓励学习、推动学习的良好氛围。

（三）形成新成效

学习的目的在于运用，学习的成效在于解决实际问题。要坚持学以致用、用以促学、学用相长，在学习中掌握新知识、增长新本领、解决新问题。要通过学习，准确把握新形势新要求，掌握好“六个更加”的方法要求，为服务大局、坚持“两个主基调”、推动转型发展、加强统筹协调、把握工作规律、夯实基层基础，提供强大的智力支撑，增强检察工作的前瞻性、适应性、主动性；通过学习，加深对司法办案、诉讼监督中重大问题的理解和把握，提升履行各项法律监督职能、服务改革发展稳定的能力和水平；通过学习，全面掌握“五个检察”的主要任务和重大举措，凝神聚力强自身，为全面推进检察工作发展进步提供坚实基础。

二、突出“实”字抓作风，重实干、提干劲、促公信

坚持抓作风始终是“三抓一促”活动的鲜明主题。人民群众最怕作风反弹，最盼坚持下去。从我们开展群众路线教育实践活动情况看，阶段性成果明显，但作风建设的基础还不够稳固，有些作风问题在高压态势下得以收敛，但还停留在“不敢”上，“不能”、“不想”的自觉尚未完全形成；有些工作落实不到位，做实事、重实干、求实效的精神需要进一步弘扬。可以说，继续深化作风建设

到了十字路口、节骨眼上，再往前走就会更上层楼，如果松一松就可能反复、反弹。我们要牢固树立作风建设永远在路上的理念，横下一条心狠抓作风建设，坚持从细处入手，向实处着力，促进作风建设取得新成效。

（一）继续整改“四风”问题，防反弹防变种

教育实践活动的整改落实方案是我们作出的承诺书、立下的军令状。虽然集中性的教育实践活动结束了，但作风建设必须坚守如初、始终如一，在巩固、拓展、深化上下功夫。我们要坚持言必行、行必果，牢固树立“关键是抓好落实”的思想，始终保持常抓的韧劲、长抓的耐心，持续用力抓好实践活动中没有解决好的问题，兑现各项承诺。要紧紧围绕“四风”问题隐身、变种的新动向、新变化、新问题，及时跟进对策措施，加大执纪监督、公开曝光力度。对那些我行我素、顶风违纪的要坚决处理，防止不良作风反弹回潮。要针对发现的倾向性、苗头性问题，认真组织开展专项整治工作，坚决遏制“四风”变种滋生蔓延，打好作风建设的持久战。

（二）突出抓好司法作风顽症治理

司法办案中的不正之风是人民群众反映强烈的问题之一。我们要始终扭住司法作风“顽症”不放松，重点围绕职务犯罪侦查、批捕起诉、诉讼监督等环节，以规范司法行为专项整治为契机，持续抓、反复抓，一抓到底，树立检察机关严格公正规范文明司法的良好形象，推动检察公信力实现新提升。

（三）以实干精神成就新作为

空谈误国，实干兴邦。一切难题只有在实干中才能破解，一切部署只有在实干中才能见效，一切机遇只有在实干中才能抓好用好。在新的形势下，适应新常态、引领新发展、创造新业绩，更需要我们主动作为、真抓实干。省院机关是全省检察机关的风气之源，我们要带头发扬“蛮拼精神”、“骡马精神”，大力倡导“担”、“干”、“做”、“办”的务实作风，坚持脚踏实地、埋头苦干，坚持知难而进、锲而不舍，坚持讲实情、出实招、办实事、求实效，不断推进各项重点工作任务落实，不断开创检察工作新局面。

三、突出“严”字抓党建，守纪律、讲规矩、树形象

习近平总书记深刻指出，党要管党才能管好党，从严治党才能治好党。从严治党，关键在治，要害在从严。长期以来，我们始终高度重视抓好检察机关党建工作，有效增强了党组织的凝聚力和战斗力。但有的部门、有的领导干部有“重业务、轻党建”的思想，存在“一手软、一手硬”、“两张皮”等问题。我们要牢固树立“抓好党建是本职、抓不好党建是失职、不抓党建是渎职”的理念，使检察机关党的思想建设、组织建设、作风建设、制度建设、反腐倡廉建设同向发力、同时发力，真正把严的意识立起来，把严的规矩建起来，把严的风气树起来，增强抓党建的坚定性、自觉性、实效性。

（一）落实从严治党责任

从严的关键是落实管党治党的责任，责任不落实，从严治党就无从谈起。我作为党组书记，各位院领导作为党组副书记、党组成员，各位处长作为支部书记，都要担当起抓党建、抓党风廉政建设的主体责任，一把手要履行好第一责任人的责任。要切实把管党治党、从严治党作为分内之事、应尽之责，做到守土有责、守土尽责，把党建工作与各项检察业务工作同研究、同部署、同检查、同考核、同落实。要从严加强对干部的日常监督和管理，对违反党纪党规的行为，按照“追责问责年”部署，实行“一案双查”，既追究违纪违规者本人责任，又追究相关领导的主体责任。

（二）严守政治纪律和政治规矩

要切实把守纪律、讲规矩摆在更加突出的位置，严格按照党内政治生活准则和各项政治规矩办事，当好守纪律、讲规矩的表率。深入开展“三严三实”、“增强党性、严守纪律、廉洁从政”、“守纪律、讲规矩、树形象”等专题教育活动，以严重违纪违法案件为反面教材，加强警示教育，自觉同违背党性原则的言行划清界限、坚决斗争，自觉做到“五个必须”和“五个决不允许”，教育引导检察人员受警醒、明底线、知敬畏。对任何违反政治纪律和政治规矩的言行，都要严肃问责，坚决查处，决不手软。

（三）深入学习贯彻中央、省委重大决策部署

要把坚持党的领导落实在行动上，深入学习贯彻党的十八大、十八届三中、四中全会和省第十次党代会以及十届省委历次全会精神，与时俱进地谋划检察工作思路，充分发挥打击、监督、预防、保护、教育、服务等各项检察职能作用为党分忧、为国干事、为民谋利。要把坚持党的领导规范化、制度化，认真落实省院党组向省委报告工作的规定等制度规范，尤其要把向省委常委会报告工作为一项重大政治任务抓紧抓好。

（四）大力加强机关党组织建设

全面加强省院党组自身建设，深入学习贯彻习近平总书记关于党组建设的重要论述，加强政治理论学习，严格执行民主集中制，做好选人用人工作，严守廉洁自律各项规定，切实提高观大势、掌全局、议大事、抓大事能力，充分发挥党组在履行检察职责中的领导核心作用。积极加强机关基层党组织建设，扎实推进支部工作制度化、规范化，健全党建工作目标管理、督查考核、奖惩激励等运行机制，完善党支部的组织体系、服务体系、监督体系和保障体系，切实发挥好基层党组织的战斗堡垒作用。

近期，省院即将下发“三抓一促”活动方案，各内设机构要严格按照方案要求，加强组织领导，精心组织实施，确保活动取得实效。要加强宣传引导，开辟活动专栏，集中选树一批典型，发挥好示范引领作用，积极营造良好氛围。要注重统筹兼顾，把开展“三抓一促”活动与其他专题教育活动、落实2015年重点工作紧密结合起来，用检察工作的新成效来检验和体现活动的成果。

认真践行“三严三实”，推动检察事业全面发展进步*

党的十八大以来，习近平总书记多次强调，党员干部特别是各级领导干部要严以修身、严以用权、严以律己，谋事要实、创业要实、做人要实。“三严三实”贯穿着马克思主义政党建设的基本原则和内在要求，体现着共产党人的价值追求和政治品格，丰富和发展了党的建设理论，明确了党员干部的修身之本、为政之道、成事之要，为加强新形势下党的思想政治建设和作风建设提供了重要遵循。党中央决定从4月底开始，在全国县处级以上党员干部中开展“三严三实”专题教育。省委对这项工作高度重视，召开省委常委会进行专题研究，制定了《实施方案》；高检院前不久也下发了专题教育《指导意见》。近期，省院先后召开了党组扩大会和省院机关专题教育工作座谈会，贯彻落实中央、省委和高检院部署，正式启动了省院机关“三严三实”专题教育。机关各支部及全体党员干警特别是检察领导干部要高度重视，认真抓好落实。下面，我就践行“三严三实”要求，谈几点学习体会，与同志们交流。

一、关于“三严三实”的深刻内涵和重要意义

去年全国“两会”期间，习近平总书记在参加安徽代表团审议时，首次对各级领导干部明确提出了“三严三实”要求，并深刻阐述了“三严三实”的内涵。

---

* 2015年5月21日敬大力同志在湖北省人民检察院“三严三实”专题党课上的辅导报告节录。

严以修身，就是要加强党性修养，坚定理想信念，提升道德境界，追求高尚情操，自觉远离低级趣味，自觉抵制歪风邪气。做官先做人，做人必修身。中国传统文化就有“修身、齐家、治国、平天下”的思想，“吾日三省吾身”、“非淡泊无以明志、非宁静无以致远”，等等都是古人修身的金玉良言。共产党人更有加强自身修养的传统。我们的党章明确写道，中国共产党党员是中国工人阶级的具有共产主义觉悟的先锋战士；毛泽东同志在《纪念白求恩》一文中要求党员干部做“一个高尚的人，一个纯粹的人，一个有道德的人，一个脱离了低级趣味的人，一个有益于人民的人”；刘少奇同志专著论述了共产党员的修养；习近平总书记常说的“打铁还需自身硬”、“善禁者，先禁其身而后人”等，都是对领导干部严以修身的要求。作为党员领导干部，我们必须时常以党章为镜，对照党员义务、党的纪律、道德要求、先进典型，找差距、明方向、修品行，始终以马克思主义理论武装头脑，树立正确的世界观、人生观、价值观，时刻保持清醒、约束言行，保持健康的生活情趣和高尚的道德情操，展示共产党人的人格力量。

严以用权，就是要坚持用权为民，按规则、按制度行使权力，把权力关进制度的笼子里，任何时候都不搞特权、不以权谋私。领导干部与老百姓的区别就在一个“权”字。如何用好权力，要解决好为公还是为私问题。权力从来都是一把双刃剑，为民则利，为己则害。公权不私，谋私即盗。“先天下之忧而忧，后天下之乐而乐”；“苟利国家生死以，岂因祸福避趋之”，这是古人天下兴亡、匹夫有责的无私情怀。共产党的宗旨在于为人民服务，我们手中的权力来自于人民，党员领导干部身份是公职、公仆，职责是公务、公干，维护的是公益、公利。权为民所有、权为民所赋、权为民所用是共产党员应有的权力观；视公器为私物，将人民赋予的权力庸俗化为个人“发家致富”的工具，是腐败分子的权力观。“严以用权”要求领导干部树立正确的权力观，有权不可任性，有权要用来为民谋利，用权要有边界、讲程序、守底线、受监督，谨慎用权、规范用权、依法用权。

严以律己，就是要心存敬畏、手握戒尺，慎独慎微、勤于自省，遵守党纪国法，做到为政清廉。律己就是约束自己，管住心中的老虎，守住党纪国法的底线。“不能胜寸心，安能胜苍穹?”，意思是说如果不能从自身入手，控制好自己的贪婪、欲望、惰性等，又怎能干出一番大事业呢？对领导干部来说，律己是一种能力，是必备的素质，律己才能赢得尊重、树立威望，以身作则才能带出好队伍，养成好风气。“律己”要求我们始终敬畏法纪、敬畏组织、敬畏群众，在面对各种利益诱惑的时候，能够抵制住、克制住，能够保持廉洁本色，唯有如此才能称得上是一名合格的党员干部，合格的人民检察官。

谋事要实，就是要从实际出发谋划事业和工作，使点子、政策、方案符合实际情况、符合客观规律、符合科学精神，不好高骛远，不脱离实际。谋事要实的核心要义是坚持实事求是的思想路线。“实事”就是客观存在着的一切事物，“是”就是客观事物的内部联系，即规律性，“求”就是我们要去研究。回顾党的光辉历程，我们党之所以能战胜各种艰难困苦，发展到今天这样一个拥有8600多万党员的世界最大执政党；能够带领人民推翻“三座大山”，建立人民当家作主的新中国；能够从一穷二白发展到今天的小康社会，重要法宝之一就是始终坚持实事求是，带领人民从实际出发，制定正确的路线方针政策，并严格认真地加以贯彻落实。我们要始终坚持实事求是、一切从实际出发，不信虚言、不听浮术、不采华名、不兴伪事，始终保持求真务实的工作作风。

创业要实，就是要脚踏实地、真抓实干，敢于担当责任，勇于直面矛盾，善于解决问题，努力创造经得起实践、人民、历史检验的实绩。“空谈误国，实干兴邦”，这是总结治国理政历史经验教训时得出的重要结论。创业要实旨在告诫领导干部不管在什么地方，不管处在什么条件，都要坚持用实践的观点对待事业、看待政绩，把实际成效作为检验政绩的重要标准，决不搞虚政绩、假政绩、劣政绩；坚持用群众的观点对待事业、看待政绩，一切为群众着想、为群众而干，使干事创业的过程成为增进群众福祉的过程；坚持用历史的观点来对待事业、看待政绩，树立功成不必在我的理念，多做打基础、利长远的事情，不搞竭泽而渔的短期行为。

做人要实，就是要对党、对组织、对人民、对同志忠诚老实，做老实人、说老实话、干老实事，襟怀坦白，公道正派。早在延安时期，毛泽东同志就要求全党同志“当老实人，讲老实话，做老实事”。习近平总书记曾指出，老实做人、做老实人，是共产党员先进性的内在要求，是领导干部“官德”的外在表现。坚持做人要实就是要带头弘扬忠诚老实之气，做到以实立身、以实为守、以实行事，一以贯之地对党忠诚老实、对同志诚恳实在、对工作负责扎实、对人民真情实意，做到表里如一、内外一致，台上台下一个样、人前人后一个样，保持共产党员的真我本色。

习近平总书记提出的“三严三实”要求，质朴凝练、微言大义，内容上各有侧重又紧密联系，是一个有机统一的整体。作为“检察官党员”和“党员检察官”，我们要从落实全面从严治党要求和保证“四个全面”战略布局顺利实施的高度，深刻认识践行“三严三实”对于推进检察事业长远发展的重要意义。

第一，践行“三严三实”是全面从严治党、打造过硬检察队伍的必然要求。当前，我们党已经站在一个新的历史起点上，正在进行具有许多新的历史特点的伟大斗争，管党治党的任务比任何时候都更为繁重、更为紧迫。全面从严治党不是一句空洞的口号，必须具体地而不是抽象地、认真地而不是敷衍地落实到位。“三严三实”是党要管党、从严治党的重要理念、有效方式、具体措施，从精神支柱、价值追求、行为规范等方面为加强干部队伍建设提供了“导航仪”和“标尺”。检察机关作为党领导下的国家法律监督机关，是全面推进依法治国的主力军和全面深化改革的护航者，要承担起党和人民赋予的重任，履行好维护社会大局稳定、促进社会公平正义、保障人民安居乐业的职责使命，关键在于有一支信念坚定、执法为民、敢于担当、清正廉洁的检察队伍。我们要把“三严三实”要求贯彻到检察机关党的建设和队伍建设之中，作为干警日常学习教育的重要内容，作为从严治检的重要抓手，切实加强对检察干警

的日常教育、监督和管理，建设一支高素质过硬检察队伍。

第二，践行“三严三实”是全面履行检察职责、全面推动检察工作发展进步的客观需要。习近平总书记提出的“三严三实”要求，不仅为我们修身做人指明了努力方向、提供了基本遵循，更为做好当前新形势下各项工作提供了强大的思想武器和行动指南。当前，全党、全国人民在“四个全面”战略布局指引下，正向着实现中华民族伟大历史复兴的宏伟目标奋力前行。在这样的时代背景下，中央、省委越来越重视检察机关在法治建设中的主力军、生力军作用，四中全会《决定》和省委《意见》部署的重大举措，大多数与检察机关紧密相关，对我们既有忠实履职、加强监督，充分发挥检察职能作用维护法治、促进公正的新要求；又有依法治权、依法治检，提高检察工作法治化水平的新考验。只有坚持以“三严三实”为指引，才能引导检察领导干部牢固树立正确的政绩观、事业观，把检察工作置于经济社会发展全局中谋划和推进，从检察工作实际出发定政策、提措施、拿办法，发扬重任在肩、克难奋进的担当精神，实打实地做好各项工作，推动我省检察工作奋勇向前，争创一流。

第三，践行“三严三实”是巩固党的群众路线教育实践活动成果、加强检察机关作风建设的重要内容。“三严三实”要求，既是对作风建设的进一步升华，也是继“八项规定”之后我们党加强作风建设的新标杆。在建党 90 多年来的发展历程中，我们党始终视作风为生命，注意加强和改进作风建设。习近平总书记强调，党的作风就是党的形象，关系人心向背，关系党的生死存亡。我们党作为一个在中国长期执政的马克思主义政党，对作风问题任何时候都不能掉以轻心。目前，我省检察机关作风情况总体是好的。特别是经过党的群众路线教育实践活动，全体检察干警受到了一次深刻的思想政治洗礼，一批突出的作风问题得到切实解决。但我们也要清醒看到，“四风”问题的病原体还没有根除，违规违纪现象仍然时有发生，许多深层次的问题还需要进一步解决。我们要把“三严三实”作为解决“四风”问题、祛病除垢的有力武器，牢固树立作风

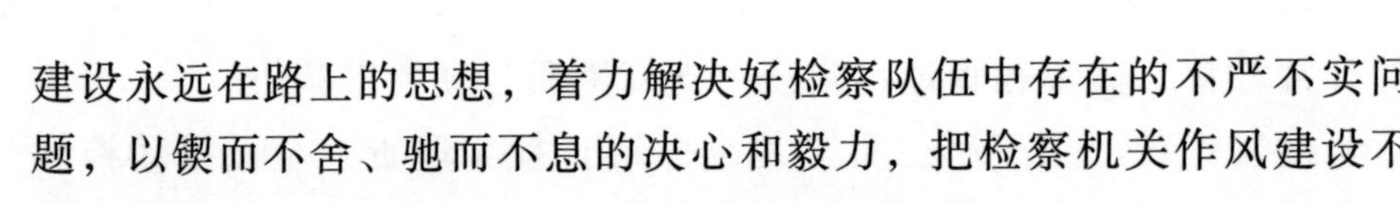

建设永远在路上的思想，着力解决好检察队伍中存在的不严不实问题，以锲而不舍、驰而不息的决心和毅力，把检察机关作风建设不断引向深入。

二、关于“三严三实”的实践要求

习近平总书记关于“三严三实”的重要论述，是新的历史条件下党员领导干部的为政之道、成事之要、做人准则。我个人体会，归结起来就是做人和做事两个大的方面，就是告诉各级领导干部怎样做人、如何做事。作为检察领导干部，在做人方面要体现一个“严”字，在做事方面要体现一个“实”字。要坚持“严”字当头，牢固树立检纪严于国法、检察职业道德严于一般社会公德的观念，更加严以修身、更加严以用权、更加严以律已，真正管好自己、当好表率；要坚持“实”字为本，牢固树立真抓实干、崇尚实绩、注重实效的理念，谋事更加注重实际、创业更加注重实效，真正推动检察事业全面发展进步。

（一）加强自身修养

对党员检察领导干部来说，我们不能以社会上一般人员的品行标准和道德要求来衡量自己，而应该在在修身做人上要有更高标准和追求，有更高的觉悟和境界。

一要加强党性修养。在座的各位检察官，首先是一名党员，是党的领导干部。我们入党就意味着多了一份责任和义务，党员是有着特殊政治职责的公民，必须要在政治上讲忠诚、组织上讲服从、行动上讲纪律，无论是想问题、作决策、办事情，都必须始终站在党和人民的立场上，自觉按照党的整体意志和人民的根本利益来行动，这是我们的党性原则和基本修养。对于我们来说，要牢记“检察官党员”和“党员检察官”的双重身份，多一份职责和担当，既从检察职责出发，牢记法律赋予的光荣使命，在履行检察职责中发挥好先锋模范作用；更从党的职责来考虑问题，始终把党放在最高位置，时刻想到自己是党的人、组织的一员，真正使爱党、忧党、兴党、护党成为自觉行动。在座的处长同志们，首先是党支部书记，

既是做检察业务工作，更是在做党的工作。我们不仅要记住自己是什么“长”，更要牢记自己的党内职务，牢记自己的第一身份是共产党员，始终把党性摆在第一位，正确处理好个人与组织、个人与工作、个人与同事之间的关系，自觉履行好党内职责，不辜负党组织的培养和重托。要严守政治纪律和政治规矩。检察机关作为一支特殊的纪律部队，要把纪律建设作为从严治检的治本之策，以更高标准、更严要求抓好政治纪律和政治规矩，真正让纪律严起来、把规矩立起来。全体检察人员要严格执行习近平总书记提出的“五个必须，五个决不允许”，坚决纠正和防止一些苗头性倾向性问题，引导广大检察人员知道什么可以做、什么不能做、什么事必须怎么做，明白守纪律、讲规矩的重要性和严肃性，真正受警醒、明底线、知敬畏。

二要坚定理想信念。理想信念是共产党人安身立命的根本，是经受住任何考验的精神支柱。全国模范检察官、全省优秀共产党员程然同志，即使身患重病仍然不忘工作，坚持出庭公诉，是什么支撑她无怨无悔地践行立检为公、司法为民的宗旨？是信仰的力量，正是因为有着坚定的理想信念和对检察事业的执著追求。作为检察领导干部，我们必须不断强化理论武装，深入学习马克思主义基本理论，把学习习近平总书记系列重要讲话作为重中之重，认真研读《习近平谈治国理政》、《习近平关于全面依法治国论述摘编》等重点书目，努力掌握贯穿其中的立场、观点、方法，坚定“三个自信”，对中国特色社会主义保持必胜信念，牢记中国特色社会主义法治道路是建设社会主义法治国家的唯一正确道路，在涉及中国特色社会主义道路、理论、制度等重大原则问题上必须立场坚定、态度坚决，不论在什么地方、什么岗位上工作，都要经得起风浪考验。

三要弘扬法治精神。法治精神强调的是一种对法治的基本立场、主张；作为一种精神力量，它是法治的灵魂、要旨和内容实质。法治精神蕴含着依法办事、公平正义、法律平等、保障人权、监督制约等基本内涵，是我们担任检察官、履行法律监督职能必须具备的基本价值观念。检察长、检察官的特质，应该是在法治精神、法治素质、法治水平上更胜一筹。作为检察领导干部，更应当带头树立和弘扬社会主义法治精神，这一条至关重要。习近平总书记在省部级主要领导干部学习贯彻四中全会精神专题研讨班上强调，全面推进依法治国必须抓住领导干部这个“关键的少数”；领导干部要做尊法学法守法用法的模范，带动全党全国一起努力。领导干部的信念、决心、行动，对推进法治检察具有十分重要的示范意义。在座的各位同志，大家一定要系统学习中国特色社会主义法治理论，准确把握我们党处理法治问题的基本立场；要依法办事，坚持法治思维、法治方式和法治定力，决不能把手中的检察权作为谋取利益的工具；要切实履行推进法治检察的第一责任人职责，加强对干警的教育、管理和监督，对各种违法违规行为严肃纠正、严格追究，形成依法办事、规范用权的氛围；要把法治精神当作主心骨，牢记“法不阿贵、绳不挠曲”，站稳脚跟，挺直脊梁，刚正不阿，公正正直，真正做到法律面前人人平等，真正做到不为私心所扰、不为人情所困、不为关系所累、不为利益所惑。

四要提升职业道德。“道德当身，故不以物惑。”德乃立身之本、为官之要，修身做人就要把立德摆在突出位置。缺乏道德修养的人，如同失去防线的城堡，在战争中会被敌人轻松突破、很快沦陷。检察领导干部的道德修养既有一般性，也有特殊性。从一般性来讲，就是要带头弘扬中华优秀传统美德，带头弘扬社会主义核心价值观，带头恪守社会公德、职业道德、家庭美德和个人品德，始终保持健康生活情趣和高尚道德情操，有点空闲时间，陪伴家人、享受亲情，清茶一杯、手捧一卷，强身健体、锤炼意志，坚持这样的生活方式岂不是更有品味，久而久之，庸俗的东西就近不了身。从特殊性来讲，就是要恪守职业道德、守住职业良知的底线。各行各业都要有自己的职业良知，心中一点职业良知都没有，甚至连做人的良知都没有，那怎么可能做好工作呢？其实，各国法律都要求，无能者不能执掌法律，无德者更不能执掌法律，都把司法职业道德摆在十分重要位置。可以说，社会公众今天对我们检察干警职业道德的要求，已经远远超出一般的道德标准。也可以说，检察干

警必须具有高于一般人乃至普通公务员标准的职业道德。只有这样，社会公众才有理由相信我们能胜任司法工作，并能担负起法律守护者的责任。我们要以更高的标准推进职业道德建设，把司法为民作为最重要的职业良知，把强化公正廉洁的职业道德作为必修课，加强职业伦理操守教育，引导广大干警自觉用职业道德约束自己，认识到不公不廉、司法腐败是最大耻辱，真正使职业操守和职业良知内化于心、外践于行。

（二）树立正确的权力观

对各级领导干部来说，能否正确为官用权是最经常、最现实的考验。我们从事检察工作的同志，手中掌握的司法权、法律监督权很特殊，往往与老百姓切身利益有着更直接的关系，有时甚至是生死攸关，所以一定要绝对严格规范行使，确保手中检察权不偏向、不变质、不越轨。

一要依法司法。法治的要义在于限制权力、防止滥用。从这个意义上来说，法治首先不是“治”老百姓，而是“治”我们自己；依法治国，首先是防止掌握公权力的人滥用权力。“全面依法治国”是“四个全面”战略布局的重要一环，法治化本身就是大局，我们依法司法，维护社会主义法治统一尊严权威，就是在服务大局。凡事总是要求法律变通、松懈是不对的。对此，我们要注意澄清“法律工具论”的错误认识，法律本身不是工具，而是标准；标准就是尺度、规矩，是必须用的、必须遵守的，要求严格执法、公正司法、全民守法，而工具是可以替代、可用可不用的。把权力放进制度的笼子里，制度主要指的就是法律。从司法实践看，检察机关和检察人员并不当然地具有法治思维和法治精神，对违反法律、违背法治的现象并不具有天然的免疫力。一些司法不规范“顽症”之所以反复发生、屡禁不止，一个很重要的原因就是一些检察干警包括少数检察领导干部尚未养成运用法治思维和法治方式看待问题、解决问题的习惯。我们要高度重视、不断深化“法治检察”建设，认真落实全面推进依法治国新要求，牢牢把握全面提高检察工作法治化水平和全面提高检察公信力两个主基调，强化依法治检、依法用权，确保严格公正规范廉洁司法。我们要从更高标准、更严要求上推进司法和监督工作规范化，大力培育现代文明司法理念，完善司法程序、工作标准、案件管理、责任追究等方面的制度，把业务工作的方方面面全部纳入规范化、制度化轨道，逐步形成常态化、系统性、约束力强的制度运行机制，使严格规范公正文明司法成为职业习惯，实现司法和监督工作品质与境界的新提升。我们要坚持“三个效果”有机统一。对此，我理解至少要把握三个方面：第一，法律效果是“三个效果”的基础。第二，好的执法效果必须从长远和全局来看待和把握，而不能仅看一时一事。第三，坚持依法履职，做到严格执法、公正司法，维护法治统一，使法律在全国上下都得到一体遵循，在全社会树立法治公信力，就是最大的政治效果和社会效果。

在座的各位检察领导干部，要自觉运用法治思维和法治方式开展工作，带头学法尊法守法用法，不断提高依法办事的能力，既不越权、不滥权，又不失职、能办事，在面对案件的时候，应该想想法治的要求是什么，都要用法治的尺子量一量，决不能以超越法律程序、突破法律底线为代价求得案件的突破、体现所谓的办案能力，必须在法治轨道内行使检察权，要从大量不遵守法治原则而造成严重后果的案事例中汲取深刻教训。

二要为民司法。我国是人民当家作主的社会主义国家，一切权力属于人民，一切权力为了人民。当前，面对整治四风问题的一系列规定和举措，有的党员干部感到不自在、不舒服，甚至由“为官不易”的想法演变为“为官不为”的行动。出现这种现象的根源就在于这些干部没有摆正位置，没有认识到当干部就是做公仆、做人民的勤务员。我们对“为官不易”要有正确的理解，应该理解为用好党和人民赋予的权力不易，对我们检察人员来说，为民用权要坚持以最广大人民利益为念，始终把人民放在心中最高位置，不断深化细化实化检察机关群众工作，积极发挥检察职能保障和改善民生。近年来，我们始终坚持检察工作的人民性，按照“五条原则要求”和“六个进一步”的思路，加强和改进检察机关群众工作，充分发

挥检察职能维护人民权益，推行一系列便民利民措施，群众工作机制进一步健全、能力进一步提升，人民群众对检察工作满意度进一步提高，这就是我们为民用权的具体体现。我们一定要坚持和发扬这些优良传统，把人民群众的事当作自己的事、把人民群众的小事当作自己的大事，进一步深化细化实化检察机关群众工作，依法惩治损害群众利益的犯罪，依法监督纠正群众反映强烈的执法司法不公问题，依法公正对待群众诉求，自觉接受群众监督，切实发挥检察职能维护好人民群众根本利益。

三要秉公司法。每一名党员干部特别是领导干部要深刻认识到，权力姓公不姓私，只能用来为党分忧、为国干事、为民谋利，决不能把公共权力异化为谋取私利的工具。检察机关秉公用权的重要方面就是要维护司法公正、肩扛公平正义，这是检察机关特殊职业要求、职责使命和核心价值追求。政法机关是维护社会公平正义的最后一道防线，人民群众每一次求告无门、每一次经历冤假错案，损害的都不仅仅是他们的合法权益，更是法律的尊严和权威，是他们对社会公平正义的信心。我们要坚持法律面前人人平等，严格公正行使检察权，使各类社会主体权利受到同等保护，违法受到同等追究，让人民群众在每一个司法案件中都感受到公平正义。要加强法律监督，牢固树立依法正确履职的观念、监督为本的观念、监督就是支持的观念、监督者首先必须接受监督的观念，全面加强对刑事诉讼、民事诉讼、行政诉讼活动的法律监督，积极推进诉讼监督“四化”建设，下大气力监督纠正执法司法突出问题，从严惩治司法腐败，维护司法公正。

四要保障人权。尊重和保障人权是我国宪法确立的重要原则，也是检察机关保障法律实施的重大使命和重要职能。要把人权保障、程序正义作为法治的基本要求来遵守。要切实尊重人的法律主体地位，坚持惩治犯罪和保障人权并重，更加尊重和保障犯罪嫌疑人、被告人、其他诉讼参与人依法享有的各项诉讼权利，尊重和保障其健康权、财产权等基本人权，摒弃先入为主、有罪推定等观念和做法，既不因强调惩治犯罪而忽视对犯罪嫌疑人、被告人合法权益的保障，也不能因强调人权保障而放纵犯罪行为。要加强诉讼权利保障，依法保障律师执业权利，纠正会见难、阅卷难、调查取证难等问题，加强与律师的沟通、协商、协作，建立新型检律关系。要保障当事人依法享有法律救济的权利，加大对侵犯当事人知情权、陈述权、辩论权等问题的监督力度，适应民事立案制度改革，强化立案监督，促进解决有案不立、有诉不理问题，保障当事人诉权。

（三）坚持廉洁从检

习近平总书记强调，严于律己要做到为政清廉。古人说，“廉者，政之本也。”“公生明、廉生威。”倡导清廉、建设廉洁政治是我们党一贯坚持的鲜明政治立场。对检察领导干部来说，廉洁从检是一条不可逾越的底线，必须做到牢不可破。如何做到廉洁从检，我体会有以下几点：

一要敬畏法纪。法纪是一条带电的“高压线”，须心存敬畏之心。我们长期与违法犯罪分子打交道，应该有更切身的体会，那就是大多数违法分子、腐败官员，骨子里面不畏法纪，铤而走险。检察人员是法律的执行者和维护者，既深谙法理，又有丰富的法律实践经验，更应该明白法律底线不可触碰，更应该懂得天网恢恢、疏而不漏的道理，更应该知晓违法乱纪的严重后果，更应该心存敬畏、带头遵纪守法。

二要自省自警。要牢记“物必先腐而后虫生”的道理，保持“持己，当从无过中求有过”的自律意识，秉持“归咎于身、刻己自责”的解剖精神，经常过滤思想、检点言行，耐得住寂寞，守得住清贫，挡得住诱惑，自重而慎微，自省而慎思，自警而慎权，自励而慎行，尤其要牢记“前车之覆、后车之鉴”，善于利用我们办理的大量腐败案件加强自我警示教育，始终清清白白做人，干干净净地做事，坦坦荡荡为官，永葆共产党人的蓬勃朝气、昂扬锐气、浩然正气。

三要慎微慎独。不以善小而不为，不以恶小而为之。小节上把持不住，就会温水煮青蛙，小毛病就会演变成大问题。每个党员干部都要牢记“从善如登、从恶如崩”的古训，即使在私底下、无人

处，也不能放纵、不能越轨、不能逾矩，严防一念之差、一时糊涂，严防不知不觉变质，不断自我净化、自我完善、自我革新、自我提高。特别是当上了干部，手中有了权力，奉承、追捧的人就会多起来，攀交情、拉关系、请客送礼的人也会多起来，尤其我们手中掌握着职务犯罪侦查、起诉等重要权力，容易受到一些无良老板的“围猎”和腐败官员的拉拢，时常会面临各种诱惑和考验，我们在工作和生活中一定要谨慎交友、谨慎行事，有些事情有了第一次就难免会有第二次、第三次，有些人先是见面聊天，后是请你吃饭，再是给你送礼，一步一步让你为他所用，与他同流合污，最后导致回不了头。所以我们不该交的人不要交，不该吃的饭不要吃，不该去的地方不要去，一定要防微杜渐、警钟长鸣。

四要接受监督。自觉接受监督，是领导干部必备的政治素养，是保证廉洁政治的重要手段。我们作为监督者，更应该明白接受监督的重要性。各级检察领导干部必须摆正自己的位置，纠正那种监督就是不信任的错误观念，增强主动接受监督的意识，习惯于在“聚光灯”下行使权力，习惯于在“放大镜”下开展工作，自觉接受上级领导和监督，接受纪检监察部门的监督，接受身边同事的监督，接受人民群众和社会各界的监督，把自身的行为纳入严密的监督制约体系之中，让权力在阳光下运行。

（四）坚持实事求是

习近平总书记强调的“谋事要实”的核心要义就在于实事求是。实事求是，是对辩证唯物主义和历史唯物主义世界观和方法论的高度概括，是党带领人民推动中国革命、建设、改革事业不断取得胜利的重要法宝。

结合检察工作实际，我体会，坚持实事求是、做到谋事要实，就是要在谋划工作思路和作出工作决策的过程中做到“六个符合”：符合法律、符合规律、符合大局、符合民意、符合理念、符合实际。

这些年来，省院党组认真贯彻中央、高检院、省委部署，注意根据形势任务的发展变化，研究谋划工作发展思路，制定决策部署。从工作思路来看，从“学习贯彻党的十七大精神，加强和改进检察工作”到“学习贯彻党的十八大精神，推动检察事业全面发展进步”；从学习贯彻十八届三中全会精神、做到“五个适应、五个更加注重”到学习贯彻十八届四中全会精神、更加强调“两个主基调”；从“十二检”会议提出坚持“高举旗帜、科学发展、服务大局、解放思想、与时俱进”等五条重要原则到“十三检”会议确立的政治方向、发展理念、发展目标、发展布局、发展要求等五个方面的检察事业发展战略，从“三个体系”建设到“五个检察”建设，等等一系列总体工作思路，都充分考虑和贯彻了谋事要实的原则，都是按照“六个符合”的要求来思考和谋划的。再从工作决策来看，比如，我们紧紧围绕党和国家工作大局，紧密结合湖北实际、结合检察工作实际，先后制定《关于充分发挥检察职能作用为改革发展稳定大局服务的意见》、《关于充分发挥检察职能优化法治环境促进经济发展的意见》等制度规定，部署开展“发挥检察职能、优化发展环境”、“惩治和预防涉及企业的违法犯罪”等30多个专项工作，正确把握依法坚决查办、坚持惩防并举、把握政策界限、掌握分寸节奏、注意方式方法等“五条办案原则”，综合运用打击、保护、监督、预防等检察职能，增强服务大局针对性和实效性，得到中央、高检院、省委领导同志充分肯定。从检察改革创新来看，我们坚持在法律制度框架内，牢牢把握检察工作整体性、统一性和检察权运行规律，把“检察工作一体化”和“两个适当分离”作为事关检察机关领导体制和检察权运行方式的根本问题和基本问题来研究探索，坚持不懈地推行检察工作一体化、“两个适当分离”、法律监督调查、基层院内部整合改革、诉讼监督工作“四化”、司法办案转变模式转型发展、检察机关组织体系及基本办案组织建设等一系列机制创新，多次得到高检院、省委领导同志肯定。这些决策部署，也都是我们贯彻谋事要实要求的生动体现。比如，我们按照中央、高检院统一要求，遵循司法规律和检察工作特有规律，紧密结合湖北实际，推行检察官办案责任制综合配套改革，齐头并进推行9个方面全方位、多层次的系统性措施，形成了以责任制为核心的综合配套改革体系，在全国检察长会议上介绍了经验。

如何进一步贯彻谋事要实，如何始终做到“六个符合”，我认为至少要把握好三种方法：

一要增强工作的原则性、系统性、预见性、创造性。要努力掌握、切实运用唯物辩证法基本原理谋划检察工作，切实提高战略思维、创新思维、辨证思维能力，增强检察工作原则性，坚持正确政治方向，坚持法治原则，坚持是非分明；增强检察工作的系统性，按照马克思列宁主义哲学关于事物普遍联系的原理，不孤立地看问题和处理问题，而是把检察工作作为互相联系的整体，把各项检察工作置于一个系统中来对待，做到环环相扣、整体推进、统筹兼顾；增强检察工作的预见性，注意提高对检察工作规律性的认识，注意吃透上级精神，全面掌握下情，随时把握工作的发展状况及趋势，早做准备，早做部署，把握工作主动权；增强检察工作的创造性，强化改革创新意识，善于结合实际推进司法改革，特别是加强检察工作机制创新，为检察工作发展增添动力。

二要坚持问题导向。要瞄准问题去，追着问题走，由问题倒逼思路创新、工作创新、机制创新，提高发现问题、分析问题、解决问题能力，从而推进检察事业发展进步。比如，我们针对司法不规范“顽症”难以根除问题，建立了规范执法“倒逼”机制；针对检察权分散化、地方化倾向、合力不足问题，实行了检察工作一体化机制；针对诉讼违法行为发现难、核实难、监督手段不足等问题，建立了法律监督调查机制；针对诉讼监督工作相对弱化而且不规范的问题，推进诉讼监督“四化”建设；针对基层院机构林立、管理层级多、一线司法办案力量不足、效率偏低等问题，推进基层院内部整合改革；针对办案模式、能力、水平与新的外部环境不适应的问题，推进司法办案转变模式、转型发展，等等。可以说，我们全部的工作特别是改革创新的重心所在，都是着眼于解决实际问题，也都取得了实实在在的效果。

三要加强调查研究。调查研究是谋事之基、成事之道、决策之要。没有调查就没有发言权。近年来，我们开展服务大局工作、加强检察公信力建设、深化细化实化检察机关群众工作、深化改革创新等等决策部署，无一不是建立在大量调查研究、充分论证的基础上。各级检察领导干部要高度重视、进一步加强和改进调查研究工作，深入基层和一线，了解真实情况，研究解决具体问题，提出有针对性的意见措施供党组参考决策。特别要按照专题教育方案“五专一改”要求，开展好以践行“三严三实”为主要内容专题调研，结合本部门工作，结合司法体制改革试点，采取体验式、蹲点式、问诊式、恳谈式等形式，真心实意听取基层和群众意见，找准查实检察工作和检察队伍，特别是领导干部自身存在的问题和不足，深入剖析问题根源，寻求对策措施。

(五) 坚持真抓实干

创业要实的核心要求在于真抓实干。党员干部作为党和人民事业的骨干，在其位就要谋其政、尽其责，就要想干事、能干事、干成事。

回顾过往，湖北检察事业之所以能有今天的大好局面，之所以能够保持良好发展态势，都是全省检察干警一点一滴、日积月累、脚踏实地、顽强拼搏出来的。可以说，我们的各项检察工作，都是在创业，都是在不断开创新局面。比如，我们始终保持了司法办案工作的平稳健康发展，实现了数量、质量、效率、效果、规范、安全等六个方面的有机统一。我们彻底扭转了以往诉讼监督工作相对薄弱的局面，建立了完善的诉讼监督工作格局，解决了一手硬、一手软的问题。我们坚持不懈地推进检察改革和工作机制创新，始终保持改革创新的毅力和恒心，对符合中央精神、符合改革方向、符合工作实际的，理直气壮、坚忍不拔地坚持，创造了一系列可复制、可推广的新鲜经验。我们坚持不懈推进检察队伍“六项建设”，完成基层院建设 20 件事项，推行基层院综合配套改革措施，推进新型检察院建设，涌现了一大批先进典型。我们坚持打基础、利长远，经费保障水平大幅提升，特别是基础设施建设方面，完成以省院机关大楼为代表的全省检察机关“两房”等基础设施建设，形成了第一次创业；完成国家检察官学院汤逊园校区建设，形成了第二次创业；当前，我们正在进行以“科技强检”基础设施建设为重点的第

三次创业，建设集案件办理、大数据平台、全省网络枢纽、调度指挥、科研、学术交流、技术培训、灾备中心等产学研于一体的立足全省、辐射中南地区、在全国有影响力的高层次全省检察科技综合体，同时，在武汉、宜昌、襄阳分别规划建设服务“1+8”武汉城市圈、我省西部和北部的司法鉴定中心，其他市级院根据本地特点建设基本满足本地工作需要的司法鉴定机构，在此基础上，形成覆盖全省的科技强检工作体系，通过网络联接，构建电子证据等检察技术云平台，再逐步汇聚检察工作其他数据，建成我省检察机关“检务云”。省院党组将科技强检工作专门向省委常委会作了汇报，省委常委会已经同意将有关重点项目列入国家、省相关项目建设规划。

成绩来之不易，需要我们倍加珍惜。在新的形势下，要适应新常态、引领新发展、创造新业绩，更需要我们从严做起、脚踏实地、真抓实干。一要抓住工作重点。今年，我们研究制定了32项重点工作，落实好这些工作部署没有捷径可走，唯有抓实、再抓实，以强有力的措施，稳打稳扎向前走，使各项目标任务落实到一线、落实到基层。要以危害国家政治安全和政权安全犯罪、严重刑事犯罪、破坏市场经济秩序犯罪为重点，加大打击刑事犯罪力度；以重大专案以及国家投资、土地流转、矿产资源开发、金融改革、文化、国企等领域为重点，严肃查办职务犯罪，建设过硬反贪局、反渎局；以防止冤假错案、监督纠正违法减刑假释暂予监外执行问题、虚假诉讼专项监督、探索检察机关对行政机关行使职权的监督等为重点，全面加强对诉讼活动的法律监督；以深化“三项职能整合”、提升预防工作专业化水平为重点，加强预防工作；以贯彻“谁执法谁普法”的普法责任制为重点，加强法治宣传教育；以维护人民权益、加强诉讼权力保障等为重点，做好检察服务工作；以过硬检察队伍建设、科技强检、检务保障、新型检察院建设为重点，深化实力检察建设；以司法体制改革试点和诉讼监督“四化”等机制创新为重点，深化创新检察建设；以规范司法专项整治、全面加强司法和监督工作管理为重点，深化法治检察建设；以作风建设、检务公开、检察宣传为重点，深化文明检察建设；以提升检察机关群众工作水平、健全检察人员职业保障制度为重点，深化人本检察建设。二要树立正确的政绩观。政绩观就是为政之绩，即为政的成绩、功绩、实绩。既然是实绩，就必须实事求是。我们一定要树立实事求是、尊重规律、久久为功的政绩观，一定要有政绩是“实绩”不是“虚效”、不仅是“显绩”也是“潜绩”的理念和境界，发扬钉钉子精神，咬定青山不放松、一张蓝图抓到底，一步一个脚印、锲而不舍地抓下去，推动工作落地生根、开花结果。三要提高工作能力、保持良好工作状态。具体来说，就是要做到“三个三”：提高三种能力，提高执行领导决策和工作部署的能力，提高创造性开展工作的能力，提高分析和解决实际问题的能力；树立三种精神，树立奋发有为、积极进取的精神，树立扎实肯干、务实高效的精神，树立艰苦奋斗、无私奉献的精神；倡导三种风气，倡导学习和调查研究的风气，倡导讲原则、守纪律的风气，倡导团结协作、和谐友爱的风气。

（六）做到忠诚老实

忠诚老实是做人要实的基本要求。“天下至德，莫大乎忠。”“人之忠也，犹鱼之有渊。”作为检察机关的领导干部，尤其要始终保持忠诚的政治本色，拥有老实的处世态度。

一要忠于党、忠于人民、忠于国家、忠于法律。对党忠诚是党员领导干部的政治操守和政治生命。我们要把绝对忠诚作为做好检察工作的首要政治原则，作为检察干警的首要政治品质，始终对党忠诚老实，言行一致，光明磊落，不说假话，不报假情况，相信组织、依靠组织、服从组织，始终与党同心同德，对党高度信赖，特别是在涉及重大原则立场、观点等问题上与党中央保持同频共振，保持清醒头脑，站稳政治立场，做到政治上坚定、思想上同心、行动上同向，使对党的绝对忠诚坚如磐石、不可动摇。对人民忠诚是检察机关人民性的根本要求。要始终把人民放在心中最高位置，把实现好、维护好、发展好最广大人民的根本利益作为检察工作的出发点和落脚点，进一步树立群众观点、坚定群众立场、坚持群众路

线、增进群众感情，尊重人民的主体地位，自觉做到相信群众、依靠群众、尊重群众，甘当人民公仆。对国家忠诚，就要始终高举中国特色社会主义伟大旗帜，进一步增强对中国特色社会主义的政治认同、理论认同、感情认同，对中国特色社会主义道路、理论体系和制度坚信不移、坚定不移，充分发挥检察职能保障和推进“四个全面”战略布局的深入实施，为实现中华民族伟大复兴“中国梦”增光添彩。对法律忠诚，是检察职业的特殊性要求。我们要坚持以事实为依据、以法律为准绳，积极适应以审判为中心的诉讼制度改革，把好事实关、证据关、程序关和法律适用关，发挥好审前程序的主导作用，发挥好在庭审中指控犯罪的主体作用，确保每一起案件事实清楚，证据确实充分，适用法律准确，程序合法，经得起法律和历史检验。

二要做老实人、说老实话、干老实事。诚实是立身、立言、立行的基础，是铸就党员干部人格魅力的重要基石。对检察领导干部而言，老实与否绝非个人小事，而是事关检察事业的大事。一段时间以来，社会上有个错误认识，认为老实就是无能、无用，做老实人吃亏。其实不然，对党、对人民、对事业忠诚老实，是大操守、大智慧。希望在座的每一位同志，都要把做老实人作为个人立身处世的基本准则，做到真诚、本分、厚道、善良，多在事业发展上动脑筋，少在尔虞我诈上花心思，带头作诚实守信、表里如一、生活朴实、作风扎实、勤勤恳恳、乐于奉献的老实人；要以党和人民事业、对检察事业高度负责的精神讲真话、讲实话，调查研究、反映情况、汇报工作、提出建议都要言之有据、言之有物、言之有理，不搞假、大、空，不搞大呼隆，不搞文过饰非；要崇尚实干，办实事、出实招、求实效、创实绩，严肃认真地对待工作，沉下身子抓落实，静下心来干事业，努力使每一项工作都取得实实在在的效果。

三要襟怀坦白、公道正派。我们对组织要坦白老实，严守党的组织纪律，恪守组织原则，讲真话、陈实情，尤其要严格执行领导干部个人事项报告制度；对同志要坦诚相见，多一些君子之交，少一些小人之交，带头开展积极主动、严肃认真的批评与自我批评，相互帮助、共同提高；为人处事要公道正派，决不能讲关系、讲利益、搞团团伙伙，作决策、提建议、抓落实一定要讲大局、守原则、看能力，一定要秉持公心、光明磊落、公平公正，展现领导干部的个人人格魅力，激发检察队伍生机活力和干事创业的强大凝聚力、战斗力。

23 进一步抓好主体责任落地生根*

这次会议是省院党组根据省委部署决定召开的一次重要会议，主要任务是，深入学习贯彻习近平总书记系列重要讲话精神，按照省委和高检院关于落实“两个责任”的新要求，推进全省检察机关党风廉政建设主体责任和监督责任进一步落到实处。7 月 7 日和 7 月 15 日，省委先后召开了落实党风廉政建设主体责任和监督责任推进会，彰显了省委落实“两个责任”的鲜明态度和坚强决心，全省检察机关要认真学习领会，全力抓好落实。

一、进一步深刻认识落实主体责任的极端重要性和紧迫性

党的十八届三中全会明确提出，落实党风廉政建设责任制，党委负主体责任，纪委负监督责任。这是我们党在新形势下推进党风廉政建设的重大理论和实践创新，也是党中央加强党风廉政建设、完善反腐败体制机制的关键性、根本性举措。习近平总书记多次强调，要落实全面从严治党、推进党风廉政建设的主体责任，并指出党风廉政建设责任能不能担当起来，关键在主体责任这个“牛鼻子”抓没抓住。省委强调，主体责任是党风廉政建设和反腐败斗争的总根子，要求各级党委（党组）站在党要管党、从严治党的高度，深刻认识落实主体责任的极端重要性，坚持把主体责任作为事

* 2015 年 7 月 27 日敬大力同志在湖北省检察机关落实党风廉政建设主体责任监督责任工作推进会上的讲话。

关全局的大事真抓、真严、真落实。对此，全省检察机关一定要深刻领会，准确把握。

（一）落实党风廉政建设主体责任是全面从严治党的必然要求

党的十八大以来，党中央从坚持和发展中国特色社会主义全局出发，提出并推动形成了全面建成小康社会、全面深化改革、全面依法治国、全面从严治党的重大战略布局。在“四个全面”中，全面从严治党是关键，党中央对党要管党、从严治党的决心前所未有。加强党风廉政建设和反腐败工作是全面从严治党的主要内容。习近平总书记在中央纪委五次全会上，对当前反腐败斗争形势的严峻性和复杂性进行了深刻分析，指出现在腐败和反腐败呈胶着状态，我们在实现不敢腐、不能腐、不想腐上还没有取得压倒性胜利，减少腐败存量、遏制腐败增量、重构政治生态的工作艰巨繁重。党中央抓党风廉政建设，目标就是要实现干部清正、政府清廉、政治清明，决心就是要一抓到底，持之以恒，务求全胜。狠抓“两个责任”落实，是党中央全面从严治党、加强党风廉政建设的主要抓手。检察机关作为国家法律监督机关和反腐败的重要职能部门，是营血卫气、祛邪扶正、保证社会肌体健康的重要力量，更应在落实“两个责任”、加强自身反腐倡廉建设上带头示范、作出表率、走在前列，唯有如此，我们才能在履行法律监督和反腐败职能中作出更大贡献。各级检察院党组应始终站在讲政治、讲大局、讲公信的高度，深刻领会落实主体责任的重大意义，增强危机感和紧迫感，坚持大题大作、大事大为，履行好党风廉政建设主体责任。全省检察机关领导干部特别是主要负责人，要充分认清形势，做政治上的清醒人明白人，对中央从严治党的坚强决心和坚定目标要做到真信真懂真明白，真正赶上趟、对准表、聚好焦，扎实推进自身党风廉政建设深入发展。

（二）落实党风廉政建设主体责任是领导干部职责所在

有权必有责。权力就是责任，权力越大责任也越大。党章规定，各级党委要整体推进党的思想建设、组织建设、作风建设、反腐倡廉建设和制度建设。落实党风廉政建设主体责任是党章规定的重申，

是各级党组织职责所在、使命所系，是分内之责、法定之责，不容躲避、不得推诿。有人认为党风廉政建设是党委（党组）领导、纪委（纪检组）负责，这一认识是错误的，没有只领导不负责的二元体制。纪委（纪检组）是在党委（党组）领导下，协助党委（党组）加强党风廉政建设工作，其职责是监督执纪问责。各级检察院党组必须坚守责任担当，进一步增强落实党风廉政建设主体责任的责任感和使命感，真正将其作为必须履行的政治担当、必须完成的政治任务、必须遵守的政治规矩，切实落实到位。各级院、各部门的负责同志不仅要记住自己是什么“长”，更要记住自己的党内职务和职责，牢固树立抓党风廉政建设是本职、不抓是失职、抓不好是渎职的理念，自觉把主体责任记在心上、扛在肩上、抓在手上、落在行动上，种好自己的“责任田”，当好党风廉政建设的领导者、执行者、推动者。

（三）落实党风廉政建设主体责任是检察事业发展之要

检察机关是党领导下的国家法律监督机关，加强自身反腐倡廉建设，是推动检察工作顺利开展的重要保障。近年来，全省检察机关认真落实中央、省委和高检院决策部署，积极履行各项检察职能，司法办案和监督工作力度大、质量高、效果好，多项工作长期处于全国第一方阵，检察改革和机制创新稳步推进，圆满完成中央交办专案，总体上实现了平稳健康发展。这些成绩得益于我们始终坚持党的集中统一领导，得益于我们始终坚持从严治检不动摇、聚焦“四风”和司法作风、推动党风廉政建设和自身反腐败工作向纵深发展。当前，中央、省委要求越来越严，管党治党的责任越来越重，发挥检察职能服务好“四个全面”战略布局和“五个湖北”建设的任务越来越紧迫。面临的形势越复杂，肩负的任务越艰巨，我们就越要坚持从严治检、加强自身纪律作风建设，越要深化落实党风廉政建设主体责任，强化党组织的领导力执行力，打造过硬检察队伍，提高检察公信力，确保检察事业发展步稳蹄疾、行稳致远。

二、进一步抓好主体责任落地生根

去年以来，全省检察机关认真落实中央、省委和高检院部署，省院党组制定出台了《关于落实党风廉政建设主体责任的实施办法》，强力推动落实，取得了较好的成效。总体上看，各级检察院党组和检察领导干部在落实主体责任方面是尽职尽责的，但是仍然存在一些认识不清、落实不到位的现象。有的领导干部主体责任意识不够强，对“四风”问题和腐败现象失之于宽、失之于软；有的对党风廉政建设工作只是一般地抓一抓，一般地问一问，没有抓全面、抓深入，等等。全省检察机关要准确把握落实主体责任的硬任务，务实行动、敢于担当，使之制度化、常态化，确保落实落地。

（一）准确把握责任内容和重点

落实主体责任既是一项战略任务，也是一个系统工程，我们要结合检察工作和检察队伍建设实际情况，全面把握责任内容，找准落实的着力点和突破口。主要是以下六个方面：一要选好用好干部，坚持德才兼备、以德为先的用人导向，严格执行《党政领导干部选拔任用工作条例》，防止出现选人用人上的不正之风和腐败问题。二要加强和改进作风建设，持续整治作风突出问题，坚决纠正损害群众利益的行为，针对苗头性问题早发现、早提醒、早纠正，大力弘扬新风正气。三要深化廉洁从检教育，强化对检察权运行的监督制约，构建不想腐、不能腐、不敢腐的长效机制，从源头上防治腐败。四要领导和支持查处违纪违法问题，坚持有腐必惩，完善检察人员违法违纪举报、查处机制，保持检察队伍肌体健康。五要抓好班子、带好队伍、管好自己，当好廉洁从检表率。六要持续推进司法规范化建设，完善促进公正廉洁司法“五位一体”工作格局，健全规范司法倒逼机制，加强诉讼监督四化建设，确保公正廉洁规范文明司法。今年，各地在全面把握责任内容的基础上，要突出落实中央、省委和高检院重大决策部署，把严明党的政治纪律和政治规矩、驰而不息地加强作风建设、高标准严要求开展规范司法行为专项整治

等任务，作为当前落实主体责任的重中之重和主要抓手，摆在更加突出的位置抓紧抓好。特别是要认真贯彻把纪律挺在前面的要求，担起严明纪律的主体责任，在管党治党上坚持更高标准和更高要求，更加注重抓早抓小抓经常，更加注重党风廉政建设和自身反腐败工作的长远效益。

（二）强化责任担当

落实主体责任的根本在担当，核心是一把手的自觉担当。担当是领导干部的从政资格、从政品格。如果没有一点担当精神，该管的不管，该敲警钟的不去敲，就没有资格担任检察领导干部。检察机关各级党组织、各级领导干部要切实站在讲政治、守纪律、讲规矩的高度，严格认真地履行主体责任，既挂帅又出征，既管好自己又管好班子、带好队伍。各级检察院党组要加强组织领导，搞好内部协调，制定党风廉政建设工作计划和工作举措，定期听取汇报，研究解决问题，督促推进落实；要把党风廉政建设与其他检察工作融合起来，切实担当起组织领导之责、监督管理之责、检查考核之责、以上率下之责；要支持纪检监察部门职能转换，把工作重心转换到监督、执纪、问责上来。各级检察院党组书记是本院党风廉政建设和反腐败工作的第一责任人，要做真抓真管真担当的表率，敢于动真碰硬，敢于纠正错误，敢于同不良现象作斗争，敢于遏制或制止腐败问题的初萌，不当“老好人”，不做“太平官”；要对党风廉政建设工作进行研究部署，对重大事项、重大问题处理、重要环节协调、重要案件督办等，都要拿在手上、亲力亲为，带头模范遵守各项廉政规定，支持纪检监察部门履行职责。各级院领导班子成员、检委会专职委员以及内设机构负责人，要根据工作分工承担职责范围内的党风廉政建设主体责任，相关内设机构根据工作职能承担职责范围内的协同责任，大家作为责任主体都要不折不扣地履行好应尽之责。

（三）健全完善落实主体责任的制度机制

探索创新与主体责任内在要求及规律相符合、相适应、相配套的制度机制，是主体责任落实的重要保障。一要完善责任体系。主体责任是一个横向到边、纵向到底的责任体系。这个责任体系就像一张网，我们都在其中，各负其责。各级检察领导干部要按照“主体责任层层传导力度不减”的要求，详细列出党组、党组书记、班子成员、内设机构负责人的责任清单，明确和细化责任标准、落实程序、履职要求，把目标任务分解到部门、具体到项目、落实到岗位、量化到个人，形成标准明确、内容清晰、操作简便、程序完备的主体责任体系，打造分工具体、环环相扣的责任链条。二要完善“一岗双责”制度。正确处理抓党风廉政建设和抓法律监督的关系，把党风廉政建设贯穿于检察工作各个方面，做到两手抓、两手硬、两促进。党组书记、领导班子成员、各内设机构负责人都要对职责范围内的党风廉政建设责任进行签字背书，做到守土有责，自觉当好清醒人、局中人、带头人，自觉把业务工作和廉政建设同研究、同部署、同落实，严格要求、严格教育、严格管理、严格监督，面对歪风邪气敢于亮剑、敢抓敢管。三要改进巡视督察制度。巡视督察工作要重点发现在党的领导、从严治党、作风建设、落实主体责任方面存在的突出问题，着力发现在严明党的政治纪律和政治规矩、组织纪律、工作纪律，以及贪污腐败方面存在的突出问题。积极推进巡视督察制度改革，不断探索新办法、掌握新手段、开辟新途径，加强成果运用，对发现的问题和提出的整改意见，强化跟踪问效，真正把巡视督察这把“利剑”用好。

三、进一步强化追责问责

中央、省委和高检院三令五申，落实党风廉政建设主体责任必须严肃追责问责，明确提出 2015 年是“追责问责年”，重点是抓追责问责。落实责任与问责是一个问题的两个方面，没有问责，责任就落实不下去。我们要认识到，落实主体责任和监督责任是党的重托，关键是用好追责机制。问责的成效是检验工作的重要标准，没有哪一项措施比责任追究更能有警示作用、震慑作用。只讲责任，不追究责任，再好的制度也会成为束之高阁的一纸空文。

党的十八大以来，党中央对领导干部主体责任的追究力度是前

所未有的。我们要清醒地认识到，中央、省委在主体责任追究这个问题上的态度是严肃的，决心是坚定的，力度是空前的。不问别人的责，自己就要被问责。检察机关必须认真贯彻落实中央、省委要求，把责任追究作为首要措施，以严肃有力的追责机制来促进主体责任的落实。

今后一个时期，我们要认真贯彻“追责问责年”部署，一级对一级问责，不怕得罪人，严肃问责落实主体责任不力的领导干部，让失职、渎职、不履职者承担应有的责任。要进一步明确责任追究的主体、情形、程序和方式，进一步健全责任分解、检查监督、倒查追究的完整链条。对落实不力甚至不抓不管导致不正之风滋长蔓延，或者发现问题不制止、不报告、压案不查、阻挠调查的，就要严肃追责。要落实“一案双查”制度，对出现严重腐败案件的，不仅查处违纪违法者本人的问题，还要追究相关领导的主体责任，确保做到从真问责、从严问责，以严肃的追责问责倒逼各级检察领导干部主体责任的落实。

第十五章 检察机关组织体系及基本办案组织

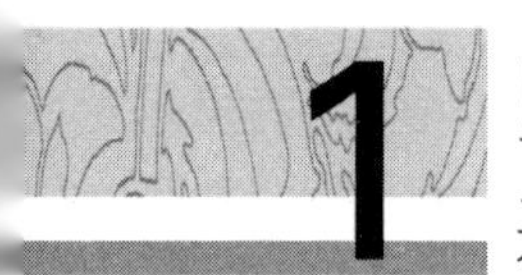

坚定信心、健全机制，深入推进部分基层检察院内部整合改革试点*

我这次到宜昌来，主要是就深入推进部分基层院内部整合改革试点工作进行调研。通过听取汇报，查阅文件，与大家座谈，我很受启发，很受鼓舞。总体而言，宜昌市院和各试点基层院按照省院《关于部分基层检察院内部整合改革试点工作的实施方案》，结合自身实际，狠抓贯彻落实，方向明确、思路清晰、措施得力；内部整合改革已经充分显现出了效果，绝大多数干警心态是好的，试点工作呈现出不断深化的良好态势。

一、提高认识，统一思想，坚定推进基层院内部整合改革试点工作的信心

2009 年 11 月，省院党组统一部署在黄石、宜昌、神农架林区的 13 个规模较小的基层检察院推进内部整合改革试点工作。半年多来，这项改革逐步深入，取得了明显成效。当前，我们要进一步提高认识，统一思想。第一，这项改革是解决现实问题的迫切需要。全省检察机关为数不少的基层院只有十几人、二十几人、三十几人，但内设机构多达十余个，形成了很多“一人科”、“两人科”，造成了检察机关有限人力资源的浪费，也在内部运行过程中出现了内部掣肘等现象。这种现状迫切要求我们解放思想，创新思路，深入探索适合人数较少的基层院科学发展的新路子。第二，这项改革是基层实践经验的总结升华。客观地讲，这项改革是省院在总结宜昌市

* 2010 年 7 月 16 日敬大力同志在湖北宜昌检察机关调研时的讲话要点。

伍家岗区院经验的基础上，进一步归纳、提炼、升华而逐步推出的。改革始终坚持从工作实际出发，从工作需要出发，不是为了改革而改革，为了创新而创新。我很欣慰地看到，伍家岗区院在过去工作基础上，按照省院要求进行了再部署、再推进，改革又取得了新的进展。你们既是改革的先行者、探索者，也理应成为改革的深化者、受益者。第三，这项改革是深化检察改革的重要探索。这项改革工作最初是从检察工作一体化机制建设的角度来部署的，主要是为了推进一体化机制四句话中的“内部整合”这项内容，现在又是探索从检察机关内部实行“两个适当分离”，即诉讼职能和诉讼监督职能适当分离、案件办理职能和案件管理职能适当分离的角度深入推进，涉及机构职责、部门关系、工作格局、运行机制、管理制度、资源配置等方面的一系列调整，使这项改革更有意义、更有深度。我们一定要把思想和认识统一到省院决策部署上来，进一步坚定推进基层院内部整合改革试点工作的信心。

二、理顺关系，健全机制，切实巩固部分基层院内部整合改革试点工作成效

从调研情况看，试点基层院都按照省院统一部署，将现有机构统一整合为批捕公诉部、职务犯罪侦查部、诉讼监督部、案件管理部和综合管理部等五个实际运行的工作机构，并结合自身实际，对各项工作按照受理、办理、审批、监督等基本环节进行整合并重新设计工作流程，探索建立了一系列工作机制。总体而言，这些工作流程和工作机制体现了法律精神，反映了实践要求，保障了试点工作顺利进行。同时，大家也反映工作关系还需理顺、工作流程繁简不一、工作机制还不统一，需要进一步研究和改进。当前，试点基层院要努力健全以下五类工作机制：

第一，进一步健全检察官管理机制。部分基层院实行内部整合改革试点，一个重要考虑就是要探索建立以检察官为主体的岗位管理模式，充分发挥检察官在执法办案中的作用，调动检察人员的工作积极性、主动性和创造性。伍家岗区院探索实行优待检察官、尊

重检察官、凝聚检察官和激励检察官的机制和氛围，就是在这一方面的有益探索。我们要进一步突出检察官的主体地位，建立健全制度、机制，确保检察官的责、权、利保障到位；要减少层次、检力下沉，实行扁平化管理，提高工作效率；要淡化检察官管理的行政色彩，建立健全以检察官为主体的激励、保障机制，形成符合司法规律，具有检察机关特点的队伍管理机制；要深入研究改革后检察官的职务名称、职责要求等，确保检察官能充分发挥主观能动性，激发他们的职业自豪感和团队精神；要主动向党委政府争取增加副检察长的职数，以满足由副检察长兼任部门负责人的要求。

第二，进一步健全强化法律监督的工作机制。实行基层院内部整合改革试点工作，专门成立了诉讼监督部，就是要坚持检察机关宪法定位，进一步强化法律监督职能。各试点院都要深刻领会诉讼职能和诉讼监督职能适当分离的重要意义，进一步明确目标，强化措施，全面加强对刑事立案和侦查活动、刑事审判、民事审判与行政诉讼活动、刑罚执行与监管活动的监督。从你们汇报来看，改革之后刑事立案和侦查活动监督、刑罚执行和监管活动监督都得到了较大加强。你们反映审判监督还缺少抓手，缺少办法，需要进一步健全机制，增强实效。我认为，基层院对审判活动的监督包括刑事审判监督和民事行政检察监督两个方面。从刑事审判监督来看，基层院主要做好三件事：一是加强刑事抗诉，要加强对刑事判决书、裁定书的审查力度，依法按照二审程序提出抗诉或者建议提请上级院按照审判监督程序抗诉。二是开展法律监督调查，要进一步加大对刑事审判活动中诉讼违法行为的法律监督调查力度，增强监督的针对性和实效性。三是加强对简易程序审理的监督。近年来，全省刑事案件适用简易程序占了30%，加上普通程序简化审，两者共计60%左右。针对简易审案件诉讼监督缺失的实际问题，基层院要注意把好“三关”，即程序适用关、派员出庭关和事后审查关，进一步加强对这些案件的监督。从民事行政检察监督来看，重点是运用好法律监督调查机制，发现、核实和纠正司法人员的诉讼违法行为，协助上级院综合运用抗诉、再审检察建议等多种方式，进一步加强对民事审判和行政诉讼活动的监督，探索加强对民事执行等领域的监督。

第三，进一步健全线索发现、移送及办理反馈机制。按照改革方案，试点基层院实行“两个适当分离”，由案件管理部统一管理职务犯罪、诉讼监督线索，这就要求在相关部门之间进一步建立健全线索发现、移送（或者通报、信息共享、联席会议制度）及办理反馈有机衔接、环环相扣、相互促进的工作机制。根据你们反映的情况，我特别强调一下诉讼监督部门的线索来源问题。当前，诉讼监督部门的线索来源，主要是相关部门移送、自行发现、群众控告等三种渠道。基层院在强化对诉讼活动的法律监督工作中，要进一步加强“两个观念”：一是线索观念，要把对诉讼违法的控告、自行发现的诉讼违法行为等作为线索来看待，像职务犯罪线索管理一样，要加强对诉讼违法线索的收集、管理、分析和利用；二是办案观念，检察机关办理的案件有诉讼案件、监督案件两类，我们通过开展法律监督调查、提出纠正违法意见、提出检察建议等形式办理监督案件，也是一种办案。要通过强化“两个观念”，推动改革深入进行，进一步增强法律监督实效。

第四，进一步健全综合统一管理机制。省院试点方案对案件管理部的职责范围、工作程序作了原则规定，目前伍家岗区院、远安县院等试点院对其工作职责、工作方式规定都存在不同。要充分认识到，案件办理是指检察机关依照法律规定的职权和程序对案件进行处理的活动；案件管理主要指的是检察机关依照法律和检察工作规律对办案工作进行专业、统一、归口管理，加强流程监控、过程控制的活动。加强案件管理不是简单地增加管理环节，是推进执法规范化建设的客观要求和重要内容，对于确保严格公正文明廉洁执法具有重要意义。各试点院在实行“两个适当分离”的同时，要强化对执法办案的综合统一管理，实行“一个窗口对外、一个闸门对内”，侧重于从流程、过程角度，统一受理、分送、转交、分流有关案件，探索建立健全对线索、案件等进行专业、统一、归口管理的工作机制。当然，这种管理的范围要合理限定，不能越俎代庖，不

能影响职能部门发挥作用，不能弱化分管领导的管理把关责任。

第五，进一步健全资源整合优化机制。实行基层院内部整合改革试点工作，客观要求在坚持检察工作统一性、整体性的基础上，对现有人力、物力、其他资源进行有效整合、优化配置。从宜昌市汇报的情况来看，各试点基层院都根据自身实际，建立了检力向业务、向基层、向一线倾斜的工作机制；实践也证明，这种整合减少了行政层级和中间环节，促进了工作效能的提高。伍家岗区院通过专门为检察官制定高层次学习培训计划、配备笔记本电脑、发放岗位津贴等方式，有效整合了资源，保障了试点工作的深入进行。各试点基层院在实行“两个适当分离”、推进内部整合过程中，要坚持从实际出发，健全完善对人力、物力和其他资源进行整合、优化的相关工作机制，进一步提升工作效率，巩固改革效果。

三、加强领导，理性思考，深入推进基层院内部整合改革试点工作

推进基层院内部整合改革试点工作，是一项系统工程，涉及到方方面面。要进一步加强组织领导，进行理性思考，逐步研究解决实践中的问题，推进改革不断深化。

一要加强组织领导。基层院内部整合改革试点工作是由省院统一部署，统一领导的一项重要改革探索。省院基层建设指导处要会同相关部门，加强调查研究和宏观指导。宜昌、黄石市院要坚持检察长亲自抓，对于改革涉及的机构设置、领导职数、职级待遇等问题，要加强与有关地方领导机关和相关部门的沟通协调，为改革创造良好环境。各试点基层院要认真落实上级院的统一部署，紧密结合本地实际，循序渐进、逐步推进，扎扎实实地抓好各项工作落实。工作机制跟踪调研和指导，检察长亲自抓，有关部门具体督导，全面掌握工作进展情况。

二要规范试点工作。从你们汇报的情况看，改革已经取得了阶段性成果，也还存在一些亟待解决的问题。一方面，要总结实践经验。宜昌市院从五个方面总结了改革成效，体现了你们的深入思考，

很有说服力。要进一步总结、推广试点工作的好经验好做法，深入进行归纳、提炼，为今后深入推进改革提供可资借鉴的成功经验。另一方面，要研究解决问题。改革的过程就是不断发现问题、研究问题、解决问题的过程。你们在座谈中也反映了一些问题，比如刑事抗诉是放在批捕公诉部合适还是放在诉讼监督部合适的问题；案件管理部在对案件进行流程管理的同时能否进行实体审查以及在何种范围进行实体审查的问题；上级院业务考评如何更加体现是院对院的考评，对业务而非对部门的考评，从而与试点院有效对接的问题；检察委员会办公室是放在综合管理部还是案件管理部的问题等。省院基层建设指导处要会同有关部门、宜昌、黄石市院和 13 个试点院对这些问题进行深入研究，权衡利弊得失，提出指导意见。今年下半年，省院要对 13 个院的试点情况进行全面、系统总结，对办案流程、工作机制等进行统一规范，为下一步在全省其他“小院”扩大试点打好基础。

三要深化理论研究。我们实行以“两个适当分离”为主要内容的内部整合改革不仅是一个工作机制的创新，而且涉及到体制创新，在一定程度上代表了检察改革的方向。这项改革涉及到检察制度、检察管理、检察官地位、检察职能配置等方面的理论问题，必须坚持理论联系实际，在加强实践提炼、经验总结的基础上，注重研究和回应一些基础性、根本性的重大理论问题，增强推进改革的主动性、预见性和创造性。要通过理论创新引领工作创新、制度创新、体制机制创新，为深入推进改革奠定更为坚实的理论基础。

2 基层检察院内部整合改革试点要进一步深化和扩大*

这次全省基层检察院内部整合改革工作推进会是省院党组经过认真研究和准备召开的，也是在“小院整合”的实践受到各方关注，高检院领导、有关地方党委以及有关地方编委给予充分肯定、有力支持的大背景下召开的。会议的主要任务是，贯彻落实全国、全省检察长座谈会精神，总结交流近几年来推进部分基层检察院内部整合改革试点工作的经验，研究部署深化和扩大改革的工作措施。我们这次会议很荣幸地邀请到了高检院政治部、理论所，省编办，黄石市委的领导同志出席。在此，我代表省检察院党组，对大家长期以来给予湖北检察工作的关心、支持表示衷心的感谢！今天，大家现场观摩了黄石市西塞山区检察院改革工作情况，听取5个单位的发言，进行了分组讨论，进一步加深了对这项改革的认识和理解，一些同志还提出了通过改革找出路、添活力、增实力的想法和建议，进一步开阔了视野，启发了思维。

一、在提高认识上下功夫，进一步增强做好内部整合改革工作的坚定性和自觉性

推进基层院内部整合改革工作，是省院党组贯彻检察改革部署、遵循检察权运行规律、推动检察工作科学发展的一项重大改革措施。经过近三年来的努力实践探索，这项改革取得了阶段性成效，促进

* 2012年8月28日敬大力同志在湖北省基层检察院内部整合改革工作推进会上的讲话。

解决了一批制约基层检察工作发展的难题，在实践中显示出了强大生命力。高检院主要领导同志在湖北调研时明确指出，湖北检察机关按照“两个适当分离”的思路推进“小院整合”改革试点工作，符合检察工作的规律，符合今后发展的方向，符合基层检察工作实际。能够使检察机关集中优势力量，真正把办案力量都集中在办案一线，做到检力下沉；强调“两个适当分离”，实际上是更加强化、更加优化职能；体现出了好的运行效果，试点基层院层级减少、效率提高、办案质量提高，各项办案指标都是稳步上升。改革迈出了非常坚定、扎实、可喜的一步，为全国检察机关创造了好的经验。这些肯定是对我们的极大鼓舞和有力鞭策，进一步深化对内部整合改革重要意义的认识，更加坚定、更加积极地扎实推进。

首先，深刻认识内部整合改革是解决基层突出问题、推动检察工作科学发展的有效途径。基层检察工作是全部检察工作的基石，在检察事业发展中具有全局性、基础性、战略性地位。我省40名编制以下的院有13个，50名编制以下的院有25个，改革之前，其内设机构基本都在10个左右，形成了很多“一人科”、“两人科”，部门林立、力量分散，部门壁垒、相互掣肘，官多兵少、一线空虚，层级过多、效率低下，造成了人力资源的内耗，制约了法律监督职能的有效发挥，成了制约基层检察工作发展的突出问题。为破解这些现实难题，省院在总结宜昌市伍家岗区院等地经验的基础上，认真分析基层工作实际和运行规律，从工作机制层面入手，按照“横向大部制、纵向扁平化、全面整合资源”的要求，作出基层院内部整合改革试点的部署，着力打破部门壁垒、减少层级，实现横向大部制和纵向扁平化，促进检察资源整合优化，促进检力向执法办案一线集中，促进提升基层战斗力，为检察工作科学发展奠定坚实基础。特别是在刑事诉讼法修改后更加强化法律监督职能、检察工作任务加重的情况下，深化这项工作机制创新，对于解决人员力量不足、诉讼监督相对薄弱等问题具有重要现实意义。

其次，深刻认识内部整合改革是深化检察改革、发展完善中国特色社会主义检察制度的积极探索。中央、高检院着眼于建设公正、

高效、权威的中国特色社会主义司法、检察制度，作出了深化司法、检察体制和工作机制改革的重大部署，突出强调优化检察职能配置、强化法律监督，明确提出要根据检察权运行规律合理设置人民检察院内设机构，有效整合人力资源。省院落实中央和高检院部署，在现行法律制度框架内，在保证检察权完整性和统一性的前提下，按照“两个适当分离”思路，推进基层院内部整合改革，根据实际情况对检察职能进行合理分配与安排，实现检察资源的整合利用，有效解决了诉讼职能和诉讼监督职能“一手硬、一手软”的问题，符合检察改革的原则和精神，也有利于回应社会上关于检察机关诉讼职能与诉讼监督职能“角色冲突”、“检察机关监督别人、谁来监督检察机关”的质疑，对于深化检察改革、发展和完善中国特色社会主义检察制度，具有重要的理论意义和现实意义。

最后，深刻认识内部整合改革是加强检察管理、提升检察工作水平的客观需要。近年来，全省检察机关坚持以“落实、增效、规范、创新”为目标，全面加强政务管理、执法管理、后勤管理、队伍管理，努力实现从侧重治理向治理与管理相结合、更加注重管理的转变，取得了积极成效。推进基层院内部整合改革，从执法管理来看，成立案件管理部，实现案件办理职能与案件管理职能的适当分离，是基层检察机关落实“全面管理、统分结合、分工负责、统筹协调”执法管理模式的有效载体，有利于基层院全面抓好案件线索、案件受理、办案程序、执法考评等各项管理工作，建立全方位、全环节、全过程的执法管理体系，提升执法管理水平。从队伍管理来看，建立以检察官为主体的管理模式，有利于加强对检察人员分类管理改革的探索，有助于发挥检察官主体作用，充分调动检察人员干事创业的积极性、主动性，提高队伍管理效能。

二、在深化改革上下功夫，进一步凸显内部整合改革工作成效

当前，部分基层院内部整合改革试点工作已从探索阶段转入深化提高阶段，进入试点工作的关键期、攻坚期。我们一定要坚定信

心决心，以增强改革实效为目标，采取有效管用的措施，进一步破解改革中遇到的难题，切实把内部整合改革试点工作引向深入，努力实现从“物理整合”向“化学整合”的转变，使之在实践中显现更好的效果。

（一）进一步转变和更新工作理念

理念是行动的指南。改革的过程，从某种意义讲就是各种思想相互碰撞、不断统一的过程。要进一步转变工作理念，通过理念的与时俱进推动内部整合改革不断深化。一要牢固树立务实理念。以“两个适当分离”为合理内核的基层院内部整合改革，其出发点和落脚点是优化检察职能配置，增强法律监督效果。要坚持把实践作为检验真理的唯一标准，以解决实际问题为导向，把是否有利于优化检察职能配置，是否有利于整合资源、提高效能、提升检察机关法律监督能力，是否有利于推动检察工作科学发展作为检验改革成效的主要标准。要始终秉持求真务实的精神，真抓实干，强化措施，一步一个脚印地解决改革过程中遇到的困难和阻力，取得实实在在的成效。二要牢固树立创新理念。改革就是创新，改革需要创新。内部整合改革没有现成模式可循，唯有在不断创新中探索前进。要落实“创新检察”要求，树立创新意识，增强创新思维，按照上级统一部署和要求，深入推进思路创新、机制创新和工作创新，使创新成为一种常态，以创新推动各项部署要求的落实。三要牢固树立人本理念。检察干警是推动改革的主体，内部整合改革也会触及干警个人利益。要深化这一改革，必须坚持以人为本，推进“人本检察”，做好思想政治工作，解决好职级待遇等方面问题，尊重、关心、爱护干警，充分调动干警积极性，紧紧依靠干警推进改革，把促进工作发展与检察人员个人发展有机结合起来，使两者相互促进、良性循环。

（二）进一步解决制约改革的“瓶颈”问题

推进这项改革存在干部职级待遇等方面的躲不开、绕不过的“瓶颈”问题。在近三年的改革实践中，我们通过上下共同努力，争取党委及相关部门重视支持，在一些地方较好地解决了机构、领

导职数等问题。本次会议期间，省院经省编办同意，制定下发了《关于部分基层检察院内部整合改革的指导意见》，为深化改革提供了强有力的制度保障。下一步，我们要认真落实省院《指导意见》，总结推广成功经验，切实解决好干警职级待遇和领导职数等问题，进一步突破“瓶颈”，为继续深化内部整合改革打下坚实基础。要着力解决机构设置问题。根据省院《工作方案》和《指导意见》要求，积极争取党委领导，积极争取编制管理、组织人事等部门支持，按照“两个适当分离”原则，进一步调整和完善机构设置，撤销原有内设机构，真正形成“五部制”的组织体系，明晰各部职责，优化职能配置，真正实现机构上的“化学整合”。着力解决领导职数问题。《指导意见》立足于激发干警支持和参与改革的主动性，保障改革顺利进行，明确规定实行内部整合的基层检察院的职数可在现有基础上略有增加。各地要积极争取支持，配齐配强副检察长，分别兼任各部负责人；适当增加享受原科长、副科长职级待遇的职数。

（三）进一步建立健全工作机制

内部整合改革必然涉及工作流程的重新设计、工作模式的重新建立、工作关系的重新理顺，必须以相应的制度机制为保障。在这方面，各地都进行了很多有益的探索和实践，取得了明显成效。下一步，省院将进一步总结各地经验，制定规范性文件，健全完善内部整合后涉及的内部、外部、上下等方面的工作机制，以机制创新推动改革不断深化，促进改革成效进一步彰显。

一要健全检察官管理机制。主要是根据检察职业特点，突出检察官的主体地位，建立健全以检察官为主体的运行管理模式。要建立主办检察官对副检察长负责、副检察长对检察长负责的层级管理模式，实行扁平化管理，减少中间层次，促进检力下沉，提高工作效能；要树立重德才、凭实绩的用人导向，坚持竞争择优的办法，选拔德才兼备、群众公认、经验丰富、工作能力强的检察人员担任主办检察官，做到能者上、庸者下，充分调动干警积极性；要以检察官为主体确定岗位目标责任制，做到责权相统一，充分发挥检察官的主观能动性；要努力提高主办检察官的职级待遇，积极营造尊重、优待、激励检察官的良好氛围，增强检察官职业荣誉感，激发干事创业的热情。对于一些地方存在的检察官不足、断档问题，要争取引进符合条件人员，同时也可以考虑安排“转非”、“退养”人员适当的工作岗位。

二要深化落实检察工作一体化机制。坚持检察工作的整体性、统一性，健全内部协调配合机制，在分清职责、分工履职的同时，明确工作流程，规范衔接程序，加强联系沟通，紧密协作配合，切实理顺工作关系，确保各项工作协调有序、运转高效、相互促进。健全线索发现、移送和办理反馈机制，加强职务犯罪线索、诉讼违法线索的集中管理、统一分流、跟踪办理、及时反馈，提高线索利用率。健全内部监督制约机制，强化诉讼监督部、案件管理部对执法办案工作的监督管理，强化各部之间的相互制约，确保严格公正廉洁规范文明执法。要打破部门壁垒，鼓励检察官一专多能，根据执法办案需要，适时跨部门调用人员，实现人力资源的合理充分利用。

三要健全诉讼监督工作机制。实行内部整合，成立诉讼监督部，重要目的之一就是要整合诉讼监督资源、强化诉讼监督职能，进一步解决执法办案和诉讼监督“一手硬、一手软”的问题。要合理调配人员，明确各项诉讼监督工作的职责分工，全面加强对刑事诉讼、刑罚执行与监管活动、民事审判与执行、行政诉讼活动的法律监督，确保各项监督工作平衡协调发展。要深化法律监督调查、行政执法与刑事司法衔接等工作机制建设，提高发现、核实、纠正诉讼违法行为的能力和水平。

四要健全执法管理机制。结合整合后的机构职能，进一步建立健全“全面管理、统分结合、分工负责、统筹协调”的执法管理模式。突出抓好案件管理，切实发挥案件管理部职能作用，着力加强线索管理、流程管理、质量管理、审批管理等各环节工作，实现对案件的统一、专业、归口管理，切实做到“一个窗口对外、一个闸门对内”。突出抓好执法规范化建设，落实规范执法的“倒逼”机

制，通过加强基础设施建设、严格讯问询问管理、落实同步录音录像、强化内部监督制约、完善考核考评机制等措施，确保规范执法、文明办案。

五要健全完善上级院对内部整合基层院的领导体制和相关工作机制。市级院要按照“两个适当分离”原则，加快审查批捕与侦查监督、公诉与刑事审判监督等机构分设，并调整相关工作职能，实现上下贯通，切实解决“中间梗阻”的问题。要按照职能确定上级院与下级院之间的对口联系部门，进一步理顺上下之间业务指导、请示汇报、事务协调、检察统计等方面的关系，确保沟通顺畅、指导有力、协调有序。要完善工作考评机制，在考评对象上，上级院要坚持对工作进行考评，而不是对机构、对部门进行考评，实行单项工作考核、综合排名，完善对内部整合改革基层院的考核评价体系，切实发挥考评作用促进工作发展。

六要健全与相关政法部门的监督制约与协调配合机制。加强与公安、法院、司法行政等部门的联系沟通，根据机构职能变化做好对口衔接，减少相互掣肘，结合实际落实办案情况通报、查阅借阅案卷、检察长列席审判委员会等工作，切实理顺外部关系，营造良好工作环境，共同维护司法公正。

三、在扩大改革上下功夫，进一步形成内部整合改革的规模效应

实践证明，实行基层院内部整合改革，有利于解决基层检察工作中一线办案力量不足、工作效率不高、业务工作发展不平衡等突出问题。经过近三年的探索试点，我们已经积累一定的经验，尝到了甜头，理应通过扩大改革范围，形成一定的规模，发挥规模效应推动全省检察工作深入健康发展。经省院党组研究，结合我省基层检察院建设工作实际，决定将内部整合改革范围扩大到 30 个基层院。新纳入改革范围的基层院，要认真贯彻省院《工作方案》和《指导意见》，抓紧开展工作。

一要迅速统一思想。要切实做好思想发动工作，认真组织全体

检察人员学习改革文件精神，深刻领会开展内部整合改革的重大意义，充分做好干警的思想政治工作，及时消除干警各种顾虑，保持队伍思想稳定，防止出现等待观望、消极对立等情绪，切实把全体干警的思想认识统一到改革要求上来，为顺利推进改革奠定良好基础。

二要迅速启动工作。各要成立以检察长为第一责任人的内部整合改革领导小组，深入开展调查研究，摸清涉及改革的具体情况，迅速制定内部整合改革方案，层报省院同意后，报同级机构编制主管部门审核和同级党委审批。

三要严格工作要求。要按照“五部制”模式进行机构设置，开展相应工作，严禁擅自变更、另搞一套。同时，对特殊情况要灵活处理。如，对干警人数仅十多人的微型院，经省院同意，可以设立更少的部，条件许可的，也可以探索只设一个管理办公室，实行检察长直接领导检察官的工作模式。对于省院三个监所检察派出院，要按照全省监所检察工作会议精神，设立办案部门、刑事检察部门、监狱检察部门、综合管理部门等四个部门。要根据省院统一部署，紧密结合实际建立健全相关工作机制，保障工作良性运转、改革取得良好成效。

四要着手研究论证中型院、大型院的内部整合问题。当前，有的基层院内设机构达到二十多个，这绝不是一种健康的发展。应充分认识到，整合机构、减少层级、检力下沉的改革目标，不仅适用于小院，也同样适用于规模适中、规模较大的基层院，我们要积极探索适合这些院特点的整合模式，适时推进。

四、在加强组织领导上下功夫，进一步为深化内部整合改革提供有力保障

全省各级检察机关要高度重视内部整合改革工作，将其摆上重要议事日程，精心组织，周密部署，强化措施，深入研究、认真解决突出问题，推动这项改革不断深化，务求取得新的成效。

（一）积极争取地方党委重视支持

黄石、鄂州等地的经验表明，党委的重视支持是解决制约基层院内部整合改革工作“瓶颈”问题的关键。各地要主动向地方党委汇报改革的意义、思路、措施和存在的困难，通过邀请参与联合调研等方式，争取编制管理、组织人事、财政等部门的理解与支持，着力解决好改革涉及的机构设置、领导职数、职级待遇、经费保障等问题。有条件的地方，要力争将改革试点工作纳入地方综合改革的总体部署之中，争取一步到位地解决好改革的核心问题。

（二）切实加强对改革的组织领导

省院政治部和相关部门要加强调查研究，对工作中反映的困难和问题及时进行指导、协调和督促，认真总结、大力推广各地创造的先进经验，确保改革工作有条不紊地深入推进。市级院要发挥“一线指挥部”作用，坚持检察长亲自抓，班子成员分工负责，经常深入到基层院掌握改革发展态势，帮助分析研究、协调解决突出问题。基层院要针对存在的不足，拿出深化改革的具体措施，努力调动干警积极性，积极争取外部支持，形成强大工作合力。各级院要结合实际，健全完善领导联系协调、改革工作报告、重点课题研究、分析评估与考评等工作制度，做到情况及时了解、问题及时掌握、指导及时到位，确保改革工作持续健康发展。

（三）努力实现理论与实践相互促进

基层院内部整合改革，既是一个实践问题，同时也涉及理论层面问题。要坚持理论与实践相结合，实现理论与实践的互相促进、共同提升。一方面，要加强理论研究，准确把握检察权运行规律，用科学理论指导实践，把内部整合改革建立在坚实的理论基础上，保证改革正确方向；另一方面，加强对实践经验的总结、提炼和推广，通过实践来不断丰富和发展理论，促进构建更加健全完善的检察工作体系，促进中国特色社会主义检察制度不断发展完善。

3 加强检察机关组织体系建设的重要意义、基本原则和主要任务*

今天，省院召开这次检察机关内部研讨会，主要是深入研究如何进一步优化我省检察机关组织体系及基本办案组织。今年，省院贯彻中央、高检院关于深化司法改革和检察改革要求，在全省检察机关部署开展三项改革，即推进诉讼监督工作制度化、规范化、程序化、体系化；执法办案工作转变模式、转型发展；加强检察机关组织体系和基本办案组织建设。组织体系及基本办案组织建设对于其他改革乃至整个检察工作至关重要，具有支撑和保障作用。会前，省院相关部门作了充分准备，起草了《关于开展检察长领导下的主办检察官负责制试点工作的实施方案（征求意见稿）》。在今天的研讨中，大家围绕会议主题尤其是《实施方案》，结合本地本部门实际作了很好的发言，谈得很细致、很深入，取得了很多共识，提出了许多很好的意见建议。

改革创新是发展的动力源泉，是时代精神的核心所在。习近平总书记强调，改革开放只有进行时没有完成时，要做到改革不停顿、开放不止步。

当前，包括检察改革在内的各项事业改革都进入了深水区，进入了关键时期和攻坚阶段，遇到了一些瓶颈问题，需要我们冲破思想观念的障碍，突破模式固化的藩篱，以更大的勇气、智慧和韧劲不断寻求解决办法，否则就可能效果不佳、半途而废、甚至走回头

---

* 2013 年 3 月 29 日敬大力同志在湖北省检察机关组织体系及基本办案组织建设研讨会上的讲话。

路。从检察实践来看，检察机关组织体系从产生以来一直在不断调整完善，改革从未停止过，也未完全定型，现在同样处于关键时期和攻坚阶段。刚刚召开的全国检察机关队伍建设工作会议要求检察机关要探索建立专业化办案组织，认真研究解决内设机构不统一、不规范的问题，建立符合专业化要求的组织机构体系和办案组织模式。近年来，伴随着我省检察改革和工作机制创新的不断深化，我们自然而然地触及了组织体系及基本办案组织问题，我们适应整体改革的需要自然而然地进行了一些探索，保障和促进了检察事业发展进步。

当前，我们要深入推进组织体系建设，首先要在理论上、概念上进一步廓清组织体系的内涵。检察机关组织体系，是检察机关的构成形式及其相互关系、运转模式问题。组织体系涉及的问题很多，当前我们重点研究三个方面的问题：一是检察机关组织结构。我国设立四级检察机关，实行双重领导体制等，这些是由国家法律规定的，不能变动和突破，但具体到如何布局、如何运行，是可以探索研究的，如派出院、派驻检察室设置等。必须在坚持法定组织结构、领导体制的基础上，通过改革创新使之更加稳固、更加科学、运行更加顺畅高效。二是检察机关组织机构。根据检察院组织法的规定和高检院授权，检察机关可以根据需要设立若干内设机构，行使相应的职能。组织机构及其职能的设置应当依据检察机关职能性质，遵循检察权运行规律，有利于提高工作效率。这是我们优化组织体系建设的重点内容。三是基本办案组织形式。依照法律和司法解释的规定，检察机关办理案件应当基于一定的组织形式，这是一线检察官进行执法办案的基本工作形式问题，直接影响工作效率、质量和效果。对这一问题，一直以来全国各地检察机关都在积极探索，推行了主办检察官、主诉检察官、主任检察官等制度，积累了一些经验，但受诸多因素影响，有的没有坚持下来、整体效果也不够理想，需要我们适应新形势新任务，进一步创新、深化和完善。以上三个方面是我们加强检察机关组织体系建设需要重点把握和研究的对象。

一、深刻认识、准确把握优化检察机关组织体系的重要意义和基本原则

检察机关组织体系是检察工作顺利进行的基础和保障。当前，随着经济社会形势发展变化、法治建设深入推进、法律法规修改完善和人民群众司法需求日益增强，检察机关面临着职能扩展、任务加重、约束趋紧、办案难度加大等一系列新挑战，使得优化检察机关组织体系显得尤为紧迫、极为重要。我们要深刻认识优化检察机关组织体系是充分履行检察职能、加强法治建设的必然要求。新一届党中央对全面推进依法治国、建设社会主义法治国家作出了新的战略部署。习近平总书记强调，要加强宪法和法律实施，加强对执法活动的监督。检察机关作为国家法律监督机关，在法治中国建设中负有重要职责。检察权的有效运行需要一套设置合理、运行高效的组织体系为载体和保障。当前检察机关组织体系中存在的机构设置不够科学、职能配置不够合理、一线检力资源不够充足等问题，影响了执法办案质量效率效果的提高，制约和妨碍了法律监督职能的充分发挥。解决这些问题，很重要、很根本的一个途径就是要通过优化组织体系，促进现有检察资源的合理配置和充分利用，为检察机关充分履职提供可靠组织保障。深刻认识优化组织体系是深化检察改革、发展完善中国特色社会主义检察制度的必然要求。组织体系规定的是检察院之间、内设机构之间以及检察人员之间的基本关系，是检察制度的重要内容。高检院明确提出，要把完善组织体系建设作为下一步检察改革的重点之一。我们贯彻高检院深化检察改革的部署，必须高度重视组织体系建设，使之更加适应检察权运行需要，使中国特色社会主义检察制度更加成熟、更加定型。深刻认识优化组织体系是提升检察队伍的专业化、职业化水平的必然要求。专业化和职业化，是检察队伍建设的发展方向。加强组织体系和基本办案组织建设，推动建立符合专业化的组织机构体系和办案组织模式，可以直接促进检察人员专业化、检察官专业化和检察机关执法办案组织专业化，有利于推动建立分类科学、结构合理、职

责明晰、管理规范的分类管理制度，是打造高素质检察队伍、提升素质能力和执法公信力的重要途径。

优化检察机关组织体系应当遵循一定的原则，我想主要有四条：

第一，遵从检察机关职能特点和检察工作基本规律。组织体系作为检察权运行载体，只有适应职能需要、符合工作规律，才能称之为科学合理。一要符合检察机关及检察权性质和运行方式。搞清这个问题，是加强组织体系建设的前提和基础。检察机关和检察权在性质上一直颇有争议，理论界和实务界有司法权说、行政权说、法律监督权说等不同观点。但有一点认识是基本统一的，即检察机关作为国家法律监督机关，其权能既不是传统意义上的司法权，也不是一般意义上的行政权，其权力性质具有复杂性。这一点反映在检察权运行方式上，表现为既有检察工作一体化、上命下从等类似行政化的运行方式，又有中立性、客观性、亲历性、裁量性等类似司法权的运行方式，具有多样性、复杂性的特点。我们优化组织体系，要正确把握和充分考虑检察机关及其权能的特殊性质和运行方式，慎提所谓“去行政化”、“司法化”等观点，不能顾此失彼、走向极端。二要符合检察工作一体化规律。检察工作一体化是落实检察机关领导体制的机制保障。检察工作一体化强调检察权的统一行使，强调检察工作的统一性、整体性，这必须有与之相适应的组织体系来保障。要把上下统一、横向协作、内部整合、总体统筹的原则要求，落实到组织体系建设之中，通过机构设置、职能配置、运行方式等方面的完善和创新，从工作机制层面克服和防止检察权部门化、地方化和分散化的倾向，发挥检察机关整体优势，增强法律监督整体合力。三要符合“两个适当分离”原则。“两个适当分离”是近年来我们在法律制度框架内，遵循检察工作规律，优化检察职能配置方面的重大探索，在实践中显现出了强化法律监督、强化自身监督的良好成效。这一改革涉及机构职责、部门关系、运行机制、资源配置等方面一系列的调整，与组织体系建设紧密相关。优化检察机关组织体系，必须以“两个适当分离”为原则来展开，通过机构的分设、机制的健全来保障不同性质职能的分别运作、有序衔接。

第二，有利于履行法定职责。组织体系本身只是一种履行职责的保障，加强组织体系建设的最终目的是为了更好地履行法律监督职责。要积极适应检察机关执法办案和法律监督工作面临的新形势新任务新挑战，通过优化组织体系，形成分工合理、权责明确、协作紧密、制约有力、运行高效的工作运行机制，为依法履行职责提供坚强的组织保障，推动各项检察业务工作平稳健康发展、持续深入发展、全面协调发展、合理规范发展。

第三，有利于提高工作效率。随着法律法规修改、人民群众法治意识增强，检察机关人少事多的矛盾越来越突显，工作效率问题显得越来越重要。加强组织体系建设，必须有利于提高效率，不能降低效率。要通过机构职能、办案组织、配套机制方面的合理安排，调整工作流程，减少中间环节，加强协作配合，保障所有案件依法及时公正处理，保障群众司法需求得到及时满足。

第四，坚持依法推进。法治是现代国家权力设置的基本准则。我国宪法、人民检察院组织法规定了检察机关组织体系的基本构架，优化检察机关组织体系必须在法律授权范围内、在现行法律制度框架内进行，不能超越法律随意改变、增加或减少，这是社会主义法治和依法行使检察权原则的重要体现。具体操作上，要把握两条：一是报经高检院同意；二是经编办核准。我们近年来推行的一系列组织体系方面的改革，都始终坚持了这两个方面。这也是这些年我们推行各项组织体系建设得到高检院和省委肯定、得以顺利有序进行的基本保证和基本经验，各地在推进组织体系建设过程中要严格遵循。

二、按照“两个适当分离”原则优化职能配置，实行职能分离、机构分设

近年来，我们立足于优化检察职能配置，在高检院支持和指导下，依照现行法律制度，遵循检察权运行规律，探索在检察机关内部实行“两个适当分离”。省院和部分市级院对内设机构进行调整，重新组建审查批捕处、公诉处，专司诉讼职能，重新组建侦查监督

处、刑事审判监督处、民事诉讼监督处、行政诉讼监督处，专司诉讼监督职能。省、市两级院单设职务犯罪大要案侦查指挥中心办公室，负责统一管理职务犯罪案件线索、案件交办、督办、指定异地管辖等工作。全省检察机关统一设立案件管理办公室，实现“一个窗口对外、一个闸门对内”，实行“全面管理、统分结合、分工负责、统筹协调”的执法管理模式。为实现适当分离后相关工作的有序衔接，建立了线索发现、移送及办理反馈、工作协调配合等一系列工作机制。省院内设机构调整后，整体上形成了执法办案机构、诉讼监督机构、综合业务机构、综合管理机构、检务保障机构等五种类型的构造，强化了法律监督，加强了监督制约，促进了资源整合，提高了工作效率，推动了分类管理。

继续深化“两个适当分离”改革，一是要进一步完善机构设置。市级院要按照“两个适当分离”的原则，加快相关机构分设，已分设的机构名称、职责要与省院保持一致。二是要进一步明确职能。修改后刑事诉讼法赋予检察机关许多新的职能，高检院新修订的《人民检察院刑事诉讼规则（试行）》明确了履行职能的部门，全省各级院根据“两个适当分离”的要求，明确履行相关职能的部门。比如，在侦查阶段的捕后羁押必要性审查，《人民检察院刑事诉讼规则（试行）》规定由侦查监督部门负责，省院已明确，机构已经分设的院由审查批捕部门负责。对诸如此类问题要准确把握，确保职能有效履行。三是要进一步加强对口衔接。要根据机构分设后的职能加强上下级院的对口衔接，省院业务部门要积极主动与高检院相关业务厅局联系，汇报我省改革取得的成效特别是一些具有湖北特色的工作，争取理解和支持；省院与市级院业务部门也要相互加强工作联系，确保分设后发文、开会、请示汇报等各项工作衔接流畅。四是要进一步完善工作机制。针对适当分离后工作运行中存在的问题，深化协调配合、执法办案监督制约、检察机关内部管理等工作机制建设，进一步理顺工作关系，保障分离后的两项职能充分履行、互相促进。

三、深化基层院内部整合改革

近年来，省院针对一些规模较小的基层院内设机构林立、职能分割、部门掣肘、整体效能不高等实际情况，组织开展基层院内部整合改革试点工作。2009 年 11 月，省院统一部署在 13 个规模较小的基层院推进内部整合改革试点工作；2012 年 8 月，省院党组研究决定将内部整合改革试点扩大到 30 个基层院。目前这项工作取得了阶段性成效，促进解决了一批制约基层检察工作发展的难题，在实践中显示出了强大生命力。

深化基层院内部整合改革要注重把握其实质，主要体现在四个方面：一是横向大部制。推进大部门制改革，整合、优化、转变政府机构职能，是国家政治改革和行政体制改革的主要方向。我们基层院内部整合改革实行“五部制”（个别地方结合实际也探索了“四部制”、“六部制”、“七部制”），完全符合大部制改革趋势，应当继续探索完善，坚持以检察业务为中心整合检察机关内设机构，科学合理界定各部的职责，使权责一致，提高整体效能。二是纵向扁平化。即减少中间层次，明确各层次授权，提高执法办案和机关管理效率。按照扁平化要求推进改革，要统筹考虑工作需要、人员特点，进一步减少层级，合理配备各层次人员，促进检力向执法办案一线倾斜。三是突出检察官主体地位。改革要逐步建立以检察官为主体的运行管理模式，以检察官为主体确定岗位目标责任制，做到责权相统一，努力提高检察官的职级待遇，充分发挥检察官的主观能动性。四是体现“两个适当分离”的合理内核。内部整合要坚持“两个适当分离”的原则，在组织机构上实现“适当”分离；在组织运行上，根据“两个适当分离”的要求设计工作流程，健全工作机制，突出强化执法办案、诉讼监督、执法管理等职能。

参与内部整合的基层检察院，要积极争取编制管理、组织人事部门支持，解决实行“大部制”后的机构、领导职数问题，突破制约改革的“瓶颈”，健全基层院内部整合改革后的组织体系，为深入推进改革提供组织保障。要健全完善内部整合后相应的工作机制，

适应“大部制”的结构特征，科学制定部门工作职责、工作流程和管理方法，建立新的工作模式，循序渐进推进改革从“物理整合”向“化学整合”转变。要完善对内部整合改革基层院的考核评价体系，上级院要坚持考评工作，而不是对机构、部门进行考评，实行单项考核、综合排名，发挥考评作用促进工作发展。

四、加强和规范检察工作向基层延伸

2010 年以来，全省检察机关以服务发展、保障民生、化解矛盾、维护稳定为核心，针对乡镇检察室布局不合理、职能定位不准、违规违纪问题屡发、不适应形势发展要求等问题，“一手抓清理、一手抓建设”，基本建立了一整套关于派出机构设置、组织运行和管理的制度，促进检察工作向基层延伸健康有序开展。目前，全省共设立派驻检察室 43 个、检察服务站 133 个、检察巡回服务组 50 个，进一步统一了基层院派出机构的组织形式和运行模式，延伸法律监督触角、促进检力下沉，提高了检察机关服务科学发展的水平。

下一步，要全面落实省院管理办法规定的各项职责，制定并落实派驻检察室工作规则等制度，推进工作制度化、规范化。要加强派出机构的组织管理，细化设立、变更和撤销派出机构的审批程序，对派出机构实行动态管理，对不符合设立条件的及时变更或撤销。要进一步明确、正确处理好与派出院业务部门的关系，规范职能分工，加强协调配合与监督制约。要积极探索派出机构与派驻地人民法庭、公安派出所、司法所、维稳办、信访办及其他执法单位的联系，形成制度。要把派出机构作为加强检察机关群众工作的重要载体和平台，落实便民利民措施，排查化解矛盾纠纷、调研了解社情民意、收集整理群众意见建议，不断满足人民群众的司法诉求。要积极选派年轻干警到派出机构锻炼，通过面对面做好群众工作，增强对群众的感情，提高群众工作本领。

五、加强检察分院组织体系建设

目前，省院在汉江和铁检设有两个检察分院，是我省检察组织体系中的重要组成部分。汉江分院于2001年依案件级别管辖需要而设立；铁检院则从检察机关成立之初就组建，长期实行省院和铁路局双重领导体制，去年铁检管理体制改革后划归省院单独管理。在现行体制下，检察分院作为省院的派出院，没有同级地方党委、人大，横向纵向关系、内部管理体制、办案工作机制等方面都有自身的特点。优化检察分院组织体系，要基于其特殊体制作出特别安排。从大的方面来讲，要解决三个问题：一是如何建立省院同分院更加紧密的工作联系。分院作为省院的派出院，就像是身体的一个部分，有条件也应当与省院建立更加紧密联系。要通过调整优化机构设置、健全完善工作管理和运行机制，把检察工作一体化要求更加充分地体现在分院工作的方方面面。二是如何在具体事务和管理工作作出特定安排。包括执法办案、干部管理、教育培训、检务保障以及文件信息沟通等日常工作运行等方面，都需要适应特殊体制，进一步建立健全相应的制度机制，满足工作发展需要。三是如何在履行法律监督职能方面发挥特殊作用问题。比如分院可以发挥体制优势，运用办案中干扰阻力和制约因素相对较少的有利条件，在办理交办和指定异地管辖案件方面有更大作为。

这里我重点讲一下探索建立大交通运输检察机构问题。铁检机关移交省院管理后，省院综合考虑诸多因素，提出了整合交通运输检察职能，建立大交通运输检察机构的设想。建立这一机构，有利于适应国家交通运输体制改革对检察机关办理交通运输领域案件带来的新变化；有利于适应湖北全面实施大交通战略、建设“祖国立交桥”、打造综合交通运输枢纽的战略部署，充分发挥检察职能服务我省交通运输事业大发展；有利于适应交通运输领域刑事犯罪的共同特点，发挥现有铁路检察院办案优势；有利于缓解相关地方检察院案多人少的矛盾；有利于加强对海事法院诉讼活动的法律监督。对此，省院进行了调查研究，经过反复论证、广泛征求各方意见，已经形成初步方案，并得到了高检院和省委的初步同意。下一阶段，将分两步推进：第一步，调整铁检院管辖范围。调整后的武汉铁路检察机关负责办理现有武汉铁路运输领域各类案件；负责民航湖北

机场公安局及其所属分局、长航公安局及其所属分局所办省内刑事案件的批捕、起诉和相关诉讼监督；负责对武汉海事法院民事审判活动的法律监督。第二步，积极争取中央、高检院和省委重视，变更铁检院名称，成立交通运输检察院，健全相关组织体系和运行机制。

六、探索开展检察机关基本办案组织及检察长领导下的主办检察官负责制试点工作

这项工作的实质是探索建立检察机关科学的基本办案组织形式及工作模式问题，其最主要的内容就是探索建立检察长领导下的主办检察官负责制，这是检察机关组织体系建设的重要方面。当前，我国检察机关实行以“检察人员承办，办案部门负责人审核，检察长或者检察委员会决定”的“三级审批制”。这种办案方式有效避免了检察权的滥用或误用，确保了国家法律的统一正确实施。但同时存在办案效率不高，制约检察官和检察队伍素质提升，以及与当前刑事诉讼法、民事诉讼法修改后检察机关承担的繁重任务不相适应等问题。为了加强检察机关组织体系建设，健全完善执法办案工作机制，提高办案效率和执法公信力，省院党组贯彻中央、高检院部署，研究提出要开展检察机关基本办案组织及检察长领导下的主办检察官负责制试点工作。这项改革与我们以往开展的主诉检察官等制度不同，主要是从加强基本办案组织建设着眼。近年来我们在推进基层院内部整合改革过程中，实际已经开展了突出主办检察官主体地位的探索。在此基础上，省院经反复调研论证、征求意见，起草了相关《实施方案》，将在本次会议后进一步修改完善，在省院、黄石、宜昌、随州市院及所辖基层院、内部整合改革基层院相关业务部门进行试点。参与试点的检察院和部门要高度重视，周密部署，按省院统一要求扎实推进。这里我讲几点原则性意见：

（一）坚持“两结合”原则

一方面，要坚持合理放权、分权、授权与加强上下级领导关系相结合。既要根据法律规定，实现合理放权、分权，使检察官权责

利一致，成为有职有权、相对独立的办案主体；又要坚持检察机关领导体制，落实检察工作一体化机制，加强上级检察院对下级检察院的领导，加强检察长对检察官的领导，加强主办检察官对办案组织成员的领导，确保检察工作的统一性、整体性。另一方面，要坚持突出检察官的主体地位与强化监督制约相结合。既要通过赋予职权、强化履职保障等措施，增强检察官责任意识，充分调动检察官的主动性和积极性；又要通过一定的制度机制安排，强化对主办检察官及其办案组成员履职行为的监督制约，防止执法不公不廉不严等问题发生，确保严格规范公正文明执法。

（二）合理划分权力

即要科学划分检察官、部门负责人、检察长、检察委员会在执法办案工作中的具体权限，这是开展这项改革的关键性问题。一要明确权力划分的原则性要求。权力划分必须依法进行，对于法律明确规定应当由检察长、检察委员会行使的职权，以及检察长、检察委员会认为应当由其行使的职权，应由检察长、检察委员会行使；对于办案中的非终局性事项、事务性工作，主办检察官有权独立作出决定；部门负责人在执法办案中主要承担管理、监督、检查、协调主办检察官及其辅助人员等工作，可以对主办检察官所承办案件提出不同意见一并呈报检察长，但不能改变主办检察官意见。二要根据各项检察业务工作的不同特点具体分析、区别对待。按照每一项检察业务工作的运行程序、工作环节等科学划分权力，不搞“一刀切”；同时也可以考虑根据案件性质来划分，比如对于简易程序案件，是否适用简易程序可由检察长决定，但决定适用简易程序后的相关办理及决定权力，可以考虑赋予主办检察官行使。三要准确把握范围。对于一些具有监督性质、相关行为和决定影响其他执法司法机关的权力，如法律监督调查、发出纠正违法通知书等，还是要强调集中统一，由检察长或检委会决定。四要研究一些特殊情形。如对法律规定由检察长、检委会行使的权力，在特定情形下，根据办案需要，是否可以采取专门授权的方式交由主办检察官行使，是可以研究的。

（三）完善监督制约机制

核心是要防止一放就乱。这一点检察机关在以往是有过教训的。要充分考虑、高度重视突出检察官主体地位、合理放权条件下的监督制约问题，通过工作机制层面的安排，确保检察权依法正确行使。要严格落实检察长、检察委员会审批决定制度，加强检察长、检察委员会对执法办案活动的领导和监督。要强化案件管理，加强流程管理和节点控制，把握案件分流、立案、批捕、起诉等关键节点。要加强纪检监察、执法管理和监督委员会对执法办案过程的监督制约。同时，可以探索实行检察官会议制度，明确检察官会议讨论案件的范围、提起召开程序、意见效力等问题，强化对重大、疑难、复杂等案件办理工作的监督制约。要建立办案组织内部的监督制约机制，主办检察官也要落实“一岗双责”，在抓好执法办案同时，加强对办案组成员执法行为的监督；要加强办案组成员之间的互相监督。

（四）建立办案组织和工作模式

在办案组织的构成形式上，根据实际情况，可以考虑三种方式：一是设立固定的主办检察官办案组，配若干固定的辅助人员；二是设立临时办案组，主办检察官与辅助人员根据办案需要临时组成办案组织；三是对于实行内部整合改革的基层院，可以考虑将辅助人员归口案件管理部门集中统一管理，形成“人力资源池”，根据办案需要，临时指派其协助主办检察官工作，既提高工作效率，又增强监督制约的有效性。与之相关的是，目前一些基层院相关部门仍存在“一人科”问题，不符合相关法律对办案工作的规定，不能形成办案组织，应当通过积极争取外部支持、内部合理调配等方式增加人员，尽快予以解决。在办案组织工作运行模式上，对于一般案件，由主办检察官主持办案组的工作，负责安排和推进具体办案活动，并对职责范围内的事务承担责任；对于需要集中力量、抽调人员、专案办理的重大、疑难、复杂案件，可有多个办案组共同负责、分别承担一定任务，由检察长或部门负责人统一组织、指挥、协调和管理。

（五）明确主办检察官选任条件和程序

选任主办检察官要兼顾能力条件和资格条件，更加注重能力条件。要坚持以能力席位要求为重，严把能力条件，把政治过硬、业务精通、综合能力强、作风优良的检察官选任为主办检察官，有资格但无能力或能力不够的不能选任为主办检察官。同时也要考虑法律职称、从事本业务工作年限等资格条件，但可以适当放宽，比如在范围上既可以包括检察员、也可以包括助理检察员，让有能力但资历稍浅的干警有担任主办检察官的机会。对助理检察员工作能力强、担任主办检察官业绩突出的，要适时考虑任命为检察员。在选任方式上，要坚持党管干部原则，同时要设置考试考核等一些选拔专业人员的特殊程序，由参与试点的检察院按省院《实施方案》统一要求自行组织实施，上级院不统一组织考试考核和选拔任命工作。

（六）优化审批制

实行办案审批制是《人民检察院刑事诉讼规则（试行）》的明确规定，必须始终坚持，同时要针对审批制存在的问题，从工作机制层面加以优化，使之更加符合当前执法办案需要。要在纵向实行“扁平化”的改革，减少中间层级，简化办案流程，着力解决效率不高的问题，提高办案工作流转速度和运行效率；要强化主办检察官、审批领导的责任意识，明确各自担责范围，建立健全并严格落实考核评价、追究问责等机制，着力解决把关不严、不负责任的问题，做到有权必有责、用权受监督、违反必追究，确保实体公正、程序合法。

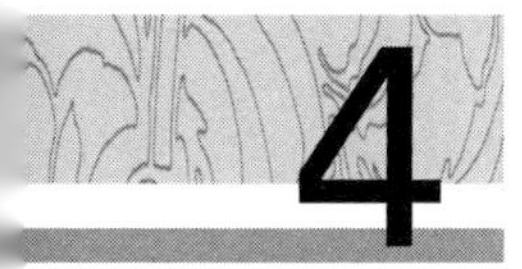

4 持续探索、综合施策，扎实推进检察官办案责任制改革*

实行检察官办案责任制是中央、高检院确定的一项重要改革任务，是完善检察权运行机制的必然要求。近年来，湖北省检察机关认真贯彻上级部署，按照“突出办案主体作用、健全基本办案组织、优化规范办案审批、强化检察办案责任”的主旨，积极稳妥地推进检察官办案责任制改革，取得了阶段性成效。

一、先行先试，持续深入推进改革试点工作

近年来，我们针对办案中存在的责任不清、效率不高等问题，积极争取高检院领导和支持，持续探索开展检察官办案责任制改革，逐步发展完善。在探索起步阶段，2009 年，我们针对基层院机构林立、管理层级多、一线力量不足、效率偏低等问题，在 13 个规模较小的基层院开展内部整合改革试点工作，2012 年起逐步扩大试点到 53 个院。整合过程中，实行纵向扁平化，横向大部制，取消科长这一中间层级，在检察官中选任 30%—50% 的主办检察官，实行主办检察官直接对分管副检察长负责、分管副检察长对检察长负责的扁平化管理模式，突出检察官主体地位，开始对检察官办案责任制进行初步探索。在正式试点阶段，2013 年，我们着眼于健全完善检察机关组织体系及基本办案组织，制定下发检察官办案责任制试点工作实施方案，在全省三级检察机关 69 个检察院统一部署试点，选任 927 名主办检察官，明确了基本办案组织形式、主办检察官的选配

---

* 2015 年 1 月 22 日敬大力同志在全国检察长会议上发言。

考核及职责权限、办案审批、指挥指令、责任划分等重要问题，使改革步入正轨、显现规模效应。在改进提高阶段，2013 年底，高检院下发办案责任制改革试点方案，将我省随州市两级检察机关纳入全国试点。我们根据高检院方案加强对随州市两级院改革试点的督办指导，目前随州 3 个基层院全部完成内部整合，市县两级院 54 名主任检察官已选配到位、上岗履职，建立了新的工作机制和运行模式。在统筹推进阶段，去年底以来，按照中政委和高检院的统一部署，湖北正式启动中央司法体制改革试点，我们抓住这一机遇推行综合配套改革，将办案责任制改革与检察人员分类管理等改革相衔接，从体制、机制两个层面入手，在过渡安排、职业保障、权限清单、检察辅助人员职责等方面进行重新构建和完善，增强改革的系统性，检察官办案责任制改革试点进入了新的发展阶段。

二、综合配套，完善办案责任制内容体系

检察官办案责任制改革是一项关乎检察工作基础和全局的综合性改革。我们深刻认识这项改革涉及检察机关组织体系和基本办案组织、检察人员分类管理、检察职业保障制度以及检察工作模式和运行机制等多个方面，不能单一进行，只有实行综合配套改革，才能保证可持续发展，实现效果最大化。为此，我们遵循规律、统筹谋划，齐头并进推行 9 个方面全方位、多层次的系统性措施，形成了以责任制为核心的综合配套改革体系。

一是科学划分检察办案责任体系。为解决权责不一致、不清晰、办案不负责、把关不严格等问题，我们根据法律规定合理放权，使检察官权责一致，保证有职有权，突出检察官的办案主体地位，确保检察官履职尽责、对所办案件终身负责。同时遵循检察工作特点规律，区分其同法官办案责任制在履职方式、权限划分等方面的差异，不搞“捆绑式”改革。坚持合理授权与强化责任两手抓：一方面，科学划分检委会、检察长、副检察长、检察官的职责权限，对法律明确规定由检察长、检委会行使的职权，按照“抓两大、放两小”的原则确定是否授予检察官行使：“两大”指重大复杂案件和

可能影响其他执法司法机关判决、裁定、决定的诉讼监督案件仍由检察长、检委会决定；“两小”指将一般案件的处理决定权，以及所有案件的非终局性事项、事务性工作决定权授予检察官。另一方面，清晰划分检察官、检察长、检委会责任范围，建立案件质量评查机制，以办案质量、效率、规范等指标对检察官进行综合考核，实行动态管理，严格责任追究。

二是逐步实行检察官办案责任制。基于一段时期内检察官所占人员比例较大，其中一些人员素质能力不能普遍达到办案责任制要求的实际，我们在改革之初采取主办（主任）检察官办案责任制这一过渡性办法。实行检察官员额制改革以后，按照中政委的要求，严格按检察官员额控制比例选任检察官，实际上已经实现了择优选任，所以在全省第一批改革试点 12 个院不再设主办（主任）检察官，直接实行检察官办案责任制。

三是明确检察官助理参与办案职责。为适应检察人员分类管理改革要求，保障一线办案力量充足，根据检察机关的办案特点和实际情况，我们规定检察官助理应当具有法律职业资格，可以依法协助检察官履行调查取证、审查案件等办案职责，但没有办案决定权。同时积极争取适当提高检察辅助人员待遇，推动建立相对均衡的薪酬体系。

四是建立健全基本办案组织。在实行主办（主任）检察官办案责任制的院，我们建立了主办（主任）检察官 + 其他检察官 + 检察辅助人员的主办（主任）检察官办案组，由主办（主任）检察官负责办案组工作；在实行检察官办案责任制的院，建立了检察官 + 检察官助理 + 书记员的办案组。明确固定办案组、临时办案组、临时指派办案、组合办案等四种形式，建立统一组织、指挥、协调办理重大疑难复杂案件工作机制。

五是健全领导干部直接参与办案制度。充分考虑检法两家办案模式差异，明确检察长、副检察长、检委会委员直接办案的主要形式为两种：一种是负责办案的审批审核、指挥指令；另一种是以其本来的职务身份直接参与办理重大、疑难、复杂案件。

六是全面实行基层院内部整合改革。贯彻高检院要求，按照横向大部制、纵向扁平化、突出检察官主体地位、优化检察职能配置的思路，全面深化基层院内部整合改革，根据检察院规模大小，分别实行“五部制”、“七部制”、“九部制”等运行模式，整合机构设置，优化职能配置，建立以检察官为主体的岗位管理和办案模式，确保办案责任制改革顺利推进。同时在省市两级院按照优化检察职能配置和侧重精细化分工与专业化建设的原则，实行相关机构分设及职能优化，形成司法办案、诉讼监督、综合业务、综合管理、检务保障等五种机构类型。

七是优化审批审核、指挥指令。在坚持检察机关领导体制、坚持办案审批制的前提下，针对“三级审批制”存在的责任不清、效率偏低、办案人员有依赖情绪等问题，优化审批审核与指挥指令。主要是减少审批事项，对授予检察官行使的职权事项不再审批；实行审批和指令书面化，强化领导责任意识；取消内设机构负责人审批环节，简化流程，增强司法亲历性、判断性；设置职务移转权，检察长不同意检察官意见时，可以将案件交由其他检察官办理。

八是健全监督制约制度。着眼于防止一放就乱、办案不公不严不廉以及冤假错案，强化检察长、检委会以及内设机构负责人对办案活动的领导和监督，强化主办（主任）检察官或检察官与办案组成员之间的相互监督，加强纪检监察等专门机构的监督制约，健全案件集中管理制度，自觉接受公安、法院、律师、人民监督员等外部监督制约，完善案件信息公开等机制，初步构建了检察官办案监督制约体系。

九是完善运行机制。在总结基层创新经验的基础上，推广一单、一图、一表、一档、一证等“五个一”工作法，详细制定了检察官权限清单，制定适应新的办案模式的流程图和办案评查表，建立办案绩效档案，实行主办（主任）检察官证书年审制，保障了办案责任制规范高效运行。同时实行办案津补贴、优先晋级提职等激励和履职保障机制。

三、注重实效，办案责任制改革红利逐步释放

目前，我省试点工作呈现良好发展态势，改革红利得以显现，带动了全省检察工作全面发展进步。一是提升了整体办案水平。明确而严格的责任制及相关配套措施，使检察官履职尽责的自觉性极大增强；在管理层级上做“减法”，在办案力量上做“加法”，试点基层院合并内设机构 585 个，一线检力提高到 89%；工作流程得以优化，审批事项减少 57 项；检察职能配置更加科学，司法办案和诉讼监督一手硬、一手软等问题明显改观。试点院办案数量稳中有升，办案效率明显提高，随州市两级院审查逮捕时间较改革前平均压缩 1—2 天，审查起诉案件平均压缩 3—5 天。二是促进了改革深化。这项改革带动了检察人员分类管理、职业保障等各项改革任务，推动了检察机关组织体系及基本办案组织、办案转变模式转型发展等工作机制创新，促进解决了机构编制、领导职数、职级待遇等“瓶颈”问题，为全面深化司法改革减小了阻力、强化了支撑。三是提高了检察队伍专业化、职业化水平。权责一致的改革有效激发了检察官主人翁精神，强化了责任意识、担当意识、进取意识和能力危机意识，职业荣誉感和责任感明显增强；注重专业能力的选任导向倒逼检察人员苦练内功、增强本领，实现了凝聚力、战斗力进一步提升。

虽然我们在这项改革上取得了一些进展，但与中央、高检院要求以及兄弟省市检察机关相比还存在差距和不足。下一步，我们将认真贯彻本次会议精神，将这项改革试点与其他改革任务系统化推进、体系化落实、项目化建设，不断深化、完善和提高，力求取得新的更大成效。

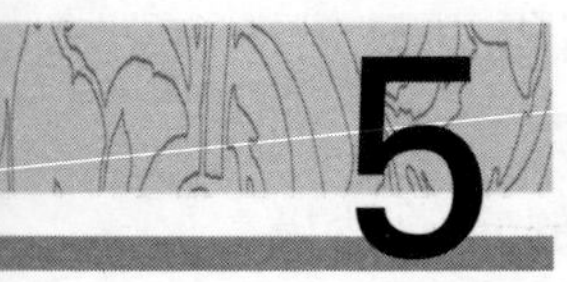

5 关于检察官办案责任制综合配套改革的思考与探索*

近年来，湖北省检察机关认真贯彻中央、高检院部署，先后历经“探索起步、正式试点、改进提高、统筹推进”四个阶段，不断深化中央、高检院、省院三个层次的检察官办案责任制改革探索。我们深刻认识这项改革的综合性特点，既是检察权运行机制改革的核心，涉及检察权行使主体、职责范围、办案组织、工作程序、监督制约等多方面机制的调整、完善乃至重构，同时也与检察人员分类管理改革等紧密相关，据此研究制定了科学划分检察办案责任体系、建立健全基本办案组织、优化审批审核和指挥指令等9项措施，推行综合配套改革。我们注重把握检察权运行的特殊规律性，充分考虑检察机关领导体制、案件种类性质、办案模式方式等方面与法院的差异，不搞“捆绑式”改革。我们坚持改革的实践性特征，充分考虑不同层级检察机关、不同地方、不同业务类型的办案实际，研究制定符合实际、操作性强的制度措施，取得了良好的实践运行效果。

一、明确检察官办案责任制的涵义

如何界定和把握“办案责任”是正确理解和实施这一制度的基础。我们认为，办案责任制实质是“依法确权、分工履职、决定有责、终身负责”，其涵义主要是三个方面：一是目标责任。即检察官的职责使命，主要强调检察官应当积极作为、履职尽责，应该列出

* 2015年7月7日敬大力同志在全国大检察官研讨班上交流材料。

不同类别检察人员的责任清单，确保“法定职责必须为”，把分内之事办好，把该办的案件办好。二是职责划分。即科学划分、合理配置检察长、检委会委员、检察员的职责权限，分别制定权限清单，使检察官成为有职有权、相对独立的办案主体，进一步突出检察官主体地位，调动其积极性、主动性。三是责任承担。即各类检察人员对其决定、办理的事项应承担相应的法律后果和责任，实行司法责任终身制，在出现办案过错等问题时依法问责追责。以上三个方面的涵义，应作统一、完整的理解，不可偏废，不能一谈到办案责任制就仅仅只是追责问责。

二、明确检察官办案责任制的主体

检察官是司法办案的主体。根据相关法律规定和中央深化司法体制改革精神，检察官办案责任制中的“检察官”是一个集合概念，应包括检察长、副检察长、检委会委员、检察员（不包括未计入检察官员额、保留检察官职务等级的检察员）。我们认为，检察官办案责任制与检察人员分类管理尤其是员额制改革紧密相关，必须同步协调推进，注意把握好两个问题：一是随着员额制改革的同步实施，办案责任制的主体应定为检察官，而不是主办（主任）检察官。主办（主任）检察官制度与员额制的目标具有同向性、一致性。在实行员额制管理之前采取主办（主任）检察官办案责任制这一过渡性办法，主要基于当时检察官人数较多、部分人员素质能力不能完全达到办案责任制要求的客观考量。员额制改革后，所有检察官都是严格按照员额控制比例选任，实际上已经实现“优中选优”、“精英化”配置，没有必要设主办（主任）检察官。鉴于此，目前我们在全省第一批改革试点12个院不再设主办（主任）检察官，直接实行检察官办案责任制。二是择优选拔检察官。作为司法体制改革首批试点省份，我们制定出台了检察官员额管理办法、实行检察人员首次确定检察官的办法等配套制度，落实39%以下的控制目标，分别按照36%和3%确定检察官员额分配数和预留数，通过自愿报名、资格审查、考试考察、审查公示等程序，将现有检察员、助理检察员放在一个平台上竞争，择优选拔，并明确规定除检察长外，副检察长、检委会委员及其他检察人员，都要经过考试考察等遴选程序，才能进入员额。

三、科学划分办案职责权限、明确权力行使方式

根据我国法律规定，检察权属检察长和检察委员会，检察员需经授权。在权限划分方面，我们按照“抓两大、放两小”的原则来确定：“两大”指重大复杂案件和可能影响其他执法、司法机关判决、裁定、决定的诉讼监督案件仍由检察长、检委会决定；“两小”指将一般案件的处理决定权，以及所有案件的非终局性事项、事务性工作决定权授予检察员。实践中，我们对各项业务工作分别制定了检委会、检察长、检察员的权限清单。在权力行使方式方面，我们认为应充分尊重检察办案特殊规律，科学厘清“一线办案”的内涵。检察长、副检察长除了可以以其本来的职务身份直接办案、承担侦查、讯问、出庭等具体办案活动之外，他们对办案工作的审批审核、指挥指令，对案件具有决定意义，也是行使办案权的具体方式，也应视为办案工作。

四、坚持和优化办案审批制度

我国宪法法律规定，上级人民检察院领导下级人民检察院工作、检察长统一领导检察院工作。案件审批制是落实这一领导体制的必然要求。要正确处理好检察一体化和检察官独立负责的关系。实行检察官办案责任制，应当区分检法两家领导体制差异，不能取消案件审批制度，而是应当在坚持这一制度的基础上，针对目前“三级审批制”存在的责任不清、效率偏低、办案人员有依赖情绪等问题，从工作机制层面对办案审批、指挥、指令加以规范和优化，强化办案责任、提高办案效能。一是减少审批事项，对授予检察员行使的职权事项不再审批。二是简化审批程序，实行“扁平化”改革，减少中间层级，取消内设机构负责人审批环节。三是实行审批和指令书面化，检察长、检委会对司法办案的决定和指令，应当记录在案，

其中作出重大决定和指令应当采取书面形式。四是增强亲历性和判断性，承办人员应当提供确实充分的案件材料，全面、客观地汇报案件情况，使其全面了解熟悉案情，依法作出决定。五是设置职务移转权，检察长不同意检察员意见时，可以将案件交由其他检察员办理。

五、健全检察机关组织体系和基本办案组织

实行检察官办案责任制，必须形成与之相适应的内设机构设置，建立符合检察工作规律、职权明确、协作紧密、制约有力、运行高效的专业化办案组织。对此，我们采取了三项措施：一是全面推行基层院内部整合改革。我们从 2009 年开始探索，在经历了 6 年的实践后，在全省所有基层院全面实行内部整合改革，根据规模大小，分别实行“五部制”、“七部制”、“九部制”等运行模式，按照横向大部制、纵向扁平化、突出检察官主体地位、体现“两个适当分离”（即诉讼职能与诉讼监督职能适当分离、案件办理职能与案件管理职能适当分离）的原则，整合机构设置，优化职能配置，减少中间层级，实行检察员直接对分管检察长、检察长负责的扁平化管理模式，确保了办案责任制改革顺利推进。同时，考虑到省、市院具有综合指导和管理等职能，我们认为应当按照“两个适当分离”和侧重精细化分工与专业化建设的原则，实行相关机构分设及职能优化，形成司法办案、诉讼监督、综合业务、综合管理、检务保障等 5 种机构类型。二是健全基本办案组织。我们建立了检察员 + 检察辅助人员的办案组，由检察员主持、组织办案组工作，并承担相应责任。在办案组的具体构成形式上，明确了固定办案组、临时办案组、临时指派办案、组合办案四种形式。（1）固定办案组，由一名检察员和若干检察官助理、书记员组成固定团队，检察员主办案件，对办案工作负主要责任；（2）临时办案组，在同一业务部门内，办案组成员不固定，根据办案实际需要，临时性指定若干检察官助理、书记员与一名检察员组成办案组；（3）临时指派办案，人数较少的基层院，可以将检察官助理和书记员归口案件管理部集中

统一管理，形成“人力资源池”，根据办案需要临时指派其协助检察员工作；（4）组合办案，办案组由两名以上检察员与检察辅助人员组成，可以由检察长、副检察长直接负责，指挥各检察员协同办案；也可以由检察长指定一名检察员主办案件，其他检察员参与协办。具体采取何种形式，根据不同检察业务的特点规律和不同案件复杂程度而定。同时，我们注意区分“办案组织”和“基本办案组织”，对一些特别重大、复杂、疑难的专案，组建形成由若干个基本办案组织构成的办案组织，由检察长、副检察长统一组织指挥。三是改革完善检委会工作机制。规范检委会权限范围，除法律或高检院明确规定由检委会行使的权力外，对法律规定由检察长或检委会“双重主体决定”的事项，由检察长自行决定是否提请检委会讨论决定。完善检委会讨论决定案件程序，健全检委会委员的选任、考核与动态管理机制，探索建立检委会委员履职情况通报制度。

六、完善检察办案责任体系

检察官办案责任制改革的重要目标，就是建立健全检察机关司法办案责任体系，切实解决长期存在的“责任分散、主体不明”和“逐级审批层层把关、集体负责而无人负责”的难题。我们认为，实行检察官办案责任制，必须真正建立涵盖各类检察人员的一整套办案责任体系，确保履职尽责、对所办案件终身负责。首先，对检察机关而言，我们认为使用“谁办案、谁决定、谁负责”的概念更为合理。对法院而言，大多数案件的办案与决定具有统一性，往往是将整个案件的所有权力授予办案法官；但检察工作中，很多办案事项的决定权，不在办案人员本身，而在于检察长、检委会，办案人员应当只对承担办理的事项负责，而不能对整个案件负责。其次，科学划分责任范围。对检委会决定的事项，检委会对法律适用负责，检察官对事实和证据负责。检察长、副检察长、检察员对其职权范围内所作出的决定承担责任。检察官助理等检察辅助人员依法协助检察官履行调查取证、审查案件等办案职责时，对其办理的事项负责。现在比较紧迫地是要制定相关制度，明确具体的责任划分以及

应当承担责任的情形、方式、内容等。最后，建立综合考核制度。围绕“目标责任、职责划分、责任承担”三个层次建立对各类人员的综合考核制度。以检察官为例，在目标责任方面，侧重评价办案数量、质量、效率等，考核其法定职责是否履行地严格、认真、到位；在职责划分方面，侧重评价是否有越权或怠于履职等行为；在责任承担方面，侧重对司法过错责任的惩戒等。围绕三个方面的考核，我们建立了检察官业绩档案、案件质量评查等制度，建立了考核结果与奖励、晋升挂钩机制，以及不适任检察官退出机制。

七、健全监督制约机制

办案责任制改革赋予检察官更大、更多权力的同时，必然要求健全完善相应的监督机制。对此，我们专门制定了《关于加强检察机关司法办案内部监督机制的意见》，主要包括：一是检察长、检委会有权随时监督、检查检察员办案组工作，有权变更、撤销检察员的决定。二是部门负责人可以监督、检查、协调检察员及检察辅助人员的办案工作，加强对办案组工作的日常监督，全面掌握检察员行使职权和廉洁自律的情况。三是检察员与办案组成员之间的相互监督，检察员有权申请更换检察辅助人员，办案组成员对于检察员在办案中滥用职权、徇私舞弊等行为，应当及时报告。四是专门监督管理机构对办案活动的监督制约。发挥案件管理部门职能作用，把握案件分流、立案、批捕、起诉等关键节点，加强流程管理和节点控制。加强纪检监察、司法监督和管理委员会对办案过程的监督制约，确保严格规范公正文明司法。五是外部监督制约。包括自觉接受人大监督和党委政法委执法监督，自觉接受公安、法院、律师、人民监督员等外部监督制约，完善检务公开机制等。

八、完善履职保障机制

我们结合健全检察职业保障制度改革，努力实现权责利相统一。主要包括：按照高于普通公务员标准，提高检察员待遇，目前采用工资 + 办案补贴的方式发放，同时适当提高检察辅助人员、司法行政人员待遇，建立符合检察职业特点、相对均衡的薪酬体系。实行资深、优秀检察官延迟退休制度。建立健全检察人员履行法定职责保护救济、不实举报澄清、医疗保险等机制，帮助干警解决实际困难、解除后顾之忧。

下一步，我们将认真贯彻本次会议精神，进一步提高思想认识，把握正确方向，在深化、完善、创新、提高上下功夫，加快推进检察官办案责任制综合配套改革，力求取得新的更大成效。

第十六章 检察基层基础工作

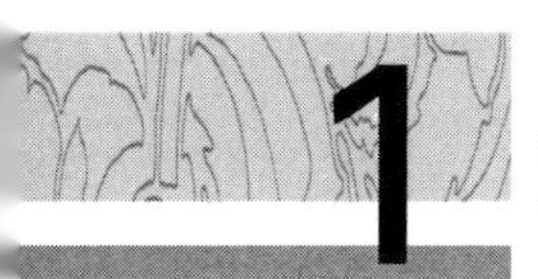

1 武汉汉阳：那儿有颗“奔腾的芯”*

2003年以来的短短3年时间里，湖北省武汉市汉阳区检察院从“后进院”一跃成为“全国模范检察院”。个中原因何在？今年以来，我两次到该院调研，发现了他们成功的秘诀，那就是通过建立人本化、规范化、信息化的长效管理机制，落实“三位一体”要求，努力为自身发展打造一颗“奔腾的芯”。

人本化管理提升内驱力。该院一方面努力构建具有自身特色的文化价值体系，将维护公平正义这一核心价值，具体化为“发展的世界观、负责的人生观、奉献的价值观、监督的权力观、神圣的地位观、淡泊的名利观”，并进一步提出“忠诚、公正、和谐、奋进”的院训。另一方面，该院积极创建学习型组织，引导干警全面发展。他们通过干警满意度测评的方式，使“创全国模范检察院、创学习型检察院、创省级文明单位”成为全院上下共同的奋斗目标，先后投入110余万元，建立了以每周一讲、每月专家论坛、不定期检察官论坛为主要形式的中心组理论学习制度、业务培训制度和业务骨干授课制度，并落实了考核、激励、监督、创新四大机制的建设。2005年12月，该院被全国总工会等十部委授予“全国学习型组织先进单位”称号，三年来有103人次受到各级表彰奖励，大学本科学历人员的比例由原来的45%上升到现在的92%。

规范化建设确保公正执法。该院大力加强规范化建设，以规范促公正，把确保案件质量和办案效果放在各项工作的首位。2004年

* 《检察日报》2006年11月24日刊载敬大力同志文章。

初，该院引进了ISO9001质量管理体系，根据“凡事有章可循、凡事有准则、凡事有人负责、凡事有人监督、凡事有案可查”的要求，将17个部门的工作规范、流程和质量标准纳入ISO9001质量管理，形成了一套以过程控制为主导，职责明确、程序严密、制约有效的规范化管理体系，为规范法律监督服务提供了明确的依据和标准。2004年9月该院顺利通过了权威部门认证，成为全省检察系统首家成功推行ISO9001质量管理体系的基层检察院。目前，“不让事情在我手中延误，不让工作在我手中断线，不让案件在我手中积压，不让差错在我手中发生”的“四不”意识已成为该院干警的共识。

信息化助推科学管理。经过不懈努力，汉阳区检察院已实现所有案件网上办理、从人脑把关到电脑监控的转变。为发挥信息化对管理的延伸功能，该院三年来先后投资100余万元用于信息化建设。在此基础上，他们积极探索运用现代信息技术促进和保障规范化管理的新方法，于2005年初自主开发了检察机关规范化管理系统，即网上办公办案综合事务管理系统，通过局域网对全院执法活动实施流程控制和质量管理。通过这个系统，该院的会议通知、文件收发、机要传阅、工作安排、车辆管理均在局域网上进行，网上的会议板块使干警们可以足不出户参加网络会议，绩效考评板块使考核评价得以经常化、科学化。信息化为科学管理提供了平台，使行政事务“管得住”、业务活动“管得好”、工作结果“管得清”、执法行为“管得严”在计算机的支持下得以实现。

2 深入开展以“强办案、强监督、强管理”为主要内容的科技强检工作*

这次会议是省院党组决定召开的一次重要会议，目的是为了进一步贯彻第十二次全省检察工作会议关于实施科技强检战略的要求，对全省检察机关组织开展“科技强检”活动进行动员部署，推进科学技术在检察工作中的广泛深入应用，把科技强检工作提高到一个新的水平。

一、统一思想认识，不断增强科技强检意识

当今世界科技进步日新月异，科学技术已日益渗透到人类生活的各个领域，成为经济社会发展的强大推动力量。科技水平已经成为衡量一个国家综合国力的重要标志，也是衡量一个行业、一个部门综合实力和工作水平的重要标志。高检院、省院历来高度重视科技强检工作，强调必须把科学技术作为推动检察工作发展的强大动力和重要手段，必须把实施科技强检摆在优先发展的战略地位。组织开展以“强办案、强监督、强管理”为主要内容的“科技强检”活动，是省院作出的一项重大决策和工作部署，是从今年开始连续三年要着力抓好的一项重点工作。全省检察机关要切实把思想统一到高检院、省院的要求部署上来，充分认识推进科技强检的重大意义，不断增强科技强检意识，以更大的决心和力度推进科技强检工作。

---

* 2008 年 4 月 22 日敬大力同志在湖北省检察机关科技强检工作会议暨全省检察机关开展“科技强检”活动动员部署电视电话会议上的讲话。

（一）推进科技强检，有利于提高检察机关法律监督能力

当前，检察机关法律监督工作与维护社会和谐稳定要求，与全社会日益增长的司法需求，与人民群众对司法公正的期望不相适应的矛盾比较突出。面对新的形势和日益繁重的工作任务，如何不断提高法律监督能力是我们必须着力解决的一个重大课题。其中很重要的一点，就是要把科技强检作为提高法律监督能力的重要途径，高度重视现代科技在检察工作中的应用，不断提高检察工作的科技含量，努力将先进的科学技术转化为检察工作的现实战斗力，提高法律监督水平，增强法律监督效能。通过推进科技强检，积极应用信息系统联网、信息交换与共享、网上举报、在线接待、科技侦查、网上远程侦查指挥、远程讯问、讯问全程同步录音录像等各种科技手段，能够有效增强检察机关实施法律监督、发现犯罪线索、侦查组织指挥、突破案件、收集、固定与鉴别证据、遏制翻供翻证等各方面的能力，促进法律监督工作整体水平的不断提高。近年来的实践也充分表明，科学技术的应用极大地强化了法律监督工作。我们要坚持站在强化法律监督职能、提高法律监督能力的高度，要始终围绕着办案工作、监督工作、管理工作来推进科技强检，把科技强检切实落到“强办案、强监督、强管理”上。对于在检察工作中能够有效应用、发挥作用的科技装备与科技手段，要积极创造条件加快建设、加强应用。

（二）推进科技强检，有利于提高规范执法和公正执法的水平

做到严格公正文明执法，是党的十七大对政法队伍建设提出的明确要求。要解决执法不规范、不公正问题，除了加强思想教育、进行集中整治、健全长效机制等措施以外，还必须高度重视运用科技手段促进业务工作规则、执法办案流程、工作质量考评标准以及规范执法长效机制的落实，不断提高规范执法和公正执法水平。通过应用信息网络强化流程管理、网上质量监控和执法考评等科技手段与方法，对执法办案进行实时监督、全程监督、跟踪监督和质量监控，加强案件管理，规范执法行为，有效地防止违法违规办案现

象的发生，促进执法水平和办案质量的提高。我们要充分认识推进科技强检对于解决执法不规范不公正问题，形成科学规范的长效机制的重要意义，将其作为促进规范执法、公正执法的有效措施和必经之路。

（三）推进科技强检，有利于提高管理水平和工作效率

现代科技已广泛应用于各项管理工作之中，并推动了管理理念、管理模式、管理机制的深刻变革与创新发展，极大的提高了工作效率。检察业务、检察办公、队伍建设和检务保障等各个方面的工作，都迫切需要通过应用现代科技加强管理、提高效率，努力实现管理的科学化、现代化。在推进科技强检工作中，要始终把提高效率摆在重要位置。科技强检工作的成效，要体现在提高办案效率，提高办公、办事效率上。对于无益于提高效率甚至降低效率的，不能借“科技强检”之名盲目引进、建设与应用。要充分应用信息系统联网、网上举报与在线接待、远程侦查指挥以及网上公文传输与处理、检务信息发布、视频会议、网上教育培训等等，转变传统的办案、办公方式和管理方法，打破时空限制，提高检察机关快速反应能力和工作效率。我们要通过积极推进科技强检工作，不断提高管理水平和工作效率，更好地履行法律监督职能。

二、明确目标任务，积极推进科技强检工作

全省检察机关要按照“科技强检”活动《实施方案》确立的十项目标任务，加大工作力度，强化工作措施，推动科技强检工作取得预期成效，促进全省检察工作不断向前发展。这里，我着重强调以下四点：

（一）不断提高检察工作科技含量和装备水平

科学的发展规划是推进科技强检工作的前提。省院在深入调查研究，广泛征求意见的基础上，制定了全省检察机关开展“科技强检”活动实施方案和2008—2010年科技强检项目建设规划，明确了今后三年的阶段性工作任务。各地要结合自身实际，分析工作现状，明确工作重点，科学制定贯彻落实省院方案和规划的具体实施意见，

对本地科技强检工作进行综合考虑、统筹安排，坚持分步实施、整体推进。近年来，我省检察科技工作投入较大，发展较快，但科技装备不足、科技含量不高，仍然制约着检察科技的广泛运用，影响着科技强检的实际效果。当前和今后一个时期，各地要加大力度，强化措施，着力提高检察工作科技含量和科技装备水平。要根据检察机关各内设机构的工作职能，建立相对统一的科技装备配备标准，使检察科技装备配备标准更具有针对性、可行性和可操作性：按照办案组办案和个人、部门办公用途，配齐满足检察业务的科技装备；按照合理布局和资源共享的原则，配备技术检验鉴定器材设备；按照检察综合工作需要配齐综合办公设备；完善基础信息网络设施设备建设，包括基础网络平台、网络运行支撑平台、网络应用系统平台等设施设备；省院和市州分院要争取将教育培训装备建设纳入国民经济和社会发展规划，逐步配齐所需的教育培训设备。在基础设施和科技装备建设过程中，要按照“实用、高标准、高起点”的原则，既着眼长远，尽力而为，不能凑合，不搞重复建设，避免重复投资，又量力而行，不做花架子，不铺张浪费，把有限的经费用到刀刃上。

（二）深入推进检察科技的实际应用

要坚持“建用结合，重在应用”的原则，着力将科学思想、科技方法、科技手段、科技装备广泛运用到检察工作中，不断拓展应用范围，切实提高应用水平。要深刻认识到，建设的目的在于应用，当前科技发展很快，建了不用，等于浪费，建了搁置，过两三年就会过时。各级院要细化检察科技应用目标，坚持一年一批重点，一步一个台阶，积极稳步地推进。要加强和推广信息技术、通讯技术、侦查技术、检察技术等检察科技在各项检察工作中的应用，特别是要不断提高高科技的应用水平。要推进检察业务应用，落实讯问犯罪嫌疑人同步录音录像、多媒体示证等改革措施，逐步推行案件网上动态管理、控申举报网上接收等科技应用；推进检察办公应用，加快远程网上公文传输应用，实现内部公文传输电子化、网络化，推广普及电子邮件、综合信息发布应用；推进队伍管理应用，围绕

"六项工程"建设，建立检察人员基本信息数据库，运用现代科技手段开展形式多样、内容丰富的思想政治建设、业务素质培训、检察文化建设活动；推进检务保障应用，在机关事务管理、财务管理、装备管理以及其他综合管理中运用科技手段，提高管理现代化水平。各级检察领导干部特别是检察长要带头学科技、抓应用，带头在网上办公、在网上审阅案卷、在网上批阅文件、在网上管理决策，省院和市州分院要发挥示范表率作用。

（三）切实加强检察科技管理

检察科技工作是检察工作的重要组成部分，是检察机关履行法律监督职能必不可少的科技保障。面临新形势新任务，检察科技工作亟待理清思路，整合资源，规范管理，形成合力。要按照检察工作一体化机制建设的要求，以"加强省级院，优化市级院，巩固县级院"为原则，以"三优化、三提升"为目标，对检察技术鉴定资源进行整合，努力构建布局合理、突出重点、兼顾地域、资源共享的检察技术工作格局。省院和有条件的市级院整合现有的技术资源，建立门类齐全的检察技术检验鉴定中心；其他市级院根据自身人力、物力资源和办案需求，对辖区内的鉴定资源进行整合，突出优势鉴定项目，设立鉴定机构，建立相应的鉴定业务门类，开展检验鉴定工作。要抓紧构建全省统一的电子检务平台。推行全省统一的电子检务工程，是实现信息资源共享的基础平台，也是形成检察科技整体合力的客观要求。要切实加强信息资源共享，打破信息孤岛，着力解决应用软件不对接、不兼容问题，提高信息资源的开发利用水平，让干警享受到检察信息化的便利。全省检察机关要在省院的统一部署、统一规划下，推行统一的电子检务，统一网络设施设备，统一开发应用软件。今后，省院将统一负责研究、开发应用软件，市级院、基层院主要组织软件应用试点，原则上不再另行组织开发，避免资源浪费。要认真总结检察业务、队伍、信息化"三位一体"机制试点中的经验和问题，对于发现的问题要及时纠正。要坚持着眼长远，超前思维，充分考虑将来与其他政法部门信息网络、国家电子政务网络的衔接、共享问题，努力使统一的电子检务平台具有科学性、实用性和先进性。要着力推行检察科技统一规范管理。各级检察技术信息部门要充分发挥在科技强检中的主导作用，加强对技术、管理特点和规律的研究，站在科技发展前沿，掌握科技发展动态，对检察科技工作统一归口管理，抓好整体规划，加强动态监督，实现规范管理。要在探索总结的基础上，进一步完善制度，健全机制，逐步健全完善检察科技管理机制，实现检察科技工作的全面协调可持续发展，促进我省检察机关的观念创新、机制创新和工作创新。

（四）重视科技人才，提高全员科技素质

推进科技强检工作，检察干警的科技素质提高是基础，人才是关键。一方面，要提高全员科技意识、素质和水平。要充分认识到，科技强检既不能简单地通过科技装备的投入实现，也不是个别部门和少数专业技术人员的事，只有广大干警掌握科技知识和技能，并自觉运用于检察实际工作中，才能真正使科技发挥应有作用。要将强化全体检察人员科技素质作为检察队伍建设的重要环节来抓，不断提高干警的科技意识、素质和科技应用水平。要采取有效措施，加大培训力度，抓好科技知识的普及教育和应用现代科技方法和科技设备的适应性培训，提高全体干警的应用技能；要鼓励干警在用中学、在学中用，让他们切实尝到科技强检的甜头，感受到科技强检带来的好处，发动广大干警参与和推动科技强检。另一方面，要抓好检察科技专业人才队伍建设。进一步树立人才是第一资源的观念，拓宽渠道，多措并举，逐步建立一支与科技强检建设规模与应用水平相适应的专业人才队伍。要加大力度，充实、引进专门人才，切实解决好技术人员紧缺的问题；省院、市级院要有意识地培养一批既懂信息技术、又精通检察业务的复合型人才，为科技强检工作提供智力支持和人才保证；要重视关心技术人员的成长，对作出突出贡献的技术人员应当给予表彰和奖励。

三、加强组织领导，推动科技强检各项工作任务的落实

科技强检工作涉及面广、技术要求高、推进难度大，必须加强

组织领导，明确工作责任，扎扎实实地推进，保障各项工作任务的落实。

（一）加强领导，督促落实

各级检察院党组要把科技强检工作纳入重要议程，作为事关检察事业长远发展的大事，下大力气抓紧抓好。要将科技强检工作列入“一把手”工程，由各级检察长亲自挂帅抓组织实施，分管检察长具体抓落实。为开展好“科技强检”活动，省院专门成立了科技强检领导小组，各地也要加快成立相应机构。各级院科技强检领导小组要加强对本地区、本单位科技强检工作的指导、协调和推动，掌握工作进展情况，及时解决存在的问题，促进各部门之间的沟通与协作。上级院要进一步加强分类指导和督促检查工作，对于科技强检工作走在前列的检察院，要跟踪指导、推广经验、树立标杆，对于那些科技强检工作相对薄弱的院，要采取技术指导、政策支持、领导包片等措施重点帮扶，整体推进本地科技强检工作。

（二）加强配合，协同落实

科技强检是一项系统工程，需要各部门主动参与、协调配合，特别是检察科技应用工作，只有全员参与，才能取得实效。要在科技强检领导小组的统一领导下，各部门分工负责，各尽其能，密切配合，共同推进。检察技术信息部门作为职能部门要切实承担起责任，做好规划、技术指导和支持服务等工作。各业务部门要主动参与到科技强检的需求、规划、论证、设计和实施的全过程中，把本部门、本系统的科技强检工作纳入日常工作，加强对本系统科技强检特别是统一的电子检务工程应用需求的研究，及时提出应用需求和推进方案，与检察技术信息部门共同抓好软件研发和应用等工作。保密部门要进一步加强检察科技保密教育和检查工作，加快保密体系建设步伐，落实各项保密要求，确保信息网络安全。其他综合部门要积极推动本部门、本系统的科技强检工作，主动应用科技手段提高管理水平和工作效率。

（三）加强考评，促进落实

科技强检是推动检察工作创新发展的一项重要战略举措，要将科技强检工作情况纳入对一个单位、一个部门的工作考评体系，作为一项重要的考评指标。对科技强检工作，要实施全面、综合的考评，同时坚持把应用工作作为考评的主要内容，注重考评检察科技在提高法律监督能力、促进规范执法与公正执法、提高管理水平与工作效率等方面所发挥作用和效果，引导、激励和促进检察科技应用。各级院要制定切实有效的措施，力争在三年内，全面开展检察科技应用，尽早取得成效。统一的电子检务应用工作要在省院的统一部署、统一规范和指导下实施，下级院的技术方案要报上级院审批。

（四）加强保障，推动落实

各地要积极向地方党委、政府争取资金支持，力争将科技强检建设纳入当地发展计划，保证科技强检资金足额到位。要坚持集中力量办大事的原则，争取财政部门支持，将中央政法补助专款向科技强检建设倾斜。各级技术信息部门要与计财部门密切配合，保证科技强检建设资金落实到位，用出规模效应。要重视技术信息部门建设和技术人才队伍建设，做到科技强检工作有领导管、有部门负责、有技术人员保障。要坚持科技强检建设与廉政建设两手抓、两手硬，严格纪律，加强监督，坚决杜绝各类违纪违法问题的发生。

3 大力加强基层检察院建设和检察基础工作，积极探索法律监督工作向基层延伸的新途径新方式*

基层院建设和检察基础工作是全部检察工作的基石。检察机关履行法律监督职能，关键是要抓好基层，打好基础。近年来，我省检察机关认真落实科学发展观的要求，注重抓基层、打基础、利长远，不断加强基础工作、提高基本素质、落实基本保障、增强基层实力，基层基础工作取得了很好的成效。但必须看到，在一些地方基层院建设和检察基础工作还比较薄弱，与党和人民群众对检察工作的要求，与更好地履行法律监督职能的要求，还有不小的差距。全省检察机关要切实把加强基层院建设和检察基础工作作为一项根本性的战略举措来抓，不断夯实检察工作的基础，为检察工作科学发展提供有力保障。

一、发挥好基层院法律监督作用

基层检察院要牢牢把握法律监督的根本职责，立足基层实际和特点，紧紧围绕服务科学发展大局、服务人民群众、维护公平正义、促进社会和谐稳定进行法律监督，发挥好执法为民的一线平台作用。在发挥基层检察院职能作用的同时，积极探索法律监督工作向基层延伸的新途径新方式。要在省院的统一部署下，积极而稳妥地探索在乡镇、街道、社区建立健全乡镇检察室、检察办事处、检察联络站等形式的派出机构，使其成为检察机关联系群众、服务群众的窗

---

* 2009 年 7 月 23 日敬大力同志在湖北省检察长座谈会上的讲话节录。

口和平台，成为履行法律监督职责的前沿阵地。要按照“加强管理、规范职能、重点加强”的原则，对派出机构的职能进行科学优化和调整补充。发挥派出机构的检察职能作用，依法受理、妥善处理群众举报、控告和申诉，积极化解矛盾纠纷；严肃查办和积极预防乡镇、街道、社区等基层组织国家工作人员职务犯罪；依法开展对基层执法司法活动的法律监督；加强对辖区内管制、缓刑、假释、暂予监外执行、剥夺政治权利罪犯监督管理和社区矫正的法律监督；积极参加社会治安综合治理，切实维护辖区社会和谐稳定。基层检察院要进一步提高执行力，改进执法作风，坚持深入基层、深入群众，适应群众的实际需要开展检察工作。

二、深入推进基层检察院建设

全省检察机关要认真贯彻落实全国基层检察院建设工作会议精神和高检院《2009—2013 年基层人民检察院建设规划》，始终把基层检察院建设作为战略任务常抓不懈，不断提高基层检察工作和队伍建设水平。基层院建设是一项综合性工作，要统筹抓好。要坚持以业务建设为中心，做到精力向业务工作集中，政策向业务工作倾斜，整体力量向业务工作凝聚，并以法律监督成效作为衡量和检验基层检察院建设成效的主要标准。要坚持以执法规范化、队伍专业化、管理科学化、保障现代化为目标，大力推进基层检察院建设，提高基层检察院建设整体水平，推动基层检察工作的科学发展。要着力解决基层检察院建设中的突出问题，特别是在人、财、物等方面要真正向下倾斜，增强基层检察工作的活力和凝聚力，推动基层检察院建设不断深入。要强化上级检察院责任，上级院要加强对基层检察院建设的领导和指导，认真做好整体规划、统筹协调、全面推进等工作，协调解决基层院建设中的重点难点问题，进一步完善和落实上级院领导联系基层、业务部门对口指导等制度。很多基层院建设的事情本来就是上级院的应尽责任，就更需要抓紧抓好。市级检察院是基层检察院建设的“一线指挥部”，要切实承担起领导基层检察院建设的直接责任，经常深入基层，实行面对面的指导，

帮助解决实际困难，充分发挥承上启下、具体指导和协调落实作用。各级院要积极争取地方党委、人大、政府的重视、关心和支持，为加强基层检察院建设营造良好的氛围和环境。

三、扎实抓好检察基础工作

认真研究解决影响检察工作发展的现实问题和制约检察工作长远发展的深层次问题，着力研究落实带战略性、根本性的措施，坚持打基础、利长远，不断夯实检察工作发展的基础。重点抓好四个方面：一是不断加强检务保障。以保障检察工作的物质需要和良性运转为目标，全面完成“两房”建设任务，加强基础设施和办公办案装备建设。加强检察经费保障，积极争取落实和提高基层院公用经费保障标准，争取加大转移支付力度，推动建立检察经费正常增长机制，促进落实“明确责任、分类负担、收支脱钩、全额保障”的经费保障体制。二是强化检察人才工作。加强检察人才培养，特别是以提高执法水平和办案能力为核心，大力加强检察业务培训，广泛开展岗位练兵和业务竞赛，实施高层次人才和实用型人才培养工程，培养造就一大批检察业务人才，推进队伍专业化建设；加强检察人才的动态管理和统一调配使用，切实用好现有人才资源；加大人才引进力度，积极引进急需人才，努力创造吸引和留住人才的良好环境；加强司法考试培训工作，促进解决检察官断档问题。三是推进科技强检。坚持把科学技术作为推动检察工作发展的强大动力和重要手段，紧紧围绕“强办案、强监督、强管理”推进科技强检，加大以信息化为重点的科技强检项目建设力度，提高检察人员的科技意识、素质和水平，推进检察科技实际应用，将现代科技手段转化为现实战斗力，促进检察工作整体水平的不断提高。四是健全制度机制。高度重视制度机制建设的基础性、根本性、保障性作用，紧紧围绕强化法律监督职能和强化对自身执法活动的监督制约，加强制度机制建设。重要的工作制度机制，还要争取党委、人大的认可和支持，以红头文件、地方法规等形式固定下来。要建立健全检察业务、队伍管理、检务保障等各方面工作的制度规范和工作机制，力求使各项检察工作、每个工作环节做到有章可循，确保权责明确、要求具体、管理到位、监督有效。加强制度规范和工作机制的实施，严格责任追究，确保各项制度规范和工作机制落到实处、发挥实效。

4 以党的建设带动和推进基层检察院建设*

这次会议的主要任务是：认真学习贯彻党的十七届四中全会精神，总结2006年以来特别是高检院召开全国基层检察院建设工作会议以来全省基层检察院建设情况，交流工作经验，研究部署新形势下的基层检察院建设工作，努力在新的起点上开创基层检察院建设新局面。这次会议先用两天时间组织大家到汉阳、武昌、枣阳、南漳四个基层院进行了现场观摩，刚才这四个院的检察长作了大会发言，还有12个基层院检察长将在会议上发言，他们的成功经验和做法，值得各地学习借鉴。省院党组对我省当前要着力抓好的基层院建设20件事项作出具体部署，其中一些事项省院已经制定颁布了规范性文件或实施方案，各地对这些工作部署和相关规定，要认真组织实施。

一、坚持以党的建设带动和推进基层检察院建设

党的十七届四中全会，研究了加强和改进新形势下党的建设若干重大问题，进一步部署了以改革创新精神推进党的建设新的伟大工程。全省检察机关要认真学习贯彻十七届四中全会精神，全面加强和改进检察机关党的建设，努力提高党的建设科学化水平，确保党的各项路线方针政策在检察工作中得到坚决贯彻落实，不断推动中国特色社会主义检察事业的发展进步。

---

* 2009年11月25日敬大力同志在湖北省推进基层检察院“四化”建设现场观摩暨经验交流会上的讲话。

十七届四中全会审议通过的《中共中央关于加强和改进新形势下党的建设若干重大问题的决定》强调要“做好抓基层打基础工作，夯实党执政的组织基础”，明确提出“以党的基层组织建设带动其他各类基层组织建设，活跃基层，打牢基础”。这充分表明了党中央对基层基础工作的高度重视。检察机关贯彻十七届四中全会精神，一个极其重要的方面就是必须高度重视检察机关基层基础工作，切实抓好基层检察院建设。我们要看到，基层人民检察院是人民检察院整体工作的基础，是党通过司法途径保持同人民群众血肉联系的桥梁和纽带；基层检察院工作直接关系到检察工作全局，关系到党和国家工作大局。全省检察机关要深刻领会、认真贯彻十七届四中全会精神，充分认识新形势下加强基层检察院建设的极端重要性，坚持以党的建设带动和推进基层检察院建设，努力提高基层检察院建设水平。

（一）大力推进基层检察院“四化建设”

在年初全国基层检察院建设工作会议上，高检院明确提出了推进基层检察院执法规范化、队伍专业化、管理科学化、保障现代化的主要任务和明确要求。高检院《2009—2012 年基层人民检察院建设规划》对推进“四化建设”作出了具体安排部署。“四化建设”涵盖了检察院建设的各个方面，是今后包括基层检察院在内的整个检察院建设的方向和载体，是实现检察机关自身科学发展的目标。推进基层检察院“四化建设”，是我们面临的一项长期的战略任务，既要深入研究，加强规划，长期推进，又要立足实际需要和现实条件，对当前应当着力抓好的工作进行梳理分解，一项一项落实到位，不断取得新的成效和新的进展。为了推进“四化建设”，落实好高检院《规划》的部署和要求，省院党组结合我省检察工作实际，经过慎重研究和广泛征求各地意见，推出了基层院建设 20 件事项。这些事项，既包括基层院自身建设的内容，也包括上级院加强对基层院建设指导的内容，都是当前基层院“四化建设”中迫切需要推动、解决、落实的，都是当前已具备相应条件能够组织实施、落实到位的。抓好这 20 件事项的贯彻落实，必将把我省基层检察院“四

化建设”提高到一个新的水平。全省检察机关要按照这次会议的部署，认真组织实施，务求实际效果。在具体实施中，各级院对本级院负责的事项都要不折不扣抓好落实，同时要强化上下级协调配合，充分发挥省院、市州分院宏观指导、协调推动作用，充分发挥基层检察院的主观能动性和首创精神，形成上下联动的合力，共同推动基层院建设20件事项的落实。

（二）积极推进学习型检察机关建设

检察机关要积极响应中央提出的建设马克思主义学习型政党的号召，努力建设学习型检察机关、学习型领导班子、学习型党组织和学习型检察官。基层检察院和检察人员要营造崇尚学习的浓厚氛围，不断学习，善于学习，优化知识结构，提高综合素质，增强工作能力，努力适应时代前进、工作发展的需要。必须注意的是，我们建设学习型检察机关，仅仅做到崇尚学习、抓好学习是远远不够的，关键是要提高思想政治水平，提高理论联系实际、解决实际问题的能力，提高运用新知识、新经验和新方法创造性开展工作的能力。要大力弘扬理论联系实际的学风，切实提高战略思维、辩证思想、创新思维，增强工作的原则性、系统性、预见性和创造性。

（三）严格贯彻执行民主集中制

十七届四中全会明确指出，要坚持和健全民主集中制，积极发扬党内民主。全省各级检察机关包括基层检察院要严格执行民主集中制，健全党内生活制度和领导班子工作制度，严格按规定和程序办事。要完善民主决策机制，完善党组会、检委会议事规则和决策程序，凡是重大决策、干部任免、重要项目建设、大额资金使用、重大案件处理等重大事项，都要经集体讨论决定，提高科学决策、民主决策、依法决策水平。要加强决策咨询工作，做好重大问题的前瞻性、对策性研究，广泛听取检察干警、基层干部以及社会各界的意见建议，始终把决策建立在发扬民主的基础上。检察机关贯彻民主集中制，还必须强调要严守政治纪律，坚持下级服从上级这一重要组织原则。基层检察院要自觉接受高检院和上级检察院的领导，严格执行高检院和上级检察院的指示、部署和决定，认真落实检察工作一体化机制，确保检令畅通，做到令行禁止。对上级检察院的工作部署和要求，决不能搞“上有政策、下有对策”，敷衍应付，不求实效；决不能以自己的好恶来决定执行的取舍，合意的执行，不合意的就不执行；决不能束之高阁，不传达、不贯彻、不落实，另搞一套，自行其是。

（四）切实抓好基层检察队伍和领导班子建设

队伍建设是做好检察工作的根本和保证；在整个检察队伍建设中，基层检察队伍建设是重点，也是难点。我们要深刻认识加强基层检察队伍建设的重要性，把基层检察队伍建设放到更加突出的位置来抓，全面抓好思想政治建设、领导班子建设、作风纪律建设、素质能力建设、队伍管理机制建设、检察文化建设等各方面工作，建设一支政治坚定、业务精通、作风优良、执法公正的高素质专业化基层检察队伍。抓基层检察队伍建设，必须始终把基层院领导班子建设作为重中之重。上级检察院要落实检察领导干部双重管理制度，认真协助做好基层院领导班子调整补充工作。按照政治上强、具有领导科学发展能力、能够驾驭全局、善于抓班子带队伍、民主作风好、清正廉洁的要求，选好配强基层院检察长。重视优化领导班子配备，形成班子成员年龄、经历、专长、性格互补的合理结构，增强班子整体功能和合力。建立健全对基层院领导班子的考核评价机制，强化考核结果的运用，引导基层院领导班子和领导干部树立正确政绩观，做出经得起检验的实绩。基层院领导班子要全面加强自身建设，特别是要高度重视加强领导班子的思想政治建设，认真贯彻落实省院最近制定的《关于进一步加强和改进检察机关领导班子思想政治建设的实施意见》，不断提高领导班子的学习力、决策力、创新力、执行力、凝聚力、公信力。要高度重视加强领导班子和领导干部领导能力的培养，提高运用科学发展观干事创业水平。要建立领导班子定期务虚制度，加强对本地检察工作重大问题的研究，加强宏观统筹和总体把握，提高工作的预见性、主动性和针对性。

二、充分发挥检察机关党组织在履行法律监督职能中的重要作用

加强基层检察院建设，必须以十七届四中全会精神为指导，进一步巩固和加强党的基层组织，着力提高覆盖面、增强生机活力，充分发挥党组织和党员干部在履行法律监督职能中的重大作用。

（一）保持党组织活动与检察机关职能活动的有机统一

检察机关是国家的法律监督机关，担负着强化法律监督，维护公平正义，保证国家法律统一正确实施的重要历史使命。检察机关的性质、职责集中体现着党的性质、宗旨和任务。检察机关同党组织的关系有三个显著特点，即检察机关实现了党组织全覆盖；检察人员中党员占绝大多数；基本实行各级主要领导检察领导职务同党组织领导职务“双肩挑”。这些特点决定，检察机关有必要而且有条件把党的工作做得更好。我们要充分认识检察机关是党领导下的检察机关，检察工作是党和国家工作的一个重要组成部分。全省检察机关要大力加强党的建设，切实提高检察机关党组织和广大党员干部的党性原则，为忠实履行党和人民赋予的检察职责提供强有力的政治保证。具体来讲，要做到四个方面：一是要坚持党对检察工作的绝对领导；二是要自觉贯彻党的基本理论和路线方针政策，确保其在检察工作中得到贯彻落实；三是要自觉为党工作，为党分忧解难，巩固党的执政地位，夯实党的执政基础；四是要自觉把检察机关职能活动作为党的工作的一部分来看待，把党组织活动贯穿于检察职能活动始终，充分发挥党组织在履行法律监督职能中的重要作用。

（二）发挥各级院党组在履行检察职责中的领导核心作用

各级检察院党组在领导本院和本地区检察工作中担负主要责任，应当切实发挥党组在履行检察职责中的领导核心作用。必须认识到，党组作为检察机关的领导核心，是负责组织、领导、谋划、推动检察工作的最关键、最重要、最主要的组织机构。各级院党组最根本的职责任务，就是在贯彻党的路线方针政策、进行科学决策、把握工作方向和重点、推动工作落实、做好干部管理工作中充分发挥领导核心作用。各级检察院党组要按照党委的统一要求，高度重视自身建设，提高班子的领导能力和领导水平，增强班子的凝聚力和战斗力，切实发挥领导核心作用。必须突出党的政治领导，坚持以党的理论和路线方针政策指导检察工作，坚持按照大局的要求谋划和推动检察工作，始终保持正确政治方向；必须坚持想大事、议大事，对检察工作进行科学决策，使工作思路和工作决策做到“六个符合”，通过科学决策有力推动检察工作的科学发展；必须把握工作全局、统筹兼顾，全面了解和深入掌握本地区检察工作的情况，既能够协调推进业务工作、检察改革、队伍建设、基层基础工作等各项工作，又能够突出解决工作中的重点难点问题和薄弱环节，实现工作的全面协调发展；必须注重提高执行力、狠抓落实，带头贯彻执行党的路线方针政策和上级检察院的要求部署，善于结合本地实际创造性地开展工作。

（三）发挥各级院机关党组织在履行检察职责中的协助和监督作用

要加强党的基层组织建设，实现党组织和党的工作在检察机关的全覆盖，做到哪里有党员哪里就有党的组织，哪里有党组织哪里就有健全的组织生活和党组织作用的充分发挥。机关党委、党支部、党小组等机关党组织，要充分发挥在履行检察职责中的协助和监督作用。“协助”，就是要带头执行上级决策、参与组织完成本部门各项任务，帮助本部门负责人改进工作；“监督”，就是要加强对本部门落实党的路线方针政策、落实上级决策部署的监督，加强对本部门党员的教育、管理和监督。针对检察机关办案人员出差多、党员流动性大的特点，要制定管理流动党员的有效措施，严格党内组织生活制度。对较长时间抽调办案的党员干部要设立临时党支部或党小组，及时接转组织关系，使党员始终处在党组织的教育、管理和监督之下。机关党组织要深化党性教育，激发党员干部增强光荣感和责任感，增强职业荣誉感，以对党、对人民、对检察事业高度负责的态度开展检察工作，履行法律监督职能；要组织党员优质高效

地完成本部门各项工作任务，在查办职务犯罪、维护社会稳定、强化法律监督等工作中，发挥党支部的战斗堡垒作用；要积极参加队伍建设，把检察队伍的政治素质建设和业务素质建设有机地统一起来，使队伍整体素质不断适应履行法律监督职责的需要；要加强对本部门工作的监督，推动上级要求部署在本部门得到贯彻落实，及时监督纠正工作中出现的偏差；要加强对党员干部的监督管理，有效防范和监督纠正违法违纪问题，促进严格公正文明廉洁执法。

（四）发挥党员检察官在履行检察职责中的先锋模范作用

全省各级检察机关要充分发挥党员检察官在履行检察职责中的先锋模范作用，把最难办的案件、最难做的工作、最难处理的问题交给党员检察官去完成，把每个党员检察官培养成为检察工作的骨干尖兵，切实为全体检察人员树立榜样。党员检察官，既要牢记自己是一名“党员”检察官，是有共产主义觉悟的先锋战士，首先要讲党性，切实增强党员意识，坚持以党员标准对自己严格要求，始终保持党员先进性，在工作中吃苦在前、享受在后、克己奉公、多做贡献，在困难和危险面前挺身而出、敢担重任；又要牢记自己是一名“检察官”党员，牢记法律赋予的法律监督职责和光荣使命，模范遵守和认真执行法律，坚持严格公正文明廉洁执法，恪守检察职业道德和检察官行为规范。党员检察官要带头坚定理想信念，坚定不移地做中国特色社会主义的建设者和捍卫者。要带头勤奋工作，始终把党和人民给予我们的法律监督权当作为党、为人民努力工作的舞台和条件，立足岗位，埋头苦干，奋发进取，创造出一流的业绩。要带头秉公执法，以实际行动维护社会主义法制的统一尊严权威，维护社会公平正义。要带头提高素质，切实按照提高法律监督能力的要求，加强学习，努力实践，积极探索，不断提高自身理论水平、练就过硬的工作本领。要带头遵守纪律，自觉遵守党的政治纪律、组织纪律、廉政纪律和群众纪律，自觉遵守检察人员的各项纪律和执法办案制度规范，坚决同各种违法违纪行为作斗争，维护中央的权威，维护国家和人民的利益，维护检察机关的良好形象。省院决定在全省检察机关开展争当“十型”检察官活动，广大党员干部要掀起争创热潮，全面提高个人的素质能力，带头争当“十型”检察官。

三、以党风促检风，保持检察机关同人民群众的血肉联系

十七届四中全会指出，要弘扬党的优良作风，保持党同人民群众的血肉联系。检察机关是党领导人民实现依法治国的重要力量，检察机关的作风也体现着党的作风，关系着党的形象。全省检察机关和检察干警要继承和发扬党的光荣传统和优良作风，不断加强执法公信力、群众工作和作风建设，始终保持同人民群众的血肉联系。当前要着力抓好以下六个方面：

（一）深入推进执法公信力建设

执法必须具有公信力才有存在和运行的基础，这是检察权运行的重要规律。检察机关要坚持执法公信，将其作为战略任务和立身之本来建设。我们抓执法公信力建设，要实现“严格执法、公正执法、文明执法、廉洁执法、高效执法、树立权威”的目标，提高人民群众对检察工作的信任度和满意度，必须建设和依靠一支作风优良的检察队伍。检察机关只有不断加强作风建设，做到自身作风过硬、执法公正，才能赢得社会各界和人民群众的支持，不断提高执法公信力。同时，检察机关只有大力加强执法公信力建设，对检察队伍作风建设提出更高的目标要求，采取更加有力的措施，才能进一步培育、锤炼检察队伍的优良作风。全省检察机关要落实中央和高检院的要求，按照省院的部署，紧紧围绕提高依法履职的能力和水平、加强对履职的监督制约这两项核心内容，全面抓好推进提高执法公信力的各项工作。要按照省院的统一部署，组织全体检察人员开展“提高公信力，我该做什么?”集中评查活动，推动执法公信力建设的深入开展。通过开展这个活动，教育引导检察人员坚持从小事做起，从点滴做起、从自己做起，坚持从办理每一起案件、发布每一份文件、做出每一个决定、做出每一个表态入手，树立检察院和检察官的良好形象和优良作风，促进提高检察机关执法公

信力。

（二）弘扬密切联系群众的作风

检察工作离不开人民群众的理解和支持，很多工作都直接面对群众，都要紧紧依靠人民群众；检察机关行使的每一项检察职能、作出的每一项决定，都会涉及群众利益。因此，做好检察工作必须全面加强检察机关群众工作。检察机关要认真贯彻党的群众路线，坚持从群众中来、到群众中去，坚持专群结合，密切联系群众，紧紧依靠群众。要增强群众观念，牢固树立人民群众是历史创造者的观念，尊重人民的主体地位，坚持检察工作的人民性，依法正确行使人民赋予的检察权。要增进对群众的感情，强化全心全意为人民服务的宗旨意识，从思想感情上贴近群众，对群众真心关怀、热情服务。要维护群众利益，坚持一切从人民群众利益出发开展检察工作，把实现好、维护好、发展好人民群众权益作为检察工作的根本出发点、落脚点，满足人民群众的司法需求，解决人民群众反映的问题，切实办好顺民意、解民忧、惠民生的实事。要提高群众工作能力，能够了解群众疾苦、掌握群众心理、疏导群众情绪、化解群众矛盾、引导和说服群众、妥善处理群众诉求，能妥善处置涉法涉诉涉检群体性事件、突发性事件。基层检察院与群众接触最广泛、联系最密切，是检察机关服务人民群众最直接的平台，更应当大兴密切联系群众之风，认真贯彻落实省委转发、省院制定的《关于加强检察机关群众工作的指导意见》，全面做好新时期检察机关群众工作。基层检察院要高度重视健全完善检察机关群众工作机制，建立群众工作平台，特别是要充分发挥控告申诉检察部门作为检察机关群众工作专门机构的作用。要高度重视解决对群众的思想感情问题，教育和鼓励基层检察人员深入农村、社区，建立和落实基层院领导干部深入农村、社区联系制度，向群众学习，与群众交朋友，经常换位体会群众的感受，多设身处地地为群众着想，不断拉近同群众的距离、增进对群众的感情，甘当人民群众公仆。

（三）弘扬求真务实的作风

我们党一贯倡导求真务实、真抓实干。检察机关要把求真务实贯彻到检察工作的各个方面各个环节，真正把检察人员的心思用在干事业上，把功夫下到察实情、出实招、办实事上。对基层院和基层检察人员来讲，能不能做到求真务实、真抓实干，关键要看执行上级决策部署的能力和抓工作落实的实际成效。当前，有的领导干部和检察人员求真务实之风不浓，在抓执行工作中存在着一些突出问题，主要表现在：一是摆样子，提出的工作措施停留在案头、口头，实践中不落实，仅仅用来充门面、应付检查；二是花架子，追求脱离实际的高目标，喊哗众取宠的空口号，热衷于搞一些华而不实、违背规律、不符合实际的东西，实际上是搞形式主义、做表面文章，收不到实际效果；三是撂挑子，搞上有政策、下有对策，阳奉阴违，听不得批评意见，一批就跳、一批就闹，不满意就甩手不干；四是半拉子，抓工作虎头蛇尾，不能一抓到底，导致半途而废，实现不了既定目标；五是拖腿子，抓工作落实不力，慢吞吞、慢半拍，或者得过且过、不思进取，导致工作停滞不前，拖整体检察工作的后腿；六是打摆子，开展工作没有主见和定力，左右观望，忽左忽右，前怕狼后怕虎，最终干不了事，也干不成事；七是跑调子，不能准确领会和把握上级精神，误判误导，跑调或者不入调，致使工作出现偏差；八是添乱子，对上级正在部署开展的重大工作，不仅不能抓好落实，反而反其道而行之，出现重大问题和重大失误，引起强烈社会反响。对这些问题，各地要认真对照检查，切实查摆纠正。要弘扬求真务实的作风，克服浮躁情绪，脚踏实地，埋头苦干，持之以恒地做艰苦、细致的工作，扎实地做好每一件事，一个环节一个环节地抓好工作落实，务求实实在在的工作成效。

（四）弘扬艰苦奋斗的作风

艰苦奋斗是党的优良传统，是党团结和带领人民实现国家富强、民族振兴的强大精神力量。近年来，检察机关的基础设施建设、经费保障、办公办案条件有了很大改善和提高。今年，中办、国办下发了《关于加强政法经费保障工作的意见》，中央和省委对政法经费保障的政策已出台，具体方案也在制定中，省院正在积极做争取工作，省委、省政府领导也很关心支持。但由于各种原因，经费保

障仍然是有限的，分到检察机关的经费额度相对较少，检察机关尤其是基层院经费比较紧张的问题短期内难以完全解决。检察领导干部和广大检察人员要牢固树立为检察事业长期艰苦奋斗的思想，继续坚持勤俭节约、艰苦创业的原则，甘愿把生活苦乐置之度外，为检察事业无私奉献。要严格执行财经制度和经济工作纪律，坚持厉行节约，量力而行、精打细算，讲求实效，把有限的财力、物力使用好，特别是加强对执法办案的保障。要狠刹铺张浪费、奢侈享乐之风，严禁用公款大吃大喝、游山玩水和进行高消费娱乐，严禁违反规定修建楼堂馆所和超标准装修办公用房，严禁为领导干部违反规定购买、建造住房和配置用车，严禁巧立名目组团出国旅游。特别要强调的是，决不能以经费保障不足为由继续进行违法违规扣押、冻结和处理款物，这是一条底线。

（五）弘扬批评与自我批评的作风

批评与自我批评，是我们党抵御各种政治灰尘和腐朽思想侵蚀、纠正自身错误、解决党内矛盾、维护党的纪律的有效方法。检察机关党员干部都要正确运用这一武器，开展积极的思想斗争，坚持真理，修正错误，对发现的问题及早提醒、及时纠正。领导班子要经常开展严肃认真的批评与自我批评，进行开诚布公的谈心活动，提高民主生活会质量，主动征求群众的批评意见，做到知无不言、言无不尽，言者无罪、闻者足戒，有则改之、无则加勉。领导干部要坚持党性原则，勇于揭露和纠正工作中的缺点错误，反对明哲保身、怕得罪人的好人主义；要正确对待不同意见，不得压制批评，更不得打击报复。这里强调一点，各级院党组在选人用人上，要提高公信度，要注意树立正气，既不能让老实人吃亏，也不能完全以票取人，特别是对奉行好人主义、丧失原则、一团和气的人员决不能提拔重用。

（六）弘扬清廉严明的作风

基层检察院和检察人员处在法律监督工作的第一线，处在与各种犯罪作斗争的第一线，经常直接面对各种腐蚀和诱惑，必须筑牢拒腐防变的防线，切实做到执法公正、清廉严明。要毫不松懈地加强自身反腐倡廉建设，落实党风廉政建设责任制，加强廉洁从检教育和领导干部廉洁自律，注意发现和严肃查处检察人员违法违纪问题，始终保持队伍的纯洁性。要高度重视对自身执法活动的内外部监督制约，继续探索和推进构建完整的监督制约体系，使执法办案工作置于严密的、全方位的监督制约之下，保证严格公正文明廉洁执法。

5 以保障执法办案、保障能力提升、保障规范执法、保障事业发展为目标，构建“四位一体”检务保障格局，推进“实力检察”建设*

这次会议是省院党组决定召开的一次重要会议，主要任务是深入贯彻落实全国、全省检察长座谈会、全国检察机关第七次计划财务装备工作会议精神，总结工作，分析形势，明确思路，部署任务，按照推进“实力检察”的要求，全面加强和改进全省检察机关检务保障工作，更好地推动和服务检察工作科学发展。

2008 年以来，全省检察机关紧紧围绕检察中心工作全面加强检务保障建设，经费保障水平显著提高，“两房”等基础设施建设取得阶段性成效，科技强检深入推进，后勤服务管理水平稳步提升，检务保障队伍建设不断加强，为执法办案和法律监督工作顺利开展创造了良好条件，为检察事业发展打下了坚实的物质基础。这些成绩的取得，是省委、高检院正确领导和全省地方各级党委、政府以及财政、发改委等部门关心支持的结果，是各级院从事检务保障工作的检察人员团结协作、开拓进取、无私奉献的结果。在此，我代表省院党组，向受到表彰的先进集体和先进个人表示热烈的祝贺！向辛勤工作在检务保障一线的检察人员表示诚挚的问候和崇高的敬意！

---

* 2012 年 8 月 30 日敬大力同志在湖北省检察机关计划财务装备工作会议上的讲话。

一、从“实力检察”出发，全面推进全省检察机关检务保障工作

省第十次党代会对湖北经济社会发展作出了推进“五个湖北”建设的总体部署。我们深刻认识湖北检察事业与全省经济社会发展共生共长、密不可分，积极融入“五个湖北”建设，进一步谋划检察工作科学发展之路，提出了“五个检察”，强调要推进“实力检察”，切实强基础、壮实力，稳固发展根基，增强发展后劲。兵马未动，粮草先行。检务保障是“实力检察”的重要组成部分，是全部检察工作的物质基础，是提高法律监督能力、确保严格公正文明廉洁执法的重要条件。全省检察机关一定要从保障和推进检察工作科学发展的高度，深刻认识做好新形势下检务保障工作的重要意义，按照“实力检察”的要求，理清思路，明确目标，谋划和推动检务保障工作不断发展进步。

检务保障助推“实力检察”建设，重点是四个方面：一要保障执法办案。执法办案是检察工作的中心，也是检务保障的重心。要把满足执法办案需要作为检务保障的出发点和落脚点，突出保障办案业务经费，配齐配全必需的办案装备，建立健全执法办案基础设施，不断改善执法办案条件，为执法办案提供充足的物质保障。二要保障能力提升。要把提高法律监督能力，促进检察工作科学发展作为检验检务保障工作成效的标准，从经费、装备配备、科技手段上为提高法律监督能力提供全方位的保障，争取把检察教育培训经费列入检察经费预算，加大对任职资格、领导素能、专项业务、岗位技能培训的投入，确保全员培训深入推进，不断提高检察人员素质能力，适应检察工作实际需要。三要保障规范执法。规范执法事关检察机关执法公信力，事关社会和谐稳定，事关党和政府形象。规范执法是有成本的，需要设备设施来保障，需要资金投入来落实。从实践来看，“为钱办案”、“为保运转办案”是执法不规范的重要诱因。抓执法保障是我们提出促进公正廉洁执法“五位一体”工作格局的重要组成部分。要把对规范执法的保障摆在检务保障的重要

位置，进一步加大执法保障力度，为公正规范执法提供必要的物质保障。要把有限财力向检察业务、执法办案一线倾斜，加快规范执法重点任务建设，确保规范执法“倒逼机制”有效运行。四要保障事业发展。要统筹处理好当前需要和长远发展的关系，既重点解决当前检务保障工作中存在的与检察事业科学发展要求不适应、不符合、不协调的突出问题，确保检察机关高效有序运转和检察职能充分有效发挥；又要立足实际、适度超前，从保障检察事业未来发展的角度出发，谋划检务保障工作，与检察事业中长期发展目标相衔接，做好经费、装备、基础设施建设等方面的长远规划和项目制定，增强检务保障工作的前瞻性和预见性。

二、把握机遇、应对挑战，抓紧做好实施修改后刑事诉讼法检务保障准备工作

修改后刑事诉讼法增加了检察机关的工作任务，需要新建基础设施、更新完善办案装备、增加办案业务经费和人员经费，对检务保障工作提出了新的更高要求。全省检察机关要抓住刑事诉讼法修改的契机，做好争取支持工作，把检察机关经费保障、基础设施、科技装备建设提高到一个新的水平。

（一）切实抓好预算编制工作

适应修改后刑事诉讼法对经费保障的需求，做好预算编制工作是关键。各级院要把预算编制作为当前检务保障的中心工作和一把手工程来抓，在深入调研、掌握情况、算清细账的基础上，及时汇报、加强沟通、争取支持，力争将新增日常公用经费和业务经费需求纳入本级财政预算。目前，省院正积极向省委、省政府及财政部门反映，争取重视和支持，力争对修改后刑事诉讼法实施需要一次性投入的经费，按照先急后缓的原则，采取分类、分期的办法安排预算。各市县院也要积极行动，将实施修改后刑事诉讼法必需的业务基础设施项目列入建设规划，确保本级应承担的投资列入年度财政预算，按建设规划及时同步落实到位，积极争取相关规费减免等政策性优惠。

（二）切实抓好相关基础设施建设工作

修改后刑事诉讼法突出强调保障人权，对检察机关规范文明执法提出了新的更高要求。去年以来，我们着眼于“倒逼”规范执法，推进“三项重点建设任务”，取得了明显成效，有利于修改后刑事诉讼法的贯彻落实。下一步，全省检察机关要坚持狠抓规范执法不动摇、不后退，尚未完成办案区改造、看守所职务犯罪讯问室及同步录音录像设施建设的地方，要积极筹措资金，加大投入，加快建设进度。要坚持按照“全覆盖、全天候、全联通、全存储”的要求，加大视频监控投入，增配存储设备，延长监控资料存储时间，使之符合办案周期；增加带宽，提高上传图像分辨率和畅通性，确保规范执法基础设施建设满足执法办案需求和规范执法要求。

（三）切实抓好相关信息化及装备建设工作

修改后刑事诉讼法对检察机关法律监督能力提出了新的更高要求，需要我们通过加强科技装备建设予以保障。要围绕提高侦查能力，加强职务犯罪侦查装备建设。围绕提高证据收集、固定、判断能力，加快推进电子证据检验鉴定等司法鉴定实验室建设和国家认可进程。围绕提高审查批捕、审查起诉、出庭公诉、诉讼监督等工作的效率和效果，为开展视频远程讯问、案件材料传送、多媒体示证等工作配备相关装备设施，不断提高检察工作科技含量，切实将现代科技转化为现实战斗力。

三、抓规划、定项目，着力构建“四位一体”检务保障格局

检务保障工作涉及经费、基础设施、装备等方方面面，是一个相互联系、相互影响的统一整体。只有树立系统性思维、坚持成体系推进，才能实现各项工作平衡协调发展，才能不断提升检务保障整体水平。高检院要求着力构建经费保障、基础设施建设、科技装备建设、后勤保障服务“四位一体”的检务保障格局，努力形成科学、完备、高效的检务保障体系。全省检察机关要认真贯彻这一要求，按照系统化推进、体系化落实、项目化建设的原则，既抓好各

方面保障工作的长远规划，明确总体要求、奋斗目标和主要任务；又抓好具体项目制定和落实，明确载体、稳步实施，切实将思想战略方案化、方案谋划项目化、项目实施措施化，扎实全面地推进各项检务保障工作，深化构建“四位一体”工作格局，努力形成更加健全完善的检务保障工作体系。

（一）着力提升经费保障水平

经费保障是检察事业发展的基础，是整个检务保障工作的重中之重。要深入贯彻中央政法经费保障体制改革的总体部署，认真落实中央、省委关于加强政法经费保障工作的意见，按照“明确责任、分类负担、收支脱钩、全额保障”的原则，加强沟通、争取支持，抓好各项政策的落实，不断提升全省检察经费保障水平。一要着力提高公用经费保障标准。积极适应基层院建设和发展需要，统筹考虑以往公用经费保障标准偏低和贯彻修改后刑事诉讼法新增经费需求，找准经费增长点。省院要主动加强与财政部门的协调，尽快制定出台新的基层院公用经费保障标准，为基层检察机关充分履职、规范执法提供有力保障。二要积极争取加大转移支付力度。按照公平合理、符合实际的原则，根据检察业务工作量和年度装备建设计划，争取省委领导、省政府及财政部门支持，努力提升检察机关在中央、省转移支付资金分配使用中的比例，为执法办案工作顺利开展创造良好条件。三要推动建立经费正常增长机制。统筹考虑本地经济发展水平、财力增长状况、物价上涨、业务工作量和办案成本增加等因素，推动建立经费正常增长机制，以制度形式保证经费保障标准适时适度增长，与检察工作需求同步提高。四要提高资金使用效益。坚持勤俭办事，合理安排经费投入方向和投入数量，有效压缩“三公”经费和行政消耗性经费支出，把有限的经费更多地向检察业务工作倾斜。

（二）着力提升基础设施建设水平

基础设施是检察机关依法履行职责的重要依托。一要稳步推进重点项目建设。要继续以“两房”建设为重点，抓好搬迁重建院、新移交的铁路检察院的“两房”建设项目申报立项、筹集资金、规划设计、施工建设等各环节工作，进一步改善办公办案条件；加强教育培训基地建设，突出抓好国家检察官学院湖北分院汤逊园校区现代校园、智能校园、人文校园、绿色校园等“四个校园”建设，进一步改善教育培训条件；加快派驻检察室办公场所建设，配备必要的设施设备，实现派驻检察基础设施的全覆盖。二要科学设计、完善功能。新建“两房”等基础设施建设一定要有新思维、新模式，围绕检察机关职责性质和实际工作需求，充分考虑未来发展需要，科学设计、合理规划，特别是要考虑好功能性用房的建设。如办案区要符合《人民检察院办案工作区设置和使用管理规定》，严格按省院要求和标准设计、建设，要符合“强制物理隔离”、同步录音录像、视频监控以及各项安全防范要求；综合受理接待中心要能够实现“七合一、六整合”，“一个窗口对外、一个闸门对内”，方便群众信访，强化案件管理；要根据修改后刑事诉讼法关于侦查阶段律师会见犯罪嫌疑人、审查批捕听取辩护律师意见等规定，充分考虑执法办案需要，建设律师会见室、听证室等功能性用房。三要妥善化解基建债务。当前，我省部分检察院基建债务仍比较沉重，影响和制约了检察工作开展和检察职能的充分发挥。各地要认真落实《关于化解地方政法机关基础设施建设债务的意见》，争取地方政府及财政部门支持，继续深入推进基建债务化解工作。同时要严格纪律、加强管理，防止超标准超规模建设，坚决防止发生新的债务。

（三）着力提升科技装备建设水平

提高科技装备现代化水平，是提升法律监督能力的重要途径，是确保规范文明执法的客观需要，也是加强检察管理、提高工作效率的有力手段。全省检察机关要坚持推进以“强办案、强监督、强管理”为主要内容的科技强检工作，根据《2009—2013 年全省检察机关科技强检项目建设实施方案》和《湖北省县级人民检察院基本业务装备配备标准（试行）》，上下一心，团结努力，共同深入推进科技装备建设项目的实施。一要加强执法办案装备建设。积极推进侦查指挥、侦查取证、交通通讯、安全防范等装备项目建设。依托专线网，完善全省各级院互联互通的侦查指挥系统，保障案件远程

指挥、案情通报、案件讨论、协查联络、证据传送的及时高效、安全保密。在依法依规的前提下，加强音像采集移动平台建设和使用，提升侦查指挥能力。二要加强信息化建设。深入推进全国检察机关统一业务应用软件试点，结合湖北实际，加快推进综合受理、行政执法与刑事司法衔接工作信息共享、案件管理、综合考评等信息化应用平台建设，提高信息化运用水平。三要强化执法执勤用车配备使用管理。严格执行高检院、省院关于执法执勤用车配备使用管理的规定，按标准配备充实专用业务车辆，加强对警车的使用管理。四要筹备建设检察技术研究中心。依托省院的国家认可实验室，引进高水平人才和高精尖装备，建设一个综合性、高层次的检察技术研究中心，开展检察技术基础性、前沿性问题研究，为检察工作提供更加有力的技术支撑。

（四）着力提升后勤保障服务水平

坚持以保障检察工作高效有序运转为目标，认真落实即将施行的《机关事务管理条例》，努力做到“后勤”先行，不断提高后勤保障服务水平，提高干警满意度。增强服务意识，坚持以人为本，从检察工作的需要和干警的要求出发，认真听取意见和建议，进一步完善制度、细化标准、优化流程、改进薄弱环节，主动服务、周到服务、热情服务，不断提高服务质量。加强机关后勤服务管理，努力建立集中统一、权责清晰、运行高效的管理体系，合理配置和节约使用后勤服务资源。要加强对设施设备的维护保养，加强机关安全保卫工作，全面落实人防、物防、技防措施，确保安全无事故。按照简化礼仪、务实节俭的要求，不断推进公务接待工作制度化、规范化、程序化建设，严禁超标准接待。开展节能宣传教育，强化日常管理，从小事做起、从自身做起，积极创建节约型机关。

四、健全完善工作机制，推动检务保障工作科学发展

机制具有长效性、根本性作用。要加强对实践经验的总结和提炼，使之上升为制度要求，进一步健全完善检务保障工作机制，提

升检务保障工作科学化、规范化水平。

（一）健全完善重点项目统一建设机制

近年来，省院按照“四统一”的原则建设规范执法基础设施，按照“六统一、一分级”的原则推进科技强检工作，取得了较好效果。要坚持和发扬这些有效做法，健全完善重点项目统一建设机制。对于信息化建设、办案区建设等需要统一推进的项目，在规划上，制定全省统一建设标准，确保设计科学合理、统一规范；在实施上，全省统一开展招标采购、设备安装、技术培训等工作，集中专项资金统一使用，提高资金使用效益，保证项目建设顺利进行；在验收上，全省统一验收标准，在必要的情况下，统一组织检查验收。

（二）健全完善防范“上进下退”工作机制

当前，少数地方仍存在违反政法经费保障政策，以转移支付资金冲抵本级财政预算的现象，影响了检察经费保障水平的提升。全省检察机关要高度重视，强化措施，进一步健全防范“上进下退”工作机制。要加强与财政部门的沟通协调，确保严格落实预算，确保应由本级承担的办案业务经费和装备经费足额到位。上级院要加大对下级院的支持力度，必要时出面协调，帮助解决困难。

（三）健全完善“收支两条线”管理机制

严格贯彻中央“收支脱钩、全额保障”的总要求，认真落实高检院、省院关于扣押冻结涉案款物的相关规定，巩固近年来专项治理成果，坚决防止乱扣押、乱冻结、乱收缴等受利益驱动违法违规办案的行为。计划财物装备部门要切实履行职责，严格落实扣押冻结款物集中统一管理制度，对应当上缴的及时上缴国库。要积极协调财政部门将检察机关所需经费纳入财政预算，按规定予以全额保障，真正实现扣押冻结款物与保障来源脱钩，杜绝坐收坐支、明脱暗挂、挪用罚没款物等违纪违规行为。

（四）健全完善基础设施建设审批机制

认真落实《全省检察机关“两房”建设管理办法（试行）》，建立检察机关基建项目内部核准制度，对建设项目规划设计方案由省院“两房”建设专家咨询委员会审查把关。上级院要加强对项目立

项、建设标准、经费来源等方面的审查，防止重复建设、超标建设；尤其要加大专业技术指导力度，注重审查是否安排新型办案区、综合受理接待中心、律师会见室、听证室等功能性用房，确保布局合理、功能完善、符合执法办案需求。

（五）健全完善对检务保障工作的管理、监督和制约机制

加强检务保障工作规范化建设，提高检务保障管理的精细化、科学化水平，向管理要质量、要效益。严格工作程序，规范操作，在经费使用、物资采购、工程建设等方面，坚持公开透明，健全检务保障管理和绩效考评机制，加强内部监督制约。严格遵守法律法规和财经纪律，主动接受纪检监察部门的监督，自觉接受财政、审计部门监督检查，依法严肃处理违纪违法行为。

（六）健全完善信息化建设统一实施与自主开发相结合的工作机制

一方面，按照高检院统一部署，加大力度，落实任务，深入推进行贿犯罪档案查询、全国检察机关统一业务应用软件试点等工作。另一方面，结合湖北实际，加强自主开发，推进综合受理、侦查信息查询、综合考评、“两法衔接”等信息化系统平台建设，满足工作实际需要。在自主开发过程中，要注重与高检院统一业务应用软件的衔接配套，保证系统的兼容性和可扩展性。

检务保障工作任务繁重而艰巨，各级院党组要高度重视、切实加强对检务保障工作的领导，经常听取汇报，研究推进工作的措施。各级院检察长对检务保障中的重大项目建设、重要政策落实等，要亲自出面，积极主动争取当地党委、政府和有关部门的重视支持。要注意发挥计划财务装备部门在涉及全院重大工作决策中应有的作用，党组会、检委会、检察长办公会研究部署有关业务工作时，需要检务保障同步跟进的，应安排计划财务装备部门的同志参加，充分听取意见。要统筹处理好抓本级和抓系统的关系，省院和市级院要在做好本级院保障工作的同时，加强对下级院检务保障工作的领导和指导，上下一心、共同努力促进解决基层院的实际困难，提升检务保障整体水平。要进一步加强检务保障队伍建设，培养、引进

政治素质过硬、精通财务管理、熟悉检察业务的专业人才充实检务保障队伍，提升队伍专业化水平。对从事检务保障工作的检察人员要严管厚爱，在政治上关怀爱护，在职级待遇方面一视同仁；在工作上撑腰鼓劲，支持计划财务装备部门坚持原则、大胆管理；在生活上关心照顾，帮助解决困难，增强队伍凝聚力、战斗力。计划财务装备部门要高度重视自身建设，大力提升履职能力，严格遵守廉洁从检的各项纪律规定，维护检察机关良好形象。

6 以信息化引领检察工作现代化*

自今年4月以来，在省委政法委的统一组织下，经过近5个月的激烈角逐，全省检察机关信息化应用“大比武”竞赛即将落下帷幕。刚才，大家的汇报展演，既是对我们这次信息化应用“大比武”成果的大检阅，也是我省多年科技强检建设成果的集中交流展示，对于我们进一步鼓舞斗志、坚定信心，奋力推动全省检察信息化建设和应用向纵深发展具有重要意义。

本次“大比武”竞赛启动后，各级院党组高度重视，紧紧围绕“强办案、强监督、强管理”，以检察信息化应用需求为主线，按照“全面部署、全员参与、全面应用、全面提升”的工作思路，采取“先条块、后集中，先操作、后演示”的形式，自下而上、层层选拔，以比促学、以比促建、以比促用，实现了预期目标、取得了显著效果。一是强化了信息化支撑的新理念。全省检察机关依靠信息化手段提高司法办案质量、效率和公信力的意识形成普遍共识，向科技要检力、向信息化要战斗力的理念更加深入人心，以信息化引领检察工作现代化的决心更加坚定不移。二是提升了信息化应用的新能力。我们立足办案实战，创新比赛模式，以比武促应用，以应用练本领，培养锻炼了一批信息化应用能手，有效提高了利用信息化手段开展线索初查、抓捕审讯、搜查取证的能力，提高了利用多媒体示证系统等现代信息手段指控犯罪的能力，提高了依靠信息共

* 2015年9月15日敬大力同志在湖北省检察机关信息化应用“大比武”竞赛汇报展演暨总结表彰大会上的讲话。

享共用强化法律监督的能力，提高了运用视频监控、同步录音录像和统一业务应用系统严格公正规范文明司法的能力，提高了互联网时代的社会沟通能力和检察公信力。比如，参展干警围绕选定的28件职务犯罪线索，依托信息化平台和科技手段，在足不出户的情况下获取海量办案数据，从而迅速确定侦查方向、锁定涉案人员、找准突破口，“大比武”活动开展100天，查办职务犯罪案件100人。三是推动了信息化建设的新发展。我们以“大比武”为契机，加大投入，加快建设步伐，综合受理、侦查信息查询、“两法衔接”等信息化应用平台完成升级改造，在深入推进科技强检战略上迈出了新的步伐。

当前，以信息技术为核心的新一轮科技革命正在孕育兴起，日新月异、飞速发展的互联网信息技术，已经融入到经济社会的方方面面，正在深刻地改变着我们的生产生活方式。党中央从推进“四个全面”战略布局出发，主动顺应互联网时代发展大趋势，作出了“互联网+”的重要战略部署，给检察工作带来了新的重大机遇和严峻挑战。我们要深刻认识信息化在检察工作中的极端重要性，以本次“大比武”为新的起点，应势而动、顺势而为，更加充分运用互联网和信息化发展成果，探索完善“互联网+检务”工作模式，以信息化引领检察工作现代化。

一要进一步抓好现代科技知识的学习。要全员学，无论是业务部门还是综合部门，不管是入额检察官还是检察辅助人员，都要加强科技知识学习，努力掌握必要的现代信息技术。要重点学，主要围绕信息化侦查、多媒体示证、信息共享和信息查询、互联网+检务等应用项目，深入学习，熟练掌握。要带头学，各级院领导干部要以身作则、带头示范，在重学、好学、促学上树立标杆、作出表率，力争把互联网和信息化这个“最大的变数”变成创新检察工作的新抓手。同时，要进一步丰富学习载体和平台，完善促进学习、保障学习的长效机制，培育和宣传学习典型，努力在全省检察机关形成重视科技引领的学习风潮。

二要进一步抓好科技强检项目建设。当前和今后一个时期的重

中之重是，积极抢抓“十三五”规划机遇，推进以科技强检为核心的第三次创业，建设集案件办理、大数据平台、全省网络枢纽、调度指挥、科研、学术交流、技术培训、灾备中心等产学研于一体的立足全省、辐射中南地区、在全国有影响力的高层次全省检察科技综合体，同时，在武汉、宜昌、襄阳分别规划建设服务“1+8”武汉城市圈、我省西部和北部的司法鉴定中心，其他市级院根据本地特点建设基本满足本地工作需要的司法鉴定机构，在此基础上，形成覆盖全省的科技强检工作体系。通过网络联接，构建电子证据等检察技术云平台，再逐步汇聚检察工作其他数据，建成我省检察机关大数据中心和“检务云”。省院党组将这一项目专门向省委常委会作了汇报，省委常委会已经同意将有关重点项目列入国家、省相关项目建设规划。

三要进一步扩大和深化现代科技手段的检务应用。要推进互联网与检察工作适度融合，在合适范围内和确保安全保密的条件下，扩大互联网及相关信息技术在检察领域的应用范围。要推进信息化与检察工作深度融合，依托信息网络技术提升司法办案能力，充分发挥大数据、云存储、云计算等在“两法”衔接、职务犯罪侦查、诉讼监督中的作用，推动侦查指挥、远程取证、行贿犯罪档案查询等业务流程升级换代，不断提高法律监督的能力和水平。要善于运用信息化手段提升司法管理效能，对办案流程进行统一的规范化设计，对重要环节实行节点控制，保证严格规范司法。要推进“检务O2O”运行模式，借力互联网媒体拓宽检务公开广度和深度，完善“鄂检网阵”功能，构建阳光检务信息公开平台和便民服务平台，实现线上线下检察服务相结合，增强检察工作透明度，让人民群众更便捷地了解、监督和支持检察工作。

新的时代背景下，检察机关信息化建设和应用工作地位更加凸显、形势更加紧迫。全省检察机关一定要解放思想，坚定信心，开拓进取，在此次“大比武”的基础上进一步加快科技强检步伐，为湖北检察工作全面发展进步提供更强有力的科技支撑！

第十七章
检务公开和检察宣传

1 积极发挥检察宣传工作的职能作用，深入推进“检务公开”工作*

一、进一步提高对检察宣传工作重要性的认识，推动全省检察宣传工作创新发展

近年来，全省检察机关以“三个代表”重要思想为指导，全面落实科学发展观，认真贯彻高检院、省委和省院的工作部署，坚持正确的舆论导向，紧紧围绕检察工作主题和总体要求推进各项宣传工作，理论宣传扎实深入，新闻宣传高潮迭起，文化宣传丰富多彩，为推动检察工作发展，扩大检察机关影响，弘扬社会主义法治，做出了积极贡献。在此，我代表省院党组，向所有为检察宣传工作付出心血和努力的同志们，表示亲切的问候和崇高的敬意！向获得“检察宣传工作组织奖”、“检察好新闻”、“优秀宣传报道员”荣誉的单位和个人表示热烈祝贺！

在新的历史条件下，随着国家经济持续增长、社会全面进步、依法治国进程深入推进，检察事业的发展面临着难得的机遇和有利条件。特别是中央《关于进一步加强人民法院、人民检察院工作的决定》的下发，充分体现了党中央对法制建设和检察工作的高度重视，为检察工作的发展指明了方向，提供了难得的机遇。当前，全省检察机关正在深入学习贯彻中央《决定》、第十二次全国检察工作会议和前不久召开的全省市州分院检察长会议精神。认真贯彻落实中央《决定》精神和高检院和省院工作部署，按照科学发展观的要求推进检察工作深入发展，离不开有力的舆论支持，离不开良好

* 2006 年 8 月 31 日敬大力同志在湖北省检察宣传工作座谈会上的讲话。

的外部环境，离不开广泛的社会支持和认同。如何争取社会认同，营造好的外部环境？我看除了要始终保持检察工作的正确政治方向，全面充分地履行法律监督职责，坚持服务党和国家工作大局，不断创造优良的工作业绩之外，还要善于做好检察宣传工作，善于争取广泛社会支持。只有通过创新发展检察宣传工作，向全社会广泛深入地宣传检察机关打击犯罪、化解矛盾，维护战略机遇期国家安全和社会和谐稳定的新成效；全面生动地展示检察机关查办职务犯罪、推进反腐败斗争，维护法律统一正确实施、维护社会公平和正义、维护人民群众根本利益的新成果；全面生动地展示检察机关和广大干警践行社会主义法治理念，“立检为公，执法为民”的新形象，不断扩大检察机关的社会辐射效应和影响力，才能让党委、政府和广大人民群众更好地了解检察工作、理解检察工作、支持检察工作，进而推动检察事业的健康深入发展。因此，进一步加强检察宣传工作，是适应检察工作面临的新形势新任务的客观要求，是践行社会主义法治理念全面履行检察职能的内在需要，是提高队伍素质推进检察改革的现实要求。

各地务必深刻认识，良好的检察宣传，对于争取各级党政领导、人民群众的重视和支持，对于展示新时期检察工作和检察队伍的新形象，意义重大；务必深刻认识检察宣传工作的质量和水平，直接关系到社会各界对检察机关认同，关系到对检察工作效果的评价，关系到检察机关和检察干警的形象；务必高度重视检察宣传工作在调动各种积极因素，为检察事业发展在全社会取得广泛认同支持、营造良好的舆论氛围方面，所发挥的不可替代的作用；务必牢固树立检察宣传工作只能加强不能削弱，只能创新发展不能安于现状的观念，努力用时代的要求审视检察宣传工作，用发展的眼光研究检察宣传工作，以改革的精神推动检察宣传工作，推动我省检察宣传工作的创新发展。

二、当前检察宣传工作应重点加强的几个方面

检察宣传工作要创新发展，必须积极主动地适应检察工作新形

势新任务，明确要求，理顺思路，突出重点，强化措施，不断提高检察宣传工作水平，增强检察宣传工作实效。

（一）围绕中心服务大局开展检察宣传工作，为全省检察工作深入发展提供强有力的舆论支持

当前和今后一个时期，全省检察宣传工作的总体要求是：坚持以邓小平理论和“三个代表”重要思想为指导，以科学发展观为统领，紧紧围绕“强化法律监督，维护公平正义”的工作主题和“加大工作力度、提高执法水平和办案质量”的总体要求，着力宣传全省检察机关用科学发展观统领检察工作，推进各项检察工作深入发展取得的新成绩；着力宣传全省检察机关突出法律监督主线，增强监督意识，创新监督机制，强化监督措施，提高监督实效，在维护司法公正，保证法律的统一正确实施中所取得的新经验；着力宣传新时期检察机关和检察干警社会公平正义和法律统一正确实施维护者的新形象；着力宣传全省检察机关践行社会主义法治理念，“规范执法行为、促进执法公正”的新风貌。使检察宣传工作不断适应新形势新任务的要求，具有时代性，符合规律性，体现创造性，增强吸引力、感染力和影响力，更好地服务于检察事业的发展，更好地服务于党和国家工作大局

一要明确任务，突出重点。检察宣传工作的任务，就是要坚持以推进法律监督工作，推进各项检察业务工作为出发点和落脚点，通过积极有效的工作，服务检察工作全局，为检察工作的平稳健康协调发展提供强有力的舆论支持。检察工作千头万绪，检察宣传任务繁重，必须紧紧抓住重点，切实突出重点，通过找准宣传重点、抓住宣传重点，带动整个宣传工作全面发展。这就要求宣传部门紧紧围绕全省检察工作的重大决策、重大部署、重大活动，有的放矢地开展宣传工作。要大力宣传省院党组确定的全省检察工作的总体思路，引导广大检察人员理解好、把握好、落实好，把思想进一步统一到这个总体思路上来，凝聚力量，上下一心，推动各项检察工作的深入开展。要大力宣传检察机关的重点业务工作，围绕中心服务主线，及时宣传报道检察机关维护社会和谐稳定、查办职务犯罪、

开展诉讼监督等各项工作取得的新成效、新进展，推动检察工作深入开展。要大力宣传检察改革取得的新成效，打造“湖北品牌”，为检察改革实践提供舆论支持。检察宣传工作者要深入检察改革最前沿、改革“第一线”，跟踪关注有关改革举措的试点、试行工作，对我省在检察改革中探索出的新鲜经验，要广泛宣传，为打造检察改革的“湖北品牌”、“湖北特色”做出应有的贡献。

二要加大力度，强化措施。一方面，要努力开发利用内部资源和社会宣传资源，为检察宣传服务。检察机关的宣传职能部门既要加强与院内各部门及基层院的联系，了解动态，掌握情况，把握全局，又要加强与党委政府相关部门、宣传主管部门的联系，争取对检察宣传的倾斜与支持，还要通过与各级各类媒体建立经常性的联系，加强沟通，通过与媒体建立联席会议制度、组织新闻记者采访团、开辟宣传专栏、联合开展宣传活动等形式，扩大检察宣传的覆盖面和影响力。另一方面，要坚持“抓大不放小”的方针，抓住重点主流媒体，巩固分众媒体，坚持文字（图片）宣传、电视宣传、广播宣传和网络宣传并重，坚持数量与质量并重，坚持动态报道与深度报道、连续报道、内参报道并重，不断开辟拓展检察宣传工作的渠道和阵地。同时，要善于围绕党组的总体工作部署，选取重大题材，抓住“卖点”和“亮点”，认真研究策划，组织力量进行集中宣传，形成宣传强势，扩大社会影响。特别要强调的是，全省各级检察机关的宣传部门和宣传工作者，要把不断提高宣传能力和宣传水平作为一项重大课题来研究，提高发现新闻的能力、策划新闻的能力、制作新闻的能力，在确定选题、调查采访、制作报道中，要综合考虑题材的创新意义、传播效果，并注意在文体和制作方式上的创新，寻求宣传价值和新闻价值的最佳契合点。尤其要注意标题制作的新颖性和冲击力，努力创作出导向正确、形式活泼、群众喜闻乐见的优秀作品，不断提高宣传艺术；要不断创新宣传形式，通过新闻发布会、展览展板、系列报道、理论宣传、言论图片等多种形式开展宣传，努力打造全方位、多视觉、立体化的“大宣传”工作格局。

三要严肃纪律，加强管理。检察宣传工作要增强政治敏锐性和政治鉴别力，既要尊重新闻宣传工作规律，又要确保检察宣传工作在政治上、法律上坚持正确的方向。要坚持科学考核，通过建立健全新闻发言人制度、重要稿件审批制、责任追究制等制度和机制，加强对宣传工作的规范管理，实现检察宣传工作的全面发展。要严格宣传工作纪律，严禁泄露国家秘密，严禁随意炒作，严禁虚假新闻和失实报道。尤其是对于重大敏感案件、先进典型的宣传，要严格把握界限、掌握尺度，规范审批程序，防止自由化，不能发生与原则和法律相违背的现象。

（二）弘扬正气树立典型，树立检察机关社会公平正义和法律统一正确实施维护者的良好形象

近年来，在各项检察工作尤其是保持共产党员先进性教育和社会主义法治理念教育活动中，我省检察机关涌现出了“全国模范检察院”武汉市汉阳区检察院，“全国模范检察官”陈西平、马俊鏐等一大批先进典型。他们中间有的是以对检察事业的诚挚热爱，战斗到生命的最后一刻；有的是身患绝症，自强不息，以顽强的意志战胜病魔并取得了骄人的业绩；有的是立足本职，敬业奉献，在平凡的岗位上做出了不平凡的业绩；有的是一身正气，两袖清风，秉公执法，用实际行动维护着法律的尊严。他们用自己的突出业绩为全省检察机关和新时期检察官的形象增添了新的光彩，充分表明我省检察队伍是一支忠诚的、有战斗力的队伍，是党和人民完全可以信赖的队伍。全省检察机关要善于在事业发展过程中培养先进典型，善于突出检察特色树立先进典型，紧扣时代特点宣传先进典型，把握精神内涵推广先进典型，充分发挥先进英模的示范作用。全省检察机关要积极争取党委宣传部门的支持，积极发现、培养和树立优秀典型，在人民群众中树立检察机关公正执法、廉洁执法的良好形象，促进在检察系统形成学先进、赶先进，加强职业道德修养和刻苦钻研业务的良好风气，推进检察工作不断迈上新台阶。

（三）积极发挥检察宣传工作的职能作用，深入推进“检务公开”工作

进一步深化“检务公开”工作，是高检院贯彻落实党的十六大

关于推进司法体制改革和中央《决定》精神，努力实践依法治国的基本方略，自觉接受人民群众和社会各界的监督，保证检察机关公正执法的重要举措。要扩大“检务公开”的社会效果，最直接有效的办法就是广辟阵地，用好载体，充分利用宣传媒介的多元性和宣传触角的广泛性，使“检务公开”在更广领域、更深层次产生作用，使更大范围的人民群众知晓并支持这项工作，通过“抓宣传促公开，抓公开促公正”，把这一“阳光工程”落到实处，取得实效。在深化“检务公开”工作中，检察宣传工作具有不可替代的重要作用。全省检察宣传部门及工作人员要在深化“检务公开”工作中有所作为，积极作为。

全省检察机关要充分利用报刊、电视、广播、网络等新闻媒介，宣传“检务公开”的目的、意义、内容和要求，提高“检务公开”宣传的效果，使相关的方针政策、法律法规和信息迅速准确、快捷及时地传达到社会各个角落。要充分利用新型宣传媒介扩大“检务公开”的覆盖面和影响力，广泛利用互联网门户网站、手机短信息、电子屏幕、声讯电话免费查询系统等新型宣传媒介，最大限度地方便群众了解检察机关和检察工作的内容。要广泛组织新闻发布会、举报宣传周、法律咨询、成果展览等群众喜爱的形式，结合信访接待等工作，借助普法宣传网络的力量，公开和宣传“检务”。要结合办案和预防工作，立足职能公开和宣传检务，把查办案件、预防犯罪和“检务公开”有机地结合起来，促进“检务公开”工作的深入推进，提高人民群众对检察工作的了解程度和认同感，使检察工作不断深入人心，取得良好的法律效果和政治效果、社会效果。

全省检察机关必须深刻认识，检察机关作为法律监督机关，也要自觉接受国家权力机关、人民群众和新闻舆论的监督。而“检务公开”，正是通过增强检察工作的透明度，来实现对检察权进行监督和制约，防止司法不公，维护公平正义的重要手段。全省检察机关要从贯彻科学发展观，践行社会主义法治理念，按照构建和谐社会的要求加强和改进检察工作的高度，进一步深化“检务公开”工作，牢固树立自觉接受监督、主动争取监督，积极改进工作的意识，

在完成阶段性“检务公开”任务的同时，通过强化制度和机制建设，落实经常性“检务公开”工作和探索长远性“检务公开”思路，促进检察工作的科学发展。

这里我要特别强调一点，就是全省检察机关要站在讲政治、讲大局的高度，充分认识新闻舆论监督的重要性和必要性，主动、自觉地接受新闻舆论监督，热情、周到地配合和支持新闻单位的采访。对新闻舆论监督中反映出的问题，要勇于面对、虚心接受、深刻反思，及时整改，把接受新闻舆论监督作为加强和改进检察工作的有利契机。

（四）加强同媒体的沟通与联系，保持检察宣传工作的良好效果

当前，各种思潮相互交织，社会矛盾错综复杂，检察机关担负的打击犯罪、化解矛盾，维护稳定的任务十分繁重。全省各级检察机关必须认识到，一个简单的司法事件，如果公开的时机、内容和方法不适宜，被利用、引申，就可能酿成事态，就会影响稳定，影响发展。因此，检察宣传必须严格遵循有关的政策、法律，准确把握好严格依法、真实充分、及时便民和开拓创新四项原则。这就要求我们加强与新闻媒体的沟通，形成检察机关与新闻媒体互相沟通、互相支持配合的良好互动局面。一方面，全省各级检察机关要切实加强与新闻媒介的沟通，积极争取他们的支持与配合，借船出海，扩大宣传效果；通过与各级各类媒体加强协调，建立起经常性的联系渠道，形成良好的互动关系；通过建立健全向媒体定期公布宣传要点制度、重大活动宣传通稿等制度，在与各类媒体的互动中增强主动性；注意为新闻媒体搞好服务，用良好的服务赢得媒体及记者对检察宣传工作的支持。另一方面，要及时了解各级各类媒体的动态，建立重大舆情报告制度，健全重大、敏感案件及社会关注案件的应急宣传措施，加强对思想理论动态、新闻舆论和社会舆情等信息的收集和分析，及时化解与宣传工作相关的突发事件，注意检察宣传工作的法律效果和政治效果、社会效果的统一，牢牢把握检察宣传主动权。

三、加强领导，为检察宣传工作的创新发展提供坚强保障

能否真正实现检察宣传工作的创新发展，关键在领导。面对当前的形势和任务，我们要树立这样一种观念，是否重视和支持检察宣传工作，是体现检察领导干部执政能力和执政水平的一个重要标志。各级院党组和检察长要深刻认识检察宣传工作既是检察工作的重要组成部分，又是重要的推动促进力量，对宣传工作要经常研究、经常督促、经常检查，防止和克服“说起来重要，干起来次要，忙起来不要”的倾向，真正把检察宣传工作“放在心里，拿在手上，落实在行动上”。

（一）优化环境，形成合力

全省各级检察院党组、检察长要进一步加大对宣传工作的领导力度，为检察工作的创新发展提供良好的外部环境和工作氛围。一要经常研究，把检察宣传工作列入党组重要议事日程，树立“一手抓业务，一手抓宣传”的理念，把宣传工作与业务工作一样纳入目标管理，同部署，同考核，同总结，同表彰。要经常为从事宣传工作的同志压担子、出点子、想主意。二要把握方向。在宣传导向、宣传纪律、宣传口径等方面严格把关，保证宣传工作的正确方向。三要加强管理。各级检察机关要摒弃检察宣传工作是单纯宣传部门工作的错误认识，协调和调动各方面力量，进一步调整充实通讯报道组，齐抓共管，整合宣传资源，各展所长，优势互补，营造“大宣传”的工作格局，形成全院上下抓宣传的整体合力。要通过建立制度，完善机制，逐步把宣传工作纳入制度化、规范化轨道。四要带头实践。各级检察院党组、检察长要亲自部署和督促检察宣传工作，亲自组织和参与检察宣传活动，发挥表率和示范作用。

（二）锤炼队伍，提高能力

全省各级检察院要切实加强宣传队伍建设，理顺关系，充实力量，加强培训，保持人员稳定。从事宣传工作的人员要坚持用科学的理论武装头脑，始终坚持正确的政治方向，保持良好的职业道德，

严格遵守宣传工作纪律；要牢固树立“七种意识”，以过硬的政治素质、良好的业务水平、扎实的工作作风，不断提高宣传能力和宣传水平：一是要牢固树立政治意识，不断增强政治敏锐性和政治鉴别力，把握正确的舆论导向；二是要牢固树立大局意识，善于从全局的角度思考问题，选择宣传题材；三是要牢固树立责任意识，不断增强从事检察宣传工作的使命感和光荣感；四是牢固树立学习意识，广泛学习政策理论知识、法律知识、检察工作知识，学习宣传技能，不断提高自身素养；五是牢固树立一线意识，善于深入到检察工作的第一线，了解工作实际和干警思想、生活实际，捕捉“活鱼”；六是牢固树立奉献意识，在宣传工作中争分夺秒，讲究宣传时效；七是牢固树立策划意识，善于抓住“卖点”，综合考虑题材的创新意义、传播效果，并注意提高宣传艺术，把本院的宣传意图、媒体的要求、受众的需要统一起来，提高宣传效果。

（三）强化保障，积累“后劲”

全省各级检察院党组、检察长要进一步重视、关心从事宣传工作的同志，多为他们解决一些实际困难，创造必要的工作条件，使他们热心、安心宣传工作。要解决宣传经费投入不足的问题，重视宣传装备建设和更新，使宣传工作适应时代发展和形势需要，增强可持续发展能力。

在这里，我还要专门强调《检察日报》等检察报刊的宣传发行问题。《检察日报》是最高人民检察院的机关报，是检察宣传的主阵地、主渠道，也是人民群众了解检察工作的重要途径和窗口。宣传《检察日报》等检察报刊的过程本身就是宣传检察工作的过程，宣传好《检察日报》报刊就是增强检察宣传工作实效的重要方面。全省各级检察机关都要按照高检院的要求和省院的具体部署，切实把《检察日报》等检察报刊的宣传发行工作当作当前的一项重要工作，加强领导，强化措施，狠抓落实，确保“稳中有升”目标的实现。

2 同媒体互动是增加检察机关透明度的重要形式*

“阳光是最好的防腐剂”，我非常赞同。以公开促公正，我觉得这种观点是非常正确的。权力只有在阳光运作下才能最大限度地保障公正和廉洁。我赞同以公开促公正的关系。公开是给监督提供必要的条件，如果都是暗箱操作，都捂着盖着，不光说人民群众不能监督你，新闻媒体不能监督你，有权机关也不可能监督你。所以，公开是非常重要的。公开是监督的前提、基础条件。我们通常讲检务公开、审务公开，这个公开、那个公开都是指对社会的公开，我认为从广义上来讲应该是两个方面：一方面，是对有权机关的公开，比如说我们检察机关各项工作要向人大及其常委会报告，接受人大常委会、人大代表的询问、质询，这些都要公开。另一方面，就是更广泛意义上来讲，我们要向社会公开。要把国家机关的相关活动，除了法律规定需要保密的以外，能公开的都要公开，才能够方便人民群众和社会各界对国家机关的活动进行监督。所以，我们常说阳光是最好的防腐剂，也就是这个道理。我想权力必须在阳光下运作才能保证公正和廉洁，如果权力在暗箱中操作必然产生腐败和犯罪的问题。我们现在发现了一些司法腐败的问题，往往都是在暗箱操作，同缺乏公开的机制是相关的。

近年来，全国检察机关牢固树立以公开促公正的思想，大力推进检务公开。在这个问题上，我认为有一个内容和形式的问题，检务公开应该把握住两条：第一条，在公开的内容上，要确立什么原

---

* 2010 年 3 月 12 日敬大力同志在全国“两会”期间答记者问。

则呢？就是除法律规定保密的以外，能够公开的执法活动，办理的案件，会议的精神，有关事项，以及规范性文件，一律向社会公开。我们湖北省检察院已经向社会做出这样的承诺，比如荆楚公平正义网就有很多检务公开的信息，就是从内容上能公开的一律公开。第二条，在形式上要建立一系列的制度和机制来保证人民群众能够了解检察工作，使检务公开有足够的形式。今天通过我们在座的十家网络媒体，让我们同广大网民交流、和社会各界交流，就是一个非常便捷的、可以互动的、又有海量信息的检务公开平台，一个非常有作用的平台。所以，我们要充分利用好网络这种形式，大力地推动检务公开，加强同广大网民以及社会各界的广泛交流。

提高检察工作的透明度，有一个很重要的问题，就是检察机关和媒体的关系问题。我们检察机关要做到尊重媒体、善待媒体，同媒体形成良性互动，为了更有利于推动我们检察机关同媒体的互动工作，我们湖北省检察院打算组建新的新闻处，在过去宣传处的基础上，扩展其职能，新闻处要负责新闻发言人的工作、同媒体的联络工作、收集和分析网络舆情、维护门户网站。现在湖北省的全省120多个检察院（三级检察院），每个检察院都有自己的门户网站，这项工作在湖北检察机关应该说做得还是不错的。所以，也希望今天在座的十家网络媒体和广大其他媒体，也多同我们检察机关加强互动，我们检察机关也会主动地和你们联系，形成良性互动的关系，我们认为同媒体的互动关系是增加检察机关透明度的一个重要的形式。

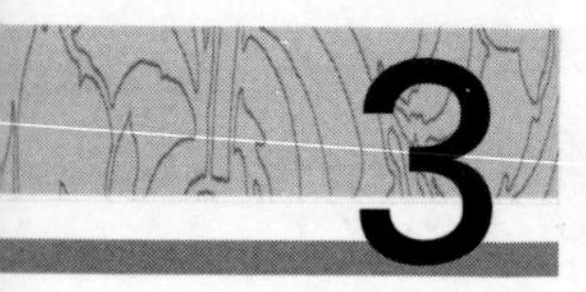

3 进一步做好新形势下的检察新闻工作*

在这次机关部分机构职责调整过程中，党组决定将宣传工作从政治部分离出来，成立新闻处，同时挂宣传处牌子。当前和今后一个时期，新闻处要在过去良好工作基础上，进一步做好新形势下的检察新闻工作。

一、提高思想认识

要充分认识到新闻处在职能调整中充实工作任务、调整工作关系方面的重要意义。正如在当前网络化、信息化的时代，人人面前都有麦克风、扩音器，人人都是新闻发布者，过去不会有什么影响的事情，现在因媒体曝光、网络炒作“发酵”就变得十分严重。政法机关的执法活动处处都在公众视野之下，要提高执法公信力，抓好新闻宣传工作，包括新闻、舆论、网络等工作就显得非常重要。党组调整充实新闻处工作职责，主要的考虑就是为了提高检察机关执法公信力的需要。我多次强调，要努力从三个方面深入推进执法公信力建设：一是要着力解决影响检察机关执法公信力的突出问题；二是要着力争取解决制约执法公信力的体制性、机制性、保障性障碍；三是要着力研究和解决如何提高执法公信力问题。尤其是第三个问题，具有长期性、普遍性。要从这方面认识新闻处职责调整充实的意义，首先要从这个角度提高思想认识。

---

* 2010 年 5 月 28 日敬大力同志在听取湖北省人民检察院职责调整的有关部门工作汇报时的谈话要点。

二、遵循新闻规律

要按照新闻规律办事，提高工作效率和工作质量，做到新闻宣传工作紧贴主题。应该说，新闻发言人是掌握信息最全面，收集资料最准确、发布新闻最权威的，目前这方面我想可能还有一定距离。因此，我们要努力准确、全面地掌握领导意图，做到掌握信息全面，宣传报道恰如其分。新闻处成立三个工作室，这三个职能部门就是新闻处的三项重点工作。

新闻报道工作。要突出深度报道这个重点，在深度报道上见功夫，要宣传报道一些重大有影响的工作，引起共鸣，这样才能见成效。要宣传大事，引起大家的关注，报道全省各级检察机关工作开展情况，要看效果、要看在执行中的成效。要多下基层，广泛了解情况，深入挖掘，写出带有评论性、研究性的重头报道，引发领导和基层对工作进行反思、提高。

网络工作。重点是形成湖北检察网站群，要做到五个统一，即统一服务器、统一风格、统一链接、统一后台、统一队伍，形成一张“大网”；要进一步改进门户网站建设，要突出工作平台的作用，加强互动沟通，真正将门户网站建设成为新闻网、社交网、物联网。要提高网站的科技含量，增加图片的含量，要“抓眼球”，减少文字，多发大型的图片、高清的视频。要建立专门的队伍，提倡省院机关干警开博客、开微博，多联系系统外的友好人士和写手、网虫，帮助我们鼓与呼。要积极应对网络舆情，随时跟踪、积极应对。

检务公开工作。新闻宣传部门是检务公开的一个渠道，执法办案部门、控申等窗口单位也有检务公开的职责。新闻处要作为检务公开工作的归口管理部门，承担起相关统筹、组织、协调工作。要把网站作为“检务公开”的权威阵地，省院门户网站里的“权威发布”专栏很重要，省院规范性文件要在这个栏目上网，可以公开的要随时公开、集中公开、及时公开。要进一步明确公开内容，除法律规定保密的以外，能够公开的执法活动、案件、会议、事项、文件等一律向社会公开。要重点解决“信息不对称”问题，落实告知制度和 12309 电话的有关规定，既要提供相关文件资料，也要深入进行答疑说理。这些都是检务公开的内容，这些新闻处要统管，不一定每一件事都要你们去具体做，但要统筹协调。要在高检院检务公开相关规定的基础上，抓紧出台一个具体的《实施细则》，明确检务公开的内容、范围、指导思想、办法、渠道、程序、职责等，把检务公开工作真正抓出成效。

4 创新机制，多措并举，扎实推进代表委员联络工作*

近年来，湖北省检察机关高度重视代表委员联络工作，完善工作机构，加强整体部署，拓展联络渠道，创新工作机制，推动检察联络工作取得了新进展。

一、完善机构，强化联络工作组织保障

省院党组深刻认识到，联络工作是检察机关自觉接受外部监督的重要内容，是促进检察工作科学发展的重要保证，切实加强对联络工作的组织领导。省院于 2010 年专门成立联络处，归口负责管理与代表委员及其他社会各界的联络工作，办理省人大和政协机关转交的事项、代表建议和委员提案。全省各级院都成立或明确了联络工作专门机构，形成了院党组统一领导，专门机构组织协调，分管副检察长具体负责，各部门积极参与的联络工作格局，为联络工作深入开展打下坚实的组织基础。

二、整体部署，提高联络工作运行效能

省院党组坚持把联络工作作为涉及检察事业发展全局的战略性任务来抓，落实检察工作一体化的要求，加强上下联动，加强各部门协作配合，努力提升工作运行效率和效果。一是牢固树立全国检察机关“一盘棋”思想，把与全国人大代表的联系摆到联络工作的

* 2012 年 9 月 26 日敬大力同志在全国检察机关代表委员联络工作会议上的发言。

突出位置，明确省院班子成员联络对象、任务和责任，要求市县两级院检察长亲自负责与当地全国人大代表、政协委员的日常联络工作。我作为检察长，在抓好日常联络工作的同时，积极利用担任全国人大代表的机会，每年全国“两会”期间都与湖北团全国人大代表广泛联系沟通，介绍检察工作情况，加深了解，增进感情，第一时间收集、反馈代表的意见建议，受到在鄂全国人大代表的欢迎和好评。二是把联络工作纳入全院整体工作统筹谋划，与其他业务工作同安排、同部署、同考核。市州分院向省院报告工作时就联络工作作专题汇报，省院对各市州分院联络工作进行评议并综合考核排名；省院内设机构与联络处建立沟通协调机制，将联络工作纳入目标责任制管理，实行日常督办、年中检查、年底考核相结合的运行机制，有力促进了各项联络工作任务的落实。三是紧紧围绕检察中心工作开展联络工作，以推动检察工作科学发展为目标，建立代表、委员、人民群众意见建议征集、转化机制。在每年“两会”期间，组织处级干部旁听，及时召开电视电话会议对全省检察机关学习贯彻“两会”精神作出部署，转发会议文件和代表委员的意见建议，逐条对照、系统梳理意见建议，研究提出贯彻落实的具体措施，实行责任分工，狠抓督办落实，进一步加强和改进全省检察工作。在与人民群众切身利益密切相关的重大决策部署、规范性文件出台之前，通过座谈、信函等方式主动征求代表、委员意见，使检察工作更加符合人民意愿。

三、拓展渠道，搭建联络工作服务平台

省院充分利用刊物、手机、网络等多种传播方式，搭建与代表委员全方位、全天候联络服务平台，确保信息传递方便快捷、全面充分。一是创建寄送《联络专刊》和赠阅报刊。每年都拿出专项经费，定期向123名在鄂全国人大代表、722名省人大代表和719名省政协委员寄送《联络专刊》，赠阅《检察日报》、《人民检察》、《人民检察（湖北版）》等刊物，介绍检察机关重大部署、工作动态和成效。今年重点介绍了修改后刑事诉讼法的有关规定、检察机关面

临的挑战和应对措施，代表委员普遍反映有助于深入了解政法工作、检察工作最新情况，效果良好。各市县级检察院也定期向同级人大政协机关和代表委员寄送工作简报和自办刊物。二是创建信息化工作平台。省院建立包括在鄂全国、全省代表委员资料和人大审议全省各级院工作报告、审议专项工作报告情况的数据库，为全省检察机关联络工作提供准确详实的资料。省院在检察门户网站开设群众工作专栏，开通代表委员服务电子邮箱，建立短信服务平台，在重大节日向代表委员发送节日祝福，畅通了联络渠道，提高了联络效率。46 个检察院在正义网、腾讯网、新浪网等开设检察院官方微博，安排专人负责内容更新、维护与管理，共发布微博等 2000 余条，与代表委员、社会各界及时互动。三是开展走访、邀请代表委员参加检察机关重大活动。每年年初和年末，省院领导带队开展走访全国、全省代表委员活动，两年来共走访 310 余人次，通过召开座谈会、登门拜访等多种形式，通报检察工作情况，当面听取代表委员的意见建议。积极邀请代表委员参加检察机关“公众开放日”、“举报宣传周”、“司法警察技能展示”、执法检查、案件评查、联合接访等活动 18 次，进一步加强与代表委员的经常性联系，展示了检察机关和检察队伍的良好形象。

四、健全机制，确保联络工作规范开展

为强化联络工作制度保障，省院在协助省人大制定的《关于加强检察机关法律工作的决定》中，对相关联络工作作出专门规定；先后制定出台了《关于自觉接受湖北省人民代表大会及其常务委员会监督的办法》、《督办工作实施办法》等制度规定，明确联络工作任务和措施，不断促进联络工作的制度化、规范化和常态化。一是探索建立人大监督与检察机关法律监督相结合的工作机制。坚持自觉接受人大监督与主动争取人大支持并重，为强化法律监督提供了有力的制度保障和良好外部环境。研究建立健全检察专项工作报告、检察工作规范性文件向省人大常委会备案、向省人大常委会提出执法检查或视察的建议、立法建议或法规解释要求等工作机制，确保

检察权依法、独立、公正行使。二是建立与省人大内务司法委员会办公室的联席会议机制。定期通报检察机关法律监督工作情况，就落实省人大《决定》等内容开展联合调研8次，研究解决法律监督工作中存在的困难和问题，共同促进有关案件的公正处理。三是健全检察专项工作报告机制。省院每年就检察工作中关系改革发展稳定大局，关系群众切身利益，社会普遍关注的重大问题等向省人大常委会报告。近年来先后就反渎职侵权工作、法律监督工作向省人大常委会作出专项报告，报送预防职务犯罪年度报告，认真落实省人大常委会的决议、决定和审议意见，受到省人大的重视和肯定。四是完善办理建议、提案和事项机制。对人大、政协交办和代表、委员反映的建议、提案和事项，由联络处统一受理、协调、督办，细化工作流程，明确责任人和办理期限，组织检察人员与提出建议、提案的代表委员当面沟通，两年来共办理36件建议、提案和事项，做到办复率、见面率和满意率三个100%，省院被评为湖北省建议提案办理工作先进单位。省院注重把听取意见和建议作为解决问题、推动工作的动力。如，省院党组针对代表委员反映加强规范执法的问题，提出执法规范化建设24项任务，建立规范执法“倒逼机制”，有效提高了执法公信力。又如，针对一名省人大代表提出某看守所存在“牢头狱霸”、高价加餐等侵害在押人员合法权益的问题，立即指示监所检察处进行调查，督促看守所进行整改，并及时当面向代表作出回复，该代表多次当面向省院领导表示对检察工作非常满意。

通过扎实有效的工作，进一步拉近了检察机关与代表委员的距离，争取到更多理解与支持，今年全省“两会”上人大代表对省检察院工作报告的赞成率同比上升7.4个百分点。2011年全国“两会”期间，我省提出建议制定《人民检察院法律监督法》和建议修改《人民检察院组织法》等两项建议案，得到了省人大常委会和在鄂全国人大代表的大力支持，省人大领导作出重要批示，两个议案分别由30名全国人大代表联名提出。

目前，湖北省人大、省政协换届工作即将展开。下一步，我们

将认真贯彻党的十八大精神和高检院本次会议部署，继续把联络工作作为“一把手”工程，主要领导牵头抓，分管领导具体抓。省院与省人大代表工作委员会密切联系沟通，已制定省院班子成员、市州分院检察长联系服务全国、全省人大代表实施方案，健全检察领导干部直接联系人大代表的长效工作机制，待省第十二届人大各代表团名单产生后，立即组织实施。加强宣传联络，向新一届代表委员发放检察宣传册，及时更新代表委员信息数据库，通过短信平台向新当选代表委员表示祝贺和问候，继续做好领导走访代表委员、旁听“两会”审议讨论、报刊征订赠阅等工作，切实把各项衔接工作想在前、做在前、落实在前，确保联络工作顺利有效推进、取得新的成效。

5 突出抓好检察宣传“三项任务”，积极建立新型检媒关系，加强检察机关新媒体应用*

互联网时代，检察机关面临空前开放、高度透明、全时监督的舆论环境。提高新媒体时代社会沟通能力，与政法事业关系极大。我们要主动适应执法环境新变化，牢固树立平等、开放、自信的理念，把检察宣传工作摆到更加重要的位置来抓。

一要突出抓好“三项任务”。要强化正面宣传。坚持团结鼓劲、正面宣传为主，积极宣传检察机关贯彻落实中央、高检院、省委决策部署的新举措、新成效、新经验，积极宣传群众关心的话题，积极宣传我们的先进典型，唱响“检察好声音”，凝聚推动检察事业发展的正能量。深入研究现代新闻传播规律，实施全媒体检察宣传战略，努力构建功能互补、覆盖广泛、便捷高效、效果立体的现代检察宣传体系。改进宣传方式策略，善于策划好重大主题宣传活动，善于运用人民群众容易理解的语言，善于把握好时、度、效，增强吸引力和感染力。要促进检务公开。要扩大检务公开效果，最直接的办法就是广辟阵地、用好载体。树立抓宣传、促公开的思维，借助各种宣传平台，拓宽人民群众深入了解、有序参与、有效监督的途径，扩大检务公开覆盖面和影响力。要重视舆情应对。针对新媒体吸引眼球、扩大受众、求新求快的特点，着力完善涉检网络舆情监测、研判、引导、处置机制。重视舆情监测，跟踪发展动向，正确研判预警。围绕“说什么、怎么说、谁来说、何时说”，制定舆

---

* 2014年1月24日敬大力同志在湖北省检察长会议上的讲话节录。

论引导方案，尤其是处理重大敏感案事件必须同步制定舆论引导方案，把握时机主动发布权威信息，及时消除舆论误判误读，最大限度压缩炒作空间，严防负面舆情扩散蔓延。

二要积极建立新型检媒关系。现在看来，如何正确认识和理顺检察机关与新闻媒体之间的关系，实现双方合作共赢，越来越成为摆在我们面前的一个重大课题。我们要坚持相互尊重，相互理解，加强沟通，深化合作，积极构建新型检媒关系，实现检察机关与新闻媒体的良性互动。加强与宣传主管部门、新闻媒体的沟通、协商、合作，善用媒体、善待媒体，充分利用主流媒体为检察工作鼓与呼，在宣传检察机关的过程中扩大媒体的影响力和美誉度。自觉接受媒体监督，正确处理媒体监督与检察机关依法独立行使职权的关系。推动检媒双方共同建立重大敏感突发案事件宣传报道、舆情应对处理机制，确保理性、客观报道，避免渲染炒作；共同建立不实报道澄清机制，消除负面影响，维护良好形象。

三要加强检察机关新媒体应用。网络不是主流媒体，但越来越成为主要媒体；虚拟社会并不虚拟，呈现的都是实在的人和事。要积极适应新媒体影响力越来越扩大的形势，拓展检察机关“发声”渠道，继续打造网站、博客、微博、微信、手机客户端五位一体“鄂检网阵”。今年要着重抓好官方微博、官方微信“双微平台”建设，争取使“双微平台”实现“三全”：全覆盖，在全省三级检察机关全面开通官方微博和官方微信；全关注，全体检察人员都加关注，成为本院及上级院微博微信的“粉丝”；全推介，每个干警都向社会主动推介检察机关微博微信。推进“双微平台”整合，联通微博微信，联通三级检察机关，实现一动全动、信息共享，形成多平台、集群化、矩阵式的运行特点。强化“双微平台”应用，健全管理制度，完善网上受理、查询、咨询、检务公开等功能，及时更新信息，加强规范管理包括对检察官个人微博微信的管理，提升便民服务效率和检察宣传效果。

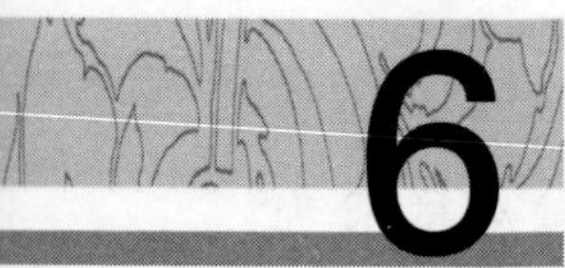

6 积极探索完善“互联网+检务”工作模式*

近年来，湖北检察机关认真贯彻中央、高检院部署，积极适应互联网普及应用态势，以打造“鄂检网阵”新媒体平台体系为主要抓手，探索互联网与检察工作的结合途径，取得明显效果。

一、湖北“互联网+检务”建设基本情况

坚持先行先试。2008 年，在研究部署检察机关群众工作过程中，我们强调网民就是真实的群众，做好新时期的群众工作，既要依靠“脚板”，也要重视“鼠标”，做好“指尖上的群众工作”。为此，对省院门户网站进行了改版升级，并推动 130 个检察院当年全部开通了门户网站。同年 9 月，又依托新浪网开设官方博客，引领法治博客潮流之先。

推进多元传播。随着移动互联网的普及，微博、微信、客户端等新兴媒快速兴起，2011 年以来，全国省级检察院的第一个官方微博、第一个官方微信、第一个手机客户端在湖北应时而生，其中“湖北检察”手机客户端是当时“苹果商店”APP 中唯一检察资源。在省院示范引领和强力推动下，全省 130 个院于 2014 年 6 月全部开通了官方微博、微信，于今年 6 月集体入驻影响力较大的“今日头条”客户端，实现了“两微一端”的全覆盖。此外，我们还开通了“湖北检察手机报”、“百度直达号”，目前正与专业机构合作开展

---

* 2015 年 7 月 3 日敬大力同志在全国检察机关“互联网+检务”工作座谈会上的发言，主要内容刊载于《检察日报》2015 年 7 月 4 日、9 月 23 日。

“i（爱）播检察”微视频云平台建设，构建更加健全完善的检察新媒体阵地体系。

实现融合发展。在多平台整合，实现互联互通上下功夫，促进各类检察新媒体平台融合发展、集群运行。一是推进全省检察门户网站于2014年12月全部完成升级改版，形成了一体化网站群。二是推进微博、微信“全关注”和“全推介”，要求全省检察人员全部关注检察微博微信，向社会各界推介检察微博微信，省院在腾讯网、新浪网建设了微博微信发布厅，将130个检察院的官方微博、微信整合在一个平台上，实现了集群化运行。三是推进检察新媒体形成矩阵。将全省检察门户网站群、博客群、微博群、微信群、客户端群整合在“鄂检网阵”之下，三级院联通、一动全动、信息共享，网民可通过其中一个平台进入全省检察机关其他新媒体平台，实现了矩阵式运行。

在上述工作基础上，我们今年初提出，全省检察机关要积极适应国家“互联网+”战略部署，探索构建“互联网+检务”工作模式，在以往基础上，推进互联网与检察工作的适度融合，探索互联网特别是大数据在检察业务、队伍建设等方面的深度应用。

二、当前湖北开展“互联网+检务”工作的主要内容

根据现有条件和工作实际，目前我们对互联网的应用主要是检察宣传、检务公开、便民服务三个方面。

（一）立体化传播，提升宣传效能

一方面，强化正面宣传。依托“鄂检网阵”，壮大检察主流思想舆论，策划好重大主题宣传活动，讲好检察故事，把重点工作、感人事迹及时传递到社会；坚持全媒体“发声”、多媒体发布，运用动漫视频、图解新闻、H5网页、话题专栏等方式宣传检察职能和工作成效，使检察好声音“够量”、“够响”。2014年以来，全省检察机关通过网站、客户端发布宣传与检务信息稿件2.1万余篇，发布微博14.9万多条，发布微信1.5万多期。强化了检察机关严格公正司法、加强法律监督、强化自身监督的良好形象，扩大了程然、张

启纯等一大批先进典型的社会知晓度。另一方面，强化舆情应对。借助“鄂检网阵”关注社会舆论，建立起169人的网络新媒体管理员、网评员队伍，运用涉检舆情监测系统进行24小时全网巡查，健全了监测联网、预警联合、导控联手、处置联动的涉检舆情收集、分析和导控联动机制，对社会关注的重大敏感案事件，及时有效发声，引导网民理解支持检察工作。2013年以来，省院通过新媒体及时发现、妥善处置涉检舆情63起，对刘汉、刘维特大涉黑团伙案进行了成功宣传引导。

（二）全方位公开，深化阳光检务

运用人民检察院案件信息公开网，依托“鄂检网阵”设置的权威发布、鄂检直播、公示公告等检务公开栏目，不断拓展检务公开广度和深度。一是促进从一般性事务公开向案件信息公开的转变。我们及时权威发布职务犯罪案件信息400余条，有力地宣传了检察工作，充分展示了反腐败成效。二是促进从司法依据和结果的静态公开向办案过程的动态公开转变。共发布案件程序性信息2万余条、法律文书3000余份。三是促进从单向宣告的公开向双向互动的公开转变。在公开的同时，我们加强与网民的互动，对网民提出的意见、建议和诉求，做到件件有回复、事事有回音。一微博网友针对某检察院没有及时公布检察长接待日提出了质疑，省院官方微博管理员快速反应，督促该检察院将《检察长接待来访日程表》迅速上网公开，受到网友一致好评。

（三）多平台沟通，强化便民服务

坚持“服务为本”理念，将新媒体建设与应用纳入检察机关群众工作体系，借鉴O2O运行模式，使互联网成为检察服务的渠道和平台，自主研发了网上受理中心、约见检察官等10多个服务平台，开发出17项检察业务查询与办事功能，将“鄂检网阵”打造成通达社情民意、提供便民服务的新平台。一是民意吸纳功能。在网上开辟“检察长信箱”、“部门直通车”、“征求意见”等检民互动栏目，广泛收集和听取民意。二是综合性受理功能。将检察机关综合性受理接待中心的各项窗口服务功能整合到官方网站、微信等平台中，

打造出网上的“12309”平台，具有报案、举报、控告、申诉、投诉、咨询、查询等“七合一”功能，实现了接访、信函、电话、网络、视频、案件受理的“六整合”，提供网上网下“一站式”服务。三是诉讼指引功能。点击“湖北检察”微信服务号，可以进行办案期限查询、律师阅卷预约；进入“约见检察官”窗口，网民可预约与检察官会谈；点开“检察地图”窗口，可以查看全省各地检察院方位。四是答疑咨询功能。基于官方微信“湖北检察”服务号开发“微社区”，提供法律咨询，开展案件讨论，进行释法说理，目前登记用户1736人，共发布互动主题1251个。2013年以来，仅省院微博微信管理员就解答网民法律咨询、解决相关诉求15000余次。

经过持续努力，检察新媒体社会认可度不断提高，省院先后荣获了全国优秀政务微博、全国十大政法机关影响力微博、全省十大影响力政务微博、全国政法微信问政新锐奖等多项荣誉，人民网官方微博当选“最温情回复账号”。全省检察机关“双微平台”传播力、服务力和互动力在人民网舆情监测室、新浪网等不同网络统计排名中始终位居前列。今年5月29日，人民网舆情监测室发布全国政法系统“双微”影响力排行榜，在检察系统的全国性榜单前20名中，湖北占了5个；在全国省级检察院系统分榜前20名中，“鄂检在线”名列第三；在全国地级市检察院系统分榜前20名中，湖北占了5个；在地级市以下检察院系统分榜前20名中，湖北占了13个。

三、推进“互联网+检务”工作的主要体会

（一）意义重大、机遇难得

“互联网+检务”既是贯彻落实国家战略的需要，也是检察事业创新发展的战略机遇，检察机关应当认清大势、抢抓机遇，适应互联网日益成为公益性基础设施、网民规模巨大（达6.49亿）的特点，用好用足用活这一资源为检察工作服务；利用互联网传播移动化、社交化、可视化的特点，增强检察工作传播力、公信力、影响力；利用大数据的海量信息，加强深度分析，使大数据在支撑检察决策、信息引导侦查、分配检力资源、控制检察工作运行成本等方

面发挥独特作用。总之，我们认为，“互联网 + 检务”模式在推进各项检察工作向更高水平、更高层次发展方面，具有无可比拟的特殊优势。

（二）高度重视、强化引领

“互联网 + 检务”是一项新事物，必须高度重视，加强引导，强力推进。在检察新媒体建设和应用过程中，我们要求各级院党组高度重视，统一认识，牢固树立互联网思维，率先提升媒介素养；我们在全省检察长会议上统一部署网络新媒体建设，将检察新媒体建设和应用作为重点工作项目之一，在深化试点、典型示范、系统推进的基础上形成具体标准，加强目标管理；我们不断健全完善管理机制，先后制定门户网站、检察微博、检察微信《管理办法》等规范性文件；省院组建独立的新闻处，下设网络工作室，统筹网络宣传、新媒体建设与应用、舆情应对处置等工作，健全了“上下一体、横向协作、内部整合、总体统筹”的网络新媒体工作格局，形成了工作合力。

（三）加强统筹、系统推进

“互联网 + 检务”是一项系统工程，必须遵循互联网发展规律和司法规律，统筹运用检察资源和社会资源，坚持建设、管理、应用并举，系统推进。一方面，统筹各种新媒体。我们注意研究各新媒体平台的不同特点，比如，官方博客相当于网上的“检察宣传橱窗”；官方微博相当于“广场喇叭”，同时又具有即时互动的功能；官方微信有利于促进点对点的精准投放，具有“圈子传播”的明显特点，其中订阅号侧重于检察信息发布，服务号侧重于检民互动、便民服务；而检察手机报则针对人大代表、政协委员、人民监督员等重点人群，实现对象化传播和服务，等等。通过发挥不同新媒体平台的独特优势，促进功能互补，实现“1 + 1 > 2”的传播效果。另一方面，强力推进应用。通过每周发布全省检察微信排行榜，每季度发布微博排行榜，评选全省优秀门户网站，通报更新不及时、发布不规范、关注度不高的新媒体，提升“鄂检网阵”的整体活跃度。

目前，我们正抢抓“十三五”规划机遇，进行以科技强检为核

心的第三次创业，将信息化、大数据作为其重点内容，建设集案件办理、大数据平台、全省网络枢纽、调度指挥、科研、学术交流、技术培训、灾备中心等产学研于一体的全省检察科技综合体，通过网络联接，构建电子证据等检察技术云平台，逐步汇聚检察工作与相关的数据，建成我省检察机关“检务云”。省院党组将这项工作专门向省委常委会作了汇报，省委常委会已经同意将有关重点项目列入国家、省“十三五”建设规划。以此为依托，我们将进一步探索完善“互联网+检务”工作模式，推进互联网与检察工作适度融合，在合适范围内和确保安全保密的条件下，扩大互联网及相关信息技术在检察领域的应用范围；推进互联网与检察工作深度融合，重点加强大数据、云存储、云计算等开发利用，将其运用到职务犯罪侦查、公诉等检察业务工作之中，提高司法办案能力。

第十八章
检察理论和应用研究

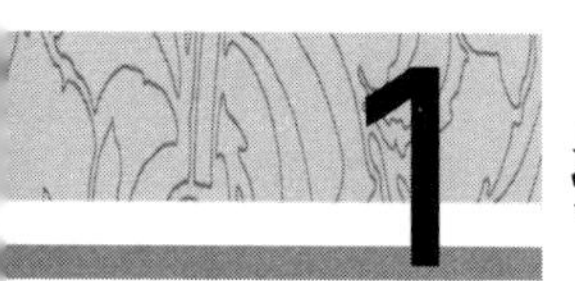

1 抓好检察理论与应用研究工作*

今天我们在鄂州召开首届全省检察理论与应用研究年会，主要任务是以邓小平理论、“三个代表”重要思想和科学发展观为指导，认真贯彻落实第十二次全国检察工作会议和第七届全国检察理论研究年会精神，学习全国检察长社会主义法治理念专题研讨班精神，以检察工作机制创新为主题，交流检察理论与应用研究成果和经验，部署当前和今后一个时期全省检察理论与应用研究的任务，进一步开创全省检察理论与应用研究的新局面。

一、深刻认识加强检察理论与应用研究的重大意义

加强检察理论与应用研究，繁荣发展检察理论，是发展和完善中国特色社会主义检察制度的必然要求，是推动检察工作深入发展的客观需要，是建设高素质、专业化检察队伍的重要途径。它关系到检察工作的全局、关系到检察制度的前途、关系到检察事业的根本。第十二次全国检察工作会议提出，发展和完善中国特色社会主义检察制度，必须加强检察理论研究。坚持基础理论研究和应用理论两手抓，认真解决检察制度和检察工作面临的重大问题，大力推进检察理论创新，努力建立科学的中国特色社会主义检察理论体系。全省检察机关和广大检察人员要充分认识加强检察理论与应用研究工作的重要性和紧迫性，以高度的责任感和使命感抓紧抓好检察理

* 2006年9月19日敬大力同志在首届湖北省检察理论与应用研究年会上的讲话。

论与应用研究工作，形成浓厚的研究氛围，努力推出有深度的学术论文、调研报告、立法建议、实务精品等理论成果，用以指导检察实践，推动检察改革，促进全省检察机关法律监督能力的全面提高。

二、坚持以社会主义法治理念为指导，加强和推动检察理论与应用研究工作

社会主义法治理念不仅是检察工作的重要指针，也是指导检察理论建设的灵魂，决定着检察理论与应用研究的方向。我们要以社会主义法治理念为指导，坚持马克思主义在政法意识形态的根本指导地位，自觉运用马克思主义法学的立场、观点和方法分析和解决检察工作中的问题，真正搞清应当坚持什么、反对什么、防止什么，增强政治敏感性，提高政治鉴别力，旗帜鲜明地抵制各种错误思想和观念的侵蚀，牢牢把握正确的理论与应用研究方向。要以社会主义法治理念为指导，增强检察理论与应用研究的针对性，会同学界深入研究我国检察制度的历史必然性和内在合理性，深刻揭示我国检察制度的特色和优越性，推出一批有分量的理论与应用研究成果，对一些错误观点和一些似是而非的观点在理念上给予有力的回应，旗帜鲜明地捍卫中国特色社会主义检察制度。要以社会主义法治理念为指导，坚持理论及应用研究与工作实践相结合，不断深化对检察工作规律性的认识，注重对实践经验的总结，从理论上加以概括和升华，并用来指导检察实践，使检察理论与应用研究紧跟实践发展步伐，推动检察工作的创新发展。

三、坚持以机制创新为推动，发展和完善中国特色社会主义检察制度

近年来，在依法治国进程中，高检院领导全国检察机关不断探索，我国检察制度不断发展与完善，中国特色社会主义检察制度的优越性不断得到发挥。但是，必须看到，客观上仍然存在一些制约法律监督职能充分发挥、影响公正规范文明执法的体制性、机制性障碍。我们必须在坚持宪法确立的检察机关作为法律监督机关的前

提下，通过进一步深化检察改革，发展完善中国特色社会主义检察制度，充分发挥检察机关法律监督在促进依法治国、构建社会主义和谐社会、维护国家法制统一和保障社会公正义方面的作用。在推行检察改革中，检察机关必须全面落实科学发展观，按照中央《关于进一步加强人民法院、人民检察院工作的决定》关于加强法律监督、完善司法工作机制、提高工作效率的要求，积极稳妥地进行统筹设计、科学规划、系统构建。对检察改革的整体安排和涉及检察体制改革与修改完善立法等宏观层面的改革举措，应坚持依靠高检院来部署与推动；全省各级检察院应当在省院的统一部署下，把着力点放在工作机制创新上，通过机制创新保障检察工作依法、规范、高效运行，以机制创新推动中国特色社会主义检察制度的完善与发展。当前，实践中还有很多工作机制方面的问题亟待解决，需要我们积极探索、改革创新。结合湖北的实际，当前我省的检察理论与应用研究应当重点加强以下几个方面的研究，并具体推动落实：(1) 检察工作一体化机制建设的有关问题；(2) 探索建立法律监督调查机制的有关问题；(3) 建立健全促进公正、规范、文明执法的长效机制的有关问题；(4) 健全完善执法办案的科学考评和绩效管理机制的有关问题；(5) 健全和完善检察机关执法办案的监督制约机制的有关问题。在机制创新方面，全省检察理论与应用研究工作者大有可为，也应有所作为，为推进检察工作机制创新提供智力支持。

四、加强对检察理论与应用研究工作的组织领导

全省各级检察院的领导特别是检察长，要高度重视检察理论与应用研究工作，既要加强组织领导，树立创新意识，又要大兴调查研究之风，经常出题目、派任务，带头开展检察理论与应用研究，带领检察干警在工作中学习，在学习中工作，形成学理论、重调研的浓厚氛围。要切实加强检察理论与应用研究机制建设，充分运用年会制、课题制、奖励制、专题研讨、研究成果汇报交流等平台机制，推动理论创新，多出精品；注意发挥专家咨询委员会在检察理

论与应用研究中的作用，加强“检校互动”，积极邀请法学专家学者参与重点课题的研究工作，进一步做好法学专家到检察机关挂职工作，选派理论水平较高的检察官到高等院校兼职任教，讲授检察理论与实务专题；加大检察理论与应用研究的经费投入，确保必要的年会、课题、奖励、图书资料等经费。要注意研究成果的转化，不仅要利用公开发表、参与评选、参加学术交流等各种途径，扩大检察理论与应用研究成果的影响，还要着眼于切实解决检察工作中的实际问题，把优秀的研究成果应用到检察决策中，指导检察实践，使优秀的研究成果不仅停留在理论的层面，而且还要努力使之成为检察工作的方针政策，成为执法和工作规范，形成检察工作的新机制、新办法和新措施。要进一步巩固检察理论与应用研究的阵地，充分利用《楚天检察》改版为《人民检察（湖北版）》，并与《人民检察》随刊发行的契机，提升办刊质量和水平，发挥好宣传、导引作用，同时要切实做好《人民检察》的发行征订工作。要加强检察理论与应用研究人才队伍建设，培养、选拔检察业务专家和高层次检察理论与应用研究人才，支持检察理论与应用研究骨干多参加有关学术活动，改善他们从事理论与应用研究的条件，激发他们的积极性和创造性。要把开展检察理论与应用研究工作的情况作为部门考核、选拔干部的重要内容之一，努力形成有利于优秀人才脱颖而出的良好机制。从事检察理论与应用研究的同志们要坚持苦练内功，注意加强学习，不断更新知识，牢固树立正确的世界观、人生观和价值观，坚持马克思主义的研究方法，把握正确的研究方向，努力提高理论水平和研究能力。

2 以理论创新和实践创新推进检察事业科学发展*

在全国上下深入学习贯彻党的十七大精神之际，湖北省法学会检察学研究会和湖北省人民检察院检察发展研究中心今天正式成立了！这既是我省法学界的一件大事，更是全省检察机关贯彻落实十七大精神的实际行动。

一、要以党的十七大精神为指导，坚持用科学发展观统领检察学研究会和检察发展研究中心的工作

检察学研究会和检察发展研究中心要充分发挥平台作用，引导广大研究工作者认真学习领会并自觉贯彻落实党的十七大精神，坚持用马克思主义中国化的最新理论成果统一思想，努力把党的十七大精神转化为推进检察理论研究的强大动力，不断增强政治意识、大局意识、忧患意识，牢牢把握检察理论研究的正确方向。要高举中国特色社会主义伟大旗帜，坚持以社会主义法治理念为指导，立足中国特色社会主义初级阶段的基本国情，在理论与实践的结合上，以改革创新的精神开展检察理论研究，科学指导检察实践。要从新的高度认识和研究“强化法律监督，维护公平正义”的检察工作主题和“加大工作力度，提高执法水平和办案质量”的总体要求，着力研究解决事关检察工作长远发展的全局性、战略性和前瞻性问题，不断使检察工作主题和总体要求注入新内容，丰富新形式，取得新

---

* 2007年12月11日敬大力同志在湖北省法学会检察学研究会暨湖北省人民检察院检察发展研究中心成立大会上的讲话，刊载于《人民检察（湖北版)》2008年第1期。

成果。要善于分析形势的发展变化，坚持以人为本，立足服务大局、关注民生；坚持统筹兼顾，着眼与时俱进、强化监督，不断增强检察理论研究工作的针对性和时效性，不断破解检察实践难题，不断推动人民检察事业全面协调可持续发展。

二、要坚持以建设公正高效权威的社会主义检察制度为目标，努力推进理论创新和实践创新

建设公正高效权威的社会主义司法制度，是党的十七大对深化司法体制改革、推进依法治国基本方略提出的新要求。中国特色社会主义检察制度，要符合公正、高效、权威的基本特征和目标要求。公正是本质特征，高效是内在要求，权威是重要保证，三者是有机联系的统一整体，互为条件，不可偏废。要以公正赢得权威，以高效体现公正，以权威保障公正。有中国特色的社会主义检察制度，是我国检察制度的实然状态与应然目标的有机统一，既要坚持，又要发展，需要在改革创新的长期建设中不断完善。

深化检察改革，是建设公正高效权威的社会主义检察制度的基本途径。检察改革既要重视体制改革，又要关注机制创新。在检察改革中，体制上要抓根本，机制上要重健全。要努力在检察体制改革上有所突破，在工作机制改革上有所创新。我国的法治实践充分证明，只有坚定不移地深化检察改革，才能为中国特色社会主义检察制度的发展和完善提供不竭动力。检察学研究会和检察发展研究中心要按照中央、省委和高检院关于推进司法体制和工作机制改革的部署，以建设公正高效权威的社会主义司法制度、保障在全社会实现公平和正义为目标，以解决制约司法公正和人民群众反映突出的问题为重点，以强化法律监督职能和加强对自身执法活动的监督制约为主线，整合检察系统内外智力资源，加强对检察改革涉及的检察发展战略和检察实践难题进行专题研究，通过理论创新和实践探索，优化检察权的科学配置，规范检察权的正确行使，落实法律监督的保障措施，保证检察机关依法独立公正地行使检察权。

检察学研究会和检察发展研究中心要引导研究人员立足湖北检

察工作实际，继续发扬湖北检察机关理论探索和实践创新的精神，进一步深化对检察工作机制创新的研究。要在全面推行以检察工作一体化机制建设为龙头的湖北检察工作机制创新方面，不断总结新经验，不断涌现新成果，不断推出新举措。要通过创新检察工作机制，不断增强法律监督的整体合力，不断规范检察人员的执法行为，不断提高检察机关维护社会公平和正义的能力，使中国特色社会主义检察制度永葆生机和活力。要通过坚持不懈地推进检察理论创新和改革实践探索，努力使中国特色社会主义检察事业的道路越走越宽广。

三、要加强检察学研究会和检察发展研究中心建设，努力提高促进检察事业发展的软实力

检察事业的科学发展须臾不能离开正确理论的引领。近年来，在法学界和检察机关的共同努力下，我省检察理论研究的激励措施不断完善，互动机制不断健全，研究队伍不断壮大，研究成果不断涌现，指导实践的作用进一步增强。同时，随着实践的发展，检察理论和检察制度也面临不少挑战，特别是随着司法改革的深入，一些重大问题迫切需要从理论上予以科学回答，需要为检察改革指明正确方向，需要破除影响司法公正的体制性机制性障碍。努力增强检察机关的研究能力，造就一大批高素质研究人才，提升全体干警的理论素养，实现检察机关“软实力”的全面提高，对于促进检察事业的全面健康深入发展具有重大意义。检察学研究会和检察发展研究中心的成立，是贯彻落实科学发展观的重要举措，是搭建学术平台、创新检察理论、深化检察改革、完善检察制度的客观需要。湖北省法学会检察学研究会是在省法学会和省检察院领导下，专门进行检察学研究的学术团体。湖北省人民检察院检察发展研究中心是省检察院下设的检察发展决策咨询机构，与培训中心是一个机构、两块牌子，是促进科研与教学有机结合、促进科研成果转化利用的基地和平台。要以设立组织和机构为契机，进一步加大经费投入和物质保障力度，进一步完善课题制、考察培训制、“检校互动”机

制、成果转化和奖励机制。要强化“以人为本”、“人才强检”的理念，为检察系统的业务专家、理论研究人才和业务骨干创造学术交流的必要条件，提供施展才华的广阔舞台，使广大研究人员能够潜心于检察理论研究和探索，使更多的优秀检察人才能够脱颖而出。要坚持“百花齐放，百家争鸣”的方针，更好地团结法学界从事教学、科研和法律实务的人士以及其他有志于检察学研究的人士，为检察理论研究注入新的活力。要通过凝聚各界力量，“立足检察，共谋发展”，使检察学研究会和检察发展研究中心成为研究中国特色社会主义检察理论的重要基地，成为推动检察理论研究、交流和宣传的重要平台，成为培养检察理论研究人才的摇篮。要借助专家的学识和智慧，为检察事业的科学发展和检察制度的不断完善提供强有力的理论支撑和智力支持，使湖北检察机关成为全国检察理论研究和实践探索的重要阵地，为深化检察改革，建设公正高效权威的社会主义司法制度，保障在全社会实现公平和正义，作出积极的贡献！

3 加强检察理论研究工作，提升检察机关综合实力*

值此第三届全省检察理论与应用研究年会召开之际，我向会议的召开表示热烈祝贺！向多年来关心支持我省检察工作，特别是检察理论与应用研究工作的各级领导和专家学者表示衷心的感谢，向全省从事检察理论与应用研究工作的同志们致以亲切的问候！

今年以来，全省检察机关以党的十七大精神为指导，深入学习实践科学发展观，以业务工作为中心，以机制创新为动力，检察理论与应用研究取得了积极成效，为促进我省检察事业的科学发展，为全面开创我省检察工作新局面提供了有力的理论支撑和智力支持。

当前，检察理论与应用研究面临着前所未有的有利环境和条件。中央、高检院明确指出了中国司法制度的特征及优越性，论述了中国特色社会主义检察制度的历史必然性。这为中国检察制度的发展完善创造了更为有利的条件。同时我们也要清醒地认识到，中国特色社会主义检察制度在不断的健全和完善中，亟需从理论上破解检察制度和检察工作发展中遇到的重大问题，加强对检察实践经验的理论总结，对中国特色社会主义检察制度作出更为科学的理论概括。

面对新的形势和挑战，全省检察机关要深入学习实践科学发展观，认真研究思考检察工作科学发展的理论与实践问题，为领导决策、检察改革和检察事业发展提供智力支持；进一步加强检察理论与应用研究机制建设，实现检察理论与应用研究工作自身科学发展。

---

* 2008 年 12 月 18 日敬大力同志致第三届湖北省检察理论与应用研究年会的信，刊载于《人民检察（湖北版）》2009 年第 1 期。

要进一步提高新时期做好检察理论与应用研究工作重要性的认识，致力于提升检察机关“软实力”，提高检察机关综合实力和整体发展水平；要解放思想，把握检察理论与应用研究的正确方向，坚持从我国的实际国情出发，旗帜鲜明地抵制各种错误思想和观念的侵蚀；要坚持统筹兼顾的科学方法，加强检察理论与应用研究工作的组织领导，构建多层次、宽领域、各方参与的研究格局；要建立有利于检察理论与应用研究科学发展的工作机制，发挥机制的基础性、长效性和规范性作用，夯实巩固基础保障；要增强“精品意识”和“品牌意识”，努力扩大我省检察理论与应用研究的影响，广泛争取社会各界对检察工作与检察理论的理解、关注和支持，在更高起点、更高层次、更高水平上谋求发展。

全省检察理论与应用研究年会已经成为我省检察理论与应用研究的重要平台和载体，在推动我省检察理论与应用研究的深入开展，提升检察机关“软实力”方面发挥了重要作用。希望与会人员共同努力，将此次会议开好。

4 坚持“百花齐放、百家争鸣”，推动检察事业科学发展*

中国法学会检察学研究会检察基础理论专业委员会的成立，顺应了司法改革的时代要求，回应了人民群众的新要求新期待，必将进一步筑牢中国特色社会主义检察理论体系的基础。首先，请允许我向最高人民检察院和中国法学会检察学研究会支持、信任湖北省人民检察院，并提名我担任检察基础理论专业委员会主任表示衷心的感谢！向推选我担任专业委员会主任的各位理事表示诚挚的谢意！我深感使命光荣、责任重大，在今后的工作中将进一步依靠各位副主任、理事，扎实抓好专业委员会的各项工作，回报大家的支持、信任。检察基础理论专业委员会也将按照最高人民检察院和检察学研究会的要求，组织各位理事、专家学者、检察人员开展好相关活动，为专业委员会及各位理事开展研究活动搭建平台，提供服务，努力推动检察基础理论研究的大发展、大繁荣。

首届中国检察基础理论论坛围绕检察基础理论研究的对象、范畴和体系、诉讼和诉讼监督工作规律同检察职能的优化配置以及“十二五”时期检察工作科学发展的若干问题三个专题进行了深入、热烈的探讨。这三个专题事关中国特色社会主义检察制度的发展完善、事关检察改革的深入推进、事关检察工作的科学发展，具有重要的理论价值和实践意义。与会同志就三个问题发表了言简意赅、

---

* 2011 年 1 月 16 日敬大力同志在中国法学会检察学研究会检察基础理论专业委员会成立大会暨首届中国检察基础理论论坛上的讲话，刊载于《人民检察（湖北版）》2011 年第 2 期。

观点新颖的真知灼见，使我们深受启发，受益匪浅。我们将把这些重要观点进一步归纳、提炼、总结，力争为专业委员会的各位理事、与会专家学者和其他有志于检察基础理论研究的同仁提供更多鲜活的一手资料，为推动检察工作科学发展提供更具价值的决策参考。

中国法学会检察学研究会检察基础理论专业委员会成立后，将按照《章程》规定的研究方向、主要原则、工作重点等，充分发挥职能作用，按照以下四个方面的思路开展工作：一要牢牢把握正确的政治方向。本专业委员会将坚持以中国特色社会主义理论体系为指导，深入贯彻落实科学发展观，坚持我国的国体和政体，坚持中国特色社会主义司法制度和社会主义法治理念，坚持我国检察机关的宪法定位和法律监督的根本属性，抵制错误政治观点、法学观点的影响，形成真正有价值的理论成果，牢牢把握正确的政治方向。二要坚持“百花齐放、百家争鸣”的方针。本专业委员会将坚持“百花齐放、百家争鸣”的基本方针，承认差异，求同存异，提倡广大研究人员独立思考，提出不同形式、不同风格的学术观点；积极创造条件，鼓励大家进行公平、公正、平等、平和的争鸣，开展说理充分、坦诚相见的批评与自我批评；促进各种理论观点相互了解、相互切磋、取长补短、共同进步，推动我国检察基础理论研究的不断深化。三要坚持理论联系实际。本专业委员会将树立为完善中国特色社会主义检察制度服务，为检察工作和检察改革服务的宗旨，立足我国的基本国情，充分考虑检察工作实际，着眼于新的实践和新的发展，着眼于解决改革发展中的实践问题，推出具有重大实践指导意义的研究成果，使我们的检察基础理论研究保持“常青”，为科学决策、立法完善、推动工作提供有力的理论支撑。四要形成检察理论研究的合力。本专业委员会将广泛团结、争取全国法学界、政治学、历史学、经济学、管理学等领域的专家学者，以及其他有志于检察基础理论研究的人士，共同参与、密切协作，走开放式研究道路。加强与法院、公安、律师等学会、协会、研究会的学术交流，加强与其他专业委员会的沟通协调，加强与法学教学科研单位的交流与合作，通过建立研究基地、联合开展课题攻关、召

开专题座谈会等多种形式，整合内部力量，借力外部资源，形成检察基础理论研究的强大合力。湖北省检察院将认真做好专业委员会和论坛的服务工作，将在国家检察官学院湖北分院新址安排专业委员会的研究基地，为检察基础理论研究提供条件。

当前，全国检察机关正在认真思考、积极谋划“十二五”时期检察工作科学发展问题，本次论坛就“十二五”时期检察工作科学发展的若干问题进行了初步探讨。为了进一步深化研究，我们拟定于今年三月份举办检察基础理论论坛第二次会议，专题研讨“十二五”时期检察工作的总体思路和基本要求问题，邀请大家在春暖花开之时再次相聚东湖之滨！

我相信，在最高人民检察院、中国法学会检察学研究会的正确领导下，在全体理事的共同努力下，在其他专业委员支持配合下，在系统内外广大有志之士的积极参与下，检察基础理论专业委员会必将在深化检察改革、推动检察事业科学发展、完善中国特色社会主义司法制度的历史进程中取得丰硕成果，作出积极贡献！

5 顺应诉讼法修改，巩固和发展中国特色社会主义检察制度*

很高兴与大家相聚一堂，召开第三届中国检察基础理论论坛，共同研讨诉讼法修改与检察制度的发展完善。在此，我谨代表中国检察学研究会检察基础理论专业委员会，向出席今天论坛的各位领导、各位专家和检察同仁们表示热烈的欢迎！向为筹备论坛进行精心准备、做出大量工作的江西省人民检察院表示衷心的感谢！

改革创新是我国新时期最鲜明的特点和时代精神的核心，是推进中国特色社会主义伟大事业、实现中华民族伟大复兴“中国梦”的必然要求，也是发展完善中国特色社会主义检察制度的必由之路。习近平总书记强调，改革开放只有进行时没有完成时，要做到改革不停顿、开放不止步。即将召开的党的十八届三中全会，将对全面深化改革包括司法体制改革作出重大部署。中国特色社会主义检察制度，是我们党领导人民在法治领域进行的伟大创举，具有强大的生命力。检察制度从产生以来一直在不断调整，改革从未停止，也未完全定型，现在正处于发展完善的关键时期和攻坚阶段。认真贯彻中央决策部署，进一步深化检察改革，不断推进中国特色社会主义检察制度的发展与完善，是我们面临的重大理论与实践课题。我们要以更大的勇气、智慧和韧劲，冲破思想观念的障碍，突破模式固化的藩篱，不断寻求解决办法，使中国特色社会主义检察制度顺应改革开放潮流不断发展，紧随法治建设步伐不断完善，在回应人

---

* 2013 年 9 月 28 日敬大力同志在第三届中国检察基础理论论坛开幕式上的致辞，刊载于《人民检察（湖北版）》2013 年第 10 期。

民群众对公平正义的呼唤中彰显优势。

今年是修改后的刑事诉讼法、民事诉讼法正式实施的第一年，我们这次论坛以“诉讼法修改与检察制度的发展完善”为主题，具有很强的现实性和针对性。诉讼法相关内容的调整、制度的改变、程序的增加，必然对检察机关职权配置、运行机制和工作模式产生重大影响。如何顺应诉讼法的修改，巩固和发展中国特色社会主义检察制度，成为摆在我们面前的重大课题。其中三个方面的问题亟待从理论层面给予科学回应，适应实践对理论指导的迫切需求。

一是加强检察机关组织体系和办案组织建设。组织体系及基本办案组织建设对于整个检察工作至关重要，具有支撑和保障作用。当前检察机关组织体系中存在的机构设置不够科学、职能配置不够合理、一线检力资源不够充足等问题，制约和妨碍了检察职能的充分发挥。解决这些问题，很重要、很根本的一个途径就是通过优化组织体系，促进现有检察资源的合理配置和充分利用，为检察机关充分履职提供可靠组织保障。推进组织体系建设，需要我们在理论上、概念上进一步廓清组织体系的内涵，重点研究检察机关组织结构、检察机关组织机构、基本办案组织形式等重大问题；需要我们在实践中对科学设置内设机构优化职能配置，深化基层检察院内部整合改革，建立健全派出机构设置、组织运行和管理制度，建立主办检察官办案责任制等诸多方面不断探索创新，更加有力地保障和促进检察事业发展进步。

二是推进检察机关诉讼监督工作制度化、规范化、程序化、体系化。全面强化诉讼监督是去年刑事诉讼法、民事诉讼法修改的重要内容，对检察机关提出了不少新要求，赋予了很多新任务。当前法律对诉讼程序的规定相对完备、具体、成型，而对诉讼监督的规定相对概括、原则，规定不够具体，缺乏明确的工作程序，而且比较零散，分散于诸多法律规定，缺乏系统地梳理，在一定程度上影响了监督效果。这就要求我们按照中央关于司法权力运行机制改革任务和高检院提出的敢于监督、善于监督、依法监督、规范监督、理性监督要求，积极推进诉讼监督工作制度化、规范化、程序化、体系化“四化”建设。我认为，制度化就是要着力健全和完善诉讼监督工作具体的可操作性的制度，增强制度的刚性约束；规范化就是要坚持依法规范监督，克服随意性、无序性；程序化就是要重点完善涵盖各项诉讼监督工作全过程、全方位的工作程序，使诉讼监督各环节有效运转、有序衔接；体系化就是要努力使诉讼监督工作形成一个全面系统、上下统一、整体配套、运行有序的有机整体。通过推进诉讼监督“四化”建设，不断强化诉讼监督职能，增强诉讼监督实效。

三是推进检察机关执法办案工作转变模式、转型发展。刑事诉讼法、民事诉讼法的修改，体现了公平正义、保障人权、监督制约、诉讼民主等理念，对检察工作提出了新的更高要求，迫切需要我们在工作方式、办案模式、工作机制等方面转变、改进、创新和完善。比如构建新型检律关系，完善检察机关与纪检监察机关协调配合机制，建立听取意见、听证制度，完善受理或立案前的审查与初查程序，完善执法办案风险预警、处置、防范工作体系，做好司法审查性质的执法办案工作等等，都是我们在推动执法办案转型发展中需要重视和解决的紧迫课题。

为建设和发展中国特色社会主义检察制度提供理论支持和科学指引，是检察基础理论研究的永恒课题，也是中国检察学研究会检察基础理论专业委员会的基本宗旨。专业委员会自 2011 年 1 月成立以来，在中国检察学研究会的正确领导和各省检察机关、专家学者的大力支持下，积极加强对检察工作基础理论问题的研究和学术交流，先后举办了两届“中国检察基础理论论坛”，“十二五时期检察工作的总体思路和基本要求研讨会”、“贯彻修改后的刑事诉讼法研讨会”，编辑出版《检察基础理论论丛（第一卷）》，形成了一批有影响的理论研究成果，为推进检察基础理论研究深入发展作出了积极贡献。借此机会，我谨代表专业委员会，对所有支持和参与专业委员会建设的专家学者和同志们致以最衷心的感谢！

在今后的工作中，检察基础理论专业委员会将继续团结动员检察系统内外研究力量，坚持“百花齐放、百家争鸣”的方针，加强

理论研究和学术交流，推进检察基础理论的发展。一是牢牢把握检察理论建设的正确方向，坚持以中国特色社会主义理论体系为指导，坚持中国特色社会主义政治发展和法治建设道路，坚持正确的执法理念和发展理念，推进构建更加科学完备的中国特色社会主义检察理论体系；二是进一步突出研究重点，深入研究检察理论体系、检察制度、检察政策、检察权、检察机构和组织体系等重大问题，推动检察基础理论研究的大发展、大繁荣；三是切实增强研究实效，努力推出有广泛影响的检察理论精品力作，更加重视研究成果的转化应用；四是不断完善工作机制，创新论坛、研讨会方式，探索建立专业委员会课题制、理论研究激励机制和成果转化机制，为检察基础理论研究营造良好的条件和氛围。

中国特色社会主义检察制度正面临着发展完善的广阔空间，深化检察基础理论研究责任重大、使命光荣。我坚信，在最高人民检察院、中国检察学研究会的正确领导下，在各级领导、专家学者、检察同仁的关心支持下，检察基础理论专业委员会一定会为检察基础理论研究的大发展、大繁荣作出积极贡献。

6 努力夯实人民检察院司法责任制理论基础*

今天，我们在浦江之滨隆重召开第五届中国检察基础理论论坛，共同研讨检察机关司法责任制的发展完善问题。在此，我谨代表中国检察学研究会检察基础理论专业委员会，向出席今天论坛的各位领导、各位专家和检察同仁们表示热烈的欢迎！向为筹备论坛做出大量工作的上海市人民检察院表示衷心的感谢！

本次论坛举办之前，我们专门向高检院领导进行了汇报，高检院主要领导高度重视，专门作出重要批示，肯定我们举办本次论坛非常及时、很有意义，要求我们认真学习贯彻习近平总书记重要讲话精神，紧扣人民检察院司法责任制的重大理论和实践问题，围绕健全司法办案组织和运行机制等重点问题，深入研究构建公正高效的检察权运行机制和公平合理的司法责任认定、追究机制，形成一批有益的研讨成果，为进一步深化检察机关司法责任制献计献策。专业委员会一定要深刻领会、认真贯彻落实；也希望在座的专家学者积极建言献策，丰富论坛成果。

完善司法责任制是十八届三中、四中全会部署的重要任务。习近平总书记多次强调，司法责任制是整个司法体制改革的“牛鼻子”，是核心问题。高检院指出，司法责任制改革是一项关乎检察工作基础和全局的综合性改革。司法改革能否取得实效，能否提高司法公信力，能否让人民群众在每一个司法案件中切实感受到公平正

---

* 2015年9月19日敬大力同志在第五届中国检察基础理论论坛开幕式上的致辞，刊载于《人民检察（湖北版）》2015年第9期。

义，最终要看司法责任制能否落实到位。今年8月，中央全面深化改革领导小组第十五次会议审议通过了《关于完善人民检察院司法责任制的若干意见》，就人民检察院司法责任制改革目标和基本原则、健全司法办案组织及运行机制、健全检察委员会运行机制、明确检察人员职责权限、健全检察管理与监督机制、严格司法责任认定和追究等作出了全面部署，为深入推进司法责任制改革提供了行动指南。在此落实司法责任制改革的关键时期，我们以“司法体制改革中司法责任制的发展与完善”为主题举办本届论坛，紧紧围绕司法责任制的基础理论、具体运行和实现保障三个专题开展探讨，十分契合当前深化司法改革的实际需要，具有重要理论意义和现实意义。

在近年来的改革过程中，高检院领导全国检察机关对司法责任制改革进行了诸多研究探索，积累了宝贵经验。湖北检察机关自2009年启动探索，不断根据中央、高检院最新指示精神调整完善，逐步形成了一些基本考虑，如：区分目标责任、职责划分、责任承担三个层次理解司法责任制的含义；坚持谁办案谁负责、谁决定谁负责；坚持检察机关领导体制，坚持检察一体化原则，坚持在办案审批制基础上优化和规范审批，不搞绝对去行政化，不与法院进行捆绑式改革；既根据目标责任列出不同类别检察人员责任清单，又按照“抓两大、放两小”的原则确定检察官权限清单；按照“三个适当分离”原则（即诉讼职能与诉讼监督职能适当分离、案件办理职能与案件管理职能适当分离、检察权与检察机关司法行政事务管理权适当分离），健全完善检察机关组织体系和办案组织；按照“五、七、九部制”模式全面推行基层院内部整合，实行横向大部制、纵向扁平化；在省市两级院按照精细化分工和对下指导要求实行相关机构分设；将检察机关内设机构重新定位为“专业平台”和“管理单元”；构建基本办案组织、组合办案或协同办案、专案组等三种办案组织，等等。这些探索还有待进一步细化和完善。对此，我们将把握这次论坛机会，虚心向各位领导、专家学者、兄弟检察院同仁学习求教。

为深化司法和检察改革、发展和完善中国特色社会主义检察制度提供理论支持，是我们专业委员会的基本宗旨和使命。自2011年成立以来，我们先后举办了四届“中国检察基础理论论坛”，围绕优化检察职能配置、深化检察改革、发展完善检察制度进行了一系列深入研讨，形成了一批有影响的理论研究成果。在当前深化司法体制改革的大背景下，我们衷心希望各位专家学者和检察同仁，继续发挥好“智囊”作用，着眼于新的实践和新的发展，畅所欲言，发表真知灼见，不断深入研究和回答一些重大问题，进一步发挥好基础理论专业委员会平台作用，为司法体制改革的顺利推进和中国特色社会主义检察制度的发展完善而共同努力。